U0447241

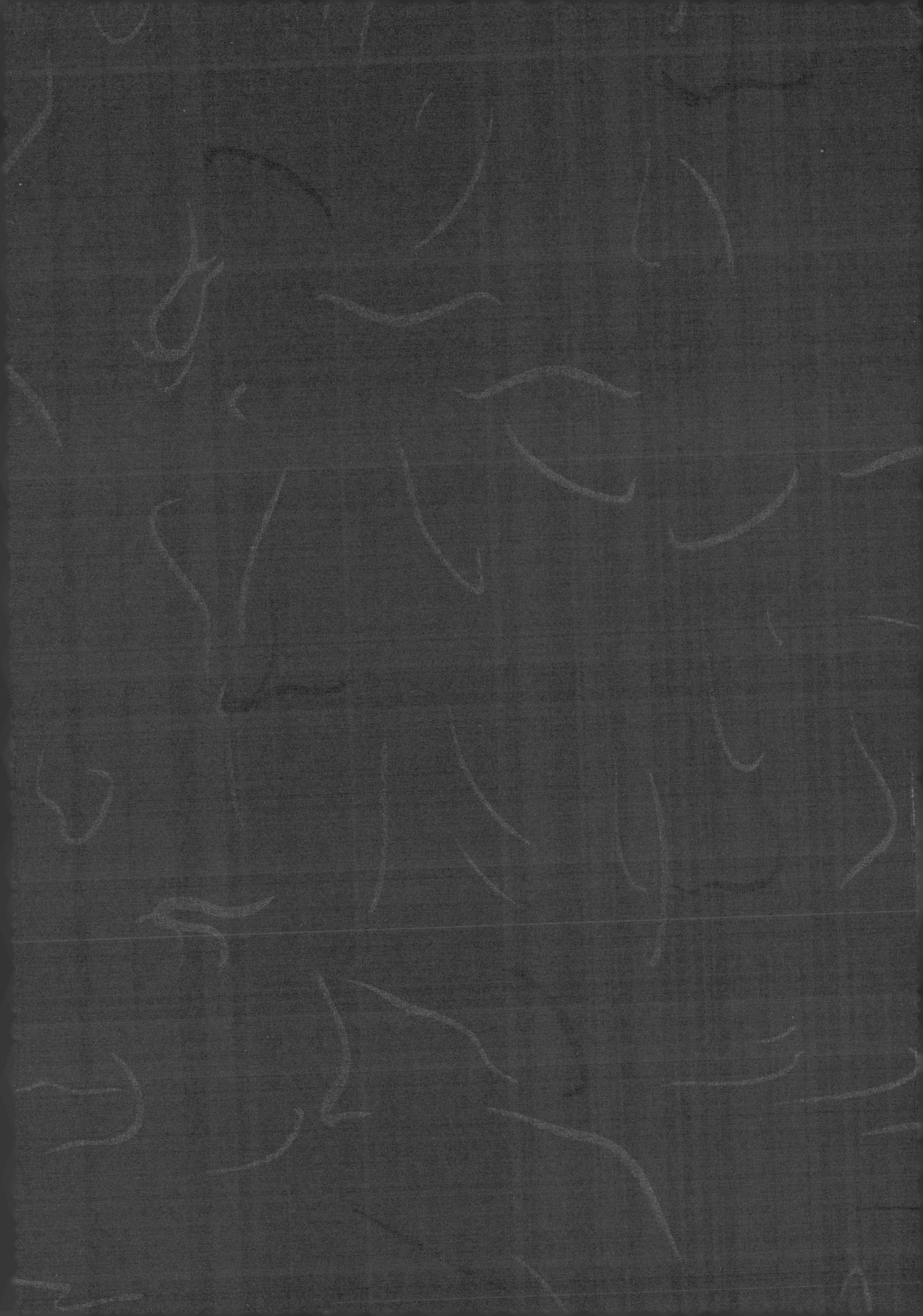

简明世界历史读本

A brief history of the world

武寅 主编

郭小凌 侯建新 刘北成 于沛 等 著

中国社会科学出版社

图书在版编目(CIP)数据

简明世界历史读本／武寅主编 . ——北京：中国社会科学出版社，2014.12
（2023.3 重印）
ISBN 978－7－5161－5130－3

Ⅰ.①简… Ⅱ.①武… Ⅲ.①世界史—通俗读物 Ⅳ.①K109

中国版本图书馆 CIP 数据核字（2014）第 272585 号

出 版 人	赵剑英
责任编辑	郭沂纹
特约编辑	刘志兵　吴丽平
责任校对	林福国
责任印制	李寡寡

出　　版	中国社会科学出版社
社　　址	北京鼓楼西大街甲 158 号
邮　　编	100720
网　　址	http：//www.csspw.cn
发 行 部	010－84083685
门 市 部	010－84029450
经　　销	新华书店及其他书店

印刷装订	北京君升印刷有限公司
版　　次	2014 年 12 月第 1 版
印　　次	2023 年 3 月第 12 次印刷

开　　本	710×1000　1/16
印　　张	40.75
字　　数	612 千字
定　　价	86.00 元

凡购买中国社会科学出版社图书，如有质量问题请与本社营销中心联系调换
电话：010－84083683
版权所有　侵权必究

位于埃及萨卡拉的层级金字塔

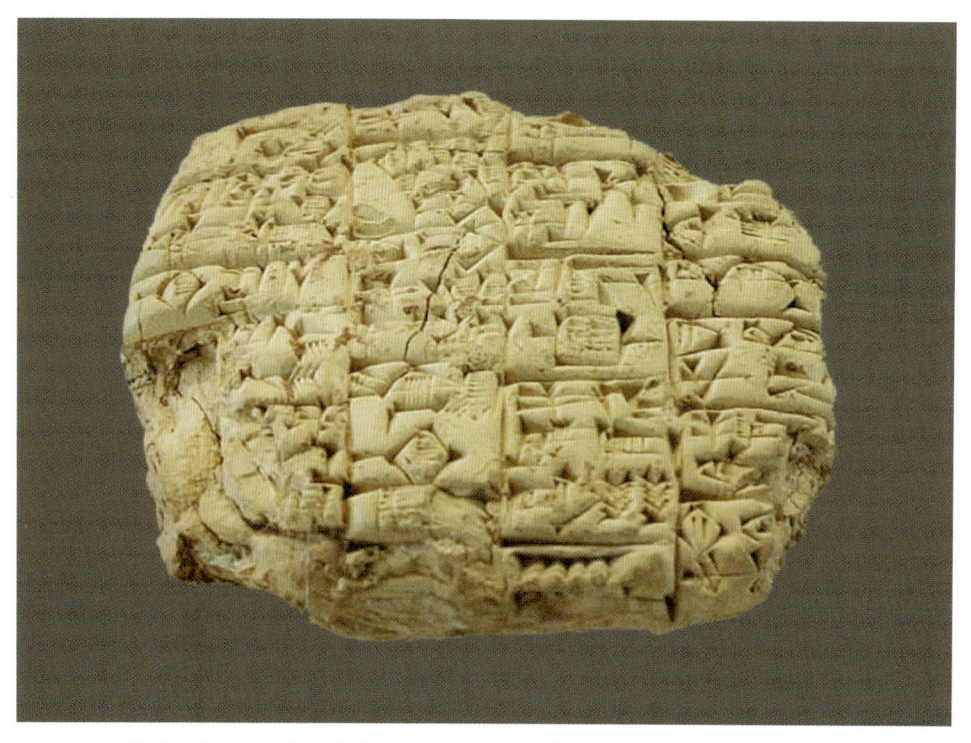

约公元前 2400 年祭司卢安纳写给拉伽什国王的信，向国王呈报王子的噩耗

刻有汉谟拉比法典的石柱

罗马城标识：母狼与罗慕洛、拉穆鲁斯兄弟

马拉松战役牺牲将士合葬墓现状（位于今雅典东北部马拉松平原）

以色列耶路撒冷哭墙

位于巴基斯坦的古印度河流域文明的城市遗存（摩亨佐·达罗）

帕特农神庙

古罗马斗兽场

中世纪庄园

中世纪婚礼

查理大帝

特兰托宗教会议：天主教会的一次内部改革会议

玛雅人的"金字塔"型神庙（位于危地马拉蒂卡尔）

肯特郡城堡

伊丽莎白一世

贞 德

彼得大帝

腓特烈二世

签署独立宣言

网球场宣誓

林　肯

从百老汇街角所见的华尔街（1867年）

德意志帝国的建立

近代咖啡馆

列 宁

索姆河战役

水晶之夜

珍珠港事件

1945年2月,雅尔塔会议上的"三巨头"(由左至右):丘吉尔、罗斯福和斯大林

日本正式投降

毛泽东会见尼克松

人类登月

引　言

　　自古以来，中国人就养成了对历史的尊重和探索之风。在历代的官修正史中，不但有对本国历史的详细记载，而且留下了对周边乃至更加遥远的世界所做的描述。随着时代的发展和科技的进步，我们对今天的世界有了更为详尽和准确的了解。然而，探索昨天世界的欲望不但没有因此而减弱，反而变得更加强烈。这是因为，人们越来越深切地认识到，影响今天生存与发展的所有重大问题都有历史根源。比如，人类文化的多样性是怎样形成的？民族国家及其边界和领土主权是怎样演变至今的？为什么欧洲能够很容易整合在一起，形成欧盟那样的组织，而亚洲就很难做到？中东和平乃至巴以关系为什么那样难以解决？为什么……要找到解答这些问题的正确答案，要以这些答案为基础，去科学地预测和把握未来，就离不开对世界历史的学习与探索。

　　科学研究告诉我们：地球上的生命起源于大约 39 亿年前。能够直立行走的南方古猿存在于约 550 万—100 万年前。人类可能由南方古猿的一支或若干支脱胎而来。人类社会的进化是以加速度的形式进行的。起初工具制作技术的微小进步至少以几十万年计，但进入磨制石器时代，进化的速度加快到以千年计。在工业文明时代，进化的速度已快至以几十年或几年计。尽管如此，同地球上生命进化的时间相比，同人类未来的历史相比，我们人类的发展还处在自己历史的开端或童年时期。因此，我们要对历史怀有一种敬畏之心。

　　历史是国民教育不可或缺的一门学科。自然界的过程叫自然史。人类社会形成和发展的过程是人类史，它是人们世代所进行的活动的总和。根据不同的划分标准，历史可以分成若干阶段。如以工具或生产力的进步为标准，世界历史可以分成石器时代、金属器时代、机器时代等阶段；以文明或文化形态为标准，可以分成采集与狩猎的前文明时代、农业文明与游牧文明时代、工业文明时代；以社会形态为标准，可以把人类史分成史前社会、奴隶社会、封建社会、资本主义社会、社会主义社会，等等。

作为人类的一种自我认识形式，历史的价值在于满足人们的精神发展需求。假如人类没有历史，我们将不知道自己是谁，从何处来，现在在何处，将来到何处去，更不知道我们已经做了什么，应该做什么，我们甚至连时间观念与语言文字都要缺乏，将倒退回仅凭本能行事的纯粹动物祖先的状态。

历史与现实、未来虽然是三个独立的时间概念，但在现实生活中，三者却是一个不可分割的整体。历史是过去的现实，现实是历史的继续，未来是现实的投射。现实已逝，它只存在于我们对过去的追念中。没有我们的追忆，没有我们的历史重建，过去就不存在，而未来也只是未知数，历史是人们判断现实和预测未来的唯一依据。

目前，国内外研究世界历史的大型成果已不鲜见，包括剑桥三史（《剑桥古代史》《新编剑桥中世纪史》《新编剑桥世界近代史》），以及刚刚出版的、中国人自己编写的大型多卷本《世界历史》。此外，较小规模的世界史著作也有不少，从单卷本到两卷本、三卷本、六卷本，以及系列丛书，等等。但是为了学习的便利，人们还需要一种简明扼要的、通俗易懂的，同时又包含了世界史研究最新成果的读本类书籍。《简明世界历史读本》正是为了满足读者的这一需要而撰写的。

参与读本写作的都是多年从事世界历史研究的知名学者。书中讲述的历史，在时间上，可以上溯到史前时代。在内容上，囊括了二三百万年前人猿揖别后，人类的起源与进化过程；文明的产生与国家的形成；各大洲的王朝兴衰与战争风云；科学艺术的精华与宗教的影响力；环境、反恐与人类今天面临的各种新挑战，等等。既有对人类历史进程的总体把握，也有对重大历史事件和时代关怀的专题性阐述，使读者能够清晰、系统、连贯、扼要地了解世界历史发展的整体脉络和主要问题。

中国史是世界历史不可或缺的组成部分。读本在叙述整个人类历史发展过程时，把中国史的相关内容很自然地糅入其中，使人们能够更加清晰地看到中华文明在人类历史上所处的位置，同时也启发人们在全球视角下，对本国历史进行深深的思考。比如书中写道，15世纪中国明朝的郑和下西洋，揭开了人类大航海时代的序幕，却未能成为引领以后世界历史发展的先驱。今天，中国正在以前所未有的自信和速度，大步走向世界。越来越多的中国人走出国门，同异域文明接触和互动；越来越多的国内外资金和商品，在中国境内外流动和周转；越来越多的国际事务，需要中国去参与和发声。因此，世界比任何时候都更需要了解中国，中国也需要全面深入地了解世界。不但要了解世界的今天，还需要更深入地了解世界的昨天。

愿《简明世界历史读本》成为你了解世界、认识自己、沟通中外、丰富知识的好伴侣。

武　寅

2014年10月

目　录

引言 …………………………………………………………… (1)

上　古

第一章　史前时代 ………………………………………… (3)
　　一　人类的起源与体质进化 ……………………………… (3)
　　二　人类社会的形成与早期发展 ………………………… (9)
　　三　文明社会的曙光 ……………………………………… (14)
　　四　科学与人文知识的萌芽 ……………………………… (19)

第二章　古代埃及 ………………………………………… (25)
　　一　尼罗河的赠礼 ………………………………………… (25)
　　二　大一统国家的建立与专制王朝的形成 ……………… (28)
　　三　埃及帝国的兴衰 ……………………………………… (35)
　　四　上古埃及文化 ………………………………………… (40)

第三章　古代两河流域 …………………………………… (45)
　　一　自然环境与早期居民 ………………………………… (45)
　　二　早期城市国家与统一王国的出现 …………………… (47)
　　三　古巴比伦王国 ………………………………………… (51)
　　四　亚述帝国与新巴比伦王国 …………………………… (55)

1

五　古代两河流域文化 ………………………………………(60)

第四章　古代伊朗、小亚细亚、巴勒斯坦 …………………(65)
　　一　古代伊朗 ……………………………………………………(65)
　　二　古代小亚细亚、腓尼基和巴勒斯坦 ………………………(71)

第五章　古代印度 ………………………………………………(79)
　　一　印度河流域的文明 …………………………………………(79)
　　二　早期雅利安文明 ……………………………………………(82)
　　三　列国时代与百家争鸣 ………………………………………(87)
　　四　孔雀帝国 ……………………………………………………(90)
　　五　古代印度文化 ………………………………………………(93)

第六章　古代希腊 ………………………………………………(97)
　　一　早期希腊 ……………………………………………………(97)
　　二　古风时代 ……………………………………………………(103)
　　三　斯巴达——平等者公社 ……………………………………(107)
　　四　雅典——古代民主的样板 …………………………………(110)
　　五　殖民运动 ……………………………………………………(115)
　　六　希腊城邦的盛衰 ……………………………………………(117)
　　七　马其顿王国与亚历山大东侵 ………………………………(132)
　　八　希腊化时代 …………………………………………………(135)
　　九　上古希腊文化 ………………………………………………(138)

第七章　古代罗马 ………………………………………………(151)
　　一　早期罗马 ……………………………………………………(151)
　　二　剑与火的编年史 ……………………………………………(157)
　　三　百年内战与共和制的灭亡 …………………………………(160)

目 录

　　四　早期帝制时期 ……………………………………… (170)
　　五　西罗马帝国的衰亡 …………………………………… (174)
　　六　古罗马文化 …………………………………………… (181)

中　古

第八章　早期中世纪的欧洲 …………………………………… (197)
　　一　蛮族王国 ……………………………………………… (197)
　　二　封建关系的建立 ……………………………………… (202)
　　三　查理帝国 ……………………………………………… (207)
　　四　城堡与贵族 …………………………………………… (211)

第九章　西欧庄园、城市与议会 ……………………………… (218)
　　一　庄园 …………………………………………………… (218)
　　二　城市 …………………………………………………… (223)
　　三　最早的议会 …………………………………………… (228)

第十章　西欧基督教、大学与文化 …………………………… (234)
　　一　中世纪的基督教 ……………………………………… (234)
　　二　大学：中世纪最美丽的花朵 ………………………… (240)
　　三　语言、文学、巫术与艺术 …………………………… (246)

第十一章　阿拉伯帝国 ………………………………………… (255)
　　一　伊斯兰教的兴起 ……………………………………… (255)
　　二　阿拉伯帝国的兴衰 …………………………………… (260)
　　三　阿拉伯文化 …………………………………………… (264)

第十二章　东欧与北欧 ………………………………………… (267)

一　拜占庭 …………………………………………………（267）
　　二　俄国 ……………………………………………………（272）
　　三　捷克和波兰 ……………………………………………（276）
　　四　北欧的早期国家 ………………………………………（279）

第十三章　东亚、南亚和东南亚 ……………………………（283）
　　一　日本 ……………………………………………………（283）
　　二　朝鲜半岛 ………………………………………………（287）
　　三　印度 ……………………………………………………（290）
　　四　东南亚诸国 ……………………………………………（293）

第十四章　蒙古帝国和奥斯曼帝国 …………………………（296）
　　一　蒙古帝国 ………………………………………………（296）
　　二　奥斯曼土耳其帝国 ……………………………………（302）

第十五章　早期美洲和撒哈拉以南的非洲 …………………（306）
　　一　美洲的印第安人 ………………………………………（306）
　　二　撒哈拉以南非洲 ………………………………………（311）

第十六章　文艺复兴与宗教改革 ……………………………（316）
　　一　中世纪晚期的社会状况 ………………………………（316）
　　二　文艺复兴 ………………………………………………（322）
　　三　宗教改革 ………………………………………………（326）

近　代

第十七章　大航海时代 ………………………………………（335）
　　一　郑和下西洋 ……………………………………………（335）

二　环球航行 …………………………………………… (338)
　　三　全球物种交流 ……………………………………… (343)

第十八章　白银资本 ………………………………………… (347)
　　一　美洲殖民地 ………………………………………… (347)
　　二　欧洲的商业革命 …………………………………… (351)
　　三　全球交流与东亚 …………………………………… (353)

第十九章　近代思想变革 …………………………………… (357)
　　一　科学革命 …………………………………………… (357)
　　二　启蒙运动 …………………………………………… (363)

第二十章　欧洲近代国家转型 ……………………………… (371)
　　一　英国的宪政之路 …………………………………… (371)
　　二　法国绝对君主制的兴衰 …………………………… (375)
　　三　普鲁士的崛起 ……………………………………… (378)
　　四　俄罗斯的西化与扩张 ……………………………… (381)

第二十一章　大西洋革命 …………………………………… (385)
　　一　美国革命 …………………………………………… (385)
　　二　法国大革命 ………………………………………… (391)
　　三　拉丁美洲独立战争 ………………………………… (398)

第二十二章　工业革命 ……………………………………… (403)
　　一　英国工业革命 ……………………………………… (403)
　　二　工业革命的扩散 …………………………………… (407)
　　三　第二次工业革命 …………………………………… (411)

四　城市化浪潮 …………………………………………… (414)

第二十三章　欧洲的政治民主化与民族主义 ……………… (418)
　　一　"主义"的兴起 ………………………………………… (418)
　　二　19世纪前期的革命浪潮 ……………………………… (421)
　　三　英法的政治民主化 …………………………………… (424)
　　四　民族统一 ……………………………………………… (427)

第二十四章　马克思主义的诞生与国际工人运动 ………… (431)
　　一　早期工人运动与马克思主义的诞生 ………………… (431)
　　二　国际工人运动 ………………………………………… (436)

第二十五章　废奴时代 ……………………………………… (441)
　　一　废奴主义的兴起 ……………………………………… (441)
　　二　俄国废除农奴制的改革 ……………………………… (443)
　　三　美国南北战争 ………………………………………… (445)
　　四　巴西的废奴运动 ……………………………………… (449)

第二十六章　东方帝国：危机与改革 ……………………… (452)
　　一　奥斯曼帝国 …………………………………………… (452)
　　二　埃及：从阿里改革到英国占领 ……………………… (455)
　　三　印度 …………………………………………………… (458)
　　四　日本明治维新 ………………………………………… (460)

第二十七章　拉美的曲折发展 ……………………………… (464)
　　一　考迪罗主义 …………………………………………… (464)
　　二　墨西哥的改革 ………………………………………… (469)
　　三　南美的经济发展 ……………………………………… (471)

第二十八章　帝国主义扩张 (477)
一　帝国主义的动力 (477)
二　瓜分世界 (480)
三　殖民帝国的统治 (483)
四　从大国协调到两大军事集团 (488)

第二十九章　近代西方的文化 (494)
一　文学 (494)
二　艺术 (500)
三　新闻和教育 (505)

现　代

第三十章　第一次世界大战与革命 (513)
一　第一次世界大战的起源 (513)
二　第一次世界大战爆发和进程 (516)
三　战争引起革命 (521)
四　凡尔赛—华盛顿体系 (526)

第三十一章　短暂的和平与危机 (532)
一　苏联社会主义改造和建设 (532)
二　20年代的世界 (537)
三　资本主义世界经济危机与战争策源地形成 (542)
四　20世纪初期主要社会思潮 (547)

第三十二章　第二次世界大战 (552)
一　第二次世界大战爆发 (552)
二　第二次世界大战的转折 (557)

三　世界反法西斯战争胜利与联合国建立 …………………… (561)

第三十三章　冷战格局的形成 ……………………………………… (567)
　　一　社会主义阵营形成 ……………………………………… (567)
　　二　殖民体系崩溃 …………………………………………… (571)
　　三　冷战形成与局部热战 …………………………………… (574)

第三十四章　冷战下的动荡世界 …………………………………… (580)
　　一　七十年代经济危机与各国经济政策调整 ……………… (580)
　　二　苏东改革和剧变 ………………………………………… (585)
　　三　中国等社会主义国家的改革 …………………………… (591)
　　四　欧盟和世界经济区域性组织的建立 …………………… (595)
　　五　冷战结束后的国际格局 ………………………………… (600)
　　六　冷战中的局部战争及其延续 …………………………… (604)

第三十五章　20世纪以来的科技进步和思想文化 ………………… (610)
　　一　20世纪上半叶科学技术的重大发展 …………………… (610)
　　二　新科技革命的兴起 ……………………………………… (613)
　　三　哲学社会科学思潮 ……………………………………… (617)
　　四　新的文化形态 …………………………………………… (622)

第三十六章　新世纪人类面临的严峻挑战 ………………………… (626)

后记 …………………………………………………………………… (637)

简明世界历史读本
A brief history of the world

上古

第一章　史前时代

史前时代亦称原始时代或原始社会，是人类社会进化的第一阶段，也是延续时间最久的阶段。在长达二百多万年的时间里，人类始终在打制石器的范围内徘徊，生产方式与生活方式的进步如龟行鹅步，每取得一点微小的进步，都要花去几万甚至几十万年的时间。人类的祖先正是在这样极其艰苦的条件下，筚路蓝缕、颠簸蹉跎，在顽强地改造物质世界的同时也改造着主观世界，实现自身的体质进化与思维进化，最终在大约5万年前在生理上充分进化至智人（现代人）阶段，在大约1万年前实现新石器革命，并引发整个人类生产方式与生活方式的第一次大变革。没有史前人类奠定的物质与文化基础就不会有今天的人类文明。

一　人类的起源与体质进化

人类在自然界的位置

人类是自然界长期进化的产物，因此人类史在本质上是自然史的组成部分，是其中最辉煌壮丽、最不可思议的一章。

人类乘坐的方舟——地球是太阳系的行星之一，表面积约5.1亿平方公里，体积为太阳的1/1300000。太阳是银河中的一滴水珠，像太阳这样的恒星，在银河系中多达1200亿颗。银河系外不知有多少类似的星系。宇宙的浩渺无垠由此可见一斑。人类只是在地球的表面创造自己的历史，晚近一些时候，人类活动的范围虽然有所扩大，上抵外层空间，下至地壳内部，但从宇宙的视角看，仍然紧密地依附于地球。这是人类在自然界所处的空间位置。

地球有46亿年左右的历史。地球上的生命至少有38亿年的进化史。现今地球上约有150多万种动物，10多万种微生物和30多万种植物。已经灭绝的动物有大约700万种，植物25万种。生命的这种生生灭灭、从简单向复杂的进化过程仍在继续。人类是地球生命群体中的一员。人同其他生物一样，体内不仅具有基本相同的、起调节作用的化合物（水、无机盐等），而且均由细胞组成，具有新陈代谢和自我繁殖功能。这使人类各个器官的生理功能，如消化、吸收、排泄、血液循环、呼吸等功能与其他动物大体一致。人还同绝大多数动物一样，拥有社会性，天生是有社会生活的动物。这反映了大自然的统一性。

人也有一些独具的特征：有直立的躯干以及与此相适应的身体特点，如脚拇指粗长，不灵活，上肢解放，拥有其他任何动物无可比拟的灵巧双手。有发达的大脑，一般脑容量在1200—1500毫升，最多可达2000毫升，而与人接近的类人猿的脑容量最多只有400毫升左右。有较弱的牙齿，面貌及毛发具有自己的特点，如光滑的皮肤，鲜红的嘴唇，隆起的鼻尖，个别部位毛发浓厚。

人有高度思维的能力，即使是原始人，也能进行反思和预测，后来逐渐发展出概括的能力。而思维是借助多音节的语言来进行的。经过长期实践和不断总结，人形成了纷繁多样的分节语言，拥有丰富的处理人与人以及人与自然关系的知识体系，如非强制性的行为规范——道德和强制性的行为规范——法律，还有文学、历史、哲学、艺术等精神文化成果。

基于人与其他动物的共性与特性，在生物学分类中，人类所处的位置是：

域：真核域

界：动物界

门：脊索动物门

亚门：脊椎动物亚门

纲：哺乳纲

亚纲：真兽亚纲

目：灵长目

科：人科

属：人属

种：智人种

具备直立行走这一生物特征的人类动物祖先初现于大约 550 万年前的非洲。兼具直立行走与制作工具这一社会文化特征的人类祖先初现于大约 250 万年前。这是人类所处的时间与历史位置。

从南方古猿到现代人（智人）

迄今人类还不能确认自己的动物祖先，但据考古学、体质人类学、灵长目动物学、分子生物学等多学科的研究，我们已能绘制出自身进化的基本路线图。

约 7000 万—5000 万年前，与人类起源相关的哺乳动物繁荣期来临，出现第一批灵长目动物，如更猴。它们体格瘦小，为躲避地面猛兽而以林栖方式生存。长期在林木上活动，使它们四肢异常灵巧，反应格外敏捷，大脑相对发达，所谓"灵长"，便指聪明机敏之意。

约 3500 万—3000 万年前，灵长目动物进化到一个关键时期，现代类人猿和人类的共同祖先——某种属于灵长目的古猿与猴类分离，走上新的进化方向。在非洲发现的埃及猿、原上猿、傍猿是这一方向的可能代表。

约 2200 万—1000 万年以降，非洲与其近邻欧洲存在过众多猿类，如普罗猿、原康修尔猿、非洲古猿、日猿、肯尼亚猿、维多利亚猿、加泰罗尼亚皮尔劳尔猿、森林古猿等。在这些猿类谱系中，可能有正在形成的人类远祖。

约 800 万—600 万年前，在基因方面与人类最为接近的大猩猩和黑猩猩的祖先相继与人类的直接动物祖先分离。有可能为人类动物祖先的古猿依次为萨赫勒乍得猿（距今约 700 万年）、图根原猿（距今 600 万年）、始祖

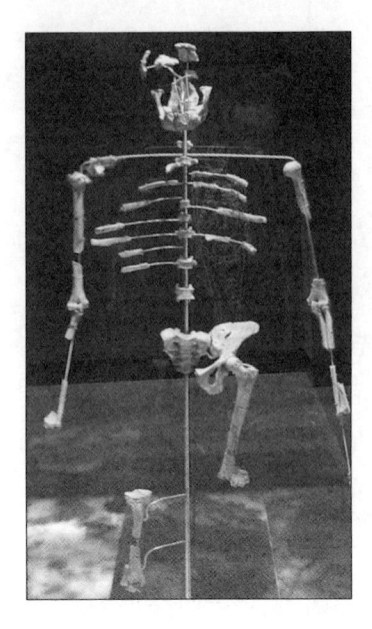

地猿（距今450万年）、南方古猿（距今420万—100万年）、傍人（距今300万—100万年）、肯尼亚人（距今300万—270万年）等。

这些古猿均可半直立双足行走，具有人类的部分体质特征，但还不是真正的人，因为它们大多不具备人类的本质属性，即制作工具的能力。其中，较晚出现的南方古猿是一组变异很大、活动范围最广的古猿，直到100万年前才灭绝，与人类曾经长时间共存。一般认为，人类正是从南方古猿的一支或若干支脱胎而来，目前有较多可能性的是南方古猿阿法种。

"露西"骨骼化石（复制品）

南方古猿阿法种的化石出土多，种类全，包括个别全身骨骼、多个完整的头盖骨以及许多肢骨、颌骨与牙齿，以在埃塞俄比亚的哈达尔地区发现的"露西"化石最具代表性，定年为距今318万年。南方古猿能双足行走，并留下了可靠的证据，即在坦桑尼亚的莱托里遗址发现的两具古猿个体的清晰脚印（1971年），属375万—359万年前。他们还有与人手相似的双手，不同之处是手指稍稍弯曲。其脑容量要大于现生非洲类人猿，可以视为正在形成中的猿人。

最早具备人类形成的关键指标之一——石器制作术的地点是在当代埃塞俄比亚，时间为250万年前。但遗憾的是，含有人工打制石器的地层没有伴生人类化石。坦桑尼亚的奥杜威峡谷出土的"能人"遗骸填补了这一不足。

奥杜威峡谷是位于坦桑尼亚北部平原的一处谷地。英国考古学家路易斯·利基与他的妻子玛丽·利基于1961年发现"能人"化石，意即能够制造工具的人，因为在发现能人骨骼化石的地层中，找到了一些石器和打制石器时留下的石核、石片，定年在190万—170万年前。

能人化石后来在东非多有发现，测定年代在240万—170万年前。这样一来，目前可以确认的世界史开端就是能人所在的 200 万年前左右，最早上溯至 250 万年前。

大约 200 万—20 万年前，人类继续自身的进化过程，旧大陆各地都或多或少地发现了这一时期的化石，从中能明显看到体质进化的轨迹。归纳起来，该时期人类在体质上还带有猿的特征，譬如早期非洲能人的脑容量只有 500—700 毫升，脑颅较为低平，眉脊与嘴部突出，没有或只有很小的下颏，身材矮小。

与能人同时以及之后的 180 万—20 万年前这段时间，非洲、亚洲以及欧洲相继出现了"直立人"，体质特征近乎完全直立，脑容量在 1000 毫升左右，牙齿较小，头骨构造与面部形状仍有部分猿的特征。在中国发现的元谋人、北京人、蓝田人，印度尼西亚的爪哇人，意大利的西布兰诺人，德国的海德堡人等，都属直立人，表明人类已广泛散布到旧大陆各地。

约 20 万—5 万年前，直立人开始向现代人过渡，学名早期智人。其体质形态进化有所加快，如脑量和现代人一般无二，达到 1300 毫升以上，只是前额较现代人稍窄，眉脊略高，下巴颏还不很突出。体质形态的地区差异也凸显出来。典型化石代表有尼安德特人（欧洲），大荔人、丁村人（亚洲）等。人种学家们推测，正是在这一时期，由于地区隔绝、自然选择的作用，现代三大人种开始形成。

大约 5 万年前，人类进入晚期智人时代，其化石遍布新旧大陆，体型与体质同现代人一般无二，这表明人类在生物学方面的进化过程已基本完成。①

古猿转变成人，确切原因并不清楚。早期解释出自达尔文"适者生存"与拉马克"用进废退"理论。现代生物学的进步使人们认识到物种的变异与基因突变有关，但究竟是何种因素促成良性的基因突变仍然言人人殊。无论如何，人类的起源与进化显然是多种因素的综合作用，如果没有地球的适宜生存环境，没有生命循序渐进的演化，没有多次沧海桑田的自

---

① 人类的体质进化过程实际上仍在继续，所谓"基本完成"只是相对现代人而言。

然剧变，没有形形色色引起古猿体内遗传物质变异的外部因素（射线、温度、食物、病毒、杂交等），没有古猿一部分成员艰苦卓绝的求生劳动、首创发明……就不会有人类。

人种的形成与分布

在晚期智人阶段形成了现代人种。人种亦称种族，意指具有共同遗传体质特征的人类群体，这些群体在形态上和生理上有自身的特点，一般根据肤色、头发和体毛的颜色及形状、眼鼻唇及体型等综合性的外部遗传特征加以划分。比较通用的是三分法，把晚期智人分为：蒙古人种或亚美人种，简称为黄种人；赤道人种或澳大利亚—尼格罗人种，亦称黑种人；欧罗巴人种或高加索人种，简称白种人。

实际上，人们寻常仅以一种遗传特征如肤色或毛发等来划分人种的做法是错误的。在每一人种内部，遗传特征的变化程度非常大，以欧罗巴人种为例，肤色可以从几乎无色到近于黑色，毛发可以从浅黄到黑色。

亚美人种数量最多，现主要分布在东亚、东南亚、北亚、美洲。一般而言，肤色在深棕至浅白之间；较粗的黑色直发，晚年可变为灰白；面部较扁平，颧骨较高，眼睛有内眦褶，虹膜颜色深，眼形略向外上方倾斜，铲形门齿，体毛与胡须少；身体躯干较长，四肢较短，手脚相对较小；鼻子较扁平或鹰钩状（印第安人）。

高加索人种数量次之，现主要分布在欧洲、西亚、南亚、美洲、大洋洲。大体说来，肤色如上所述，眼睛虹膜在蓝色与褐色之间，较为凹陷偏窄的面孔，比较高耸狭窄的鼻子，相对小的牙齿和修长的身材，体毛相对较浓密，男性易秃顶者多。

赤道人种目前主要分布在撒哈拉沙漠以南的非洲、美洲部分地区、大洋洲，肤色在黑色与浅棕之间；毛发从卷曲到直发，络腮胡，体毛稀少至浓密（澳大利亚亚种），头发较早变白色；棕色虹膜；眉骨粗壮，宽鼻大牙齿；多数躯干较短，四肢较长，致使整个身材呈细长状。

从化石上区分人种，只能追溯到约5万年前。亚美人种的证据最充分，因为在东亚各地发现的头骨化石均能清晰辨认出铲形门齿与较高的颧骨，可以认为祖居地在东亚某地。美洲印第安人是从亚洲迁徙过去的这一点可以确认，因为美洲未发现约 4 万年以前的人类遗骸。

不同人种的特殊遗传体质特征究竟是如何产生的，目前缺乏可靠的说明。相对比较合理的解释是地理环境的外因与基因变异的内因的相互作用。如一定人群长期处于地理隔绝状态，造成共同的遗传与变异。

不同人种外部甚至内部遗传体质特征（血型）的差异并不妨碍基本生理结构的一致性。譬如脑容量的大小，神经系统与高级心理活动，各个人种是相同的，因此不同人种在相互通婚后可以产生具有正常生殖能力的后代。

由于不同人种在几万年时间里于新旧大陆各地的迁徙与密切交往，特别是近代以来大规模的人种迁徙，人种混合的趋向越来越明显，比如非洲裔美国人已经与非洲尼格罗人种的居民在体质上相去较远了。

目前不同人种在文化上的区别同先天的遗传无关，完全是历史原因造成的。曾经流行、现在也没有绝迹的种族主义思想没有科学根据可言。

二　人类社会的形成与早期发展

旧石器时代

自能人开始，世界史进入了它的最初阶段——石器时代，之后依次为手工金属器时代与机器时代。

石器是人类祖先生存斗争的基本工具。根据制作技术的不同，石器时代又分成旧石器时代和新石器时代两大阶段，两大阶段之间有一个过渡的中石器或细石器时代。①

旧石器时代时间最久，以打制石器为主。这是用砾石通过互相敲打而成的砍砸器、刮削器，形状为多面体、棱锥体、石片等。但当时的人类也使用骨器、角器和木器。

---

① 有的考古学家在旧石器时代与新石器时代之间加入一个过渡阶段——细石器时代，但细石器时代仍是打制石器阶段。

新石器时代是打磨结合的石器时代，石器生产多了一道工序，先初步打制成型，再精心磨制加工。人类因此有了一整套形状和功能同现代手工劳动工具大同小异的石制工具，包括刀、斧、锤、凿等。这套工具被广泛应用于各种生产活动与日常生活当中，直到工业革命才被取代，但现今并未退出实用舞台。

旧石器时代从200多万年前一直下延到约1万年前。由于时间久远，考古学家又把这个时期分成三个较短的时期，即旧石器时代早期（约200多万—20万年前）、中期（约20万—5万年前）和晚期（约5万—1万年前）。

整个旧石器时代的人们都依赖采集和狩猎获取食物，学术上称为攫取型生活方式，与在新石器时代转型的生产型经济相对应。

该时期的人起初用粗糙的石器刺杀、猎捕、切割性情比较温和的中小型动物，后来可以猎取长颈鹿、野马、大象、河马等大型动物，至于鸟类、鱼类、昆虫、鸟蛋、植物块根、果实，更是早期人类的果腹之物。

随着生存经验的积累，旧石器早期的人们逐渐能按照自己的预想设计与制作产品，于是出现多用途的石器，像两面打击成型的手斧、砍砸器、刮削器、尖状器之类。在大约130万—50万年前，不同地区的古人类发明了人工控制天然火的技能，在法国埃斯卡利洞穴和北京的周口店洞穴均发现了人工用火的痕迹。

火的使用在世界史上意义重大，标志人类首次掌握了一种自然力。火被用来加工食物。烧制食物不仅味道好，且植物和肉类的粗纤维在过火后会变软，易于咀嚼和消化吸收，人类从此开始脱离茹毛饮血的状态。火还被用来驱赶野兽、加工木器，致使人类猎取动物的水平空前提高，披毛犀、野牛、剑齿象等大型野兽也成了原始人的捕获物。火还给人带来温暖和安全，人类从此不再风餐露宿，迁入可以遮风避雨的洞穴，并在100万年前开始的四次大冰期当中，不仅在北半球的冰天雪地中能够生存下来，而且还迁徙到旧大陆的大部分地区。

人类的社会进化也有一个逐渐克服动物式本能、不断走向自觉的过程。由于早期人类社会留下的痕迹不多，只有一些相当晚后的氏族部落组织的样本，因此，民族学家和考古学家构建起来的一些社会组织模式包括婚姻模式都是科学的假设。①

就十分有限的史料看，人类为了在森严的自然界中立足，必须保持从动物界沿袭下来的以血缘为纽带的群体方式过活。从远古人类居住遗址的规模推测，估计一个原始群体的人口在 30—100 人之间，是很小的社会。任何社会组织要存在并持续发展，就必须形成一些调节社会关系的准则，以抑制人们的纯生物本能。这可能就是我们在近代仍处于原始状态的人那里看到的各种社会禁忌——外婚制、遴选领导人、财产公有、产品平均分配、奖勤罚懒、劳动分工与协作等制度——的原因。这些制度通命名为原始公社或史前公社制度。

人类物质生产和社会组织的进步总是伴随着思维的进步，二者互为因果、相辅相成，而思维是借助语言进行的。自从人类有意识地打制石器开始，就具备了最简单的概念意识，实现了向人类思维的过渡。随之产生了传递有关概念的最简单的语言形式，即声音信号。最初的语言只是动物式的简单音节。此外某些肢体语言，如手语、表情也肯定是早期人类传递信息的手段。但这类语言还不足以表达人类日益增加的知识储量。人体的进化为人类特有的分节语的出现奠定了生理基础。喉结发达，咀嚼器官退化，牙床变小，吻部回缩，声道改变，口腔内的发音器官有了更大的活动余地，逐渐适于共鸣和形成唇音。当这些生理条件备齐之后，不同声调的分节语言大概产生于旧石器时代早期约 70 万—50 万年前，因为北京猿人大脑的语言发生中枢中颞骨后部及颞—顶—枕骨部位有明显隆起。

旧石器时代中期，人类开始向现代人过渡。此间石器制作技术大有长进，生活在亚洲、欧洲和非洲的古代居民开发出新的加工方法，在各地遗址中都发现了工艺复杂的狩猎工具——石球和石矛头，这意味人类捕捉野兽的能力大为提高，并且捕猎对象开始出现地区差别。例如在这一时期的人类洞穴住所中，大量堆积着兽骨，有的以熊骨为主，有的以鹿骨为主，

---

① 19 世纪美国民族学家摩尔根设想的原始社会组织的演化模式，如据说存在一个单独的母系氏族公社阶段等看法，已被学术界普遍抛弃。

有的以猛犸象骨或羚羊骨为主。在南非的遗址中还发现大批企鹅和海豹的遗骸。除野生动物食品之外，此时人类还创造出加工种子的技术，如使用砾石研磨器、磨槌、捣槌等工具去皮和制粉。人类还懂得了人工取火。这一切大大改善了天然食品的质量。

　　进入旧石器时代晚期，相对于人类体质的巨大进步，技术进步略为显慢。在大约5万—1万多年前，人类仍在旧石器时代徘徊。与以往不同，石器打制技术在这时发展到了顶点。人们开发出复杂的工艺流程，如间接打击法、压削法、钻孔和研磨法，有了一整套小型加工工具，如锥子、骨钻、研磨器、小切刀等。出现了规范的石器，人们能够制作锐利的石刀，能在石矛的一侧开槽，能制造大型的复合武器石矛和渔叉，也能制作小巧光滑的骨针，还能在一端钻出针鼻。研磨技术的应用意味着延续200多万年的石器打制技术即将被磨制新工艺所取代，这是历史巨变的前夜。

　　工具的改进促使人类的采集和狩猎经济空前发展，特别是狩猎，达到前所未有的规模。在欧亚地区晚期智人的某些遗址中堆积着成千上万头大型动物的遗骸，猛犸象的灭绝很可能是人类围猎的结果。晚期智人不仅靠山吃山，而且靠水吃水，邻近江海湖泊的居民发明了用渔网、渔叉、渔钩捕猎。同时，天然植物仍然是人类日常食品的重要来源之一。人类在旧石器时代晚期积累起的采集和狩猎经验，为人工驯化动物和栽培植物的技术革命准备了条件。

　　随着生存能力不断提高，人类的活动空间也就相应扩大。人类在晚期智人时代跨过白令海峡，漂过太平洋岛屿，成群结队在美洲和大洋洲安家落户。所以，第一批发现新大陆的移民是旧石器时代的亚洲人。

新石器革命

　　约1万年前，有些打制石器的能工巧匠革新了工艺，创造出磨制技术，人类从此进入新石器时代。这一时代的锄铲、刀矛、斧头等工具的形状与现代同类工具没有多少差别。使用这种得心应手的工具以及设置陷阱去捕捉野兽，人类的猎物增多，直至出现剩余。人们把剩余的猎物用围栏圈养起来，由此驯化出最初的动物。

古代西亚人是家畜饲养业的先行者。他们在1万多年前首先把狼驯化为狗，把野羊驯化为家养绵羊。随后家畜饲养业在世界各地普及开来。山羊、猪、马、牛、驴和各种家禽一一驯化成功，并逐渐从人类社会群体中分离出一部分专门从事畜牧业的游牧共同体。

如果说男性因长期从事狩猎活动而熟悉动物，可能是家畜饲养业的发明者，那么人工栽培植物似乎就是女性的创造了。她们常年进行采集，有可能最先认识植物种子落地、发芽、生根、成长、开花、结果的规律。西亚（现今叙利亚、伊拉克、土耳其）在大约公元前9000年以降，首先成功地栽培出大麦、小麦、扁豆、豌豆等作物。随后西非地区（今尼日利亚）的人们在公元前8000年左右栽培成功甘薯、黑豆和秋葵。中国长江流域与黄河流域的居民在大约公元前6500—前5500年栽培出稻谷、芥菜、粟（谷子）、黍子、大豆等作物，可能独立驯化了猪和鸡。美洲中部及中南部的印第安人则在约公元前4000年独立栽培出玉米，之后又培植出马铃薯、花生、番茄、辣椒等谷物与蔬菜。

植物的人工栽培技术从草本植物扩及木本植物，各地人工培育的无花果也成为人类的食品。随着剩余食物的增多，用来烹饪、盛饭装菜、储存粮油的陶器问世，在相当长的时间里成为最受古人欢迎的耐用消费品。

从地理分布看，早期农业与畜牧业文化主要集中在北纬60度以内的温带与亚热带具有水源的地区，特别是一些大河流域，如尼罗河流域，幼发拉底河与底格里斯河构成的两河流域，长江与黄河构成的两河流域，印度河与恒河构成的两河流域，因此那里也是最早的文明发祥地。

农业与家畜饲养业的诞生对人类历史发展具有深远意义：

首先，人类根本改变了漂泊不定的采集、狩猎生活方式，从森林与洞穴中迁到田地附近，建造永久性的住房，开始长期定居在一方土地之上，彻底告别了攫取型经济，进入迄今延续的生产型经济领域，为人类大踏步迈入文明社会和进一步发展文明奠定了牢固的物质基础。我们不应忘记，当代人的食物——几乎所有谷物、肉类、蔬菜以及对人类至关重要的人工取火，都是史前人类留给我们的珍贵遗产。

其次，人类的经济活动自此有了第一次大分工。农业和畜牧业分离开来，一部分掌握了家畜饲养技术的人群成为专业的畜牧师，在西亚以南的阿拉伯半岛、以北的东欧草原和中国农业区之间的蒙古高原、西伯利亚南部草原、中亚细亚草原地带形成游牧民族。农耕民族与游牧民族之间的友好交往与军事冲突构成人类文明史的重要内容。

再次，定居生活与剩余产品的出现引起人口的稳步增长。从1万年到2000年前，粗略估计世界人口由大约400万增长到1亿多。这导致荒地不断开垦，农区不断扩大，大批狩猎和采集者变成农民和牧人。至公元1000年时，尚处在原始状态的人口，如非洲的布须曼人、俾格米人、澳洲的土著、新西兰的毛利人等，仅占世界人口的不到1%，且居住在农区之外的边缘角落。

最后，定居生活方式在西亚、北非、东亚、南亚引起乡村与城市的产生，形成最早的阶级和等级社会，出现了最早的国家组织，创造出各种文字体系、成文法，发明了最早的冶金术，造就了历史上第一批劳心者，从而极大地促进了人类社会经济、政治、思想文化的发展，形成初步的人文社会科学与自然科学门类。这就结束了长达200多万年的原始社会。

由于农牧业的发明引起生产力与社会关系的巨大变革，这一变革是在新石器时代实现的，因此学界把这一巨变称作"新石器革命"或"农业革命"，堪与蒸汽革命相比。在这次深刻的变革当中，亚洲是动力的发源地，走在其他大洲的前面。

三 文明社会的曙光

文明与文明产生的原因

中文"文明"是一个多义词，可以指良好的文化教养，如某人文明或不文明，也可以指人类创造的物质文化和精神文化的总和，如物质文明和精神文明。历史学领域的文明内涵与此不同，是一个综合指标，泛指原始社会之后的漫长历史阶段。文明与原始相对应，意味文明社会较原始社会有巨大的社会进步。从生产的基本方式和财富的基本来源角度讲，世界文明史可以依次划分出农耕文明与工业文明两大文明类型；从社会制度角度分析，又有奴隶制文明、封建制文明、资本主义文明、社会主义文明等循序渐进或者并列的文明；从文化形态角度看，则有佛教文明、基督教文明、儒学文明、伊斯兰文明等。

判断一个地区的社会是否进入文明可用如下基本标志：

1. 有了比石器效率更高的工具——金属器。

2. 社会分化为具有不同经济利益和政治诉求的阶级和等级。

3. 产生了由公职人员、政府机关、军队、法庭、监狱等部门构成的多层次的（中央与地方的）公共权力机关——国家，并因此产生了法律、法规和税赋等国家权力的派生物。

4. 作为政治、经济、文化和军事防御中心的城市出现，并成为一定地域上的国家与国民的权力中心。

5. 文字的发明和脑力劳动与体力劳动的分工，形成了专门化的文学艺术与科学知识部门。

这些文明的标志虽然不是同时出现，但毕竟构成了判断文明到来的基本参数。在新石器时代与金属器时代之交，即铜石并用时代，世界上产生了五个独立的文明：公元前4000年代末出现的西亚两河（底格里斯河与幼发拉底河）流域、北非尼罗河流域文明，公元前3000年代末出现的东亚两河（黄河与长江）流域、南亚两河（印度河与恒河）流域文明，公元前1世纪左右出现的中美与南美文明。由于早期文明的地理位置对于近现代占有优势话语权的西方学者来说是东方，因此亚非拉的古代史又被称作古代东方史。

文明的产生与人类社会生产力的进步紧密联系在一起，有什么样的生产力就会有什么样的社会形态和文明。对此，马克思有一句名言："手工磨产生的是封建主为首的社会，蒸汽磨产生的是工业资本家为首的社会。"[①]

[①] 《马克思恩格斯全集》第4卷，人民出版社1958年版，第144页。

这是对历史事实的合理归纳。虽然手工磨不一定只有唯一的对应社会——封建社会，在一种生产力下也可以对应产生不同形式的生产方式，如奴隶制的，半奴隶制半封建的，亚细亚的，但由于人类在文明社会的早期阶段生产力仍然十分低下，最优质的工具是铁制手工劳动工具，最经常、最可靠的能源是畜力和人力，因此社会实际上从来没有出现过现代意义的生产过剩，只有普遍贫困下的相对过剩。普通劳动者能够用来交换的剩余产品数量很少，所以，整个社会的非农业人口与农业人口相比始终是很少数。加之古代手工业生产的产品种类简单，多数工艺并不复杂，比如居民普遍需要的陶器与纺织品，农民自己在家里也可以制作；许多产品经久耐用，可以世代相传，比如金属工具、瓷器和武器等大宗产品。这些因素大大限制了古代工商业的发展，导致绝大多数人仅仅为了生存而非生活拼命劳作。他们最主要的劳动对象是土地，最好的财产来源是土地种植，因此人们最愿意拥有的财产是土地，最权威的统治者是大土地所有者，工商业和工商业者始终处于从属地位。有鉴于此，整个古代文明都被定名为农业或游牧文明，以便区别于后来的工业文明。

最早的文明产生于旧大陆的大河流域，这不是偶然现象。文明的产生只有在经济发展到一定程度时才有可能。大河流域是农业的发祥地或最早接受农业文化的地区。这里的居民也是金属工具的发明者。先进的农业经济和金属工具与大河流域比较肥沃的土地相结合，使这些地区的居民较早生产出超过个人所需的剩余产品，引起最早的社会分化，为率先跨入文明社会的门槛准备好了适宜的经济与社会条件。

阶级的产生

史前社会在进入旧石器时代末期，可能普遍处于氏族部落社会。氏族是出自一个共同祖先、彼此不能通婚的人们组成的血缘亲属集团。氏族的本质特征是实行族外婚。但这种族外婚是固有的还是在史前社会发展到一定历史阶段才产生的，目前没有定论。

部落是比氏族规模大的社会组织，最初可能由两个互相通婚的氏族构成，逐渐衍生为众多氏族构成的较大型社会集团。根据氏族社会的活化石、美洲印第安人的氏族部落状态推测，一个部落可有几个或十几个氏族，每个氏族有自己的酋长与议事会等管理组织，部落有酋长会议、部落大会。部落的进一步发展会形成更大的部落联盟，并有相应的联盟机构。大型联盟如北美易洛魁人联盟是六个部落联合，成员多达两万人以上，可视为国家的雏形。

根据现有氏族部落样本的调查，氏族部落一般以父亲一方计算世系，称父系氏族，个别以母方计算世系的称母系氏族。农业革命之后，犁耕与锄耕农业以及剩余产品的出现，致使男女之间产生明显的社会分工，男耕女织的农业经济模式逐步成型。随着部落之间因土地与水源的冲突而出现械斗和部落战争，男性因扮演的社会角色更为重要而在氏族部落中确立了优势地位。

随着农业技术与劳动组织形式的改进，氏族集体生产、平均分配的传统做法变为以家庭为单位的生产形式，公有土地分给各个家庭使用，没分配的只是集体共用的森林、草场和水源。

个体生产的自然走向是两极分化，因不同的家庭有不同的生产条件，在春种秋收与家畜饲养的过程中，在对外冲突与掠夺的过程中，一部分较有能力的人积累起较多财富，特别是那些拥有权力、具有智力与体能优势的氏族部落酋长与军事首领先富起来。

此外，工具的精细化使得制作石器、陶器、早期铜器、玉器等产品专业化，手工业与农业畜牧业分离开来，随之出现了从事交换的商人。创造与积聚家庭财富的形式因此多样化。私有观念日益加强，人们愿意把自己积累的财产据为己有，不受公共权力的干预。但还有相当一部分社会成员由于各种原因陷入贫困的境地，被迫向富裕的族人借贷，寻求帮助，并允诺日后用产品或个人劳动来加以偿还，保护私有制的规则随之面世。考古工作者在世界各地新石器时代晚期的墓葬中都发现明显的贫富差别，而之前并没有陪葬物差异很大的现象，就是这种社会变革的实证。

贫富分化造成社会利益的重新分配，过去氏族传统的互助与平等的原则改变为保护私有财产，维护既得利益的新原则。富有的成员利用自己优越的地位控制了氏族部落的领导权，使之为自己的利益服务，并力求把这种领导权变为特权，传给自己的后代，这样就产生了贵族阶级。大多数占有自营土地的氏族部落成员则成为与贵族相对应的平民阶级。无能力偿还债务的平民会因土地被抵押或被抵债而变为无地贫民，依附于贵族，甚至沦为债务奴隶。古代西亚、中国、希腊、罗马的史书与法典中都记载有阶级社会早期的债务奴隶制，便是这种社会分化的写照。

由于剩余产品的出现，人的劳动有了更多价值，在不同部落之间的冲突中，人力与土地、水源、生活资料成为争夺的对象。被俘的异族成员不再被杀死或被纳入取胜的一族，而是变为供战胜者驱使的奴隶。由于奴隶是异族人，主人可以用极为残酷的手段榨取他们的劳动。奴隶阶级与奴隶主阶级成为最早出现的阶级对立的又一种形式。

氏族部落的解体与国家的建立

基于目前的史料，氏族部落权力组织转化为国家权力组织的途径不止一种。比如，一个部落或部落联盟征服其他部落或部落联盟，把原氏族部落组织变为维持被征服者的暴力机器。古代雅利安人对南亚当地人的征服、古希腊的斯巴达对邻近多利安人的征服并进而形成的国家，是这一途径的案例。再如，氏族部落的首领（酋长、宗教领袖、军事领导）因社会矛盾的激化，把手中权力变为脱离社会的公共权力，自己成为不受制约或很少受制约的家天下的国王。这一途径最为普遍，如美索不达米亚的苏美尔人国家、古埃及诺姆国家、中国古代关于禹废除禅让制建立君主世袭制的传说、古希腊雅典和意大利罗马最初的君主国的建立，都遵循这一路径。

无论何种途径，国家形成过程总有一些共同特点，即氏族部落机关日益脱离社会，转变为与大多数社会成员不相容的、由少部分人行使的、凌驾于社会之上的公共权力机关。所以，农耕文明时代的国家本质上是在经济上占统治地位的富有阶级的权力组织。

公元前 4000 年代末，世界最早的国家出现在北非尼罗河流域的上下埃及地区，西亚两河流域南部的苏美尔人地区。公元前3000年代末，东亚黄河流域、南亚印度河流域、爱琴海岛屿、西亚两河流域北部亚述地区、伊朗高原西南部、叙利亚埃博拉地区也形成了众多早期国家。公元前2000年，希腊半岛、小亚细亚半岛、腓尼基、阿拉伯半岛南部产生了国家。公元前1000年至公元1000年间，亚洲、非洲、欧洲绝大部分适于早期人类居住的地方和美洲中部地区都形成了国家，公社制的史前社会形态在世界范围普遍解体。

世界史上的所有原生国家因为从氏族部落脱胎而来，氏族部落的狭小性决定了早期国家国土面积不大，人口不多，一般以一个城市为政治与防御或经济中心，实行世袭君主制，君主的住所与行政机关设在城市当中，为一国自给自足所必需的农村与小城镇散布在中心城市周围。

四　科学与人文知识的萌芽

语言文字

语言是人们相互间传递信息的符号体系，通过声音符号与书写符号加以表达。人类的语言大体经过单音节语、无文字符号的分节语、有符号的分节语三个阶段。

在分节语产生之前，一个人获得的信息只能通过十分有限的符号载体，如单音节的声音和表情动作向他人传递。在这种情况下，个人与个人、个人与群体、群体与群体之间的交流十分困难，人们能够分享的信息只能局限于种的生存和延续所必需的一些知识，如打制石器的技术、制作木器的技术、狩猎采集的技术、躲避天灾的方法等。

分节语的出现是人类体质与思维长期进化的产物。由于分节语的出现，个人积累的信息可以方便地提取出来转化为群体的记忆，个人和群体的记忆可以通过口头传说世代相传，不致因个人的消失或遗忘而湮没无闻。原始经济、社会、精神文化生活的连续性因此得到较为可靠的保障。人类知识的积累速度因此加快，已获得的知识信息开始条理化，有了最初步的分类,自觉保留经过整理的记忆并向后代传授的使命感油然而生。至旧石器时代晚期和新石器时代,世界各地的氏族部落普遍出现创世记、人类起源、祖先崇拜、英雄崇拜、图腾崇拜等原始崇拜,反映思维进步的古人对自身起源等历史问题的热切探求,这是文字符号能够产生的驱动力。

在迄今所发现的原始氏族和部落当中,塔斯马尼亚人、火地岛人、澳大利亚人最为原始。他们的语言有众多具体概念,却仅有很少量的抽象概念,如树、鸟、鱼等,完全没有更大的概括性词汇,如生物、动物等,反映人类在新石器时代还处于比较幼稚的原始思维状态。但所有族群都不同程度地拥有关于人类起源的图腾传说,这些传说世代相传,表明史前人们有群体记忆的强烈意识。

在缺乏文字记载的条件下,原始人竭力发明一些较口头传递更有效的方法,克服记忆的不足和回忆的失真,保持逝去的过去的真实面貌。民族学材料表明,晚后期的史前人类发明了众多帮助记忆部落迁徙、生产、械斗、祭典等重大事件的方法。北美的印第安人,西伯利亚北方的各部落,赤道非洲的部落,太平洋岛屿的美拉西尼亚人等利用打结的绳头、成串的不同颜色和形状的贝壳、刻纹、图画来记录相当复杂的史事。比如毛利人大约有40个部落,各部落都有对本部落与外部落之间的侵夺、仇视、报复事件的详细记载。美洲捷拉瓦尔印第安人甚至用图画形式编写了一部著名的编年史,称《瓦拉姆奥鲁姆》(《红笔记》),以在树皮上的184幅画描绘出他们的全部历史传说,从世界的起源到欧洲殖民者在当地的出现。这表明早在原始社会后期,人类的历史记载已具有初步连续的时间与地点观念,创造出用绘画符号叙述的历史记载形式。

原始人为了改进口头传递的效率,发明了一定长短的语句,句尾尽量使用相同的韵脚用来叙说史事,以便于记忆,这就是史诗。世界各古老民族几乎都有自己的发端于原始社会时期的或长或短的史诗,均以生动的叙事表明语言的丰富与多样。至晚期智人时期,新旧大陆的古代居民已经形成了约六七千种不同的语言,每一种都有自己的复杂语音、词汇和语法结构,并有自己的文学遗产。这表明文明社会到来之前,人类已经创设出具有同源和相似语法特征的最大语言系属——语系，每个语系内部又根据相似程度分为一系列语族，语族之下还分出更多的语支，语支之下还有大量语种。这种语言的分类谱系类似生物的谱系，标示不同语言之间的亲疏关系，是追踪与确认古代居民来源与相互关系的重要工具。

在欧亚大陆形成了印欧语系，包括日耳曼、斯拉夫、罗马、凯尔特、希腊、波罗的、亚美尼亚、伊朗、印度等语族；东亚大陆形成了汉藏语系，包括汉、藏、缅语族，所属人数次之；西亚北非形成了塞姆—哈姆语系，包括塞姆、哈姆语族；亚洲腹部形成了阿尔泰语系，包括突厥、蒙古、朝鲜等语族（也有语言学家认为朝语的系属不清，是独立语言）。

早期国家形成时，各国普遍已经具备文字符号系统，如苏美尔人的楔形文、埃及人的象形文、中国的甲骨文，这表明原始社会晚期是文字的孕育与降生期。社会生活的复杂化要求更有效地记载、表达、传播知识信息的文字符号。

原始宗教

原始宗教的特征是万物有灵，自然崇拜。这是人类对自身与周围自然界关系进行最初思考的产物，试图解答或表面或终极性的问题。如为什么会有星辰日月、四季循环、雾雨雷电、花草荣谢等自然现象，为什么人会生老病死、谁是人的创造者，等等。由于史前人类认识能力有限，在难以发现正确答案的情况下，只好把一切原因归结于某些特殊的造因者——神灵。所以，一切宗教与宗教崇拜对象都不是自在的，我们人类是宗教的造物主，却反过来向自己的造物顶礼膜拜。

人类可能在旧石器时代中晚期产生了最初的安灵崇拜。在德国尼安德特河谷的洞穴中发现古人遗骸旁边放置着石器陪葬物，似乎表示尼安德特人已具有灵魂不死的意识。至旧石器时代晚期，陪葬物已很普遍，证明安抚灵魂与安排来世生活成为史前人类的基本共识。

进入新石器时代，在对灵魂尊重和崇拜的基础上，发展出自然崇拜。史前人类认为自然界与人是统一的整体，人体内的灵魂可以转移，他们赋予某种与人关系密切的动植物或其他事物以人的灵性，认为它们与自己有亲缘关系，是自己的祖先，并把这些动植物当作氏族和部落的保护神加以祭拜，这就是图腾崇拜。

此外，史前时代末叶的人还创造出其他崇拜形式，例如太阳崇拜、月亮崇拜、拜雨水、拜雷电、敬山岳、敬海洋，等等，并按自己的面貌和动植物形象来想象崇拜对象的形状。有时连某些与人们生活关系密切的工具、用具也可成为祭祀对象。原始崇拜的发展，衍生出一些专门从事宗教仪式活动的祭司，并设计出成套的祭祀与实行巫术的仪式，形成新的社会阶层——僧侣贵族或祭司集团。

原始科学知识

史前人类在漫长的生存斗争当中，积累了许多与自然交往的经验，并试图予以初步的总结，催生了科学知识的胚胎与萌芽。

由于依附于自然界，原始人对自然万物万象的认识最多，积累出关于天文、地理、气象、动植物的初步知识。他们能够根据某些天气迹象预测气象变化，预先做好应对准备。他们能够利用肉眼观察星辰的位置，发现它们之间的细微变化。如南非布须曼人能够独立发现在天空中运行的人造卫星。他们因外出狩猎的需要，对于自己居住与游猎的地域有惊人的记忆力，对自己曾经到过的远方地形地貌和路径可以有深刻的记忆，能够辨别方向、确定自己的方位，有些史前猎人还能绘制简单的地图。

原始人在长期的劳动实践中，获得了动植物分类的知识，能够识别有毒或无毒的植物，并最终选择出最适合需要的物种加以栽培实验。古代中国人关于神农尝百草的传说从一个侧面反映了原始人苦苦追求真理的努力。他们还在捕猎动物的生存竞争中逐渐熟悉了不同动物的习性，认识了动物的迁徙路线，正确辨认鸟兽的踪迹，并利用自己积累的经验捕捉野兽，直至人工驯化出第一批家畜家禽。

在与森严险恶的大自然交往的过程中，原始人发明了各种治疗伤病的方法，如广泛应用动植物、矿物性药物，用放血、冷热敷、按摩等理疗方法处理胃痛、发烧、肌肉痛、神经痛等疾病，土著澳大利亚人甚至发明了用夹板固定骨折部位的方法，涂抹火灰与油脂止血，涂抹尿液与泥巴治疗皮肤病。

但原始人对数字并不敏感，只有简单的单数概念，且一般只能识别1—3个具体事物。如需要表示5，则用3+2的加法，超过10的数目则用"很多"。各地原始人在计数和度量时普遍使用自己的手、脚、步作为工具，也用某些工具与武器或旅途天数来表示距离，如距某地较远时用步行几天来表示，距某地较近时用抛掷几次标枪或射出几次箭矢来代指。

原始艺术

晚期智人时期出现了精彩的原始艺术，这是史前人类思维进步的伟大成果。实际上，自人类的动物祖先打制第一件石器的时候已经有了审美意识。目前看到的奥杜威峡谷出土的石器已有双面均衡打制刃口的砍砸器，显然有预先的设想。旧石器时代晚期的石球圆度并不需要很高，有些箭镞也不需那么精致，但这些武器的制造者却精心地敲琢，达到审美的效果。原始人最令人惊异的艺术作品是2万年以里在新旧大陆发现的洞穴壁画、岩画和石雕、木雕。

欧洲考古学家在法国、西班牙、东欧洞穴中发现大批旧石器时代晚期艺术家的作品，不仅有壮丽的壁画，还有浮雕，刻画的对象包括各种动物，如野牛、野马、狮子、狗熊、猛犸象、猛禽、鹿、骆驼，也包括人们围猎的宏大场景。在洞穴深处以及在颇高的洞顶部如此费时费力地持续作画，其原因至今难以捉摸。

同时代的人不仅绘画，还用石头、骨头、兽角、象牙等材料创作出动物、人物题材的雕像。尤其是大量妇女雕像，对女性的身体特征予以艺术夸张，称颂生育的伟大，反映对女性的尊重与崇拜。

音乐艺术在晚期智人时代也显而易见，表明这个阶段是人类文化的一次飞跃。歌唱与人们的宣泄情感有关。在艰苦的劳动中，在猎获动物和获得食物的喜悦中，在原始宗教仪式和庆典仪式中，人们会发出各种欢呼，

阿尔塔米拉洞窟内的壁画

并演化成规律性的重复，形成歌唱的旋律。通过音乐语言可以表达一般语言难以表达或不好表达的人类情感、欲望与追求，所以音乐与绘画不同，是原始社会晚期非常流行的大众艺术形式。

最初的音乐语汇还很有限，所以节奏要强过旋律，打击乐器因此有可能早于管弦乐器的发明。强烈的节奏激发人的忘情舞动，舞蹈艺术与音乐相辅相成地共生出来。旧石器时代晚期和新石器时代壁画与岩画中描绘的群舞与独舞画面，中国贾湖遗址出土的约8000年前的吹奏乐器骨笛，已能发出较准确的七声音列，证明史前人已掌握了骨笛制作中如何保证音准的技能。

音乐与舞蹈艺术的发展引起艺术的仪式化、标准化，产生专门用来庆祝丰收、战争出征及胜利、新首领即位、旧首领死亡、驱除鬼怪、祈福上天之类喜乐和哀乐以及仪式舞蹈形式。这些形式成为氏族部落举办的诸如结盟、成丁、围猎等大型活动的必要组成部分，烘托活动的庄重与神秘，远远超出了音乐与舞蹈的审美意义。

第二章　古代埃及

尼罗河流域中北部是人类史上率先进入文明的地区之一，最早形成统一的地域大国，首先在金字塔型的社会结构基础上确立了君主专制制度，创造出具有自身鲜明特色的文化。静静的尼罗河、巍峨的金字塔、宏伟的庙宇废墟，是这一文明昔日辉煌的无言见证，留给现代人与后代人无尽的想象与沉思。

一　尼罗河的赠礼

古埃及的自然条件

一方水土养一方人，自然环境是人类活动的依托与舞台，对人类历史的发展具有重要和深远的影响。

古埃及所处位置与面积同现代阿拉伯埃及共和国大体相当。其疆界在历史上的大多数时间里南抵第一瀑布，西接利比亚，东靠西奈半岛，北临地中海。尼罗河自南向北纵贯全境。这条对古埃及文明至关重要的河流全长6670公里，是世界上最长的河流，在埃及境内蜿蜒约1200公里，于广袤的沙漠中间开辟出一条宽约3—16公里的绿洲，并在开罗以北随着地势展开，形成巨大的三角洲。

历史上，三角洲地带称下埃及，其余河谷地带称上埃及，整个宜居地区面积约4万平方公里，其中三角洲地区为12000平方公里。这两个地区是古埃及人历史活动的主要舞台。此外，尼罗河两侧极为广阔的沙漠地带也一直有少量古埃及人生息，但古埃及人并不认为沙漠与沙漠化的西奈半岛是自己的国土。

15000—12000年前，北非还是间或有树林的大草原，长颈鹿、犀牛、大象等大型动物出没其间。后来欧洲北部的冰川退回北极，北非气候发生变化，草原逐渐沙化，致使埃及无论是在古代还是现代都干旱少雨。但尼罗河上游位于非洲中部高原地带，季节性大雨通常在每年6、7月倾泻，使上游青尼罗河河水暴涨，夹带着沿途冲刷下来的火山灰，汇入尼罗河干流，造成每年8月下游地区洪水泛滥。除开一些被人工堤坝隔离的地区，整个埃及河谷与三角洲地带变成一片泽国。水位最高时，可以淹没两岸利比亚沙漠与阿拉伯沙漠"有两天路程的地方"①。三个多月后②，洪水逐渐退去，河水复归旧道，泛滥时的混浊变为正常的清澈，重新裸露的两岸田地补充了丰沛的天然肥料——腐殖质。在古代缺乏人工施肥经验的情况下，尼罗河两岸的田地可谓得天独厚。11月在世界许多地方是秋去冬来的农闲月份，但在古埃及却到处交织着春的音韵。勤劳的古埃及农民开始一年的耕作期，栽培大麦、小麦等农作物。之后六个月，庄稼旺盛成长、成熟，在干旱的沙漠地区形成一条绿色和金色的走廊。7月末，北风袭来，这是又一次汛期来临的预兆。古埃及人很早就发现了这种河水涨落的规律，修筑渠道，排干沼泽，引水灌田，逐渐把尼罗河沿岸改造成麦浪翻滚、椰树成林、农舍棋布的沃土，长期成为整个地中海区域的谷仓。③ 由于尼罗河是埃及人的生命线，古希腊史家希罗多德曾感慨地说："埃及——这是尼罗河的赠礼。"④

古埃及人与早期历史线索

埃及的名称来自古希腊的《荷马史诗》。诗中称北非这片地区为

---

① 希罗多德：《历史》Ⅱ，19。
② 希腊史家希罗多德记载古代泛滥的时间是100天，然后洪水逐渐消退。见《历史》Ⅱ，19。
③ 尼罗河周期泛滥并淹没周边土地的现象在现代得到根本改变。1970年，埃及在苏联援助下在上埃及修筑的阿斯旺大坝竣工，结束了尼罗河的自然流程。
④ 希罗多德：《历史》Ⅱ，5。

Aígyptos（发音为"埃及普托斯"），现代西文埃及一词便由此衍生而来。古埃及人称自己的国家为"库马特"（Km.t，意即黑色的土地），与周边黄色沙漠相对照。

成文史内的古埃及人属单一民族，说同一种语言，只有方言的区别，语言系属塞姆—哈姆语系。最早的埃及人可能是从南部迁徙而来的黑种人，之后来自亚洲的哈姆人进入北非，与黑种人混合。再后又发生多次种族、民族的融合，如喜克索斯人、波斯人、希腊人、罗马人到来并建立统治，因而古埃及人虽是单一民族，却是由多种族、民族融合而成的说同一种语言的单一民族。现代埃及人则是在7世纪阿拉伯人征服埃及后逐渐形成的。

考古学家在尼罗河流域的台地上出土过一些旧石器时代早期的石器，证明在远古时期这里已有人迹。另外，旧石器时代晚期的人类遗址也在靠近尼罗河的一些地点有所发现，估计该时期的居民以采集、渔猎方式生活。

目前发现的史前人类遗存多属中石器与新石器时代（约18000—5500年前），从出土器物中可看出社会生产与社会结构的缓慢变化。

在距今约8000年以前的遗址中，发现古埃及居民已经使用经过精细打击成型的石臼、石杵、石刀、石镰、石磨盘，表明此时的古埃及人以天然谷物种子为食，掌握了采集、收割、脱壳、研磨等复杂技术。

在距今8000—5500年的遗址中，如在上埃及的塔萨—巴达里、下埃及的梅里姆达等遗址中，居民定居于村落，种植大麦与小麦，饲养绵羊、山羊，也从事渔猎，但手工业越出简单的石器制作，已有陶器和铜制装饰品。在上埃及涅伽达文化Ⅰ中发现墓葬风俗较前普遍，坟墓大小、陪葬物多寡有明显差别，反映社会成员之间出现贫富分化，这是阶级产生的前兆。

自涅伽达文化Ⅱ（公元前3500年）始，埃及逐渐进入文明社会，并在公元前3200—前3100年形成国家。有关这段时间的史料同样很少，只能根据有限的考古史料来大略勾勒出当时的情况。

约公元前3500—前3100年，脱离社会的公共权力的代表——国王开始现身于考古材料中。如在上埃及希拉康坡里出土的"蝎王权标头"上的刻画，显示蝎王高大形象，身后跟随仪仗，队员身材尺寸不及蝎王一半。画面上还有从事劳动的平民或奴隶，表明劳心者与劳力者的阶级分化。

在一些考古遗址中发现，此时埃及常发生战争。如在阿拉克出土的石刀手柄装饰物上，刻画着水陆战斗的浅浮雕。在希拉康坡里出土的"战场调色板"上，正面刻画着狮子与猛禽在吞噬被击倒的敌人，图中央的那头狮子凛然而立。狮子原系上埃及国王的象征，后来成为大一统国王的象征。图中还有鹰与朱鹭形象的两面旗帜，旗杆上各有一只手紧紧抓着被缚的俘虏。参考后来的记载，埃及在这一时期形成了几十个区域小国，史称"斯帕特"，古希腊人称"诺姆"国家，出自图腾崇拜的部落名称转化为国名，如鹰国、公牛国、狼国等。各国一般以一座城市为政治、经济、宗教与防御中心，所以在古埃及象形文字中"城镇"一字是防御墙与壕沟环绕的地方。从考古发现的王衔、王冠、王权象征物看，各国实行君主制，这是文明社会最早的政治体制。

在狭窄的生存空间并存几十个国家（一说42个），各国间为争夺土地、水源与劳动力以及因此而生的地区霸权而不时发生战争。上述"战场调色板"图刻表现的即可能是上埃及鹰诺姆与朱鹭诺姆联合攻打下埃及的史迹。

二 大一统国家的建立与专制王朝的形成

统一王国的出现

埃及是世界上最早实现政治统一并最早确立君主专制制度的国家。对于大一统国家的建立时间，成文史与考古材料提供的信息却不一致。根据晚后埃及史家马奈托的年表，美尼斯是统一埃及的国王。他原是上埃及一个以孟菲斯城为中心的诺姆的国王，可能先局部统一了整个埃及南部，然后在公元前3150年左右攻占下埃及，完成了上下埃及的政治统一，以提尼为首都，史称第一王朝或提尼王朝。

但马奈托的记载属这一历史事件发生三千多年之后的追忆，无法验证真伪。考古史料中始终没有发现任何有关美尼斯的痕迹。现代埃及学家为了摆脱这一困境，把在希拉康坡里发现的有关国王纳尔迈的文物看作是美尼斯的替代者。

有关史料"纳尔迈调色板"证明纳尔迈曾征服三角洲地区。"纳尔迈权标头"显示他俘虏了12万下埃及人、40万头大牲畜和120万头小牲畜，并娶下埃及的一位公主为妻。图刻正面的纳尔迈头戴标志上埃及的白冠，背面的纳尔迈头戴象征下埃及的红冠，显然是上下埃及之王。

自第一王朝开始，古埃及开始按当政的国王纪年。每一王朝包括若干国王的统治期，这些国王有可能没有任何亲缘联系，来自不同地区与城市，以不同方式获取王位，这点与出于同宗同族的中国古代王朝的分类法有所不同。整个古埃及共有30个王朝。其中第一王朝共有8位国王，统治250多年；第二王朝约10位国王，统治二三百年。两个王朝被后来的埃及史家划归一个大阶段，即早王朝（约公元前3150—前2686年）。

整个早王朝时期，埃及的统一还不巩固，南北似分作两个行政大区，如税收分别收存在南北两地的仓库中，称白仓与红仓。在第二王朝的国王哈谢海姆的雕像基座铭文上刻有杀死下埃及敌人4万多的字样，说明内战的残酷性。

早王朝在统一不久即进行对外扩张，把南部疆界扩至第一瀑布，奠定了埃及南疆的基础。该王朝的第三位国王则进一步扩疆至第二瀑布。

专制统治的确立

在早王朝时期，埃及确立了君主专制制度和王权世袭、王权至上的政治理念，出现为国王权威服务的政府机关。

早王朝时期国王的高度权威体现在庞大的墓葬规模上。古埃及人是最重视葬俗的古代民族。他们认为人生短促，来世永恒，人的死亡并非生命的终止，而是来世生活的开端。人在来世将死而复生，复生的前提是保存完整的尸体，这样灵魂才能重新与身体结合在一起。为了来世复活，古埃及人发明了木乃伊制作术，并在生前便尽力准备好来世的住所——坟墓。

早王朝的国王与贵族的大墓称马斯塔巴，在地表呈现长方形立方体状，地下有墓道和数量不等的墓室。国王的马斯塔巴往往占地数百平方米。这种大型马斯塔巴是接踵而来的大金字塔的雏形，虽高度不及金字塔，但地下墓室的规模却毫不逊色于金字塔，殉葬品数量、质量为其他陵墓不可比拟，更有大量人殉，有的多达二三百人。这是王权高度权威、可以调动与操控巨大资源与人力的证明。

早王朝之后，埃及文明史进入古王国时期（公元前2686—前2181年），包含第三王朝至第六王朝，此间遗下的史料可供重建较为清晰的君主专制形态。在这一制度下，君主个人拥有支配一国经济、政治、军事、文化的无限权力，在埃及专制君主被称作"法老"①。

古王国时期的国王自称"拉神之子"。拉神是古埃及的主神太阳神，拉神之子意味君权神授。在古王国以来的铭文中，凡国王的名字都被框在一个椭圆形中，椭圆的右侧有一道象征土地的竖线，意谕法老是神佑护下的大地之主。

君主需要宗教工具来维护统治，所以历朝君主都会扶持和利用神庙与僧侣集团，使僧侣成为古埃及上层统治阶级的重要组成部分。

在政权方面，国王总揽朝政，自称"上下埃及之王"，形成了一套固定的朝仪：臣下觐见国王要下跪，吻国王脚前的尘土。吻国王的脚被视为莫大荣耀，第五王朝的贵族普塔赫舍普舍斯是驸马，因国王让他吻脚而受宠若惊，把这一殊荣刻写在自己的墓志铭上。

古王国时期国王处理日常政务虽有一套班子，但无成熟、系统的中央政府官制，常常因现实需要而随时创设新官职。通常政府由宰相（维西尔）代行国王权力，管理行政、司法、财政、工程、档案管理等部门的工作，但宰相无行政最高决定权，且往往由相对可靠的太子担任，直接对国王负责。

中央政府之下的行政区划是州或斯帕特，显然由过去的斯帕特或诺姆转化而来。州长由国王直接任免，具有地方行政、司法、赋税征收、征兵等职能。

---

① Pharaoh，古王国时期出现的国王尊称，意为大房子或国王的神庙住所，有神化君主之意。君主在中国称作皇帝，在希腊称巴塞勒斯，在罗马称作元首、恺撒或奥古斯都。

古王国时期已有常备军队，驻扎在首都、地方城镇和边境。国王是军队最高统帅，战争期间常常御驾亲征。各级军职由国王任免，宰相无任何军权。地方行政官也有一定的军权，可率领临时征召的民军。

古埃及君主专制制度在人类历史进程中具有必然性。前资本主义时期，世界各地不约而同地长期普遍实行这一政体，至今没有绝迹，可谓文明社会中存在时间最久的人类社会自我管理形式。

君主专制的产生与地域大国的出现有着密切关系。最初的国家自氏族部落脱胎而来，原始民主制残余还不同程度地存在，新生的君主经济力量不足，调动全国资源的能力有限，因此在国家大事上难以独断专行，不得不征询贵族意见。然而，当小国间的并吞战争导致幅员辽阔的地域大国出现时，君主个人权力也随着战争所必需的集权和个人才能而得到强化。为了有效统治，君主需要设立从中央到地方的各级政府并任命大批官员。但古代世界具有难以克服的技术局限，就是信息传递与交通往来非常落后，无法有效监管地方政权，远离中央的地方官员极易产生分立倾向，最终引起统一国家的解体。因此君主必须把官员的任命权、军队的指挥权、资源的控制与使用权高度集中在中央。为了加强这种集中，国王又必须控制宗教，调动思想文化的力量，制造个人迷信与忠君的意识形态，从而创设出一套专制集权的体制。

君主专制在历史上具有积极意义，有助于分散隔离的地区被政治纽带连接起来，促进经济文化的往来交流、民族融合，增强抵御外敌的能力，并有能力动员大规模的人力物力进行大型工程建设，甚至出现古代工程的奇迹。当杰出的君主产生时，这一制度可以高度发挥效率并比较公平地分配资源，从而创造出短暂的盛世。

但君主专制自产生之日起，就具有无可避免的历史局限：不受监督的权力使人腐败，这种权力越大，越使人腐败，其表现为君主个人专断，滥用职权，贪腐无度等弊病。而固有的世袭制并不能保证前代明君贤君的才智美德遗传给后代君主，这就导致专制制度难以自我调节与改良，历代王朝都逃不脱若干世而亡的周期率。

这样一来，君主专制便陷入了历史悖论：高度集权是为了大国的统一与稳定，却引起昏君暴君的出现，造成更大规模的社会矛盾与周而复始的王纲解体、天下大乱。这种悖论反映了人类能力的局限，难以设计出完美无缺的政治制度。

古王国时期的社会经济结构

在前资本主义时代的农业社会中，农业是国家与个人收入的主要来源，土地是最重要的生产资料，在农业领域形成的经济关系决定了社会各方面关系。

古王国时期埃及的土地占有与使用情况一言以蔽之，就是大小土地所有制并存，大土地所有制占主导地位。两种土地所有制的来源并不相同。大土地所有制来自氏族社会瓦解、阶级社会初起时贵族与平民土地占有的不平等状况，贵族通过剥夺共有地和村社农民的份地得以形成，小土地所有制最初来自原始社会末期土地私有化过程中的平均分配制度。

在古王国时期，大土地所有制表现为：（1）直属法老的大地产，遍布上下埃及，以王室农庄方式组织生产与经营，产品不进入流通领域，供王室消费。（2）神庙所有的大地产，称"神的土地"，多由国王赐予，组成许多以神庙为中心的神庙庄园。由于这种地产的存在，僧侣贵族构成古埃及社会不容忽视的政治力量。（3）官僚贵族占有的大地产。部分来源于国王赐予的禄田，这类土地的所有权长时间归属国王，占有者不能买卖与转让。另有官僚贵族的私田，通过继承、购买获得。三类大地产都使用奴隶和依附民的劳动。

古王国时期的中小土地所有制表现为小生产者的小农经济。小农须承担纳税与服劳役、兵役的义务，如被征集修筑堤坝、疏通河道、建造王陵宫殿等工程项目。

此外，古王国时期的埃及还存在规模不等的手工业与商业经济部门，包括金属冶炼、金属器制作、制陶、造船、家具制造、采矿、建筑、纺织等，但商业还很原始，没有铸币，商品交换或以物易物，或使用某种等价物如亚麻支付。

在这种经济关系基础上,古王国时期埃及社会结构呈金字塔形态:

塔尖是以国王为首的豪门贵族阶层,包括官僚贵族与僧侣贵族,构成统治阶级上层。

其下有中小贵族阶层,他们与豪门贵族合称古埃及社会的贵族阶级。

再下是平民阶级,包括成分复杂的中等自由民阶层,如建筑师、医生、小官吏、下层祭司、农庄管理员、书吏等,他们实际是古代知识分子阶层,在宫廷、政府部门、农庄和神庙中供职。其中书吏阶层比较特殊,因为古埃及的高官显贵除了出自王室,就是来自书吏。[1]之下是广大自由或半自由的农民与手工业者,古埃及语称"涅杰斯",拥有少量生产资料,是国家的统治与剥削对象之一。

社会最底层是奴隶阶级,他们在古王国时期数量不详,但不如小生产者多这一点可以肯定。他们集中在宫廷、贵族与神庙、农庄及贵族家庭当中,也被用于采矿场、建筑业。

这种金字塔型的社会结构在整个农耕时代都没有多少改变,有所变化的只是某个阶级和阶层内部的调整,低层次的人上升到高层次,反之亦然。

金字塔的修建

古王国时期在历史上又被称作"金字塔时代",因为目前矗立在尼罗河西岸的大金字塔群都是在约公元前2700—前2200年间修建的。其中最著名的是第三王朝时期建造的乔赛尔金字塔和第四王朝期间建造的吉萨金字塔群,尤以后者为代表,它们是法老至高权威的体现。

吉萨大金字塔群及古代墓葬区坐落于当代埃及共和国首都开罗西南16公里处,是目前世界上近乎完整保存下来的最早的大型建筑,历经4500多年风雨沧桑,仍旧巍然屹立在茫茫沙漠的边缘,见证人间世象的变迁,显

---

[1] 书吏在宫廷与政府部门中从事文秘工作,负责记录与撰写文件。古埃及文非常难学,掌握埃及文即掌握了一种技艺。这种技艺往往世代相传,因而形成了这样一个专门为统治阶级效力的社会集团。

示古埃及文明的伟大与不朽。

金字塔是古埃及法老的陵墓，形状为底方、上尖的角锥体，似中文的"金"字，中国学者因此将它形象地译成"金字塔"。

金字塔的建造与马斯塔巴的建造原因相同，都是为来世的重生所做的安排。目前在埃及全境遗留下来的金字塔有90余座，多数只剩下依稀可辨的痕迹。吉萨金字塔群靠近东岸的古都孟斐斯。它的建设有一个过程。最初的王陵只有地下墓室，没有地上建筑。后来出现长方形的平顶墓"马斯塔巴"。在平顶墓基础上，建筑师又设计出高大的层级金字塔，既表示王权的至高无上，又可体现法老与天上神灵的密切联系。公元前3000年代中叶，法老斯尼弗鲁建起第一座角锥体金字塔，确立了金字塔的基本形制。继他之后几百年时间，各朝法老争相为自己修筑来世生活的"宫殿"，尤以胡夫、哈夫拉、孟考拉祖孙三代法老的金字塔最为壮观，组成吉萨的金字塔群。

在三大金字塔中，胡夫金字塔规模最大，哈夫拉金字塔次之，孟考拉金字塔最小。每座金字塔周围还有一些附属建筑，主要是王室成员、臣下的陵墓和举行祭典的庙宇，标示死者生前死后均附属于法老。

胡夫金字塔原高146.5米，因岁月剥蚀，现已减至137.20米。它建在一块巨大的岩石上，原底边长230.38米，底面四角构成完美的直角。塔身倾斜度为51°51′，四个斜面正对东南西北四个方向。整个塔身用230万块平均重2.5吨的石块铺设，共250层，最重的一块达50吨左右。每一石块经过加工磨平，石块之间不施灰浆，靠石块本身的重量紧压在一起。塔的四个表面原覆盖白石灰石板，现已脱落，露出凹凸不平的斜面。这样的建筑要求很高的数学计算和规划施工能力。

胡夫金字塔的内部结构也体现出设计与建造的精妙高超。塔内有三间墓室，一间在地下30米，两间在地上。法老的墓室在最上层。三间墓室有长长的墓道相连，入口开在距地面18米处。这种复杂的空间结构要承受几百万吨的压力，却在几千年的时间里安然无恙，可谓建筑史上的奇迹。

哈夫拉金字塔的高度仅次于胡夫金字塔，形制与胡夫金字塔基本一样，不同之处在于塔边屹立着一座威风凛凛的狮身人面像，用一块露出地面的岩石雕刻而成。孟考拉金字塔是三座大金字塔中最小的一座，建造得较为粗糙，内部只有一个不大的墓室，塔旁的附属建筑用砖草草建成。此后，金字塔的规模日渐缩小，表明金字塔的建造走向衰落。

古代没有机械设备，像金字塔这样设计精密、规模宏大的建筑是由谁建造、怎样建造的？古埃及人用什么方法把重达几吨甚至几十吨的巨石搬运到塔顶？千百年来，人们对此有各种解释。20 世纪后半叶埃及考古工作者在吉萨地区发现金字塔的建筑工人墓葬，解开了这个千古之谜。在墓葬中，出土了众多计量、加工石器的工具。在墓地附近，还发现工匠居住区和集体宿舍等生活设施遗迹，包括面包房和啤酒作坊。当地行政官员的住宅遗迹也被发现。对遗迹的测算表明，有大约 2 万名工人参与了金字塔工程。考古发掘还证明，金字塔的建筑石料均产自埃及。塔内部所用石料采自附近的砂岩，外框所用石灰石由尼罗河东岸运来，甬道和墓室所用花岗岩来自 960 公里外的阿斯旺地区，长途运送石材的工具是平底驳船。

金字塔的建造利用了坡道技术。坡道建在塔的一侧，其余三个侧面分别堆起具有脚手架功能的墙，以便挪动石块。工匠们先用船和木橇把石材运到工地附近加工，然后顺着坡道拉上正在建造中的金字塔。随着塔的升高，坡道逐渐延长，"脚手架"也越垒越高。当金字塔全部建成后，将坡道和高墙拆掉。

金字塔是古王国初期强大的中央集权、雄厚的经济基础、丰富的文化积淀的产物，也是君主专制穷奢极欲的体现，又是埃及人民伟大创造力的证明。

三　埃及帝国的兴衰

第一中间期与中王国

约公元前 2181—前 2035 年，埃及陷入社会大动乱，史称第一中间期，包括第七、第八两个王朝。史书记载第七王朝有 70 位法老，总计统治 70

天，每天一位法老。这当然有文学的夸张，但反映出乱世英雄起四方，有枪便是草头王的混乱局面。一些纸草文献披露多次爆发规模巨大的人民起义。进入第八王朝，形势趋于稳定，据说共27位法老，统治计146年。

至第九王朝，混乱初步结束，出现分久必合、南北对峙的态势。起初中北部势力较为强势，第九、第十两个王朝建在埃及中部的赫拉克列奥波里，控制了整个下埃及。法老阿赫托伊认识到水能载舟亦能覆舟的道理，在写给太子美利卡拉的《教谕》一文中，提出法老应当有良好的道德，对人民实行仁政，关心弱势的人。

上埃及的势力以底比斯为中心建第十一王朝，在孟图赫特普二世在位时挥师南下，灭第十王朝，重新统一埃及，开启中王国时期（公元前2035—前1786年）。

中王国包括第十一王朝后半期与第十二王朝，这是古埃及史较平稳的新发展期，南北交通恢复，经济得到复苏，冶金术取得进步，进入青铜时代。

青铜是铜与锡的合金，熔点较铜低，质地较铜坚硬，是制作工具与武器的良材，远胜先前的铜器与石器。根据考古发现，青铜器最早出现在西亚两河流域与伊朗南部，时间是公元前3000年代中叶。公元前3000—前2000年，青铜文化相继传至叙利亚、巴勒斯坦和埃及。[①]但在中王国时期，青铜器具还不普及，铜器石器还很流行。

此间，农业、手工业和商业取得进步。例如木把犁铧被装有横木把手的新犁取代，利于深耕；斧头样式有了改进，头部加大，斧把与头部的结合更加紧密。另外开发了新的土地，第十二王朝在三角洲地区修建水渠，中间安装水闸，使得尼罗河泛滥时，洪水可以疏导到法雍湖蓄水，枯水期可以引水灌溉。这是国家治水的实例。手工业中最大的成果是玻璃制造业的出现。造船、纺织业发展，对西奈半岛的铜矿与南部努比亚的金矿进行开采。商业随着手工业的发展而活跃起来，出现了新城，如三角洲地区的

[①] 古代中国与印度进入青铜时代也是在公元前2000年左右。古代中国的青铜文化代表世界青铜文化的顶峰。

卡呼恩城，有富人区、贫民区与手工业者居住区。埃及商人不仅同所有邻近地区通商，而且深入叙利亚和巴比伦尼亚，交换的商品包括石质雕像、象牙制品、陶器、香料等。

由于持续动乱，社会关系内部的结构有所调整。一些依附法老的旧贵族受到打击，沦落下去。一些平民涅杰斯在内战中崛起，成为新贵族，史称"强有力的涅杰斯"。此间奴隶人数增多，一些有关私人赠送奴隶的铭文动辄提到奴隶几十名，表明奴隶制可能因战乱与战俘的增多而得到发展。正是从中王国开始，奴隶开始按"头"来计算数量。

第十二王朝后期，社会矛盾尖锐化，埃及进入历史上的第二中间期，也是第二次大动乱时期，包括第十三王朝至第十七王朝（约公元前1786—前1567年）。用一位纸草作品《伊普味陈辞》作者的描述："国家像陶轮一样翻转过来"，"国王已被暴徒废黜"，"人们起来反叛蛇标"（王权标志），"奴隶变成奴隶的所有者"，等等。

内乱是外敌入侵的最佳时机，亚洲的喜克索斯人在约公元前1700年轻易入主埃及，占领了埃及大部地区，建立第十五、第十六王朝。喜克索斯人的统治持续150年，接受了埃及宗教，为埃及引进了马匹。盘踞底比斯的第十七王朝法老起初向喜克索斯王朝纳贡，卡梅斯在位时，举兵将喜克索斯人赶出埃及。继任者雅赫莫斯建第十八王朝，开始埃及的极盛阶段——新王国时期（约公元前1567—前1085年）。

新王国时期

新王国涵盖第十八王朝至第二十王朝，长达500多年。埃及经过几代法老的大举扩张，东部并吞巴勒斯坦与叙利亚，南部直下第四瀑布，建成世界史上第一个跨洲的大帝国。

法老图特摩斯一世是埃及帝国的奠基人。他出兵西亚，与米坦尼王国争夺巴勒斯坦与叙利亚的控制权获胜，把埃及东北边界推至幼发拉底河上游地区。他挥兵南进，越过第三瀑布，并为巩固占领地，在第二瀑布以南设立军事要塞。

新王国法老中文治武功最强的是图特摩斯三世。他10岁继位，与同父异母的姊妹订婚。埃及王室奉行内婚制，兄弟姊妹可结为夫妻。图特摩斯三世继位时年幼，权力掌控在太后亦即他的继母与岳母哈特舍普苏特手中。哈特舍普苏特是埃及历史上最强大的女王，后来自称法老，效仿法老装束，把自己塑造成男性形象，曾权倾朝野。但她未剥夺女婿图特摩斯三世的法老称呼。为避免图特摩斯的威胁，她曾把图特摩斯安排到阿蒙神庙里当祭司。她任命两个阿蒙神庙的大祭司为主要幕僚。但阿蒙神庙祭司既不得罪哈特舍普苏特，又小心呵护少年图特摩斯三世。图特摩斯三世成人后夺回权力，将王后的雕像拆毁，铲除了铭文中的女王名，暗示他在一场宫廷斗争中是胜者。他亲政22余年，远征巴勒斯坦、叙利亚15次之多。在著名的卡叠石战役中，他击败叙利亚联军，把埃及帝国版图扩大到极限，迫使周边国家纷纷与埃及交好。

新王国是埃及奴隶制的繁盛期，原因是胜利的战争带来大量物质财富和奴隶，引起奴隶制的空前发展，表现为：（1）奴隶数量明显增多。仅图特摩斯三世几次征伐西亚，就带回数万名俘虏。史载他赠给一座神庙的奴隶多达1578"头"。不仅贵族家中奴隶众多，平民家中也可以拥有奴隶。如第十九王朝的一个手工业小领班有五个奴隶，一位书吏有一个奴隶。（2）使用奴隶劳动的范围扩大，除了王室农庄、神庙农庄和贵族农庄，采矿业、建筑业、制砖业甚至纺织业中也使用了奴隶。（3）剥削奴隶的方式复杂化，奴隶主除了直接使用自己的奴隶之外，有的还向他人出租奴隶。奴隶可以成为授产奴隶，独立经营田地，向主人缴纳租金，但奴隶身份未变。

新王国时期埃及国内最重大的事件是埃赫那吞改革。第十八王朝法老之一阿蒙荷特普四世为加强个人权力，摆脱都城底比斯盘根错节的政治势力，特别是阿蒙神庙僧侣势力对王权的掣肘，决定迁都，并废除阿蒙神，关闭阿蒙神庙，代之新的太阳神——阿吞神。他自称"阿吞之子"，改名埃赫那吞，意即"阿吞的光辉"。他在底比斯以北300公里营建新都阿玛尔纳，并大批提拔新人，包括一些平民，以保证自己的绝对治权。他的改革遭到旧贵族与僧侣贵族的强烈抵制。力量对比并不有利于埃赫那吞，因为仅阿蒙神庙一处便经济实力惊人，有劳动力86486人，牲畜42万多头，有广泛的人脉与信徒，连阿蒙荷特普四世的母亲和王后也反对改革。而法老的改革只是上层统治集团内部的争斗，广大自由民下层并未从改革中得到实利，反而因营造新都、新神庙而加重了负担。因此改革在埃赫那吞病亡后很快失败，首都迁回底比斯，新都逐渐成废墟。

随后埃及进入第十九王朝，历时145年左右，进入长期衰落期。外部小亚细亚兴起赫梯王国，夺走叙利亚、巴勒斯坦，埃及退回非洲本土。外患伴随内忧，底比斯一度爆发手工业者起义。在拉美西斯二世（公元前1304—前1237年）在位期间，曾有回光返照之势，他从赫梯手中夺回叙利亚治权，同赫梯签订和约，并娶赫梯公主为妻。在他之后，埃及一蹶不振。

至第二十王朝，衰败不可收拾。外部利比亚人从西部入侵，北部爱琴海和小亚细亚席卷过来一股"海上民族"浪潮，攻城略地。埃及法老兵源枯竭，只好雇佣希腊、叙利亚、利比亚雇佣兵苟延残喘。外籍雇佣兵对法老并无忠心，时常变为宫廷的操纵者，政变的主力军。公元前11世纪初，埃及陷入四分五裂，上下埃及都脱离了法老的控制，新王国阶段终结。

后期埃及（公元前1085—前525年）

第二十一王朝至第二十五王朝是埃及新的动乱期，整个埃及处于分裂混乱状态，几个王朝互相分立重叠，且多是外族统治。公元前664年，下埃及舍易斯城统治者、利比亚人普萨姆提克曾短期统一埃及，建立第二十六王朝（公元前664—前525年），但埃及的威势已一去不返。公元前525年，来自伊朗高原的波斯人攻入尼罗河流域，把埃及变为波斯帝国的一个行省。之间虽有短暂独立，建立了几个王朝，如第二十八王朝至第三十王朝，但很快被波斯人所灭。第二十七王朝与第三十一王朝实际上是波斯人的统治。独立的埃及史至此不复再现。

公元前332年，波斯帝国被希腊马其顿王国推翻，埃及转变为新生的亚历山大帝国的一部分。亚历山大大帝病亡后，他的部将托勒密占据埃及，建立托勒密王国，延续的是古希腊史。公元前 30 年，地中海区域后起的罗马共和国灭掉由克莱奥帕特拉女王统治的托勒密王国，埃及陷入罗马帝国的统治，成为埃及行省。公元 395 年，罗马帝国分裂为东西两部分，埃及隶属东罗马帝国或拜占庭帝国。公元 642 年，阿拉伯人西侵，埃及成为阿拉伯帝国的一部分，被彻底伊斯兰化，居民语言亦转变为阿拉伯语。

四 上古埃及文化

古埃及宗教

古埃及是多神教的国家，崇拜对象数不胜数。究其质，不外乎来自史前社会后期形成的万物有灵、自然崇拜。直到埃及文明史终结，也未形成更高程度的一神教。

由于早期人类生存斗争时普遍感到软弱无力，对自然现象缺乏了解，因此他们把与自己关系密切的某些物品、某些动植物、某种自然现象神圣化，认为它们具有灵性与超人的力量，向它们祈求佑护与帮助。例如古代埃及人崇拜的神祇有交叉放在匣子里的弓箭、某种木制的雕刻、某种牙齿或圣石等今人难以捉摸的东西。它们认为这些物品是神的象征或某个神的用具。

古埃及人对自然现象和自然环境满怀敬畏之心，他们崇拜土地、水源、阵雨、泉水，也崇拜各种家生与野生动物，如狮子、牛、蛇、鱼、鹰、鸟，甚至各种昆虫。几乎每一种动物在某个地区都可能成为崇拜的对象。比如古埃及人严禁杀死猫，杀猫凶手要判处死刑。古埃及还禁止捏死金龟子，因为是圣虫，它的形象呈现在许多彩陶之上。有时，埃及人在许多同类动物中选择其中一种为神，如对于牛而言，古埃及人可以驱使它们耕田，可以吃牛肉，但有一些特殊颜色的牛，如带白斑的黑牛、尾巴上有特殊细毛的牛被奉为神灵，置于庙中长期供养。在下埃及，鳄鱼被当作河流的主人而禁止捕杀，小鳄鱼须送至地方神庙的水池里精心护养，不幸夭亡还要制成木乃伊，恭敬地予以埋葬。但在其他一些地方，鳄鱼却被当作大敌，见到便捕杀。

也有一些神祇变成全国共同崇拜的对象,这主要是由于统治者的提倡,如鹰、狮、蜜蜂等,它们被看作是法老的象征与保护神。其中最有影响的是太阳崇拜,因为太阳带来光明、热量,它的起落使尼罗河两岸分成光明与黑暗两个世界。对太阳的崇拜随着专制王权的出现而成为最高崇拜,拜日教近似于国教。太阳神拉神成为法老的父亲,是创造众神与万物的始祖。按古埃及神话,众神从拉神口中出来,人类自拉神眼睛出世。拉神的助手多特是智慧之神,发明了文字。后来底比斯成为首都后,当地的阿蒙神与拉神结合成一体。

象形文字与文学

古埃及象形文字(亦称圣书文字)是人类最早的体系化的文字符号,形成于公元前3100年,即统一王国诞生之际,这并非偶然。

目前对这一体系的创造者一无所知。古埃及文字流行3000多年,比现在广为使用的拉丁字母文字的存在时间要长600年左右,直至公元4世纪末叶消亡。此后约1500年无人能识。今人能够释读古埃及文作品,完全仰赖19世纪法国古文字学家商坡良的破译。由于他的学术突破,诞生了一门新的人文学科——埃及学。

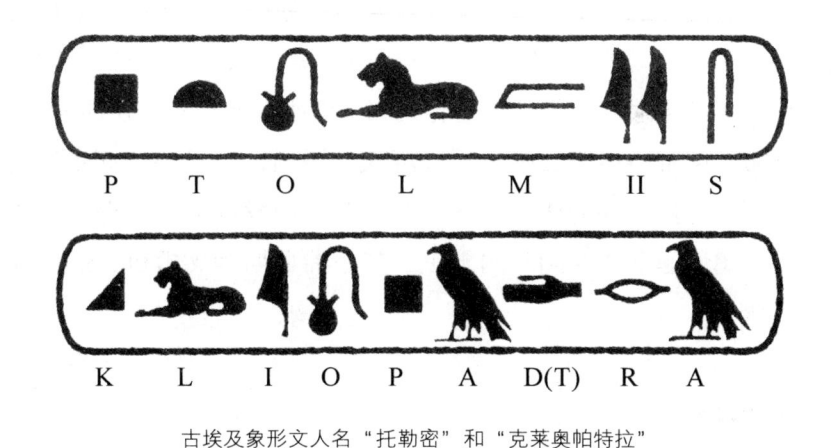

古埃及象形文人名"托勒密"和"克莱奥帕特拉"

象形文字符号总数约 700 个，从功能上分类，可分为表音符号、表意符号和限定符号或部首符号。表音符号是与表意符号连在一起的音标，只有辅音，没有元音，这是象形文字最难破译之处。因为没有元音，所以表音符号的组合非常多样，一个符号可以表示一至三音，也可以两个或三个符号表示一音。其中 24 个形似字母的单辅音符号被国外学界普遍认为是后来字母文字的源头。表意符号指代某一具体事物，如田地、水等。部首符号的功能类似汉字部首，是一种分类符号，大部分象形字都带有这种符号，以便区别词意，它本身并不发音。

古埃及文的书写方式是自右向左横行进行，但有时也会以竖行方式来写。主要的书写材料是莎草纸。莎草纸的原料是生长在尼罗河三角洲一带水中的莎草。古埃及人采割莎草，剥去粗糙的茎皮，将茎秆剖成薄薄的长条片，交叉铺叠在光滑的石板上，盖上湿亚麻布，用木槌敲打，使莎草条的边缘结合在一起，然后晾干，按需要切割成莎草纸。由于这种纸的价格比皮革便宜，使用起来比石头、金属、木板、泥板方便，因此成为地中海地区最流行的书写材料，古希腊人称之为 papuros，英文 paper（纸、页）一词就源于此。

古埃及人把苇管制成带凹槽和一头尖的蘸水笔，利用草灰、木炭制的墨水，在莎草纸上书写，留下了不少著述，如长篇大作《死者之书》，包括开口章、穿洁净衣服章、不死第二次章等。还有神话传说，颂神的圣歌和极端生活化的生动情诗，以及最早的小说、教谕文书等多种文学形式。

古埃及神话中最动人的故事是有关国王奥西里斯与妻子伊西斯的传奇。奥西里斯被弟弟赛特谋害致死，尸首沉入尼罗河，造成每年河水泛滥。伊西斯费尽艰辛寻找失踪的丈夫，终于在尼罗河中发现丈夫的遗体，并设法使之复生。奥西里斯成为阴间的国王。其子荷鲁斯为父报仇，最终成为整个埃及的国王。

美术和建筑

古埃及美术有两种基本形式：雕塑与绘画。雕塑在古王国便达到很高水平，在新王国得到高度发展。埃及雕塑家创作了许多国王与大臣的雕像，通常是坐姿全身像，也有站立像。一些雕像在人体比例处理和形态的似真程度方面已接近真实。例如著名的国王门卡瑞像、埃赫那吞的妻子涅菲尔提提的头像都是古代雕塑的杰作。但古埃及雕塑艺术毕竟产生较早，一般作品的艺术表现力存在共同的弱点，如形象呆板，缺少自然感。古埃及艺术家遗留下来大量浮雕作品，多是陵墓内的装饰，再现死者的生活场景。但浮雕中的人物都是侧立行走与活动，往往缺少背景。有些浮雕施加了彩色，至今有夺目的鲜亮。

涅菲尔提提

在中王国时期，古埃及人创作出大型壁画，题材广泛，有风景画、肖像画、生活画和战争画，是埃及学家复原社会史的实证史料。

古埃及的建筑艺术堪称古代世界的翘楚。前述金字塔只是典型例证之一，在上埃及的底比斯附近，卢克索神庙和卡尔纳克神庙均是石质建筑的奇迹，其规模的宏伟令人叹为观止，一些建筑技艺至今难以解释。譬如神庙中巍峨耸立的花岗岩方尖碑。上面的圣书体铭文像刀切一样清晰可辨，而建造时却属于青铜时代，埃及建筑艺术家不知采用什么工具在如此坚硬光滑的碑面上镌刻出深浅适宜、棱角线条分明的铭文。

除了神庙，法老的宫殿也造得富丽堂皇，可惜它们多用木材建造，后人只能依据浮雕上的宫殿画面来推测当年的胜景。

古埃及人创造的大型石柱、雕刻、窗户和天窗对后来的建筑艺术具有深远影响。希腊的柱廊、雕塑和基督教教堂的天窗便可能来自古埃及人的灵感。

科学技术

古埃及人不仅在文字、建筑、美术领域有开创性的贡献，在早期科学方面同样居功至伟，这突出体现在数学与天文学科。

这两个学科的发展均与生产实践有关。由于人口普查、土地丈量、修筑宏伟的工程、管理庞大的庄园经济都需要数学计算，古埃及人创造出一、十、百、千、万这样的十进位符号。尼罗河水的涨落则需要观测天象，制定历法，古埃及人因此制定出世界最早的太阳历，依地球绕太阳公转一周的时间把一年分成三个季节，每季四个月，分别为洪水泛滥季（7—10月）、播种季（11月至次年2月）、收获季（3—6月），三季共12个月。每月日数不等，有的30天，有的29天。后来统一为每月30天，年底加5天，一年365天。每四年一闰366天。这一历法在罗马统帅恺撒入侵埃及后传入罗马，经恺撒修改，成为今天公历的源头。

埃及医学特别是解剖学在古代处于前列。这是制作木乃伊积累的经验所致，埃及木乃伊制作师熟悉人体结构。

第三章 古代两河流域

西亚的两河流域与古埃及并列为人类文明最早的发祥地。与古埃及文明不同，两河流域的早期文明完全是近代考古发掘的产物。苏美尔文明的发现告诉我们，对于人类的早期历史，已知要远远小于未知。

一 自然环境与早期居民

自然环境

古代西亚两河流域涵盖今天伊拉克大部、叙利亚东北部、土耳其东南部、伊朗与科威特小部分地区，古希腊史书称之为"美索不达米亚"，意即两河之间的土地。

这片土地被山脉与沙漠环绕：东部是高耸的扎格罗斯山脉，东北为库尔德山地，西部与西南是荒芜的沙漠与阿拉伯高原，中间是自西北流向东南的底格里斯河与幼发拉底河长期冲击而成的广阔平原。历史上，两河流域北部称亚述，南部称巴比伦尼亚。亚述与巴比伦尼亚地区的交界处大体在今天的巴格达一线。其中，巴比伦尼亚又分作两个地区，即北部的阿卡德和南部的苏美尔。

两河流域与尼罗河流域埃及段一样干旱少雨，但两地的不同之处在于两河流域的平原辽阔，没有周期性的泛滥，偶尔一次大泛滥会造成巨大灾难，居民几乎无处可躲。这也是《圣经》关于大洪水描述的由来。在这种情况下，聪慧勤劳的两河流域农民引水灌田，开发出渠道纵横的灌溉农业，把这里变成古代西亚最富饶的新月地带,因此也引来周边山区游牧民族的反复入侵。由于平原辽阔,缺少天然的防御屏障,这里易被外族征服,因此在编年史上不断更换不同民族建立的王朝。

早期居民

两河流域早期居民遗迹属旧石器时代晚期。公元前10000—前6800年是该地区的无陶新石器时期,居民从事早期农业,但尚未使用陶器。

公元前6000年左右,亚述地区出现哈苏纳文化,居民以定居村落方式生活,村落面积在2—8公顷之间,使用彩陶作为餐具与饮水器。

公元前5000—前3500年,巴比伦尼亚的苏美尔地区出现乌贝德文化,已懂人工灌溉技术,能疏浚渠道,有纺织、制革等手工业以及最初的商业交换。乌贝德人是目前所知两河流域南部的最早居民,但其系属不清,是不是后来的苏美尔人祖先,学界无定论。

约公元前3500年,苏美尔人进入两河流域南部,分布在苏美尔地区。他们自我塑造的形象(雕塑作品)身材矮小,圆脸黑发,脖子短粗,鼻子突出,嘴大唇薄,男性大多胡须稀少,所持语言难以列入目前所知的语系。继苏美尔人能够辨识身份的迁入者是北部阿卡德地区的阿卡德人,其祖居地可能是阿拉伯半岛或北非,经巴勒斯坦和叙利亚迁入两河流域。他们身材匀称,脸长圆,通常有络腮胡须,定居在苏美尔人以北,语言同古代以色列与阿拉伯语有亲缘关系。

亚述人进入两河流域的时间较阿卡德人又晚一些,他们落脚在阿卡德北部。此外,在巴比伦尼亚周边还有其他族群,如北部的苏巴里人与胡里特人、东部山区的古提人、加喜特人、路路贝人,东南山区的埃兰人。公元前3000年代晚期,另一支游牧民族阿摩利人从西北部进入巴比伦尼亚。公元前7—前6世纪,伊朗高原的米底人和波斯人先后入侵这里,再后希腊人和罗马人又成为这里的主人。先后到来的民族都对两河流域的文明史做出了自己的贡献。

二　早期城市国家与统一王国的出现

苏美尔城邦

根据考古材料，在乌贝德文化期，当地已进入铜石并用时代。随着金属器的出现，社会进化的速度加快，之后的乌鲁克文化期（公元前3500—前3100年）出现以城镇为中心的定居点，创造这一文化的苏美尔人发明了文字。一般认为正是在乌鲁克文化晚期，具备了早期国家的一些基本条件，在苏美尔地区形成了20多个城邦，其中以埃利都、拉尔萨、乌鲁克、乌尔、拉伽什、基什、尼布尔、乌玛、马里、伊新等邦最为人所知。

这些小邦被渠道与界碑分割开来，每邦有一座以神庙建筑为中心的城市，周边环绕农区，小国寡民是这些邦的显著外部特征。各邦内部实行君主制，国王称卢伽尔或恩西（国王—祭司）。其王位虽可世袭，但尚未形成个人完全独断。城邦中存在能够或多或少制约王权的长老会议，即贵族会议。另外可能有不定期的民众大会，史料中有国王召开大会的描述，暗示可能是临时召开的争取民意的集会。

苏美尔各邦社会结构与古埃及大体相同：上层是以国王为首的世俗贵族与僧侣贵族；中层是具有自由身份的小农与手工业者；下层是失去土地和自由身份的依附民，在神庙或王室、贵族的土地上劳作，史称"古鲁什"或"苏不路伽尔"；最底层是奴隶。不同阶级—等级的数量未知，因每个城邦的人口没有统计，根据城市遗址和周边村落的规模推测，较大国家的人口在四五万人。

两河流域城邦并立，彼此间常发生领土、水源、人员交往方面的矛盾与冲突。一些城邦追逐地区霸权，于是便有城邦间的合纵连横，互相争斗。最初的霸主是位于北部的基什，它于公元前2600年作为调停者处理乌玛与拉伽什的土地争端，在两国边界竖立界碑，互不越界。

两国间的和平维持了一百多年，位于幼发拉底河畔的乌玛毁约越界，侵入位于底格里斯河右岸的拉伽什境内。拉伽什国王安那吐姆打败乌玛军，随后乘胜攻打其他城邦，征服基什、乌尔、乌鲁克、拉尔萨等大邦，一跃成为整个苏美尔地区的霸主，势力远抵东部埃兰与南部波斯湾，迫使被征服国向它缴纳贡赋。

卢伽尔安达（约公元前2384—前2378年在位）继承拉伽什王位后，以权谋私，与王后、王子共同侵吞神庙管辖的公有地，巧立各种名目的捐税，包括向僧侣贵族征收土地税，夺走神庙的牲畜、谷物、青铜、羊毛等财产，向平民征收实物税与货币税，引起社会各阶层的广泛不满。贵族乌鲁卡基那趁势夺取王位，实行一系列经济、社会改革，如废除债务奴隶制，释放过去因债务而失去人身自由的平民，减免前任对婚丧嫁娶的收税，禁止贵族巧取豪夺，不得强迫平民出售自己的财产，取消对孤儿寡妇征收的税赋等等许多具体惠民措施。同时也减轻贵族的捐税负担，平民与贵族均有所得。这是人类史所知的首次自上而下的重大改革，改革的基本出发点是抑制强者、保护弱者，富贫两大社会成员各得其所，体现了乌鲁卡基那的明智，即好的政府应该是社会不同利益集团之上的中立者。

约公元前2374年，乌玛东山再起，联合乌鲁克发动对拉伽什的战争。三年后拉伽什亡国，乌鲁卡基那不知所终。

乌玛继而打败乌鲁克，继承拉伽什的霸主地位，但好景不长，北部阿卡德王国崛起，摧枯拉朽般地统一了巴比伦尼亚。

阿卡德王国

自阿卡德王国开始，两河流域首次出现较为稳固的中央集权大国。阿卡德人属塞姆语系，大约公元前2800年见诸记载。但之后近600年时间很少被有关文献提起，显然是苏美尔诸邦之间既斗争又联合的局外人。公元前2371年，在基什王宫服务的阿卡德人萨尔贡篡位成功，拉起一队人马，在基什不远建新城阿卡德，建立阿卡德王国，但该城所处方位今人未能确认。

萨尔贡出身平民家庭，传说他是弃儿，降生后被母亲丢弃在幼发拉底河岸边，被一名打水的园丁收留抚养。他长大成人后继承养父职业，成为基什国王的园丁，深得国王宠幸，被提升为近臣。

当基什在群雄逐鹿中被乌玛打败，萨尔贡乘机夺取了政权。易地建阿卡德王国后，萨尔贡率军大败乌玛军队，俘虏乌玛国王卢伽尔扎吉西，给他戴上侮辱性的套狗圈押至基什。然后挥师南下，摧城拔寨，连克乌尔、拉伽什、乌鲁克等苏美尔大邦，很快征服整个两河流域南部。随后又东征埃兰，深入扎格罗斯山区，夺取苏萨古城。继而西进占领巴勒斯坦，首次建立起一个西起地中海，南至波斯湾，东抵扎格罗斯山区的庞大王国。萨尔贡作为阿卡德王国的开国君主，史称萨尔贡一世。

萨尔贡能实现统一巴比伦尼亚的大业，外因系苏美尔各小国之间长期恶斗，日渐衰落，为外来征服准备了条件。内因则是阿卡德为后起国家，内部矛盾缓和，军力强大。萨尔贡建立了两河流域第一支常备军，有5400人，经过严格训练，战斗力明显胜过苏美尔各邦战时招之即来、战后挥之则去的民兵。

为加强对占领区的统治，萨尔贡确立个人独裁的专制机制，泥板文书称"他使国家只有一张嘴"。他还在阿卡德度量衡基础上统一王国的度量衡制，规定官方语言是阿卡德语。他自知单凭阿卡德人无法统治如此大国，因此吸收各地贵族参政议政，保留了地方风俗习惯与宗教信仰。

公元前2316年，萨尔贡病逝。在他去世前几年，被征服地区便爆发大规模起义，一度把他围困在阿卡德城。王子里姆什（公元前2315—前2307年在位）即位后，各地依然动乱不已。里姆什以铁腕镇压，但功效不大。继位的两代国王都对动乱捉襟见肘，维持王国勉为其难。公元前2230年，末代国王沙卡里沙在一次宫廷政变中消失，历史车轮又滚过了一座王国的废墟。

乌尔第三王朝

阿卡德王国崩溃，东部山区的古提人入主两河流域。但因史料匮乏，难以勾勒出古提人统治的线索。一个世纪之后，拉伽什贵族古狄亚起兵反抗古提政权成功，借神的名义宣布自己为拉伽什王，为苏美尔人被异族统治二百多年后的重新崛起创造了条件。

公元前2113年，乌尔总督乌尔纳姆击败乌鲁克，把两河流域南部统一到苏美尔人政权之下，史称乌尔第三王朝（公元前2113—前2006年）。[①] 该王朝统治一百多年，被国外史家称作苏美尔文明的复兴。但用回光返照来概括这段历史也许更为贴切，因为自乌尔第三王朝灭亡后，苏美尔文明便一蹶不振，直至彻底湮没无闻。

乌尔第三王朝时期，两河流域在社会经济方面有明显的变化：生产力有很大进步，铜石并用阶段终结，青铜工具被广泛采用。社会经济组织方面出现规模巨大的王室经济和复杂的组织管理系统。目前出土的上万件王室经济表报多是男女劳动者的名册和一些劳动量与口粮分配的核算。从这些档案材料中可以看出，王室地产上的劳动者地位卑下，一处地产上的劳动者可达百人以上，被集中管理，参加生产，领取口粮。这是有详细统计数据支持的古代大型经济的最早例证，在经济史上有标志性意义。但王室地产上的大批劳动者的性质目前难以划定，一些学者把他们定性为奴隶，但奴隶在当时有专门的名词，并没有被表报填写者用在这些劳动者身上。他们无疑附属于王室大地产，有可能是失去人身自由的农奴。

在王室经济之外，私有奴隶制得到发展。私人买卖奴隶的文书遗留下来，有自由人自己卖身为奴的现象，更多的是自由人之间的奴隶交易。

乌尔第三王朝的君主专制较前成熟，国王有完整的名号"苏美尔·阿卡德之王""天下四方之王"。苏美尔各邦已变为地方行政单位，恩西变为地方行政长官的名称，不仅失去世袭特权，而且须承担向中央缴纳贡赋的义务。

随着国家规模膨胀，人口增多，社会管理难度加大，传统习惯法已不

[①] 苏美尔人的年表中有乌尔第一王朝（公元前26世纪—前25世纪中叶）、第二王朝（公元前25世纪中叶—前24世纪晚期）。

能适应统治的需要，于是乌尔纳姆制定了第一部成文法典《乌尔纳姆法典》。① 整个法典连同序言在内共计 29 条法律陈述，严格维护财产私有权、父权、男权与奴隶制，量刑则实行严格的以眼还眼的对等惩罚原则。例如，法典第一款是"如果一个人犯了谋杀罪，这个人必须被处决"；第二款是"如果一个人犯了盗窃罪，他将被处决"；第五款是"如果一个奴隶与自由人结为夫妻，他/她们出生的第一个儿子应交给奴隶的主人"；第七款是"如果一个男人的妻子追求另一个男子，该男子与那女子上床，则应释放那位男子，杀死那位妇女"。这些强制性的行为规范开创了古代近东诸法合一的先例，包括现代意义的诉讼法、民法、刑法的内容。

乌尔纳姆在位期间进行大规模的经济建设活动，如开凿运河，发展农业，促进内外商业往来，完善城防设施等。他去世后，其子舒尔吉保持了乌尔的霸主地位。公元前 2029 年新君即位，乌尔第三王朝内乱兴起，东部城市脱离乌尔。内忧与外患总是一对双生子。阿摩利人与埃兰人趁机入侵，末代君主伊比辛被埃兰入侵者擒获，乌尔第三王朝灭亡。

三　古巴比伦王国

巴比伦尼亚的再次统一

乌尔第三王朝消失后，巴比伦尼亚在 200 多年时间里一度小国分立，互相争雄，地区霸权频频易手。公元前 18 世纪上半叶，阿摩利人的巴比伦王国崛起，成为巴比伦尼亚的新统一者。两河流域政治史再次重复合久必分，分久必合的循环。

巴比伦一词意为"神之门"，是入侵两河流域的阿摩利人建立的城市国家之一，建城时间约在公元前 1894 年，地点距现代伊拉克首都巴格达不远的幼发拉底河左岸。由于晚后公元前 7 世纪另有一个以巴比伦为中心的地区大国，因此在历史上最初的巴比伦王国称作古巴比伦，后来者为新巴

---

① 《乌尔纳姆法典》是今人能够看到的最早的成文法典。之前可能有苏美尔法典，但没有流传下来具体的法律条款。

比伦王国。

古巴比伦王国因早期弱小,在两河流域诸国弱肉强食的斗争中,不得不虚与委蛇,周旋于伊新、亚述、埃兰等不同时期的强国、大国之间,是国际政治舞台上无足轻重的角色。但在古代,一国的崛起并不需很长时间,如果有杰出的领导人因势利导,把握机遇,往往一代人便可完成。巴比伦的后来居上便与第六代国王汉谟拉比(约公元前?—前1750年)的雄才大略密不可分。

汉谟拉比早年历史不详,他于公元前1792年继承王位,励精图治,对内强化个人独裁,整饬吏治,修订法律,发展经济,有效地提升了国力。以经济政策为例,他在位第8—9、24、33年均大规模兴修水利,开凿河渠,严惩管理水利的官员的失职行为。他采取保护小农经济措施,在其当政期间,乌尔第三王朝的王室大庄园消逝,原处于近似奴隶地位的依附民古鲁什也不见于古文献中,大农庄口粮分配制绝迹。这种大土地所有制的衰落意味着小农经济得到了一定程度的恢复,而农民小生产者历来是农耕社会稳定的基础。从汉谟拉比即位第三年编纂的《汉谟拉比法典》中也可看出,自耕农、佃农、王室地产上的自由雇工穆什耇务、小手工业者人数众多,租佃关系、雇佣关系流行,债务奴隶制受到严格限制,这一切为汉谟拉比打牢了社会根基,使巴比伦在推行积极的对外扩张政策上有了一个稳固的后方。

汉谟拉比费时35年,最终统一巴比伦尼亚,使巴比伦成为西亚最强大的霸国。他采取聪明的扩张策略,即灵活的外交和有力的军事打击并举,利用矛盾,远交近攻,各个击破。在他即位之时,两河流域的拉尔萨、马里、乌尔、乌鲁克、亚述等国都比古巴比伦强盛。但汉谟拉比能够在群雄竞争中审时度势,屈伸自如。他尽量联合可以联合的国家,集中兵力打击主要敌人。如他即位的头几年国力不强,他可以向北部亚述俯首称臣。后来他为征服邻国伊新,同当时的强国乌尔、拉尔萨结盟。灭伊新后,拉尔萨成为巴比伦南邻,汉谟拉比又同北方的马里结盟。拿下拉尔萨后他与马里争锋,获胜后再打亚述,夺取了整个两河流域南部地区。

汉谟拉比法典

汉谟拉比的重大历史贡献之一在于制定了一部当时最完整的民法典。苏美尔人是古代最早具有法制意识的民族,最先意识到法律是社会治理的有效工具。汉谟拉比继承了这一传统,即位不久便编制《汉谟拉比法典》。在位35年时,他又命人把法典刻写在黑色玄武岩石柱上,序言和结语经过改写,表明他对这部法典的高度重视。

法典内容包含序言、正文与结语三部分。序言阐明汉谟拉比受命于天,有许多丰功伟绩,其中最值得重视之处是汉谟拉比立法的基本目的即公正与保护弱者。他说:"发扬正义于世,灭除不法邪恶之人,使强不凌弱。"法典正文282条法律的确体现了当时社会的公平观,这就是保护私有制和等级制,规范社会成员各安其位。

汉谟拉比法典包括现代诉讼法、民法、刑法的诸多内容,一些今天属于道德规范的行为也归入法律管辖,按今天的观点看来小错也要重罚,量刑原则一般是以眼还眼的对等原则。譬如:"第195条:如若儿子殴打父亲,将受砍手之罚。第196条:如若某人毁另一人之眼,将受毁其眼之罚。"但也有经济处罚的条款,如某人若懒散而未能维护好自己的堤防,致使决堤,洪水淹没他人田地,他的堤防则应变卖为货币,赔偿他人庄稼的损失。还有强调契约关系的条款:某人若把钱或财物寄存在他人处,必须有一个证人,并与接受寄存的人签订契约。否则,接受寄存的人可以拒绝归还。但如果寄存人能够提交证人和契约,而接受寄存者仍拒绝归还,那就要加倍偿还。

法典也是复原古巴比伦社会构成的一手史料。它清晰地反映了古代社会的阶级—等级关系。古代社会表面化的社会分层是国家立法或社会习惯所规定的等级划分,每个等级在国家中具有不同的权利与义务。这种划分以家庭出身为基础,在阶级关系上面增加了权利与法权分等的因素,属于同一阶级的人可能不属同一等级,阶级地位低下的人却在等级地位上高于某些阶级地位较高的人。等级由于世袭而不易发生变动,阶级却因经济地位的变化而更易流动。

在法典中，古巴比伦社会成员可分作两类三等。一类是自由民，一类是奴隶。自由民类型分成两个等级：（1）全权自由民"阿维鲁"，这部分人包括官僚贵族、僧侣贵族等统治阶级上层人物，也包括商人高利贷者"达木卡"，自耕农、佃农、小手工业者等劳动者。（2）非全权自由民"穆什根努"，这部分人包括军人（"柏以鲁""列杜"），王室地产商的依附人，即法典中的"纳贡人"。军人和纳贡人的土地由王室配给，不能买卖、转让与继承，但军人和纳贡人个人自买的土地不在此禁之列。两个等级的自由民的法律地位明显不同，以量刑标准为例：伤阿维鲁的眼睛，要以凶手自己眼睛抵偿；但如果被害人是穆什根努，则只需凶手缴纳一定量的罚金。即使穆什根努是富有奴隶主，也不能超越这种等级差别。

在法典中奴隶是所有者动产的组成部分，可以像物品一样买卖、租借、交换、赠送。侵犯奴隶人身，如伤害奴隶的眼睛或骨头，伤害者应向奴隶主人赔偿奴隶一半身价的罚金。甚至有这样的条款："第282条：如若奴隶对他的主人说：'你不是我的主人。'判其主人割掉他的一只耳朵。"显示法典维护私有财产的坚决与严厉。

法典在很大程度上约束了贵族的恣意妄为，限制了高利贷和债务奴隶制，缓和了社会矛盾，对稳定社会关系起到积极作用，也具有深远历史影响。例如，汉谟拉比列于美国国会会客大厅的大理石浮雕肖像群，被看作是世界史上的23位著名立法者之一。

汉谟拉比在位期间是古巴比伦兴起并达到极盛的时期。他去世之后，他的才能没有传给他的儿子萨姆苏伊鲁（公元前1749—前1712年在位）。他的法律由人制定，也需要有人来正确执行。如果没有严格执法的人，再好的法律也会流为空文。所以古巴比伦王国在一代明君死后迅速解体，至萨姆苏伊鲁统治末期，被征服的地区都已独立，古巴比伦只能死守固有领土。公元前1595年，小亚细亚的赫梯人攻占巴比伦城，古巴比伦王国灭亡。

但赫梯人没有在两河流域站住脚，主动退回小亚细亚。此后约700多年，因史料奇缺，两河流域的历史出现大片空白。目前只知在公元前1595—前729年间，出现过三个王朝的统治，以加喜特王朝最长，达400年之久，最终被后起的亚述王国攻灭。

四 亚述帝国与新巴比伦王国

从亚述王国到帝国

亚述位于两河流域上游地区，旧石器时代晚期开始有人居住。新石器时代的加莫文化（约公元前7100年）与哈苏纳文化（约公元前6000年）均属最早的农业文化之列。载入历史的亚述上古居民可能是印欧语系的胡里特人的一支，称"苏巴图人"。后来阿卡德人进入亚述地区，属于塞姆语系的阿卡德语流行开来，逐渐成为主导语言。

亚述国家形成于公元前2000年代末，较苏美尔国家晚了一千年，但形成的途径与内部结构大体一致，只是氏族民主制的残余显得更多一些。例如，亚述国家由几个部落联合而成，中心城市称亚述（又译作阿淑尔）。早期国王是"伊沙库"，类似于苏美尔的恩西，可以世袭，但权力有限，直接拥有的只是主持宗教祭祀以及与此相关的建筑活动的权力。国家最高权力属元老会议，每年元老会议成员中产生一位国家最高行政长官，同时掌管金库，史称"里模"，国家纪年也以当年的里模名字为标记，所以早期亚述政体是贵族共和制。

作为小国，早期亚述于公元前3000年代末依附于阿卡德王国，后来又臣服于乌尔第三王朝。公元前19世纪，两河流域南部陷入分裂，亚述趁机崛起，入侵南部，军队甚至开进到波斯湾附近，显示出亚述的军事潜力。古巴比伦在公元前18世纪称霸后，亚述承认古巴比伦的霸权，并屈从于邻国米坦尼。

约公元前1400年，米坦尼受到小亚细亚强国赫梯的打击，亚述趁机摆脱米坦尼统治，伊沙库转变为真正的国王，实行君主专制，拥有自己的军队。

根据这一时期出现的《亚述法典》，此时亚述社会有贵族、平民、奴隶三大阶级，等级关系不及《汉谟拉比法典》那样明显，男权（夫权、父权）却极为突出，妇女几乎没有任何权利。如在有关家庭关系的条款中，规定无丈夫同意，妻子不能支配家内的财产。若妻子从家内私自拿走某件物品，就等于偷窃，丈夫有权割掉妻子的两个耳朵。鉴于先前《汉谟拉比法典》的割耳刑罚仅适用于奴隶，可以认为亚述妇女的法律地位与奴隶相似。不仅如此，《亚述法典》还规定，丈夫死后，妻子应嫁给丈夫的亲属，只有原夫家庭无10岁以上的男子时，妻子才可另行改嫁。

对于会说话的工具——奴隶，《亚述法典》进一步暴露出亚述统治者的野蛮性。其处罚奴隶的方式远比《汉谟拉比法典》严酷得多，动辄剜眼、切鼻、割耳。这种非我族类的野蛮性更多地体现在对外征服上。公元前13世纪初，国王萨尔马纳沙尔一世灭米坦尼王国，他说他把14400名敌人弄瞎了一只眼。

公元前11世纪，西亚国际形势发生不利于亚述的变化。阿拉美亚人侵入叙利亚与两河流域，亚述受到沉重打击，再次衰落了一个世纪。

公元前10世纪末，亚述周边的大国相继衰亡，如埃及的新王国、小亚细亚的赫梯王国此时已崩溃，强大的阿拉美亚人也大不如前。亚述东山再起，几代国王对外扩张有得有失，直到公元前745年形势才大为改观。国王提格拉特帕拉沙尔三世夺取王位后，实行军事改革，建起一支在组织结构、兵种配置、武器装备方面具有优势的军队，其核心是王家兵团，装备给养均由国家供应。其次是由贵族与富人组成的战车兵和骑兵，具有自由的农民组成重装与轻装步兵。战车兵、骑兵、步兵协同作战，组成许多战术单位。在战争中，亚述军队以对敌残忍闻名，如在亚述年代记于浮雕壁画上，有把活人钉死在木桩上，对俘虏火烧、剜眼、在嘴唇上穿锁链的画面，反映制作者对这种暴行的欣赏。

依靠这样一支凶悍的军队，亚述在对外扩张中不断得手，于公元前9世纪夺回亚述旧日领土，并征服整个两河流域北部、叙利亚、腓尼基与小亚细亚部分地区。公元前8世纪，亚述击败北部强敌乌拉尔图，进一步征服两河流域南部。公元前722年,亚述国王萨尔贡二世毁灭以色列首都撒玛利亚。公元前671年,亚述占领埃及,成为历史上又一个横跨两洲的大帝国。

亚述帝国建立在军事征服基础之上。公元前8世纪之前,亚述对于被征服地区一般采取杀烧抢光的政策,这样做既破坏生产力,又易引起被征服者的殊死反抗。自提格拉特帕拉沙尔三世起,亚述进行部分政策调整,将被征服的少数人编入军队,多数人则被强制迁往其他地区安家落户,腾出的土地或分给亚述人屯垦,或迁来其他地区的居民。有时这种强制迁徙规模很大,一次多达数十万人。被迁徙者以家庭为单位固着在土地上,为土地所有者耕作,向主人缴纳大部分产品,可以连同土地一道被王室或土地所有者出售。这一政策虽然多少缓和了一些社会矛盾,但却不能根本解决各地被征服者的不满与愤怨。因此帝国的统治十分脆弱,一旦统治阶级内部出现权力争斗,或外部军事失利,就可能引起王纲解纽、天下大乱。

亚述统治的危机表现在国王亚述巴尼拔在位期间(公元前669—前630年)。这是一位嗜书好学的君主,认为读书可以学到治国平天下的技艺,还可养成高贵的气度。所以,他在首都尼尼微的宫内建有古代最早的一座藏书齐全、规模宏大的王家图书馆。近三万块泥板著作均装箱并置于图书馆的二层收藏,以便防潮。但学识与道德并非一致。亚述巴尼拔未脱离亚述人的野蛮传统。在一块浮雕上,刻画他同爱妃在花园中进食的情景:一边有竖琴与铃鼓演奏,一边是挂在树上的鲜血淋漓的人头。正是在他统治时期,他的弟弟在巴比伦发动暴乱,东部山区的埃兰人参与其中。亚述巴尼拔虽将暴乱残酷镇压下去,但元气大伤。他去世后,帝国处在风雨飘摇中。

起初,北部一支新的游牧民族斯基泰人南下,穿过亚述领土,一路打进埃及边境,亚述对之只有招架之力。不久,东部伊朗高原的米底人与两河流域南部的迦勒底人兴起,成为帝国最可怕的敌人。米底人属印欧语系,在伊朗高原建米底王国。迦勒底人属塞姆语系,原住波斯湾沿海地区。其首领那布帕拉沙尔是亚述地方官,趁亚述中央衰弱,率迦勒底军人起事,占领巴比伦,自称巴比伦王,建新巴比伦王国(亦称迦勒底巴比伦)。新巴比伦王国与在伊朗高原崛起的米底王国结盟，于公元前615年攻入亚述内地，先占亚述城，继之攻陷首都尼尼微（公元前612年），焚毁王宫，包括亚述巴尼拔的图书馆。[①] 公元前605年，两国联军攻占亚述的残余据点卡尔赫米什，亚述灭亡。

新巴比伦王国

亚述亡国后，新巴比伦与米底瓜分了原亚述帝国的国土与居民。迦勒底人分得两河流域中下游广大地区，统治近百年，造就两河流域历史的又一个繁荣期。

公元前7世纪末或6世纪初兴建的帕卢卡特排灌渠是农业生产力提高的标志之一。这条渠道旱时可引幼发拉底河水灌溉农田，涝时可把多余的水排至遥远的湖泊和沼泽地带，对农业稳定生产起到积极作用。伴随排灌渠的修建，耕地面积扩大，园艺业颇为兴盛，果树与蔬菜栽培广泛发展，表明市场需求的增加，商品关系的增进。事实上，新巴比伦王国是迄今两河流域手工业与商业的最繁盛时期。城市中出现众多手工业作坊和专门从事商业高利贷的组织，巴比伦等城市成为手工业者与商人的会聚之地。巴比伦城的埃吉皮商家、尼普尔市的穆拉舒商家都拥有若干矿山、大片房产、土地和众多奴隶。

奴隶制在新巴比伦王国达到极盛。奴隶不仅被广泛用于王室、神庙及贵族家庭之中，还应用于手工业、商业领域。埃吉皮商家在一次遗产分配中涉及奴隶一百多人。奴隶制发展不仅表现在奴隶人数的增多，而且体现在剥削奴隶的方式复杂化。除传统仆役外，手工作坊、店铺、钱庄、妓院都直接使用奴隶劳动。奴隶主还发明了授产奴隶形式，把作坊或商店交予自己的奴隶独立经营，以调动奴隶的积极性，减少直接管理的麻烦。授产奴隶的社会地位并没有改变，仍旧是主人的财产，每年须向主人缴纳"人身租"和大部分收益，其所授的产业可随时被主人收回。但这种新的方式

[①] 所幸泥板未被焚毁，于19世纪被英国考古学家发现。苏美尔人的信息及苏美尔人的史诗《吉尔伽美什》等大量文献均由于这次发现而被世人所知。

毕竟使被授产奴隶可以获得少部分收益，并可组成家庭独立生活，甚至可以拥有自己的奴隶，亦即奴隶的奴隶。但在新巴比伦，奴隶劳动并未取代自由民小生产者的劳动，后者的数量与在生产领域所起的作用要大于前者。

此间自由民之间的租佃、雇佣、土地买卖关系相当发达。土地私有制牢固确立，国家对主要生产资料土地的买卖、转让、馈赠等均无限制，最大地产主是神庙贵族。祭司们不仅主持宗教事务，还兼营各种经济活动，如利用奴隶与雇工耕种神庙的土地，还把一部分地产和牲畜用于出租，承租人中甚至包括国王，这是私有制得到尊重与发展的证明。

在政权方面，新巴比伦王国在古代东方政治制度史上独树一帜。国王是最高法官、军队统帅和外交主管，但权力受到首都与地方城市元老会议的制约，重大政治决策须与元老会议磋商，得到认可方能实行。会议成员由中央与地方的贵族组成。各地还有自己的市民会议，虽不及元老会议的政治作用，但也不是可有可无的摆设。新巴比伦国家的这些集体协商与决策的民主成分可能与迦勒底人的原始议事传统、君主对传统的尊重有关。

新巴比伦王国对外活动最为有声有色的时期是尼布甲尼撒二世在位（公元前605—前562年）之时。他即位后便与东部强邻米底王国和亲，娶米底公主为妻。然后集中精力与埃及争夺叙利亚和巴勒斯坦。由于犹大王国在这场大国角逐中追随埃及，尼布甲尼撒于公元前597年攻占耶路撒冷，劫掠犹太人的神庙，把手工匠人掳往巴比伦，并扶植西底家为新的犹大国王，令其宣誓效忠。这段历史成为《圣经·旧约全书》"列王记"的内容之一。

公元前588年，西底家倒向埃及一边，尼布甲尼撒二次围攻耶路撒冷长达18个月，陷城后大肆烧杀，焚毁圣殿，西底家的儿子们被处决，本人被剜掉双眼，用铜链锁绑，连同大部分耶路撒冷居民，一同解往巴比伦安置。这就是《圣经·旧约全书》中的典故"巴比伦之囚"的由来。残留下来的耶路撒冷居民，主要是农民。犹大王国灭亡。

尼布甲尼撒不仅是武功赫赫的君主，也以庞大的建筑活动闻名于世。他翻建了巴比伦城墙，用三道墙围绕城市。主墙长24公里，城墙上可四马并行，三道墙共计城门100个，均用铜铸成。他建造了楼高七层约50米的马尔都克神庙，扩建了王宫，为王后修造了一座高25米的"空中花园"，上面再现王后家乡米底山区的景色，被后来的希腊人称作世界七大奇迹之一。①

尼布甲尼撒二世死后，新君难以驾驭局势，成为弱君，导致6年间换了三位国王。末代国王那波尼德（公元前556—前539年在位）出自阿拉美亚人而非迦勒底贵族，表明迦勒底人在政权竞争中处于下风。那波尼德在位17年，推行宗教改革，伤及巴比伦马尔都克神庙祭司集团的利益，因此造成僧侣贵族与王室的尖锐矛盾，统治阶级内部的分裂导致对外的无力。公元前539年，伊朗高原兴起的波斯王国轻易占领巴比伦，那波尼德被俘，两河流域换了新的主人。

五 古代两河流域文化

文 字

楔形文字是古代两河流域最重要的文化成果之一，它的创造者是苏美尔人。楔形文字与象形文字一样自图画文字脱胎而来。约公元前3300年，即乌鲁克文化期，苏美尔人有了图画文字，一个符号往往有几个含义。例如眼睛（符号为一只眼睛图像）不仅指眼睛本身，还有"面孔""前面""前面的"等意思。迄今发现的图画文字一般刻写在石板上。

公元前3000年代早期，图画文字被楔形文字所取代，石板或石质材料虽然仍作为书写材料，但主要材料转变为易于制作、成本低廉的泥板。苏美尔人用削尖的木棍压在湿润的泥板上，"写"出形形色色的文字符号。因为按压时总是"笔头"先行，提"笔"后留在泥板上的便是一串串横竖交叉、前尖后阔、形似木楔或钉头的符号。"写"好的泥板经过晒干或焙干，就成为泥板文书。它们可以是由许多块泥板组成的鸿篇巨制，也可以

---

① 另六大奇迹是金字塔、以弗所的阿泰密斯神庙、奥林匹亚的宙斯神像、哈利卡纳苏的摩索拉斯陵墓、罗德斯岛的阿波罗神像、亚历山大里亚的灯塔。

是袖珍小书。

楔形文字由表意符号、表音符号和部首符号组合而成，总数在600个以上，常用符号只是其中的一半左右。三类符号的功能与古埃及象形字相同，只是表音符号多了元音，而不像象形文字只有辅音。由于符号多、"笔画"多，楔形文看上去更为复杂。这种文字体系后来被阿卡德人借用表达阿卡德语，继而传给古巴比伦人、亚述人和波斯人，并随着两大帝国的统治而流行于整个西亚。尽管楔形文字的创造者苏美尔人的口语很早就已失传，但他们的书面语却因楔形文著作的缘故，成为古巴比伦与亚述知识分子长期阅读与研究的对象。懂苏美尔语是一个人有教养的象征。这也是亚述王宫图书馆藏有大量苏美尔文献的原因。公元前4世纪，马其顿王亚历山大灭波斯帝国后，楔形文字逐渐消逝，至19世纪以前，已变为无人能识的死文字。当西方学者17世纪在两河流域发现楔形文字符号时，有些人还以为是虫子爬过留下的遗迹。经过一个多世纪的破译努力，英国皇家亚洲学会在1857年经过验证，宣布楔形文字被正式破译，证明楔形文字是能够充分代指人类感情与行为的文字符号系统。

宗　教

古代两河流域的宗教始终是多神教，神灵数量难以统计。每座城市，每个街区，甚至每个小居民点都有自己的保护神。

对于各种自然现象与社会现象，两河流域的人们都给以相应的宗教解释。如关于终极性的问题——世界起源问题，苏美尔人、阿卡德人认为世界本是迷迷蒙蒙的水，然后出现海洋，之后在水中升起巨大的山岭，顶端有天神恩（阿卡德人称恩努），底部是大地女神基。天地神结为夫妻，产生儿子即大气之神恩利尔。恩利尔长大成人，把连体的父母永远分隔开来，从此恩利尔主宰大地，养育出一大批神灵。其长子是月神南纳尔，阿卡德人称之为苏恩。月神之子是太阳神，苏美尔人称乌图，阿卡德人称沙马什。古巴比伦时期，阿摩利人崇拜主神马尔都克，表明统一国家有了统一的神。但马尔都克只是众神之首，并不是后来一神教的那种无所不能的唯一神。

继苏美尔—阿卡德之后的古巴比伦至亚述帝国,都继承了苏美尔人的这种多神崇拜以及宗教仪式与基本世界观、价值观,这也是苏美尔文献能够长期保存、被阅读的原因。

在苏美尔的宗教神话中,有关大洪水的故事影响至远。两河流域有时洪水泛滥成灾,人畜损失惨重。宗教神话把大洪水视作神对人不顺从行为的惩罚。结果地上的人类皆被溺死,只有赛苏陀罗一家因事先得到神的通知而幸免于难。这个故事是《圣经·旧约全书》诺亚方舟故事的蓝本。

在古代两河流域,有专业化的祭司负责与神的联系,主持向神灵献祭的仪式,代神解释信徒们提出的问题。他们集中在庙宇当中,有自己的田产和牲畜、依附农民与奴隶,构成特殊的社会集团。为管理方便,僧侣内部分成若干等级,不同等级有各自的义务与权利。僧侣们虽以男性为主,但也有不少女祭司,他们可被看作是古代知识分子群体,负责制定历法,保存与编纂经典,传授知识。

僧侣集团因人数众多和财产殷实,有时会成为一国中的政治力量,连国王也不能小觑。但总体而言,古代两河流域的僧侣集团是王权的附庸和维护统治的有力工具。

文 学

苏美尔列国至古巴比伦王国时期(公元前3000—前2000年)的文学作品传下来的数量可观,按内容分类,大多数与宗教有关,涉及神话、英雄故事、巫术等题材。也有少量作品描述世俗战争与日常生活,如史诗、纪实文学和战争文学作品。最著名的是长诗《吉尔伽美什》,载于12块泥板上,总计3000多行,主人公是乌鲁克国王吉尔伽美什。他在诗中被描述为相貌出众、武艺超群,同时又是智者,有许多英雄般的举动,连女神都为之倾慕,却遭到拒绝。女神因此怀恨在心,将吉尔伽美什的好友杀死,引起他的痛苦与恐惧,决定去探求有关生与死的奥秘。他进行了漫长的旅行,但并未得到永生的答案,死亡仍是他的宿命。史诗反映了苏美尔人对命运与神意的怀疑与抵制,生动曲折的叙述表明苏美尔人已具有高度的形象思维与抽象思维能力。

《埃努玛·埃立什》也是传世的著名作品，记写在7块泥板上，试图用想象解释难度极大的世界起源问题，假设最初世界是一片混沌，然后是神的出现，创造天地日月星辰、动植物与人类等世界万象。

苏美尔的文学家还能熟练地应用楔形文描写现实世界发生的事件，分析事件的因果关系，一只脚已迈进史学的门槛。只是因为两河流域的特殊地理位置与富庶的条件，外族入侵不时打断正常的发展进程。譬如关于乌鲁卡基那改革的锥形泥板文书，就有对改革来龙去脉的相当细致的分析，已具有对单个事件如实叙述并探讨因果关系的能力。但这种近似史学的写实作品并不多见，苏美尔人之后更是只有史话而无史学。

建筑艺术与雕刻

自苏美尔时代到新巴比伦，两河流域遗留下来许多建筑废墟，基本建筑材料是经过晾晒的生砖，这点与古埃及有明显的地区性差别。主因是两河流域的石材来源地距离远，开采与运输不易，因此苏美尔建筑家只好因地制宜，利用盛产的黏土建造民房与宫室。为避免洪水威胁，在地势平坦的巴比伦尼亚地区，城市一般建造在高地的平台上。苏美尔时代已有多层建筑，如乌尔第三王朝的神庙仅台基便有三层，每层高达11.5米，均用在天然沥青中浸泡过的生砖垒砌。

相对保存最完整的古代两河流域城市废墟是亚述帝国首都尼尼微与迦勒底人统治时期的巴比伦城。尼尼微城市周长达12公里，城墙用石块与生砖垒砌而成，墙高6—10米，宽达15米。城门共15座，小河从城中穿过。城内有宏伟的宫殿神庙和大片民居区。巴比伦城显然预先进行过细致规划，除尼布甲尼撒二世修建的宏大城墙外，城内有石板铺就的主干道，民居、商店与王宫、神庙错落有致。

建筑艺术与雕刻艺术紧密相连。尽管两河流域缺少石材，但石质的雕塑与浮雕装饰在苏美尔时代便较为常见，如乌尔神庙墙壁上的放牛人与牛的浮雕是日常生活的写照。亚述帝国首都阿淑尔和尼尼微位于北部，邻近山区，宫殿建筑使用了许多石材，并配有大量动物与人物的雕像与浮雕，如尼尼微宫殿中国王乘战车狩猎的浮雕、牛身人面与狮身人面雕像均堪称精品。

科 学

古人注重历法，而制定历法需观测天象，故两河流域自苏美尔人始便积累了较为丰富的天文学知识，如根据月亮圆缺规律拟定的阴历。苏美尔人也绘制过星象图，确定了许多星座的位置，认识到黄道十二宫，对诸如彗星、流星之类天象有过记载。

苏美尔人在数学方面也有自己的研究成果。由于丈量土地、编制历法、通商贸易、农业与手工业生产需要统计与计算的需要，他们发明了60进位与10进位的计算方法与表示符号，懂得算数四则题的运算，并制定了四则运算表。而且苏美尔数学家能够进行平方和平方根、立方和立方根的计算，会解一次、二次方程，可以求得三角形、长方形、圆形、梯形、正六边形的周长与面积。

苏美尔医生对病症的处理超越了巫术阶段，并产生了行医的专门人才。治疗方法包括问诊、对症下药、按摩、灌肠、伤口包扎等。药物包括用某些矿物、动植物制作的丸药、散粉、汤药。对于这种传统医学的疗效，今人并不很清楚。

总体说来，早期科学与技术的进步均出自社会的直接需求，表现为经验化的应用知识，为近代科技的诞生做了前期的一定准备。某些成果，如60进位制今天仍在使用。

第四章　古代伊朗、小亚细亚、巴勒斯坦

伊朗高原与小亚细亚、巴勒斯坦是西亚农耕文明的发祥地。当大河流域成为古代文明的中心时，这些地方变为连接文明中心的外围地带和中间地带。虽然这些地区总体上处于中心文明的强烈影响之下，但始终保持与发展了自身文化特征，为世界文明做出了自己的贡献，其影响至今仍没有消失。

一　古代伊朗

波斯帝国的建立

伊朗在古代是地区名，意指两河流域东部的伊朗高原。其以扎格罗斯山脉为界，在西部同两河流域区隔开来。高原南临波斯湾，东起兴都库什山，北依高加索和里海，是三面环山、一面临水的较为封闭的地区。

旧石器时代、新石器时代和青铜时代，伊朗高原连续有人居住，但这些早期居民没有文字遗存，无法判定他们的身份。但可以肯定伊朗高原是西亚农业革命的重要发生地之一。

能够辨识的最早居民是公元前3000年代的埃兰人，他们生活在伊朗高原西南部，于公元前3000年代中期形成国家，之后1000年里多次入侵两河流域，但都立足未稳，最终退回高原地带。埃兰人的语言系属不清，肯定不属于西亚北非流行的塞姆—哈姆语系，也不属于印欧语系。

公元前 9 世纪以来，亚述泥板文书中多次提到两个伊朗族群，即米底与波斯。据此推断，这两个民族可能在大约公元前 2000 年代末出现于高原之上。其中米底人起初分布在里海之南，高原西北；波斯人分布在高原西南，属印欧语系。

公元前 7 世纪初，米底形成国家，实行君主制，并使波斯人臣服于自己，成为两河流域东邻的大国，并威胁亚述帝国。公元前 7 世纪末，米底联合新巴比伦灭亚述，分割帝国的领土。米底版图因此达到极盛：东起伊朗高原中部，南抵波斯湾，西达叙利亚，北邻里海。

公元前 6 世纪中叶，米底与新巴比伦关系破裂并发生军事冲突，米底元气受损。公元前 558 年，波斯贵族阿契美尼族的居鲁士二世（约公元前 590—前 529 年）率众起义，经过八年抗争，推翻米底王朝，建阿契美尼王朝，史称波斯王国。居鲁士王袍加身，全盘接受米底的政治制度。为证明君主身份的合理性，他的出身被神化，成为米底公主曼丹尼的儿子。其外祖父梦见公主是王国的祸水，于是把她下嫁波斯贵族。国王续梦曼丹尼怀孕是王国不祥之兆，决定杀死新生儿。但执行人却因怜悯而放了婴孩，找了个牧人家的死婴顶替，居鲁士便被托付给该牧人夫妇代养。经过粗衣粝食的成长，居鲁士出落成大智大勇的雄才，成就了改朝换代的伟业。

公元前 546 年，波斯王国与小亚细亚强国吕底亚爆发战争，居鲁士越出高原，攻占吕底亚全境，擒获该国国王克洛伊索斯，进一步征服了小亚细亚西海岸的希腊城邦，为半个世纪后发生的希腊与波斯的战争准备了条件。

之后 7 年，居鲁士兵锋东向，占领伊朗高原东部与中亚的许多地区，统治触角甚至伸到南亚印度河流域。随后他挥师西进，灭新巴比伦王国，占领两河流域与叙利亚、腓尼基与巴勒斯坦地区，为持续二百多年的大帝国奠定了疆域基础。在占领巴比伦时，居鲁士把犹太人（"巴比伦之囚"）遣回巴勒斯坦故土，使犹太人对他感恩不尽，在《圣经·旧约全书》中永久表达了这种感恩之情。

公元前529年，居鲁士二世在远征中亚部落时亡，长子冈比西斯即位，继续帝国的扩张势头，于公元前525年把埃及并入波斯版图。至此，帝国疆域东到中亚锡尔河流域，西南至埃及，西北包括整个小亚细亚半岛，南则嵌入印度次大陆，成为超过亚述帝国面积的空前大帝国。

大流士改革与帝国的社会经济

由于帝国膨胀过快，一时消化不良，维系统治主要靠军事高压。冈比西斯征服埃及期间，帝国被征服地区巴比伦、埃兰、米底、亚述、伊朗高原等地广泛发生暴动。一支政变军队由僧侣高默塔率领，占领巴比伦并自称为王，波斯帝国岌岌可危。冈比西斯匆匆自埃及回师，途中突然暴毙，阿契美尼族的大流士一世等七人合谋在米底行宫杀死高墨塔，恢复阿契美尼王朝的统治，大流士一世被推举为新君。他即位后用铁腕相继镇压了各地起义，同时采取一系列措施改革内政，以巩固自己的政权，史称"大流士改革"。

波斯国王大流士一世统一天下后刻制的"贝希斯吞铭文"，称颂自己南征北伐的丰功伟绩

他首先强化中央集权，神化自己的权力，昭告君权神授，为波斯拜火教主神阿胡拉·马兹达所赐。他把全国行政区划为20个行省，每个行省直

接任命一名总督负责行政。另给总督配一名直属国王的秘书，行使监督职责。驻行省的军队另行委派。三者均对国王负责。这就制度化了对被征服地区的统治权。

其次，强化国家机器，整顿军队，把全国划分成五大军区，每个大军区管辖若干行省军区。其军队仿亚述建制组建，是一支多兵种的庞大常备军，包括步兵、战车兵、象兵、工兵、海军等。军队核心是由波斯人组成的禁卫军，古希腊史家称之为"不死队"，意即人数固定不变，成员死亡立即递补。军官多为波斯人担任。战争动员时各省总督负责征召本省的兵员，并担任行省临时部队的指挥。大流士还成立了一支特务部队，称"国王的耳目"，被派驻各省，拥有非常权力，可以逮捕与处决任何反对国王者，甚至包括总督。

再次，建立常规性的税收制度，以保证国家机器的运转。以往帝国建国不久，税收仅以贡品形式收取。大流士一世改变做法，根据各地经济情况与严格的户籍登记制度，规定每个行省的交税额度，包括货币税和实物税两种。其中，波斯人免税，但须服兵役。

最后，统一货币体制，加强中央与地方的联系。大流士一世为改善帝国各地的经济政治联系，采用吕底亚和希腊的货币体制，主要币种是金币，因币上铸有手持弓箭的大流士头像，故称"大流克"，每枚大流克重8克。铸金币的权力属于国王，此外还有银币与铜币，各省总督可发行银币。他还修筑道路网，其中最长的一条是从波斯的四都之一苏撒（另三都是波斯波利斯、埃克巴塔纳、巴比伦）通向小亚细亚希腊殖民城市以弗所的公路，全长2400公里，沿途每20公里设一驿站，便于商旅与信使的往来。

大流士改革具有积极意义。它使整个帝国经济、社会、政治有章可循，客观上有利于整个西亚地区的稳定与生产的恢复，促进了各地的经济、文化交流。

帝国的衰亡

波斯帝国兴起于对外战争，衰落也始于对外战争。公元前513年，大流士一世远征黑海沿岸的游牧民族斯基泰人失败，被征服的小亚细亚希腊城邦伺机于公元前 500 年群起暴动。希腊本土城邦雅典与埃列特里亚出兵支援同族人的起义壮举，致使波斯军队在把小亚细亚希腊人的起义镇压下去后，决定报复希腊人，入侵希腊半岛，当然实际原因可能还有扩张领土的需要。这引起了公元前 5 世纪前半期长达 43 年的希波战争。

在侵略希腊的过程中，大流士一世的两次入侵都遭失败。头一次因天灾而中途夭折。第二次被希腊联军在马拉松战役中击败，仓皇退回波斯。大流士在恨恨不已中因病去世。其子薛西斯继承父亲遗志，于公元前 480 年举全国之力，水陆并进，但失败得更惨。经萨拉米斯海战与普拉提亚陆战两次大会战，波斯军损失惨重而溃退回本土。波斯从此失去进攻能力，转入守势。双方在爱琴海角逐，互有胜负。最终签订和约，波斯让出对爱琴海与小亚细亚希腊城邦的统治权。

公元前 5 世纪末，波斯爆发王位争夺的内战，同时伴随各地不时发生的民众起义，波斯帝国虽然仍旧维持着庞大的版图，却露出摇摇欲坠的衰态，缺少的是来自外部的有力一击。

公元前 4 世纪后半叶，希腊半岛北部兴起马其顿王国，征服了整个希腊半岛。雅典知识分子为摆脱城邦危机与马其顿的威胁，建议联合各邦远征波斯，实际是把祸水引向东方。马其顿采纳了这一建议。公元前 334 年，马其顿新君亚历山大率军东征，腐败的波斯帝国如泥足巨人，一触即溃。公元前 331 年，双方军队在高加米拉决战，波斯国王大流士三世在战场督阵却率先逃亡，导致波斯军全线崩溃。败走的大流士三世在逃亡中亚的路途中被手下所杀，波斯帝国成为历史陈迹。原帝国的领土悉数归入亚历山大帝国，连大流士三世的女儿也成为亚历山大的妻子。

古代波斯文化

波斯帝国人口众多，各民族有其特有的文化成果，尤其文明成果积累长久的两河流域，是后发的波斯取之不尽的文化源泉。

波斯文字采用了楔形文字，但有所改进。波斯人删除了多余的文字符号,仅保留42个。他们还使用阿拉米字母文字来书写业务文书。

在古希腊史家希罗多德的《历史》一书中,记述了波斯人的基本价值观。他说波斯人在15—20岁时被教授三件事:骑马、拉弓与说实话。诚实是波斯人首要的美德,他们认为人最恶劣的行为就是说谎,其次是欠债。而欠债是说谎的根源之一。在波斯法律中,说谎是弥天大罪,甚至要处以极刑。这种对诚实的高度捍卫在古代世界其他地区甚为少见。

在宗教领域,波斯人有自己的创造——拜火教,有自己的经书《阿吠陀》,系经义汇编,据说由一个名叫查拉图斯特拉(希腊人称之为琐罗亚斯德)的先知创立。但对这位圣人,后人几乎一无所知。推测拜火教大概形成于伊朗高原东部,然后传布到高原与高原以外的中亚细亚。

拜火教的基本教义是把现实生活中的人类行为归结为两个超自然的神灵,即善神与恶神的对立。善神也是智慧之神,名阿胡拉·马兹达①,恶神名安格拉·迈纽,亦是破坏之神,也称阿里曼。后者自前者派生出来,因前者是整个世界的创造者。

在拜火教看来,人类生活中的一切真善美都是马兹达对迈纽的胜利,一切恶,包括疾病、灾难,均是迈纽作祟的结果。波斯人尊崇马兹达,祈祷他的保护。在此基础上,拜火教把一些物质分成清洁与不洁两种,分别源自善神与恶神。在洁物中,火最为清洁,因此拜火教崇拜火,这意味崇拜善神。拜火教徒禁止人们把脏物投进火里,禁止土葬与火葬,理由是会污染大地和火。他们实行天葬,把遗体弃之郊外,让猛禽把遗体撕碎食光。拜火教的善恶二元论深刻影响到西亚地区的宗教解释,在犹太教、基督教、伊斯兰教的基本教义中均有所反映。

拜火教在南北朝时(420—589年)传入中国,被称作祆教或波斯教,唐代时曾得到很大发展,首都长安建有祆教庙宇。

波斯建筑艺术继承了埃及、亚述、米底等大型建筑的成功经验,主要体现在宫殿王陵与神庙的营造规模上,但有波斯的地方特点。例如,大流

---

① 日系汽车品牌马自达便出于此。

士一世和薛西斯在波斯波利斯的王宫均建在用石材砌就的高台上，支撑柱与横梁亦为石材，屋顶则用木材铺就。现在仅存石柱与殿基，如薛西斯的宫殿有 100 根大石柱，仍可想见当年的雄姿。波斯特色体现在宫墙石壁的浮雕装饰、釉砖、贵金属的式样等人物与动物形象、花纹上。

二 古代小亚细亚、腓尼基和巴勒斯坦

赫　梯

小亚细亚位于亚欧大陆交界地带，大部地区属山脉环绕的高原，适于农牧业，因此是农业文明的发祥地之一。约公元前 7000 年代，小亚细亚便出现了主营栽培农业与家畜饲养业的村落与城镇。在考古遗址沙塔尔·休于的发现表明，当地居民已达 4000—6000 人，这意味着人类进入小亚的时间肯定更早。

早期赫梯人在泥板文书中称哈提人，其语言不属印欧语系。随后阿卡德移民移居这里。自公元前 21 世纪至前 18 世纪中叶，亚述人陆续进入小亚细亚东南部，增加了当地居民成分的多样性。

在不断的迁徙与交融中，以小亚细亚中北部的哈图萨等城市为中心的赫梯人异军突起，在公元前 19—前 18 世纪形成若干赫梯国家。此时的赫梯语可确认属于印欧语系安纳托利亚语支，估计这些人在公元前 3000 与前 2000 年代之交进入小亚中北部。至于印欧赫梯人的来源地，较流行的假设是出自乌克兰草原，沿里海南下而来。至公元前 17 世纪中叶，赫梯人诸小国统一在以哈图萨为首都的赫梯王国中。

赫梯王国史分为三个阶段：古王国（约公元前 1650—前 1500 年），中王国（约公元前 1500—前 1400 年），新王国（约公元前 1400—前 1200 年）。其中古王国阶段的赫梯是兴起与成长期。中王国的历史因史料匮乏而模糊不清，暂视为地方小国的发展期。新王国阶段是赫梯王国的繁盛与灭亡期。

古王国时期，赫梯国王哈图西里一世（约公元前 1655—前 1625 年在

位）实行咄咄逼人的对外政策，先夺取安纳托利亚大部土地，然后用兵叙利亚北部，攻打阿摩利人的延克哈德王国未果。继任者穆尔西里一世（约公元前1625—前1590年在位）继位后拿下延克哈德王国首都阿勒颇，灭延克哈德，疆域开始与两河流域相接。同年，穆尔西里一世趁势率军直入两河流域，包括攻占马里与巴比伦城，灭古巴比伦王国。但他并无直接控制两河流域的欲望，在大肆劫掠之后撤回安纳托利亚。

穆尔西里一世回国后不久即被以内兄（弟）汉提里一世（约公元前1590—前1555年在位）为首的阴谋集团谋杀，主谋成为新国王，当政三十多年。其间东邻胡里特人成为赫梯劲敌，与赫梯在叙利亚发生冲突，甚至夺取阿勒颇市，致使赫梯无暇外顾，转为颓势。

后来的国王铁列平（约公元前1525—前1500年在位）调整王位继承制度，以减少君权再分配的难度，避免同室操戈的悲剧。按泰莱皮努的规定，王位继承依王子的长幼顺序决定，嫡长子优先，嫡次子递补，以此类推。若无王子，则由嫡长女的夫婿递补继位，同样类推下去。这对所有世袭君主制的难题——大位继承制首次进行了明确规范。但继承制设计得再好也需人来执行，觊觎王位的并不只是王族。即使在王族内部，贪欲与权欲也使得利益相关方不愿按规定出牌。内争使赫梯陷入百年混乱期。泰莱皮努的去世意味着古王国时期的终结。

一个世纪的中王国时期是赫梯王国的衰弱期，有关史料支离破碎，难以拼凑出完整的历史画面。衰弱就要挨打，赫梯从主动攻打别国变为被动挨打的对象。先是从黑海沿岸过来的卡斯卡人的进袭，赫梯穷于招架，不得不一而再迁都。先迁至萨皮努瓦，后迁至萨姆拉。约公元前1430年，国王图德哈里亚一世当政期间，羸弱的赫梯止住下滑趋势，开始重新崛起。他曾夺取小亚细亚西部阿苏瓦同盟的部分土地，这标志着赫梯内部恢复稳定，开始具有外向的实力。

图德哈里亚一世的女婿阿努万哒（约公元前14世纪初）继位后，赫梯开展积极的对外扩张策略，连续几朝外侵虽有挫折，但总体上成功为多。赫梯征服了安纳托利亚的南部与西南部，也灭掉叙利亚北部的强国米坦尼，击败黑海沿岸的卡斯卡人，同力求控制叙利亚和巴勒斯坦的埃及帝国发生直接冲突。

赫梯人是世界上最先进入铁器时代并掌握了冶铁技术的民族，时间大约在公元前14世纪。他们把冶铁术的秘密保持了约两个世纪，因此在武器方面具有优势。

约公元前1274年，赫梯与埃及两强在地中海东岸的卡叠石展开激烈会战，双方损失惨重，埃及法老拉美西斯二世险些被俘。两国君主均无力续战，赫梯国王哈图西里三世后方受到亚述的侵袭，于是向埃及法老提出缔和建议，双方一拍即合，不仅于大约公元前1258年签订和约，而且拉美西斯二世迎娶赫梯公主为妻，以加强和约的约束力。在军事史上，这是第一场具有细节描述的战例，包括会战原因、备战情况、行军路线、会战状况等均有具体说明与呈现。其和约是迄今完整保存下来的大国间条约的第一个实例，在国际关系史上有重要的象征与借鉴意义。

但赫梯帝国的鼎盛期十分短暂。哈图西里三世统治时，亚述成为赫梯最危险的敌国。他的儿子图德哈里亚四世继位后，成为最后一位勉强抵御住亚述攻入赫梯腹地的国王。公元前1200年左右，赫梯在小亚细亚大部分领土以及叙利亚被亚述相继侵占，一支被古埃及文献称作"海上民族"的强大力量袭击赫梯在爱琴海沿岸与塞浦路斯的领地，致使赫梯腹背受敌。公元前1180年左右，赫梯遇到新的入侵，首都哈图萨被操印欧语的卡斯卡人、弗里吉亚人、布里格人攻陷并遭屠城，赫梯帝国迅速灭亡。

腓 尼 基

在两河流域以西与西北方，自南向北，濒临地中海的狭长一线，曾在古代出现过一系列国家，其中最著名的国家是腓尼基的迦南人城邦与巴勒斯坦的以色列、犹大王国。它们虽然国家不大，却对世界文化做出了卓绝贡献。

这个地区位置特殊，陆路南连北非，北接小亚细亚与南欧相通；海路则直接与北非、南欧对接。无论在历史与现实中，这里都是连接欧亚非大陆的桥梁或中介，是周边大国争夺的对象，具有重要战略价值，因此也是国际政治的热点地区。

腓尼基位于爱琴海东岸北部，地理范围大体东起黎巴嫩山，南接巴勒斯坦，北邻小亚细亚，面积较今天的黎巴嫩共和国稍大一些。境内物产丰富，山区生产木材，黎巴嫩雪松蜚声西亚与地中海区域。山坡与沿海适于种植地中海区域的农作物，如葡萄、橄榄、椰枣等。特殊的地理位置影响到腓尼基人的生活方式，文明时代的腓尼基人以善于航海、经商与精于手工业而闻名于世。其航海与商业活动在公元前1550—前300年遍及地中海域。

早期腓尼基居民是操印欧语的胡里特人。公元前3000年代末，说塞姆语的迦南人移入腓尼基地区，逐渐使腓尼基塞姆语化。公元前2000年代初，迦南人以一座城市为中心、结合周围农区形成国家，以乌加里特、西顿、推罗、毕布勒、提尔、西米拉、阿沃德、贝鲁特最为有名。它们都是独立自主的小国，彼此之间也有冲突，甚至一国对另一国的支配，如起初毕布勒是腓尼基人与地中海的霸主，后来提莱取而代之。但历史上没有一个霸主尝试过腓尼基的统一事业，即使有扩张的雄心也是面对海外。

腓尼基国家的政制与苏美尔早期国家相似，多数国家实行君主制，但同时还有氏族部落时代遗留下来的元老会议或贵族会议，能够对王权加以制约。另外，僧侣势力也不容忽视，提尔称霸期间的国王伊索巴阿尔就是祭司。此外，腓尼基的部分城邦也出现过贵族共和国，国家领导人是选举产生的行政官员，称苏福塔斯。西顿与推罗还有过公民大会与议事会的共和机构。

在经济方面，腓尼基是地中海区域工商业与海上贸易最发达的地区。古代因无罗盘，商船必须沿海岸行驶，离开海岸的航线，海员的视线不能离开岛屿。因此东地中海乌加里特、毕布勒等城市是爱琴海域各地商品的中转站，克里特、迈锡尼、埃及、小亚细亚、两河流域的各种商品均要取道腓尼基。腓尼基商人不仅做转口贸易，而且将本地生产的木材、玻璃及其他手工制品、紫红染料输往希腊、埃及等地。腓尼基匠人从塞浦路斯获得铜，从小亚细亚获得锡、银、铁，从埃及获得黄金。他们用这些原料制成精美的手工艺品，然后向各地出售。在出口商品中，紫红染料粉具有特殊的意义。紫红在地中海区域意味着尊贵，是极受欢迎的织物染料，而从地中海沿岸的古螺壳中提取这种稀有染料的技术为腓尼基人所独有，腓尼基人一词便出自古希腊语 phoínios（紫红）。

腓尼基人不仅是灵巧的工匠，狡黠的商人，熟练的水手，也是著名的海盗与奴隶贩子。腓尼基海盗长期泛滥于地中海域，随沿海诸国维安措施的强弱而有时猖獗，有时低落。他们抢劫商旅，掠夺与贩卖人口，扣押人质，威胁沿岸与海岛居民生命财产的安全。在荷马史诗《奥德赛》与《圣经》中均有关于腓尼基奴隶贩子的描述。

由于经济的发展和腓尼基各邦社会内部的分化，许多农民、商人到海外去寻找商机，许多贫苦和破产的人们到海外去寻觅生路，展开殖民活动。在公元前 2000 年代，腓尼基殖民者已涉足塞浦路斯、爱琴海岛屿、黑海沿岸，在当地建立殖民城市与据点。但其主要殖民方向是西地中海区域，因为西亚与北非均有强大的政权，殖民者难以立足。西部是统治薄弱地区，因此从公元前 1000 年以来，大批腓尼基人迁居西西里岛、撒丁岛、高卢、北非，甚至远至西班牙，最远的殖民点甚至越过直布罗陀海峡，出现在大西洋沿岸。

这些殖民城市一般并不依附于母邦，但与母邦保持良好的关系。腓尼基人最大的殖民城市是位于北非的迦太基。它的母邦是推罗，建于公元前 814 年，在公元前 4—前 3 世纪崛起为地中海区域的强国。

约公元前 1200 年或稍早，腓尼基人发明字母文字，这是他们对世界文明的重要贡献。在 19 世纪发现腓尼基字母文字铭文时，一些古文字学家认为它们与古埃及象形文有亲缘关系。楔形文被破译后，又有人认为字母文字同楔形文存在源与流的联系。但也有人否定这两种假设，提出它们是某个腓尼基人的独立创造或基于迦南人的早期文字符号而开发的结果。无论是对其他文字的改造还是完全的创新，字母文字的出现多半与腓尼基人相对发达的航海业、商业贸易有关。频繁的经济活动需要简单实用、易学易写的文字，腓尼基人创造出由 22 个辅音字母构成的文字系统，随着腓尼基商人传布到地中海沿边各地。在西亚大陆先传给希伯来人，继而传至阿拉美亚人，演化成阿拉美亚文字，再进一步传入中亚与南亚一些地区。向西被古希腊人采用，添加了元音字母，再西传至埃特鲁里亚人和拉丁人，并得到进一步发展。

古代巴勒斯坦

巴勒斯坦处于埃及和腓尼基之间，自北端托罗斯山到南端西奈沙漠约长 640 公里，自地中海沿岸至阿拉伯沙漠的东西宽度大约 112—160 公里。由于同样地处连接三大洲的枢纽地带，巴勒斯坦（又称离凡特）自古以来就是大国角逐的热点地区。其境内多为沿海平原，伴有少数丘陵地带，自然地理条件宜于农业与畜牧业。旧石器时代这里便有人居住，新石器时代是率先进入农耕社会的地区之一，最著名的村落遗址在耶利哥，存在时间可追溯至公元前 7000 年。

阿摩利人的分支迦南人是巴勒斯坦地区能够辨识出身份的最早居民。之后另一支操塞姆语的迁徙者希伯来人落户巴勒斯坦，分为以色列与犹大两个族群。关于希伯来人的由来，主要来自犹太圣书和基督教《圣经》的传说。传统认为希伯来人曾多次迁徙，最初居住在两河流域，后迁到埃及。因无法忍受法老的奴役，在领袖摩西率领下出埃及，经过西奈半岛，占据了巴勒斯坦大部地区，时间大约在公元前 13 世纪。以色列人定居在巴勒斯坦北部，以中央高地为中心，犹大人定居在南部。土著迦南人部分被歼，部分与希伯来人融合。在西南沿海地区，还有腓力斯丁人的城镇与乡村，其语言属非塞姆—哈姆语系，饮食没有禁食猪肉的限制，一度是希伯来人的劲敌。

以色列和犹大社会在公元前 1200 年前后进入铁器时代，开始从氏族部落制向阶级社会与国家形态转化。当时希伯来人共有 12 个部落，各部落间关系若即若离，每个部落有自己的领袖称"士师"，还有长老会议和民众大会。士师在战时是民兵的统帅，平时是最高法官，坐在大树下或城门旁处理民众的诉讼案件，依据习惯法断案。公元前 11 世纪末，以色列和犹大社会发生很大变化。农业和手工业商业的发展加速了财产不平等与阶级分化的过程。发财致富的农民与工商业者、祭司和部落贵族希望建立强有力的政权机构来保卫自己的既得利益，而比邻腓力斯丁人的袭击又迫使他们尽快实现统一，建立有效的政治与军事组织。

公元前 1025 年，希伯来人建立统一的以色列王国，第一位国王梭罗（约公元前 1079—前 1007 年）实际上是抽签当选的部落领袖，部落大事还需民众大会决定。梭罗在同腓力斯丁人的会战中兵败自杀，他的四个儿子有三个战死。剩下一个同他的女婿大卫争夺王位失败，大卫成为第二位国王（约公元前 1000—前 970 年在位）。大卫击败腓力斯丁人，还攻占迦南人据守了 200 多年的据点耶路撒冷，把政权中心迁至这座城市。大卫在战争中确立了自己的权威地位，推动氏族社会向国家的转化。大卫死后，其子所罗门（约公元前 970—前 931 年在位）即位，实行政治改革，把包括犹大人在内的原 12 部落建制改变为地域性的行政区划单位，由政府官员管理；并改革了军制，建立骑兵队伍。所罗门统一了希伯来人，自己成为专制君主，完成了国家形成的过程。他利用权力大兴土木，从腓尼基招来工匠，从黎巴嫩运来上好木材，驱使成千上万的迦南人开山凿石，修造宏伟的希伯来人主神耶和华的大庙，之后又效法近东的国王，兴建豪华王宫。后宫据说有 700 位出身外国王室的女子，包括埃及公主，另有 300 嫔妃。所罗门的骄奢淫逸伴随对社会大众的横征暴敛，致使许多以色列、犹大人破产。他死后，北部 10 个部落拒绝服从新君，从统一王国中分离，自称以色列王国，首都撒玛利亚。其余部落服从新君，立犹大王国，首都耶路撒冷。

公元前 9—前 8 世纪，两个王国内部都出现了严重的社会危机，富人任意欺凌穷人，兼并穷人田地和房屋，阶级关系十分紧张，出现反对富人贪婪的先知运动。所谓先知是中下层僧侣，他们在街头发表演说，预言以色列和犹大王国将因社会不公而受到毁灭惩罚。他们的这种预言不幸而言中。

公元前 722 年，以色列王国先遭到亚述军队的打击，撒玛利亚陷落，居民被掳往亚述，亚述人则移居撒玛利亚，形成《圣经》中所说的撒玛利亚人。

犹大王国靠缴纳大量赎金暂时避免了灭顶之灾，但只是延后了灭亡。公元前586年，新巴比伦军队围攻耶路撒冷18个月，城内饿死者不计其数，甚至发生母食子的惨剧。最终破城后，迦勒底军队疯狂抢劫烧杀，焚毁王宫、圣殿，把1万多名富裕的、具有技能的希伯来人押往巴比伦，成为"巴比伦之囚"。希伯来一般百姓仍被允许留住巴勒斯坦。这一事件是希伯来人即犹太人离开故土、流散到世界其他地区的开端。

波斯灭新巴比伦后，将希伯来人送回故土并允许重建神殿。但在罗马帝国统治期间，希伯来人不能忍受罗马的压迫而奋起反抗，受到严酷镇压，耶和华神殿在公元70年再次被摧毁。132—136年，已变为罗马犹太行省的犹太人又一次爆发大规模反抗罗马压迫的起义，罗马军团杀死58万犹太人，摧毁50座设防城镇和985个村庄。皇帝哈德良试图根除犹太起义的隐患，取缔犹太教，禁止实行犹太法律与历法，处决拒绝服从的犹太学者。大量犹太教经典被付之一炬，犹太教会堂中树立罗马主神丘比特与皇帝的雕像。他还重建耶路撒冷，除了特殊日子，禁止犹太人进入城市。巴勒斯坦地区的犹太人被迫大批离开家乡，流散到异国他乡的古代犹太人为了保持民族身份，用一根信仰的纽带把他们紧密联系在一起，这就是犹太教。犹太人发展出一神教的完整体系，尊崇上帝耶和华是唯一的神，相信他是救世主，能够拯救犹太人脱离苦海；相信摩西受上帝委托为犹太人制定的十诫；相信托拉，即摩西五经；相信犹太人只要忏悔，上帝会饶恕和怜悯他们；相信四海之内皆兄弟。这种一神论和救世主的理论构成后来基督教的思想源泉。确切地说，基督教最初本是犹太教的一个小派别。

第五章　古代印度

印度得名于印度河，在古代是一个区域概念，意指整个南亚次大陆。中国史书最早称之为"身毒"或"天竺"，包括今天印度、巴基斯坦、孟加拉、尼泊尔、不丹等国的领土在内。古代印度史的创造者因此是南亚次大陆上的所有古代居民。他们依托印度河与恒河的润泽，发挥自己的智慧与勤勉，在这里创造出独具特色的文明成果，深刻影响到今天的世界。

一　印度河流域的文明

地理环境与居民的多样性

印度次大陆位于亚洲大陆南部，是一个两面环水、幅员辽阔的三角形巨大半岛，东边濒临孟加拉湾，西接阿拉伯海，背倚高耸的喜马拉雅山脉和兴都库什山，总面积400多万平方公里。海洋与山脉使整个次大陆长期成为相对封闭的地区，仅留西北方向几个连接山外的通道，如开伯尔山口与勃兰山口，历史上有时成为其他民族南下入侵的通道。

古代印度的自然地理条件和埃及、西亚明显不同，地形与气候多种多样。大河冲积而成的平原和终年积雪的山地，坦荡的草原和荒凉的沙漠，干旱少雨的高地和四季常绿的热带森林，酷热与严寒交织在一起，形成一个个相对隔绝的地域和风格迥异的风情。

古代印度人口众多，无论古代还是现代都居世界人口数量的最前列。公元前5世纪的希腊史家希罗多德曾说印度是当时世界上人口最多的国度。

与自然环境的多样性一样，印度种族与民族成分的多样性也极为突出。旧石器时代早期这里便有人活动，尽管出土的古人类化石还远远不足，但人类在这块大陆长期生息进化却是不争的事实。目前发现的旧石器证据，如石片、石斧、石核等，时间跨度在约50万年前的直立人到1万年前的智人之间，发现地渐次从个别地点扩展到次大陆各地。新石器时代的遗址更是遍及次大陆。有名称识别的最早居民是达罗毗荼人。他们肤色较黑，在人种学上被归入澳大利亚—尼格罗人种，语言自成一系，即达罗毗荼语系。印度次大陆地广人稀，古代居民远不止达罗毗荼一支，从进入成文史后的族群复杂情况看，至少有上百个民族同时生活在次大陆不同地区。公元前15世纪，属印欧语系的雅利安人自西北山口进入次大陆，建立了对次大陆的统治权，成为主要民族。在其语言基础上形成的书面语是"梵语"，文字是梵文。公元前1000年代中期以后，波斯人、希腊人、安息人等先后侵入印度，或多或少地占据部分地区，主要集中在北部富庶地区，进一步增强了族群的复杂性。

哈拉巴文明

哈拉巴是巴基斯坦东北部旁遮普省的一个村庄名。20世纪20年代，英国考古学家在该村不远处发现一座远古城市废墟。随后又在次大陆的广大地区发现了许多同类型的古代城镇与村落遗址。整个发掘工作断断续续进行了近一个世纪，已获得的材料可以对这一早期文明的范围、特征给予比较明确准确的重构。

这是青铜时代的文明，存在时间大约在公元前3300—前1300年，繁荣期约在公元前2600—前1900年。分布空间达126000平方公里，西部边界在今巴基斯坦俾路支省的马可兰沿岸，北部与东北部远及阿富汗境内，东部则达印度北方邦，南部至印度马哈拉施特拉邦，文明中心地带是印度河流域，故学界称之为印度河流域的文明。

这一文明的基本特征与埃及、两河流域文明相同。主要经济部门是栽培农业与家畜饲养业。基本粮食作物是大麦和小麦，此外还种植胡麻、甜瓜、豌豆、椰枣和棉花。家畜与家禽包括大象、骆驼、水牛、黄牛、山羊、绵羊、狗、猫、鸡等。象与水牛的驯化应归于古代印度人。

哈拉巴文明的手工业处于同时代的发达水平，金属冶炼与加工业、陶器制造业、纺织业等均有很高质量的产品，如红底黑花与蓝白色釉彩的彩陶，精美的项链、手镯、耳环、戒指、脚镯、胸饰、化妆盒、青铜镜、象牙梳、剃刀、口红、扑粉、眼膏等。如果再考虑当时印度人（主要是贵族）的丰富饮食品种（猪肉、牛肉、鱼肉、面包、面饼、水果、牛奶、蔬菜）和生活习惯（洗澡），似可得出这样的推论：青铜时代的印度人创造出这个历史阶段一种精致的生活方式。

哈拉巴与摩亨佐·达罗是真正的城市，人口都在3万以上。从城市布局可以看出有事先的规划，整个城区包括卫城和下城两部分。卫城是宗庙与政府机关所在地，战时是据守的要塞，有四方形的城墙围绕。下城是居民区与商业区，有10米宽的街道，道两旁有红砖垒砌的二三层楼房，辅助设施包括良好的供水排水系统。除住家外，还有手工作坊、饭馆、商店的用房，也有简陋的茅舍，反映了手工业商业的繁荣与社会的分化。从出土文物看，哈拉巴文明的创造者已有广泛的对外贸易，同阿富汗、伊朗高原、两河流域、埃及均有贸易往来。

哈拉巴人已创造出独特的文字符号，目前尚未破译，看上去类似象形字，刻写在石质、象牙质、骨质的印章上和陶片上。

哈拉巴文明具备了阶级社会和国家形成的一切要素。哈拉巴城有巨大的粮仓，证明是周边农村剩余产品的集中地；有政府设施——会议厅；有战争现象，因为有防御墙；有适于公务需要的文字与印章；有社会的明显分化。但因材料的局限，特别是缺乏文字材料，无法判定其社会性质与国家类型。

公元前18世纪，哈拉巴文明的主要城市的建筑物垮塌，排水设施遭到破坏，在摩亨佐·达罗还发现了一些被杀害的男女老幼遗骨。这些城市被彻底废弃，取而代之的是缺乏城市的小居民点。显然这一古老文明遭到人为或者自然的浩劫，也因此给后人留下了许多难以解释的难题：这一文明的创造者是谁？文明的毁灭是文化的断裂还是有所传承？文明劫难的原因是什么？

二 早期雅利安文明

雅利安人入侵及其社会变迁

哈拉巴文明灭亡之后两个多世纪是印度史的黑暗时期，没有城市，可能也没有国家，一切晦暗不清。约公元前1500年始，印度次大陆的历史开始有了文字描述，虽然这些描述的事实很难证实与证伪，但至少让后人能够大体勾勒出印度史的演进线索。

这时发生了一个改变印度次大陆历史的重大事件，这就是操印欧语的雅利安人的大举入侵，在整个次大陆确立了政治、经济、思想文化的长期统治地位，决定了印度成文史的基本面貌。

公元前2000年代前期，居住在里海和中亚草原上的印欧人游牧部落由于某种原因向其他地区迁徙。其中一部分进入伊朗高原并定居下来，另有一支处于游牧社会的雅利安人没有停留，穿过伊朗与阿富汗，经过开伯尔山口侵入印度河流域，进而成为次大陆的主人。雅利安人入主印度的过程成为雅利安人的宗教（婆罗门教）四部经书的重要内容。在梵语中，这些经书统称吠陀，意为知识、启示。根据四部吠陀编成年代与所述内容的先后，史学界把雅利安人入侵至孔雀王朝建立的大段历史分成三个阶段：

1. 早期吠陀时代（约公元前1500—前900年），是吠陀书中最早的一部《梨俱吠陀》所反映的年代，这是史前社会向文明社会的过渡阶段；

2. 晚期吠陀时代（约公元前900—前600年），是另外三部吠陀（《婆娑吠陀》《耶柔吠陀》《阿达婆吠陀》）反映的时代，为雅利安人国家形成与早期发展阶段；

3. 列国时代（约公元前600年—前4世纪末叶），雅利安国家由小国分立走向统一大国的阶段。

在早期吠陀时代，雅利安人入侵遭到当地达罗毗荼人的顽强抵抗。这种抵抗反映在《梨俱吠陀》中，就成为有关雅利安人与达萨人殊死斗争的故事。达萨人在梵语中意为"敌人"，被描绘成黑肤、扁鼻或无鼻的丑陋敌人，而雅利安人意为"高贵者"，被描写成白肤高鼻、仪表堂堂。

侵夺战争总是伴随着杀戮与豪夺。处在氏族部落制下的入侵者对付异族时毫无温情可言，只有无情与残忍，《梨俱吠陀》说一次战斗就摧毁了敌人90座城镇。达萨人或被消灭，或被征服而成为奴役对象，或被驱赶到边远森林地区。雅利安人攻占了印度河上游区域，继续向中下游推进。在约公元前1000年，他们进一步东进至恒河流域，占地达到极限。在征服与接管广大农耕地区的同时，他们被更为稳定、更有保障的农业生产和生活方式所折服，于是逐渐告别了游牧社会，转向农业社会，剧变后的次大陆社会趋于稳定，社会生产得到恢复与发展。

为了便于统治，保持自己与黑皮肤的原住民的差别，雅利安人实行种族隔离政策，防止不同种族之间通婚，把自己的村社与原住民的村落隔离开来。这样一来，印度社会因征服战争分裂为征服者与被征服者两大泾渭分明的社会集团，即雅利安瓦尔纳和达萨瓦尔纳。①

雅利安人自身的氏族部落社会在征服战争中，以及在雅利安人不同部落之间争夺势力范围的内争中②，也在逐步解体。土地逐渐集中到有经营能力与社会权力的少数人手中。战争加强了部落领袖的权威与财富的集中，促进了这一分化的进程。在早期吠陀时代末叶，先富起来的大土地所有者和特权者已经构成雅利安社会的上层贵族阶级，不仅拥有财产优势，而且控制了社会与宗教的管理权，成为劳心者，这批人就是僧侣贵族婆罗门与世俗贵族罗阇尼亚。广大雅利安小生产者，如小农、小商贩与手工匠人是劳力者，构成雅利安社会的下层平民阶级，被称作吠舍。在他们之下，是众多被征服的达萨。他们也从事小生产，被称作首陀罗。古代世界最严格、

---

① 瓦尔纳的原义是"颜色"，源自雅利安人与印度原住民的种族对立。随着社会分化的加深，瓦尔纳衍生出"等级"的含义。在汉译佛经中，它被译为种姓，因此瓦尔纳制亦称作种姓制。

② 《梨俱吠陀》提到恒河流域十部落联盟与最强大的婆罗多五部落联盟的大战。

最封闭也是最复杂的社会等级制度——瓦尔纳制在列国时代初步成型。

为了对这种新的社会等级制加以固化，既得利益集团婆罗门编造出一个神话：雅利安人主神之一婆罗摩把他创造的第一个人普鲁沙当作牺牲，按先后次序割取其部位。先后割下的嘴巴变成婆罗门，手变成刹帝利，腿变成吠舍，脚生出首陀罗。这一切为雅利安人国家的形成准备了条件。

晚期吠陀时代

晚期吠陀时代是印度的铁器时代，社会生产力有新的发展。人口增加，铁制犁铧的应用，使耕地面积扩大。农作物引进了水稻，提高了粮食产量。农业成为次大陆的主导产业。手工业和商业也得到发展，表现为分工细化，出现专门的铁匠、木匠、织匠、石匠等行业专业化现象。

社会剩余产品随着农业、工商业的发展在增长，社会分化进一步加剧，主要表现为瓦尔纳制的充分形成与固化，各等级的权利和义务有了明确的规定，可谓尊卑有序，并产生了维护这种社会秩序的暴力机器——国家。

按照婆罗门教的解释，瓦尔纳制是印度社会的支柱。其中，婆罗门是最高等级，负责主持婆罗门教在庙宇、其他公共场合以及信徒家内的仪式，解释与传授教义与经典，代神传递建议，完全脱离生产，免除各种赋税与徭役，靠自身布施与社会捐赠生活，也有一定的寺庙产业。婆罗门可参与世俗政治活动，如担任刹帝利的顾问，随国王出征。

刹帝利是第二等级，由罗阇尼亚转化而来，是世俗统治者。虽可以参与宗教活动，如祭神仪典，可学习与研究经书的微言大义，但没有婆罗门的宗教特权，不得像婆罗门一样正式传授教义经典，主持公私宗教仪式，传递神的意旨。他们一般是大地产主，可依赖特权攫取财富，国王与王室贵族、行政官员与军事首领均属这一种姓。

吠舍是第三等级，主要从事农牧业、手工业商业。有宗教活动的参与权、受宗教教育权，无行政权，须缴纳赋税与服兵役、劳役，是具有自由身份的平民大众。

首陀罗为第四等级，是为前三个种姓服务的小生产者与佣工。他们没有任何政治权利，也没有参与婆罗门教活动和受宗教教育的权利，他们哪怕听到宗教仪式上的诵经，也要被处以耳中灌融化的蜡或锡的严惩。按照婆罗门教转世轮回的说法，前三个种姓属于"再生族"，可以死后复生，转世成其他人。首陀罗是非雅利安人，属于"一生族"的卑贱者，没有转世的特许。

在种姓制下，原雅利安人与达萨等原住民之间禁止通婚的规定此时扩及所有种姓之间，婆罗门与刹帝利种姓间同样原则上不可联姻，只能实行内婚制。但实际生活并不会严格循规蹈矩，高种姓男子若娶低种姓女子是谓顺婚，尽管社会谴责这种现象，但法规可网开一面，其后代可继承父亲的种姓。低种姓男子娶高种姓女子则为逆婚，被绝对禁止，即使刹帝利男子亦不可能娶婆罗门女子。这就造成了基因的相对隔绝，不同种姓在外貌上有明显的差异，同时造成姓氏与种姓地位的必然联系。

种姓制形成后，各等级从事的职业不能更替改变，早期吠陀时代一家人可以从事不同职业的情况不复出现，子承父业天经地义。

不同的权利与义务伴随不同的法律地位。如果低级种姓伤了高级种姓的肢体，必须用自己的相应肢体作为抵偿。在量刑上，婆罗门受到的最重判罚不过是流放，其他等级则可判死刑。对于首陀罗，几乎没有什么法律保护，前三个种姓可任意驱赶、殴打他们，杀死首陀罗也只需缴纳罚金。而首陀罗辱骂前三个种姓，则要割舌、用铁钉烧热后扎入其口中。

在种姓之外，还有数量相当多的更为低贱的社会成员，他们是贱民与奴隶。贱民又称"不可接触者"，最初起源不祥，后来四种姓的成员有不少触犯种姓制度，如异性通婚等而沦为贱民。他们从事最低贱的工作，如抬死尸、清除粪便等，不能与有种姓的人住同一村镇，不得接近水井，以免污染水源。为此他们住在村外，行路要带标记，敲打器物，发出声响，提醒有种姓的人及时避开，以免晦气。他们实际上与奴隶的地位无异。

种姓制后来在历史中不断演变，四种姓之间和单一种姓内部按出身、职业、人种、姓氏、财产、居住区域等因素分化出难以数计的等级，互相之间存在或明显或细微的高低贵贱之别。①

在制度化的阶级与等级社会基础上，印度河与恒河流域形成了雅利安人的君主制国家，如犍陀罗、克迦耶、马德拉、乌希纳拉、玛蹉、居楼、般陀罗、迦尸、居萨罗、毗提诃、跋祇等20多个小国。每个小国以城市为政治、经济、宗教与防御中心，结合周边村社组合而成。在这些小国中，过去的部落首领"罗阇"成为脱离社会的世系君主，建起一套政权机构。如：基层有村长，百村有百村长；中央有婆罗门顾问，行政、财政、军事官员；王室有王后嫔妃、侍从、警卫等。有些小国似还存有氏族民主制残余，如佛经记述跋祇国遇重大事务要召开长老会议，可能有贵族共和国的迹象。

随着国家的形成，雅利安人原始宗教也完成了向婆罗门教的转变，成为统治阶级的思想工具。雅利安人原始宗教同其他民族一样，也是万物有灵，自然崇拜。他们崇拜太阳、火、风等各种自然现象。在晚期吠陀时代，国家权威及其代表出现，神灵职能发生改变，有了战神、司法神、国王的保护神，更有了众神之首大梵天婆罗摩，他是世间万物的创造者和主宰者，是婆罗门教因果报应理论的最终决定者。

按照吠陀的解释，婆罗门教的核心内容是"业"与"轮回"论。所谓业，是指人的欲望化作人的行动，不同的行动会造成不同的业，换言之会产生不同的后果。人造业或人的实践活动都会有所报应，报应的体现是人死后轮回。前生作恶，后世即转入低级瓦尔纳。前生修善，后世变成高级种姓。在这种解释下，社会阶级与等级差别是先天决定的，现世无法改变，只能遵守种姓规范，寄望于未来。由于婆罗门教认为一切皆虚，只有大梵天为实，所以它并不珍视现世事物，提倡杀生献祭，甚至可以杀人献祭，具有原始的野蛮性。

---

① 印度在20世纪50年代虽废除了种姓制，并对低种姓居民给予教育、就业等优惠，但因传统偏见根深蒂固，种姓制仍然在很大程度上决定着印度人的社会关系，农村地区尤甚。

三　列国时代与百家争鸣

摩羯陀的兴起

公元前6—前4世纪的列国时代，次大陆的政治经济中心集中在恒河流域。一系列小国互相争霸，据说有16国卷入战争。混战中，位于恒河中游的摩羯陀异军突起，在国王频比沙罗（瓶沙王，公元前544—前493年在位）统治时先并吞邻国鸯加，然后又征服相邻小国，势力范围南推到孟加拉湾，成为恒河中南部一霸。他的儿子阿阇世（公元前493—前462年在位）杀父篡位后，继续推行扩张政策，灭伽尸、跋祇国。其后任执行同样政策，摩羯陀势头不可阻挡，至公元前4世纪晚期，渐次把整个恒河流域及邻近地区收入自己囊中，首都迁至华氏城，即今天的巴特那市。它成为印度史上第一个幅员辽阔的大国，为孔雀帝国统一次大陆奠定了基础。

摩羯陀能够在群雄竞争中脱颖而出，原因之一是经济繁荣、社会矛盾较少。其次是摩羯陀国王能够因势利导，适应婆罗门之下的各个种姓的需求，扶持已经兴起、倡导众生平等的佛教，因而能得到百姓的拥戴支持，得人心者得天下。

百家争鸣

列国时代是印度思想史上的黄金时期，出现百家争鸣的文化现象。这一特殊现象与列国时代的社会经济变化有关。

印度次大陆形成种姓制、国家机器及与之配套的统治阶级的婆罗门教后，经济发展较快，一系列城市兴起，这意味手工业商业的进步，金属货币的出现是这方面进步的一个标志。经济的发展引起阶级等级关系的变化。首先，吠舍中分离出一个商人高利贷集团，他们拥有巨额财产，佛经中提到居萨罗首都舍卫城有个吠舍商人，有黄金8万斤。但在种姓制下吠舍没有特权，他们因此提出有财富才是真正的人的主张。其次，刹帝利在列国争霸战争中日益强大与富有，君主专制开始形成。以国王为代表的刹帝利不愿屈居婆罗门之下。再次，首陀罗因苛捐杂税繁多，战争频仍，不满情绪增长。也有些善于经营的首陀罗富了起来，社会出现求变的思潮。列国的并立与竞争为各种思潮的提出与传播创造了有利条件，于是各阶级等级的代表人物便利用宗教形式来表达自己的社会要求，产生众多与婆罗门教矛盾的派别，佛教是其中之一。佛教之外，还有"六师""六十二见"或九十六种外道，分别代表不同社会集团。百家新思潮的共同点是均在不同程度上反对婆罗门的特权地位，其中最突出的是顺世论派、耆那教与佛教。

顺世论的创始人是毗珂跋提，顺世意为顺行世间。这是与婆罗门教等唯心主义思想截然对立的朴素唯物主义学说，有许多闪光的思想。它反对一切转世轮回说和杀生祭祀，认为物质是世界的本原。世界由"四大"构成，即地、水、火、风。生命源于"四大"，因此根本没有神灵，没有灵魂。在顺世论者看来，人的精神和肉体同时存在，灵魂与肉体可以分离的说法是一派胡言。其理论的杰出代表阿耆多·翅舍钦婆罗精辟地指出，人只要身体死亡，就气断命绝，不复存在。另一杰出代表巴亚希则认为，因为没有来世，所以没有因果报应，没有生自父母以外的任何再生者。在这种认识基础上，顺世论派激烈抨击婆罗门教的杀生祭祀行为，反对穷人忍气吞声的苦行主义和束缚人肉体与精神的种姓制，认为人的现实感官快乐是人生真谛所在。他们鲜明地提出人生而平等的理念，反映了平民知识分子的思想主张。因此受到统治阶级宗教的围剿，其著作多已失传，一些断简残篇也是夹在佛教作品中作为批判对象才得以幸存。

耆那教总体上说是消极的宿命论，它的创始人大概是筏驮摩那。耆那教的中心思想是信命，这点与婆罗门教相似。所以它也重视业报轮回、灵魂解脱。但它反对婆罗门教经书"吠陀"的权威性，否定杀生祭祀，提倡肉体苦行、戒杀生、灭人欲、戒性欲、不偷盗的五律，以摆脱精神痛苦。就承认现成秩序这一点而言，耆那教为印度统治者所接受，世代相传，至今仍是印度次大陆的重要宗教之一。

佛教的诞生

在诸子百家当中，理论解说最庄严、最完整细密、博大诱人的派别是佛教。

传说佛教创始人是释迦牟尼，原名悉达多，姓乔达摩。其生卒时间存疑。一说公元前 563 年，一说公元前 557 年。他年轻时是迦毗罗卫国的净饭王子。该国位于今天尼泊尔和印度交界地区，首都迦毗罗卫城的位置尚无定论。释迦牟尼是佛祖后来的名号，意即"释迦族的圣哲"。由于缺乏实证史料，释迦牟尼其人与身世的虚实难以证实或证伪。

相传释迦牟尼的母亲在 45 岁时怀他，按当时风俗须回娘家生产，结果在回家途中于蓝比尼生下佛祖。他 16 岁结婚，29 岁得子。生子后，感到人皆受生老病死之苦，人世无常，人性无常，遂信奉苦行主义，出家修行。在苦行林苦修多日，亦即研究学问，寻找解释人生的思想体系。在 35 岁时悟道成佛。佛的意思是有觉悟的人，洞悟人世的一切。他随后四方传教，收纳弟子，建立佛教组织。80 岁时在拘尸那辞世。他的弟子将他的骨灰分作八份，藏于各地。他的教义是他的学生在其去世后整理编纂的。成为经典则是在佛陀去世后二三百年的事。基本佛经是三藏：《律藏》，佛教徒行为规范的汇编；《经藏》，佛陀的言论汇编；《论藏》，对佛学哲理的解说。后来又编写出对三藏的注释，关于佛陀降生的故事《本生经》。

佛教的中心思想由三部分组成：缘起论，四谛与八正道，追求的理想境界是涅槃。缘起论具有辩证的因素。佛陀认为万物依赖一定条件存在，条件就是缘。具备缘，事物就产生。没有缘，事物则消失。世间万物不断变化，任何缘都不能永恒存在，因而任何事物都不可能永久保留。既然不能永久保留，人间万物就不值得留恋和追求。人应该抛弃万物，去寻求永恒的存在涅槃。从这一认识出发，佛陀总结出四谛，即四条真理：苦谛、集谛、灭谛、道谛。四谛是一个因果关系联结的整体，如苦谛强调人生多苦的一面，忽视人生多乐的另一面。它指出凡人皆要受苦，人有八类从肉体到心灵的苦痛：生、老、病、死、爱别离、怨憎会、求不得、五受阴。这些苦痛都与生俱来。集谛解释苦痛的来源。苦起于欲望，有欲望就要在身（行动）口（言语）意（思想）方面有所表现，这就是业。造业就有报应，有报应就有轮回，有轮回即有周而复始的痛苦而不能自拔。灭谛提出解决办法，万念俱灭，就不再造业。不造业就不轮回，也无苦痛，达到佛教徒梦寐以求的理想境界。道谛讲修行灭欲的途径，计八正道。包括正见、正身等道德要求。

佛教的基本思想是蔑视人生与逃避现实，这无疑与婆罗门教的基本思想一致，也同大多数宗教的基本思想一致。因此，它是有利于社会优势人群，特别是统治阶级的意识形态。这是佛教能够得到印度统治者接受和长期支持的原因。

但佛教也有与婆罗门教明显不同的地方。佛教是所有种姓的宗教，不是婆罗门等特权等级的宗教。它不赞同神创四性说，用职业分工解释瓦尔纳现象，甚至不承认种姓不变说，认为"众生平等"，实际提出了生而平等的理念。虽然这种平等与顺世论的平等观还有很大区别，系指宗教领域的平等，但仍是人类自我认识的一个巨大进步，对低种姓民众具有巨大的魅力与慰藉。在这一理念基础上，任何种姓的信徒只要按照正道苦心修行，就能逐渐去恶积善，最终修成阿罗汉或成佛，得到解脱。而且这种博爱众生的思想不仅限于人类，还扩及其他动物，佛教对教徒提出了戒杀生与食素两个要求，这是一种普遍的慈悲与关怀。

由于佛教具有统治者与被统治者都容易接受的特点，因而得到列国上层的慷慨赞助。如摩揭陀的国王频比沙罗、阿阇世，居萨罗国的国王都积极支持与推广过佛教。佛教同时也得到许多下层种姓的信任，很快成为列国时代影响最大的新教。

四 孔雀帝国

旃陀罗崛多与孔雀帝国

当次大陆东北部完成局部统一、建立摩揭陀王国时，西部地区还处在分裂状态。这种状况给波斯入侵提供了便利。公元前518年，波斯入侵印度河流域，将占领地辟为行省，每年征收巨额贡税，并征集一定的兵员。公元前480年波斯国王薛西斯远征希腊半岛，入侵军中便包括西印度士兵。

马其顿王亚历山大东侵攻灭波斯帝国，曾于公元前327—前325年南下印度，利用西印度四分五裂的有利形势，一直打到印度河出海口，留下少量士卒统治占领区。

公元前324年，反抗异族占领的武装起义在西印度各地爆发，领导人之一是旃陀罗崛多（公元前324—前300年在位）。他出身养孔雀的家族，以孔雀为姓，拉起队伍自立为王，很快成为最具战斗力的义军。公元前317年，旃陀罗崛多的部队将马其顿人完全赶出西北印度。其后他又率军与东部强国摩羯陀相争，攻破难陀王朝首都华氏城，统一印度大部地区，建立孔雀帝国（公元前324—前187年）。

公元前305年，西亚塞琉古王国军队入侵印度，试图恢复马其顿人的统治，被旃陀罗崛多击败。塞琉古割让阿富汗、俾路支大片土地予孔雀帝国，并把公主嫁给旃陀罗崛多。旃陀罗崛多则回赠塞琉古500头印度象，足见孔雀帝国的富裕和强大。

旃陀罗崛多去世后，宾头沙罗（公元前300—前273年在位）继位，继续扩张，但斩获不多。把孔雀王朝版图扩至极限的是他的儿子阿育王（公元前273—前236年在位）。阿育王当政时征服南部大国羯陵迦，杀死敌人10万众，俘虏15万。至此，南亚次大陆除个别角落外，全部纳入孔雀帝国版图。

帝国的经济、社会与政治

孔雀帝国时期是印度经济的繁荣期。统一带来社会稳定与交流便利，手工业商业因此非常活跃。首都华氏城的纺织业、金属冶炼与制造业颇为发达，手工业的发展促成同业公会的出现，政府甚至设立了商业管理机构，负责仲裁商业纠纷、收税与控制物价。印度官商与私商的对外贸易活动远及埃及、中亚、西亚、中国、东南亚。中国的丝绸正是在这个时期输入印度次大陆。

但农业仍然是孔雀帝国的主要经济部门，无论生产力还是生产关系所有制都有新的发展。例如此时广泛采用人工灌溉技术，木制水车流行，一年两熟制得到推广，粮食产量随之增长。

　　帝国土地所有制有三种类型：王室大地产、贵族与私人的地产、村社的地产。王室与贵族的土地所有形式与其他地区相似，使用依附农民、雇工、奴隶劳动。村社是其他文明地区少见的社会现象。它们大至千家，小则几十户，是国家的基层行政单位和税收单位。村社土地和其他财产分为公有和私有两种类型，与吠陀时代相似。其中，水源、草场、森林、渠道等属公有财产。主要财产形式耕地由个体家庭占有，占有程度在不同地区有所区别。私有制发展较弱的地区，土地公有特征明显，各家份地会定期轮换分配，甚至采取集体耕作形式。在土地私有制发展较快的地区，田地私有已经产生，个体家庭占有的土地可以在家庭内继承、家庭外转让。

　　孔雀帝国是印度奴隶制的鼎盛期，有关奴隶的记载量大增。文献记载奴隶来源有近20种之多，如家生奴隶、买来的奴隶、获赠的奴隶、继承的奴隶、被救活的奴隶、典押的奴隶、战俘奴隶、赌输而来的奴隶、因爱女奴而委身的奴隶、自卖奴隶、债务奴隶，等等。来源之多，在古代世界颇为少见，折射出奴隶制的深入与广泛。

　　奴隶制鼎盛的又一表现是在生产领域能够见到许多奴隶劳动，如在王室地产上，手工作坊内。家奴不只是服务于王室贵族家庭中的仆人，还有很多从事加工劳动，如推磨奴、捣米奴、酿酒奴等。打水女奴也很普遍。她们需很早起身，扛着水罐，一次次把水送到主人家中。这种笨重的体力劳动成为奴隶地位的象征，在印度次大陆释放奴隶的仪式就是从奴隶肩上取下水罐，然后打碎。但总体上看，孔雀时代奴隶在生产领域的作用始终不能同吠舍、首陀罗相比。

　　在上古印度政制史中，孔雀帝国是高度君主专制的阶段。基本形式类同古埃及与两河流域，国王高高在上，集政治、军事、司法、财经、宗教最高权力于一身。在国王之下，有为他服务的咨询机构——御前会议，人称帕利沙德。有宰相负责的中央行政机构，代国王处理日常各种政务。宰相之下有负责税务、农业、市政管理等事务的大臣。整个帝国约分成五个行省，由国王委派的总督管理。

君主专制的支柱是军队。帝国有庞大的常备军共 60 万人，包括步兵、骑兵、战车兵、辎重兵等兵种。另有特务机关，既监督百姓，又监督各级官员。专制君主的另一个重要统治工具是宗教。阿育王皈依佛教，大力扶持佛家，如教主一般向四方派遣传教团，主持佛教会议。

阿育王死后，王子们展开激烈的权力争夺，地方势力趁机割据。公元前 187 年，末代国王被杀，帝国分崩离析，出现合久必分的乱局。但直至印度上古历史终结，次大陆始终未能分久必合，重新统一。其间多次受到外敌入侵。起初是大夏王国，之后是安息帝国。在 1 世纪，贵霜帝国把北印度纳入自己的版图，首都一度从中亚迁至西北印度的富楼沙城（今白沙瓦）。5 世纪，白匈奴侵入印度河流域，灭贵霜帝国。次大陆在分裂中进入世界史的新阶段。

五　古代印度文化

文字与文学

雅利安人语言属于印欧语系、伊朗语族、印度—雅利安语支。在公元前 1000 年代，雅利安人借用西亚的字母文字发展出自己的文字体系婆罗米文、佉卢文和梵文。其中婆罗米文是印度最古老的字母文字，佉卢文次之。梵文则是在前两种字母符号的基础上发展出来的雅利安人书面语言，流传最为广泛，婆罗门教的经典以及佛教经典都用梵文写就。

梵文共 47 个字母，包括元音和辅音，按照严格的语法规则可分别拼写成不同的音节和单词。每个句子里的单词之间都存在紧密的语法联系，有复杂的名词形容词变格、动词变位和时态变化、性数格之间的约束关系。有的名词可达 20 多种变体。因此，梵文是非常严谨也非常难学的文字系统，仅在高种姓之间传播教习，懂书面梵文是高等级与有教养的人的文化标志。而口语则是雅利安人的方言俗语，是现代各种印度—雅利安方言的源头。

古代印度文化充满宗教气息，古代印度人具有丰富想象力，因此在文学领域颇有建树，但却始终没有出现求真求实的历史学。他们留下的梵文作品数量众多，其中最出色的是两部史诗《摩诃婆罗多》和《罗摩衍那》。前者约 20 万行，后者近 5 万行，属世界上最长的史诗之列。①

两部史诗的主题都是雅利安人的战争，与其他文明早期史诗的主题相一致。这反映出早期文学创作的共性，即战争是最大限度地展现人的大善大恶、大智大勇的场合，值得古代人优先描述、铭记与模仿。

传说《摩诃婆罗多》的作者是毗耶娑，历史背景是列国时代，内容集中在居楼国王族（婆罗多族）后裔为争夺王位继承权而展开内争，结果引起 18 天的惨烈战争，把次大陆的其他国家也卷入其中。败方百名王子尽数战死，胜方也损失惨重，虽获王位，却深为兄弟残杀而内疚，最终将王国交付孙辈，自己偕家人到喜马拉雅山隐居修行。

《罗摩衍那》长诗的名称在梵语中的意思是罗摩的历险经历。作者蚁垤可能是史诗的整理与加工者。全诗讲述阿瑜陀国王子罗摩远征的故事，包含王室内部的激烈权争，情节复杂曲折，最终是善战胜恶，罗摩继位为王。

科学技术

雅利安人在早期科技领域取得的成就以数学最为突出。他们是所谓阿拉伯数字的发明者。约公元前 800—前 200 年，他们发明了 1—9 的计数符号，并设计出十进位计数方法。为此，他们发明了零的符号，这是数学上的一个伟大创造，把繁缛的多位数表达变成几个简单的符号。8 世纪，阿拉伯人从印度学会印度的十进位技术方法，把它们传入西方，被西方人误冠以阿拉伯数字的称谓。此外，古代印度人也采用 60 进位法，发明了负数符号表示欠债，懂得分数，能够求圆面积。

古代印度的天文学亦很发达。古人因制定历法的需要，对天象异常关注。在吠陀时代，古印度人便认出金星、木星、水星、火星、土星，并把

---

① 中国藏族史诗《格萨尔王》篇幅最长，《摩诃婆罗多》次之。

五大行星与日月合称七曜。他们把黄道旁的恒星划分为 28 个星宿，以此为参照判断太阳和行星在天空中的运行位置，为历法提供依据。他们设计 12 个月为一年，每月 30 天，每年 360 天，5 年一置闰，增设一个闰月。

传统医学是古印度人另一个值得后人记忆的领域。他们传给后人的医书数量在古代同期文明中位于前列。《阿达婆吠陀》载有关于 77 种病症的描述与处理方法，另有《寿命吠陀》《阇罗迦本集》《妙闻集》等多部经典均有类似专述。其中后两本书是医学专著。《阇罗迦本集》的作者阇罗迦是御医，有丰富的临床经验，他在书中总结了诊断、用药和预防疾病等问题，认为健康的身体需要有合理的营养、睡眠和节食。《妙闻集》涉及外科处理病症时的各种方法，包括手术准备与实施，提到不少外科手术器械。更为难能可贵的是《妙闻集》提出医德问题，提倡救死扶伤不分贫富，对弱者应免费治疗。

建筑与艺术

哈拉巴文明时期的砖木结构建筑设计合理，有事先规划，注意房屋的使用功能，予人深刻印象。吠陀时代缺少大型石材宫殿建筑，说明财力尚不充裕。目前保存下来的楼宇建筑遗存始于孔雀帝国，多为庙宇或佛塔。代表性建筑是阿育王时期在桑奇地区建造的佛塔，译名为窣堵波，是安葬佛骨的半球形建筑。半球体内部是夯土，外用砖块包裹装饰，有红色砂岩的饰面，球形顶部有伞盖。周围有石栏杆，四面设门，门上布满深浮雕，刻画的多是佛祖的故事。阿育王时期的建筑遗存还包括数十根大型纪念石柱，上有精美的雕塑装饰。

古代印度的艺术形式主要是雕塑与绘画，题材均与宗教有关。阿旃陀石窟的佛像雕塑艺术与犍陀罗佛造像艺术是古印度美术的出色代表。

石窟是古代佛教徒潜心静修的地方。阿旃陀石窟位于印度马哈拉施特拉邦，可谓佛教艺术的宝库。石窟共 29 个，开凿于公元前 2 世纪，历时 700 多年完工，环布在一个新月形的悬崖上，高低错落，绵延约 550 米。它们是佛教在印度由盛到衰的历史见证。唐高僧玄奘曾于 638 年到过阿旃陀地区，并在《大唐西域记》中留下了关于阿旃陀石窟最早的文字记载。公元 7 世纪印度教兴起后，因统治者的选择，石窟被荒废，逐渐湮没无闻。19 世纪初被一名英国军官在狩猎时无意中发现，从此阿旃陀石窟重放异彩，成为著名的游览胜地。

阿旃陀石窟内的壁画

犍陀罗艺术在古印度艺术中别开生面，是古希腊人侵入印度河流域时带来的希腊式佛造像艺术，初现于公元 1 世纪的次大陆西北部，繁荣四个世纪后衰亡。

孔雀帝国时，佛教传入犍陀罗地区，成为流行的宗教。1 世纪时，跨中亚与南亚的贵霜帝国因地理之便，与希腊化国家塞琉古王国、巴克特里亚王国、托勒密王国等在交通往来上十分方便，所以希腊雕塑艺术传入贵霜，其中心地区正是犍陀罗。犍陀罗佛造像艺术的特点是写实性强，佛像身材比例、形态类同于古希腊雕像，只是穿戴的服装饰物以及面相有所不同。或曰以希腊雕塑风格为主，印度风格为辅的一种艺术形式。犍陀罗艺术产生以后，对南亚次大陆及比邻地区的佛教艺术均有很大影响。

第六章　古代希腊

古希腊文明是现代西方文明的源头所在。与大河流域孕育出来的古代近东、印度与中华文明不同，古希腊文明滥觞于爱琴海岛屿，繁荣于东西地中海与黑海沿岸及海岛之上，中心地带是希腊半岛。古希腊人在这些地方建邦立制，创造出体制化的贵族共和制和公民民主制，取得不朽的文化成就，涌现出一批学科之父，为西方文明奠定了扎实的基础。

一　早期希腊

地理环境与居民来源

希腊半岛、爱琴海岛屿同西亚与北非在地理上没有交通阻隔，所以是欧洲最早接受西亚农业革命成果与青铜文化的地区。但希腊半岛适于农耕的平原并不多，只占整个半岛面积的大约百分之二十，其余皆是山地。这使得古希腊人一方面尽可能利用一切可耕地，如近海小平原、河谷间的冲击小平原以及坡地，种植大麦、小麦、橄榄、葡萄、蔬菜等作物。与旧大陆其他地区一样，农业是古希腊人的主要生产部门，土地是最重要的生产资料，因此古希腊文明也是农业文明。

但古希腊农业文明有自身的特点，这就是古希腊人经常遇到人多地少的挑战，这迫使他们一方面向海外不断殖民，开辟新的生存空间；另一方面因地制宜，利用山区盛产大理石、陶土、铜矿、铁矿、银矿的有利条件，大力发展建筑、美术、日用陶器等手工艺生产，开发采矿业、冶金业和商业。此外，半岛三面环海、港湾众多，尤其在通向西亚的爱琴海航路上遍布岛屿，这对没有罗盘的古代航海家极为有利，促进了希腊以手工艺产品和原料为主的对外贸易，因此希腊文明中的工商业成分较其他古老文明地区要多一些。

古希腊人自称"海伦人"，称自己生长于斯的半岛为"海拉斯"（Hellas），中文"希腊"一词的音译便出于此。

根据考古材料，希腊半岛上最早的人类遗迹属于旧石器时代晚期的尼安德特人。约9000年前，希腊进入新石器时代，半岛东北部出现一些定居点，有的定居点规模较大，被设防的防御墙围绕，墙内居民人数多达三四千人，已是小城镇。农作物和村镇布局以及房屋结构，同安纳托利亚新石器时代早期的定居点与农作物类似，表明希腊农业文化来自安纳托利亚等临近亚洲的地区，居民多半是西亚移民。此时希腊人的语言同后来成文史上记载的希腊人的语言迥然有别。

约公元前2100年，操印欧语的希腊人从北部和东部迁入半岛，后来以南希腊的迈锡尼为中心，发展出"迈锡尼文明"，创造这一文明的族群被称作"亚该亚人"。

约公元前1200—前1000年，同样操印欧语的"多利安"人入侵希腊半岛，进而侵占克里特等海岛，毁灭了迈锡尼文明。多利安人入侵后，古希腊人的分布状况大体确定；根据方言和亲缘关系，亚该亚人居住在南希腊北部，伊奥利亚人居住在北希腊和中希腊大部分地区；爱奥尼亚人住在中希腊阿提卡地区与部分爱琴岛屿，多利安人住在南希腊大部与克里特岛。在希腊半岛北部还有古希腊人的一个分支马其顿人。所有希腊人均崇拜以宙斯为首的众神，方言之间差异不大，可以顺利交流，他们是古希腊历史的主要创造者。另外，爱琴海区域还有一些更古老的居民后裔，如皮拉斯基人、勒勒吉人等。

昔克拉底文明与克里特文明

昔克拉底群岛是爱琴海西南部的一组群岛，由30多个大小岛屿组成。

早在公元前6000年，纳克索斯、迈罗斯、安提帕罗斯等岛屿便有人居住。至公元前4000年，在岛屿的村落遗址中发现居民种植大麦、小麦，饲养猪、山羊和绵羊等家畜。约公元前3300年，早期昔克拉底文明出现，其特征是出现了冶金业、设防的大型城堡和具有很高艺术水准的大理石雕塑。前者意味着青铜时代降临这一群岛，这是文明社会形成的物质基础。城堡被发现于米洛斯岛和希罗斯岛，意味发生过战争并产生了国家政权。精致的大理石雕塑则显示社会文化的相对成熟，也具有社会分化的指向意义。

昔克拉底早期雕塑作品包括大理石人物像和器皿两种类型，均为殉葬品。在不同墓葬中，它们的数量与质量差别明显，有的只是粗略地雕琢出人形，有的则精雕细琢，并最终经过小心研磨，具有合适的比例与形状，表面涂有铜蓝、朱红等染料。器皿主要是碗和不同形状的石瓶，制作材料除大理石外，还有陶土与青铜。这些器皿造型复杂，有的工艺难度很大，可谓精湛。坟墓中殉葬品量多质好，显然属较富有的社会成员，反之，则属穷人。这是文明及国家形成的社会前提。约公元前2000年，昔克拉底文明衰落，让位于克里特文明。

克里特是爱琴海最大的岛屿，新石器时代开始有人迁入，定居在沿海地带。公元前3000年代初叶，克里特进入青铜时代，青铜工具和武器取代了石器，农业、手工业、商业较快发展，新兴居民点增多，表明粮食产量有所增加并有所剩余，发现不少储粮的器皿。约从公元前2000年开始，该岛的政治、经济地位在爱琴海诸岛中凸显出来，至少形成了四个王国：克诺索斯、法埃斯特、马里亚和卡多—扎克罗。这些王国均出自考古发现，它们在古代的名称今人并不知晓。

据考古材料，以王宫为中心的克里特文明分为两个时期：早王宫时期（约公元前2000—前1700年），这是小国分立时期；晚王宫时期（约公元前1700—前1400年），统一的克里特王国时期。整个克里特文明存在约600年，都属青铜时代。

早王宫时期农业、手工业明显分离开来。农作物仍以地中海区域三位一体（大小麦、橄榄、葡萄）的作物组合为主。手工业进步显著，反映在青铜器、金银器、陶器的器形和复杂的工艺上，如彩陶瓶能做到薄如蛋壳，还绘有生动的植物与几何图案。另外建筑技术提高，能够建造大型王宫。王宫表明形成了脱离社会的公共权力，宫中的王者拥有象牙、金银制品，并使用文字，目前未能破译。宫室的宽敞、奢侈与周边平民房舍废墟所显示的简陋形成鲜明对照。

公元前1700年左右，各处王宫不知何因被毁。在旧王宫废墟上又建起新的王宫，但规模与奢华程度胜过先前。最大的王宫是英国考古学家伊文思在20世纪初于克诺索斯发现的米诺斯宫。米诺斯是希腊神话中的克里特国王，曾是爱琴海霸主。历史上是否有米诺斯王无从求证，伊文思用这个名字来划定考古分期。

米诺斯宫总面积16000平方米，依丘而建，中央有一长方形大庭院，铺有石板。周围是有廊道相连的约300个房间。宫内除王室成员的豪华住室，还有手工作坊和许多库房。王室用房的走廊、住室墙壁上绘满彩色壁画，题材多为花鸟草虫和鱼类。也有一些人物彩绘，男性黑发宽肩，体态苗条，腰部纤细；女性身着衣裙，乳房高耸，头发卷曲飘逸，腰肢同样纤细，反映时人的审美偏向。壁画中有一幅斗牛表演，如现代马戏演出：一头公牛在奔跑，表演者在牛身上做些高妙的跳跃动作。旁边有带护腿的女子，显然是表演的参与者。同古埃及壁画相比，克里特画师笔触活泼，人物富有动感，画面充满快活、和平的气息。米诺斯宫没有高大的防御墙，似乎暗示整个克里特岛缺乏战争的威胁。

米诺斯宫也是君主国的象征。宫内有国王办公的大厅，有监狱之类附属的国家暴力设施。宫殿是社会剩余产品的集中地，西部长廊排满了巨大的陶瓮，瓮中的粮食足够宫内居住者食用多年。宫内还发现众多精致的器皿、珠宝首饰、印章，彰显王家的富足与奢侈。结合古代传说，可以认为晚王宫时期是克里特文明的繁盛期，荷马史诗中的米诺斯王多半统一了全岛，岛上其他地点的宫殿可能是他的行宫或地方领导人的官邸。他还可能在爱琴海建立了海上霸权，雅典传说中关于自己的祖先受米诺斯欺辱的故事可能是克里特霸权的回声。

公元前 1400 年左右，克里特岛遭到浩劫，米诺斯宫和其他城市的宫殿彻底崩塌，再没有重建。这一灾难的造因者可能是入侵克里特的亚该亚人。

迈锡尼文明

迈锡尼位于希腊半岛的南部。约公元前 1500 年，希腊兴起了一些具有同类文化特征的小王国，除迈锡尼外，南希腊还有提林斯、派罗斯、斯巴达（非古典时代的斯巴达）等，中希腊有雅典、底比斯等国。19 世纪，德国业余考古学家施里曼先发现了迈锡尼城堡并展开发掘，之后所有同期与同类型文化便统称迈锡尼文化或文明。

与克里特文明的不同之处在于，迈锡尼文明诸城市都有大石块垒砌的巨大城堡，有的石块重达 12 吨。城堡内还有内城防卫墙、宫殿和王陵，壁画与雕塑均有强烈的尚武色彩，表明迈锡尼列国面临自身与国家的安全问题。

复原迈锡尼文明的概貌得益于对迈锡尼时期的线形文字 B 的成功释读，证明其属印欧语系。根据派罗斯和克诺索斯出土的线字 B 泥板，迈锡尼诸国的政体是君主制，国王称作"瓦纳克斯"。国王下属有"拉瓦盖塔斯""科来塔""巴赛勒斯"，可能是军事将领和行政官员的称谓。派罗斯有 16 个税区，每区的科来塔负责征实物税（青铜、黄金、农产品）。看来这时的希腊已形成一套官僚体制。令人费解的是，铭文中的国王、官吏都无姓名，只有职称，所以今人无法重建迈锡尼时期的王朝世系。

从保存状况良好的派罗斯宫殿遗址的规模与奢侈看，迈锡尼文明时代的贵族与百姓的生活条件存在巨大落差。

派罗斯宫是长方形的庞大建筑群，占地 15300 平方米，有城墙围绕。城内建筑物多为两层，有国王处理朝政的长方形大厅，正中设圆形祭坛，四壁装饰彩色壁画。大厅连通两个长廊，与住室、仓房、作坊、浴室等房间连在一起。仓房中有上千个储存粮食、橄榄油、葡萄酒的大小不等的陶制器皿，显示国王的富足。由于经济规模很大，王室建立了专门的财会统计部门和档案室。考古学家在宫内的一间房屋中发现约 1000 块泥板表报，它们是在希腊半岛发现的第一批档案史料，弥足珍贵。

显然，以国王为首的贵族与村社农民、手工业者构成迈锡尼文明社会的两大基本阶级，即贵族与平民。在平民阶级之下，还有人数众多的奴隶，主要集中在王室和贵族家中充当仆役和工匠。如派罗斯宫内仅女奴与奴童便有1500人。女奴的活计包括缝纫、纺织、脱粒等，也有浴室的服务员。男奴在泥板文书中数量不多，但被驱使集体劳动可以确定。迈锡尼文明诸国显然已形成农耕社会普遍经历的金字塔型阶级—等级结构。

公元前13世纪是迈锡尼文明的繁盛期，向外展开一系列扩张行动。如可能同海上民族一道攻灭赫梯王国，并以迈锡尼王国为首组成希腊联军，征讨小亚细亚的特洛伊王国，成为后来荷马史诗的主题。

公元前13世纪与公元前12世纪之交，希腊受到新的入侵浪潮的冲击。入侵者多利安人可能原居住在希腊半岛西北部，在南下过程中占据北希腊的伊庇鲁斯、中希腊少部分地区和南希腊大部，以及爱琴海一些岛屿，如克里特。迈锡尼文明亡。

黑暗时代

多利安入侵后的公元前11—前9世纪是古希腊史的黑暗时代。入侵是一场灾变，克里特迈锡尼文明的主要成果——繁荣的城市、宏伟的王宫、王政的国家、兴旺的手工业商业、线字B荡然无存。希腊半岛和爱琴岛屿人口减少，居民贫穷。原迈锡尼的宫殿、城堡完全废弃，出土的定居遗址丧失了先前大量使用石块的做法，只是木头与砖坯构建的简陋房屋，因此几百年里没有任何像样的建筑遗留下来。

已发现的这一时期的墓葬也远不能同迈锡尼文明时期相比。精美的工艺品，尤其是过去王公贵族陵墓中常见的出自近东的贵重陪葬物业已绝迹，取而代之的仅是一些质量低下的瓦罐、粗糙的首饰和武器。由于多利安人入侵后的300年没有文字史料，实物史料的类型与数量不多，对这一时期的未知远远大于已知，因此史学界通常把这个阶段称作黑暗时代。在不得已的情况下，复原这个阶段的历史只能依赖后来成文的荷马史诗以及个别传说。也有学者称这个时期为荷马时代。

根据有限的考古材料，黑暗时代的希腊人看来也不是从零开始。他们失去了文明，但继承了过去文明的少数成果，如工具与某些技能，陶轮技术、大小麦与橄榄的栽培技术等。也获得了新的工具与武器，如铁器。这就为文明的再次出现准备了最基本的物质和文化条件。

至于黑暗时代的社会状况，主要依赖史诗《伊利亚特》《奥德赛》提供的信息重构的社会关系图是不可靠的。推测此时发生了历史倒退，社会制度回到史前社会末期的氏族部落时代。部落首领继承了迈锡尼时期的官职名"巴赛勒斯"，在从首领转化为国王后又成为国王的称呼。

二 古风时代

城邦形成的历史背景与基本途径

公元前8—前6世纪在古希腊历史分期中称作古风时代。它前承黑暗时代，后启辉煌的古典时代①，是重要的历史转折期。这表现在：多利安人入侵带来的巨大灾变经过三个世纪的修整后开始复苏，并很快进入发展的快行道。希腊各地普遍实现了从氏族社会向文明社会的过渡，形成上千个新的政治共同体，即史学界统名之为城邦的早期国家形态。相应地，一种人本主义的新文化也脱茧而生。

古风时代发生社会政治和文化变迁的基础是经济领域的明显进步。农业仍是主要经济部门，但进入公元前8世纪后耕地面积扩大，尤其是橄榄、葡萄、蔬菜种植面积明显增加，表明对粮食、食用油与葡萄酒等产品的社会需求增大，交换关系深化。考古发现也证明此时人口密度提高，定居点较先前密集，大量城市中心在各地形成，促进了农业的发展。

这种发展与工具的全面铁器化有密切联系。虽然青铜器在古风时代尚未完全退出生产领域，但铁器已经广泛应用于农业（铁犁、铁锄、铁锹、

---

① "古风"和"古典"作为分期的标志来自古希腊艺术史，因这两个时期具有从古朴风格向经典风格演变的连续性。

铁镰、铁剪等)、手工业（铁斧、铁锤、铁镐、铁锯、铁凿等）各个部门，无疑推动了劳动生产率的提高。

在一些经济发展较快的地区，手工业与农业完全分离，成为独立的经济部门。突出的表现是制陶业的活跃与海外贸易的勃兴。公元前7世纪，科林斯彩陶流行于地中海区域，公元前6世纪，雅典彩陶后来居上，向西远销到今天意大利、法国所在的地区，向东至近东地区。这是先前300年间从没有过的事情，意味着希腊人突破了黑暗时代的封闭状态。

海外贸易需要船舶，造船业兴起。古风时代的陶瓶画上绘有前所未有的大船，如有180名桨手驱动的舰船在海上乘风破浪。造船业需要木匠、金属匠、绳索匠和船帆匠人的合作。新兴城市因此出现手工业作坊的集中区，如雅典陶器作坊街区。

手工业和商业的发展需要一般等价物——货币。公元前7世纪厄吉纳岛首先发行铸币，希腊人自己认为这是向小亚细亚人学习的结果。很快铸币便普及希腊各地。

经济发展加速了社会分化，氏族社会分离出贵族与平民、奴隶主与奴隶两大对立阶级。贵族因家族成员世代担任氏族部落公职，在社会中具有政治、经济和文化的优势，自称最优秀者、君子、最有势力者。平民主要由小生产者组成，一般拥有小块田产，少数失去土地的平民专事手工业和商业。在社会分化严重的地区，平民田产被贵族兼并，沦为贫民或债务奴隶。他们同贵族围绕土地和债务以及分享政治权力问题展开或激烈或缓和的斗争，构成古风时代社会的主要矛盾。

在这种经济与社会前提下，各地城邦大体通过三种不同途径相继形成：

1. 国家因氏族部落内部的阶级分化和对立而产生，雅典国家的产生是这一途径的样本。

2. 通过征服与统治异族居民而产生的城邦，原来的氏族部落组织在统治与奴役被征服者的过程中转化为国家组织。斯巴达是这一途径的代表。

3. 通过海外殖民形成的城邦。部分希腊人主要因生活所迫而漂泊异乡，在殖民定居地为抵御外敌和稳定内部，往往按照母邦的样式建立国家机器，形成独立的新国家。位于西亚沿海的米利都与哈利卡纳苏等邦是殖民城邦的典型。

希腊城邦的基本特征

古风时代陆续形成的城邦达 1000 多个，每一城邦具有自身独有的特点，例如雅典和斯巴达就相去甚远。在不否定多样性的条件下，可以归纳出希腊城邦一些共同的特征：

第一，希腊城邦均是独立的小国，自治与自由是各国的基本价值观。城邦之间有控制与反控制的斗争，有结盟与拥立某国霸主的现象，但很少有直接并吞或毁灭其他城邦的情况。尊重各城邦作为独立实体的存在是希腊诸邦之间非成文的规则。

由于城邦脱胎于氏族部落组织，部落的小规模决定了城邦均是寡民小国。人口最多的斯巴达有 40 万人，具有公民身份的男性不到 1 万人。另一大邦雅典总人口二三十万，男性公民三四万。多数中小邦人口一两万，男性公民仅有几千人。

第二，城邦一般包括城市与乡村两种人居形式，大多数国家有一座城市，作为该国政治、经济、宗教、防御中心。个别城邦如雅典有两座城市。这是近代西方史学将古希腊词波利斯（πόλις）译为城邦的主要原因。但这一译法并不准确，因为就城市与乡村对一国的意义而言，农村是希腊列国自给自足理想的必要前提。所以希腊国家都以农为本，土地与债务问题是各邦优先处理的问题。而且，古希腊不存在城乡社会的差别。在一些邦，是否拥有土地反而成为是否具有公民身份的标准，公民享有的权利和承担的义务同居住地没有关联。此外，希腊还有少数没有城市、只有乡村的波利斯，如斯巴达就没有城市中心，也没有防御性的城寨，斯巴达人认为勇敢捍卫国家的公民躯体是一国最好的"城墙"。

第三，希腊城邦最显著的特征表现为其统治者不是君主个人或以君主为代表的贵族阶级，而是特定的男性公民集体。公民集体是由具有共同祖先、信仰、习俗、权利、义务和居住区的人们组成的社会集团。在不同政体的城邦，公民集体的组成成分不同。寡头制城邦的公民人数最少，因为公民身份取决于财产资格。贵族共和制和民主制城邦公民范围较大，主要以出身为准。但无论何种政体，公共权力都不能脱离公民集体独立存在。对于希腊人而言，波利斯意指在家庭、村落、地域部落之上的公民联合体，城邦政治的精髓就是公民的集体治权。这是希腊城邦与古代东方早期国家的明显不同之处。

第四，城邦公民集体具有排他性、封闭性。除个别邦外，各国公民享有土地独占权，政治的垄断权。这种集体治权体现在制度化的公民大会上。古希腊不存在没有公民大会的城邦。正是在这种集体治权的前提下，古希腊人才能提出法律面前人人平等之类主权在民的原则。除公民大会外，城邦普遍存在贵族议事会或公民代表议事会和各级民选的行政、军事主管部门。这些部门与公民大会的关系决定了一个城邦政体的性质。

城邦公民不仅享有经济与政治特权，且享有宗教、节庆、体育锻炼与比赛、戏剧演出等文化特权。尽管城邦中无公民身份的居民人数众多，但他们没有任何政治权利，也没有正常的宗教与其他文化权利，即使是富有的非公民商人或手工作坊主，其政治地位也远不能同贫穷的公民相比。城邦中还拥有数量或多或少的奴隶居民，他们只是主人会说话的工具。从这个意义上说，希腊城邦国家的本质是维护特权公民集体统治与压迫奴隶、非公民以及调节自身关系的机器。

第五，在集体治权基础上，由于早期国家事务不多，城邦各级公职人员并不构成由某位领导人管理下的内阁或政府机关，而是单独对遴选他们的公民大会和议事会负责。除个别例外，城邦没有公职的终身制，也没有国家机器成熟后的职业官僚。所有公职人员都是业余人员。与此相适应，城邦没有职业军队，其强力工具是临时征召的公民兵。所有男性公民必须履行兵役义务并个人负担给养和装备。即使在城邦的繁荣和危机时期也征召部分非公民、奴隶和雇佣兵，但公民兵始终是战场的主力。有鉴于此，公民集体、公民大会和公民兵事实上由相同的成员组成，国家与公民集体在很大程度上是同一体。

第六,城邦内部没有独立的僧侣集团和神庙单位,没有古代东方的神庙经济。城邦的大祭司是民选的行政官员。因此,城邦历史上从未发生过僧侣集团介入城邦内部权力之争并成为一股重要政治力量的现象。

三 斯巴达——平等者公社

平等者公社的形成

斯巴达位于南希腊拉哥尼亚地区的一处河谷地带。该地又称"凹陷的拉凯戴梦",所以斯巴达又称拉凯戴梦。斯巴达人是南下的多利安人的一支,起初分三个血缘部落。在荷马时代晚期发展为五个地域部落,有统一的民众大会与贵族元老会议管理机构,并有五部落联盟的总负责人巴赛勒斯(王)。

古风时代初期,斯巴达人征服了整个拉哥尼亚地区,把邻人变为属民,向斯巴达缴纳贡赋。由于被征服者居住在斯巴达人周边,所以被称作庇里阿西人,意思是"居住在周边的人"。居住在南部沿岸希洛斯的庇里阿西人后来起义反抗斯巴达,受到镇压。为惩罚起义者,斯巴达把他们变为耕奴,称作希洛人,耕奴制则被现代学界称为希洛制。斯巴达部落联盟机构在征服与统治被征服者的过程中转化为国家机器。

公元前8世纪后半叶,斯巴达公民集体内部的贫富分化趋势加剧,人口增长较快,可供公民安身立命的公有土地不足分配,贵族与平民的矛盾尖锐化,迫使斯巴达政府一方面向海外殖民,把部分无地平民遣往意大利南部,建殖民城邦塔兰敦,另一方面发动新的扩张战争,侵占相邻的美塞尼亚地区,把占领的土地在公民和参与战争的庇里阿西人之间分配。斯巴达人分得平原好地,庇里阿西人分得山地。斯巴达还把被征服的美塞尼亚人变为耕奴(希洛人),每户斯巴达人获得七户希洛人供驱使。这一变革解决了斯巴达公民间的矛盾斗争,建立起稳定的小土地所有制。由于公民集体在经济权益和政治权利方面对公民实行平等的原则,所以斯巴达人把自己称作"平等者",在史学中亦把斯巴达国家称为平等者公社。

约公元前640—前620年，美塞尼亚人发动声势浩大的起义，对斯巴达予以沉重打击。在成功镇压起义后，斯巴达进行了深刻的制度改革，以适应尖锐对立的统治者与被统治者的紧张关系，形成颇具特色的国家制度与社会结构。历史上把这些改革归结于斯巴达王吕库古。

斯巴达政制

一般认为，斯巴达政体是贵族共和制或寡头制，但即使在古代，也有人认为斯巴达政制为民主制。孰对孰错取决于怎样看待公民大会与元老会议、多数公民和少数公民的关系。从政体运行的关系看，较为合理的定性应是混合政体。

斯巴达公民大会由30岁以上的公民组成，按月召开一次，审批元老会议起草的法规政策，选举或批准国王、元老、监察官等高级公职以及其他低级行政公职、军事指挥的任命，是国家名义上、部分在实质上的最高权力机关。公民不分出身、财产多寡均有出席大会的权利，在大会上拥有选举和被选举权，但没有重要的创议权和辩论权。与会者只是听取元老会议的报告和国王等高级公职人员之间的辩论，然后用呼喊的方式来通过或否决提案。当反对与赞成的呼喊声的音量接近时，为了公平起见，持不同意见的公民需分离开来，各自集中于会场一方，由监察官清点人数（票数）。

元老会议是老人当政，由28位年龄在60岁以上的公民和两位国王构成。起初挑选元老的权力可能归属国王，贵族出身是成为元老的必要条件。吕库古改革把选举交予公民大会，出身高低不再成为必要条件。元老的选举程序具有原始色彩。公民大会先选出若干选举委员会成员，将他们封闭在黑屋当中，隔断与外部的视觉联系。然后让候选人默声从选民面前走过，赞同该候选人的选民一同呼叫，黑屋内的选委会成员则根据呼叫声的高低大小来确定候选人是否当选。所以元老会议成员的遴选颇为公平，当选者也并非贵族，而是从政经验丰富的老人。但元老一经选出便成为终身职，易形成自身利益。且元老会议拥有创议权，对国家各项法律法规和政策的制定与通过具有重要影响；拥有司法权，对凶杀案件、王室婚姻和继承问题拥有审判权。古希腊人认为这个机构是国王与公民大会间的缓冲或平衡器,避免政体趋向君主制和民主制两个极端。

双国王与监察官是斯巴达最高行政、军事与监察长官。斯巴达实行独特的双王制。双头政治一般是为了权力制衡。从双王皆为世袭王族出身看,估计原来可能是部落首领,经过部落联合而形成双首领制。双王拥有的国家权力相等,享终身职。这种王权主要体现在统率军队权上。战时一国王率军出征,一国王留守国内。在领兵期间,国王及其随从的给养可享受公费优待,一般军人则需自备粮草。国王还有其他一些特权,但并不过分,如可以占有较多公有地,在公众面前出现时,所有与会者需起身表示尊敬,有优先挑选与食用祭品的权利,死后可享有举国致哀的殊荣。此外,国王无其他特权,只是高级公职人员,如若违法,可以像普通公民一样被逮捕。为防止国王可能的专断趋向,监察官与国王每月须交换一次誓言,国王发誓依法办事,监察官保证国王在信守誓言的情况下其权益不受侵犯。这暗示历史上王权曾颇为强大而引起公民大会的戒备。

五名监察官同样是民选官员,任期一年,无出身和财产资格限制,凡30—60岁公民均可当选。监察官是民意的代表者,权能颇为广泛:既是整个公民社会生活的监控者,可以对任何违反法律的公民予以惩罚,包括剥夺国王在内的违法公职人员的权力,还是负责日常民事诉讼的法官,负责国内安全的"警察"首脑,如指挥对耕奴希洛人的迫害。战争期间,监察官动员国民出征,有权任命国王卫队的三名长官,国王身边还需两名监察官陪同,行监督与军纪维护事项。自公元前5世纪始,监察官权力扩大,负责主持公民大会和元老会议。

军事化的社会

在被征服者占绝大多数的具体条件下,斯巴达采取举国军事化的制度,以维持对希洛人和庇里阿西人的统治。这一制度的缔造者也被归结于传说中的国王吕库古。在这一体制下,公民自出生之日起便被置于国家的严格监管之下,只能成为遵纪守法、忠诚谦恭、英勇善战的优秀公民和军人。

斯巴达婴儿要经过国家公职人员的体质检查，先天不健全的婴儿不允许成活，因为斯巴达人认为身体有缺陷于国于己均有害。合格的婴儿在7岁前由母亲抚养，实行大体统一的幼儿教育方式，如用烈酒洗澡，不允许挑食，常被母亲单独放在黑暗的房间内，培养其忍受孤独与黑暗的能力。7岁开始新的规训年龄段。孩子离开母亲，编入儿童团，集体食宿。平时打赤脚，睡芦席，衣仅遮体，食仅充饥。每日科目主要为习武，初步识字即可。18岁时，会被秘密派往美塞尼亚，暗杀可能对斯巴达人统治造成威胁的希洛人。20岁起，斯巴达男子进入正规军训，成为方阵中的士兵，逐日操练，直至60岁止。其间30岁是法定允许结婚的年龄，婚后继续参与军训、军演和公餐，15人编为一组，称"菲迪提亚"，同吃、同住、同练。如果菲迪提亚成员未能履行自带公餐的义务，会受到剥夺公民权的惩罚。这样形成的战友关系，有时是同性恋关系，会转化为战场上的生死与共。在这种严苛的教育和军训制度下，斯巴达公民缺少自由与闲暇，所以斯巴达没有其他邦必不可少的剧场等娱乐场所，却规训出忠于国家、忠于职守、英勇善战的好军人。尽管其步兵人数不多，却成为公元前6世纪末成立的伯罗奔尼撒同盟的霸主，并长期称雄希腊战场。

四 雅典——古代民主的样板

从君主制到贵族制

雅典地处斯巴达以东、希腊半岛中南部的阿提卡半岛。境内山岭把半岛分成三个沿海和山间的小平原，阿提卡平原相对最大，适于农业。其西北部沿海有天然良港派里厄斯，今天仍是雅典的主要港口。山区盛产古代人能够大批量应用的陶土、大理石与银矿。

史前时期阿提卡已有人居住。迈锡尼文明期间，在后来卫城的位置上兴建了城堡，显然是一个小王国的政权所在地。迈锡尼文明崩溃，该王国亦衰落，城墙坍塌。在黑暗时代，阿提卡居住着四个各自独立的部落，彼此间常发生冲突。约公元前9世纪末或前8世纪初，一位叫提修斯的强人把四部落统一起来,后来的雅典人称之为王。传说提修斯以雅典为中心成立中央议事会,按出身与财产把居民分成贵族、农民和手工业者三个等级,这等于承认了社会分化与劳动分工的客观事实,规定只有贵族才能担任宗教和行政官职,使原氏族部落转化为君主国。

约公元前8世纪上半叶,雅典行政官制改革,设立三人组成的终身执政官一职,削弱了王权。约公元前752年,增加非终身执政官职数,随后把国王变为执政官之一,等于釜底抽薪,和平地废除了君主制。至公元前7世纪,雅典已彻底转变为贵族共和国:终身执政官被取消,执政官有了一年任期制,职数扩充为九人集体领导,当选资格仅限于贵族。他们分享处理日常行政、司法、军事与宗教事务的权力。离任执政官自动进入贵族议事会,议员为终身职。议事会实际上是国家的最高权力机构,可以直接任免执政官和下级官员,并执掌最高司法权。此时雅典已有公民大会,但参与者多半有财产或出身条件的要求,称作"被招之人"。

贵族制取代君主制具有重要意义。贵族制是一种集体领导的制度,这一制度要顺利运转,拥有决策权的贵族集体必须依循新的"游戏规则",也就是政事平等协商、决策服从多数的法治原则,这就在阶级和等级社会的新条件下破除了个人领导的旧制,创造出新型的、依法治国的体制。随着这一集体领导体制的逐渐发展和完善,雅典人从过去尊重传统的习惯法上升为尊重成文法,任何未经集体认可的个人独裁均被视为非法僭越。这就给雅典国家权力的进一步下移,也就是民主政体的出现创造了制度条件和思想前提,广大平民及其代表在政治体制改革方面因此有了想象的空间,引起在更大的社会成员中间分享政权的设想,促使贵族制向民主制转型。

梭伦改革——民主制的开端

公元前7世纪末,雅典贵族利用自己的政治和经济优势,通过向贫困的农民放贷,以之田产或人身自由作为抵押,兼并无权无势的平民的田地。倘若债务人不能如期偿还债务,其土地便归债主所有。如果抵押土地不足以抵偿债务,债权人可以将债务人本人或其家人变为奴隶,由债权人任意

役使，甚至可以卖到国外。到公元前6世纪初，土地兼并空前严重，农民抵押土地的债碑比比皆是，平民准备以武力推翻贵族政权，内战的阴云笼罩在雅典的土地上。

在即将大乱的危急关头，对和平解决矛盾尚未失望的雅典人推举一个叫梭伦的政治家担任执政官，让他拥有立法和改革现存制度的非常权力，负责调停两大对立派别之间的矛盾。

梭伦出身贵族，为人正直，具有自己的政治抱负与理念，这就是政府必须公正与中立，不允许富人欺压穷人，要保障穷人的基本权利，但也不允许穷人剥夺富人，避免国家沦为暴民政治。他就任之后，实行了一系列有利于缓和社会矛盾的经济、政治改革措施，包括：

梭伦

1. 颁布"解负令"，一次性取消所有私人和国家债务，拔除在雅典农区田地里的债权碑，有的债权人因此破产。但梭伦信奉中庸之道，并未根本废除债务制，因为借贷是文明社会中不可缺少的经济活动。他只对借贷活动的抵押形式进行了严格限制，禁止以人身作为借贷抵押，从而堵死了公民沦为债务奴隶的途径。在废除债务和债奴制同时，梭伦还动用公共资金赎回被卖到海外的雅典人。为防止土地再次集中造成新的社会危机，梭伦规定了公民占有土地的最高限额。

2. 按财产划分公民的等级并规定相应的义务和权利。地产收入在500斗以上的公民划归第一等级——五百斗级。第二等级称骑士级，指地产收入在300—500斗、拥有养马能力的公民。第三等级称双牛级，地产收入在200—300斗。第四等级称雇工级，年收入在200斗以下，经常受雇于他人以弥补地产的不足。梭伦将不同的权利和义务赋予不同等级。国家的高级官职由头两个等级的公民担任。第三等级可担任低级官职。第四等级只有公民大会的参与权和选举权,以及民众法庭审判员的被选举权。但富人担任高级官职的权利是同相对沉重的社会义务联系在一起的。头两个等级的公民需要负担比较昂贵的骑兵装备,在其他公共义务上,如节庆活动的经费和建造军舰的费用等公共事务上,也是主要的提供者。

3. 设立新的政府机关四百人议事会和新的司法机关民众法庭。四百人议事会负责为公民大会准备议案,前三个等级的公民具有当选议事会成员的资格,民众法庭则对所有公民开放,成为国家最重要的司法机关。贵族议事会从过去实际上的最高立法、行政、司法机关降为实际上的检察机关和终审法院。古希腊政治学家亚里士多德因此高度评价民众法庭在雅典民主制形成中的作用,认为这是梭伦所实行的最具有民主特色的改革,人民因此成为"政府的主宰"[①]。

4. 梭伦在改变了原贵族政体权力布局的同时,也改变了权力产生的具体程序,其中对后世影响最为深远的是抽签选举绝大多数国家官职的做法。尽管在这次改革后,高级公职人员的当选有财产资格限制,但他的选举法本身是非常民主的,这就是先由各大行政单位(当时称部落)投票预选出各官职的候选人,然后再进行二级选举,在候选人之间差额抽签产生各级公职人员。以九执政官为例,当选人数与候选人的人数比例为1∶3。这就创造了差额选举方法,保证了机会均等、公开、公平的原则。

梭伦还颁布了许多涉及政治、经济、宗教、社会生活方面的颇为具体的法律。如规定公民在遇到不同派别纷争时必须参入其中,表明自己的政治态度,以避免公民对政治的淡然处之。他还规定父亲有义务教儿子一门手艺,以使其能自食其力。他甚至改革婚姻法,认为婚姻是为了爱情与生育后代,因此禁止买卖婚姻与奢侈嫁妆,禁止富婆包养年轻男子,私生子无须赡养父亲,因为他是父亲为作乐不负责任而生,等等。

梭伦改革对雅典民主政体的形成具有重要意义。在经济方面,它消灭了债务奴隶制,有效地确立了个人自由权利不容侵犯的公民权,为以公民

---

① 亚里士多德:《雅典政制》,9。

社会为基础的民主政治的形成奠定了人权基础,同时打开了剥削外来奴隶的道路。在政治方面,它打破了贵族垄断,以财产多寡划分担任公职的权利,赋予普通公民监督并行使国家权力的职能,使雅典政治体制首次突破了君主制、贵族制的局限,步入民主体制之路。从后来雅典政治体制的发展趋势看,贵族议事会的政治作用日趋消亡,三个民主政权机关(民众法庭、四百人议事会和公民大会)的权力则逐步扩张,最终成为国家的三大主导机关,这一切正是从梭伦改革开始的。

僭主政治与民主的确立

梭伦改革之后到公元前509年是新体制的磨合调整时期。平民和贵族、地方主义的政治派别、贵族阶级各派力量之间在合法的斗争范围内反复较量,雅典国内政局不时发生动荡,结果个人野心家毕士特拉妥借助雇佣兵的帮助,夺取了政权,建起毕士特拉妥家族的僭主政治(公元前560—前510年)。

僭主是古希腊人对利用非法手段夺取政权并实行独裁统治的人的称呼。但雅典僭主毕士特拉妥在夺权成功后为了不激化矛盾,并未废除梭伦确立的基本制度,保留了公民大会、议事会和民众法庭的形式,在不损害其家族统治的条件下,准许这些民主机构继续运作。为了巩固统治,他注意维护中小土地所有者的利益,如发放农业贷款,促进手工业、商业的发展,推进海外扩张。另一方面严厉打击威胁其政权存在的贵族力量,流放一些贵族家族,没收了他们的土地,削弱了贵族的经济和政治地位。在他当政期间,雅典政治和社会恢复稳定,客观上削弱了民主政治的大敌贵族势力,巩固了梭伦改革的成果。

毕士特拉妥去世后,他的儿子希庇亚斯独断专行,企图改变僭主制和共和体制之间的暂时平衡关系,实行真正的僭主独裁。结果导致雅典平民和贵族联合起来,在希腊霸主斯巴达的军援之下,一举推翻持续30多年的僭主统治。

僭主制垮台后,贵族和平民之间展开了新一轮的斗争,甚至发展为武装冲突。平民充分利用贵族自身的分裂，很快击败贵族反对派。平民领袖克里斯提尼在约公元前 509 年当选为执政官，进行了一系列有利于平民的政治改革，在雅典最终确立了民主体制。

他的改革措施之一是重新划分行政区，取消四部落作为政治和军事单位的旧制，代之以十个按地域划分的新部落。这种行政区改革，打乱了原有的氏族部落格局，贵族家族很难再利用自己在氏族中的优势地位控制属于同一氏族的公民，贵族势力因此被进一步削弱，以旧居住区为政治分野的现象因此不复存在，民主政体的社会基础得到了加强。

随着十部落的出现，在四个传统血缘部落基础上形成的四百人议事会便需要加以调整，于是产生了由每一个新部落推选出 50 名议事会成员组成的五百人议事会。其职能、形式、选举方法同四百人议事会看来并无差别。贵族议事会保留了下来，继续享有一定的司法职能，公职人员的财产资格限制没有受到改革的冲击，仍旧有效。但与过去不同的是，公民大会的绝对权威在改革中树立起来。克里斯提尼提出了一项由公民大会控制、执行的严格法律"陶片放逐法"。按照这一法律，如果雅典出现威胁现行集体统治的重大人物，公民大会将举行一次特殊会议，以陶片为选票，表决是否对这位危险人物加以放逐。若多数同意，这位政治家将被赶出雅典，流放十年。由于对民主政体具有威胁能量的政治家只能是富有的贵族或一、二等级公民，这就把由贵族和富人组成的贵族议事会和高级行政机关置于公民大会的严格控制之下，梭伦体制残留的贵族制因素受到致命打击，以平民为主、包括部分贵族在内的人民主权已成定局。至此，世界文明史上的第一个民主政权——雅典民主制得到确立。

五　殖民运动

殖民运动兴起的原因

古风时代既是城邦形成的时期，也是大规模展开殖民活动的时期，希腊殖民者的足迹遍及整个地中海和黑海沿岸。历史上各个文明世界的殖民（即移民）活动从来没有止息，但形成一场大规模的运动却有具体的原因。希腊人殖民的一个基本动因是人口过剩、田地不足的压力，迫使在本国走投无路的人到异乡去寻找生存空间。

希腊半岛耕地面积严重受限，而黑暗时代以来的较和平的定居生活造成人口的自然增殖加快。新一代公民在本国难以分到赖以为生的耕地，成为社会不安定的制造者。新兴的城邦只好有组织地把多余的人口派遣到海外谋生。例如，库列涅邦在组织殖民时，采取抽签方式，中签者必须出走，拒绝离开故乡者将被没收财产并判处死刑。有时天灾也是促使殖民的动因之一。如希罗多德提到昔克拉底群岛中的铁拉岛（今山托里尼岛）曾因连年干旱，颗粒无收，被迫组织、有领导地向北非移民。城邦内部的政治斗争也是促使部分失意者远走他乡的原因之一，例如卡尔西斯邦的政治流亡者在意大利南部的列吉乌姆建立定居点进而发展为新邦。还有为商贸目的在海外建立殖民点的事例，但为数很少。母邦与子邦之间的商贸来往通常是在子邦建立之后自然出现的，换句话说，贸易是殖民运动的产物，而不是基本动因。

殖民运动的过程与后果

古风时代殖民的目的地集中在希腊半岛东北和西北部。这些地区有适于农耕的平原与水源，且当地居民还处在前国家状态，如西西里岛的西塞尔人、东北部的色雷斯人与黑海沿岸的斯基泰人的社会经济、政治、文化都较古希腊人落后，这使得希腊殖民者比较容易在当地立足。

公元前750年左右，与阿提卡半岛隔海相望的优卑亚岛上的城邦凯尔吉斯和艾列特里亚最先向意大利半岛殖民，殖民者在今那不勒斯城附近破土建邦，开启了延续两个世纪的大殖民运动。其他邦纷纷效仿，分别在意大利半岛、西西里岛、比利牛斯半岛沿岸殖民，有些殖民地甚至远至大西洋沿岸，随之兴起了一系列新的城邦，有些邦后来成为西地中海的重要政治、经济和文化中心之一，如南希腊的科林斯在西西里岛建立的叙拉古。

东北方向的殖民也由优卑亚人发起，随后希腊半岛、小亚细亚和爱琴海岛屿上的希腊人积极跟进，纷纷在色雷斯、赫勒斯滂、黑海沿岸落户安家。殖民地呈裂变状建立。一个母邦分出女儿邦，女儿邦又分出孙儿邦。离开母邦的殖民者多则数百、少则数十人，行前或由母邦任命带队负责人，或殖民者集体选出首领，订立共同遵守的契约，随身携带母邦的圣火，踏上殖民的征程。也有几个城邦联合殖民的例子。它们协商殖民地所需要的政治与经济制度，如权力与土地的分配等问题。在契约基础上建立的新邦和拥有政治参与权的公民集体往往同母邦脱离了直接的政治隶属关系。殖民城邦与母邦之间的特殊关系主要基于血缘、宗教、风俗习惯等文化因素或商贸联系。到古风时代末期大殖民接近尾声时，计约40多个城邦在地中海和黑海沿岸建立了139个殖民地。

殖民对于希腊人而言无异于一次地理发现，大大拓展了希腊的地域范围，拓展了古希腊人视野。从古风时代末叶出现的最早一批历史作品看，选题几乎都是异邦异族的历史，说明古希腊人的新鲜感。希腊半岛与整个地中海、黑海沿岸地区因文化的共同性而紧密联系在一起，促进了经济往来。但也应看到希腊殖民运动的负面作用，因为殖民伴随着暴力与对土著居民的侵夺，也造成奴隶的来源扩大。

六　希腊城邦的盛衰

希腊与波斯的战争

公元前5世纪至前4世纪中叶，希腊城邦进入自身发展的繁盛阶段，史称古典时代。希波战争的发生与希腊人捍卫自身独立的成功为这一繁盛提供了动力。

希波战争的直接起因是波斯对小亚细亚希腊人的压迫和雅典等邦的干预。公元前6世纪中叶，波斯把位于小亚细亚沿岸的希腊殖民城邦纳入自己的统治之下并征收贡赋。公元前500年，不满波斯统治的小亚细亚希腊人发动起义，同时派出使臣向斯巴达和雅典等邦求援。雅典与埃列特里亚分别派出20艘与5艘三列桨战舰前往小亚细亚支援。但起义被波斯军强力镇压，雅典等邦援军见势不好，迅即撤回本国。小亚细亚希腊人孤军奋战了5年。公元前494年，大流士一世重新控制了小亚细亚，对雅典的介入恨恨不已，发誓要向尚未受到"惩罚"的雅典和埃列特里亚复仇。

公元前492年，大流士一世遣大军水陆并进，入侵希腊。海军途中受风暴袭击，陆军在征服马其顿后受色雷斯人打击，损失惨重，被迫退兵，首次入侵失利。

公元前490年，波斯军队经过精心备战，集合600艘舰只，载步兵取海路再次侵略希腊。波斯军先登陆与阿提卡隔海相望的优卑亚岛，攻占埃列特里亚，同年9月在隔海相望的阿提卡东北部马拉松平原登陆。

雅典重装步兵1万人和少量轻装步兵开往马拉松迎战。同时派使者向斯巴达求援。斯巴达拖延发兵。雅典重装步兵只得到邻近小邦普拉提亚1000兵力相助，便首先向敌阵发起攻击。主帅米尔提泰加大方阵两翼的厚度，意在重点打击敌方两翼，以局部优势克服人数上的劣势。战斗果然按照他的预想展开与结束，波斯军虽突破雅典军中央，两翼却被击垮。雅典人和普拉提亚人在两翼得手后迅即返身夹击中路敌军，致使波军大败而逃。[①] 波斯二次入侵又告失败，大流士一世不久病逝。

雅典的胜利鼓舞了希腊人的斗志，激起原已臣服于波斯的许多城邦的抗战勇气。当公元前480年波斯继任国王薛西斯发动第三次入侵时，31个不甘屈服的城邦在斯巴达的领导下联合起来，组成有10余万将士、400艘战舰的联军，严阵以待。波斯入侵军总数约四五十万。两军首战于进入中希腊的隘口铁尔摩披莱（又译作温泉关）。希腊守军7200人，由斯巴达国王李奥尼达统率，血战两日，未让敌人前进一步。波斯军放弃正面进攻，改袭希腊守军侧后，迫使联军大部撤退。李奥尼达及护卫他的300名斯巴达战士和1100名志愿人员断后，几乎全部战死。

[①] 马拉松会战结束后，前线将领速派信使斐迪披底斯向等候在雅典广场上的雅典民众报捷。斐迪披底斯从马拉松出发，奔跑了42.195公里，抵达广场，向焦虑的雅典人报告胜利喜讯后身亡。现代马拉松赛跑便出自这一典故。

波斯人突入中希腊，雅典首当其冲。雅典将军铁米斯托克里采取保存实力、伺机反击的策略，说服雅典人撤出城市，士卒登上战舰，家属避往邻邦，雅典空城因此失陷。联军陆军在波斯优势兵力的进逼下撤至科林斯地峡，试图扼守通向南希腊的通道。联军海军则集结在阿提卡附近的萨拉米斯湾，同波斯海军展开殊死决战，终以损失 40 舰的代价歼敌舰 200 艘。在岸上观战的薛西斯见大势已去，恐希腊人断其海上退路，遂在陆上留下部分军队，自己仓皇返回亚洲。

公元前 479 年 8 月，联军 11 万与波军 15 万在中希腊普拉提亚展开陆上会战，斯巴达重装步兵击毙敌统帅，致使波军阵势崩溃，伤亡达 10 万之众，被彻底赶出欧洲。陆战开始时，希腊海军向停泊在小亚细亚的波斯海军残部发起攻击，于米卡列海角附近全歼敌舰队。自此，希腊军从防御转入进攻。

公元前 478 年，斯巴达退出战争，把联军领导权让给雅典。同年冬，主张继续作战的诸邦代表与雅典代表会聚提洛岛，正式结盟，史称"提洛同盟"。入盟各邦原则上一律平等，在盟会上各有一票表决权。但由于雅典拥有绝对军事优势，实际控制了同盟。同盟在提洛岛上的阿波罗神庙设立共同金库，入盟各邦依本邦岁入的多少以及承担同盟义务的大小交纳盟金，由司库官（雅典人）保管。

公元前 476 年，提洛同盟舰队展开结盟以来的首次军事行动，拔除波斯在色雷斯的据点埃昂。随后双方在爱琴海角逐霸权，互有胜负。公元前 454 年，盟军海军在尼罗河口的海战中损失军舰 200 余艘，提洛岛暴露在波军威胁之下。雅典把同盟金库从提洛岛移到本国卫城。此间，一些试图退盟的城邦遭到雅典镇压。同盟因此变为雅典控制外邦的工具。

公元前 449 年，雅典与波斯都苦于难以彻底战胜对方，不得不握手言和，签署协定。波斯放弃对爱琴海的霸权，允许小亚细亚希腊城邦独立，即承认雅典的势力范围。作为回报，雅典不干预波斯对其属地的统治，不再插手埃及事务。因雅典谈判代表是卡利阿斯，这次和平协定又称"卡利阿斯和平"。希波战争实际以希腊，尤其是雅典的胜利而告终结。

波斯帝国自此失去扩张能力，希腊一些城邦却因战争而获得大量资金、劳动力和社会需求，使希腊的经济和政治趋向极盛。战争还极大地改变了希腊邦际关系。斯巴达一家称霸的局面被打破，雅典成为与之相竞争的地区霸主，其附属国遍布爱琴海和希腊本土。战争还促进了希腊城邦政治的发展，雅典第四等级公民广泛在海军服役，为战争做出巨大贡献，从而提高了政治地位，促使民主政治进一步完善。随着雅典霸权的确立，雅典式的民主政体在其附属国广泛传播。

社会经济的发展

古典时代希腊的社会经济整体上是一种农工商混合的共生型经济，其中农业占有压倒优势。但各邦均有自己的手工业和商业，依历史条件的不同二者在经济中所占的比重有多有少。希腊最大的国家——斯巴达的工商业最落后，该国仅在庇里阿西人的村镇中有供本国消费的工商业，而雅典的工商业最发达，但它也没有脱离古代经济以农为本的共性。

在工商业较发达的城邦，土地私有制得到深入发展，形成了一些较大面积的地产，如雅典著名政治家客蒙和伯里克利都是比较大的土地所有者。在经济落后地区，土地所有的情况不尽相同。斯巴达和克里特岛上由多利安人统治的城邦在公民之间保持着田产基本均等的状况，而在北希腊帖撒利则流行大地产。

除大小不等的私有土地之外，希腊许多城邦还存在一定数量的公有地。如雅典国家直接控制着林地和草场。每个村落也有自己的小片公有地。

各地农业的经营方式有所不同。帖撒利的大地产主使用以家庭为单位、固着在土地上的耕奴耕作。雅典的较大地产主多是旧贵族后裔，有的直接管理地产上的经济活动，有的指定奴隶管家经营。这些地产上的直接生产者性质不清，可能既有奴隶也有雇工或佃户。

公民小土地所有制因国家条件的差异而有所不同。在斯巴达、克里特等地，小地产主仍是小奴隶主，以剥削耕奴劳动为生。在雅典和多数城邦中，独立的小生产者及其家庭成员是辛勤的耕耘者。

与此同时，一些城邦的工商业获得长足进步，手工业内部的分工日益深化，地方性的集市贸易市场已经形成。其中，制陶业是发展很快的手工业部门。陶器一直是古人最通用的餐具和容器。城市的繁荣、商贸的活跃致使对陶器的需求增大。雅典、科林斯、帖撒利地区、爱琴海岛屿、黑海沿岸、西西里、南意大利的希腊城邦中，都有兴盛的制陶业，内部有细密的分工，包括拉坯、成型、彩绘、烧制等工序。奴隶工匠通常负责制作标准化的产品，较高工艺水平的彩陶多由具有自由身份的匠人绘制。公元前5世纪流行黑底红绘的装饰形式，以神话或日常生活题材为主。雅典匠人制作的所谓"红色线条风格"的陶器堪称古典彩陶的极品。

其他手工业部门也表现出专业化的倾向。在阿里斯托芬的喜剧里可以看到铁匠、石匠、鞋匠、鞣革匠、珠宝匠、织匠、地毯匠、擀呢匠、梳毛匠、木匠、制砖匠、干酪师、面包师、磨面师等不同称谓的匠人。有的铁匠只做武器，有的专门做农具。

古典时代城市生活的活跃带动了建筑业的发展。雅典政府为给贫苦公民创造就业机会和美化城市，拨巨资于大规模公共建筑，宏大的卫城城门、帕特农神庙、奏乐馆等众多建筑物皆在此时完成。

商品货币关系的发展推动了银矿业的繁荣。雅典的劳洛温银矿得到最积极的开采。国家把矿山分块出租。矿坑内的采掘劳动由奴隶担任，筛洗、冶炼等坑外作业则既用奴隶也用雇工劳动。劳洛温银矿最盛时开采人数多达两三万人，是劳动力最集中的手工业部门。

人口向城市流动，财富在城市中积累，引起商品交换的频繁。除粮食、水果、蜂蜜、酒、蛋、禽、纺织品等日用商品外，还有鱼、油、醋、葱、木炭、木材、鞋、服装、刀矛、盾、地毯、锁头、奶酪等产品进入交换领域。公元前5世纪、前4世纪之交，希腊因此出现用于找零的小面值青铜币。雅典、科林斯、开俄斯、墨加拉、厄吉纳、叙拉古等邦是对外贸易的积极参与者。雅典因拥有海上霸权，控制了爱琴海商路，能够对某些自身需要、产量不多的产品（如开俄斯岛的红铅）实行垄断，规定只能从产地输往雅典一地。

国际贸易的频繁导致货币兑换商的出现，希腊人称之为"坐在桌子旁的人"，因为他们在市场上摆张桌子做生意。在雅典等邦还出现了专门的钱庄，从事货币兑换、存汇与放贷业务。

古希腊工商业的从业者身份较为特殊，在斯巴达均是庇里阿西人，在雅典绝大多数是没有公民权的异邦移民，希腊人称"迈提克"。他们因无公民身份，不能拥有土地，只能从事手工业商业。有些人积累起丰厚的财富，如雅典最大的手工作坊主就是迈提克，金融高利贷者都是迈提克。迈提克无政治地位，负有特殊义务，如缴纳人头税（公民不需缴）、经商税和服兵役。富裕的迈提克还要缴纳特殊财产税——社会捐献，用于建造军舰，举办节庆活动等公共活动。雅典迈提克在公元前5世纪约有2万人之多。

奴隶制的繁荣

希波战争期间和战后，雅典等邦利用战争胜利和战俘奴隶来源便利的条件，开始把奴隶劳动广泛用于商品生产领域，希腊奴隶制进入繁盛阶段。这首先表现为奴隶数量激增和来源广泛。尽管没有留下确切的人口统计材料，但从各种数字存留较多的雅典看，奴隶总人数至少在7万—9万之间，同公民及其家属总数几近相等。

其次，奴隶的来源明显多样化、经常化。债务奴隶制已普遍废止，战俘奴隶、奴隶贸易和奴隶的自然增殖成为奴隶的主要来源。随着奴隶制的发展，在诸如雅典、开俄斯、提洛岛等地出现了较大的奴隶市场。奴隶交易的方式同其他商品交易无异：奴隶贩子将奴隶裸体陈列，向买主介绍奴隶的性情、年龄，与买主讨价还价。一名奴隶的价钱相当于一个成年人一年的饭钱。拥有奴隶不仅是体面的象征，而且是创收的源泉。

此外，奴隶劳动被广泛应用于一些城邦的各个生产部门，奴隶最集中的部门是采矿业，其次是各城市的手工作坊。雅典最大的手工作坊使用多达120名奴隶工匠。建筑业、航海业等手工业、商业部门也容纳了许多奴隶。而且，奴隶劳动还渗入农业领域。除一向以耕奴劳动为主的斯巴达、帖撒利和克里特外，在公民劳动占优势的雅典等邦的农业中，也出现了奴隶制农场。随着奴隶制的发展，少数奴隶主开始把自己的部分财产交给奴隶经营以调动奴隶的积极性，坐享奴隶创造的收入。这种奴隶可以有家庭和相对独立的生活，境况较在农业和矿坑中的奴隶好一些。与之相似的还有大量家内奴隶，如看门人、清洁工、厨子、理发匠、歌舞伎、使女等，以及管家、文书、教师、医生等知识奴隶。雅典政府也使用公共奴隶，如下级公务人员、狱卒、街道清洁工、造币工人和警察。

随着奴隶制的发展，奴隶的社会地位也复杂化了。希腊人把奴隶定义为"一种有生命的财产"。由于奴隶是物品和工具，所以希腊人一般把他们排除于法律保护范围之外，主人有权对不驯的奴隶施以刑罚，如拷打、扭关节、灌醋、火烧，直至杀死。但个别地区，如克里特岛的哥尔金邦却允许奴隶与自由人通婚，婚生子女可成为自由人。雅典奴隶与公民在衣着上没有区别，在街头不必给自由人让路，奴隶主没有任意杀死奴隶的权力。

民主政治的深化

希波战争当中，许多城邦摆脱了贵族统治，建起民主政府，如大邦底比斯、阿尔哥斯、叙拉古等，希腊民主政治因此进入了繁荣时期。在众多实行民主政体的国家中，最为典型、留给后人材料最多、在世界史上产生了深远影响的是雅典。

克里斯提尼改革使雅典政治生活进一步民主化，民主一词"德摩克拉提亚"（dēmokratia）便产生于公元前5世纪中叶。"民主"的词义是人民主权。该词系两词构成的合成词，其中之一 dēmos 有全体人民之意，另一词 kratos 含义为主权、掌权。

公元前487年，雅典对选举法进行改革，预选执政官的方法由投票改为抽签，当选执政官的资格下放到第二等级公民。公元前461年，平民领袖厄菲阿尔特提出新的民主改革法案获得通过，剥夺了贵族议事会的所有参政职能，只为其保留了审理凶杀案的司法权力。公元前457年，在政治家伯里克利的倡导下，执政官当选资格进一步下移到第三等级公民。公元前443年，伯里克利成为首席将军，并连选连任这一职务10多年。他以自己的政治远见、对民主制的坚定信念、廉洁勤政的个人魅力，成为雅典历史上最杰出的民主政治家。在他领导下，民主制更加成熟。虽然这时当选高级公职的财产资格限制没有正式废除，但实际上已经失去意义，国家所有公职对一切公民开放。雅典民主政治进入繁荣时期。

在古代君主专制盛行的条件下，雅典率先把国家管理权交给社会上相当多的成员，而不问其出身、门第和财产所有权的大小多少，一切公职对所有公民开放，通过抽签选举和举手选举产生国家公务员，实现了古希腊人轮番而治、既是统治者又是被统治者的思想，这无疑是世界史上的伟大创举。

雅典民主政体包含四大政权机构，即公民大会、五百人议事会、民众法庭和具体的行政与军事部门。尽管各机构在国家政治生活中所处的地位和具有的职能有所不同，但它们的组成和运作都体现了一切权力属于雅典公民集体这一根本原则。

雅典公民大会是国家的唯一立法机关，同时具有高级公职人员的任免、执法、行政、军事、财政、宗教事务的决定权。雅典所有法案和人事任免（包括对宗教祭司人员的任免）、宣战、缔和乃至指挥具体备战等重要事务都要由公民大会决定。除此之外，公民大会还有行政权与司法权。至少从公元前5世纪开始，公民大会受理涉及重要人物或高级公职人员的案件以及司法执政官提出的公诉。至于行政和财务问题更是公民大会经常讨论和处理的议题。所以公民大会是立法、行政、司法三位一体的国家机关。

五百人议事会是附属公民大会的会务机关以及执行大会意志的常设机关，具有为大会准备提案、主持大会召开及主持会后部分日常高级行政、监察与司法的职能，其中为公民大会准备提案和主持大会最为重要。按公元前4世纪的规定，公民大会不能审议未经五百人议事会准备和未经主席团事先以书面形式公布的任何法案。但在公元前4世纪后半叶，实际上存在公民直接在公民大会上提出动议或对议事会所提议案提出修正案及替换议案的情况。所以，提交公民大会的议案只是一般由议事会准备，而准备提案也就成为议事会的最重要职能。

民众法庭是雅典日常司法机关,其职能相对单一,主要行使公民大会赋予它的司法权力,审理除杀人案外的一切公私诉讼,具有终审权。在公民大会上当选的高级公职人员,如执政官、司库官等人的任职资格也由五百人议事会初审后交民众法庭终审。如果某公民的任职资格在五百人议事会初审中遭到否定,他也可以向民众法庭上诉,后者审查后的判定为最终决定。部分低级公职人员的任职资格则直接由民众法庭审定。民众法庭的审判员从30岁以上、无公共债务并且没有被剥夺公民权的公民中产生。在公元前5世纪,审判员的数量是6000人,占雅典总人口约1/4或1/5,这无疑是世界史上最大的法官集体。

民众法庭在执法过程中,始终贯穿一个重要原则,就是最大限度地保持执法公正,避免行贿舞弊之类现象发生。为实现这一原则,法庭在整个司法程序中均采用或然方法和互相监督方法挑选司法人员。大到负责案件审理的全体审判员的组成、法庭所在房间的选定,小到法庭主持人与所有必要工作人员(如水时计监督人、监票人)的产生,均由抽签决定,并且抽签任命的责任者始终是一次性的,下次开庭还要再次抽签。

为了进一步保障司法的公正,公民法庭对不同程度和性质的诉讼确定了不同规模的审判员集体,从201、401、500、700、1001到1500、2000、2500人不等。最通行的是500人庭,重大公共案件则要求更大的法庭。当然,任何制度和法律都不能杜绝违法行为和不公正现象的出现,只能限制它们的发生。因此庞大的民众法庭的公正性也只能是相对的,政治家伯里克利、美术家菲迪亚斯、哲学家苏格拉底的受审和错判便是集体智慧也同样会犯错误的例证。但在这种严格的制度制约下,法庭所犯的只是集体判断性错误,而不是因法官收受贿赂而产生的群体腐败行为。

雅典人民主权的特征不仅体现在上述三个主要国家机关上,而且也部分体现在众多规模不大的行政和军事机构上。在公元前4世纪,这些机构共有27个,绝大多数由十人组成,出自十个部落,也有极少数由十多人或五人组成,分享军事、财务、宗教、工商、市政管理等多方面具体事务的处理权力。所有这类公职人员均通过选举从 30 岁以上的公民中产生，多数以抽签方式，少数以举手方式，直接对公民大会或五百人议事会负责，并受上述三大机关的严密监督，包括任职前资格审查、任职审查和离职审查。所有行政机构彼此之间则一般没有隶属关系，各机构内部实行集体领导和少数服从多数的决策原则。

显而易见，雅典国家的政权经过上述选举制、限职制、分权和有限责任制的整理分割，已被碎化到众多公民个人手中，而个人权力又在三大机构的严密监控和自身集体领导的制约之下，只能在非常有限的时间（一年任期）和空间（很小的职权范围）内施展，因此如果不能摆脱这些控制，任何形式的个人独裁或小集团的寡头政治都是不可能的。

古代民主的局限

古代民主的主体仅限于具有血缘关系的雅典全权公民集体。对于雅典国内的大批非公民，如外邦移民和奴隶，以及对于其他国家的公民，雅典民主制则是一种压迫和暴力。雅典在繁荣时期，有两万多常住外来移民，他们在雅典主要从事手工业、商业和银钱兑换业，为雅典人提供许多税收，但却不能享有任何公民权，不能拥有土地。即使外邦移民已变为巨富，成为大奴隶主，他们仍要依附于某个公民保护人，始终是低等人。

雅典公民集体在国内压迫非公民自由人和奴隶，在国外还曾经大力压迫和剥削附属国的居民。公元前 468 年以后，雅典将反波斯侵略而成立的提洛同盟变为控制和剥削同盟国的工具，各国的捐款也变成向雅典上交的贡款，完全由雅典政府支配使用。这一款项最多时一年达 1300 塔兰特，用来支付雅典城市建设、军事装备、公民津贴等开支。为了控制附属国，维护自身的既得利益，雅典向附属国派遣监督官，直接派出军事移民和驻军，干涉各国内政，扶持亲雅典势力，操纵附属国议事会的选举，夺取各国对本国公民的司法权力，禁止任何附属国擅自退盟。如果有个别国家敢于独立，雅典便派重兵镇压，甚至对退盟国公民进行大屠杀。

雅典民主政体不仅剥夺了其他非雅典公民的政治、经济和社会权利，而且也剥夺了公民妇女的政治权利。雅典具有公民身份的妇女没有经济权，除了首饰和服装之外，她们在家庭中没有私人财产，不能拥有土地的所有权，家庭财产的继承权。即使是名义上的个人财产嫁妆，也无权支配。雅典妇女也完全没有政治权利，不能参加公民大会，没有选举权和被选举权，甚至像体育场馆等公共场所也不向妇女开放。所以，雅典民主政制是压迫和剥削非公民和排斥广大公民妇女的片面的民主，是阶级、等级和性别歧视的民主，是三四万特权男性公民的民主。它在尽情发挥自己的积极作用，调动了大多数普通公民的才智和积极性，促成雅典政治、经济和文化的极盛的同时，又残忍地窒息、限制了社会的另一部分成员和附属国居民的自身发展能力。因此它既是伟大文明的催化剂，也是社会奴役与不公的一种暴力机器，这是其体制上的最大缺陷。

此外，古希腊思想史上有一个耐人寻味的现象，就是凡大思想家，主要是享有民主权利的雅典公民，多对民主持批评态度，认为民主本质上是大多数穷人的统治，偏离了公正的原则。修昔底德、苏格拉底、色诺芬、柏拉图、亚里士多德等都属于批评民主的阵营。在批评意见中，最有力的一种指责是：民主致使派系倾轧，选举迫使各派政治家取悦民众，放纵选民，而对民众过度的自由放任导致多数人的暴政，和少数人或单个人的暴政没有区别。诸如此类的弱点还有选举贿赂，政治家没有操守，蛊惑人心，以及业余人员治国，等等。其中，在民主制下个人或党派为一己私利而讨好选民，把派别利益置于国家利益之上，被这些思想家看作是最大的缺陷。由此出发，他们普遍赞同梭伦的看法，认为一个良好的国家不能成为一个党派、一个阶级、一个利益集团或若干利益集团的工具。国家应该在社会各个利益集团中保持客观中立，追求超越阶级派别的道德目标。而好的政治家的责任是促使这些目标得以实现，通过教育对国民进行道德引导，并进行正确的立法和选择合适的统治者。在他们看来，民主制未能做到这一点，因此属于非正常的政体。

伯罗奔尼撒战争

希波战争后期，雅典势力的急剧扩张引起斯巴达的不安甚至恐惧。公元前457年，两国在中希腊发生武装冲突，虽缔结了30年和约，但矛盾没有解决，后起的雅典咄咄逼人，欲获取整个希腊的霸权。

公元前435年，伯罗奔尼撒同盟成员国科林斯与位于西部的科西拉邦发生争端。雅典借机插手西部，助科西拉击败科林斯。公元前432年，雅典与邻近城邦墨加拉发生争执，于是封锁墨加拉港口。而墨加拉是科林斯盟友，科林斯不能坐视，在伯罗奔尼撒同盟会议上，力主向雅典宣战。斯巴达作为盟主，再三权衡利弊后决定发动战争。公元前431年，斯巴达向雅典发出最后通牒：放逐主战的领导人伯里克利，允许雅典盟邦独立，取消对墨加拉的禁令等。雅典拒绝接受，战争旋即展开。

开战之初，伯里克利当政，他力倡雅典取陆上防御、海上出击战略，故雅典农民坚壁清野，居民转移到城中。雅典海军频频出击，袭掠伯罗奔尼撒半岛沿岸。但公元前430年夏，雅典城内因地狭人稠，卫生恶化，引起瘟疫，约1/4的居民病亡，伯里克利亦染病去世。雅典人挺过瘟疫打击后，于公元前429年冬拿下北部战略重镇波提狄亚，获开战以来首次较大胜利。但斯巴达随后毁灭雅典忠实的盟邦普拉提亚。公元前425年，雅典在伯罗奔尼撒半岛的派罗斯海角建起要塞，动摇了斯巴达对希洛人的统治。斯巴达派军试图赶走雅典驻军失败，被迫向雅典求和遭拒。斯巴达于是驱兵北上，对雅典造船木材的产地和运粮船必经之地色雷斯沿岸实行一系列打击，颇为成功。双方相持不下，均需要喘息，公元前421年缔结50年休战条约。雅典的和谈代表是尼西阿斯，故和约在史书中称《尼西阿斯和约》。

公元前415年，在政治蛊惑家亚西比德煽动下，雅典公民大会贸然通过远征西西里岛的决议。庞大的远征军刚在西西里登陆，统帅之一亚西比德的政敌便在国内控告他"亵渎神明"，命他回国受审。亚西比德知道凶多吉少，便叛逃斯巴达，鼓动本与西西里无直接利害关系的斯巴达出兵，欲置雅典于死地。两霸战争重启。雅典远征军苦战两年，虽得到国内增援，但在斯巴达军、叙拉古军的联合打击和主帅尼西阿斯的错误指挥下，竟全军覆没。

雅典从此陷入被动，附属国叛离，造成雅典兵源和财源的紧张。斯巴达听从亚西比德的献计，派军长驻并蹂躏阿提卡，引起雅典2万奴隶大逃亡。在困境下，雅典国内社会矛盾尖锐化，贵族寡头派趁机发动政变，夺取了政权。正在爱琴海与斯巴达角逐的雅典海军闻讯，拒绝承认寡头政府，并迎回亚西比德担任统帅，夺回在东部战场的主动权。国内民主派受到鼓舞，一举推翻寡头政权，民主政体失而复得。

公元前405年，得到波斯资助的斯巴达舰队在羊河战役中歼灭雅典舰队，使雅典丧失了有生力量，其附属国几乎全部独立。公元前404年，伯罗奔尼撒同盟的军队从海陆两个方面封锁雅典。在内外交困、粮草断绝的情况下，雅典被迫投降。斯巴达拒绝科林斯毁灭雅典的要求，保存了这个伟大的文化中心。雅典交出残余舰队的同时拆毁了城墙，并加入伯罗奔尼撒同盟，允许流亡的反民主贵族返国。

城邦危机

伯罗奔尼撒战争结束后，参战诸邦在旷日持久的战争中加剧了社会矛盾。一方面，战争期间贵族派与民主派之间的矛盾转化为你死我活的敌我矛盾，公民集体的团结遭到严重破坏。战后社会矛盾并没有缓解，且因战争灾难对各国小农经济的沉重打击，公民集体的主体小生产者群体大范围破产，严重动摇了城邦的社会与经济基础。另一方面，少数人依赖战争牺牲多数小生产者的利益而成为大富人，成为贫者仇视的对象。尖锐的社会矛盾导致重分土地和财产这类古风时代的口号重新在希腊出现，僭主制也在混乱中再次开始流行。希腊的一些主要城邦，包括雅典和斯巴达，均陷入经久不断的危机之中，甚至逐步丧失了对外敌入侵的自卫能力，外籍雇佣兵逐渐取代公民兵。公元前4世纪的城邦危机最先在伯罗奔尼撒战争的胜利者斯巴达出现。

斯巴达在战争中赢得前所未有的荣誉、金钱和权力。斯巴达统帅来山德曾一次从小亚细亚运回2000塔兰特巨资。他自雅典回国时，又带回整车的黄金。这些巨量的财富进入斯巴达社会，对一向以守贫为荣的斯巴达社会价值观予以巨大冲击。来山德及其他斯巴达将领都从穷汉变为富翁，开始追求声色犬马的奢侈生活。吕库古改革创立的公民平等原则和艰苦奋斗传统被弃之不顾。斯巴达人开始疯狂追逐钱财。一些强者通过牺牲弱者的利益更加富足，一些弱者越发贫困，斯巴达开始了无可挽回的衰落过程。公元前4世纪初，原属国有的公民份地可正式转让，为富人放肆并吞小农土地放开了制度闸门。短时间里公民人数由最多时的9000人减少到1900人左右。至公元前4世纪下半叶，公民仅剩1000人。公元前399年，以基那敦为首的"下等者"预谋起义，企图推翻斯巴达贵族统治未果。

雅典危机的表现与斯巴达不同，主要体现为公民兵的衰落和个人主义的膨胀。

伯罗奔尼撒战争使雅典元气大伤，公民人数由战前约4万减至2万左右。经过一段时间休养生息，雅典的政治、经济有所恢复，民主制进一步发展，公民大会至高无上的地位得到加强，政治舞台不再由出身名门望族的人所主导，一批出自各种家庭的政治家、演说家脱颖而出。他们积极维护公民的参与权，对参与公共活动的公民发放的津贴增多，不仅出席公民大会享受津贴，而且观看戏剧也发放津贴。这些福利虽然鼓励了贫苦公民参政的积极性，但也同在公民兵中引入津贴一样，使过去自觉的义务变为有偿交换。公民热衷于个人创收，宁愿雇外邦人当兵打仗，而不愿自尽兵役义务。爱国主义、集体主义意识趋向淡薄。

在经济方面，少数富人财产明显增多，在最富有的1200人中间，财产大多在5塔兰特左右，多的高达数百塔兰特，少的也有2塔兰特。他们的收入来源已不再局限于地产。一些人经营起过去由外邦人经营的手工作坊、银钱兑换业务，有的还经营澡堂、妓院、酒馆、房地产。每人均拥有大量奴隶。私有经济的发展使雅典政府在丧失附属国的巨额贡款之后仍能获得较多财政收入，公民福利不但没有减少，反而有所增加。所以雅典贫富的差距虽然拉大，但失地的公民人数远比斯巴达要少，民主制作为一种体制已牢固确立。

雅典内部的相对稳定使它得以恢复积极的对外活动。公元前378年，雅典成功地拉到一些利益相同的国家建立起第二次海上同盟。然而参加国比提洛同盟少得多，且雅典只是其中一个平等的伙伴。随着第二次海上同盟的建立，希腊的暂时和平被破坏，雅典舰队大败伯罗奔尼撒同盟的舰队，雪洗了羊河之战的耻辱。

雅典的胜利得到底比斯的呼应。底比斯重建曾被斯巴达强迫解散的彼奥提亚同盟，引起斯巴达的强烈反应。双方在留克特拉展开激烈会战。底比斯将军埃帕米侬达布下"楔形"方阵，置主力于左翼，纵深厚达50列，一举突破斯巴达军右翼，致使敌军全线溃败。斯巴达国王及400公民战死，其重装步兵统治希腊战场的局面被彻底打破。留克特拉之战成为斯巴达众叛亲离、伯罗奔尼撒同盟崩溃的起点。

公元前370年冬，埃帕米侬达率军杀入伯罗奔尼撒，在斯巴达大肆掳掠。美塞尼亚的希洛人获得解放，建起完全独立的国家。这对斯巴达人是致命打击，断绝了许多公民的生活来源，加速了平等者公社的破产。底比斯军在伯罗奔尼撒引起的震荡不仅如此。阿尔哥斯平民"棍棒派"借机暴动，打死贵族1200人并没收他们的财产，连试图平息暴动的民主派领袖也被棒杀。

底比斯的勃兴引起雅典的忧虑，转而与斯巴达结盟。底比斯为同雅典在爱琴海竞争，于公元前364年建起一支海军，将雅典在爱琴海的一些盟友拉到自己一边。公元前362年，因南希腊局势发生不利于底比斯的变化，埃帕米侬达驱军再入伯罗奔尼撒，和雅典、斯巴达等邦联军会战于曼丁尼亚，再次获胜。但埃帕米侬达被标枪击中，雅典等败军得以逃生。埃帕米侬达临终前嘱咐与敌缔结和约，参战各邦均求之不得。美塞尼亚的独立得到承认。斯巴达尽管抗议，但无人理睬，它已沦为一个无足轻重的国家。

底比斯的兴起与希腊混乱的国际形势以及杰出人物的努力有关。埃帕米侬达对此起了决定作用。随着他的消失，神话般的底比斯霸权立即破灭。这样一来，公元前362年以后，希腊已没有一个能够左右一切的霸权国家，各国都在不断摩擦和自耗中加速衰落，这就为马其顿的征服创造了条件。

七 马其顿王国与亚历山大东侵

早期马其顿与马其顿人

马其顿位于希腊东北边缘,在地理上分成上下马其顿两个区域。上马其顿在西部,山脉纵横,森林密布,适于畜牧业,是马其顿人基本居住地;下马其顿为沿海平原,适于农业发展。

马其顿人说希腊语,崇拜以宙斯为首的神灵,显然属边缘地带的希腊族群。但南部文化发达地带的希腊人因马其顿长期落后而对马其顿有优越感,一些人甚至认为马其顿人不是真正的希腊人,而是蛮族人。

马其顿在早期有过一些独立的部落联盟。约公元前6世纪下半叶,马其顿可能发生过统一运动,由部落转化成统一的君主制国家,政治中心设在上马其顿的埃盖。在希波战争中,马其顿曾加入波斯阵营。

公元前5世纪末,马其顿把首都迁到下马其顿的派拉城。进入公元前4世纪,马其顿发生权力之争,国家几面受敌。在危机中,摄政王腓力二世受命,陆续消除内外威胁,并因掌控大权而雄心勃勃,一举废黜幼主,自立为王,并在政治、军事和经济方面进行了改革。为了加强王权,他把贵族会议和公民大会变为听命于自己的政治工具。他改革币制,促进商业发展。他还建起一支御用军队,设计出具有强大打击力的马其顿方阵,重装步兵主力称"步兵王友",装备一根6米多长的长矛,队列纵深最多时共32列,冲击力极强。腓力是希腊人中第一个赋予骑兵重大作用的人。他的战术在于用步兵发起冲击,当相持不下时用贵族组成的重装骑兵"王友"攻击敌人两翼,实现多面打击,最终歼灭或击溃敌人。

公元前355年,毗邻马其顿的中希腊发生城邦混战,小邦弗西斯竟洗劫了希腊圣地特尔斐的阿波罗神庙,引起其他希腊城邦不满。腓力借机南下,夺回特尔斐,赢得一些希腊城邦的拥戴,控制了希腊中北部地区。

马其顿的崛起使雅典感到威胁,雅典政治家合纵连横,组成反马其顿军事联盟,一度使腓力的扩张受挫。之后雅典积极扩军备战,成为反马其顿南侵的中坚。但雅典人中也有部分人希望借腓力之手摆脱遍及希腊的城邦危机，把战火引向波斯。这种看法的代表是修辞家伊索克拉特。他曾多次上书腓力，对腓力思想有很大影响，但主导雅典政策的仍是以德摩斯提尼为代表的抗战派。

公元前338年夏，马其顿军同反马其顿联军决战于中希腊的克罗尼亚，联军惨败。各邦被迫承认马其顿的霸主地位，只有斯巴达拒绝参加腓力在科林斯主持的希腊和会。科林斯会议的决议确立了马其顿对整个希腊的统治，禁止城邦之间互相攻伐，各邦内部则禁止重分土地，禁止没收富人财产和取消债务，不准为了政治目的解放奴隶。马其顿军在会后驻扎在希腊各战略要地，以维持马其顿的统治。

亚历山大帝国的兴亡

公元前336年，腓力二世遇刺身亡。其子亚历山大继位，以铁腕镇压了希腊人反马其顿运动。曾经的希腊霸主底比斯被毁灭，公民或被卖为奴，或被处死、流放，土地则被分割予他邦。马其顿国内的政敌也受到无情清算。在希腊人的普遍恐惧中，亚历山大恢复了统治，并继承其父东侵波斯的遗愿，于公元前334年率3万步兵、5000骑兵渡过赫勒斯滂海峡，开始东侵征程。

波斯帝国此时内政腐败，文官爱财、武官惜死，虽官兵数量远胜马其顿军，但不堪一击。马其顿军与波斯军在小亚细亚的格拉尼库斯河畔展开首次会战，大胜。随后马其顿轻取整个小亚细亚。公元前333年，亚历山大率军在叙利亚的伊苏斯平原打败波斯国王大流士三世统率的10余万波斯军，俘虏太后、王后和两个公主。顺势拿下腓尼基和巴勒斯坦，兵不血刃占领上下埃及。公元前331年春，亚历山大率军突入两河流域北部，10月同号称百万的波斯军决战于高加美拉。在交战中，亚历山大身先士卒，大流士三世却弃阵逃跑，致使全线崩溃，波斯从此丧失抵抗能力。马其顿军顺利占领波斯四都中的巴比伦和苏萨两城，缴获无数战利品。

公元前330年，亚历山大占领另一首都波斯波里斯，获12万塔兰特巨资,并焚烧波斯王宫以示报复。波斯帝国至此灭亡。亚历山大随后沿里海东进,穷追大流士三世。进入安息前,他获悉大流士三世被其部下所杀的消息,但未因此止步,而是在公元前329年穿越兴都库什山,直至中亚锡尔河一带。

公元前327年,亚历山大被富庶的印度所吸引,经过开伯尔山口,侵入印度河上游和五河地区,企图打到"大地终端"。在征途中,亚历山大无尽的征服欲和士兵们思乡厌战的情绪发生冲突,被迫沿印度河南下,返回巴比伦。

公元前324年初,亚历山大抵达苏萨,历时10年的东侵始告结束。在东侵期间,马其顿军行程几万里,上百次强渡江河、围城攻坚,以及在平原、沙漠地区作战,到处留下驻军,仅起名为"亚历山大"的要塞便建起70多座。亚历山大还到处任命希腊人总督,安排波斯降臣降将担任地方官员,从而建立了世界古代史上前所未有的大帝国。它西起巴尔干半岛,南达尼罗河流域、利比亚与印度河流域,东抵中亚细亚,北依多瑙河和黑海。

为有效统治如此众多的民族、广大的土地,带有希腊城邦特点的马其顿君主制已完全不相适应,亚历山大只能承袭业已在东方形成的君主专制制度。他回到苏萨便以专制君主的身份行事,任用波斯人,接受波斯的生活方式,使马其顿贵族同波斯中央和地方的贵族结合,构成自己的统治基础。为了进一步笼络被征服者,亚历山大主持万名马其顿将士与波斯贵族女子的婚礼。

公元前323年,亚历山大在筹备远征阿拉伯半岛时突然病亡,时年33岁。由于帝国初建,体制尚不完善,且亚历山大年富力强,未曾考虑和安排继承问题,所以他留下的权力真空无人能够填补,中央权力迅速解体。各地总督拥兵自立,为争夺亚历山大的遗产展开你死我活的斗争。至公元前301年,帝国已分裂为一些独立的王国,其中以亚历山大部将建立的托勒密王国(公元前305—前30年)、塞琉古王国(公元前312—前64年)和马其顿王国最为强大。由于这一时期是希腊文化在北非、西亚广泛传播的时期,也是希腊文化和东方文化广泛交流的时期,因此在历史中,自亚历山大帝国崩溃到最后一个希腊人统治的王国——托勒密王国灭亡为止这段时间被称作"希腊化时代"。

八 希腊化时代

马其顿统治下的希腊半岛

亚历山大暴毙的消息传遍希腊，各地趁机掀起独立运动，将马其顿驻军赶出境外。马其顿从亚洲调回援军，在帖撒利击败希腊义军。

公元前322年，马其顿在雅典派驻军队，扶植寡头政权。反马其顿的坚强斗士德摩斯提尼在追捕下自杀身亡。自此雅典在希腊政治舞台不再扮演重要角色，仅保留了文化影响。但希腊人反马其顿统治的斗争并未止息，一些原先落后的城邦随着雅典等邦的衰落而崛起，成为希腊人争取独立斗争的中坚。其中，中希腊西北部的埃陀利亚地区诸邦组成埃陀利亚同盟，与马其顿长期抗衡。南希腊西北部阿卡亚地区的小邦也组成军事同盟，科林斯、墨加拉等大邦加入其中。

斯巴达此间虽贫弱不堪，却顽强地保持了独立。公元前3世纪，斯巴达公民只剩下700人，其中只有100人拥有土地。斯巴达国王阿基斯四世（公元前245—前241年在位）和克利奥蒙尼三世（公元前235—前222年在位）力图通过改革振兴斯巴达，但皆未成功。斯巴达不再保持孤傲，加入阿卡亚同盟。因埃陀利亚同盟和阿卡亚同盟的存在，马其顿安提柯王朝始终未能对希腊予以充分统治。

托勒密王国

托勒密王国由亚历山大的主要将领托勒密在埃及建立，领土基本限于尼罗河流域，极盛时也扩至地中海一些岛屿和巴勒斯坦、叙利亚以及小亚细亚的部分地区，都城为亚历山大里亚。

该国继承法老埃及的君主专制，保持了以州为单位的行政区划。各级官员由马其顿人和其他希腊占领者担任，国王握有任命权。埃及土著一般只担任村级政权职务。另有亚历山大里亚等三个自治市，居民主要是希腊殖民者。

国王名义上拥有所有土地的所有权，但实际土地所有状况十分复杂。国王直接支配和经营的土地，约占埃及可耕地的一半以上。还有神庙僧侣、高级官吏及希腊军事殖民者的土地。土地私有权得到确立与维护，买卖、转让土地而无须政府的认可。农民通常每年上交 1/3—3/4 的租税，此外要承担劳役。

国王也是最大的手工业和商业财产的拥有者。王室经营矿山、大手工作坊、商业和内外贸易活动，满足自身的消费需要。如王室控制全国橄榄油的收购、加工和销售，纸草、呢绒、盐铁等产品的生产和销售也受到王室的控制。

托勒密王国社会比较稳定，亚历山大里亚又是东地中海的海上交通枢纽和大都市，所以很快发展成为地中海地区的工商业和文化中心。市内有繁荣的市场，商旅云集，亚历山大里亚港口为往来商船建造了高 122 米的大理石灯塔，被希腊人称作世界七大奇观之一。此外，托勒密王室重视市政和文化建设，建了许多公共花园、剧场、神庙、图书馆、缪斯之宫①等文化设施。其中，图书馆和缪斯之宫是地中海地区的学术中心，藏有大量书籍，且集中了一批学者由国家供养，专门从事图书文献整理和自然科学研究。现存古典著作大多是由这里的学者校勘分卷的，一些著名的科学家，如欧几里得、埃拉托色尼、阿基米德等都曾在亚历山大里亚进行过学术访问和研究。

公元前 1 世纪，托勒密王国沦为后起的罗马霸国的被保护国，末代女王克莱奥帕特拉在罗马内战中左右逢源，努力维持国家的存在。后因与罗马将军安东尼结为夫妇，被安东尼的政敌屋大维所灭（公元前 31 年）。

---

① 古希腊文 Μουσεἱον 旧译为"博物馆"不确，古代并无博物馆。Μουσεἱον 原意是"缪斯的座椅"、缪斯的地方，译作缪斯之宫或缪斯之家较为合适。缪斯是文化教育的主管，共九位女神，她们是众神之王宙斯和记忆女神穆奈莫西奈的女儿。

塞琉古王国

塞琉古王国是亚历山大部将建立的希腊化国家中领土最大的一个，最盛时包括西亚、中亚、小亚细亚以及印度部分地区，稳定的辖地是叙利亚，亦称叙利亚王国，首都安条克。中国典籍把塞琉古王国称作"条支"。

依历史和文化特征，塞琉古王国大体分成三个地区：叙利亚、巴比伦尼亚和小亚细亚地区。位于叙利亚的安条克是仅次于亚历山大里亚的手工业、商贸、文化中心。巴比伦尼亚地区最重要的城市已不再是巴比伦，而是希腊人在巴比伦附近新建的城市塞琉西亚。该城实际是塞琉古的第二首都。小亚细亚地区的中心是撒尔迪斯。除这三个地区外，还有相对隔离的伊朗高原和中亚。

塞琉古为有效统治如此广阔的国土和众多民族，实行君主制，同时保留了希腊的部分传统体制。王国分 25 个行省，由国王任命的总督治理。另有几十个希腊人的自治市和一些军事殖民地作为战略据点，拥有一定自治权，即市民享有类似希腊公民的权利，但在大局上要服从中央，向中央纳税。由马其顿人和来自希腊各地的公民组成的军队是塞琉古政权的支柱。

塞琉古的经济发展很不平衡。历史上的发达地区，如巴比伦尼亚、小亚细亚、叙利亚在王国经济中具有重要作用。历史上落后的地区，如中亚、伊朗高原的经济仍然落后。就土地关系而言，国王同样是全国土地的最高所有者，有专门的王室土地，由依附农民（称"劳伊"）在王室财产管理部门的监督之下进行耕作。劳伊可同土地一起转让，地位类似中世纪欧洲的农奴。国家统治阶级的其他阶层，如官僚、神庙和地方贵族也占有大量土地。神庙地产独立经营，使用神庙的劳伊和奴隶劳动。国王需神庙支持，赐予后者很大的特权，使各大神庙犹如国中之国。

塞琉古的有利地理位置使它成为古代欧洲和印度、阿拉伯半岛甚至中国贸易的中介。其海路可经波斯湾达印度和阿拉伯半岛，陆路与东亚、南亚和欧洲连接，安条克是丝绸之路西端的终点。

公元前 3 世纪后，塞琉古中央权力低落，一些地方闹独立，分离出中亚的大夏（巴克特里亚）、伊朗高原的安息（帕提亚）王国。公元前142年，巴勒斯坦的犹太人起义，成功建国。塞琉古的国土后来仅限于叙利亚一地，在内外交困中最终挣扎到公元前64年，被罗马所灭。

九　上古希腊文化

古希腊文化肇始于史前时代，但成为一种对后世有深远影响的文化形态则自古风时代方始。这一新文化的形成伴随着城邦的兴起、大殖民运动的开展、古希腊人视野的扩大，从最初对古代近东文化的模仿到自主创新，形成具有鲜明特征的古典文化。

宗教和神话

古希腊宗教同样是多神教。从社会的基层单位家庭到统一的共同体城邦乃至泛城邦的崇拜多种多样，这同希腊小国分立和长期政治多元化密切相关。多样化的崇拜致使宗教庙宇和节庆祭典也异彩纷呈。在纷繁的信仰与祭祀当中，有一组得到普遍推崇的神灵，即以宙斯为首的奥林匹亚众神家族。

这个家族有12位神祇：宙斯与赫拉，波赛冬与德米忒尔，阿波罗和阿尔特米丝，赫菲斯托斯与雅典娜，阿瑞斯与阿芙罗狄忒，赫耳墨斯与赫斯提亚。有时希腊人也把狄奥尼修斯、赫拉克勒斯、克罗诺斯等神列入这一族系。

宙斯是众神之首和人类之父，大地的最高统治者，权威和秩序的守护神。希腊人把宙斯想象成披着长发、飘着长髯的健壮中年男子。他的神庙分布在希腊各地，南希腊埃利斯的奥林匹亚神殿最具权威。希腊各邦每四年在那里举行一次联合大祭典，同时举行体育与戏剧赛事。奥林匹克运动会便发源于此。

赫拉为宙斯的妹妹兼妻子，负责妇女的生活，尤其是婚配和生育。但希腊人对神的分工并无严格界定，神的职能在不同的城邦往往有不同的解释。有的城邦还把她当作贞女、妻子、寡妇的典型加以崇拜。

雅典娜是宙斯之女,从宙斯头上生出,是雅典的保护神。她司工艺技术,又是战争英雄的守护神,所以她总是全副武装。

阿波罗与阿尔特米丝是宙斯和女神莱托所生的孪生兄妹。阿波罗为光明、青春、音乐之神,又称太阳神。他还是殖民地的引路人,牧人和街道的守护神。他的预言获得希腊人的高度信赖。阿尔特米丝为月神。

波赛冬是宙斯的兄弟,负责海洋以及春天、河流等事务。赫斯提亚与德米忒尔是宙斯的姊妹,前者司家宅的圣火,后者是农神。阿瑞斯是宙斯与天后赫拉之子,为战神。阿芙罗狄忒是宙斯与狄奥奈的生女,专司爱情,与罗马爱神维纳斯为同一神。赫尔墨斯是众神使者,亦是牧人之神。赫菲斯托斯是火神,宙斯与赫拉之子。

在古希腊人眼里,神和人同形同性,不同之处仅在于神的不朽和某些超人能力。而性情品格则同凡人一般无二。所以凡人的各种恶习和美德神身上也具有,神的世界只是人的世界的再现。希腊宗教对希腊人的日常生活、思维和行为方式产生巨大影响。

希腊神话与宗教同是原始社会向文明社会转型过程中的产物,二者既密切相关,又保持了各自的相对独立性。希腊神话和一般宗教解说有所不同。后者力求说明神的无所不能、人的软弱无力,诱导人对神的迷信。希腊神话却鼓励人与命运、与神的意愿抗争,尽力成为个人的主宰。丰富迷人的神话故事是希腊艺术成长的沃土。

哲 学

希腊哲学是西方哲学的开端,奠定了哲学的基本范畴以及对自然与人类社会的一般性解释。西文"哲学"一词出自古希腊文"菲罗索菲亚"(philosophia),原意是"爱智"。希腊思想家认为,智慧与感性认识无关,是关于事物的原因和原理的知识。

按照古希腊人的看法,哲学诞生需有一些前提条件:(1)惊异,对事物有惊异感,即问题意识;(2)闲暇,有进行思考的物质条件;(3)自由，即思考的自由。古希腊城邦的形成，奴隶制的发展，相对民主和自由的社会环境以及缺乏系统、严格的宗教教条和宗教伦理为世俗化的希腊哲学的产生和高度发展创造了客观条件。

小亚细亚城邦米利都的泰勒斯（公元前7世纪末—前6世纪初）是第一位哲学家。他基于对自然的观察，认为水是万物的始基，一切生于水还于水，大地漂浮在水上。这种认识开创了用自然界的物质去说明自然的唯物主义解释方向。在哲学史上他被誉为"哲学之父"，他开创的哲学被称作朴素唯物主义的自然哲学。

阿纳克西曼德（约公元前611—前546年）沿着导师泰勒斯开辟的道路提出世界本原是一种抽象的无限，只有无限才能永恒存在，无限在运动中产生矛盾，如冷与热、干旱与潮湿等。这就把世界万物统一到一个相同的概念之中。

阿纳克西曼德的学生阿纳克西美尼（公元前6世纪中期前后）则认为，世界的本原是空气，它的膨胀和收缩产生了世界万物，一切都在永恒的空气中发生和转变，其中也包括神灵。

由于三位早期哲学家均是米利都人，故被称作"米利都学派"。这一学派力求从自然本身去解释自然现象根本原因的做法开创了一种与神话和宗教不同的思维方式。

继米利都学派之后是"毕达哥拉斯学派"。毕达哥拉斯（公元前6世纪中期）是第一个使用"哲学"一词的人。他认为专注于思考自然，增长才智和智慧的人就是哲学家。他认为数是万物之本，由数而有形，由形而有物。数有确定性，万物可用数字量化，因此是可以确定的。他还赋予数更多的含义，认为世间有10类对立物：奇数和偶数、右与左、雄与雌、明与暗、静与动、善与恶、有限与无限等，对立面的和谐统一就是数的和谐统一。毕达哥拉斯学派把和谐统一视为哲学的终极追求，在古希腊和后来的古罗马有相当影响。

赫拉克利特继承了米利都学派朴素唯物主义的思想，认为世界是按规律燃烧与熄灭的永恒的活火。世界存在普遍规律，这一规律称作"逻各斯"。逻各斯易于隐藏,大多数人对它视而不见,但又随时遇到。人们智慧与否的衡量尺度就是能否认识逻各斯。他的辩证认识也闪烁着智慧之光,如"一切皆流""一切都在变""人不能两次踏入同一条河流""太阳每天都是新的"等精彩概括。

爱利亚派是最早明确表达出唯心主义哲学思考的流派,其代表人物为巴门尼德(约公元前6世纪或前5世纪)、芝诺(约公元前490—前430年)。巴门尼德反对赫拉克利特的看法,认为"一切皆流"等辩证认识只是感性经验,未能从思想上说明道理,因而只是一些假象。对真理的认识须与感性经验相脱离,依赖纯粹的思想与逻辑思维。思想是抵达真理彼岸的唯一途径。巴门尼德是主观唯心主义最早的主要代表。

在巴门尼德之后,最杰出的唯物论者是德谟克利特(约公元前460—前370年)。他著述宏富,但传世很少。他的基本论点是原子论。宇宙的本原是原子和虚空;原子是物质,内部无空隙,不可再分,它组成世界万物。原子之间只有量的多少,无质的差异,各种物质现象的变化均由原子在空间的排列不同所致。这种原子论对物质首次给出了一个清晰的本体概念,理论的严密性超过前人,因而他代表古代唯物主义哲学的高峰。

雅典人苏格拉底(公元前469—前399年)是开创希腊哲学新方向的思想家,他将自己的研究对象从自然转向社会和人类的内心世界,集中探讨人类的心智与活动能力,讨论政治、道德、社会、人生等基本问题,在生活领域建起一座真善的理想宫殿。自此,人本身成为哲学研究的中心。

苏格拉底是平民之子,却高度崇尚与追求知识。但他述而不作,未留下自己的著述,他的思想是由他的学生柏拉图和色诺芬记述才被人所知的。他关注的命题涉及人的精神与道德修养,比如什么是幸福、美德、真理、正义,等等,其中所贯穿的一个最严肃主题就是说服人们不要专注于对身外之物的追求,而应去改造自己的灵魂,追求真理和智慧,成为道德完善的、真正的人。他认为真理具有相对性,在一定条件下向反面转化。他强调知识的作用,强调理性,要求人们用自己的思想去了解外界事物和发现真理,并提出概念在认识中的作用,确定了一系列概念范畴。

柏拉图（公元前427—前347年）贵族出身，身历城邦危机初现的时代，试图用哲学拯救国家和社会，留下大量著述，代表作是《申辩篇》《会饮篇》《理想国》等。其哲学思想核心为"理念论"。在他看来，世界分为感觉的自然界和理念的超自然界两部分。由于感觉的世界不停变化，人们对它的认识因时因地因人因情而异，故而感觉世界是不真实的。唯一的真实是永恒的理念世界，我们感受到的现实世界只是理念世界的反映。譬如说少女和鲜花美时，必先有一个美的概念在判断者心中，这一概念又一定和美的总体概念相一致，因而在判断者的身外必定有个绝对美的理念。美如此，真与善亦然。理念是世间万物的原型，万物是理念的摹本。他还把理念论用于现实社会的改造，为摆脱城邦危机而勾画了一个理想国的蓝图。

亚里士多德（公元前384—前322年）是古代最渊博的学者，哲学是他擅长的领域。他师从柏拉图20年，后在雅典办学，著作据说有千卷之多，虽大多散佚，仍有162卷幸存，包括《形而上学》《物理学》《政治学》《伦理学》等47部著作，其中有些可能是赝品。他有一句科学认识史上的名言："吾爱吾师，吾尤爱真理。"他的哲学认识论正是从批判柏拉图的理念论开始的。他认为自然界是客观的、真实的存在，人的认识来自对客观世界的感觉，没有感觉就没有知识。他还是逻辑学的创始人，提出归纳和演绎两种方法。前者由个别到一般，后者由一般到个别。他的研究便是先从收集大量材料开始，通过严密分析、归纳、概括、推理而得出最终的结论。

马其顿统治时期，由于强权威压，公民集体解体，社会持续动荡，哲学思想趋向抑郁、消沉，缺少对社会的关心，注重心灵的恬静，形成一些具有时代烙印的思想流派。

伊壁鸠鲁（公元前341—前270年）是晚期希腊唯物主义流派的杰出代表。他长期在雅典任教，在哲学认识上独具慧眼。他继承德谟克利特的原子论学说，但在具体解释上有所不同。他认为原子不仅如德谟克利特所说有形状和大小的区别，而且有重量的差异。他还认为灵魂是物质的，由呼吸与热之类微粒组成。在认识论方面，他强调感性认识的作用，认为一切感官都是真理的报道者，感觉是人类认识的来源，感觉无所谓错误，它始终是真实的，错误在于人们对感觉所做的解释与判断有偏差。

希腊化时期一个重要哲学派别是斯多葛主义。它的创始人是塞浦路斯岛人芝诺（公元前335—前263年）。芝诺年轻时移居文化中心雅典，长期在柱廊（stoa）宣讲自己的思想，争取到许多信徒，人们于是把这一流派称作"柱廊学派"。早期斯多葛派有唯物主义的倾向，如在自然观上把世界的本原归于火。在认识论上他们支持唯物论的反映论，认为知觉是外物在心上造成的印象，对业已获得的知觉进行回忆就形成观念。斯多葛派在社会人生方面宣扬克己修身、恬淡寡欲、服从命运的哲学，认为唯一的善就是德行。

文学与戏剧

古希腊文学起初为口头文学，表现为史诗、神话传说、寓言等形式。荷马史诗《伊利亚特》和《奥德赛》是最早的两部作品，可能系由民间游吟诗人的零散诗歌汇编而成，汇编者大概是一个名叫荷马的人，时间在公元前9—前8世纪。史诗的文本出现于公元前6世纪的雅典。《伊利亚特》描述亚该亚人联军远征特洛伊的一段跌宕起伏的故事，由主人公阿喀琉斯的愤怒提出西方文学中的重要主题之一——感情和理智的冲突。《奥德赛》写战争生还者奥德修斯返家路上的传奇经历。由于情节生动，文辞优美，伦理亲切，史诗成为古希腊人世代最受欢迎、最有影响的文学作品。

彼奥提亚诗人赫西俄德（公元前8世纪末—前7世纪初）是两部长诗《神谱》和《工作与时日》的作者。《神谱》为相传已久的众多神祇编排了一个整齐的谱系。《工作与时日》则似一部农书，以劝诫口吻讲述一年四季的农事，风格与浪漫的《荷马史诗》截然不同，是现实生活的写照。

继赫西俄德开创写实之风后，希腊出现一批写实诗人，其作品感怀伤神，抒发心境，为古风时代新旧交替时期贵族们的心态留下了珍贵记录。这些诗歌包括抒情诗、哀歌、短长格诗，其中抒情诗用希腊特有的竖琴伴奏，哀歌以笛伴奏。梭伦、提尔泰的政治诗，女诗人萨福的爱情诗是写实诗歌的佳作。

公元前6世纪，散文记事文体出现，其题材与内容博杂，对后世很有影响的《伊索寓言》可能是在这个时候编成的散文故事集。

公元前5世纪以次，随着共和、民主制的普及，公共文体活动广泛开展，尤其在雅典，节庆和赛事终年不断，宜于宣泄情怀的舞台戏剧应运而生，包括悲剧和喜剧两种形式。悲剧多取材于神话传说，剧中人自然多半是半人半神的英雄人物。但剧作家赋予剧中人真正的人的情感，力求表现人类同命运、邪恶、不公正所进行的顽强斗争，实际表达了社会普遍关心的问题，再加以优美、精练、富有哲理、带有韵脚的台词，生动的情节，因此能够造成震撼人心的舞台效果。

发明戏剧表演方式的可能是梭伦的同代人泰斯皮斯。但真正确立悲剧为一种艺术形式的是埃斯库罗斯（公元前524—前456年）。他为表演设置了两位演员，创作了演员之间及演员与合唱队之间富有故事情节的对白，并为演员设计了道具、服装、布景借以增强效果。他还亲自充当悲剧演员、合唱队长，直接从事表演实践。所以他有"悲剧之父"的美称。

悲剧先是在空地上演出，后来为便于观看又发展到一处高台之上，最后进一步发展成半圆形剧场。标准的剧场都建在斜坡上，观众席像一把打开的折扇，下面是一个圆形的舞台。自古典时代起，剧场和体育场一样是希腊城市必不可少的公共建筑。悲剧产生后深受公民喜爱。雅典国家大力推广和鼓励戏剧创作和演出，每年举办两次戏剧节，每次上演三名作家各三部作品，由评委会选出两名优胜者予以奖励。在民主富有生气的时期，雅典国家甚至还给观剧的公民发放观剧津贴，因此促成了悲剧的繁荣。

成熟后的悲剧演员通常不超过3名，另加12—15名合唱队员。在特殊情况下有时也有4名演员。合唱队的主要作用是替代幕布，唱一支歌则可能引起时间、地点的变化。台前的演员往往要同时演几个角色。所有演员都是男性，女性角色由男性替代，演出中有面具和戏装。

古希腊最著名的悲剧家除了埃斯库罗斯外，还有索福克勒斯（约公元前 496—前 406 年）与欧里庇底斯（约公元前 485—前 406 年）。埃斯库罗斯共写过 70 出剧，现存 7 出，著名的有《被缚的普罗米修斯》，颂扬抗拒命运、不畏强权、舍己为人的高尚品德。索福克勒斯写过 130 个剧本，传下来的也是 7 部。代表作《俄狄浦斯》写主人公俄狄浦斯不愿屈从命运安排，但仍未能逃脱命运的捉弄，杀父娶母，在痛苦的煎熬中他刺瞎双眼，至荒山野岭受苦赎罪。欧里庇底斯据说共有 93 部作品。其名剧《美狄亚》描写女主人公深爱自己丈夫，但丈夫却抛弃了她和孩子。于是，她由极爱转为极恨，不仅杀死丈夫的新欢，且杀掉了她同丈夫所生的子女。

悲剧产生后，雅典又产生一种与悲剧相对的形式——喜剧。喜剧题材现实性强，多是政治讽刺或生活讽刺剧。喜剧演员也不超过 3 人，合唱队员为 24 人。希腊最杰出的喜剧作家是阿里斯托芬（约公元前 445—前 385 年），相传著有 44 部剧本，现存 11 部，包括《阿卡奈人》《骑士》《云》等，其中 4 部是否是他的作品尚有疑问。这是仅存的希腊喜剧的完整剧本。他的作品政治倾向性强，直接批评一些与之同代的思想家和政治家，嘲弄政客与社会不公现象，是一幅雅典社会、政治、思想文化生活的风俗画。

希腊化时代因专制的兴起使文学家们失去了自我，文学作品贵族化，丧失积极参与政治和社会生活的气息，注重描写恬静的田园、优雅的家庭及爱情故事，矫饰多于率真。最著名的剧作家是米南德（公元前 348—前 292 年），著有 105 出喜剧，但只有极少数流传于世。

史　学

古希腊人同古代中国人一样，是古代少有的具有浓厚历史意识并形成真正史学的两个民族。公元前 6 世纪末叶，古希腊史学滥觞于哲学之家米利都，出现了第一批史学家与史学著作。他们又称记事家，在创造出散文体的表达方式的同时，也创出了人们自我反省的新的认识形式——人本主义的史学。人在记事体的史学叙述中从史诗中的神仆上升为社会的主体，历史的创造者和历史发展的基本动力。最早的三位记事家是米利都人卡德姆斯、狄奥尼修斯与赫卡泰奥斯（均生活在公元前 6 世纪后半叶）。但其作品都没保留下来，仅从晚后作家的作品中得知他们写过米利都、波斯以及历史游记。

希罗多德（约公元前484—前425年）的《历史》是首部传诸后世的大部头史著。它主要叙述希腊与波斯的战争，止于公元前478年，也涉及战争期间和战前希腊主要城邦及北非、西亚乃至印度的历史，内容极为丰富。但其材料的选择、利用还带有早期史学的幼稚，需小心鉴别真伪。

修昔底德（约公元前460—前396年）是古希腊最杰出的史家，其代表作《伯罗奔尼撒战争史》是希腊城邦争霸战争的纪实。修昔底德在撰述中秉持客观态度，史料翔实，笔力稳健，思考深沉，可谓一幅关于公元前5世纪希腊政治、军事、社会史的瑰丽画卷。

色诺芬（公元前430—前354年）的《希腊史》续修昔底德的《伯罗奔尼撒战争史》，结束于公元前362年，重点仍写战争和邦际关系。作者的政治立场在一定程度上影响了他对史实的客观描述和取舍，为后人提供了难得的信息。他的《长征记》一书是回忆录题材的史著，记述了公元前5世纪末希腊雇佣军在波斯领土上艰苦的征战历程。

希罗多德、修昔底德、色诺芬三人的著作循序渐进地记述了希腊城邦由盛转衰的历史，对重构希腊史具有重要史料价值。

普鲁塔克（约46—126年）的《希腊罗马名人传》是古代最出色的传记作品，内含23位希腊著名人物的传记。书中人物形象饱满生动，但某些史实经不起推敲。此外，波里比乌斯（约公元前205—前120年）的《通史》，狄奥多洛斯（约公元前1世纪）的《历史集成》，阿里安（约96—180年）的《亚历山大远征记》均保留了古希腊史的信息，是古希腊史学的名作。

建筑和美术

建筑和美术在希腊是密切结合的整体，美术家往往是建筑师。爱琴文明时期的宫殿建筑体现了古希腊人高度的建筑艺术，但其同后世希腊文明极盛时期的联系并不清晰。目前被视为希腊建筑艺术的代表形式均出现于古风时代及之后，主要体现在结构与装饰复杂的公共建筑之上，如神庙、民众议事堂、半圆形剧场、喷水池、体育馆和体育场等。

神庙建筑的突出特点是圆柱柱廊和三角形的山墙，以及雕刻艺术的装饰。在古风时代，形成了两种标准化的柱式——多利安式和爱奥尼亚式。后来在古典时代还形成了一种新型的科林斯式。其中对后来影响最大的是多利安式。它没有柱基，直接立于建筑物基础的表面。主体柱身可以是一块巨石，也可由多块石料垒砌，上端接有一个圆形柱顶。整个柱身刻有相邻的沟槽，风格古朴庄重。雅典帕特农神庙的柱式便采用了多利安式。爱奥尼亚式有柱基，柱身略显纤巧，柱顶得到美化，呈现由曲线连接起来的两个涡旋或螺旋形。科林斯式是爱奥尼亚式的变体，柱基和柱头更具装饰性。

无论希腊的公共建筑还是私人建筑，一般都伴有雕塑装饰。有的雕塑是建筑物的必要组成部分，如神庙中的神像、祭坛。希腊较自由的创作环境与大量需求促进了雕塑艺术的高度发展，达到古代世界写实艺术的顶点。

希腊雕塑题材以神和人为主，特别是对普通人的刻画，致使雕塑如同现代摄影一样，成为人们满足自我复制要求的艺术普及形式。希腊雕塑材料多为大理石和青铜。

在古风时代，希腊雕塑的风格与埃及和西亚的雕塑风格相似，即使最生动的作品也略显呆板。进入古典时代，公共与私人建筑增多，雕塑技术的积累以及社会审美能力的提高，要求艺术家创作更多更好的作品，人物造型日趋活泼自由，人体比例、线条、神态刻画臻向和谐完美，达到前所未有的艺术高度。最著名的雕刻家是菲迪亚斯、米隆、波里克列伊托斯、普拉克希泰勒斯。

雅典人菲迪亚斯（公元前490—前430年）主持卫城的重建工作，创作了卫城广场和帕特农神庙的两尊雅典娜像，以及神庙前后两面山墙上的巨型浮雕和四面檐部的浮雕饰带。他还创作了奥林匹亚神庙中的宙斯像，被誉为古代七大奇迹之一。其艺术特点是秀雅自然，高贵完美。

米隆（约公元前492—前452年）也是雅典人，与菲迪亚斯同师，以塑造青铜雕像而闻名。其创作题材多样，既有神与英雄，也有运动员和动物，尤擅长刻画运动的人体。他的代表作之一是《掷铁饼者》，表现运动员准备发力投掷前一瞬间的姿势，极为自然准确。

波里克列伊托斯（公元前460—前416年）同样是善于刻画人体的杰出雕刻家。他确立了刻画人体身高、年龄等一系列基本规则，并著有一部总结性的雕刻理论作品。他的代表作之一《执矛者》表现裸体运动员肩荷长矛行进的情景。这是一尊理想化的健美的男子雕像。

雅典人普拉克希泰勒斯是公元前4世纪最著名的雕塑家。他是第一个创作出真人大小的裸体女性雕像的艺术家。他的著名代表作爱神阿芙罗狄忒的裸体像有约50件复制品保留下来。

除雕塑外，希腊的瓶画艺术也十分出色，以黑绘红底与红绘黑底彩陶最具代表性。黑绘红底陶以红色做底，用黑色线条作画；红绘黑底则以黑色打底，红色线条作画。瓶画表现栩栩如生的生活场景、人物活动、神话故事，绘画技巧堪称古代一流。

科　学

古希腊人在古风时代达到了理性思考的程度。米利都的朴素唯物主义哲学家也是最初的科学家。

在天文学领域，泰勒斯曾预测过日食，计算出一年有365天，发现了小熊星座，并根据天文学和气象学知识预言一年的农业收成。阿纳克西曼德提出月亮的光是对太阳光的反射，太阳则是一团纯粹的火。毕达哥拉斯学派认为宇宙是一个包括各种天体的大圆球，中心有一个火球，圆形的太阳和大地绕中心火球运动，这种关于天体整体运行的推测为太阳中心说奠定了基础。希腊化时期的天文学家阿里斯塔克（约公元前310—前230年）第一个尝试测量地球和太阳之间的距离，并正确提出地球的面积小于太阳。他甚至天才地提出太阳中心说，认识到地球和行星围绕太阳旋转并进行自转。埃拉托色尼（公元前275—前195年）是历史上第一个用正确的数学方法准确测出地球周长和直径的人。他还通过观察太阳高度的变化测量出黄道倾角。

希腊人发现的逻辑思维方法使希腊数学达到古代世界的高峰。他们认识到数与形的抽象规定，如点、线、面、边、平行、大于、小于、等于之类因素，从而创立了真正的数学。毕达哥拉斯在西方首先发现勾股弦定理，至今西方人仍称之为"毕达哥拉斯定理"。他还指出奇数和偶数的区别，发现了无理数。在他奠定的基础上，欧几里得（约公元前330—前275年）著有《几何原本》13卷，系统总结前人成果，提出最早的公理化数学体系，即从公理和公设出发，用演绎法推出了严整的几何学系统。这部书是中国最早翻译的西方名著。埃拉托色尼发现著名的"埃拉托色尼筛法"，可在自然数系列中筛掉所有的合数而留下所有的素数。阿基米德（约公元前287—前212年）也是大数学家，他的《论球体和圆柱体》《论星图》等著作，正确求出了球体和圆柱体表面积和体积的计算公式，提出抛物线围成的面积和弓形面积的计算方法。他用圆锥曲线的方法解出一元三次方程。欧几里得的学生阿波罗尼（约公元前262—前170年）进一步提出圆锥曲线理论，并实际论及球面三角和球面几何的问题。

希腊朴素唯物主义者的世界本原论、原子论等推测是希腊人在物理学方面的早期探讨。至古典时代，他们已开始做初步的理论总结，出现了亚里士多德的专著《物理学》，重点研究物体运动及其规律。阿基米德则把数学引入物理学，准确求证量的关系，成为近代物理学方法的先驱。他发现了浮力定律，即阿基米德定律，并首先用严格的数学方法证明了杠杆原理。

在地理学领域，阿纳克西曼德绘制出西方第一幅地图。埃拉托色尼著有《地理学概论》，对当时希腊人目力所及的欧、亚、非三洲的地形、地貌、地质及海洋的分布进行研究，首次推测出从西班牙出发，顺同一纬度航行可抵达印度，并利用经纬网络绘制出相对精确的地图。

在生物学方面，希腊人提出关于生命起源于自然界的假说。泰勒斯认为万物出自水便是这种假说的最初代表。亚里士多德对生物进行深入研究，其著作有1/3涉及生物学。他和他的学生准确描述了动植物的各种形态，提出生物的层次思想，认为生物有高低差别，可以排成从低到高的阶梯，人是自然界最高级的动物。

古希腊最著名的医生是希波克拉底（约公元前460—前377年），他关于生命平衡的医学理论和处理内外科病症的经验具有很高的价值。他为医生确立的职业道德在今天依然是医生遵循的道德准则。在希腊化时期，解剖学得到长足发展，亚历山大里亚的医生赫罗菲拉斯（公元前4世纪人）写有《论解剖学》等著作，注意到动脉和静脉的区别，提出大脑是神经系统的中心。他还批评亚里士多德关于心脏是思维器官的说法。亚历山大里亚人赫拉希斯特拉塔（约公元前304—前250年）注意到动脉和静脉，包括微血管的状态与分布，他准确地描述出了心脏半月瓣、二尖瓣和三尖瓣的位置。

第七章　古代罗马

古罗马人在思想文化方面是古希腊人的学生，在治国平天下方面却是古代世界的高手。他们经过近五百年的生聚教训与艰苦奋斗，从一个蕞尔小邦膨胀为地跨欧亚非三洲，水兼东西地中海及大西洋水域的超大型帝国，并维持这个帝国达500多年。这是欧亚非大陆各地区与居民最大限度地统一在一个政治实体内的首次、也是唯一一次尝试。古罗马文明对现代西方文明的影响至今清晰可辨。

一　早期罗马

罗马起源和王政时代

罗马所处的意大利半岛又称亚平宁半岛，是欧洲大陆插入地中海的三大半岛之一。它北依阿尔卑斯山，东南西面环海，南端与西西里岛隔海相望。整个半岛南北长1200公里，东西宽200—700多公里，在地图上的形状宛若一只高跟皮靴。

在半岛之上，阿尔卑斯山的支脉亚平宁山脉自北向南纵贯全岛，丘陵和山地占全岛面积的四分之三。但亚平宁山的山势平缓，益于通行。且意大利有较多河流，形成不少平原，土质肥沃，有利于农业、畜牧业的发展。因此无论是古代意大利人还是古罗马人，首先是一个农民。

罗马人最初的家园位于半岛中部台伯河畔的一群小山丘和河流浅滩上。他们不是意大利土著居民，而是在大约公元前2000年代初期移居亚平宁半岛的拉丁人的一支。此前罗马原址上已有人居的历史至少可追溯到6000年前。

晚后的罗马人曾编造了有关祖先的动人故事，把自己视为小亚细亚特洛亚王子埃涅阿斯的后裔，罗马城是由埃涅阿斯的后代罗慕路斯和莱莫斯兄弟所建。兄弟两人曾是弃儿，在台伯河边受到一只母狼奶养。长大成人后，两人合作建城，因一事争执不下，罗慕路斯一怒竟杀死弟弟，并以个人名字命名新城，设立元老院，时间在公元前753年。这一故事表明业已具有历史意识的古罗马人同许多古老民族一样，对自己的远古祖先并不知晓，只能用晚后编纂的传说来满足探求自身起源的要求。现代史学对罗马的词源与罗马城的起源给予不同的解释，但难以验证真伪。

考古材料证明，公元前8世纪帕拉丁等小山丘上出现设防的定居点，可能是以血缘关系为纽带的氏族部落组成的村落，并没有城市痕迹。现代史学认为这是古罗马人传说中七王相继在位的王政时代，即国家形成的阶段（公元前753—前509年）。前几位所谓国王实际是部落领袖，因王位不能世袭，一般经选举产生，权力也很有限。史载七王分别来自拉丁、萨宾和埃特鲁里亚三个部落，这意味进入成文史的罗马在历史上可能是三个部落联合的产物，"罗马人"的称谓是这些部落成员的统称。

传说罗马有300氏族，10个氏族组成一个库里亚（罗马的胞族），10个库利亚组成一个特里布（部落）。成年男性组成的库里亚大会是罗马氏族社会的最高管理机构。另有氏族首领组成的长老会议——元老院，负责为大会准备提案，享有很高的权威。在王政时代早期，罗马社会已经出现阶级分化，出现平民与贵族的分野，一些沦落的农民变为"被保护人"，依附于贵族大土地所有者，但彼此矛盾还没有发展到尖锐的地步，社会的突出矛盾表现为氏族社会外部的移民和被征服地区的居民。他们只有服兵役与纳税的义务，无参加库利亚大会和分配公有地的权利，甚至生命财产也难以得到保障。他们在罗马文献中被称作"平民"，但这与通常社会学意义上的平民并不一致，是"罗马人"之外的罗马人。罗马国家机器正是在这种平民集团与"罗马人"氏族贵族为代表的血缘社会的对立中逐渐形成的,形成的关节点是第六王塞尔维乌斯实行的政治改革。

在公元前6世纪,"平民"已在数量、经济与军事实力上同"罗马人"不相上下。由于早期罗马强敌环伺,战争频仍,"平民"已成罗马自保与制胜的重要力量,他们要求打破氏族特权,获得平等权利,迫使塞尔维乌斯调整已不敷需要的氏族部落旧制,以四个地域部落取代血缘部落,建立新的最高权力机构森都里亚大会,取代库里亚大会的职能。

森都里亚是军队建制"百人队"的拉丁名音译,凡能履行兵役义务的人,包括"平民"都被编入森都里亚,并按财产多寡划为六个等级。第一等级由财产总值10万阿司(铜币)①以上的人员构成,编为80个重装步兵百人队和18个骑兵百人队。第二等级由拥有财产7.5万—10万阿司的人员组成,编为22个重装步兵百人队。依次类推,共192个百人队。中产、次中产的小农以上社会成员构成140个百人队,后三个由贫穷的社会成员的等级组成的轻装步兵百人队仅有53个,表明早期罗马社会的两极分化尚不严重。这样一来,"平民"便获得了参与森都里亚大会的权利,财产资格与兵役义务代替了原来的血缘资格。但改革没有解决贵族与平民的平等问题,平民只获得了选举权,但被选举权、通婚权、公有土地的分配权等基本权利问题仍未得到解决。

由于森都里亚大会的表决以百人队为单位进行,每个百人队拥有一票,故只要相对富有的第一等级98个百人队意见一致,议案即可通过,所以早期罗马是富有贵族占据统治地位的君主国。

贵族共和国的建立

公元前509年,第七王小塔克文篡位弑君,实行暴政,引起贵族与平民的强烈不满。在贵族布鲁图斯和另外三位贵族领导下,罗马人推翻君主制,建立贵族共和国,拉丁语称 res publica,意即管理国家是"共同的事务"。

---

① 古罗马货币单位,质地为青铜和铜。在历史不同时期,阿司的重量与价值有别,帝国时期农工的月酬金是400阿司,理一次头发的费用是32阿司。

罗马共和国之父布鲁图的半身铜像

基于君主制的教训,新生的共和国以分权与制衡的原则设立政府机关。日常最高行政与军事官职是两位具有相等权力的行政官,拉丁官名起初为领导人（Praetor）,后来在公元前300年左右,始用执政官（Consul）的称呼。共和国的首任执政官是推翻暴君的领导人布鲁图斯和科拉提努斯。

双执政官由元老院提名,森都利亚大会选举产生,任期一年,不得连任。任职期间两人享有同等的相互否决权①,可配有12名扈从,每个扈从肩背插有斧头的笞棍条（fasces,拉丁音译为"法西斯"）,在罗马城外可依执政官的命令笞打或砍死违法的公民。执政官卸任后自动进入元老院。双执政官在战争危机期间不利于军令政令的统一。所以在国家危亡的关键时期,元老院有权临时任命一名拥有最高权力的独裁官,任期6个月。共和早期的独裁官一般在危机解除后提前辞职,以显示不恋权的美德。

除执政官外,随着国家事务的日益复杂,罗马逐步增设了一系列常设官职,如大法官（沿用praetor名）、监察官、财务官、营造官等。普布利乌斯因个人威望四次被选为执政官。尽管他提出执政官当选资格与出身贵贱、财产多寡无关的法令,但共和国的高级官职实际上只属于贵族和富有公民,他们离职后又直接进入拥有创议、审议权和公职人员提名权的元老院,并终身任职,而具有名义上最高权力的森都里亚大会仍然扮演王政时期的角色,因此新兴的共和国是贵族共和国。

---

① 现代常用的"否决"一词便出自古罗马执政官与保民官拥有的否决权,拉丁文作veto,意思是"禁止"。

第七章　古代罗马

平民与贵族的斗争

早期罗马共和国的内部史主线是平民反对贵族的斗争。这一斗争围绕两个问题展开：政治权利和土地债务。

共和早期，平民没有担任高级公职的可能，因此被排除于元老院之外。经济上平民没有公有地的占有权以及与贵族的通婚权。债务奴隶制的对象也主要是平民。贵族却不仅把握国家大权，而且可以占有许多公有地。随着罗马对外战争的胜利，被占土地的三分之一或二分之一划为公有田，给贵族创造了致富的源泉，引起只尽兵役义务而无分田权利的平民的极端不满。

公元前494年，罗马与厄魁人、伏尔西人作战期间，平民为自己的权益而发动第一次撤离运动。平民聚集在罗马广场上控诉贵族债权人的暴行，迫使执政官塞维利乌斯在平民会议上宣读一项法令：禁止用锁链或禁闭拘押任何罗马人，使之不能服兵役；禁止拘押和出售服兵役人员的财产及其家属。这项法令保证罗马有充足的兵源击败入侵之敌。不久，又击败邻人萨宾人和奥伦契人。

危机解除之后，贵族与元老院拒绝兑现限制债务奴隶制的法令，引起平民的骚动。当伏尔西等异族军队卷土重来时，当选的独裁官瓦莱琉斯颁布与塞维利乌斯法类似的法令，征召到足够的平民士兵并取得对外战争的胜利。但贵族元老院在战后却再次食言，引起平民的愤怒。他们全副武装撤离军营，开向城外的圣山，扬言建立自己的国家。这是世界古代史上少见的大规模非暴力民权运动的初次体现，表明平民已有集体自觉意识。

双方最终达成协议：贵族出让政治权力，设立重要的政府新官职，即保民官一职，起初两名，后来增加到十人，在平民中产生。保民官有权出席元老院会议，对侵害平民利益的法令具有否决权。其任期一年，任职期间人身不受侵犯，必须在罗马城中居住，家门必须大开，以便任何平民可随时找他申诉。

公元前 461 年以后，立法问题成为平民与贵族角逐的核心问题。僵持局面在公元前 454 年出现转机。保民官提出妥协建议，由贵族与平民委员共同组建法律起草委员会，平衡贵族与平民的利益。元老院接受了建议，向雅典派出一个考察团，学习梭伦立法与希腊其他城邦的立法经验。三人考察团回国后，成立十人起草委员会。公元前 451 年，十铜表法的起草工作完成，先交公众评议，后经森都里亚大会通过后颁布。

但这一立法过程并未完结，贵族把持的起草委员会又增补两表内容，包括重申平民与贵族不可通婚的禁令。平民为此再次发动撤离运动，十人委员会被推翻，恢复一度被废除的执政官、保民官职务。新任执政官对增补的两表没有修改，于公元前 449 年将全部十二铜表法公布于罗马广场，第一部罗马成文法的立法过程终结。

十二铜表法的产生过程与最终结果为之后约三百年罗马社会内部不同利益集团之间的斗争提供了一条非暴力的途径，为社会矛盾的解决确立了一个通过当事人互相妥协、订立契约（法律）来调整立约人利益的基本方式。

公元前 445 年，保民官卡努利乌斯提出废除平民与贵族不得通婚的禁令和平民可担任军团司令官的法案，获得通过，平民的权益得到显著伸张。

公元前 4 世纪初，元老院决定平民参与对新征服的维爱城土地的分配。公元前 367 年，保民官李锡尼和绥克斯都向元老院提交解决公有地分配、债务和政权问题的三个法案，内容涉及：所有公民都可占有和使用公有地；停止平民债款付息，已付利息抵偿债款本金，不足部分可三年偿清；双执政官须有一名出自平民。经过激烈论争，法案获得通过。公元前 366 年，绥克斯都成为第一位平民出身的执政官。其他高级官职如独裁官、监察官、财务官等也陆续向平民开放。

公元前 326 年，罗马正式废除债务奴隶制，平民沦为奴隶的道路被阻塞。至此，平民得到了罗马公民的所有基本权利。

公元前 287 年，平民发动最后一次撤离运动，平民出身的独裁官霍腾西乌斯颁布法令，确认平民占优势的部落大会（特里布斯会议）通过的决议无须经元老院批准，对全体公民具有法律效力。

这样一来，经过二百多年的平民与贵族的博弈，两大社会集团的矛盾得到了解决，罗马的社会结构发生了改变：平民成为全权"罗马人民"，平民上层与原氏族贵族合二而一，成为豪门贵族。罗马平民不再指没有充分公民权利的社会成员，而仅仅指下层公民。这一后果表明，平民的权益需要靠自身去争取，矛盾的双方可以通过非暴力、协商妥协和渐进的方式加以化解。但小农经济的不稳定性决定了这种解决只是暂时的平衡，大小土地所有制的矛盾是绝对的，早晚还会尖锐化并爆发出来。

二　剑与火的编年史

征服意大利中南部

罗马共和早期的外部史是不断扩张的历史。共和制确立后的罗马还是意大利半岛的小国，方圆 200 多平方公里，周围强敌环伺。北有文明程度更高的埃特鲁里亚人，南部与东部有凶悍的同族拉丁人以及厄魁人、伏尔西人。罗马与这些民族的冲突并非都是有意识扩张的产物，有时罗马是被侵略的对象，也遭受过失败。但罗马人以自己的顽强坚韧总是成为笑到最后的一方。

公元前 5 世纪，罗马与埃特鲁里亚城邦、同族的拉丁人城邦发生战争，尤以与前者的所谓"维爱战争"最为艰苦。断断续续自公元前 477 年打到前 396 年，以罗马攻占埃特鲁里亚人的重要城市维爱始告结束。此战使罗马占据了台伯河两岸，维爱居民被卖为奴隶，土地在公民间被瓜分。

公元前 390 年，北部高卢人攻破罗马，焚毁并劫掠了城市。罗马人退避卡皮托林山据守，被迫向高卢人缴纳黄金，换取高卢人退回本土。经过一段时间的复兴，在公元前 4 世纪下半叶，罗马与拉丁城市开战，史称"拉丁战争"，罗马取得胜利，控制了整个拉丁平原。

公元前 343—前 341 年，罗马与中部山区的萨莫奈人爆发第一次战争，萨莫奈人战败后退回山区，罗马占据意大利中部富饶的坎帕尼亚地区。

公元前327—前296年，罗马人与萨莫奈人又进行了两次战争，夺取了整个中意大利，成为半岛最强大的国家，南意大利自然成为它觊觎的对象。

公元前280年，罗马与南部希腊殖民城邦塔林敦爆发战争。希腊西北部的伊庇鲁斯国王皮洛士率大军驰援塔林敦。两军在赫拉克里亚附近发生遭遇战，皮洛士军惨胜。随后，皮洛士再次于奥斯库伦会战中击溃罗马军团，自身也伤亡惨重，西方语言中始有"皮洛士的胜利"的典故，意即得不偿失。公元前275年，伊庇鲁斯军队被罗马击败，罗马攻占塔林敦，进而在南意大利全境确立了统治。

对于被征服的土地，罗马采取分而治之的策略，把征服区划为罗马公民直接垦殖与经略的殖民地、拉丁同盟者的殖民地、拥有全权的自治市和非全权自治市，有意制造被征服者之间的矛盾，以利自己的权威。

布匿战争

罗马势力范围扩及南意大利后，与昔日的盟友迦太基发生直接利益冲突。双方爆发了三次惨烈战争，自公元前264年始，至公元前146年止，最终以迦太基亡国告终。因迦太基人在古代亦称布匿人，故这场战争在历史上称作布匿战争。

迦太基寡头制国家地处今天北非的突尼斯，起初系腓尼基人建立的殖民地，后在公元前3世纪早期占据西西里岛大部、撒丁岛、西班牙部分地区，成为西地中海的霸国。

公元前289年，西西里希腊城邦叙拉古发生内战，引起罗马与迦太基的介入，爆发第一次布匿战争（公元前264—前241年）。罗马军团在西西里的陆战与海战均取得胜利，迫使迦太基割让西西里岛及该岛与意大利之间的所有岛屿，并赔偿巨款。罗马在西西里建立第一个海外行省。

迦太基虽败，但元气未大伤，图谋东山再起。公元前219年，迦太基统帅汉尼拔主动发起挑衅，在西班牙攻击罗马盟友萨贡托，第二次布匿战争（公元前218—前201年）开打。汉尼拔率军翻越高耸入云的阿尔卑斯山，出其不意地自北部突进意大利半岛，在特拉西美诺湖战役和康奈战役中打出两场出色的歼灭战,罗马军团遭受极其惨重的损失,引起意大利被征服地区的广泛起义。

在危急关头,罗马元老院起到中流砥柱作用,迅疾任命新的统帅,采取外线作战、内线防御战略,于公元前204年,派军远征迦太基本土,致使迦太基政府召回汉尼拔。公元前202年,汉尼拔率军与罗马军发生扎马会战,迦太基大败,不得不割地赔款,由霸国沦为地区弱国。

迦太基经过半个多世纪的休养生息,逐渐繁荣兴盛,这引起罗马统治集团的恐惧。公元前149年,罗马借口发动第三次布匿战争,激起迦太基人的殊死反抗,坚守城池长达两年,最终被斯奇庇阿指挥的军团攻破。双方展开激烈的街巷厮杀,迦太基人大多数战死,剩余5万余人均被卖为奴隶,迦太基城被夷为平地,城中的烈火燃烧了15天之久。

并吞地中海世界

在布匿战争之间与之后,罗马兵锋还指向东西地中海的其他地区。作为迦太基的取代者,罗马占据了比利牛斯半岛,引起西班牙内地众多族群此起彼伏的反抗。尤其是北部努曼提亚的义军,多次击败罗马军队,一直坚持到公元前133年才被彻底镇压。

在东地中海区,罗马相继发动四次马其顿战争(公元前214—前148年),灭亡一度强大的马其顿王国,在其废墟上建马其顿行省。两年后,独立的希腊阿凯亚联盟因政治家的蛊惑,向强大的罗马宣战,这无异于以卵击石。公元前146年,罗马军团彻底毁灭历史名城科林斯,作为对希腊人自杀式反抗的惩罚。希腊从此丧失独立,罗马在希腊建立阿凯亚行省与伊庇鲁斯行省,实行直接统治。另外两个希腊化国家塞琉古王国与托勒密王国成为罗马的刀俎之肉。

公元前2世纪初,塞琉古王国与罗马在希腊半岛曾有过冲突。至公元前2世纪中叶以后,昔日强盛的塞琉古内外交困,贫弱不堪,最终于公元前63年被罗马统帅庞培所灭。

托勒密王国曾在罗马扩张的过程中左右逢源,力图自保。末代女王克莱奥帕特拉七世起初按埃及传统与父亲托勒密十二世，之后与兄弟托勒密十三世、十四世共治。在罗马统帅恺撒的支持下实现个人独裁。她作为恺撒情妇为其生一子。恺撒遇刺后又与罗马统帅安东尼结为夫妻，力保王国不失。公元前30年，在罗马军阀的内战中，安东尼被屋大维击败，克莱奥帕特拉自杀身亡，托勒密王国成历史陈迹。

这样一来，在公元前1世纪，除意大利中部与南部外，自西班牙到北非，马其顿到小亚细亚，罗马直接管理的海外行省多达10个，地中海因此成为帝国的内湖，罗马从一个微不足道的小邦膨胀为横跨欧、亚、非三洲的超级大帝国。

三 百年内战与共和制的灭亡

社会经济的巨大变迁

经过三个多世纪的血腥战争与疯狂掠夺，难以计数的钱财、土地和奴隶源源不断涌入意大利，罗马在掌握了空前规模的人财物力的同时，自身的社会风气、社会与经济结构也受到剧烈冲击。

罗马公民集体内部的社会关系出现新的现象：大批平民因常年服兵役、脱离生产，致使田地荒芜、农舍损毁，失去退役后赖以安身的田园。元老贵族则大发战争财。第二次布匿战争以后，罗马最大的外部威胁消除，罗马贵族不再因恐惧而抑制自己的贪欲，追逐财富的欲望不可阻挡。他们在战争中看到东方发达的文化和奢侈的生活方式，刻意模仿的要求异常强烈。罗马不仅出现田连阡陌、奴隶成群的大地产主，而且兴起了一大批通过包税、经商或放高利贷致富的骑士集团。当时罗马没有治理广大占领地的经验，对行省的税收采取个人承包的办法，承包人个人或合伙向国家缴纳一笔税金，然后在包税的行省和地区随意高额征税。在不长的时间里，骑士的平均财产至少在40万塞斯退斯[①]以上，最富者资产达上亿塞斯退斯。古

[①] 罗马银币单位，以可比价格算，40万塞斯退斯相当于购买约1000名奴隶的费用。

代最重要的财产是田地，富起来的元老、骑士均放肆地兼并中小农的土地，造成大批脱离土地的流民。大小土地所有者之间的矛盾在缓解了近一个半世纪之后重新变为社会的主要矛盾之一。

贵族与骑士有了地产和钱财，便仿效希腊和东方的奢侈方式，大量建造豪宅。英文宫殿（palace）一词就是出自豪宅集中的帕拉丁山（palatine）。这些豪宅有柱廊、花园、浴室、喷水池、雕塑、壁画装饰，驱使大批奴婢。奢华成为贵族日常生活的特征，过去严肃呆板的聚餐变为挥霍无度的狂饮暴食，简朴的内衣、罩袍为华美的服饰所替代。贵族妇女开始精心修饰自己，烫时髦的发型，涂抹用鹿膏、羊脂、熊脂制作的发油，涂口红、打白粉、描眉黛，佩戴精美昂贵的首饰。人们醉心于各种公共娱乐活动，如斗兽、角斗、歌舞。席卷社会的奢靡之风反过来进一步驱动人们去追逐新的财富。上层元老、骑士贪污受贿，兼并土地，放高利放贷，搜刮地方钱财越演越烈。一个名叫瓦莱斯的西西里总督，在任三年，敲诈勒索，离任时竟积累了4000万塞斯退斯资产，西西里岛因他的盘剥就像遭受了一场天灾。共和晚期虽然尚有个别严于律己、为官清正的贵族，但整体上罗马贵族已腐败堕落，丧失了过去所具有的社会表率作用。

共和晚期罗马社会变化还表现在奴隶制的大发展。古代世界盛行强者为主、弱者为奴的基本价值观，大量战俘被变卖为奴，尤以罗马为甚。公元前177年，罗马占领撒丁尼亚岛，把8万俘虏卖为奴隶，致使奴价大跌，"撒丁尼亚人"成了便宜商品的代名词。类似例子不胜枚举，仅史料不完全记载的卖俘数量就在100万人以上。这导致奴隶数量激增，至公元前1世纪中叶，总数大约超过300万人，接近于意大利自由民的总量。

有大量的奴隶必有容纳奴隶的部门。自公元前2世纪始，吸收奴隶劳动最多的经济部门是农业。富有的大地产主在意大利南部和西西里岛建立大批庄园，利用廉价奴隶劳动，有的庄园役使上千奴隶。在中意大利的城市郊区则形成了众多与市场关系密切的中小奴隶制庄园，使用十数个奴隶劳作，生产的橄榄、葡萄、谷物、蔬菜主要销往城市。这还不算手工业（包括矿坑）、富人家内、娱乐业的大量奴隶。

其中，最令人发指的是娱乐业中的奴隶角斗活动。它通过角斗士之间、角斗士与猛兽之间的拼命相搏、流血死亡所造成的触目惊心的血腥场景，使饱食终日的奴隶主和鄙俗的罗马平民得到肉体感官的刺激。公元前3世纪，罗马贵族首次举办角斗演出，使用三对角斗士。随着奴隶制的发展，为了自娱和取悦平民选民，贵族们竞相出资举办这种活动，规模扩大到几百对角斗士的互相残杀。

鉴于此，公元前2世纪至公元2世纪的罗马帝国与近代美国南部及加勒比岛屿、巴西一样，是世界史上蓄奴最多的国家，奴隶与奴隶主的矛盾上升为社会的另一主要矛盾。此外，被征服者与罗马的矛盾也在不断激化，这就为共和国晚期的一百多年大动乱准备了条件，所需的只是一个导火索。

奴隶大起义

公元前137年，苦难深重的西西里奴隶在叙利亚籍奴隶优勒斯的领导下，发动了空前规模的奴隶暴动。

西西里岛经过希腊人、迦太基人长期开发，原本奴隶制发达。罗马建立西西里行省后，把大片沃土变成公有地用于承租，形成大量奴隶制庄园经济。西西里庄园主以残酷闻名意大利，有的庄园主为节省开支，甚至不给奴隶提供服装，让奴隶像牲口一样裸身在田间劳动。奴隶们的愤懑无以复加，当优勒斯首义后，成千上万的奴隶投奔起义军，短时间集合起一支20万奴隶的大军，多次击败罗马军，占领西西里岛不少城镇，并在恩那城建立世界史上第一个以先前的奴隶为主体的国家，优勒斯成为国王。罗马费时5年才把起义残酷镇压下去。

公元前104年，执政官马略因对辛布里人战争的需要，宣布释放沦为奴隶的意大利人。西西里岛上具有意大利人身份的奴隶因此得到释放，引起非意大利籍奴隶们的不满。西西里总督颁布非意大利籍奴隶不享有被释权的法令激发了起义，为首的是奴隶乐手萨尔维乌斯。他借用塞琉古国王特里丰的名号，集合起22000奴隶义军，同另一支由雅典尼昂领导的奴隶队伍会合，成立自己的政权组织，与政府军展开殊死斗争，至公元前100

年失败。

西西里奴隶战争的硝烟散去不久,罗马的腹地却爆发了更具威胁的奴隶大暴动,暴动领袖是色雷斯人角斗士斯巴达克斯。公元前 73 年,斯巴达克斯率几十名角斗士逃出加普亚住地,在附近维苏威火山竖起义旗。周边奴隶、贫民闻风而动,纷纷投奔,队伍很快壮大。当北上进入山南高卢时已扩军至 12 万,多次击败围追堵截的罗马军团。斯巴达克斯原本想把队伍拉到色雷斯老家,在接近阿尔卑斯山时却改变路线,挥师南下,兵锋指向罗马城,迫使元老院调兵遣将,任命克拉苏为镇压起义的罗马军统帅,并从海外紧急抽调军队回援。斯巴达克斯见势不利,改道至半岛南端,试图渡海至西西里岛未果。斯巴达克斯无奈之下,突破克拉苏的封锁,在半岛东部遭遇自海外驰援的罗马东方军团而进退失据。公元前 71 年春,起义军在阿普里亚与罗马军展开决战。斯巴达克斯英勇战死,6000 义军士兵被俘。作为惩戒,罗马政府残忍地将所有俘虏钉死在通往罗马大道两边的十字架上。

三次奴隶起义失败的原因主要是力量对比不利于奴隶阶级,但起义显示了人们争取自由的勇气,对奴隶主阶级给以深刻的教训,迫使他们调整与奴隶的关系。授产奴隶制正是在起义被镇压之后出现的。

格拉古兄弟改革

第一次西西里奴隶大起义尚未平息,罗马公民社会内部就爆发了内战。公元前 133 年,贵族提比略·格拉古当选保民官。他清醒地看到农民的破产对社会秩序与兵源均造成危害,因此从国家利益出发,提出限田与分配土地的法案,以解决失地农民引起的社会危机。法案规定公民每户占有的土地不得超过 1000 犹格,超出部分由国家偿付地价后收归国有,再划成每块 30 犹格的份地分给失地的公民。

这一温和的法案引起既得利益者的激烈反对。他们诽谤提比略·格拉古有做国王的欲望,利用土改和平民的不满破坏共和体制。提比略为争取元老贵族,甚至向反对土改的另一保民官渥大维提出由他个人出资补偿其可能遭受的财产损失，但遭到渥大维的拒绝。

当改革举步维艰、缓慢展开之后，反对改革的元老贵族利用罗马盟友帕加马国王的遗赠事件对提比略群起而攻之。提比略剥夺了元老院审议遗赠的权力，交由公民大会处理。在选举下一届保民官的公民大会上，反对提比略连任的元老带领门客在公民大会会场杀死提比略及其支持者300人，把他们的尸体抛入台伯河。这一暴行违反了保民官人身不可侵犯的法规，尽管只是一场武斗，却开启了公民在公共场合互相残杀的可怕先例，因此被古代史家视为罗马内战史的开端。

公元前123年，提比略的弟弟盖约·格拉古当选保民官。他吸取哥哥失败的教训，提出照顾到各方利益的一系列改革法案，包括土地法、粮食法、审判法、军事法、修筑道路法、亚细亚行省法、设置迦太基殖民地法、授予意大利同盟者公民权法等。其中土地法虽继续提比略的思路，但不没收大地产主的土地，而以公有地作为土改的对象。粮食法、修筑道路法完全为贫民着想，低价向贫民出售粮食，为贫民创造就业机会。军事法规定由国家向士兵提供粮草与衣着，所费无须从士兵军饷中扣除，从而减轻了小农负担。亚细亚行省法和审判法则赋予新兴的骑士贵族经济与司法权力，由骑士包揽亚细亚行省的税收，与元老分享法官职务。

显然，盖约·格拉古比他的哥哥眼界宽广，看到了折磨罗马的病症所在，因此不仅得到平民的拥戴，而且获得少数元老与大多数骑士的支持，二次当选保民官。他的改革措施在一定程度上得到落实，如有8万户平民分得土地。但授予意大利同盟者公民权的举措因牵涉所有罗马公民的特权，遭到普遍的反对；让骑士分享司法权力也冒犯了元老的特权。双方的支持者之间发生流血冲突，对格拉古兄弟改革一向不满的元老贵族组织武装袭击改革派，杀死约3000名盖约的追随者，盖约本人在敌人追击下自杀身亡（由家奴动手）。

格拉古兄弟改革失败表明，罗马奴隶主上层中的一些明智者出于维护奴隶主国家的利益，试图通过合法途径造成大土地所有者的让步，以调整公民社会的内部矛盾。但在奴隶制大地产蓬勃发展的条件下，用合法手段重建小农经济途径的阻力重重。

朱古达战争与马略军事改革

公元前113年，北非努米底亚国王朱古达与罗马关系破裂，在国内屠戮罗马与意大利商人，罗马元老院于公元前111年对朱古达宣战。这场战争首次暴露出罗马贵族的腐败无能，特别是军队的堕落。

朱古达战前曾到罗马访问，携带大量金钱，四处打点，认为罗马是一个可用金钱购买的城市。因此他大肆行贿罗马的前线将领，致使战争久拖不决。公元前109年，执政官麦特卢斯接任北非前线指挥时发现，罗马军队的营地没有设防，士兵纪律荡然无存，军官收受贿赂，士兵多做小买卖，完全是一支不堪一击的涣散部队。他开始整饬纪律，但收效甚微。

公元前107年，执政官马略接任努米底亚前线指挥，大刀阔斧地对军制进行改革。他废弃传统的财产资格限制，以募兵制代替公民兵制，允许有意服役的公民志愿参军，包括无产者。服役期从原来的12年延长到16年，服役期间由国家发放军饷，普通步兵年薪1200阿司，百人队队长加倍，骑兵加3倍。退役后士兵可从国家领取一块份地。此外，他加强纪律，统一单兵的武器装备，如重装步兵配备了投枪和短剑，同时强化士兵的专业训练。马略以这样一些措施基本上解决了兵源问题，恢复了军队的战斗力，完成了罗马军队从业余公民兵向职业军队的长期转化过程。当兵打仗不仅是公民义务，而且成为贫苦公民谋生的手段。由于老兵分配土地制度的实行，公有地的分配已不再取决于公民权，而主要取决于长期服役。这即是说，马略军改用另一种方式满足了失地、少地公民的要求，公民土地分配问题变为老兵的土地问题，这就使土地问题更具有迫切性和危险性。由于职业军队的出现及其与土地的联系，罗马产生了一个最有组织并有自身利益的社会集团。这个集团的领袖是手握兵权的将领，士兵拥戴维护他们利益的领袖，追随他们参与国内的政治斗争；军事将领则利用士兵作为支柱来实现自己的政治野心。一种新的依附关系在军队中形成。从此，罗马政治舞台不再由语惊四座的政治家所主宰，他们让位于气势汹汹的将领与士兵。决定斗争输赢的也不再是公民大会上的雄辩演说,而首先变为战场上的较量,谁有强大的军队,谁就是罗马的主人。

改革后的罗马军队复原了战斗力,很快结束了朱古达战争,朱古达亦被擒获。

同盟战争与苏拉独裁

内战的钟声敲响之后,整个公元前1世纪战争频仍。公元前90—前88年,在西西里奴隶起义和斯巴达克斯奴隶起义之间,爆发了意大利同盟者反抗罗马统治的战争,起因在于同盟者对罗马长期拒绝授予他们公民权极为不满。更加不能令其忍受的是,罗马官员如占领者一样歧视与虐待意大利人。如一座城市罗马官员的老婆要到公共浴池洗澡,可以把正在洗澡的意大利人统统赶走,并殴打未冲洗干净浴池的地方官员。意大利人没有公民权,不能参与政治决策和担任罗马官职,也不能在法庭上获得公正审判,更不能分配公有地。而自第二次布匿战争以来,同盟者提供了罗马一半以上的兵员,是罗马扩张战争成功的功臣。罗马一些有识之士呼吁授予同盟者公民权,但受到许多罗马贵族与平民的反对。

公元前91年,支持给意大利人公民权的保民官德鲁苏遇刺身亡,同盟者群情激愤,罗马大法官在意大利城市中发表威胁讲话被愤怒的群众活活打死。次年,意大利中部和南部城市联合起来,发动了全面起义,自立国家,国号"意大利",史称"同盟战争"。双方各拥兵10万,且都是正规部队,战术与斗志相差无几,所以战争异常惨烈,双方死伤累累。罗马虽派马略和苏拉等名将统率军队,但战场上收效甚微。于是元老院采取利诱政策,对未参与起义以及在两个月内放下武器的同盟者授予公民权。反罗马同盟迅疾解体。

同盟战争的实际胜利者是意大利人,因为战后所有意大利人均获得了公民权,罗马人与意大利人之间的差别开始消除,罗马成为意大利的罗马。

同盟战争锻炼了职业化的军队,战后60多年,罗马史成为军事将领们相互角逐的历史。一场内战接另一场内战,罗马共和制在血腥的内斗中逐步向君主集权过渡，苏拉是独裁的第一位尝试者。

公元前89年，本都国王米特里达第率军侵占罗马的亚细亚行省，并对当地罗马人与意大利人大屠杀，一天杀害8万罗马人和意大利人。元老院对米特里达第宣战。在任命统帅问题上出现分歧，贵族派要选苏拉，平民的人选是马略。

苏拉曾是马略部下，生俘朱古达的勇士，同盟战争中率军战胜劲敌，是有勇有谋的将才。公元前88年，元老院任命他为讨伐米特里达第的执政官，特里布会议却选出马略取代他。苏拉一怒之下率东征的6个军团进攻罗马城并破城而入。这是罗马城首次被罗马军团攻破，标志着内战的升级。

苏拉成为罗马统治者后，展开对马略及其支持者的政治迫害，即"公敌宣告"运动。凡被宣告为"罗马人民公敌"的人，任何人都可诛之。他还为元老院增补300位元老，巩固自己的地位。在认为后方已稳的情况下，苏拉率军东征，陆续消灭16万本都兵将。公元前85年，米特里达第被迫求和，割地赔款，第一次米特里达第战争结束。苏拉回师罗马，准备与东山再起的马略决战。

马略在苏拉东征过程中，夺回罗马控制权，并以同样的公敌宣告来清算苏拉党羽。苏拉与马略及其部下均是正规军团和著名将帅，所以这场内战空前残酷，10万壮丁丧生。苏拉最终取得胜利，于公元前82年冬占据罗马，开展新一轮"公敌宣告"运动。苏拉公布公敌名单，规定杀公敌者赏，包庇公敌者杀全家；一人为公敌，家属公民权都被剥夺，财产充公。约90位元老、2600名骑士、2000名马略支持者被迫害致死。而这些死者不过是沧海一粟。运动一经开展便无法控制，许多人被私敌报复而成为公敌，有些人贪图他人财产而罗织他人罪名……

在一片恐怖中，苏拉被元老院宣布为独裁官，拥有个人立法权，任期不限。他增补300名元老，把元老院变为御用议事会。他还解放奴隶达1万多人，加强自己的社会基础。他撤销骑士的私法权力，规定保民官只能在元老院允许的范围内提出法案，担任保民官后的公民不得担任其他公职。他还对升迁高级官吏规定了年龄和任职时间的台阶：财务官不得低于30

岁，大法官不得低于39岁，执政官不得低于42岁，还规定同一人不得兼任其他行政官职，不得在10年内再度担任同一官职。

苏拉独裁显然试图复活罗马旧秩序，限制共和制中的民主因素。但他的措施本身却表明共和制因无力解决社会矛盾而业已衰微，他为军事独裁开辟了切实可行的道路。

公元前79年，已届迟暮之年的苏拉突然宣布退隐，让权于执政官。公元前78年，苏拉去世，他的老兵为他举行盛大葬礼，但苏拉独裁的阴魂却没有逝去。

共和制的覆亡

公元前70年，苏拉爱将庞培与镇压斯巴达克斯起义的刽子手克拉苏出任执政官，为争取民众支持，他们提出恢复保民官和公民大会权力的主张而赢得声望。他们与后起的政治家恺撒结成反元老院的政治同盟，史称"前三头同盟"。根据同盟协议，恺撒在另外两头支持下出任山南高卢总督。在经略高卢期间，恺撒发动侵略外高卢的战争，把罗马边界向西北推到不列颠，东北至莱茵河。个人不仅发了战争财，而且培养出一支只知恺撒、不知共和国为何物的私人军队，一跃成为三头实力之首。公元前56年，为弥合彼此间的猜忌，三人在意大利北部的路卡镇会晤，议决恺撒续任高卢总督五年，庞培、克拉苏任公元前55年执政官。卸任后，两人分掌西班牙、叙利亚五年。三头决议表明，罗马共和国的政权已落入军阀手中。

公元前53年，克拉苏在叙利亚总督任上远征安息帝国身亡，三雄平衡变为二雄争锋。恺撒势力的扩张使庞培极度不安，他转与元老院结盟，试图削弱恺撒的兵权，导致恺撒与元老院决裂。元老院宣布恺撒为"公敌"，授权庞培保卫罗马。公元前49年初，恺撒以迅雷不及掩耳之势率军攻占罗马和意大利，庞培及共和派逃往巴尔干。恺撒先挥师夺取西班牙，之后决战巴尔干，在法萨卢会战中击败庞培。后者逃往托勒密埃及被杀。恺撒追击庞培至埃及，与时年21岁的埃及女王克莱奥帕特拉堕入情网，扶持她在王室内争中胜出，独领王位。

公元前47年,恺撒夺回本都国王法纳西斯占据的小亚细亚领土,又削平盘踞北非努米底亚的共和派残余势力。公元前46年,元老院任命恺撒为任期10年的独裁官。公元前45年恺撒返回罗马,如苏拉当年一样,成了罗马无可争辩的主人。

两年后,又任命他为终身独裁官,具有宣战、媾和以及控制国家收入的全权,俨然是无冕之王。独裁期间,恺撒实行一系列新政。如进行人口普查和公民登记,确定战乱之后公民的人数;颁布反移居法,防止人口出现新的流失;颁布自治市法案,以罗马的政制为蓝本确定自治市的政治体制,正式把自治市列为国家的行政单位;授予高卢与西班牙一些城市居民以公民权;规定非贵族出身的公民有权进入元老院,元老人数增加到900人,他的亲信,甚至被释奴也成为元老。他还增设一些公职,自己获得任命一半公职人员的权力。他另向8万多退伍老兵、贫苦公民分配了公有地,还指导编制了儒略历,把一年定为365天,每四年闰一天,为现行公历奠定了基础。

恺撒独裁堵塞了合法反对他的渠道,共和派密谋暗杀这位独裁者。恺撒对于政敌的宽容也给了密谋者可乘之机。公元前44年3月,恺撒在元老院被蜂拥而上的共和派人士杀害。罗马经过一番权力之争,局势被恺撒的部将安东尼、雷比达和恺撒的养子屋大维控制。公元前43年10月,三人正式结成反共和派联盟,史称"后三头同盟"。他们依靠军队发动可怖的"公敌宣告"运动,无情地捕杀政敌,处决并被没收财产的元老达300人左右,骑士约2000人。著名政治家与思想家西塞罗亦遭杀身之祸。他是共和制的坚定卫护者,曾发表14篇反安东尼的演说,安东尼对他恨之入骨。

公元前42年,三头部队与共和派军队在马其顿的腓力比决战,共和军被安东尼和屋大维的军队击溃,其统帅、谋杀恺撒的主谋布鲁图与卡西约自杀。三头的共同敌人被彻底击败,三头之间的矛盾随之尖锐化。屋大维掌控帝国的中心意大利,利用自己的优势地位先解除雷比达的兵权,然后与安东尼交恶。

公元前32年,屋大维操控元老院和公民大会通过决议,宣布安东尼为公敌，指控他与埃及女王克莱奥帕特拉结为夫妻，出卖罗马利益。次年，屋大维军在亚克辛海战中大败安东尼、克莱奥帕特拉舰队，安东尼夫妇丧失抵抗力。公元前30年，屋大维兵临亚历山大城下，安东尼和克莱奥帕特拉在绝望中自杀。屋大维在共和制的废墟上建起个人独裁的元首制。

四 早期帝制时期

奥古斯都元首制与早期帝制

公元前27年1月，屋大维在元老院宣称恢复共和制，把权力交还元老院与公民大会。此时的元老经过屋大维筛选，已成为他的驯服工具。元老院因此上演劝进剧，请辞的屋大维不仅继续担任执政官，且被授予元首（首席元老）的头衔，并享有"奥古斯都"（至尊至圣）的尊号。之后他连年当选，直到公元前23年主动请辞执政官一职，但仍享有执政官权力。公元前19年，他成为"终身执政官"，加上他先前获得的终身保民官，之后获得的大祭司长职务，实际把持了罗马的最高军政宗教权力。他所称的"恢复了的共和国"不过是他掌中玩物，所以元首制是打着共和制旗号的君主制。

屋大维深谙予夺相济之道，在独揽中央权力之后，又给予元老贵族一定的政治待遇。他规定凡家产在100万塞斯退斯以上的公民便属元老等级，可以担任国家高级官职（执政官、总督、军团司令）的候补人选。家产在40万—100万塞斯退斯的公民属骑士等级，可担任财务官员和其他特定高级官职。在这两个贵族等级之下是广大平民组成的第三等级。元首制时期，因各个行省居民相继获得公民权，公民大会无法正常召开，变为可有可无的摆设。为了使流入城市的贫苦公民安分守己，奥古斯都每月向20万平民无偿发放粮食，同时举办各种文化娱乐活动转移平民对政治的关注。罗马人戏称这是一种"面包和马戏"的政策。

对于奴隶制，奥古斯都严加维护，限制释放奴隶，规定严厉打击奴隶的不驯行为，甚至实行连坐法，即奴隶杀害主人，在场的奴隶不去营救，

第七章 古代罗马

则一律处以死刑。

在地方行政管理方面，屋大维分出部分权力给元老院。罗马行省在帝制时期增至约 50 个（不同时期区划不同），凡需驻军的多数行省由元首直接控制，无须驻军的科西嘉、撒丁尼亚、西西里、阿非利加行省由元老院任命总督，但其军队的招募则由中央负责，屋大维亦可从元老院省中收取一定的税赋。

奥古斯都事业之成功，可以用辉煌二字形容。作为第一代君主，他深知创业维艰，因此以身作则，勤于朝政，善于用人，读书不倦，是帝国难得的明君贤君。在他统治期间，各个阶级与等级各安其位，社会稳定繁荣，官吏遵纪守法，财政收入充盈，边疆安定和平。但是，他的继承人却成为难题。他没有儿子，起初寄厚望于两个外孙，不料两人都死在他前面。无奈之下，他只好把妻子与前夫所生的儿子提比略·克劳狄收为养子，定为继承人。

奥古斯都

公元 14 年 9 月，奥古斯都南巡途中病危，弥留之际神志清醒。他让人为他梳好头发，对周围的人说："我是否很好地扮演了自己的角色？如果我演得不错，在我离开舞台时就为我鼓掌吧！"[①]他把自己看作是历史舞台的匆匆过客，这在古代重大人物中颇为少见。

奥古斯都死后，提比略·克劳狄继位，在推翻王政 500 多年后，世袭君主制回到了罗马。早期帝制共有三个王朝：朱利亚·克劳狄王朝、弗拉维王朝和安敦尼王朝，历时 178 年。在朱利亚·克劳狄王朝（14—68 年），

---

① 苏埃托尼乌斯：《罗马十二帝王传·奥古斯都传》，99。

171

元首权力越来越具有赤裸裸的皇权特征，初步形成一套隶属元首的中央官僚机构。

公元31年，发生近卫军长官暗杀元首的事件，对提比略·克劳狄影响很大。他实施一些自我防护的集权措施，把重要国事交元首顾问会议处理，在首都集中禁卫部队。但另一方面，如何保持禁卫军长官的忠诚成为历代元首的难题，许多元首或皇帝死于禁卫军长官或士兵之手，小心谨慎的提比略也是其中之一。

卡里古拉统治时，元首引入希腊化王朝的君臣礼制，属下须向元首俯拜，把元首看作罗马主神朱庇特的化身。到克劳狄在位时，服务于元首的中央治理机构成型，产生直接听命于元首的处理内务、外交和军政事务的秘书处；也有元首直接管理的会计处，负责国家的日常财务。在这些处室工作的人员多是元首的被释奴，以保证对元首的忠诚。

克劳狄王朝的几位元首因初次享受无限权力，无前朝教训可鉴，以为家天下了便可为所欲为，残民以逞，结果成为类似桀纣的暴君淫君昏君，尤以卡里古拉、尼禄为甚。但恶有恶报，他们在位时间均很短暂，且都死于非命。

在弗拉维王朝时期（69—96年）有了元首通告。至安敦尼王朝（96—192年），元首顾问会议固化，实际成为御前会议，税收也由包税人手中完全转归中央政府直接掌管。在安敦尼王朝末期，元老院的作用已接近于零，中央和地方单位均听命于元首。

早期帝制也是罗马政权彻底转化为整个帝国范围内的贵族政权的时期。起初，罗马与意大利贵族在元老院和国家政权中占据优势。克劳狄王朝时，外省贵族大批进入元老院。弗拉维王朝时，边远行省居民获得公民权。安敦尼王朝时，行省元老在元老院中已有四成以上的席位，该王朝大多数元首都是行省出身，如把帝国疆界扩至极端的元首图拉真就是行省人，另一著名元首哈德良也是行省人。到3世纪初，行省元老已占有元老院席位六成以上。虽然元老院已成政治摆设，但却是行省贵族地位变化的指示器。

第七章　古代罗马

帝国经济的繁盛时代

自奥古斯都始，因大规模的战祸稀少，罗马帝国的经济经历了两个多世纪的稳定发展期，这一时期罗马人自称为"罗马的和平"期。连接整个帝国的道路网得以修建，社会上有了"条条大路通罗马"的成语。地中海与大西洋的航路也畅通无阻，为手工业、商业的发展创造了有利条件。希腊—罗马文化借助政治、经济和交通的有利条件在行省传播开来，出现行省罗马化的趋向。

西班牙等西部行省在 1 世纪经济高涨，是城市最多、奴隶制经济最发达的地区之一。许多元老、诗人、作家是西班牙人。2 世纪，高卢经济发展突出，兴起了一大批新的手工业、商业中心，高卢的亚麻布、金属制品、陶器、玻璃制品销至西部各行省。同期亚洲行省叙利亚、小亚细亚、俾提尼亚，北非行省埃及的经济都达到繁荣程度，国内贸易往来频繁，罗马向行省，包括不列颠输出陶器、橄榄油、葡萄酒等产品，从行省输入粮食、纺织品、金属制品和各种奢侈品。对外贸易北抵斯堪的纳维亚半岛，东南远达印度、东南亚和古代中国。

经济的繁荣伴随建筑业的发展。屋大维曾经自诩他接手的罗马是泥砖的城市，交给后人的是大理石的城市。以后历代元首继续城建，并在帝国各地兴建纪念碑和公共文化设施，因而留下了众多大型建筑遗存。当代罗马城内外的万神殿、广场、凯旋门、记功柱、水道、斗兽场等都是古罗马繁荣期大兴土木的典型代表。罗马最盛时人口多达 150 万左右，现代欧洲的名城如维也纳、布达佩斯、里昂、科隆、波恩、伦敦等均发端于这一阶段。

但罗马繁荣的背面却积聚着衰败的消极因素，这就是统治阶级的腐败随着国家的富足而逐步升级。奥古斯都之后，历代元首在奢靡上均不节制，许多元首甚至穷奢极欲。以尼禄为例，他的宫内连骡子都钉上了银掌。他为自己兴建新宫，占了罗马城中央几个街区，宫内用宝石、黄金、珍珠、象牙装饰得金碧辉煌。他因贪图姑姑的财产而毒杀姑姑，还杀了几乎所有与他有血亲与姻亲关系的人,包括亲生母亲、妻子。他的贪暴可谓罗马皇帝之最。

为了维持统治,帝国国家机器日益膨胀,百万中央和地方各级官吏、军队、警宪成为社会赘疣,需要巨额经费,只能加重直接生产者的负担。所以元首制时期的经济繁荣后面潜藏着社会政治、经济危机的阴影。

五 西罗马帝国的衰亡

3 世纪的危机

早期帝制期间积累的矛盾在安敦尼王朝末期开始激化。安敦尼王朝传六代元首,前四代元首缔造了帝国的极盛,如:战败宿敌安息,版图扩至两河流域以及北部的多瑙河流域;奴隶制庄园经济广为传播,行省经济得到发展。但盛极是衰败的前兆,在第五代元首奥里略在位时,危机显现出最初的苗头:帝国无力继续扩张而转入防御,北部日耳曼人不断进袭,亚洲行省发生叛乱,军费连年剧增仍不敷应用,奥里略不得不出售皇室财富来填补国家财政的亏空。他去世后,太子康茂德继位(180—192 年在位),危机像经久不愈的慢性病开始发作,首先表现为内乱不止。

3 世纪,北非、西西里、高卢的行省爆发农民起义,以高卢农民的"巴高达"(战士)运动最为声势浩大。起义者推出自己的皇帝,发行铸币,占据大片农区与城市,与罗马政府分庭对抗了几十年。

统治阶级内部权力之争极端尖锐化,各地将领借机拥兵自立,皇位成了主要争夺目标。193 年,军阀塞维鲁成为新元首,开启塞维鲁王朝。他巩固军事官僚体制,靠剥夺贵族土地财产、增加赋税来满足官兵,包括退伍老兵的利益,结果越发恶化了经济,助长了兵将的野心。他临终前告诫皇子卡拉卡拉:"尽量让士兵们发财,其余的人可以不管。"[①]卡拉卡拉不负

[①] 狄奥·卡西乌斯:《罗马史》,77,15,2。

父望，继位后为部队一再提高薪饷。大概为了扩大税源，他采取重大举措，于212年颁布敕令，授予帝国所有臣民以罗马公民权。即使如此，他仍毙命于自己的禁卫军之手。

塞维鲁王朝继续了10多年，最终被军人埋葬。从此军队更加无法无天，将拥兵不时变成兵拥将，以致3世纪的皇帝寿终正寝成了稀罕事，死于非命变为常态。

但值得玩味的是，尽管皇位成为催命的咒符，仍挡不住贪权的将领们拼命争夺。在253—268年间，每个行省都出现一位皇帝，史称"三十暴君"时代，帝国已经四分五裂。

内乱削弱了对外防御，西亚兴起强大的萨珊波斯帝国，将罗马人赶出两河流域。元首瓦勒里安（253—259年在位）亲征亦无济于事，战败后成为波斯的阶下囚，这是罗马立国以来从未有过的奇耻大辱。

251年，帝国东北边患危机，日耳曼人的一支哥特人渡过多瑙河，突入色雷斯，甚至进至雅典。元首狄西乌斯（249—251年在位）率军迎击却在会战中阵亡。罗马不得不与哥特人签署丧权辱国的条约。在帝国西北边境，日耳曼人的另一支法兰克人则渡过莱茵河，长驱直入，占据西班牙东北地区。随着罗马防御能力的弱化，大批蛮族在帝国境内定居下来。

内乱外患对经济的破坏严重。战乱使正常的农业再生产难以继续，帝国各地之间原本繁荣的商贸关系被严重破坏，特别是东方的商路完全中断。帝国统治者欲维持政权，只好一再提高城乡平民甚至士绅的税负，致使城市中的元老纷纷逃避义务，市民大量逃亡，意大利城市一片凋敝。近城农区原为城市生产橄榄油、蔬菜、葡萄等农产品的奴隶制庄园只好转向，变为自给自足的田庄。为了提高劳动者的积极性，奴隶主把土地交予奴隶个体经营，许多破产的自由民也以同样的方式被束缚在大土地所有者的田地之上，于是以个体依附农民为特征的隶农制广泛发展起来。

基督教的诞生与早期发展

基督教是奉上帝之子耶稣为主要崇拜对象、以《圣经》旧约全书和新约全书为主要经典的宗教形态。① 它源于 1 世纪中叶罗马统治下的巴勒斯坦,其原型是犹太教的一个小教派拿撒勒派,该派创始人为洗礼约翰。

当其时,犹太教派系庞杂,具有较大影响的有罗马的附庸希律派,主张与罗马妥协的撒都该派,提倡非暴力反抗罗马统治的法利赛派,要求武装斗争的"愤激派"。拿撒勒派远比这些派别规模要小,仅是贫苦犹太人的小教派。由于均属犹太教,上帝耶和华与救世主是各派的共同信仰对象。

救世主意识的产生与希伯来人的历史境遇有关。巴勒斯坦属欧亚非三大洲交界地带,历来是周遭强国的必争之地。希伯来人国家因此轮番受到亚非欧大国的奴役。国家灭亡了再生,再生了又覆灭。公元前 2 世纪,罗马东侵,犹太人的苦难达到顶点。罗马向犹太人征收人头税、农业税、什一税等苛捐杂税,加之地方官员的非法掠夺,把这个民族逼上了绝路。他们不断起义,又不断被镇压,这迫使犹太人创造出一个自我安慰的神话:作为上帝选民的犹太人,因为不遵守祖先摩西定下的教义,上帝既让他们蒙受苦难,又在适当的时候派遣救世主来救他们出苦海。

洗礼约翰是苦行僧,每天只吃一些蝗虫、野蜂蜜之类的野生食物,却宣扬激进的反罗马思想,认为犹太人的苦海有边,救世主就要来临,犹太人应为此做好准备,接受洗礼,洗掉身上的罪恶,获得上帝的赦免。耶稣是跟随约翰在约旦河受洗的信徒之一。

《圣经》说,耶稣受洗后,随约翰四处传播教义。约翰被罗马人处决后,耶稣成为继承人。他效仿约翰,传教没有固定地点,说教内容涉及宇宙、人生、天堂、地狱、法律、道德、婚姻家庭、起居生活,说明尽心尽意爱上帝和爱人如己的道理,不少话语包含民间智者的哲理,夹带着幽默,显示了耶稣的机智。他还常做好事,免费为人治病,甚至有一些口耳相传的神来之能,譬如使重病人康复、让瞎子复明、分 7 个饼使 4000 人吃饱等奇迹,逐渐在加利利地区发展了许多信徒。

耶稣是高明的组织者,他从信徒中选出 12 名门徒作为亲信和助手。12

---

① 救世主在希伯来语中称弥赛亚(Messiah),希腊语称基督(Christ)。

名门徒之下是由门徒领导的信徒，再下面是群众。这就形成了后来教阶制度的雏形。

耶稣也是出色的思想者，他竭力宣扬信徒的盲从与忠贞，要求他们爱他胜过爱父母子女。他还对犹太教义创新，提出一切民族均可为上帝选民，都能通过信仰得救，这就突破了犹太教只把亚伯拉罕及其子孙当作上帝选民并单独获得救赎的传统。他把自己神圣化为上帝之子，是救世主的化身。由于他的信徒多是穷人，所以他反对繁缛的仪式和大量奉献牺牲、祭品以讨好上帝的做法。他的信仰者只要履行洗礼手续就可入教。他还强调心灵的崇拜，只要相信上帝和基督就能得救，获得福音，并不一定要奉献礼品。他提倡激进的政治思想，把罗马皇帝、犹太贵族当作革命对象，称他们是野兽、假先知，罗马是魔鬼的住地，一切污秽之灵的巢穴，是大巴比伦淫妇、七头十角的野兽。与之对立的是上帝、基督、基督徒。两大力量最终要有一场决战，上帝一方将取得胜利，魔鬼、假先知、野兽将被扔进火湖。这种血债终要清算的思想，使被压迫者十分解气。他的解释使拿撒勒派与犹太教渐行渐远。

耶稣不仅说明恶人的结局，还为信徒描绘了一个未来的理想世界：没有压迫剥削，没有私有财产和货币，也没有暴君和奴隶，物质极大丰富，人们无忧无虑生活，平均分配财产。耶稣如约翰一样，认为这一理想国在现世即可实现，不排除用暴力迎接它的到来。后来他果然采取激烈行动，率领门徒进入犹太保守势力占优势的耶路撒冷，引起犹太上层的仇视，他们决定对耶稣予以严惩。依靠耶稣门徒犹大的帮助，他们抓获耶稣，并以侮辱上帝的罪名判处耶稣死刑，但终审须由罗马的叙利亚行省总督彼拉多来决定。

彼拉多召集了犹太群众大会，公审耶稣后，将他钉在十字架上。与耶稣一同被处决的还有两个刑事犯。颇值玩味的是，耶稣实际上至死仍是犹太教徒。

耶稣虽死，他的教派与思想却在罗马帝国的广阔天地繁衍传播。耶稣死后40年，罗马城内有了基督徒。再经过一个世纪，基督徒已成帝国心腹之患。罗马政府反复镇压，信徒非但未减少，反而越来越多，其因在于：基督教组织严密，有一批为事业、为理想献身的传教士。耶稣死后十几年内，他的门徒就以耶路撒冷为中心建立了教会组织，实行财产公用、互通有无的集体生活。至1世纪末，形成以主教为首、长老和执事为辅的三级教阶制。到2、3世纪，教会的组织原则、礼仪制度基本定型，实现了制度化。在传播教义方面，耶稣的门徒贡献颇大，可谓前仆后继，多数在传教过程中惨死于罗马的屠刀之下，十字架成为基督徒慷慨赴死的标志。

基督教是在罗马社会信仰混乱的时代进入帝国西部的。它以抨击现实的战斗姿态、放眼未来的乐观主义精神、合乎情理的伦理解释，道出了许多人的共同心声，因此在帝国西部赢得了众多支持。在天下大乱的3世纪，教徒已发展到600万人左右，包括许多富人。教会组织如雨后春笋般建立，教堂多达1800座。基督教已构成帝国境内最庞大的、有组织的社会力量，成为帝国总危机的标志之一。

戴克里先和君士坦丁的改革

3世纪的大乱说明帝国内外交困、百病缠身，似乎无医可治。但百足之虫，死而不僵，在3世纪末，乱军中杀出一位强人戴克里先。他获得皇位（284年）后削平四方叛乱，推行一系列颇为激烈的改革措施，竟然收到稳定与统一国家的正面效果。这些措施包括：

正式废弃元首名号，直接称多米努斯（dominus，统治者、君主之意）。改革君主体制与行政区划。他自称主神朱庇特之子，头戴皇冠，身披紫袍，臣下对其行跪拜与吻袍礼。他精心创设"四帝共治"制，即把帝国分成四个区域，由四个君主共同治理。其中两个君主称"奥古斯都"，两个君主称"恺撒"；两奥古斯都的女儿嫁与两恺撒，两奥古斯都和两恺撒各自是兄弟关系，彼此之间则为父亲与继子及翁婿关系，其意在于既互相牵制，又分而不裂。基于部下权力越多对君主威胁越大的教训，戴克里先压缩行省的规模，将全国行省细分为100个，10—12个行省合为一州，州实行军政分治。

第七章 古代罗马

在经济方面，戴克里先向农民征收人头税，成年男子计为一"头"，交全税，成年妇女为半"头"，纳半税；市民则按从事的职业缴纳不同数额的税金。行政官员、老兵、无产者免税。为保证税收与加强社会控制，他还规定一切居民不可迁徙与更换职业，大地产主有权保护自己的庄园、隶农和奴隶财产，可在庄园修筑防御工事。这样的庄园成为中世纪农奴制庄园的雏形。同时，他对币制和物价进行改革，发行新金币，规定各种薪酬和物价的标准。

戴克里先还实行军制改革与扩军措施，把军队划分为两个军种，即常备治安部队与边防部队。军团扩编为72个，军人增至约60万名。

在推行改革的同时，戴克里先鉴于基督徒不敬朱庇特，教会浸入到军队之中，危及号称朱庇特之子的他本人的专制统治，决心镇压基督教。303年，他在自己管辖的帝国东部颁布取缔基督教的敕令，拆毁所有教堂，收缴圣经和其他与基督教有关的书籍，规定基督徒一律不准担任公职，不能获得荣誉，若系奴隶永远不准解放。敕令颁布之后仍然有活动者，一经抓获，就地正法。这场灭基督教运动持续了6年，约2000名教士和信徒被杀，但因基督教已拥有广泛社会基础，实际效果不大。

戴克里先的政治与经济改革，以及宗教迫害运动都脱离实际，为未来的分裂和动乱播下了种子。戴克里先退位（305年）后，帝国缺失绝对权威，很快陷入新的混乱。几个皇帝互相厮杀，直到323年，帝国西部皇帝君士坦丁战胜东部皇帝李锡尼，才再次恢复统一。

君士坦丁是帝国最后一位具有雄才大略的明君。在统一帝国的过程中与统一之后，他实行一系列新政，其中最具历史影响的是313年颁布的《米兰敕令》，正式承认基督教合法，将过去抄没的教会财产归还教会。

君士坦丁意识到基督教是可以利用的巨大社会力量，教会也主动向权力靠拢，这使他成为第一个利用与扶持基督教的皇帝。他允许向教会捐赠财产，基督教神职人员享有豁免赋税和徭役的特权，信教者甚至可在政府中优先得到提拔。这就极大地推动了基督教的传播。他虽不是基督徒，却在323年主持了教会史上首次主教大会（尼西亚大会），旨在统一教会组织与基本教义。大会通过的《尼西亚信经》成为教会的基本信条。没有君士坦丁，很难想象基督教会有后来的发展，成为欧洲垄断性的意识形态。

在政治上，君士坦丁废除脱离实际的四帝共治，实行个人专制。330年，他鉴于意大利城市破败，农村萧条，罗马不宜再做帝国首都，遂决定迁都至小亚细亚拜占庭，更其名为新罗马。他努力经营这座城市，使其后来成为拜占庭帝国的中心。

蛮族入侵和西罗马帝国终结

君士坦丁死后，3世纪危机时期暴露出来的帝国病症以更大的力量发作起来。皇室内讧接二连三，地方将领你争我夺，军阀战争持续了16年（337—353年）。后来虽有暂时统一，但再未出现强大的中央政权。这意味着帝国进入了死亡期，表现最明显的是帝国西部。

在旧统治中心，城市在沉重赋税的压榨下几乎彻底破产。4世纪末的皇帝规定凡欠缴赋税的城市，其三名议员应被处死，致使地方贵族议员争先恐后逃离城市。城市手工业者与商人也在这种竭泽而渔的政策下无法进行再生产，同样逃离城市，造成许多城市成为空城。

395年，皇帝提奥多西临终前把帝国东西部分别交长子和次子独立治理，帝国正式分裂为东西罗马帝国，前者都城为君士坦丁堡，后者首都为罗马。两国再未合二为一。

西罗马帝国的羸弱导致"蛮族"① 大举进攻或迁徙。410年，日耳曼人的一支西哥特人攻占罗马城，把帝国首都洗劫一空后，转战西班牙，在那里建立西哥特王国。429年，蛮族的另一支汪达尔人受到西哥特人打击后转移至北非，在帝国的北非行省建立汪达尔王国。455年，汪达尔军队跨海攻打意大利，在占领罗马后大掠15天，这座曾经繁华富丽的古城变得满目疮痍，居民仅剩7000人。西罗马帝国的皇帝丧失对帝国的控制，离开罗马，在北部城市拉文纳苟安一时。

---

① 罗马人对异族人的一种带有鄙视的称谓。从辞源上追溯，出自古希腊文 barbaroi。

至 5 世纪中叶，西罗马帝国大部分地区被蛮族占领，帝国辖区仅剩意大利半岛一地，且残缺不全。皇帝手下的士兵多是蛮族雇佣兵。476 年 9 月，末代皇帝的雇佣兵将领奥多亚克认为西罗马根本无须皇帝，因此废黜末代皇帝罗慕路斯，把他的权标送往拜占庭，同时自命为意大利统治者。这一事件标志西罗马帝国的灭亡。耐人寻味的是，罗马的缔造者名为罗慕路斯，亡国之君也叫罗慕路斯，此为命运捉弄还是历史巧合？

六　古罗马文化

罗马文化与希腊文化如出一辙，基本是希腊文化的仿制本，古罗马人清楚地意识到这一点。但罗马文化也有亮点，即在法制与建筑艺术方面取得了巨大成就。

罗马宗教

罗马多神教是希腊多神教的继承与发展，同样具有人神同形同性的基本特点。有些罗马神只是对希腊神原封不动的移植，如预言之神、太阳神阿波罗。有些神的名称虽不同，形象与职能却一致，表现出明显的借用。例如主神与天空之神朱庇特对应希腊主神宙斯；朱庇特的妻子、战神马尔斯之母、天后朱诺对应希腊天后赫拉；智慧、工艺、商贸、战争女神米涅瓦对应雅典娜；月亮神兼动物、森林、狩猎、妇女的保护女神戴安娜对应阿尔忒米丝；战神马尔斯对应希腊的阿瑞斯；爱情、美丽和娼妓之神维纳斯对应阿芙罗狄忒；灶神维斯塔对应赫斯提亚；众神使者墨丘利相当于赫尔墨斯；农神凯莱斯相当于德麦特尔；胜利之神维多利亚相对于尼克。

同古代世界其他民族一样，宗教始终浸透在罗马人日常生活与公共生活当中。

罗马每户人家都供奉一些神祇，如灶神维斯塔，家庭保护神拉瑞斯，家庭男性成员的护神杰尼乌斯，等等。每一家庭会经常举行一些祭奠活动，如有婚丧嫁娶之类家庭重大事件时，要请示神灵；祭奠祖先时也要举行仪式。罗马是男性家长制、夫权制与父权制传统浓厚的国家，所以家庭宗教仪式由家长主持，一些重大仪式，则请外面的祭司帮忙。

罗马公共宗教活动一般在神庙前和神庙中举行。维斯塔是罗马国家官方的守护神。在罗马广场奉祀她的神庙里，燃烧着圣火，由女祭司专门看管。罗马最重要的神庙是位于卡匹托林山的朱庇特、朱诺和米涅瓦三位一体的神庙。

罗马人在处理一切有关国家的大事时都要请示神灵，比如将领在出征前须向特定神祇发誓，班师后要将战利品奉献给神庙。将领打了胜仗要举行凯旋式，游行队伍的终点正是位于卡匹托林的朱庇特神庙和马尔斯神庙。平时，罗马国家大祭司长定期举行献祭仪式，向神奉献牺牲、食物和酒以及宗教庆典，以换取神灵的欢心，关照自己的国家。公民个人也要经常去神庙或在家庭的神龛前举行同样性质的仪式，为家庭或个人寻求神灵的眷顾。当奥古斯都把自己在亚克兴战胜安东尼和克莱奥帕特拉的胜利归于阿波罗的干预时，阿波罗从此成为帝国宗教中的关键人物，在帕拉丁山上专门建有他的神庙。

奥古斯都在帝国实行个人崇拜，把自己当作神的儿子。后来的皇帝们都进行类似的造神活动，把自己奉若神明，或者把自己等同于神灵，如尼禄认为自己就是太阳神阿波罗，康茂德认为自己是大力神赫拉克勒斯。

罗马以朱庇特为中心的宗教崇拜被视为罗马国教，但随着基督教的传播，并成为统治阶级的宗教，罗马传统国教失去了以往的尊显。392年，皇帝提奥多西宣布独尊基督教后，朱庇特众神家族就退出了历史舞台，逐渐成为异端。

罗马建筑与美术

古罗马建筑代表古代西方建筑的高峰，对后世欧洲乃至全世界的建筑，具有重大影响。罗马建筑以宏伟、经久实用兼具美观著称，集中表现在公共设施的建筑上，如道路、供水道、公共浴场、竞技场、广场、纪念性建筑，这同帝国规模大、人力物力财力雄厚有关，也同罗马务实的文化传统有联系。

　　罗马的大规模城市建设集中在1—3世纪。拱券技术是古罗马建筑取得的光辉成就，也是对欧洲建筑做出的最大贡献。这种技术的推广，离不开优质天然混凝土的使用。[①] 经过拱券技术的改造，罗马人所继承的希腊建筑遗产的形式、风格都发生了改变。拱券技术使罗马人不再是简单的模仿者，这就为罗马宏伟壮丽的建筑提供了坚实的技术保证。

　　罗马人在继承希腊柱式的基础上创造出一系列新的组合柱式。如在科林斯式柱头上加一对爱奥尼亚式涡卷。再如为适应多层建筑物的需要，罗马人使用了叠柱式，底层用多利安柱式，二层用爱奥尼亚柱式，三层用科林斯柱式。

　　根据主要功能可把罗马的建筑类型划分为：纪念性建筑、宗教建筑、市政建筑、道路工事建筑和宫宅建筑。纪念性建筑如凯旋门、纪念柱等；宗教建筑如神庙、祭殿等；公共建筑如浴场、剧场、图书馆、广场、会议厅、排水系统等；道路工事建筑如桥梁、道路、城堡等；宫宅建筑如宫殿别墅、公寓私宅等。

　　罗马城是古罗马建筑的代表，目前帝制时代的宏伟建筑如万神殿、罗马广场、大圆形斗兽场、图拉真记功柱，以及提图斯、塞维鲁和君士坦丁凯旋门等仍巍然矗立在台伯河两岸。

　　由于建筑事业的发达，系统的建筑理论初步形成，主要体现在维特鲁威所著的《建筑十书》。该书资料丰富，理论卓著，成为文艺复兴以后300余年建筑学的基本教材。

　　与建筑艺术相比，罗马在美术领域的成就缺少独立完整的特色，主要原因在于罗马人对希腊美术的高度景仰及认真模仿。他们不但自希腊引进大量的作品，且大量仿作。实际上，在罗马从事创作的艺术家大多为希腊人，收藏家也大多收购希腊艺术家的杰作，这使得希腊美术作品在罗马大

[①] 天然混凝土：主要成分是一种活性火山灰，加上石灰和碎石之后，强度高、不透水，而且施工方便、价格便宜。约公元前2世纪，这种混凝土成为独立的建筑材料，到公元前1世纪，广泛用于建筑物，并且在拱券建筑中几乎完全取代了石料。

量保存下来。

如果说罗马人在美术方面有所创新的话,那主要表现在共和制晚期之后的人物肖像雕塑上。它们不同于希腊肖像的唯美与优雅,重点在于似真性,酷似真人,以作为纪念用途,从而留下了当时罗马名人的生动相貌。

古罗马时代模仿古希腊绘画创作的马赛克装饰画,描绘亚历山大与大流士三世对阵的场景

拉丁文与文学

拉丁文是字母文字的一种类型,是目前世界上最流行的字母文字。古罗马时期的拉丁文有23个字母,它们从埃特鲁里亚文和希腊文脱胎而来。根据目前史料,拉丁文字最早出现于公元前7世纪,起初只在意大利中部拉丁平原上的拉丁居民(包括罗马人)间流行,词汇量和表达方法都不成熟。这也是罗马征服地中海周边地区后,拉丁知识分子更喜欢用古希腊文写作与交流的原因之一。随着罗马版图的扩大,拉丁文传播到广阔地域,拉丁文的构词、语法、表述形式也日渐成熟,最终成为一种词形变化很大、语法规则严整复杂的书面语。它的名词和形容词包括阳性、阴性和中性3种性别,最多7种变格;动词包括4种变位、6种时态、3种人称、3种语气等要素,几乎可以用来表述任何细致入微的人的生理心理活动情状。

早期拉丁诗歌与戏剧意在模仿，拉丁诗人们把主要精力放在改编或翻译希腊范本之上。希腊人李维乌斯·安德罗尼库斯是第一位把荷马史诗译成拉丁文的人，并把《奥德赛》改编成拉丁剧本向公众演出，时间在公元前240年。之后李维乌斯用拉丁文创作了有关第一次布匿战争的史诗，他还创作了个别拉丁剧本。

普劳图斯（约公元前254—前184年）是早期最成功的罗马戏剧家。他模仿阿里斯托芬和米南德，据说写了100多部喜剧，传世20部，包括《乡巴佬》《主帆》《蝗虫》等。

公元前1世纪，拉丁诗歌写作逐渐形成自己的风格。共和晚期和帝国早期的诗人加图路斯、维吉尔、贺拉西、奥维德等创作了一批美妙的，有些甚至是惊世骇俗的诗歌。如加图路斯、奥维德的诗歌主题集中于情人的不忠和情敌的成功题材，公开宣扬性解放，以致共和末期的政治家西塞罗抱怨这些年轻人把性看得比国家还重要。

加图路斯（公元前84—前53年）的爱情诗系列叙述诗人与一位称为莱斯比亚的已婚妇女的感情纠葛。奥维德（公元前43—公元17年）的爱情诗《爱的艺术》直面爱的技巧，传递诱惑与私通方法，他因与屋大维提倡的传统道德发生冲突而被流放。他的最好诗作是《变形记》，主要着眼点仍是两性之爱。

罗马最杰出的诗人是维吉尔（公元前70—前19年）。他的首部诗集《牧歌》计10首。第二部诗作《农事诗》共4卷。其最重要的作品是史诗《埃涅阿斯》，共12卷，1万余行，叙述英雄埃涅阿斯在特洛伊城被希腊军队攻陷后离开故土，历尽艰辛，到达意大利建立新邦的故事。其具体描写有自身特色，语言凝练，故事性强，在欧洲文学史上占有重要地位。

维吉尔的同代人贺拉西（另译名贺拉提乌斯，公元前65—前27年）也是声名显赫的诗人，昆体良认为他的《颂歌集》是唯一值得阅读的拉丁抒情诗。

加图（老加图）是拉丁散文文学奠基人。他用拉丁文写了第一部历史著作，开了罗马人以拉丁文写作历史的先河，衍生出叙述体的史书、演讲词、小说等表现形式。

共和晚期和帝制时期，演说词是应用文写作的典范。演说是说服的艺术，罗马贵族看重自己在公共空间的演说技巧，这使修辞学成为有政治进取心的男性必修的教育科目。演说教育要求学生学习不同类型演说的特点、结构与论辩技法，不断演习写作与辩术，包括声音控制与肢体动作。流传下来的西塞罗的演说辞是公认的最好的拉丁演说辞。

演说教学推动了教材的编写，昆体良（约35—95年）的《演说家的教育》一书便是其中的佼佼者。他认为出色的演说家应兼具良好的道德、丰富的知识和突出的演说风格。他注意到演说训练中的细节，如适当的音量、语调、手势和动作。

小说也是罗马文学的重要品种。约公元前50至公元50年间，小说在希腊行省产生，流行于整个帝制时期。目前共有5本希腊文小说和1本拉丁文小说流传下来，题材涉及两性关系、会饮和战争。例如阿普雷乌斯（约125—180年）的《金驴记》或《变形记》，描写一个人偶然变成驴子后的遭遇，是罗马小说的上品。

史　　学

古罗马史学产生的时间较晚。罗马在建国之初忙于自身生存，塑造出尚武轻文、艰苦奋斗的粗犷民风。在这种情况下，罗马文化建设在相当长的一段时间里未能提上日程。

元老皮克托和阿利曼图斯是罗马史书的第一批作家。两人都是公元前3世纪后半叶至前2世纪初的人，参加过第二次布匿战争，并且都是康奈战役的幸存者。战后，两人各自写了一部《罗马史》，自罗马起源写起，止于第二次布匿战争，可惜失传。根据残片可知，它们是两部用希腊文写的罗马历史著作，表明最初的罗马史家是希腊史学的简单模仿者。

拉丁史学的奠基人是罗马政治家加图（公元前234—前149年），人称老加图。他首开用拉丁文写作的风气并非偶然，因为他对希腊文化在罗马贵族中间盛行忧心如焚。他用拉丁文撰写了一部大作《起源》，类似皮克托的罗马通史。在书中老加图指出罗马征服了所有希腊人，却因输入被征服者的文化而削弱了优良传统。

老加图死后，罗马陷入空前的动乱，给这一时期的罗马史学打下深刻的时代烙印。恺撒的《高卢战记》和《内战记》是这一时代拉丁史学的代表作。前者是恺撒为应付元老院的怀疑向元老院写的年度汇报，记述他在高卢、不列颠开疆拓土的经过。为应付政敌，恺撒不得不小心谨慎，字斟句酌。全书没有一般回忆录体史作的矫饰，体现了共和时期少有的清丽、朴实的叙述风格，是拉丁文写作的精品。由于恺撒是第一个亲身进入凯尔特人和日耳曼人居住区的罗马重要政治家，因此《高卢战记》是现代研究早期凯尔特人和日耳曼人的最重要的史料。

内战时期另一史学代表是撒路斯提乌斯（约公元前86—前34年），其专史著作《柯提林阴谋》和《朱古达战争》选取公元前1世纪罗马政治斗争与对外战争中的典型事件，说明罗马贵族的蜕变，由清正廉洁、生气勃勃变为奢侈营私、腐败不堪。撒路斯提乌斯是这一蜕变过程的目击者和亲身实践者，深知贵族腐败的整个情状。加之他是拉丁文写作的高手，因此对罗马上流社会的揭露可谓淋漓尽致。

早期帝制是罗马史学的繁荣时期，涌现出一大批出色的史家与史作，如拉丁史家李维、塔西陀、苏埃托尼乌斯，以及罗马统治下的希腊史家狄奥多洛斯、狄奥尼修斯、普鲁塔克、阿庇安、阿里安等人。

奥古斯都时代最卓越的史著是李维（约公元前59—公元17年）长达142卷的罗马通史《自建城以来》（又称《罗马史》）。他写这部巨作费时40年。全书按编年顺序展开，第1卷从公元前753年传说中的罗马建城写起，第142卷结束于李维所处的时代，即元首制早期，属于西方史学史上十分罕见的由个人完成的鸿篇巨制。他有深厚的拉丁文写作功力，把浩繁的罗马史写成一部长篇的散文史诗，整体上如行云流水般晓畅可诵。

早期帝制阶段，富有优秀史学传统的希腊裔史家编纂出众多长时段、大空间和大容量的作品，充实了古典西方史学的宝库。其代表是狄奥多洛斯（公元前1世纪后半叶—奥古斯都时期）和狄奥尼修斯（公元前1世纪末—公元1世纪初叶)。狄奥多洛斯的代表作《历史集成》计40卷，修纂30年，比李维等大多数拉丁史家的视阈要更为宽广，是西方史学史中可以称为第一本世界通史的著作。

狄奥尼修斯的罗马通史《罗马古代》，共20卷，幸存下来前10卷，内容涵盖自公元前7世纪的史事至公元前3世纪的第二次布匿战争。作者是希腊人，撰写令他尊重的罗马史，比罗马史家客观与超脱。

奥古斯都之后，历代元首（皇帝）依据自身面临的社会政治形势和个人偏好，实行了不同的文化政策，文网时紧时松，使得早期帝国的罗马史学带有明显的时代特点。克劳狄王朝和弗拉维王朝禁止任何有利于共和制的言论发表，尤其在图密善皇帝在位时（81—96年），实行文化专政，大肆屠杀政敌，一些作家因称赞共和派人士便遭杀身之祸，他们的著作也被焚烧。所以这一时期的史著或者与现实保持距离，或者迎合政治需要，为当朝皇帝（元首）大唱赞歌。值得一提的只有老普林尼（约23—79年）的《自然史》，集中了当时人们已经获得的几乎所有自然史知识，可以看作是历史编写的方向性突破。

安东尼王朝是罗马史学繁荣的最后阶段，涌现出一批杰出的史家，其中最出色的是普鲁塔克、塔西陀、苏埃托尼乌斯、阿庇安、阿里安。

普鲁塔克（约46—126年）是古典西方史学最卓越的传记家。他著有277篇作品，现存百余篇，收在《名人传》和《道德篇》两部集子当中。前者是他享誉文史领域的扛鼎之作，试图为读者提供做人的样本，特别是做好人的样本。在名人传的写作中，作者在西方史学史上第一个自觉、明确地提出并运用历史比较方法，也是第一个自觉提出并运用历史心理分析方法的人。

普鲁塔克的同代人塔西陀（约56—120年）是最后一位卓越的拉丁史家。他与普鲁塔克一样，把史学当作惩恶扬善的道德劝诫工具，但比普鲁塔克做得更彻底，更有批判性。罗马的暴君、昏君、淫君很大程度上是通过他的著作才被后人熟知的。尤为难能可贵的是，他在无情批判的同时尽力恪守一个严肃史家实事求是的准则，在西方史学史上首先提出了客观主义的治史原则,把拉丁史学推到了高峰。他的代表作是他晚年撰写的两部史作《历史》与《编年史》,另有三本篇幅不大的作品,即《演说家的对话录》《阿古利可拉传》和《日耳曼尼亚志》。

苏埃托尼乌斯(约69—122年)是罗马最后一位出色的传记家。他利用在皇宫任职的经验和阅览皇室档案和藏书的方便,为他的代表作《罗马十二帝王传》的撰写创造了资料条件。除这本代表作外,他还写有《语法家》《修辞家》《名人传》《名妓传》等大量著述,是社会史方向的开拓者,可惜除《罗马十二帝王传》外皆已失传。

安东尼王朝的史家群体中还包括希腊裔史家阿庇安(约95—165年)。他编写了24卷本的《罗马史》,从王政时代写起,结束于2世纪的图拉真皇帝统治时期。该书编写体例新颖,采用纪事本末的写作方法,按时间和空间顺序将罗马历史上的重大事件以专题分卷。

另一位希腊裔史家阿里安(约96—180年)的代表作是《亚历山大远征记》,该书记述亚历山大远征西亚、南亚的历程,史料价值弥足珍贵。

早期帝制时期的史家中,犹太裔罗马公民约瑟夫斯(约38—100年)对犹太史的贡献最大。他用希腊文撰写7卷本《犹太战争史》,颂扬犹太人的勇敢坚强,同时也称赞罗马人的自制和宽宏。后又写出20卷本的《犹太古代》,开启了西方中世纪史学模式的先河。

史学理论专题研究的著作也在早期帝制时期出现,卢基阿努斯(另有琉善等译名,约120—180年)的《怎样撰写历史》是代表之作。作者为历史家制定了严格的行为标准:"他是言论自由和真实的朋友,不受任何友谊和敌视的主使,不懂宽容或残酷,不知虚假的耻辱或恐惧。他在自己的书中是异国他乡之人,或者是一个无祖国的人,在各方面都不人云亦云,只陈述那真实的一切。"①

3世纪,帝国全境兵连祸结,国外处处告急。史学在动荡不定、战乱不已的环境中日趋衰落。从2世纪末到西罗马帝国灭亡近300年时间,只

---

① 卢基阿努斯:《怎样撰写历史》,第41节。

有两部具有古典史学水准的著作问世,这就是希腊裔公民狄奥(约155—235年)与马塞里努斯(约325或330—391或397年)。前者传世《罗马史》一部,后者是《晚期罗马帝国史》的作者。

马塞里努斯之后,西罗马帝国在痛苦地走向死亡。在社会动乱、城乡破败、居民绝望的情况下,提倡救赎信徒脱离苦海的基督教征服了罗马人的内心世界。古典史学消亡,它遗留的空白很自然地由无孔不入的基督教的历史解说所填补。

罗 马 法

罗马法是指罗马各个时期制定的法律、行政律令与各种法律解释的总汇。这是历史上连续编纂时间最久的法律。从罗马法的第一部法典《十二铜表法》的问世(公元前451/450年)算起,至6世纪拜占庭皇帝查士丁尼颁行的《查士丁尼民法大全》止,编纂时间长达1000多年。但篇幅并不算小的《十二铜表法》不是无源之水、无本之木,在它之前还有一个非成文法的编纂准备期。

这一准备期可追溯到传说时代,现有史书依稀记录了一些类似非成文法的订立,如收入罗马法的瓦莱利乌斯法(约公元前509年)。此外,罗马贵族共和国在建立之后即确立了自己的宪政结构,即公民大会、元老院、行政官群体三驾马车的权力架构。这种非成文的、实际上的宪法规定非常有效,曾是罗马在群雄逐鹿中能够脱颖而出的制度优势。

罗马法也是历史上应用时间最久、应用范围最广的法律。自《十二铜表法》的颁行始,经罗马共和国、罗马帝国、拜占庭帝国,至西欧大部分国家(至18世纪末)、神圣罗马帝国(963—1806年)和广大欧洲殖民地的直接采用,再到以罗马法为基础编制的现代大陆法系或民法法系,其被应用的时间长达2400多年,空间涵盖实行大陆法系的广大新旧大陆地区。

一套法律能够存续如此长的时间,适用于如此广阔的空间,说明它能够适合不同时期统治者管理社会秩序的需求,也意味着它自身存在一个反复调试、修正、再调试、再修正的过程。这样的漫长加工过程为古代其他国家所不曾经历过，因此，罗马法的庞大体量与比较完善的体系就不言而喻了。

罗马法不是由现代法律的基本类型组合而成的一国法律大全，而是由不同时期的罗马最高权力体现者，即共和时期的公民大会、贵族元老院、行政长官，元首制或帝制时期的皇帝，在一定历史时期根据自己的需要而制定与颁布的法律、法规、命令以及有关法学家解释的总汇，其中相对最系统的是东罗马皇帝查士丁尼指令以法学家特里波尼阿诺斯为首的集体编辑的《查士丁尼民法大全》。罗马法包含现代法律分类的大部分类型，但内容却并不一致，甚至互相抵牾，需要法学家不断附加解释。

罗马成文法的基础是《十二铜表法》，用李维的话说，《十二铜表法》是罗马所有公法与私法的源泉。所以可把该法看作是罗马的基本法。说明它的起因与立法经过及自身特点，对说明相继而来的其他法律具有典型意义。

共和革命之后，罗马内部史的主线是平民与贵族的斗争，《十二铜表法》正是双方角力与妥协的直接结果。这一结果在政治学上有积极的意义，表明古代社会的政治斗争并不仅仅是你推翻我、我打倒你的博弈，也可以以妥协与双赢来终结，后来进入罗马法大系的许多法律正是类似妥协的结果。

当然，《十二铜表法》并未对平民的卑下地位做出修正，相反贵族的一些既得利益在成文法规范中得到进一步维护，如债务奴役制与贵族婚姻的封闭制，这就留下了进一步修法的很大空间。但该法的制定毕竟对贵族的权力加以明白规定，限制了在非成文法阶段执法的随意性，可视为平民争取平等权利运动取得的一个重大成果。

由于是第一部法典，《十二铜表法》与西亚的法典一样，表现出多法一体的原始性，以规范公民个人行为的私法为主，程序法内容多于实体法。如头三表"传唤""审理""债务"的19款法律便大多属程序法。

《十二铜表法》严格维护法庭权威，力求公平审判，因此受到传唤者若无正当理由必须到庭。不能出庭的正当理由只有一条，就是生病或年迈不便行动。法庭对不能出庭的这两种当事人可提供车辆,但这取决于当事人是否愿意。这种对当事人必须同时出庭的强调与细致处理体现罗马成文法从一开始就注意争讼双方在场申辩的权利,以实现审判的公平。

前三表也包括实体法,如调解债权债务的债法,严厉维护债权人的利益,维护债务奴役制,这是平民与贵族的尖锐矛盾之一。第三表条款规定,债权人可以私刑拘押经判决承认的债务人。拘押期间债权人可对债务人施加刑具,并允许债务人请求和解。若债权人拒绝和解,可继续拘押债务人60天。拘押期间,要把被拘押者在集市日带到大法官面前三次。至第三个集市日,债务人仍无力偿债,债权人即可将他处决或售往国外。若债务人有几个债权人,则债权人集体可把债务人切成若干块。《十二铜表法》的条款说明对拒不偿债者处以极刑的原因,就是不能容忍"背信负义者"[①]。罗马人的传统价值观中有一项是注重然诺,对背信者极度鄙视,十二表法中就有对口头承诺予以采信与严格保护的条款,因此对背信者以极刑惩罚也可理解。

当然,债法也在一定程度上照顾了债务人的权益,给债务人较长时间的宽限期。债权人在拘押债务人期间甚至有义务供应后者饮食,听取债务人的和解建议。此间债务人还要三次被带至高级执法官面前,在集市上示众。一方面给债务人羞辱和压力,另一方面警示公众不应背信。即使第三次示众后债务人仍无力偿债,法律还是给予债务人一条活路,就是可由债权人选择将其出售为奴。此外,法律也对高利贷进行严格限制,第八表"伤害法"中特别规定借贷月息不能超过百分之一,违反者要课以所得利息四倍的罚金。这样的规定与处罚显然意在保护债务人的权益,平心而论比较公平。

无论现代意义上的程序法还是实体法,《十二铜表法》的大多数条款涉及的都是私法。比如优生法,第四表第一款规定凡出生"婴儿为畸形者,

---

[①] 吉林师范大学、北京师范大学历史系世界古代及中世纪史教研室译表三第七条为"叛逆",此处取汪连兴译"背信负义者",参见巫宝三主编,厉以平、郭小凌编译《古代希腊罗马经济思想资料选辑》,商务印书馆1990年版,第242页。

得随意杀之"；比如第八表"私法"中的诋毁名誉罪，"倘若有人编唱含有毁谤或侮辱他人的歌词时，则认为必须执行死刑"。

总之，《十二铜表法》涉及农耕社会中可能出现的各种人与人之间的民事侵权关系，包括诉讼、土地、房屋、借贷、婚姻家庭、继承、合同、丧葬、宗教，等等。但在私法之外，也含有少量公法条款。譬如第九表第一、二条规定只有森都里亚大会方可对公民作死刑判决。

《十二铜表法》虽有不利平民的条款，但其他100多条法律并没有不平等的内容，适用于所有罗马人。这种大体的平等与公正是该法能够比较顺利获得平民认可的原因，也是罗马法具有长久生命力的关键。再者，《十二铜表法》坚决维护财产私有制，强调私有财产神圣不可侵犯。此外，它重视程序公平，对当事人在庭内与庭外的和解予以特殊强调，这在其他古代法典中颇为少见。如第一表第七条特别指出民事诉讼的处理方式首先是调节，若当事双方不能和解，才提交法庭审理。债法中也有保护债务人向债权人提出和解的权利的内容。

《十二铜表法》颁布之后，罗马法沿着调整内部公民关系和调整罗马公民集体与被征服族群关系的方向继续发展。

公民集体内部关系调整的基本内容表现为逐步完善私法与改良公法。后者主要体现在平民权利的伸张，最终与贵族取得完全平等的法律地位。这一过程至公元前287年《霍尔腾西乌斯法》的颁布而结束。但无论私法还是公法调整具体内容以适应新时期需求的进程仍在继续。后来拉丁法学家把这种处理公民集体内部关系的法律体系统称作公民法或民法。在这种民法的发展进程中，一个对后世有深远意义的成就是形成了法学学科以及专业法学家群体。

外部关系的立法调整以保持对被征服者的稳定统治为方针，调整内容集中于公民权的扩大。这一过程在公元212年因卡拉卡拉敕令授予帝国所有自由人以公民身份得以告终。此前这种处理公民集体与非公民集体的法律体系称为万民法。

哈德良是第一位对庞杂的罗马法进行汇编的皇帝，提奥多西继续了这项工作，编就《提奥多西法典》。这方面做得最为成功的皇帝是东罗马帝国的查士丁尼（483—565年），其法典的编纂时间虽已属中世纪史，但从连续性的角度有必要予以介绍。

查士丁尼是位有抱负的皇帝。他在位期间是东罗马帝国的最盛期，一度收复意大利、北非与西班牙部分地区，昔日罗马帝国似乎得到复兴。为治理庞大的帝国，他即位后的第二年（528年）便下令大臣特里波尼安诺斯主持法典修纂工作，对以往罗马法进行全面整理筛选，收入教会法的内容。529年4月，《查士丁尼法典》面世，但由于时间仓促，罗马法的许多互相抵牾之处并未得到修正。查士丁尼重令组建新的编纂委员会，在534年完成修订工作。新的《查士丁尼法典》计12卷，教会法放在第1卷，之后分别是私法、刑法与行政法。另在533年还分别编成并颁布《法学汇编》（主要收录了2—3世纪的法学家对罗马法的解释）与《法学阶梯》（又称《查士丁尼法学总论》，罗马法教科书）两部经典。约565年，法学家又把查士丁尼在法典编定后颁布的168条敕令汇编成集，称为《查士丁尼新律》。查士丁尼法典的颁布，标志着罗马法已经发展到最发达、最完备的阶段。它的众多法律原则，如法律主体在私法面前人人平等，强调证据，重视契约与物权制度，权利主体的法人制度、程序安排以及严谨的法律术语均对后世具有深远影响，并为近现代陪审制、律师制奠定了基础。

简明世界历史读本
A brief history of the world

中古

第八章　早期中世纪的欧洲

公元 5 世纪前后，欧洲文明在昔日罗马帝国广阔的土地上萌生、成长。这种文明肇始于日耳曼各部族入侵罗马帝国。在一个长时段的演进过程中，日耳曼部族杂糅了基督教信仰和教义、罗马古典文化遗产以及日耳曼民族的村社共同体传统三大重要因素，逐渐确立了独特的封建关系，创造了一个独具特色的新文明，并孕育了现代文明的萌芽。

一　蛮族王国

民族大迁徙

公元初的几个世纪里，罗马帝国在地中海创造了文明、开化、繁荣的盛世；而在罗马帝国疆域四周，则基本上是野蛮蒙昧落后之地。凯尔特人、日耳曼人和斯拉夫人分别居住在帝国的西部、北部和东部，他们被罗马人统称为"野蛮人"或"蛮族"，其中日耳曼人对罗马帝国的历史命运影响最大。

日耳曼人最初居住在斯堪的纳维亚半岛南部和日德兰半岛一带，这些地区被广袤的森林覆盖，夏季多雨，冬季严寒，生活环境的严酷使日耳曼人锻炼出了强健的体格，他们体型高大、白肤、蓝眼、金发，与地中海世界的居民有着明显的差别。大约公元前后，一些日耳曼部族开始南下，到气候温和、土壤肥沃、水源充足因而更适宜生存的地区生活，逐渐在南抵多瑙河、西至莱茵河、东迄维斯杜拉河等地区活动。在这个过程中，日耳曼人在语言和风俗上逐渐发生分化，形成东西两大分支：西日耳曼人包括萨克森人、苏维汇人、法兰克人、阿勒曼尼人，他们以农业为主；东日耳曼人主要是指哥特人、汪达尔人、伦巴德人，他们主要以游牧为生。

此时的日耳曼人已使用铁器，处在从原始社会向阶级社会过渡阶段，形成了马尔克公社。在公社里，土地公有，但分给个体耕种，不得转让买卖。社员之间基本平等，但已出现贵族和平民之别。贵族议事会掌握主要权力，处理日常事务；若遇重大事件，则在贵族议事会支持下召开民众会议。贵族中的显赫者逐渐聚集起一群好战的社员，他们成为首领的亲兵，首领和亲兵之间彼此忠诚。亲兵跟随首领征战，作为回报，他们又从首领那里得到战利品，包括土地、宅第和官职。因此，勇敢、豪爽、忠诚便成了日耳曼人的道德标准。日耳曼各部族还根据自身的习惯和传统，形成特有的法律和审判程序，用赎杀金制度取代血亲复仇，根据受害人的性别、年龄和社会地位以及伤害程度确定赎杀金的额度。

2 世纪，这些南下的日耳曼人已经以莱茵河和多瑙河为界与罗马人进行贸易往来，双方也会经常发生冲突。3 世纪以后，罗马帝国日益衰败，日耳曼人或以"同盟者"身份，或通过参加罗马军队，或被作为奴隶，开始洪水般地涌入帝国境内。罗马帝国日益日耳曼化，尤其是罗马军队，日耳曼士兵越来越多，甚至出现了日耳曼人担任高级将领的现象。

公元前后，在中国北部边境肆虐的匈奴人分裂为南匈奴和北匈奴；南匈奴内服，并与东汉政权联合攻击北匈奴，北匈奴逐渐西迁。4 世纪中后期，西迁的匈奴人在莱茵河与伏尔加河之间的地区建立了松散的统治。他们攻击顿河流域的东哥特人，引起了日耳曼人的大规模迁徙和用暴力手段向罗马帝国全面渗透。西哥特人于 376 年进入帝国境内，410 年攻陷罗马城，419 年在高卢南部和西班牙地区建立西哥特王国（419—711 年）。居住在伊比利亚半岛南部的汪达尔人被迫渡过直布罗陀海峡进入北非，占领迦太基城，建立汪达尔王国（439—534 年），并于 455 年洗劫罗马城。勃艮第人沿罗纳河进入南高卢，建立勃艮第王国（457—534 年），定都里昂。不同族群的日耳曼人也在意大利地区经过了多次厮杀，蛮族出身的罗马将领奥多亚克于476年发动兵变，废黜最后的西罗马帝国皇帝，建立起一个蛮族国家；但东哥特人在狄奥多里克的率领下进入意大利，经过几年征战几乎独占整个意大利，建立东哥特王国（493—553年）。568年居住在易北河口的伦巴德人大举入侵意大利，占领北中部和南部部分地区，建立伦巴德王国（568—774年）。至此，遍及整个中南欧的民族大迁徙运动告一段落。

欧洲民族大迁徙是公元4—5世纪亚欧大陆农耕文明和游牧文明交融的重要组成部分。西罗马帝国在这个过程中被摧毁，日耳曼人纷纷在罗马帝国旧地上建立自己的国家，它们被称为蛮族王国。他们将马尔克公社制度、亲兵制度和习惯法传统与基督教、罗马传统相融合，构成了后世欧洲文明发展的基础。

法兰克王国的建立

法兰克人原来居住在莱茵河中下游地区，4世纪开始，他们不断越过莱茵河，占领高卢地区（今法国南部）。萨利克法兰克人是其中重要的一支，此时的首领是墨洛温家族的克洛维（481—511年在位），他率军攻占了塞纳河与卢瓦尔河之间的地区，又向东攻占阿勒曼尼；在波瓦提埃之役中战胜西哥特国王，将阿奎丹地区并入法兰克王国版图，以苏瓦松（巴黎东北）为都建立了法兰克王国，史称墨洛温王朝。他被公认为全法兰克的国王。

建国后，为了获得高卢—罗马人的支持，巩固统治，克洛维采取了各种措施。496年，他接受兰斯大主教宣扬的正统教义，率领亲兵皈依了罗马基督教，并在都尔圣马丁教堂里接受了教宗的加冕礼。承认罗马教会在欧洲的重要地位，赋予教会各种经济、法律特权；接受东罗马帝国皇帝授予的"执政官"头衔，以加强统治的合法性；保留罗马大贵族原有的土地，将原属罗马皇室和国有土地分封给自己的亲兵、廷臣以及主教，吸收部分罗马贵族参与政治统治。他颁布了《萨利克法典》，规定以高额罚金处罚犯罪行为以及违反国家命令、不尽义务者。同时，他严厉打击氏族部落贵族，剪除潜在的对手。这些举措使法兰克王国得到了罗马教会、高卢—罗马贵族、亲兵的支持。

自克洛维开始，几代国王不断向外扩张，扫除了罗马人在高卢最后的残余力量，吞并了勃艮第王国，将西哥特人赶出了南部高卢，向北征服了图林根人，向东与萨克森人和巴伐利亚人交恶。但是，法兰克王国行政机构不健全，中央机构管理职责不明；境内各地区彼此独立，缺乏经济和文化上的联系，封建主割据势力强大。克洛维死后，他的儿子按照法兰克人的习俗采取诸子平分土地的继承制度，瓜分了王国，逐渐形成东部的奥斯特拉西亚、西部的纽斯特里亚、东南部的勃艮第三个主要地区。7世纪中叶，由于几代君主不理朝政，主教和地方贵族实际掌握了国家的权力，联手抵制国王，出身地方贵族的宫相势力日盛，这一时期被称为"懒王时期"。687年，奥斯特拉西亚宫相丕平平息内讧，统一了王国。其子查理·马特继任后进行了改革，以强力征用大贵族和教会土地，组建了以中小贵族和上层自由民为主的骑兵武装，平定各地的叛乱。732年在图尔战役中，他击退了王国最危险的敌人阿拉伯人的入侵，扭转了王国的颓势。此时王国的版图扩展到东起威塞尔河，西抵大西洋，西南至比利牛斯山，北至北海。751年查理·马特之子、宫相丕平被贵族公认为国王，开始加洛林王朝的统治。至查理大帝时期，法兰克王国已经发展成为统治西欧大部分地区的大帝国。

英格兰王国的形成

不列颠群岛四面环海，东邻北海，西部北部面向大西洋，南接英吉利海峡，海岸线曲折，形成许多港湾，内陆地区离海也不过75英里（120公里），河流众多。受大西洋暖流影响，这里气候温暖宜人，降水量充沛，但暴雨洪灾少。不列颠群岛多谷地、平原，南部和东部的低地地区多沙丘、黏土，适宜精耕细作、畜养牲畜。英吉利海峡将群岛与欧洲大陆隔离开。据估计，至少在30万年前已经有人类在这里生活，他们依靠游猎为生，可以使用薄石片制作手斧和尖状器、刮削器。罗马人征服这里时，凯尔特各部族在这里定居，他们使用铁制工具和武器，并与欧洲大陆进行商品交换。部落民分成三个等级：祭司、武士和农民，信奉都伊德教。1 世纪罗马人开始对不列颠的统治，2 世纪基督教传到这里。

民族大迁徙之时，盎格鲁—撒克逊人侵入这里，来自丹麦的盎格鲁人、易北河下游的撒克逊人和日德兰半岛的朱特人构成了其中比较庞大的一支队伍。最初他们以海盗的方式掠夺沿海地区，此后作为雇佣兵深入内地，分别定居在英格兰北部、南部以及怀特岛和汉普顿郡一带，势力逐渐强大，建立了各自的王国，原住民大多数成为新王国的奴隶。在这些王国中，北部的诺森伯里亚，中部的麦西亚，东部沿海的东盎格利亚、肯特、埃塞克斯，南部的威塞克斯和苏塞克斯，都试图扩大自己的控制权。至 650 年，不列颠进入历史上的"七国时期"。诺森伯里亚王国因最终统一了英格兰南北部的基督教，成为英格兰的政治中心和西北欧的学术文化中心。肯特和麦西亚也都曾经处于优势地位。在国王奥发统治时期，麦西亚王国的势力扩展到亨伯河以南的整个英格兰，王国发行的银便士在海外流通 500 年之久，奥发被誉为"盎格鲁之王"。

8 世纪和 9 世纪，不列颠遭遇北欧维京人的侵扰。维京人善于造船，也是了不起的水手，以劫掠为营生。初时，他们只进行劫掠以获取战利品，然后便撤离，富庶的修道院、各口岸、城镇等都是他们抢劫的对象。9 世纪晚期，他们不再止于抢劫，而是逐渐占领土地并永久定居下来。在不列颠，他们占领了东北部大片地区。因为这些入侵者以丹麦人为主，所以这一地区被称为"丹麦法区"。他们征服了若干盎格鲁—撒克逊王国，包括诺森伯利亚和麦西亚。871 年他们大举进攻威塞克斯王国。最初，王国不得不向丹麦人缴纳赎金换得和平。但是到了 876 年，威塞克斯国王阿尔弗雷德大帝（871—899 年在位）联合萨默塞特、维尔特和汉普顿的民军，在爱丁顿战役中打败丹麦王古斯伦，双方签订和平条约。丹麦人撤离威塞克斯，并皈依基督教。885 年阿尔弗雷德再次击退丹麦人并趁机收复伦敦城，又和古斯伦划定了控制区界线：沿泰晤士河口到伦敦，绕过伦敦北部到贝德福特，呈弧形穿过英格兰到切斯特。线北为丹麦区，线南归阿尔弗雷德。

威塞克斯王国版图扩大,包括了麦西亚王国的西部、伦敦、英格兰南部地区。此后,阿尔弗雷德组建海军,实行亦农亦军的"民军"制度,修筑具有防卫作用的城堡,建立起新的防卫体系,多次击退丹麦人,他本人也成为全英格兰之王。

阿尔弗雷德大帝之后,其继承者经历了半个世纪的努力,重新收回了丹麦区,建立了统一的英格兰王国。

二 封建关系的建立

委身和恩地

罗马帝国灭亡之后,欧洲地区一直战乱频繁,盗匪横行,社会动荡不安。而日耳曼各王国旧的氏族和部落组织解体,王的权力趋于衰落。王国内部原来结成马尔克公社,没有继承份地权力的幼子们只能迁往其他地区,包括尚未开垦的荒地;而外来的手艺人和其他居民因无份地,处于村社组织保护之外。原来的隶农、半自由人和奴隶被固着在部落酋长及其亲兵占有的土地上,供他们役使,还要缴纳代役租,地位已经接近农奴。从6世纪末7世纪初开始,马尔克的土地逐渐可以自由转让;村社成员的份地转变成"自主地"。但是,这些成员无力抵抗自然灾害和瘟疫的袭击,也经不起战争的破坏,他们还担负着沉重的兵役和各种捐税,濒临破产。教俗贵族趁机兼并土地,成为大地产所有者。这种情况下,没有财产的底层村民和一些自由农民或以个人自由或连同自己的财产为代价委身投靠于地方上的豪强势力,以寻求保护。这种委身投靠的方式在西欧中世纪早期极为普遍。

8世纪早期一部题为《都尔的宗教礼节》的作品提供了这种委身依附时的誓言:

> 致高贵的主人某某,我,某某因明显的衣食无着,而虔敬地请求您,希望您能同意我把自己交给您或委身于您的保护之下。为此,我

将按下列条件行事：按照我为您服务的程度和为您服务的好坏，您必须给我以帮助和衣食的支持。至于我，只要还活着就必将以我的自由等级来为您提供服务和尊敬。并且在我的一生中，我无权力解除来自您的控制和保护。恰恰相反，终我一生我都必须保持在您的权力的监控和保护之下。因此，征得同意，若我们中的一方想从这种约定中退出，只要他将给予另一方以许多索里达的补偿，那么协议将仍然有效。

保护人则要起誓保证提供被保护人生活所需和安全保障，把这些土地租给委身者耕种，收取贡赋。这些土地被称为"恩地"，由被保护人终身或世袭使用。耕种者须向领主缴纳贡赋。领耕"恩地"的农民经过几代之后，大都变为依附领主的农奴。

这种委身和恩地，可以说是受罗马的隶农制和日耳曼的亲兵制的影响，它打破了日耳曼农村公社的平等原则，标志着封建关系的出现。

查里·马特的采邑改革

法兰克王国建立之初，因为人数有限，国王对亲兵、廷臣和主教的土地封赐是以一种无条件的方式进行的。这样，新兴的法兰克贵族和罗马大贵族成为大土地所有者。耕地成为可以自由买卖转让的自主地。但很快，国王拥有的土地几乎耗尽，自由民丧失自由和土地，国王的兵源和赋税受到严重影响。地方势力却逐渐庞大，形成割据局面。外敌的入侵也时时威胁着王国的安全。宫相查理在位期间（715—741年）对土地占有形式进行了重大的改革。他改变了以往无条件的封赐，强行征用贵族和教会的土地，以服兵役为条件，将土地分封给可以提供骑兵武装的人。受封者的领地一般情况下不能世袭，若不能履行义务，土地随时可以被收回。受封者死后，土地须交还。封地者和受封者发生变化，都需要重新举行封赐仪式，以确定新的关系。这种带有一定军役义务的、终身领有的土地被称为"采邑"。这种"采邑"分封制度防止了地方领主势力的坐大，并加强了统治者的武装力量，王国组建了以中小贵族和上层自由民为主的强大骑兵武装。依靠这支力量，法兰克人击退了阿拉伯人的侵犯，将其逼回到比利牛斯山以南地区。

采邑制的建立加强了封君封臣的从属关系，促进了以土地为纽带的封建等级制的形成和巩固。土地所有权相对巩固，进一步加速了农民的农奴化，采邑所有者强迫领地上的居民服徭役或缴纳代役租。这种土地关系的变革导致法兰克封建制进一步向纵深发展。由于此时骑兵取代步兵成为战略重点，查理的分封制度改革也以骑兵为对象，这为职业骑士阶层的出现奠定了基础。查理也因此威望日升，被称为"查理·马特"（铁锤之意），也被称为"封建主义的创立者"。以这种采邑制为基础，日耳曼王国内的领主与附庸或称封君封臣的关系日益巩固。

封君与封臣关系

8、9世纪，欧洲各地区面临着新一轮外敌，主要是北欧的维京人、马扎尔人和阿拉伯人的侵袭。封君封臣关系最初便是寻求武装兵士抵御入侵的领主和寻求保护获得生计的兵士通过订立契约建立起的双方互利的个人纽带关系。加洛林王朝时期这种关系得到强化，扩大到更大的社会范围，同时被赋予了法律地位。一些地区甚至规定每一个自由人都必须选择一个主人，否则不会受到法律保护。这种以个人为纽带的效忠关系，成为欧洲封建制度的一个重要内容。

封君封臣关系包含几个要素。其一，个人自由意愿是其前提；其二，约定相互权利和义务的契约关系；其三，封土（即世袭占有的采邑）是维系关系的基础。采邑制改革后，以封土形式供养封臣的方式日渐流行。封土最初连同土地上的人一起赠给封臣，仅供封臣自身所有。封土及其之上的权利和义务紧密相连。随着封君势力的日渐衰落，采邑由终身占有逐渐成为世袭拥有的领地，并被向下逐级分封。国家官职和高级教职也都采邑化，文武官僚均成为领受帝王采邑封赐的封臣；君王的封臣又将自己的土地下封给自己的臣属，形成多层级的封君封臣关系。值得注意的是，封土并非都是由上一级封君封赐的，也存在着某一级领主通过武力夺取某领地的控制权，抑或是某位贵族通过联姻等方式获得新领地的情况。

封臣的主要义务是服兵役。这种义务是有限度的，期限和地域范围都有具体的规定。其他义务包括：保护封君及其家人的安全和利益，体现对封君的忠诚；守卫和出征、交纳协助金，体现对封君的帮助；参加封君召集的会议，对重大问题和案件审理提出意见和建议；在封君巡幸就食期间，封臣也有义务进行款待。封君也需要尽自己的保护、维持义务，即：保护封臣的人身及财产安全，并为其利益诉诸战争或出席法庭；维持封臣的生活供应，不得伤害封臣的荣誉、财产和生命。各级封建领主通过封授获得对世袭领地的多种特权，如土地用益权、对领地上居民的征税权、司法审判权和行政管理权。

封君封臣关系的确认需要通过一定的仪式，这种做法源自日耳曼的亲兵制度。仪式包括四个部分：一是合掌礼；二是亲吻礼；三是臣服礼；四是封赐礼。二人相对而立，封臣脱去帽子，卸下武器，合掌置于领主的双手之间，有时以单膝跪地的姿势加以强化，承认自己是领主的"人"，并发誓效忠主人及其家人；然后双方以唇相吻，表示封臣从此后就变成了领主"嘴上和手中的人"。领主则向封臣保证为其提供土地和人身安全，并授予某种具有象征意义的物品，如树枝、手杖、一块草皮或一撮土壤等，意味着将封土及其权利交给封臣，封臣半跪接受。这样在两个自由人之间形成了一种特有的包含着相互的权利和义务的关系。这种仪式后来加入了基督教因素，即宣誓效忠时手按圣经或圣徒遗物。这种关系被法学家视为如同婚姻契约关系一般，一经确立，便不可以轻易解除，除非没有履行义务或伤害了对方。

封君封臣仅限于互相宣誓的两个个体之间，双方以契约约束了彼此的关系：一方面，封臣不尽义务不得享受权利；另一方面，王侯超权索取，封臣也可以反抗。封臣死后，其子经过重新举行仪式才能确认封君封臣关系并领有封土。封君封臣关系往往层叠交织，日益复杂。一个人常常可以有多个封君，但任何没有直接签订契约的人之间不存在直接的权利或义务关系。因此中世纪流传着一句谚语：我的附庸的附庸不是我的附庸，即表达了这个意思。

封君封臣关系在一定程度上使得社会连成一个整体，形成一种所谓责任的"链条"，确立了某种层叠的等级秩序，确认了每个个体的社会位置以及相互之间的关系，在当时稳定了王室和地方的秩序，给地方上带来了安定。并通过配合庄园的生产制度，形成了一个相对稳定有序的社会。11—12世纪这种关系成为通例。这样，整个欧洲经济、政治、社会关系都纳入以君主为最高封君，大小封建领主层层分封的封建等级结构之中。地方领主成为社会中有效的统治力量。

封建制的推广

西欧的封建关系主要体现在封君封臣关系和领主与农奴关系上。封建化过程也即采邑制向世袭领地制转变的过程，以及原有的罗马帝国的隶农和日耳曼小农逐渐沦为农奴的过程。封建制在欧洲的确立和推广经历了一个过程，大体上说，9—11世纪是西欧封建制度产生和发展的关键时期，在其后的一个多世纪中，封建主义作为一种制度在整个欧洲得以确立。但因历史条件、地理环境和文化习俗的差异，各地区封建化有着不同的时间表。法兰西被认为是欧洲封建主义的故土，法兰克王国是这种关系发展的一个典型，最早完成了封建化进程。

英格兰的封建制是由诺曼征服者从外部输入的。英格兰遭到北欧海盗的几度侵扰，与欧洲大陆一样，外敌的军事压力，导致了委身制的扩展和农民地位的普遍下降。1066年，位于法国塞纳河下游的诺曼底公国的公爵威廉带领军队渡过海峡，来到英格兰，战胜英王哈罗德，成为征服者。在这个过程中，威廉一世形成了比较集中强大的王权，加强了对王国的直接管理。他取消私人军队和城堡，保留了百户区法庭、民军制度、郡法庭，并推行法兰克的骑士占有制，以此组建了一支4000多人的军队。他将盎格鲁—撒克逊旧贵族的大部分土地没收，自己直接控制可耕地的1/6和大部分森林，成为全国最大的封建主。其余土地被分为5000个采邑，分封给自己的诺曼底亲信。通过土地分封，英格兰建立起法兰西式的领主附庸关系。

但与大陆不同的是，封臣的附庸也要对英王宣誓效忠。国王的直接封臣得到封地，需要为国王服骑士役40天，封君要承认封臣拥有的经济和司法权益，并为封臣提供保护。威廉还根据附庸所得土地多少授予他们贵族称号。1086年，英格兰对全国土地赋役进行了彻底的调查，调查结果编为两册，被戏称为"末日审判书"。调查结果显示英格兰的大部分土地租金收入掌控在250名大小贵族和高级教士手中。由于英吉利海峡的阻隔，英格兰更多地保留了日耳曼因素，较之法兰西，英格兰封建王权相对强大，但也是有限制的。

德意志则是一种完全不同的方式。东法兰克人的土地主要是加洛林帝国新征服的领土，几乎完全位于罗马文化的疆域之外，保存着大量自由农民和部落贵族。在遭到马扎尔人的侵袭时，分散的公爵们推出较强大的萨克森公爵为君主，在勒赫菲尔德战役中公爵与诸侯联合重创马扎尔人，建立萨克森王朝。12世纪封建制才进入德意志：农民阶层陷入了农奴制，被强制履行封建义务；贵族附庸始终保持着独立的权利，任何形式的君主世袭制度都难以推行。各地独立或半独立性质的诸侯国、城市等政治单位多达数百个。14世纪，德意志形成地方公爵贵族选举产生皇帝的制度。

封建制度具有权力分散、每一级关系相对独立的特点。这样的制度造就了地方实力的膨胀，中央王权的分散。国王基本依靠自己领地的收入生活，领主和附庸彼此负有相互的权利和义务，都有权利依靠法律维护自身的利益，不负责任的国王可以被废除等观念是西欧封建制的重要特征。

三 查理帝国

查理大帝

加洛林王朝的创建者丕平死后，法兰克王国由他的两个儿子分别继承。其中一个儿子便是历史上赫赫有名的查理大帝。他东征西讨，扩大王国版图，771年重新统一了法兰克王国。774年，他征服了伦巴第王国；阻止阿拉伯人的进攻；战胜萨克森人，强迫萨克森人皈依基督教，并将其土地划分为若干伯爵领地；向南征服巴伐利亚；向东摧毁阿瓦尔人，稳定了国内局势，建立起幅员辽阔的大帝国。帝国疆域西起大西洋，东至多瑙河，南到地中海，北抵波罗的海，囊括了今天法国、德国、比利时、荷兰、瑞士、匈牙利和大半个意大利。他被尊称为"查理曼"（意即伟大的查理）。800年圣诞节时，查理接受了罗马教宗利奥三世的加冕以及"罗马人的皇帝"和奥古斯都的称号。查理在整个日耳曼王国中得到了最高的权威，成为西欧其他国王的元首，法兰克也确立了在欧洲的领导地位。

查理整顿内政，巩固了对王国的统治。他将全国分为98个州郡，由伯爵统治，伯爵在领地享有代表皇帝收税、司法、征兵、维持治安等权力；边境设立"马克"（即边境军事行省），由边侯治理；任命巡按史，组成巡按史团，成员包括教俗两界领主组成，经常巡行各地，监督伯爵。

他保留了帝国境内各部族的习惯法，并将其纳入帝国法令，这些法令统称为《法兰克国王敕令》，规定12岁以上的人必须宣誓效忠皇帝。敕令还规定了服兵役的义务、巡按监督制度、教职人员的行为举止、主教的职责等。中央设立国王亲信组成的枢密会议，还组成了包括伯爵、主教、修道院院长和国王重要封臣在内的贵族大会，参与讨论国王拟定发布的敕令。

在经济上，查理曼没能建立国家统一的税收制度，而是保持了依靠自己领地收入为生的制度，设立王田管理人组织生产，登记财物。在不断地巡幸过程中，他亲自进行巡查，听取法官汇报。他鼓励商业贸易，颁布诏令，发行新的银币。

查理统治时期，将不断冲突的各种文化因素调整为一种新的文化，把蛮族入侵以来的日耳曼王国和自克洛维皈依以来的正教联盟推向一个新的顶点。他被视为"西欧之父"。

加洛林"文艺复兴"

与以往日耳曼首领不同，查理大帝除了重视武力征讨和政治制度的建设，也十分重视传承古典文化。同时他也意识到要使帝国长治久安，需要一批有学识的管理人才。因此，他热衷于知识和学问，立志恢复古典文化的学术传统,尤为重视教育。这与社会发展对学术文化的需求正好相吻合。教会和修道院在这一过程中也发挥了不小的作用。这一时期被称为"加洛林文艺复兴"时期。

查理曼颁布了《教育通令》,命令在王国内兴建学校,招募名师,招录男孩在此学习阅读;督促修道院提高周边地区的文化水平;在亚琛设立宫廷学校,并以个人名义从当时西欧各地招募大量学者;建立宫廷图书馆,收藏圣经、教父学和古典文化方面的书籍。查理亲自率王室成员学习拉丁语和七艺,希腊语和拉丁语得到发展。他也重视普通民众的教育,提出父兄有送子弟入校学习的义务,并鼓励用日耳曼语教学。9世纪中叶起,西欧各地大主教教堂和修道院都开办了学校。宫廷学校也在某种程度上形成了重要的教育体系。

这时期许多来自各地的学者为教育和文化发展做出了重要贡献。来自约克郡学府的盎格鲁—撒克逊教士阿尔昆在宫廷学校担任管理职务达15年,又在都尔的修道院兴办学校,他吸收古典知识,将其划分成七门学科,此后又划分成三艺(语法、修辞、逻辑)和四艺(算术、几何、天文和音乐),成为日后欧洲学校的主要学习科目;他的教育理念和思想对整个9世纪及日后的教育发展起到了重要的作用;他本人还担任了校订《圣经》的工作,纠正了许多笔误,形成了一个标准的版本。来自比萨的文学家比德著有《英格兰教会史》;历史编纂学者保罗副主祭曾经著有一部关于伦巴第的历史;皇家传记作者爱因哈特,为查理大帝作传;塞维利亚的伊西多尔创立学校,并编写成百科全书式的《语源》20卷。这些学者形成了一个专事研究学术并进行写作的学者社团,他们引进大量古典作品,与日耳曼传统相融合,奠定了统一的基督教文化的基础。

此间,修道院发挥了重要作用。在查理曼的督促和支持下,修道院展开了办学、研究、抄写等工作。修道院对《圣经》和教父经文进行了语条的增补;开办学校,教授拉丁语学习规范,提高修士的读写能力。修道院还保持有编年史的传统,记录了每年发生的重要事件,抄录并保存了大量书籍,促进了教义研究和民间文化的保存。今天所能读到的罗马诗歌、史诗、散文和其他作品，有 90% 是通过加洛林时代的整理和抄写才保存下来的。在誊抄典籍的过程中，改革了字体和书写习惯，形成了优美清晰的加洛林字体，并推进了民族语言的发展，现代许多国家语言都有拉丁语和加洛林字体的印记。富尔达修道院是当时重要的学术中心，培养了一批著名的学者。

加洛林时期西欧封建文化呈现出发展的趋势，并且确立了一种新的社会思想和价值观，带动了日耳曼社会对教育和文化的整体认同。

"一分为三"

查理曼统治时期是法兰克王国的鼎盛时期，但是王国只是由各种封建关系联系起来的若干领地，政治上相当松散，不同于罗马帝国，更不同于古代中国的政治格局。

查理过世后，其子虔诚者路易沉溺于宗教，致力于根据基督教信条进行管理，实现统一的基督教社会的理想。他与教职人员组成紧密同盟，引起世俗权贵的不满。而此时更严重的问题是继承权问题。他继位三年时将土地分给三个儿子，但又宣布皇帝称号及整个帝国权力将传给长子，其他诸子各继承一个附属国，以保证帝国的统一。这种安排与日耳曼传统的诸子继承制度相悖，因此，路易在位期间便面对着内部纷争、内战不已的局面。同时，他的大臣也纷纷背弃原来封地时许下的承担义务的誓言，分别与路易的儿子们结盟。此时，阿拉伯人、马扎尔人发起新一轮入侵。加洛林军队善于陆地作战，主要依靠地方防卫力量。地方贵族趁机扩大对地方政治事务的控制权，造成对皇权的损害。这样，以采邑制为基础的封君封臣关系造成的地方分权的危险性日益显露出来。内乱外侵的局面使帝国无法长期保持中央集权状态。路易死后，帝国彻底走向分裂。

829 年，由于小儿子的出世，路易准备改变原来的土地划分规定，引起其他几个儿子的不满，父子之间发生长期的内战。840 年路易去世，几个兄弟向继承了帝国王位的长子罗退尔宣战，最终签订了《凡尔登条约》，帝国被分成了三个独立的部分：法兰克东部莱茵河右岸和巴伐利亚地区，后来称为德意志;法兰克西部大体相当于今天法国境内地区,主要讲罗曼斯语,后来称为法兰西;法兰克中部包括意大利半岛中、北部及东西法兰克之间的洛林地区,由皇帝领有。这三个部分分别建立王国,互不统属,成为以后德国、法国和意大利三个国家的雏形。9世纪下半叶,各王国的王权再次受到领有新封地的下一级封臣的威胁。地方贵族层层分封,形成更多的独立公国。教会神职人员也试图控制政府政策的制定,不断挑战皇权,并宣布教权高于皇权。这样,王国更进一步碎片化,分裂割据的局面逐步形成,查理曼时期的帝国也不复存在。

四 城堡与贵族

城堡:提供安全的设防地

中世纪城堡主要指9—14世纪修建的兼具防御性和居住性功能的建筑,在军事史上这段时期被称为"城堡时期"。大约9世纪时,匈牙利的马扎尔人、阿拉伯人和诺曼人分别从东方、西南方和北方向西欧进行侵袭和威胁。城堡便是为西欧各地领主们提供安全保护的设防地,也成为领主们保护庄园财产和人身安全、维持地方统治的工具。

最初,为了应对外敌的突然入侵,领主们多在原来罗马帝国时期的城基之上修建起比较简单的城堡,多为土木结构。欧洲第一座城堡建于法国西北部,砌有土堆和围墙,可能还有一座木制塔楼,外围有环城而建的壕沟,形成护城河。木制塔楼通常有三四层,下面是城墙,用土夯实垒砌,也有的围着木栅。主塔是城堡的中心建筑,是城堡的要塞。这种土木结构的城堡极易攻破,特别是难以抵挡火攻。

9世纪七八十年代是各地领主大规模建造城堡、要塞的高潮期。此间,外敌进攻暂告一段落,领主开始完善城堡的布局和功能。他们特别强调城堡的牢固性,对建造技术的要求也越来越高,砖石结构替代了土木结构。城堡通常包括吊桥、前堡、城堡大院、杂用建筑物、墙塔、宫殿(城堡主住屋)、闺房、祈祷室、城堡内院、城堡主塔(瞭望塔和最后避难处)。城堡周围建有石制幕墙，由切割成块的石头逐层砌成。沿着幕墙每隔二三十米建有一个正方形的防御塔楼，供弓箭手射箭。城堡主塔是中心要塞，是整个城堡的最后防线，占有非常重要的地位。为增强防御性，很多城堡的方形塔楼和主塔外墙被改造成更易防御的圆形或多角形设计，或是在方形塔楼外围圈上一层圆形的"罩墙"，形成外圆内方的特点。罩墙内侧设有台阶，墙顶以吊桥或堤道与城堡主塔相连；吊桥通过悬放等方式发挥防御作用。

13世纪，英国建筑师圣乔治设计出"同心圆城堡"，这类建筑的典型是英国安格里塞的布莫瑞斯城堡。这座城堡建立在没有任何屏障的平地上，城堡整体设计呈螺旋形，围绕城堡的中心塔楼依次建造城墙和护城河，且内墙高于外墙。这种城中套城的建筑格局，使站在城堡上的哨兵能够立即看到从任何方向来犯的敌人，弓箭手视野开阔，射击范围更广；而攻城者只能层层突破，直到攻下中心塔楼才可最终获胜，极大提高了城堡抵御新的进攻武器与进攻形式的能力，缓解了城堡主塔的压力。

14世纪，由于攻击技术和战略战术发展，城堡的军事地位迅速减弱。同时，由于贸易自由化，城市的发展，经营方式的变革，辖区人口迁移，城堡的军事功能消失。

除了军事功能外，城堡也具有其他多重功能。它是领地内全体居民的避难所，是地方行政权力中心，是一方领主财富和权力的象征，体现了欧洲社会地方分权化的政治现实。城堡兼有经济和生活功能。城堡在建造时往往选择在交通要道和河道交叉处，或者建在乡村和庄园的中心，这些地方便于防御，也有利于商品的流通，有助于市场和商业的发展，逐渐自发地形成了进行商业活动的市场中心。这种市场方便了周边人们的日常交易，为不同庄园之间搭建了贸易联系的纽带，并且为领主开辟了获得经济收益的新途径，领主们可向商人收取一定的费用。城堡集军事防卫和经济功能于一体，成为城市起源地之一。许多以堡为后缀结尾的城市都是以城堡为基础发展而来，德国尤为突出，而德语市民（Bürger）一词也源于此。

城堡是中世纪文化艺术的宝贵遗产。城堡修建技术和防御理念是军事发展的产物，体现了当时以攻击和防御为主的军事特点。外圆内方的设计体现了东西方建筑相互杂糅的特点，同时其设计考虑居住职能，内部尽可能设计高大空旷的空间，如穹顶和扶墙，体现了贵族和骑士追求享乐和物质的思想。

贵族等级制度

由于分封制和采邑制的推行，中世纪逐渐形成了等级分明的社会，大体划分为贵族、教士、农民三个等级。其中贵族被定义为享有法律规定的特殊世袭特权的社会阶级，其内部又严格划分为国王、公爵、侯爵、伯爵、子爵、男爵。公爵、侯爵、伯爵也被称为大贵族。欧洲的贵族最初因战功获得封赐，属于军事贵族，多是原部族首领的随从和侍卫。此后随国王征战的亲信都被列入贵族行列，采邑制实行后，他们由于与最大的封建主——王室形成封君封臣关系，得到封地和爵位，成为土地贵族。他们享有土地和财富，在自己的封地内享有控制权，必要时提供军事义务。

贵族等级制是在历史发展进程中逐渐确立下来的，各等级的称谓从地方行政长官职位称呼演化而来。法兰克王国墨洛温王朝时期，王国分为若干"区"，区长官即为伯爵，由国王任命，负责军事和行政事务，若干伯爵区以上设有公爵。查理曼时期，地方行政区划以郡为单位，其长官称为伯爵，由国王亲自任命。此外还存在边区（马克）伯爵（也有称为侯爵）。由于封建领主私人权力的增长，加上采邑的世袭化，各领地设置自己的武装和法庭，阻止其他领主进入，国王后来颁发豁免权（又称特恩权）证书，伯爵也从国家的地方行政官吏逐渐变为自己辖区的领主。英格兰盎格鲁—撒克逊时代军事贵族曾经被称为"哥塞特""塞恩"等。11世纪丹麦国王克努特统治时期，广大土地划分为若干管辖区，高级塞恩担任统治者，称为"伯爵"，他们大多是一人治理数郡，所以又被称为"方伯"。诺曼征服后，伯爵管辖区被限于一个郡。此后，其他爵位陆续出现，至14世纪中期前后，贵族内部爵位等级基本确定。

贵族领受封地，享有土地封邑权，在自己的领地内享有宗教、政治权利。早期贵族不注重谱系，只重实力和财富。贵族与其他各级领主一样，在封地内依靠农奴耕种获得土地收入；土地是贵族获取财富，维持上层地位的基础，地产的多寡决定了贵族收入的差异。他们拥有许多特权，如司法审判的优待、免除部分税捐（如人头税）等。教会贵族和世俗贵族界限模糊，相互可以领有封地、封号或担任教职。贵族要承担必要的义务，主要是军事义务，为领主、土地、家庭、附庸农民、上帝而战。在英格兰，要根据领地大小提供骑士和所需装备，教会贵族也需要提供数量不等的骑士和装备。

到了中世纪中期，贵族开始重视谱系，强调封号，看重出身，逐渐形成贵族团体。贵族有自己阶层的标志，比如服装的颜色、款式都有法律规定；他们专享金饰银饰、丝绒和毛皮。法国贵族始终是一个统一而封闭的集团，爵位世袭，重门第。他们不事生产，享有免税特权，专享军官职务；他们追求奢侈、华丽的生活。意大利则有明文的规定，特权身份和固定财产不足以使子女在新经济生活中立足。在佛罗伦萨，贵族也必须投身贸易已经形成一种惯例，当父母弥留之际，在遗嘱中往往会含有向政府提出的请求：如果他们的儿子不务正业就罚款1000金币。1282年佛罗伦萨法律规定：贵族只有参加行会，才能参与政府；1293年法令把任何不积极从事其职业的人排出行会之外。没有职业的贵族被剥夺了参与政府的权利。整个社会形成一种普遍投身生产、贸易的风气，因此意大利也较早地出现了新的生产关系。在英国，则出现既追求土地也追求货币、具有资产阶级倾向的新贵族阶层。

贵族家庭以血缘和婚姻纽带维系。其家庭成员包括仆人、佣人以及穷亲戚、寄养者和骑士等。其婚姻关系往往以政治和财富为目的，因此有严格的规定和限制。在英格兰，明文反对近亲结婚，禁止"教亲"通婚，婚姻须由父母或监护人议定，门第、权势和经济利益都是重要的考虑因素。一些低级贵族由于迎娶了高级贵族女继承人或寡妇，不仅可以通过获得嫁妆或寡妇财产增加领地家产，而且社会地位也会相应提高。贵族最先接受在教堂举行盛大的结婚仪式这种做法，并且接受教宗的认可。

贵族在发展过程中，逐渐形成足以与王权抗争的力量，他们提出政治上的主张，限制王权，获得更大的权力。如在英国，贵族迫使国王颁布了《大宪章》，规定不负责任的国王可以被废除，任何人都有保障自身财产和人身安全的权利。德意志则一直保持贵族选举产生国王的传统。在等级议会中，教俗贵族作为核心成员发挥了重要作用。

骑士与骑士精神

骑士是中世纪欧洲社会的中坚力量，而骑士制度所产生的骑士文化和骑士精神直到近代仍影响和支配着人们的思想和精神。

骑士制度源起于法兰克王国，查理·马特的采邑制改革奠定了骑士制度的经济基础。查理·马特将土地分封给可以提供骑兵武装的人作为其收入来源，组建了一支为封君提供马匹装备、追随封君参加战争的职业骑兵，这些人都被册封授予骑士称号，甚至那些曾经参加十字军东征的国王本人都有骑士名号。由于需要自己提供装备，装备又十分昂贵，因此成为骑士的多为贵族和富裕农民等，或者是他们的子弟。贫穷的小农被排斥于外。但是这几者并非完全重合，骑士并不属于贵族阶层，而贵族也并非都被授予骑士称号。按照封建等级结构来看，骑士是子爵、男爵分封的主要对象，属于小领主。到了后期，甚至年收入 20 英镑以上的平民都可以并且有义务接受骑士称号。

成为职业骑士，需要经过多年的培训。一般儿童七八岁被送到父辈的领主城堡中充当侍童，同时学习一些做骑士的礼节和文化知识以及一些技艺。十四五岁，则可以担任主人的随从护卫，平时学习骑术、剑术、狩猎、吟诗等作战以及陪同主人消遣娱乐需要的各种技艺，同时提升作战的勇气和信念。21 岁以后，经过晋封仪式，便可以成为真正的骑士。

晋封仪式最初在宫廷、战场上举行，此后融入了宗教仪式。一般而言，晋封仪式先由神职人员主持宗教活动，再由封君授剑，最后骑士展示武功。这种仪式往往是集体册封，并配有大型的庆典活动。在晋封仪式过程中，经常要宣讲骑士应遵循的准则，渗透基督教的精神。仪式中的各环节都被赋予了神圣的象征意义。例如，骑士接受佩剑就意味着其要履行打击上帝的敌人，同时保护人民和弱者的双重职责。剑也被赋予正义和荣誉的象征意义，为武器祷告成为很多教会的服务内容。

骑士获得封土，便领受了义务，最初规定每年服兵役40天，自己提供兵器和装备。到了13世纪，爱德华一世发布多项法案，规定凡占有价值15英镑以上土地者，不论地产来源，都须为国家提供一名骑士的马匹和装备，也可以通过缴纳"盾牌钱"赎免军役。此后骑士也就逐渐演变成了一种荣誉称号。

骑士们帮助领主平息战乱，维护城堡安全，陪同主人出征远伐，立下赫赫战功，从而获得荣誉和财富，可以说是维护中世纪地方安全和秩序的中坚力量。11世纪原属于基督教圣地的耶路撒冷遭遇阿拉伯人的入侵，罗马教廷为了收复失地，授意进行东征行动，这就是历史上著名的十字军东征。十字军前后举行了8次行动，历时将近200年。狂热的教俗领主率领自己的骑士武装参与其中。他们组成骑士团，建立骑士统治的国家，地位也因此达到前所未有的高度。在英国，他们是议会的主要参加者。

在长期作战和宗教思想影响下，忠诚、信仰、荣誉、职责、勇敢成为骑士遵循的道德伦理与主要精神，慷慨、谦逊、举止典雅也成为社会推崇的骑士阶层风度气质，体现了个人身份的优越感，也蕴含着远古时期的尚武精神。这种精神和风度在后来的文学作品中被不断加以渲染，形成了"骑士文学"。关于英国亚瑟王的传奇故事、法国的《罗兰之歌》、德国的《尼伯龙根之歌》、西班牙的《希德之歌》，便是骑士文学作品的经典，它们充满了对骑士的忠诚、勇敢、侠义及其爱情、荣誉等的歌颂与宣扬。

除了骑士精神，骑士文学的题材更多围绕着所谓"骑士之爱"展开。从文学作品中可以发现，骑士宣誓效忠的不仅是领主本人，也包括领主的家庭及其每位成员。而忠勇骑士对贵妇人纯洁的爱意，表达的是对典型女性美德近乎宗教式的挚爱，是一种纯粹精神性的非尘世的感情，彰显了忠诚不渝精神，被时人推崇为一种理想的爱情模式。这种爱情精神不仅构成了中世纪骑士文学的主要内容和基本格调，而且也是欧洲社会精神生活中所追求的理想。不难发现,骑士制度提升了社会对妇女的尊重,而骑士风度和气质又在客观上促成了整个社会的礼貌风气。

作为封臣,骑士在自己的土地上享有统治权,他们依靠经营地产,参与市场获得收入,通过作战获得战利品和赎身金致富。随着商品经济的发展,骑士制度大约从 13 世纪开始逐渐衰落。到了 14 世纪,骑士阶层的军事价值已不再重要,但其思想精神层面的价值却对后世影响颇深,近代以来能够取得骑士名号仍然是许多人的荣誉。骑士教育的形式和骑士精神更是为后世学校教学所借鉴,成为心智、品德训练的一部分,为人们留下了一笔精神财富。

第九章　西欧庄园、城市与议会

自 9 世纪开始，西欧社会逐步纳入封建等级社会结构中，农民、市民、贵族、王室、教会以个人之间的契约维系等级之间的关系，在不同地区形成不同形式的共同体。在乡村，庄园作为基本单位，反映了领主及庄园内佃农的关系，承担着经济、政治和社会职能，体现了经济自给性、政治独立性、司法自主性等特点；在城市，手工业者和商人分别成立行会，保护自己的权益；在地方，地方贵族势力壮大，足以与王权相抗衡。他们遵循各自共同体的规则，并在其中寻求新的权益，赋予契约关系新的内涵。社会内部涌动着争取自由、自治的力量，逐渐破坏着封建社会秩序。庄园、城市与议会反映了在这个过程中西欧人们的生活方式和社会悄然发生的变化。

一　庄园

庄园的经济生活

中世纪的欧洲属于典型的农业社会，人们主要依靠土地为生，其社会组织大体上有三种形态：村庄、庄园、教区。这三种形态各有各的功能，村庄主要具有社会和农业功能，庄园还带有法律功能，教区更多的是宗教功能。三种形态有时重合，有时并不重合。若干散落居住的家庭组成小群体，处于某个领主保护和控制之下，便形成了中世纪乡村的基本社会单位——庄园。庄园在 8 世纪西法兰克的部分地区成型，流行于 9 世纪，至

11 世纪已遍布欧洲大地，绝大多数欧洲人口都居住于庄园之中。庄园是为庄园主及其附庸农民生产所需物品的经济单位，同时也是一个政治和社会单位。通过庄园法庭等，领主有效控制和管理了自己的庄园，维持了良好的封建秩序。

每个庄园的实际形状、人口数量都不尽相同，但是几乎每个庄园的格局都大体相同。农民居住在小房子里，这些房子并排挨在一起，后面都带有小院子或空地。村子周围是公共可耕地、牧场，再向外还有荒地、林地、森林。领主和教士的住所一般处于庄园的中心。除了土地外，庄园还有领主的住宅、农民的棚舍、教堂和墓地、谷仓、磨坊、面包房、酿酒坊等。

庄园实行"敞田制"（open field）。在这种制度下，庄园内的各类土地属于集体共有，村民享有共同的权利。可耕地划分成领主直领地和农民份地：领主直领地由领主自己直接经营或委托代理人经营管理，通常占庄园全部可耕地的 1/3 到 1/2 不等，由服劳役的依附农耕种，收入全部归领主所有；农民份地分为自由农份地和农奴份地，按照土地的位置、质量等分割成许多大小不同的地块，再分割成窄窄的长条形"条田"，一户农民的份地经常散落于庄园土地的多个角落。14 世纪土地碎化的现象更为严重，一块 6 英亩的土地可能被分配给 10 个佃农，有的土地甚至无法依靠工具耕作，找不到自家土地或在别人家土地上耕作的事情时有发生。为了能够减少邻里间有关耕地和收获分配方面的问题，一些农民通过契约方式进行了土地的交换，使小块土地连为一体。有学者统计，13 世纪英国中部地区，领主直领地占 32%，农奴份地为 40%，自由份地为 28%。

为保持土壤的肥力，每年庄园耕地都会有部分土地轮流休耕。最初是将土地分成两部分，一半耕种，一半休耕，一年轮流一次，称为"二圃轮作制"。此后，由于引进的作物种类增加，三圃制出现，即耕地分为三部分，每年只有 1/3 土地休耕，其土地利用率明显提高。休耕的土地可以用于放牧。牧场和林地属于公地，平时由庄园成员按照惯例共同使用，可以放牧自己的牲畜。草地在秋冬两季会提供给农民放牧的时间。在公地上允许放牧的牲畜数量等与农民所持有的份地数量、牲畜在庄园的工作量等相

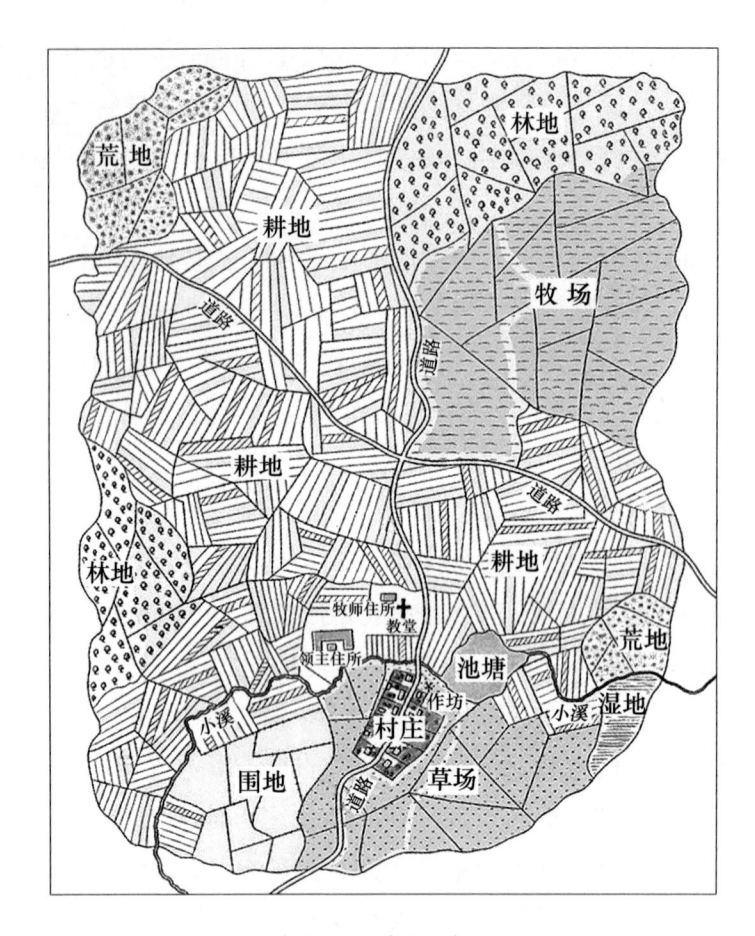

中世纪庄园布局示意图

对应。

"敞田制"保留了日耳曼的村庄共耕习俗，可以说，敞田在欧洲存活了数百年，直到近代的圈地运动以后很久才寿终正寝。

庄园是西欧主要的地方经济中心，其生产自给自足，产品主要用于满足领主及庄民的生活和消费之需。庄园中也有一些手工业者，如铁匠、金银匠、皮鞋匠、面包师等，制作一些手工制品或提供必要的日常服务，如制衣、腌制食物、修缮工具、建造和修缮房屋、制造和修理家具等。直领地生产的粮食和其他农产品也在市场出售，一些生活必需品和奢侈品，诸如金属、盐、酒、香料、珠宝、上等衣料等也通过市场购买。

庄园采用劳役地租的剥削方式，农奴还要缴纳一部分实物，如自家养的鸡、蜂蜜蜂蜡等。根据习惯，持有农奴份地的庄民依据土地数量要为领主服劳役。他们使用自己的农具、牲口、种子等为领主耕种直领地，也承担诸如晒制干草、挖壕沟、清理淤泥、沤肥施肥、收割打场、修葺谷仓等劳动。一般农奴一个星期需要到领主直领地上工作三天。有的农奴还安排有其他的工作，农忙季节可能要多劳动几天，还要维修道路和房屋。通常农奴的妻子需要在庄园主家里纺织、清洁、做饭等。农民对教会也有缴纳什一税的义务。一些用于庄园设施的费用会摊派在农民身上。领主招待客人时，农民甚至需要把自家的床板和床单贡献出去。农奴身份是世袭的，份地也是可以传承的，但是必须缴纳死手捐（即遗产税）；女儿与庄园外的人结婚要缴纳婚姻捐。在庄园法庭打官司的农民则要缴纳有关费用和罚金。此外，农民必须使用领主提供的水磨、榨汁机、炉子等，并缴纳使用费。新垦地一般位于庄园的边缘，不附带公地条田那样的公用权。有记载表明，在英王亨利三世执政（1216—1272年）的前11年中，库姆斯地区的20名农民占有了160英亩此类的荒地。一位修道院院长在很短时间就开垦了至少291英亩的荒地。也有一些庄民在林区内建房或定居。

庄园的经营与管理

庄园处于领主控制之下，构成独立的自给自足的经济和政治单位。庄园内的居民不论是自由的农民还是农奴都是领主的佃户。庄园主人是统辖该地区的领主，有根据习惯法审判、惩罚佃户的权力，不受外部权力的干预。但庄园的经济完全依赖于劳动力，因此没有了农民，庄园主的收入就会受到影响，其财富和地位也会下降；一旦农民以各种理由怠工、反抗、逃跑，则领主付出的成本远高于在一定程度上善待他们。因此尽管领主要最大限度地获得收益，但也要顾及农民的利益。

有些领主只拥有一块庄园，住在庄园中的房子或城堡里，自己经营管理。有的领主则拥有多个庄园，并且分布范围比较广，因此只能经常巡行于多处庄园之间。这样的庄园设立总管、管事、庄头等职位，负责日常事务。总管一般是有一定身份地位的自由人，比如领主的亲属或骑士等，主要代表领主实行监督直领地生产的职能,并主持庄园法庭,负责领主的收入等;下设若干管事,由本庄园外有一定身份的自由人担任,分管几个庄园,协助总管监督庄园具体事务,并负责编制庄园账簿;庄头是各庄园实际的管理者,往往从本庄园农奴中选出,实际上是农奴的一项义务。庄头之下设有负责各项具体事务的人员。庄园这种管理方式被称为庄官制度。

庄头一般没有年薪,但可以获得一块职田,并免除一定的劳役和税收。庄头的工作比较烦琐。首先,他需要每天安排和分派佃户的劳动,定期分发食物;其次,他负责自营地的物品采买和销售;他还需要制订庄园账簿,计算租税,监督检查佃户的劳动;在领主、总管、管事巡行期间,他需要负责各种接待事宜;农奴日常出现的小纠纷也都需要庄头的调停。

在敞田制度下,人们在公地上共同决定种什么,如何协作,什么时间犁地、播种、收割等。传统的村庄共同体承担着农业生产的管理职责,并通过一个耕作者会议履行职责。村社负责定期调整每一户的条田,确定犁地、播种、收割的时间,同时提供"草地划分员"等管理人员的人选。

庄园法庭

庄园的管理以及庄园生活的正常运转主要依靠习惯法。庄园有自己的法律习惯和法庭。领主和农奴之间的矛盾和冲突也主要通过庄园法庭协调解决。

庄园法属于习惯法,是对已经存在的做法和惯例的一种沿袭和补充,是西欧多元法律体系中的重要组成部分。最初,这些惯例只存在于人们的集体记忆中,由庄园中的长者加以引用和解释;后来则零星地散见于庄园的各类档案中,成为庄园法庭裁定时的依据,规范着每个人的行为,规定了每个人的权利和义务。权利涉及庄园生活的各个环节,义务则体现了每个人的法律身份。任何侵犯权利或不履行义务的行为都可以在庄园法庭进行裁决,裁决结果则作为法律纳入习惯法中。

庄园法庭不是定期召开的,一般每隔一段时间为解决一些问题才召开一次,并且地点也不固定,有时在领主的宅院里面,有时在教堂内,有时可能就在庄园里一棵大树下。庄园法庭与现代社会的法庭有所不同，它不仅有司法意义，而且具有行政意义，体现了领主对庄园的管理权。出席庄园法庭、提起诉讼、参与审判是每一个庄园成员的权利，也是庄园全体男性成员的一项义务，没有得到许可而缺席者要缴纳罚款。当缺席者达到一定数量时，判决也要推迟做出。全体庄园成员共同组成法庭，上自领主、管家，下至农奴，都是法官。法庭裁决必须得到公正的"全体租户"或"领主和租户"的一致同意，也就是说，判决需要由全体成员根据充分的证据做出，领主或其代理人只是法庭的召集人、审判过程的主持人和法庭判决的执行人。因此，在理论上，被告不是接受领主的审判，而是接受法庭出席人全体的审判，这就是庄园法遵行的所谓"同侪审判"或"参与裁判"原则。

庄园法庭自然是维护领主利益的工具，审理的案件多与领主利益相关，而且领主及其代理人往往会对法庭和陪审团施加压力，使判决有利于领主。怠工、不按时按量向领主交纳规定的租税、侵犯领主直领地、没有按照规定服劳役等行为，都要受到指控和处罚。据估计，涉及领主利益的案件大约占百分之六七十。可以说法庭主要为了领主们服务。但是不可忽视的是，在庄园法庭档案中，也记载了大量农民获胜的案件。而且一旦做出判决，该案件就作为惯例，成为类似案件判决的依据。农奴劳役量、各类税负额等就是依靠这样的途径固定下来，在日后成为限制领主对农奴盘剥的依据。因此，庄园法庭在维护领主的利益同时，对领主的权力也做了限制。

二 城市

城市的兴起

西罗马帝国灭亡后，很多城市成为废墟。随着农业、工商业的发展，大约从9世纪末开始，西欧城市得到恢复和发展。最早的中世纪城市出现于地中海沿岸，此后逐渐向内陆深入。据估计，仅1100—1300年间，英国新增城市达到140座，德意志则更多。至14世纪初，西欧城市城镇总量已达万余座。新兴城市建立在西欧各地的道路交汇处、水路码头、交易中心、修道院、城堡等地方，这些地方交通便利，人员流动性强，当地教俗领主愿意提供安全保护，以此获取额外的收入。

城市的兴建主要有三种方式：一类是在原来帝国废墟上重建的，比如巴黎、马赛等；一类依靠外来移民复兴或建立；一类由村庄和村民在原地发展而成。后两类城市都以人口往来比较集中的市集为中心。

城市兴起的根本动因在于农业的发展以及与此相联系的生产者要求自由劳动的解放运动。农业的发展带动了农业剩余产品的增加和富余劳动力的增加，人口增长则打破了人地之间的平衡。十字军东征刺激了欧洲人对东方繁荣的向往，也刺激了西欧封建主对精美的装饰品和奢侈品，如香料、染料、宝石、丝绸、锦缎等的需求。一些商人，如意大利的热那亚和威尼斯商人开始东西方的远程贸易，在西欧的一些交通要道逐渐兴起了贸易中心。最初的贸易中心只是一些定期的集市，例如法兰西的香槟地区，每年在四个地方轮流举行六次大型的国际性贸易集市，每次集市持续6—10个星期。随着时间的推移，这些集市发展为常设性的中心，伴随商业活动而来的衣食住行等日常需求吸引越来越多的人前来谋生，也使乡村经济日益卷入市场。这些贸易中心也逐渐成为手工业和商业的集聚地，并为农民提供了可能的落脚地和就业场所。久而久之，农村富余劳动力进入市场，成为新型的劳动者，改变了以往自给自足的生产结构。一些外来移民也向这些地区聚集，还有一些农奴通过交纳赎金，摆脱庄园领主的束缚，凭借从事工商业的技术、资金和交往能力，汇集到贸易比较繁荣、人口比较集中的地区。这些市集所在地发展成为城市，这些人成为城市居民的主体。还有一些人利用剩余产品进行交换获取利润，行走于各个庄园和城市之间，成为职业商人，以后定居于城市，成为城市居民的又一主体。

国王、教会、城堡、教堂、修道院等也支持兴建了许多城市，他们为居民提供保护，对其居住地进行改造，以收取租金和工商业税。因此，商人和手工业者自发聚集在主教辖区、修道院、行政或军事等各类中心以及传统市集附近，有的定居在旧城城外，店铺、住宅形成城市的郊区（次城区）。由于商业活动增多，城墙也随之向外扩展，发展出一些小城镇。郊区市场成为城市生活的中心。还有一些城市是农村获得特许状，直接转变而来。当地村民也从此脱离原有的劳役，获得自由身份，该村庄成为自治市。但是城市仍保有耕地、农场、牧场，其格局和生活无异于乡村。

城市布局密集、规模偏小，如伦敦到 14 世纪中叶人口才达到 4 万左右，已经被称为巨型城市。而 75% 的小城市人口仅一两千人。占绝大多数的是小城镇，市民来自周围农村，许多居民的老家不超过 6 英里。后来居民来源范围逐渐扩大，例如 13 世纪时，英国的诺维奇市的市民来自周围地区不下 45 个村镇，中西部地区的城市市民来自 30—40 英里半径范围。13、14 世纪之交，西欧的城市、城镇总计达到 1 万多个，平均每 500 平方英里就分布一个。城市人口增加幅度不小，城区规模也在扩大。

城市的自治

城市最初坐落于封建领地内，如同一个以集体名义获得封土的封臣，是封建秩序中的一个组成部分，也要受到领主的统治。城市本身的司法权有限，思想方面仍受到教会的控制。君主和封建领主依据领地内的法定权力，对城市居民实行统治和盘剥，征收市场税，享有某些商品的独占权和专卖权，强迫城市居民履行实物和劳役义务。为了得到国王、领主的保护，同时也能够对抗领主的压榨，许多城市在政治上提出新的要求和主张。

11 世纪前后，欧洲城市开始了争取自治的斗争。他们争取的权利包括：居民摆脱农奴身份成为自由人；组建审理一般案件的城市法庭；不再承担对领主的劳役，每年按固定数额向领主纳税；领主不得在城市随意设立关卡，不得征收市场税，不能享有专卖权。这些都被写入城市获得的特许状中。金钱赎买和武装斗争是常用的方式。例如在英国，伦敦市民以每年向王室缴纳 300 镑税金的代价，获得了亨利一世对市民自选市长和市政官的许可。十字军东征期间，由于急需现金，国王理查一世曾大量出卖城市自治特许状，给各城市自选市长的权力。到 13 世纪几乎所有城市都赢得了一定的自治。在法兰西，由于教会和世俗领主不愿放弃对城市的权力，引发了城市较大规模的武力反抗，如 12 世纪初琅城居民起义，最终迫使国王再次颁发了城市自治特许状。

领主和王室承认城市特权的目的十分明确：为了立刻获得一笔可观的现金收入。国王更将商人视作重要的筹款工具，他们慷慨颁授城市特许状，甚至以各种手段吸引手工业者和商人到自己的领地建立城市。例如，1299年爱德华一世因颁发给拉温塞罗德城特许状，获得年金 300 英镑，大大超过了来自庄园的收入。建立新城市既符合国王眼前的经济利益，又符合削弱诸侯势力的政治考虑。国王成为城市和商人的长期盟友，并为此建立了全国性的法律体系和法院体制。城市也往往利用王室的庇护，抵制领主的剥削，扩大自身权利。12 世纪前后产生的许多城市，最后都被置于王室控制和保护之下。法国国王腓力二世即是如此，他给王室直属领内的许多城市颁发特许状，宣称自己也是王室直属领以外所有城市的保护者，并采取发展工商业的措施。在整个 13 世纪，随着王室领地的扩展，法国越来越多的城市成为摆脱封建领主统治的特许自治城市。这些特许城市逐渐建立了完备的城墙和防御体系，比贵族的城堡强大得多。

自治城市有自己的管理机构，包括选举产生的市议会、市政官、市长等。市议会人数在十余人至上百人之间，负责推荐市长候选人，国王或诸侯确定最终人选。市政官分工明确。自治城市也拥有自己的法庭和武装。也有一些城市只享有部分自治权。

自由是典型的自治城市的重要特征。1200 年的王室法律规定，当农奴在自由城市里住满 1 年零 1 天，就可以按照惯例取得自由身份。获得了居民身份，也就意味着获得了在城市共同体中的特权。进入城镇成为农奴获得解放的一个重要途径。"城市的空气使人自由"这句古老的谚语说明了城市赋予居民自由身份。这些市民在城市发展进程中不断壮大力量，成为日后资产阶级的基础。

西欧中世纪城市是靠工商业维持生存，享有特别的法律、行政和司法权力的集体法人，不同于希腊、中国或者拜占庭的城市，它本身就是一个独立的体系，是一种特殊实体的代表。进入城市便归属于不同的法律体系中。城市争取自治权利的努力使其自身成为新的共同体，其内部生发出新的社会元素——市民阶级，在欧洲发展进程中提供了相当发达的城市文化、政治理念、经济支持。可以说，城市是打破封建制度的一个力量。

行会的作用

城市建立后，来自不同地区的商人和手工业者为抵制封建领主的压榨勒索，维护行业利益，减少行业竞争，建立了以行业为基础的组织，即行会。行会是自治城市管理机构中的重要组成部分，它既是经济组织也是政治组织，集生产、军事、宗教和互助等功能于一身，在中世纪扮演着重要的角色。

首先，行会是一个经济管理组织，其经济政策旨在限制和反对竞争。为维持小作坊规模的生产，行会一方面禁止外来者参与本地市场的竞争，另一方面则压制内部的不正当竞争。行会都有自己的章程，对从业人员资格、生产规模、生产过程、劳动时间、产品质量、商品价格、劳动者工资、原材料等都有严格的规定。所有行会成员必须遵守行会章程。凡是没有加入行会的，不能在当地从事本行业的生产。

其次，城市政府通过行会管理、控制手工业者和大小商人。行会管理机构一般设有会长一人，执事二人至四人不等，多由行会成员选举产生或者市长提名当选。行会设立自己的法庭，依照行会法规定，处理行业内部不公平竞争、产品工艺质量低劣、个人垄断等事务。他们保障城市的安全，维护各类公共设施。一些行会定期集会共同讨论相关的行业内部规定。1572年，汉萨同盟各城市正式承认了行业定期集会、做出决议的权利。一些行会官员也兼任城市行政官员。

行会还是一个社会组织，它以成员认可的伦理道德规则维系成员之间的关系，干预制约经济生活。行会设立有公共的基金，救济有困难的成员；有共同的保护神和属于自己的节日；组织定期的集市，借以完成大宗的商品交易；拥有自己的武装，必要时可以作为一个单独的连队参加战斗。一些行会定期聚餐，成员结成互助关系。行会也会开办学校，组织会员的孩子接受教育。

行会内部等级差异明显，师傅、帮工、学徒构成了行业内部的等级。行业师傅把持行会，他们自己拥有生产资料，以小作坊形式进行生产，掌控全部行业规范，处理纠纷，并有义务对帮工和学徒进行教育。一个师傅可以带几个学徒和帮工，帮工可以获取少量报酬。学徒的学习期限依行业技能的复杂程度有所差异，一般学习三年到七年，有的行业期限更长；期满后再义务帮助师傅工作几年，经过行会举办的技能考核，加入行会才有资格自己开作坊。不同等级的财富与权力也有很大差别。

商业行会由于掌握着手工业者的原料和产品，把持贸易权利，大商人行会经常与高利贷者和大地产商合伙控制城市权力，利用税收、垄断经营等方式对手工业者进行压榨。13世纪随着行业分工细化，行会数量不断增加，一般城市都有几十个行会。纺织行会人数众多。这些行会逐步提出自己的政治主张，一些城市经常会爆发反对城市贵族的行会革命和武装起义。

14世纪，生产者发生分化，行会内部不稳定性越来越明显。富裕的行东设法突破行会的规章制度，增加生产工具、雇佣工人的数量，扩大生产规模，大量吸收破产的手工业者和失地农民，以求自身的更大发展。行会逐渐成为生产发展的阻力，此时开始解体。

三　最早的议会

《大宪章》和英国等级议会

13世纪的西欧，在通过分封制形成的相互交织而又彼此相对独立的权力体系中，逐渐形成了一个限制王权的机构——议会。这个机构成为贵族和中产阶级参与政治，维护自身自由和权力的平台，造就了西方独特的政治制度。英国被认为是"议会之母"。其历史可以追溯到《大宪章》。

1066年诺曼征服后，诺曼底公爵成为英格兰最大的封建主，即英王威廉一世，他将大陆的政治体制移植到英格兰，同时也强迫封臣的附庸必须向他宣誓效忠。1154 年安茹伯爵亨利继承王位，史称亨利二世，建立安茹王朝。亨利二世的儿子约翰叛乱，自封为诺曼底公爵，并于 1199 年加冕为英格兰国王。由于法王腓力二世觊觎英王在大陆的领地，英法之间发生了激烈的冲突。为了进行战争，约翰任意征收赋税，提高兵役免除税额，这些措施违反了传统，损害了贵族利益，导致贵族的武装反抗。1215 年 6 月，国王被迫和 25 位贵族代表签署了《大宪章》。

《大宪章》在教会和国家的关系、国王与附庸之间的关系、国王政府的组织原则以及具体的实施方案四个方面加以规定，旨在保护贵族的权利，使其免受王权的侵扰。大宪章提出：国王只是贵族群体中的第一人，没有更多的特权。未经王国一致同意，国王不得随意征收规定之外的任何赋税杂役，征税等问题需要召集会议讨论；不得随意逮捕、囚禁、处死自由人，不得剥夺其财产、法律保护，等等。大宪章还提出，由 25 名贵族组成委员会，负责召开会议，有权否决国王命令。臣民对其财产和人身安全拥有保障权，对暴君有反抗权。《大宪章》对英国王权进行了限制，试图将王权置于法律之下，暗含了诸如议会具有征税权、臣民具有参与并监督王国政务的权利，不仅维护了贵族的自由和权利，也使教士、城镇市民阶级等从中获益。尽管《大宪章》在颁布之初并没有彰显其权威，但是作为一个成文法典却被奉为后世法律的基础，成为宪法政治发展的起点。经过这样一个抵抗的经历，大贵族对自身的地位也有了新的认识，他们将自己视为对国王有天然发言权的臣民代言人。

《大宪章》颁布后，英王们多次删改宪章条款，意欲从法理上摆脱束缚，贵族们不断发起反抗。亨利三世统治时期，为了谋得西西里王位，亨利三世强行征收贵族和骑士的税款，引起贵族的不满。以西门·德·孟福尔为首的贵族联合骑士和市民，击败国王军队。1265 年孟福尔派召开英国历史上第一次议会，教俗贵族、各郡骑士代表和市民代表出席了会议。这次会议被视为英国议会的雏形，成为英国等级君主制议会的开始。

1295 年，英王爱德华一世为与威尔士、苏格兰、法国作战，再次召开议会。这次议会的成员构成与 1265 年雏形议会完全一样，不同的是安排贵族和主教、骑士和市民分别在不同的会场开会。这种形式成为以后议会召集的榜样，因此这次议会也被称为"模范议会"。议会获得批准对一切自由人征收财产税的权力，这使得议会具有了代议性质，而这类财产税具有了国税性质。由于爱德华经常与议会讨论并实施各项律令法规，议会在立法方面的权力增强。从1343年起，议会就形成了上议院（贵族院）和下议院（众议院）的两院制。骑士作为重要成员，频频被邀请参加会议。下级教士参加议会的义务正式被免除。1376年平民代表集体起誓对下院讨论的情况不得泄露，以此保持下院议事独立，又推选一名总发言人汇报下院讨论情况和要求，这种做法逐渐形成制度。

英国等级会议是在王权和地方贵族之间不断斗争博弈的结果。英国君主制的发展和地方贵族对自由和权利的主张同步共生，衍生出"王在法下""无代表权不纳税"等原则。议会逐渐具备了司法请愿、征税、制定法律、监督弹劾行政官员等职能。

法国三级会议

在法国，城市产生和发展，市民阶层力量逐渐壮大，为了发展工商业，他们渴望统一，寻求王权的保护，因此以金钱和武力支持王权，成为王权的新支持者。王权则通过给予城市自治权，采取支持工商业发展的政策满足城市的要求。大约在12世纪中叶以后，王权和城市的联盟逐渐稳固。腓力二世时期，曾给41个旧城和43个新城颁发特许证，追认其自治权和特权。在市民的支持下，他获得英国国王在法国的大部分领地，并将佛兰德尔地区并入法国控制之下，奠定了强大王权的基础。

腓力四世在与教宗的斗争中，以经济利益相威胁，迫使教宗默认了国王的征税权。1302年，腓力四世召集了有市民代表参加的"三级会议"，商议与教宗对抗事宜。最终决定袭击罗马教廷，推选波尔多大主教为教宗，教廷移至阿维农城。可以看出，这次会议是在王权力量强大，市民阶层强大的情况下召开的，有高级教士、贵族和市民上层（各城市有两名代表）三个等级的代表参加。三个等级分别在不同地方开会，各等级均持有一票表决权，实际上市民阶层总是处于少数地位。此时农民和城市平民被排斥在等级机构之外。三级会议由国王召开，也由国王决定解散，主要是国王寻求援助时召开，因此没有固定的召开时间。

三级会议产生于王权日渐强大之时，是作为王权体制中的合法机构存在的，对王权的制约作用较小。到百年战争期间，王权出现危机时，三级会议频频召开。此时第三等级力量壮大，借由为被俘的约翰二世征收赎金的机会，三级会议提出了一系列争取权利的条件，比如允许会议代表参加御前会议和行政管理，三级会议有权每三个月自行召开一次会议，会议代表受到保护，等等。到18世纪时，三级会议的代表向国王发难，逐步演变成国民会议和制宪会议。

德国七大选侯

查理帝国分裂以后，在东法兰克，历任统治者都认为自己是罗马帝国的继任，恢复帝国统治是其愿望。936年，奥托一世（936—973年在位）成为东法兰克国王。他打败争夺王位的对手后，在奥赫菲尔德战役中打败马扎尔人，稳定了王国的东部边界；经过10年的征战，于961年征服了意大利北部和中部地区；他将大片土地封给主教和修道院院长，从而掌控了主教叙任权。他迫使各地公爵接受皇家的统治，以图恢复皇室权威。962年，教宗给奥托一世加冕，并授予他"神圣罗马帝国皇帝"称号，标志着神圣罗马帝国（全称为德意志民族神圣罗马帝国或日耳曼民族神圣罗马帝国）的建立，意大利、波兰、波西米亚、匈牙利等都承认帝国的统治。

神圣罗马帝国统治下的德意志保留了明显的日耳曼传统，皇帝权力相对弱小，而诸侯实力强大，在各自领地具有完全独立的统治权；同时，皇权也受到来自教权的挑战；地方贵族和教会领袖不断发生内乱。12世纪，霍亨索伦家族腓特烈（或译弗里德里希）一世制订了重建帝国政府的计划，但是遭到许多敌对势力（包括教会和意大利北部的商业城市联盟）的反对。1183年，双方签署《康斯坦茨合约》才达成妥协。亨利六世继任西西里王国王位后，阻止了教宗扩大在意大利权力的企图。亨利去世后，霍亨索伦派和韦尔夫派的后人开始争夺亨利六世的"遗产",德意志分成两个敌对阵营。最后,腓特烈二世即位,将德意志教会控制权交给教宗,并保证诸侯在领地的行政管理权。但是当腓特烈想夺取意大利控制权时,又引发教会和意大利的反抗,皇权实际上已然消亡;待到1250年,神圣罗马帝国已经分裂成包括公国、侯国、宗教贵族领地和帝国自由城市的政治联合体。此后大约20年间,德意志处于无君主的"空位时期"。1273年,德意志贵族行使对皇帝的选举权,哈布斯堡、卢森堡、巴伐利亚家族先后当选为统治者,贵族、教士、市民扩大了各自的独立性,构建自己的区域实体,制定自己的政治方针。到卢森堡王朝查理四世之时,这种政治结构被赋予法律内涵。1356年,他在纽伦堡颁布《金玺诏书》,正式规定德皇由七位公爵贵族选举产生。这七位分别是科隆大主教、特里尔大主教、美因茨大主教、萨克森公爵、勃兰登堡公爵、巴拉丁公爵(莱茵—普法尔茨伯爵)、波西米亚国王,他们被封为"选侯"。

七大选侯中,美因茨选侯是选侯召集人兼帝国摄政,享有国王人选的最终裁定权。世俗选侯中波西米亚选侯居首,其次是莱茵—普法尔茨选侯、萨克森选侯、勃兰登堡选侯。七大选侯除拥有选举国王的权利外都兼有王室职位,三个教会选侯分别是德意志、勃艮第和意大利大议长。波西米亚选侯为王室膳食总管和司酒官,莱茵—普法尔茨选侯是王室总管,萨克森选侯担任元帅,勃兰登堡选侯任王室御前大臣。在自己的领地内,选帝侯政治独立,享有独立的司法裁判权、铸币权、采矿权、征税权。

三十年战争缘起波希米亚王国的首都布拉格,因此波希米亚国王腓特烈(英王詹姆斯一世的女婿)的选侯资格被剥夺,此后转至皇帝的党羽巴伐利亚公爵马克西米利安手中。1648年三十年战争结束,在签订《威斯特伐里亚和约》时,波希米亚国王又恢复了选侯地位,此后汉诺威公爵也获得选侯资格,这样选侯数目增至九个。拿破仑帝国时期,科隆和特里尔选侯职位被取消,其教区土地并入法国。其他选侯的资格也都被转移。1866年,随着最后一个选侯黑森大公国的封地并入普鲁士王国,存在于德意志500多年的选帝侯制度终于画上了句号。

第九章 西欧庄园、城市与议会

由于实行这种选帝侯制度,德皇虽然形式上仍是最高贵的统治者,世俗界的首领和最高行政长官,在整个欧洲享有崇高的荣誉,但是其实际的施政权力受到很大限制,受制于地方各贵族、领主及帝国会议。

第十章　西欧基督教、大学与文化

西欧文明伊始，以武功建国的日耳曼首领为了稳定自己的统治，体会到宗教信仰一致的重要性，他们纷纷皈依基督教，以取得罗马人和教会的支持。而此时基督教也因罗马帝国的衰亡，地位岌岌可危，急于寻求新的保护。自5世纪末，基督教进入教化蛮族的时期，同时也起到了保护和传承古典文化的重要作用，基督教文化在这一时期走向繁荣，为中世纪的文化提供了最核心的理念，并成为影响欧洲文明进程的精神纽带。这一章我们会走进欧洲思想、精神和文化领域，透视欧洲文明在中世纪的成果。

一　中世纪的基督教

西欧社会的基督教化

日耳曼各部族在建立王国的过程中为取得罗马—高卢人的支持，逐渐接受了基督教，而罗马基督教传教士也在不断地向这些异教徒传教，最终促成了西欧社会的基督教化。

法兰克国王克洛维于496年在兰斯地区率领3000亲兵接受主教的洗礼，成为第一个信仰基督教的蛮族，和基督教会建立起坚定的同盟，取得了教会的支持，并获得决定性的胜利。此后西哥特人、伦巴第人、肯特国王也都改信基督教。从此，法兰克王国和罗马教宗为各自利益，互相支持。当罗马教宗受到伦巴第人的侵扰而向法兰克王国求助时，历代统治者都承诺充当教宗的保护人，多次出兵意大利，并颁布敕令保护教会的财产。作为回报，教宗亲自为国王加冕、涂圣油、戴王冠，为王权涂上了一层神圣的色彩，教宗也开始拥有了对王位的一定干涉权。矮子丕平和查理大帝在位期间，教宗扩大了教会领地和财产，并在自己的领地内享有各种特权，在西方逐渐确立了统一的基督教世界。

在不列颠，居住于爱尔兰的凯尔特人最早皈依基督教。由于受督伊德教思想和当地政治状况的影响，这里的基督教会依照修道院方式组建，修道院院长成为地方社会的实际管理者，势力强大。6—7世纪，一些附属于修道院的传教士云游四方，在高卢、法兰克、苏格兰和英格兰等地建立了多所修道院，形成基督徒传经布道、研习学术的中心。诺森伯利亚是英格兰北部基督教发源地。6世纪末，基督教传教士圣奥古斯丁在英格兰南部的肯特登陆，随后在坎特伯雷传教。598年，埃塞伯特皈依基督教，并建立了坎特伯雷大教堂。奥古斯丁成为第一任坎特伯雷大主教。坎特伯雷成为英格兰宗教活动的中心。此后，埃塞克斯国王、盎格利亚国王、诺森伯利亚国王相继皈依，其亲兵和普通民众也都接受了基督教，至663年，英格兰东南部被纳入基督教世界。由于受到罗马基督教和爱尔兰基督教的不同影响，不列颠南部和北部形成了不同的传统，在组织形式、日常习惯等方面都存在着明显的区别。诺森伯利亚的奥斯威统治时期，国王在惠特比召集南北基督教派会议，使英格兰在宗教问题上达成统一，避免了分裂的可能性，为英格兰政治统一创造了前提。672年，坎特伯雷大主教提奥多颁布了在英格兰进行主教制管理的教规，此后逐步完成了教会组织上的统一工作，并建立了宗教会议制度。

总体来看，欧洲融入基督教世界，统一了信仰和价值信念，并形成了与王权政治相符的管理体系和秩序观念，圣经、教会法、大教堂等都成为欧洲文明继续发展的重要因素。

教 宗 国

早在4世纪，基督教便在罗马帝国获得了合法地位，教会组织不断获得捐赠，拥有财产，享有诸如征税、审判、统辖地方武装等权力。日耳曼各王国建立以后，意大利各教会组织起来，在罗马主教治理下势力逐渐稳固，成为意大利中部地区的统治者。568 年，格里高利一世组织抵御了伦巴第人的入侵。此后，他又派遣教士到英格兰传教，这样，罗马主教成为传播基督教、抵御外侵的首领。因此，"教宗"这一称号便成为罗马主教的专有称号。此后历任教宗不断援引《圣经》，强化自己的权力，提出教宗是上帝指派的全部教会的首脑，在信仰上的权力既独立于皇帝，又独立于教会会议。

日耳曼各王国相继皈依基督教后，将没收的罗马国有土地也赠予了教会，教宗的政治、经济特权都得到了法兰克统治者的支持。728 年，伦巴第国王露易特普兰德将拉丁地区一些村镇捐献给罗马主教，这些土地被称为"圣彼得的遗产"，成为教宗国的立国基石。法兰克王国矮子丕平在位期间，宣布所有作为采邑的教会土地都是教会的财产，封臣应向教会缴纳一定费用。在教宗和贵族的支持下，丕平自封为法兰克国王，教宗亲自为他加冕。此后丕平两次出兵意大利，击败伦巴第人，并将拉文纳到罗马之间的五个城区赠给教宗，史称"丕平献土"。教宗援引所谓"君士坦丁赠礼"说欣然接受了这一地区，并在此建立了"教宗国"。查理大帝即位后，自称是神圣教会在各方面的虔诚保护者和协助者，同时也是本王国的"教会主宰"。他主持召开了 16 次宗教会议，多次颁布敕令，宣布任何人不得瓜分教产，已经捐献给教会的财产就是教会的合法财产，不得索回；凡是不遵守这些法令的人必须赔偿损失，受到法律制裁。773 年查理攻克了伦巴第人的首都，将其领土并入法兰克王国，迫使其皈依基督教。他重新确认了丕平的赠予，并按照教会提供的依据，将伦巴第人占领的原属于罗马教会的财产"归还"教会。这样，西方形成了以罗马为宗教首都的、统一的宗教世界，教宗国领地逐渐扩大，教宗开始用自己的名字和画像铸造硬币，以自己上任的年代记录日期。

教宗国保持了罗马的行政体制，为西欧政治体系提供了基础。教会内部形成教阶等级制度，教宗为最高首领，下设大主教、主教、修道院院长和神甫、修道士等。在教宗国，罗马教宗享有绝对的、独立的权力，有法律和管理执行权。最高立法机关是总委员会，教宗监督制定教规。教宗享有财政权，各国每年需要上交罗马教廷一定比例的收入。教宗受理各地的上诉，仲裁各国之间的纠纷。教职不受当地政府的管辖，教会财产享受免税特权。各地都有教廷的特使，监督教廷训令的执行情况。

"教宗革命"：王权与教权之争

按照罗马帝国的传统，教会主要负责精神领域的事务，并隶属于皇帝。而蛮族入侵以后，教会体制保存了下来，并凭借自己完整的组织系统和精神权威，逐渐介入原本属于政府的世俗事务。教宗为国王们的统治赋予宗教合法性，世俗君主们则反过来承认教宗的神圣地位，以武力保护教宗；二者亲密合作，共同照顾双方在现世和来世的需求。

随着教会获得的经济利益日增，在经济和文化教育方面的作用日益凸显，教会开始寻求更大的政治利益。10世纪，教会推行克吕尼教会革新运动。克吕尼修会由阿奎丹公爵创立，旨在反对教会世俗化，树立教宗的权威。11世纪时，三任教宗均出自克吕尼修会，因此修会取得了很大的影响力。1073年教宗格里高利七世当选，颁布《教宗敕令》，采取一系列改革措施，试图恢复早期教会的纯洁性，并试图夺取主教授予权，明确提出教宗权力高于皇帝。这场运动被称为"格里高利改革"。凭借这些运动，教廷此时在政治上与王权分庭抗礼，经济上占有西欧土地的三分之一，文化上加强救赎等理论，并与意大利南部的多个城市联盟，逐渐成为西欧政治、经济、文化方面的至上权威。王权和教权不断发生权力之争。最典型的就是教宗与神圣罗马帝国亨利四世关于主教"授职权"的冲突，并由此引发了一场欧洲范围内的斗争。这场斗争实际上是教廷反对王室、封建权贵控制的革命。

11世纪中期，神圣罗马帝国皇帝的势力衰弱，统治受到教廷的威胁。此时，格里高利七世颁布敕令，并指责德皇亨利四世属下犯有买卖圣职罪。对此，亨利四世去信指责教宗以不光彩的手段获得现有的地位。他未经教宗同意，留任了被教宗开除教职的人，并任命了一些地区的主教。他召开

卡诺莎觐见

全德意志主教会议，宣布废黜教宗。格里高利七世则发布教令，宣布开除亨利四世的教籍，取消教徒臣属对皇帝的效忠誓言。德意志王公贵族也趁机以推举新皇帝的举措给亨利施加压力。此时，准备前往奥格斯堡参加会议的教宗由于天气的原因滞留在卡诺莎城堡。孤立无援的亨利被迫屈服，亲自到卡诺莎城堡请罪，在冰天雪地中赤脚等了三天，教宗才在众人劝说下收回敕令，恢复亨利的教籍。这一事件被称为"卡诺莎觐见"，也是德意志神圣罗马帝国皇帝的一次奇耻大辱。亨利回到德意志后平定了贵族叛乱，率兵前往意大利，将教宗逐出罗马。教宗逃跑，客死他乡。继任教宗继续同亨利斗争，直到1122年，政教双方缔结了《沃尔姆斯教约》，暂时达成和解：世俗封地和世俗职位均由君主授予，宗教职位由教宗授予，主教依据教会法选举。这一事件被称为"授职权之争"，世俗王权从此被剥

第十章　西欧基督教、大学与文化

除掉精神光环。神圣罗马帝国王权在冲突中削弱，并成为教宗主要盘剥的对象。

而在英格兰，诺曼征服后，威廉一世对教会进行改组，主教和修道院院长均由受过良好教育的诺曼人担任；强令英格兰教士执行罗马教廷独居生活的规定；教会专设宗教法庭，主教和副主教不得干涉百户区和郡法庭事务，未经国王同意，主教会议的决定和教宗的命令在英格兰都不生效；新任主教或修道院院长必须向国王行臣服礼。威廉二世时期没收了多处富有的修道院和主教区的财产，收取了大主教辖区地产的税金，并使坎特伯雷大主教职位空缺五年。当威廉二世准备任命安瑟姆为坎特伯雷大主教时，他答应了安瑟姆的要求，归还了教区地产，但拒绝承认教宗乌尔班二世的权威。亨利一世与安瑟姆在伦敦达成妥协，将授职权让给教宗，主教在国王监督下由宗教会议选举产生，但是主教授职仪式后必须再向国王行臣服礼，而且国王仍是教士财产的封赐者。1162年亨利二世通过《克拉伦登约章》，划分国家与教会的权限，规定王室法庭有权先检举教士重罪，再由宗教法庭审理，开除教籍的由世俗法庭做最后判决。但不久他又不得不废除《克拉伦登约章》，允许英格兰人直接向教廷上诉，承认教廷在英格兰的权利，恢复宗教法庭对犯罪教士的审判权。亨利二世保留了对主教和修道院院长的挑选权。

随着民族国家的逐步形成，王权力量逐渐加强，教会的精神权威日益削弱。13世纪末，法兰西国王腓力四世为筹措军费，向法兰西教士大举征税，教宗卜尼法斯八世表示强烈不满，威胁要开除腓力的教籍。然而腓力下令禁止一切金银出口，阻塞了教廷的收入来源，并直接派兵前往教会驻地，羞辱教宗，教宗愤恨而亡。腓力四世扶植法国主教当选教宗，即克莱芒五世，并将教宗驻地从罗马迁到法国边境的阿维农，教宗职位和大多数红衣主教基本上把持在法兰西人手中，长达70年，这在历史上称为教会的"阿维农之囚"时期。直到1377年教宗格里高利十一世时期，教廷才迁回罗马。此后，教廷分裂，同时期存在两位甚至三位教宗。教权与王权之争又与欧洲各国的政治斗争混杂一起，欧洲各国也形成两大阵营。这种局面直到1417年康斯坦茨宗教会议选出新的教宗，才告一段落。但是罗马教廷的权威已大不如前，并且不断成为社会抨击的对象。

二　大学：中世纪最美丽的花朵

大学的起源

中世纪大学在欧洲是一支重要的社会力量，它们推动了学术研究和教育的世俗化，开创了学术自由、学校自治、理性思考、批判质疑等社会风气，在欧洲文明发展过程中发挥了重要作用，被誉为"中世纪最美丽的花朵"。

中世纪大学最早出现在交通便利、商业贸易比较发达、拥有自治权利和人身自由的城市。在这些地区，市民交往范围广，思维拓展，许多新兴职业兴起，掌握职业技能的需求不断增加。随着城市的兴起和工商业的发展，社会既对教育提出新的需求，也为教育活动提供了一系列的物质基础。与此同时，东西方商业贸易、文化交流日益频繁，许多希腊、罗马、东方的古典著作通过阿拉伯人传入欧洲。首先在教士阶层中间传播，并被翻译成拉丁文，经由修道士们的传抄，得以保存和传播，成为教会研究和教学的内容。此外，大学的兴建也离不开一批尊重知识、扶持教育的君主的支持。

大学最初只是由一批名师和一群慕名而来的听众会聚形成的学者群体。这些学者来自欧洲各地，并非当地人，无法享受当地的法律保护，因而他们以生源地、专业、住所等自发结成多种团体。大学"university"一词的本意是行会，后来专指由学者组成的保护自身权益的学者团体。为了保护自身利益，也为了规范教师职业资格和条件，大学成员仿照手工业者行会的方式联合起来，组成教师或学生行会。12世纪前后，大学开始得到教会、君主的认可，师生在某地长期定居，修建校舍，拥有了自己的财产，形成了固定的教育机构。可以说，中世纪的大学是因名师而自发形成的。

第十章　西欧基督教、大学与文化

大学的建立有三种情况：其一，从已有的学校发展而来，此类大学很难确定确切的成立时间；其二，学者自发聚集，得到教俗领主认可，获得固定居所，建立起校园；其三，由教会或王室出资支持新建。在中世纪可以被称为大学的教育机构中，意大利的萨莱诺大学是在已有的犹太人创建的医学学校基础上发展而成的，最初仅设医学科，后来加入哲学与法律两科，1231年被认定为大学。意大利博洛尼亚大学的前身为法学学校，1158年被授以大学特权，其后增设了哲学、神学、医学三科。德国皇帝腓特烈（或译弗里德里希）二世意识到大学可以培养大批接受高等教育的专业人才，有助于维护帝国统治，亲自颁文建立了那不勒斯大学，它是欧洲第一所有确切建校日期的大学。此后不久，教宗在法国南部的图卢兹建立图卢兹大学，在意大利北部地区创立了罗马教廷大学。据统计，13—15世纪共创办近75所大学。

根据管理模式，大学可以分为两类：学生大学和教师大学。博洛尼亚大学和巴黎大学分别是这两种模式的代表，并成为欧洲南部和北部学校效仿的范例。学生大学每年由学生组成的同乡会推选一名代表管理大学，聘用教师，并和教师签订协议，详细规定教师任教资格、职责、纪律和违纪的处分，教师必须宣誓效忠学生校长，否则就可能被禁止教学、剥夺收入、剥夺特权。教师不得随意度假和外出，离开所在市镇必须缴纳一笔押金以确保自己按时返回。而新教师的资格认定、授予学位这样的权利仍由教师行会拥有。这种模式的出现主要是由于来学习法律的学生在自己家乡多是有些身份地位的年轻人，对获得在新城市的权利保护的意识也相对强烈。

巴黎大学是一所拥有文法、神学、医学、法学四个学科的综合性大学，其中神学最为著名。大学日常事务由文科教师组成的团体掌握。巴黎大学形成时，巴黎城已然成为王国的首都和重要的主教驻节地，来自各地的学者云集于此。此前，修道院学校、主教座堂学校都已很发达，而国王们对文化教育的支持更促进了大学的发展。1200年腓力二世颁发特许令，巴黎大学师生因此获得了各种特权。1215年教宗也批准了其办学章程。巴黎大学被誉为"中世纪的雅典"和"哲学家的天堂",成为诸多大学办学的典范。牛津大学和剑桥大学也是以巴黎大学为蓝本建立起来的。中世纪的英国多次在牛津城召开国事会议,这里也会集了不少名师和追随者。12世纪末,由于英法在教俗权利之争问题上存在冲突,英国召回在巴黎大学学习的学生,并在牛津城创建了牛津大学。之后由于学生与当地市民发生流血冲突,部分师生移师剑桥,建立了剑桥大学。伦敦四法学院以法学教师居住和授课的地方为基础建立,专门从事法律法规、案例研究、审判程序等方面的教学和研讨,在英国法律体系的健全完善和培养法律人才方面作出了重要贡献,被称为英格兰的"第三大学"。

中世纪巴黎大学课堂

课程的设置与教学管理

课程是教育活动的核心。中世纪大学分为基础学部(即文科学部)和高级专业学部(即法学部、医学部、神学部),主要以专业划分。文科学部主要学习传统的七艺,即文法、修辞、辩证法、算术、几何、天文、音乐。加洛林王朝时期的教育家阿尔昆将七艺引入宫廷学校。七艺一度受到宗教和道德学习的排挤。亚里士多德的《工具论》等著作被发现并被翻译以后,七艺课程重新回归学校,并逐渐得到充实和丰富。七艺中占重要地位的是逻辑学和辩证法。但中世纪七艺课程渗透了浓厚的宗教色彩。13世纪中期,哲学(包括自然哲学)被引入课程。这几门课程是大学学习的基础课程。在当时的教育者看来，七艺不仅仅是学科，更是内涵丰富的知识领域，是对人类知识的系统概括，是培养各类人才素质训练的基础课程。七艺至少学习6—8年。学习方式基本包括两种：其一为授课，教师通过诵读文稿，加以评注，使学生了解和掌握学科课程的全部内容；其二为辩论，遵循实践辩证法原则，检验学生思维敏捷度和推理能力。教师本人承担普通课，一般安排在上午，早上6点开始上课，每节课大约90分钟。辩论课由教师选定辩论主题，并负责主持，委派一个学士陈述问题并回答听众的反驳。此外，还会安排由学士或硕士举办的特殊课程讲座。学习期满，学生可以进入高一级专业性学部继续学习。法学部主要学习教会法和民法。教宗及历届宗教会议颁布的宗教法令以及罗马法汇编等是学生的基础教科书。医学部主要学习古希腊、阿拉伯、欧洲等地医学专业著作，如盖伦的《医学论》，阿维森纳的《医典》等。神学部课程主要是围绕《圣经》及其注释研究展开。在高级学部学习的年限不尽相同。一般医学部和法学部学习年限在6年左右，神学部学习年限最长，甚至长达14年。

各学部学习期满，学生可以申请相应的学位。学位制度最初仅是教师行会对内部成员入会资格的审查和认定。如前所述，达到一定修业年限并通过一定形式的考试，可以申请并授予master（硕士）和doctor（博士）资格，也就是说可以加入教师职业，并享有一些特权。这里的master原意就是某行业的师傅，而doctor则指任教者。在中世纪，这两个词和教授一词并无明显的区别，只是用于不同的专业领域，比如神学院、医学院、文学院很少使用博士一词，法学院则没有硕士称呼。在文科学部修满年限，可以获得相当学徒的身份，13世纪被确定为学士学位。1158年博洛尼亚大学获得教宗颁发的世界上第一份博士学位授予证书。获得学位，特别是博士学位要举行盛大的典礼仪式，实际上就是授职仪式。一些入学年龄早的学生，大约十二三岁就可以获得学士学位；但由于学习年限长、开销比较大，获得博士学位者并不多。

随着学生的增加，也为避免学生受到社会不良风气的影响，牛津大学新学院在成立之初，便采用年纪较大的学院成员负责对年纪较小或新入学的学生加以指导和管理的方式，这种制度逐渐发展为导师制。每一个学院还推举出院长负责全面管理学院事务。这样，几乎所有大学学生都集中到某个学院生活。此后，导师不仅在生活方面进行管理和指导，也在学业上加以辅导。逐渐地，学院开始承担起教育功能，成为大学主要的学术活动场所，而大学则仅负责行政管理工作。

大学的自治及社会影响

中世纪大学兴起后，各种社会力量通过不同的方式对其施加影响，但是在这个过程中，大学利用各种力量之间的冲突为自身赢得了自治权利和学术自由的空间。

12世纪前后，教俗两界为确立自身的权威地位，极力拉拢和控制大学。颁发教学许可证、大学办学许可状是其主要的手段。大学也由于为教权和王权论战提供了思想和理论见解的探讨平台，得到教俗两界的支持，获得办学自主权。巴黎大学由于从神学立场提出教会自主论，而获得教廷的全力支持；同时，因其在神学界具有很高权威，教会法规的制定都需要通过其神学院裁决。教宗策雷斯丁三世于1198年赐予巴黎大学社团第一批特权。1215年枢机主教库尔松制定了巴黎大学的第一个章程，以法律的形式正式承认了大学的自主权。1231年，教宗通过《知识之母》的教谕，赋予巴黎大学诸如结盟权和罢课权、授予学位权等，彻底摆脱了主教控制。博洛尼亚大学因从法律角度论证了皇帝在国家与教会关系中的地位，并表示拥护皇帝权威，在1158年得到神圣罗马帝国皇帝腓特烈一世专门颁发的居住许可，随后又得到了教宗的认可。这意味着学校获得了独立办学权利，地方政府无权干涉学校内部事务。对于罗马法的研究，能帮助各国形成更为完善的法律体系，并提供了许多近代欧洲法律观念的基础，也必然使大学受到王权的青睐。大学还专门形成了一个治安特区——拉丁区，享有治安特权。

在君主和教宗的支持下，大学犹如城中之城，进入大学就意味着享有特殊的权利，如司法审判权、免税权。凡是涉及大学成员的事件都归属大学专设法庭审理。同时，大学也利用罢课权、迁移权，影响着市镇的经济活动。在一些许可状中还规定，大学可以设立一名专家代表学生与市民定期就房租、商品价格进行协商。在市民与大学的冲突中，君主们往往全力维护大学成员。1354年当牛津大学与城镇市民发生暴乱时，国王出兵镇压了暴民，判罚市民向大学道歉，并担负长达500年的罚款。巴黎大学也在此类情况下获得了国王颁发特权证书的认可。博洛尼亚大学利用罢课权，抵制了博洛尼亚市提出的全体学生必须宣誓效忠本市，不得擅自离开的命令，从而摆脱了地方政府的干涉。

大学最高权力由校长掌管。初时，校长一职完全由教会指定，大约13世纪20年代由教师指定，14—15世纪则转变为在神学或者法学博士中推荐并由教师选举产生。校长不在校期间，则由一位副校长或者指派临时校长行使职权。大约在12世纪前后已经有了有关院监、学监或是庶务监等职务的记录。庶务监主要进行租金评估，对采购商品进行监督，并将违反规定的人报送大学法庭。学监的权利范围更广一些，每个学院都有义务指派一名学监进行学校事务的管理。

学院作为一种自治团体，是中世纪大学的一个特色。中世纪大学具有国际性特点，当时盛行游学之风，学者来自世界各地。这样就出现了住宿和日常生活起居等诸多方面需要解决的问题。大学本身没有校舍，一些教师利用自己的住所或者租借市民房屋为学习者提供学习场地和食宿。这便是学院的前身。牛津大学和剑桥大学是实行学院制的代表。学院制正式出现大约在13世纪，主要依靠王室、教宗、主教、政界要人支持，通过吸纳个人捐赠、被没收的外国教会在英国的教产及其他城市或乡村地产获得收入来源。1303年，爱德华一世颁令规定，凡是已经作教学之用的城市地产不得移为他用，承认了学院地产及学院作为独立的经济实体享有的特权。学院设有学监等管理人员，多为文科学部教师担任，负责监督本学院学生的行为、协调与市民在房租和物价等方面的关系、向大学法庭报送违法违规的行为等。来自不同专业、不同修业年级、不同地区的学生聚集一处，形成了一个个小型社区，其作用超过其他形式的团体，并全面承担了学生的日常教学和生活管理职能。

大学在社会发展进程中尽显其社会责任。中世纪大学为社会输送了具有高素质的专业人才。大学出现之初，也有职业教育性质，主要为满足社会对教职人员、政府管理人员、各类急需人才的需求，为社会输出精英。在中世纪晚期出现一股"教育热"，各级教育在规模上都有所扩大，教俗管理人员的文化程度也空前提高。政府要员、高级教职，都有在大学学习的经历。大学成员中富裕农民、约曼家庭的子弟达到很高比例。在一些重大政治事件中，大学也起到了关键作用。教会大分裂时期，巴黎大学从思想观念的角度为弥合和统一教会提供了神学和教会法学方面的理论依据。它支持通过公会议解决问题的做法，并专门设置了提案箱，征集全体成员的提案并在公会议上进行讨论。它游说其他大学、上层教俗人员，以统一思想，大学代表在会议上的发言左右了全欧洲的社会舆论。正是巴黎大学促成了一系列公会议的召开，特别是在康斯坦茨公会议（1414年召开）上，除神职人员外，与会代表中有许多神学、教会法方面的博士，会议主要按照地域划分小组，以同乡会为单位讨论表决，然后通过全体会议进行决议，每个同乡会一票。最终，会议结束了天主教会三位教宗公开分裂的局面，同时也认可了教会民族化这样的理念。

大学作为学术研究和知识传播的重要平台，在获得特权的过程中，保持了自治、学术自由、办学独立等精神，传承了人类文化，满足了社会对专业人才的培养需求，引领了社会的价值取向，孕育了人文主义精神、近代科学思维，在一定程度上影响了社会阶层结构、政治走向。

三 语言、文学、巫术与艺术

中世纪的语言和文学

语言是一个民族的民族性的表征，是传承文化的重要工具，有助于增进民族认同感和凝聚力。

中世纪早期的人们普遍认可希伯来语、希腊语和拉丁语是三种神圣的语言，其他语言都是卑微和野蛮的。欧洲的语言大部分属于印欧语系。还有相当大的一部分民族讲乌拉尔、阿尔泰等语系的语言。印欧语系包括罗曼语族（或称拉丁语族）、日耳曼语族、斯拉夫语族、克尔特语族、波罗的海语族、阿尔巴尼亚语族、印度语族等。

西欧基督教化后拉丁语成为官方语言，是大法官法庭、财政部、皇家事务、议会和御玺的书面用语，也是基督教教会的日常用语和日常记录的唯一用语，专属上层贵族、文人学者、教会人士，凡是想要谋求教牧职务或进入政府部门的人都必须学习拉丁文法。加洛林王朝时期，基于对古代典籍的崇尚，重视拉丁语法教育，并创立了一种简化而灵活的拉丁语书写体和语言规范，有效地提高了书写能力和阅读思考能力。自此，拉丁语统一了基督教世界，重新建立起欧洲与古代罗马以及教父时期知识和文学的联系。这时期很多版本的古典拉丁文学著作流传于世，为西欧发展有创造力的、独立的知识和文学生活奠定了基础。随着宗教改革与民族国家的崛起，拉丁文逐渐式微，成了濒死的语言。

民族语言一直是世俗人群交流的工具，在拉丁文成为官方语言时期，民族语言的使用受到排挤，但是并没有完全消亡。一些地区使用民族语言编纂和翻译各种著作的工作一直在进行。随着商业的发展，经济社会交往活动范围的日益扩大，民族意识不断加强，中央集权政体逐步确立，世俗化进程深入，民族语言越来越成为人们沟通交流的主要工具，也成为世俗界反抗教会的主要工具。12世纪前后，民族语言开始得到官方的重视，打破了拉丁语的统治。如在英国，1258年亨利三世发布的《牛津条例》已用英文写成，宗教会议和议会演讲等也开始使用英语。英语取代法语的地位，并逐步规范为标准英语，重新回到上层。14、15世纪英语被广泛使用，具备读写能力的下层民众也逐渐增加。

用民族语言注释《圣经》更增加了书面语言的传播，可以说是一件有重大社会意义的事情。众所周知，《圣经》使整个西方人民有了共同的知识背景和共同的文化。它是一部完整的文学，相当于一座图书馆。对熟悉其内容的人有着巨大的吸引力，任何家庭和社会都能从中找到相应的理智和道德训诫。宗教改革提倡人人自己阅读和理解《圣经》，可以直接与上帝对话，促使各民族国家纷纷将《圣经》翻译成民族语言。《圣经》也被翻译成多种地方语言版本。当一种语言被大家所公认，并被自豪地认为本民族语言不比任何语言差，没有哪种语言可以比本族语言"更优美、文雅、灵活，更善于表达各种思想"时，民族认同也随之确定。

中世纪传世的拉丁文和各地方语言写作的文学作品极其丰富。许多肃穆宏伟的赞美诗以及学者的作品都使用拉丁语。而方言的写作更加体现了作品的多样性，并且流露出强烈的民族感情。此时世俗文学创作可以分解成骑士文学、市民文学等领域。骑士文学就是一切关于骑士生活的文学作品，盛行于11—13世纪，大致包括骑士抒情诗、骑士传奇、骑士小说及后来的反骑士小说，反映了骑士阶层的生活理想、忠勇侠义的情感、浪漫细腻的爱情、基督教徒的纯洁和奉献等主题。

中世纪前期，普通民众没有自己的文化传统，他们的作品主要是民间故事和口头传说，最初以口耳相传的方式或者通过以后书写的民谣、箴言、歌曲等流传下来。城市兴起，市民阶级形成之后，市民文学开始成型。其形式主要是幽默诙谐、短小精悍的讽刺诗，借喻和讽喻为主的寓言故事，以及行会合作编排的神迹剧和音乐剧等。在作品中，创作者常常对陈规旧俗、虚伪好色的神甫、精明的暴发户、沉稳守旧的商人、愚蠢的宫廷大臣、狡猾奸诈的骑士等进行讽刺和揶揄，如有关列那狐的故事。中世纪晚期，受到人文主义的影响，无论拉丁文学还是民族语言文学作品都有所发展。史书、书信、诗歌、神职人员编写的指导性书籍、神学家的注释及短论、世俗文学著作、女性的道德指导手册也都是此时文学作品的重要成果。

值得一提的是，此时女性作家的作品也层出不穷。这些受过良好教育的贵族女性通过诗歌和散文等形式抒发情感，展现才华。如克里斯蒂娜·德·皮桑，其作品题材广泛、文体丰富、情感细腻，更对以往反对女性的观点作出了有力的反驳。

巫术与迷信

巫术一词来源于法文，原意指那些通过祭祀或某种象征的仪式，借助超自然的神秘力量对人或事物施加影响。从人类发展的历史长河来看，巫术本身也是人们认识世界、把握世界的一种特定方式，有很悠久的历史。属于旧石器时代文化遗址的西班牙北部的平达尔洞穴里刻有多幅以受伤动物为题材的壁画，当是为了祈求狩猎成功的一种巫术。巫师作为巫术仪式的执行者可以用魔法保护他人，以免受到自然灾害、外来者和敌人的伤害。他们也负责改正错误、衡量对错，操控大自然和解释恐怖的现象等，因而在社会上享有很高地位。

中世纪的巫术观念主要源自希伯来文明中关于巫术的观念，随着基督教的兴起和传播，逐渐渗透到欧洲。在希伯来那里，巫术被视为罪恶，是受到某种隐藏的邪恶力量的支配，有伤害性的巨大力量。这种巫术运用超自然的力量来施法以达到目的。基督教受新柏拉图主义及其他异教思想的影响，创立了魔鬼信仰理论，认为魔鬼是上帝创造的，是良善败坏的结果，是恶的根源。魔鬼信仰理论认为精通巫术的巫师与魔鬼或精灵交往，沉迷于草药和毒药，与魔鬼订立契约，放弃上帝的信仰和一切宗教活动，换取魔鬼给予的办法和利益，是魔鬼的仆人。因此，巫术与对上帝的信仰是对立的。《圣经》中规定：行巫术的女人，不可容她存活。当然，最初的教会只将其视为因无知等原因产生的迷信。

12、13世纪，在基督教镇压异端的过程中巫术被列为异端，成为打击的对象，其受打击的范围不断扩大。10世纪一份《主教教规》提出，主教等人必须彻底清查和根除主教区存在的巫术和罪恶，驱除那些实施和迷信巫术的人。这份规定也纳入了12世纪的教会法规中。1233年，教宗格里高利九世在关于惩处异端的谕书中首次将巫术视为异端。1484年教宗英诺森八世在训谕中指示要扫除一切弃绝信仰、将灵魂托付恶魔，通过咒语、魔法等手段从事各种邪恶和犯罪的男女。这是教廷的职责。1487年教会编纂了《女巫之锤》，成为欧洲猎巫运动的重要纲领性文件。

巫术的存在与人们对自己和周围世界认识的深度和广度相联系。对人们而言，世界上的变化许多是不能完全解释清楚的。农民生活交往范围有限，主要集中于他们的庄园以及方圆10—20英里的地方性圣地或集市。因此，他们很容易被闲谈与奇闻所迷惑。教士的布道加剧了人们对魔鬼和巫术的恐惧，对他们而言，地狱的爪牙无所不在，隐藏于田间与住所的各个角落，随时会伤害他们。人们很自然对被称为与魔鬼打交道的人有一种恐惧感。

不难看出，对巫术的认识和态度实际上是基督教竭力维护自己权威的一个重要举措。教士将所谓异端都归于巫术，他们竭力用基督教解释古老的异教习俗与传统，并确定诸多纪念日保留宗教仪式，如施洗者约翰节、五月节等。仪式上神职人员关于圣体的神奇力量以及某些最近领受圣餐的人得到何种好处的说教，大大增强了人们对教会的迷信心理。中世纪广为流传的大量传说、语言、圣徒行传、神话故事，也大大增强了人们对超自然力量的接受。人们逐渐相信，一段弥撒经即可解除人们所受之痛，所犯之罪。11—14世纪民众对宗教表现出极大的狂热。中世纪晚期，教会大分裂，权威受到质疑，异端思想和行为不断涌现，信仰出现危机，社会秩序混乱。在教会和世俗贵族们的说教下，人们自然将社会的混乱归咎于某种神异的东西。民族国家的意识初现，人们找到了更为有力的保护力量。在国家、教会和民众的共同驱动下，一场声势浩大的排巫运动拉开序幕，巫术、巫婆成为这时的牺牲品。

艺　术

中世纪欧洲在发展过程中逐渐形成加洛林式、罗马式、哥特式等多种文化艺术形式，体现在建筑、雕刻、绘画、音乐等领域。民间的艺术也处于发展中，并与教会艺术相互影响，逐渐发展为现实主义，艺术作品反映了一个被上帝创造、被人类理解的现实的宗教世界。

各种风格的教堂是中世纪最重要的建筑成果。加洛林时期借鉴各种传统，建造了保留有罗马风格的教堂，体现了加洛林艺术对古代希腊罗马传统的有意识的回归。著名的建筑就是位于德国西部的亚琛大教堂。整座教堂实际只有大约50英尺宽，为加洛林式的八角形建筑，装饰华丽，内部结构以圆形拱顶为主。穹顶技术源于古罗马式样，巨大的圆形拱顶和高耸的尖塔，昭示了此后罗马式和哥特式风格的走向，也体现了此时期力求使建筑成为宗教和皇家思想之间的一种联系的愿望。

比萨大教堂

　　罗马式建筑兴起于9—15世纪，是欧式基督教教堂的主要建筑形式之一，具有线条简单、明快，造型厚重、敦实，严肃的特征。教堂内部没有过多的装饰。这种样式的建筑理念主要源自《基督教地志》里对世界的认识和观念：天和地组成宇宙，大地是浮在水面上的一块平地，上面是天空的穹顶。因此罗马建筑一般建有圆形拱顶，内部采用穹顶设计，尽量扩张空间。宗教题材的雕刻作品被用来装饰柱头和门上的圆拱，融入教堂的整体结构中。其中部分建筑具有封建城堡的特征，体现上帝的权威。罗马式在英国也称诺曼式，英国伦敦塔中的白塔是典型的诺曼式建筑。晚期，罗马式建筑在意大利复兴，如建筑于曼图雅的圣安德烈大教堂，再现了5世纪圣萨比那修道院的恢宏风格。雕塑作品也转向对完美人体轮廓的重视，如多纳泰罗的《大卫》以罗马时代的雕塑为范本设计。

12—14世纪西欧出现了多种文化因素的合流，形成了一种新的文化模式，即哥特式文化。哥特式这个名称是15世纪的人文主义学者、哲学家瓦拉（Valla，1406—1437年）给予的，他曾经运用拉丁语语法和修辞学理论确定"君士坦丁赠礼"是8世纪伪造的文件，从而削弱了教廷的权威。他用唯美主义的观点来评价12—14世纪的建筑风格和艺术，认为其是一种不可理解的、不规范和不规则的形式，他称之为哥特式，与罗马式的建筑风格和艺术加以区分。早期哥特式吸收了拜占庭建筑风格的特点，更突出宗教的特点，注重高度和垂直的、上升的感觉，以带肋拱和飞拱的尖十字拱顶，取代了罗马式的圆形拱顶和拱门，显得更为纤巧。修长的立柱、主墙之外的飞扶壁增强支撑顶部的力量，整个外形高耸挺拔、直插云霄，以示无限接近上帝。中世纪晚期，这种垂直向上的风格进一步被强化，更为狂热地崇尚垂直的线条，打破了早期接近上帝的诉求和作品比例之间的平衡，注重用宗教的意识内容装饰教堂。不再用沉重的石头墙壁，而是安上美丽的花窗：细长的窗户被称为"柳叶窗"，圆形的被称为"玫瑰窗"；由各色的小玻璃片组成的彩色玻璃镶嵌其中，教堂内部透入连绵不断的阳光，如同令人炫目的玻璃花朵朵绽放，使人置身在光影交错的梦境之中；玻璃上用黑瓷漆精心绘制各种图案，由铅丝连缀制成轮廓线，以圣经故事为主题，意在使每一位虔诚的信徒都能看懂《圣经》的内容。这种装饰在艺术史上无与伦比。英国的索尔兹伯里大教堂有英格兰最高的尖塔教堂之誉。德国的科隆主教堂也是哥特式教堂的典范。哥特式建筑带动了手工工艺的发展，如彩绘玻璃、手抄本的装饰画、雕刻艺术、铜版画，等等。这些手工艺最突出的特点是对《圣经》人物的刻画。哥特式的雕刻作品也都是高而纤瘦，平静温和，面带微笑，被摆放在大教堂外部。

中世纪绘画受基督教禁欲主义与来世思想的影响，采用夸张、变形等手法，极力表现所谓的精神世界，往往流于概念化和公式化，缺乏真实性。当然，在不同地域也形成不同的美术风格。西欧各国的绘画也都带有本民族原始艺术的明显烙印。绘画作品也与建筑风格相一致，并融

第十章 西欧基督教、大学与文化

法国博韦大教堂

于建筑艺术风格之中。装饰性雕塑、镶嵌壁画与彩色玻璃窗画，以及圣经、文学作品的插图画和各种小型艺术等，又赋予中世纪美术以丰富多彩的面貌。

中世纪的音乐由于基督教而取得了不寻常的发展。8—10世纪罗马教廷统一教会的典礼音乐：最初大概是原封不动地采用了从犹大王国传来的形式，即歌唱圣诗、朗诵圣经，属于纯粹的声乐。罗马式音乐是这时期重要的音乐形式之一，以齐唱形式为主，无和声、无伴奏，通过教堂天井的回音产生庄严的和声感，主要表现淳朴、清丽的宗教感情，与罗马风格的教堂建筑相辅相成。格雷戈里圣咏是这种形式的代表，它是教宗格雷戈里一世收集的拉丁文教会歌曲，主要内容都是圣经故事，无伴奏、无固定节拍、平稳进行的单声部音乐，即兴式的，而且是纯男声，呈现出朴素的风格。在此基础上发展出四种教会调式及其变格调式。此后的圣咏出现了对唱的形式，键盘乐器和音乐记谱法也逐渐发展起来。民间的音乐作品在各自地区独立发展，呈现出各不相同的形式和风格，在中世纪中期得到了很

253

好的保存并被大量记载下来。多种器乐都在世俗音乐中得到很好的发展。14世纪出现复调音乐形式。在意大利，世俗音乐依体裁划分成牧歌、狩猎歌、舞曲等。第一所称为"歌唱班"的教授圣咏的音乐学校出现在罗马。

第十一章　阿拉伯帝国

由于环境恶劣、政治分裂和文化落后，阿拉伯人长期徘徊在历史舞台的边缘，生活在周边民族和文明的影响之下。自 7 世纪初起，阿拉伯半岛开始发生剧变；穆罕默德创立伊斯兰教后，半岛迅速实现统一，使该地区一跃成为当时世界最具活力的地区之一。在圣战旗帜的指引下，阿拉伯人在百余年的时间内便建立了一个西临大西洋、东接印度河流域和帕米尔高原、北起锡尔河、南至阿拉伯海的庞大帝国，使西亚、北非、南亚等传统文明区域的面貌焕然一新，为人类文明的发展提供了一个新的维度，对世界历史的演进产生了深远影响。

一　伊斯兰教的兴起

早期阿拉伯

阿拉伯半岛位于亚洲西南端，三面环海，面积约 320 万平方公里，是世界上最大的半岛。西部和南部山脉起伏，阻挡着湿润的海风吹入内地，以致半岛干旱少雨，大部分地区为沙漠，只有少量的绿洲适于农耕和游牧，它们主要分布在西南部的也门和西部狭长的滨海地带——汉志。半岛上的大多数居民过着游牧生活，蓄养马、羊和骆驼，逐水草而居，他们被称为贝都因人。少数人选择在绿洲定居，种植大麦、小麦和椰枣。还有少数人从事手工业和商业。整个半岛，仅有也门等个别地区自公元前 8 世纪开始进入文明社会，形成国家；绝大部分阿拉伯人仍然徘徊在文明的边缘，过着游牧生活，信仰原始宗教。

汉志地区水草丰茂，地理环境优越，自古以来便是亚欧非三大洲进行商业贸易的一条重要商道；东方的商品经海路运到也门，由骆驼商队穿越汉志运至巴勒斯坦、叙利亚等地，再转运欧洲。麦加和雅特里布（后改名为麦地那）逐渐兴起，成为重要的商贸城市。麦加位于汉志中部，由古莱氏部落控制。城中有一泉水，名为渗渗泉；克尔白古寺（汉籍称为天房）位于城中央，寺内供奉着许多部落的神像，还有一块被视为天降圣物的黑色陨石。每年春季，各地的阿拉伯人来此朝拜这块黑色陨石和自己的部落神，并进行商品交换。节日和集市的喧闹声，幻化出阿拉伯统一的景象。

事实上，阿拉伯半岛一盘散沙，处于内忧外患的困境。沙漠生活的不稳定性使各个部落分散孤立，他们之间缺乏凝聚力；为争夺水源、牲畜和牧场，他们还相互袭击仇杀，造成半岛的动荡不安。部落内部的贫富分化也日益严重，贵族凭借优势压榨下层民众，许多贫民因负债而沦为奴隶。与此同时，拜占庭和萨珊波斯两大帝国的争霸战争恶化着阿拉伯人的生存环境。525年，与拜占庭结盟的埃塞俄比亚人攻占也门，试图北进；572年，萨珊波斯驱逐埃塞俄比亚人，将也门据为己有。南阿拉伯的农业文明被摧毁，大量人口北迁，退回到游牧或半游牧状态；传统商路改道，转移到了波斯湾、两河流域一线，汉志地区因此遭受严重的经济打击，商人们财源枯竭，普通民众则逐渐失去谋生手段，生活陷入困顿。

对此，部落贵族和商人希望建立一个强有力的政权来维护社会秩序，巩固甚至扩大自身利益；下层民众则渴望出现一个公平正义的政权，摆脱生存困境。穆罕默德（570—632年）顺应时代的要求，适时地登上了历史舞台。

穆罕默德创教

穆罕默德出生于麦加古莱氏部落哈希姆家族的一个没落商人贵族家庭，未出生已失怙，六岁时又丧母。他幼年失学，为人放牧；稍长随伯父行商，周游巴勒斯坦、叙利亚等地；25岁时受雇于麦加富孀赫底澈经营商业，并

第十一章 阿拉伯帝国

在同年与之结婚，经济生活和社会地位获得极大改观，进而为他施展个人才华、实现远大抱负提供了必要条件。

虽然目不识丁，但穆罕默德意志坚定，善于观察和思考。自幼生活在社会底层，使他对阿拉伯社会状况有着深刻的体会和了解，并对饱受疾苦的下层民众抱有极大的同情。在长期的行商中，他深刻了解犹太教和基督教的基本教义，并接受了阿拉伯半岛上产生的哈尼夫（"崇拜真神"）一神教，将这些教义融合。穆罕默德经常到麦加城外的希拉山洞潜修静思，体悟宇宙奥秘和人生真谛。610年的一天，他在山洞内独自静思时，获得安拉的"启示"，命令他作为人间的使者，传播伊斯兰教。

"伊斯兰"意为"顺从"，即顺从安拉的意志；信仰伊斯兰教的人被称为穆斯林，"穆斯林"意为"顺从者"，即顺从安拉和先知的人。《古兰经》是伊斯兰教的经典，分为114章6200余节。它实际上是穆罕默德的语录，收录了穆罕默德针对当时实际情况提出的有关社会宗教等问题的各种主张，也包括一些流传于阿拉伯半岛的犹太教、基督教和阿拉伯部落的神话、传说、谚语等，在他死后汇集成册。此外，《圣训》被穆斯林视为仅次于《古兰经》的经典，伊斯兰各个教派都有自己的《圣训》；《圣训》记载的主要是穆罕默德的言行，广义上还包括穆罕默德弟子和再传弟子的言行。

伊斯兰教的教义分为宗教信仰和宗教义务。前者可以概括为"六信"：信安拉、信天使、信使者、信经典、信后世、信前定，即：以古莱氏部落的主神安拉（真主）为唯一真神和造物主，信奉安拉的人死后能够复活，进入天堂，否则堕入地狱；穆罕默德本人是安拉选定的"封印使者"，由他向世人宣播真主的最后启示。同时，伊斯兰教信徒必须遵行五善功，即"五功"。一为念功，即口诵"万物非主，唯有真主；穆罕默德是安拉的使者"，以确认信仰；二为拜功，每天面向克尔白礼拜五次，每周一次聚礼拜，一年两次会礼拜，以反省自我、坚守正道；三为斋功，每年回历九月斋戒一月，以纯洁身心、接近真主；四为课功，又称天课，穆斯林初为自愿后改为义务，捐出约1/40的财产，用于慈善，以洁财物；五为朝功，凡身体健康、财力允许的穆斯林，一生中必须到麦加朝觐一次，以复归本原。此外，参加"圣战"也被视为一项宗教义务。所谓"圣战"，就是通过战争使异教徒改宗伊斯兰教。圣战的口号最初有助于阿拉伯的统一和国家的建立，后来却演变为对外扩张的宣传工具。

穆罕默德受到天使的启示

阿拉伯半岛的统一

受到"启示"的穆罕默德最初在亲族、朋友间秘密传教，他的妻子赫底澈、堂弟阿里和挚友兼岳父阿布·伯克尔先后入教，成为伊斯兰教最早的信徒，麦加大贵族奥斯曼和欧默尔等人也随后皈依伊斯兰教。他们虽然人数少，却信仰坚定，为伊斯兰教的发展做出了重大贡献。

三年后，穆罕默德开始公开传教，吸纳信徒。伊斯兰教同情下层民众的教义，如限制高利贷、鼓励甚至强制扶弱救困、主张善待甚至释放奴隶等，吸引了众多平民和奴隶，动摇着麦加贵族阶层的统治基础。同时，伊斯兰教还独尊真主安拉，反对多神信仰和偶像崇拜，它的传播势必影响麦加作为多神信仰的中心地位，损害以倭马亚家族为核心的麦加贵族与富商的宗教特权和经济利益。他们反对伊斯兰教的传播，甚至多次殴打穆罕默德及其信徒，逼迫他们流亡。雅特里布的居民则热情支持穆罕默德，在他们的邀请下，穆罕默德于622年7月16日夜出奔雅特里布，史称"徙志"。后来，622年被定为伊斯兰教历的纪元，雅特里布也改称麦地那（意为"先知之城"）。从此，从麦加迁居麦地那的教徒称为"迁士"，麦地那本地的教徒则称为"辅士"。

到麦地那之后，穆罕默德成功解决了该城诸部落之间的原有冲突，大获民心。他依靠"迁士"和"辅士"组成穆斯林公社"乌马"，并制定了公社成员共同遵守的宪章。其重要内容有：不分部落与出身，凡公社内的穆斯林皆以兄弟相待，互助互爱；严禁公社内部仇杀，为社员复仇是公社的神圣义务；维护社会秩序，保障私有财产安全。乌马公社既是宗教社团，也是政治军事组织，成为政教合一的国家政权雏形。穆罕默德既是宗教首领，也是政治首脑、最高法官和军事统帅。

为了捍卫新生的麦地那政权，穆罕默德积极进行军事活动。627年，麦加贵族纠集万人，大举进攻麦地那。穆罕默德命教徒掘壕固守，迫使敌军无功而返。其间，由于麦地那城内的犹太人与麦加贵族私通，穆斯林对城中最后一个犹太人家族进行了残酷的惩罚，男人被杀，妇女儿童被卖为奴隶。这种强烈的相互敌意，后来被常常提起，影响深远，甚至一直到当代。

630年，穆罕默德率领1万大军，兵不血刃，进入麦加，贵族们被迫接受伊斯兰教。穆罕默德不计前嫌，在严令捣毁城中各种偶像之后，尊克尔白古寺和黑陨石为圣物，承认麦加为圣地。从此，麦加成为阿拉伯的宗教中心，而麦地那仍为国家首都。此时，阿拉伯半岛统一到伊斯兰教的旗帜之下已是大势所趋，各部族纷纷归附。

632年6月8日，穆罕默德在麦地那病逝。此时，阿拉伯半岛已大体统一，阿拉伯人也被伊斯兰教熔铸成一个坚强的民族统一体，他们的历史角色开始发生了根本性的转换！

二 阿拉伯帝国的兴衰

哈里发及不同教派

穆罕默德死后,经过商讨,穆罕默德的好友兼岳父阿布·伯克尔被推选为"哈里发",即穆罕默德的继承人。像穆罕默德一样,哈里发也是将宗教、政治、军事大权集于一身的国家最高首脑。阿布·伯克尔在位两年(632—634年),其后,欧默尔(634—644年在位)、奥斯曼(644—656年在位)、阿里(656—661年在位)先后继任哈里发之职,这四位哈里发都是从穆罕默德的近亲和密友中推举产生,他们统治的时期被称为四大哈里发时期或神权共和时代。

阿布·伯克尔在位期间,主要致力于稳定政局,调整各部落、各阶层之间的关系,实现阿拉伯半岛的最终统一。欧默尔继任后,发起大规模的对外扩张。阿拉伯军队首先击溃拜占庭军队,攻占大马士革和耶路撒冷地区,进而向西占领巴勒斯坦和埃及,向东击破波斯军队防线,占领伊拉克和伊朗大部分地区,为阿拉伯帝国的建立奠定了基础。奥斯曼担任哈里发期间,阿拉伯东线军队于651年彻底灭掉萨珊波斯,夺得呼罗珊、亚美尼亚和阿塞拜疆等地,西线军队攻入北非的利比亚。

正当捷报频传之时,阿拉伯人内部却发生了分裂。大贵族出身的奥斯曼把持政权,大肆扩张倭马亚家族的势力,克扣普通战士的粮饷,激起下层民众的不满。穆罕默德的堂弟阿里,同时也是穆罕默德和赫底澈的唯一后代法提玛的丈夫,代表哈希姆家族和下层民众的利益,他对奥斯曼出任哈里发的合法性提出质疑,组建什叶派与奥斯曼所奉行的伊斯兰教正统教派——逊尼派形成对立;什叶派认为只有阿里及其与法提玛的后代才有资格成为哈里发,信徒主要分布在伊拉克,两派相互谋害。656年,奥斯曼被刺身亡,阿里被选为第四任哈里发。但是,以叙利亚总督穆阿维叶为首的倭马亚家族拒不承认阿里政权,双方爆发军事冲突。

657年,穆阿维叶在决战中受挫,阿里却选择接受和谈,致使什叶派

第十一章 阿拉伯帝国

内部发生分裂。一批下层穆斯林组建军事民主派，与阿里为敌；他们要求恢复伊斯兰教初期的平等关系，主张一切穆斯林都有权通过推选担任哈里发等，史称"哈瓦立及派"。这样一来，阿里开始腹背受敌，穆阿维叶则从中坐大。661 年，阿里被哈瓦立及派刺死，穆阿维叶被拥立为哈里发；他定都大马士革，并将哈里发的职位改为世袭，建立倭马亚王朝（661—750 年）。阿拉伯国家由此进入帝国时代。

阿拉伯帝国的扩张与伊斯兰教的传播

倭马亚王朝崇尚白色，汉籍称"白衣大食"。在稍作整顿之后，倭马亚王朝打着"为安拉而战"的旗帜，继续向外扩张。

在西线，阿拉伯人于 698 年占领突尼斯、阿尔及利亚和摩洛哥等地，当地的游牧部落柏柏尔人改信伊斯兰教；二者联合跨海北进，于 711 年征服西哥特王国，随后占领整个西班牙，并进军高卢；732 年在普瓦提埃被法兰克军队击败，对西欧的扩张最终停止。在北线，他们攻入拜占庭帝国腹地，曾三次围攻都城君士坦丁堡。在东线，他们从 664 年起先后攻占喀布尔、布哈拉、撒马尔罕、印度西北部等地，到 8 世纪初已经控制中亚大部分地区；在 751 年怛罗斯战役中击败驻守西域的中国唐朝军队，至此势力延伸至帕米尔高原。

在扩张的过程中，倭马亚王朝的政治经济制度日趋完备。哈里发是帝国政治宗教的最高权威，控制着从中央到地方的军政、宗教和税收，并由中央各部大臣辅助处理这些事务。帝国基本上沿袭拜占庭和波斯的旧制，分设九个（后改为五个）行省，各行省设总督管理军政、司法事务。帝国的高级官职多被阿拉伯贵族占据，低级官职则由旧帝国的官吏担任。自 7 世纪末起，帝国开始统一币制，规定阿拉伯语为帝国的官方语言，建立公共交通系统。帝国的土地制度也在逐渐完善，建立军事封土制度"伊克塔"。倭马亚王朝为了维护阿拉伯人的内部团结和稳定，承袭萨珊波斯的旧制：准许军政人员占有土地，以征收地租作为本人的俸禄和军饷，被封者须在战时为哈里发提供兵力。这种军事封土制度在阿拔斯王朝得到延续。

版图辽阔、制度完备，促成了倭马亚王朝的繁荣鼎盛，然而帝国内部的各种矛盾却暗潮涌动。帝国内的社会人口逐渐形成四大等级：享有广泛特权的阿拉伯人是第一等级，他们分为贵族和平民；皈依伊斯兰教的非阿拉伯血统的穆斯林为第二等级，他们多为叙利亚人、波斯人，虽同为穆斯林，待遇却远不如阿拉伯人；旧帝国未改宗的异教徒是第三等级，不仅受到政治经济压迫，还要遭受种种社会宗教歧视；奴隶是整个社会的最底层，他们的存在只是旧制度的残存。这些阶级矛盾、民族矛盾和教派矛盾相互激荡，最终导致倭马亚王朝的衰落。

在矛盾激荡中，伊斯兰教的一个新教派——阿拔斯派形成，其成员以先知叔父阿拔斯的后裔为主。747年，呼罗珊爆发人民起义，什叶派、阿拔斯派与呼罗珊起义军联合，最终于750年推翻倭马亚王朝。阿拔斯派首领、伊拉克大贵族艾卜勒·阿拔斯在这个过程中建立阿拔斯王朝（750—1258年），阿拉伯帝国进入一个新时代。

帝国的繁荣与衰亡

阿拔斯王朝以伊拉克为中心，营建新都巴格达，帝国的政治经济文化中心东移；因其尚黑，故汉籍称"黑衣大食"。

这个时期，帝国统治阶层的成分发生变化，非阿拉伯血统的穆斯林贵族崛起，开始分享统治权。哈里发的专制权力空前强化，他不仅是先知的继承人，还被称为"安拉在大地上的影子"。帝国政治由贵族政治转变为官僚政治，官僚机构中的最高行政长官是宰相（维齐尔），其下设财政、司法、工商等诸部，共同辅佐哈里发。领土被分为24个行省，地方的司法系统被分离出来，与中央的大法官组成一个独立的权力系统。在军事制度方面，传统的部落兵逐渐被正规的常备兵取代，其核心是呼罗珊人组成的近卫军，后来马木路克（突厥奴隶）构成近卫军的主体。在对外关系上，阿拔斯王朝基本停止了扩张的步伐，与唐朝修好，甚至与法兰克王国结盟，全力进攻拜占庭。

阿拔斯最初的百年，帝国内部政治稳定，经济渐趋繁荣。首先，农业得到开发，叙利亚、两河流域、埃及、伊朗等地是传统的农业区，政府兴修水利，使这些地区重新繁荣。其次，手工业发达，其中纺织业占据重要地位，埃及的亚麻制品、大马士革的缎、布哈拉的毛毯等皆以质地精良而享誉遐迩；同时，玻璃、皮革、珠宝和家具制造业也十分兴旺。最后，商业繁荣，不仅帝国内部出现了诸多繁荣的手工商业中心如巴格达、大马士革、开罗等，并且无数的穆斯林商人穿梭于亚欧非三大洲，直接从事海外贸易。中国的广州、泉州和扬州，东南亚的苏门答腊，北非的摩洛哥，甚至北欧的波罗的海和斯堪的纳维亚半岛都频繁出现他们的身影；中国的丝绸和瓷器、印度和南洋的香料、中亚的宝石、东非的象牙、罗斯和北欧的毛皮，经他们之手，销售到世界各地。阿拉伯的商业活动，不仅推动了三大洲之间的贸易尤其是海上贸易的发展和繁荣，同时也促进了各文明区域之间的文化交流与繁荣。

尽管阿拔斯王朝创造了阿拉伯帝国的黄金时代，但阿拉伯帝国从阿拔斯王朝建立之初便成为一个分裂的帝国，并且这种分裂趋势始终未能得到有效遏制。756年，逃至伊比利亚半岛的倭马亚王室后裔，建立后倭马亚王朝（756—1031年），与阿拔斯王朝分庭抗礼。788年，北非摩洛哥独立，建立伊德里斯王朝（788—974年）。自9世纪起，帝国内部的分裂倾向加剧，各地总督和军事统帅拥兵自重、割地自立，先后出现数十个大小不一的地方割据政权，使中央政权疲于应付。与此同时，统治阶级奢靡无度，导致阶级矛盾也在不断激化。从9世纪开始，人民起义延绵不断，动摇着哈里发政权的统治基础。10世纪，不仅阿拔斯王朝的统治岌岌可危，甚至哈里发本人也变成了政治玩偶，受人操控。11世纪，信奉伊斯兰教的塞尔柱突厥人进入阿拔斯王朝腹地。1055年攻入伊拉克，其首领被授予苏丹（权威者）的称号，成为帝国的政治领袖，而哈里发仅保留宗教领袖身份。

1258年，蒙古军队攻陷巴格达，杀死末代哈里发，灭掉阿拔斯王朝。尽管阿拉伯帝国的历史就此终结，但是伊斯兰文明却仍然保持着活力；不仅征服阿拉伯帝国的蒙古人很快被伊斯兰化，而且伊斯兰教还传入了非洲中部和南亚次大陆。

三 阿拉伯文化

阿拉伯帝国地跨亚欧非三大洲，将美索不达米亚、埃及、波斯等古代文明地区统一到一个政权之下，有利于各民族之间的文化融合；并且，阿拉伯帝国与中国、印度、拜占庭等文化昌盛的帝国相毗邻，有利于这些地区的先进文化的传入；最后，先知穆罕默德和历代哈里发奉行相对开明的文化政策，不惜重金奖励学术、延揽人才、设置科学文化机构、完备教育体制，鼓励促进文化发展。凭借这些优势，宽容尚学的阿拉伯人创造出了一个独特的文化体系，他们在数学、天文学、医学、哲学、历史、地理、文学、艺术等方面都取得了卓越的成就。

自然科学

阿拉伯数学取得的成就具有重大意义。花剌子密（伊本·穆萨，约780—850年）改进印度数字、"0"符号和十进位法，被改进的数字系统后来传入欧洲，代替繁杂的罗马数字，被称为阿拉伯数字，使人类的计算体系发生深远变革。花剌子密还著有《积分和方程计算法》和《代数学》，将代数知识发展成为一门独立的学科；他的这两部著作后来传入欧洲被译成拉丁文，成为欧洲各大学的教材。此外，阿拉伯学者还奠定了解析几何的基础，例如能够用几何作图解三次方程式。

阿拉伯人将天文学发展到了一个新的高度。科学家们研制出许多新的精密仪器，如天球仪、地球仪、观象仪等，在巴格达、大马士革、开罗、撒马尔罕等城市建立天文台，进行昼夜观测。花剌子密所著《信德及印度天文表》在继承印度天文学成果的基础上，对阿拉伯天文学的研究和计算方法进行了变革；并且，他还研制了星象仪，改进了日晷。白塔尼（约858—929年）通过40多年观测，完成《恒星表》一书，它成为欧洲中世纪和近代天文学的重要基础。

医学也受到阿拉伯人的重视。当时的医生已经懂得消毒、使用麻醉药，能够治疗伤寒、霍乱、瘟疫和白内障等病症。拉齐斯（865—925年）既是外科专家、手术串线法的发明者，又擅长以精神疗法医治内科病人；他著有《医学集成》，被称为"阿拉伯的盖伦"。阿维森那（即伊本·西纳，980—1037年）被誉为"医中之王"，所著《医典》同样是一部医学百科全书，记载了各种疾病的成因、临床诊断治疗以及药物学原理等广博知识，它代表着中古时期阿拉伯医学的最高水平。阿拉伯医学对欧洲产生了重要影响，许多现代西方医学术语如糖浆（Syrup）、苏打（Soda）等皆来自阿拉伯语。

人文科学

早期的阿拉伯文学形式主要是诗歌，语言简洁明快、犀利质朴，抒写爱情、颂赞英雄。伊斯兰教产生后，散文取代了诗歌的地位，《古兰经》本身便是优美的散文巨著。阿拉伯文学中最具代表性、对世界影响最大的莫过于民间故事集《一千零一夜》（又名《天方夜谭》），汲取了印度、波斯、埃及、中国、阿拉伯等地民间文学的精华，收集了神话传说、宫廷逸事、童话寓言等形形色色的故事，被誉为"世界最大奇书"。

阿拉伯哲学带有浓重的伊斯兰教神学色彩，最初与神学交织在一起，自8世纪中期柏拉图、亚里士多德等古典哲学家的著作传入之后，阿拉伯哲学才开始逐渐摆脱神学的束缚。阿维森纳和阿威罗伊（即伊本·鲁世德，1126—1198年）的"双重真理"学说引人瞩目，他们深受亚里士多德思想影响，主张物质世界和真主同为永恒存在。伊本·赫勒敦（1332—1406年）将哲学引入社会历史范畴，成为历史哲学的早期奠基人之一，提出了历史循环发展的观点。

在历史学和地理学方面，阿拉伯学者也留下了丰富的遗产。最重要的历史学家是泰白利和马苏第。泰白利（838—923年）的《历代先知和帝王史》是一部编年体通史，始自创世、止于915年。马苏第（？—956年）有"阿拉伯的希罗多德"之称，所著《黄金草原》是一部纪传体名著，依朝代、帝王、民族等项目叙述阿拉伯、希腊、罗马和亚洲诸国的历史，上述创世之初，止笔于947年；内容不限于历史，兼及地理、宗教、哲学、自然科学等，不啻一部百科全书。阿拉伯的地理学与其商业贸易活动有密切联系，9、10世纪出现了许多有关中亚、西亚、北非等地理概况的经典文献，如花剌子密的《地形志》，雅古特（1179—1229年）的《地名词典》文笔生动，内容广泛，"集当时地理学之大成"；14世纪，伊本·白图泰在近30年里，行程12万公里，游历亚非欧40余国，留下了具有重要史料价值的长篇游记。

阿拉伯人对艺术有着独特的追求。由于伊斯兰教反对偶像崇拜，所以艺术家的智慧在书法艺术、几何图案和巧妙别致的构思中得到展现，它们具有明显的抽象化和形式化特征，清真寺的建构和装饰是这些艺术的集中体现。清真寺多为正方形或长方形建筑，带有圆形穹顶、半圆凹壁、马蹄形拱门和高耸的宣礼塔，纹饰以植物花叶和几何图形为主，其中还往往加入一些变体的阿拉伯文字，平添几许神秘气氛。

总之，阿拉伯文化以伊斯兰教为指导思想，以阿拉伯语为表达形式，是阿拉伯早期文化、伊斯兰教文化、阿拉伯帝国内部各民族文化以及周边地区文化相互融合创新的产物。阿拉伯人充当文化传播的使者，承前启后，沟通东西，为人类文明的传承和交流做出了巨大的历史贡献。

第十二章　东欧与北欧

西罗马帝国灭亡后，拜占庭帝国延续了千年时光，在人类文明史上谱写出华彩篇章；由于地处欧亚非三洲要冲，它成为希腊罗马古典文明、基督教和东方古代文化的继承者，并创造出独具特色的拜占庭文化，对东欧斯拉夫人产生了深远影响。斯拉夫人是一个古老的民族，散居在维斯瓦河以东、喀尔巴阡山以北、第聂伯河以西、波罗的海以南的广大地区。经过迁徙与扩张，斯拉夫人各部落在公元一二世纪逐渐形成东、西、南三支，直到6世纪才开始从原始社会向阶级社会过渡。罗斯人统一东斯拉夫人各部族，建立基辅罗斯国家，后来又分化发展出俄罗斯国家。南斯拉夫人建立了保加利亚王国和塞尔维亚王国，两国均奉东正教为国教，在东南欧相继盛极一时，旋而衰落。西斯拉夫人大多皈依天主教，建立了捷克和波兰两个国家；两国虽有强大之时，却经常成为强权们觊觎的对象。8世纪末开始，从北欧走出的维京人对整个欧洲尤其是西欧进行了两百多年的侵扰，在各地的历史上留下了浓重的一笔。

一　拜占庭

查士丁尼的文治武功

公元330年，罗马帝国皇帝君士坦丁一世审时度势，在东部营建新都君士坦丁堡，与罗马城并立。395年，罗马帝国最终一分为二，东罗马帝国统治巴尔干半岛、爱琴海诸岛、小亚细亚、亚美尼亚、叙利亚、巴勒斯坦、北非埃及、利比亚以及美索不达米亚上游和南高加索的一部分等广大领土。西罗马帝国灭亡后，东罗马帝国继续存在，因首都君士坦丁堡建立在希腊城邦拜占庭的旧址之上，它又被称为"拜占庭帝国"。

拜占庭帝国经济繁荣、社会政治稳定。君士坦丁堡、安条克、亚历山大里亚等众多城市是发达的工商业中心，沟通着亚欧贸易。埃及和叙利亚是传统的农业区，维持着稳定的粮食生产。隶农在拜占庭广泛存在，并且近东的奴隶市场能够提供廉价的奴隶，使拜占庭免受奴隶制危机的困扰。同时，以官僚机构和雇佣兵为支撑的国家机器也正常运转。这些条件使得拜占庭帝国能够成功抵御蛮族入侵和平息内部动乱。在拜占庭抗击日耳曼人、斯拉夫人等蛮族的过程中，查士丁尼（527—565 年在位）登上帝国的宝座，在拜占庭历史上书写下辉煌的篇章。

查士丁尼一生致力于恢复罗马帝国的昔日荣光，执政伊始，便着手编纂法典。529 年完成并颁布《查士丁尼法典》（10 卷），534 年修订，该法典为自哈德良时期以来历代罗马皇帝颁布的法令汇编。533 年编成《法理汇要》（50 卷）和《法学总论》（4 卷），前者为历代著名罗马法学家阐述法律问题的论文选辑，后者为简明的法律教本。565 年又将 534 年以来的帝国法令汇编成《法令新编》，作为《查士丁尼法典》的续编。以上四种合称《罗马民法大全》，它们是罗马法的总结和最高成就，是欧洲第一套系统完备的法典，为后世西方大陆法系奠定了基石，对欧洲诸国的法律有着深远的影响。查士丁尼以罗马帝国正统的继承人自居，而且他还利用宗教为自身统治服务，宣称皇帝不仅是帝国的元首，也是教会的最高领袖，527 年下令帝国内的异教徒必须改信东派基督教。此外，他还整饬吏治，遏制贵族特权，提高官僚机构的效率，使中央政府有效地统治整个帝国。

与此同时，他还一直梦想着重振罗马帝国的雄风。533 年，大将贝利撒留奉命西进，开启了二十多年的帝国征服战争。534 年征服北非的汪达尔王国，553 年灭掉意大利半岛的东哥特王国，554 年进攻伊比利亚半岛的西哥特王国，占领西班牙东南部。至此，查士丁尼基本上实现了他的梦想。

但是，他却对民众课以重税，实行高压统治，甚至幻想恢复奴隶制，结果招致反抗。长期的征服战争和大兴土木也在严重消耗国力,自然灾害尤其是40年代的瘟疫同样使帝国在人口和经济上遭受重创。565年查士丁尼病逝,拜占庭帝国的鼎盛气象迅速灰飞烟灭。

拜占庭帝国的演进与衰亡

查士丁尼死后,他的后继者们面临着重重危机。帝国境内不堪苛政的广大奴隶、隶农、农民和城市贫民掀起了反抗帝国统治的浪潮。外部势力也在蚕食帝国的领土,568年伦巴底人将拜占庭军队赶出意大利中部和北部;随后,西哥特人又将拜占庭军队赶出西班牙。与此同时,斯拉夫人潮水般地涌入帝国境内;甚至边防军也频频发生哗变和叛乱。在这种背景下,总督希拉克略于610年登上皇位,开创了希拉克略王朝(610—711年)。

自建立之日起,希拉克略王朝便一直处于内忧外患的困境。崛起的阿拉伯人先后占领叙利亚、巴勒斯坦、美索不达米亚和埃及,并获得制海权,从海上进攻君士坦丁堡。为了抵御外患,拜占庭改行省制为军区制,各区的最高首脑为军事长官,身兼二任,既管军事,又负责民政;所有自由农民被编入军籍并授予世袭份地,成为屯田兵,战时为兵、平时务农。军区制的建立,增强了拜占庭的军事经济实力。尽管如此,拜占庭的形势仍然没有得到根本好转。

直到马其顿王朝(867—1056年)建立,拜占庭才进入第二个黄金时代。马其顿王朝在10世纪初占领叙利亚北部并收复爱琴海的部分岛屿,1018年吞并保加利亚第一王国。这一时期的科学文化也取得了丰硕成果。然而,这个黄金时代却因为封建大地产制的迅速发展而被蒙上一层阴影。大地产的出现和增多,必然导致自由农民和屯田兵破产,沦为依附农民。屯田兵的破产导致军区制衰败,马其顿王朝末年,中央政府失去对地方的有效控制,统治阶级陷入内讧。11世纪,塞尔柱突厥人崛起,夺取小亚细亚的大片领土。

面对塞尔柱突厥人的进攻,拜占庭向罗马教廷和西欧诸国求援,却引狼入室。1204年,欧洲十字军竟然攻占君士坦丁堡,建立拉丁帝国。拜占庭人虽然于1261年重新夺回君士坦丁堡，但疆土大大缩小，经济严重衰退，社会动荡不安。从14世纪开始，奥斯曼土耳其人掀起了新一轮的"圣战"，拜占庭成为直接目标。1453年，君士坦丁堡被攻占，拜占庭帝国的历史就此终结。

基督教的分裂与东正教

拜占庭的基督教称为东正教、希腊正教或东派教会。基督教被确立为罗马国教之后，它大体上是统一的；但由于帝国的分裂，教会也就形成了两个中心：罗马和君士坦丁堡，这为日后的分裂埋下了种子。

随着西罗马帝国的灭亡，东西方教会在相对隔绝的状态下走上了不同发展道路，出现了政治、经济、文化上的差异，在教会首席地位等问题上也产生了分歧，并且双方的差异和矛盾日益加深。9世纪，拜占庭帝国皇帝迈克尔三世任命佛提乌为牧首招致激烈反对，教宗尼古拉一世受邀调解纠纷，与迈克尔三世发生争执；教宗宣布皇帝的任命无效并开除佛提乌的教籍，皇帝则宣布革除教宗教籍。双方遂断绝交往，基督教会正式走向分裂。1054年，皇帝和教宗又一次相互开除教籍，东西方教会最终分裂。

东西方教会分裂的根本原因是两者有着深刻的差别，这反映在教俗权力关系、教义特点以及组织形式等诸多方面。

在王权和教权关系上，两者截然不同。西罗马灭亡之后，西方教会和罗马教廷在相互斗争的割据君主面前逐渐形成优势，成为精神和世俗的双重领袖。拜占庭皇帝不仅是国家首脑，同时也是最高宗教领袖，有权颁布神学理论、钦定教会法规、召开宗教会议、任命高级神职人员；此外，皇帝甚至有权剥夺教产。皇帝利奥三世为进一步完善军区制，便向地多财富且享有免税特权的教会开刀，于726年掀起"圣像破坏运动"，下令禁止供奉偶像，关闭教堂和修道院，没收教会土地，强制僧侣还俗。这场运动反反复复，直到843年才最终结束。

东正教在教义上有自己的特点。虽然东西方教会信奉同一个上帝（天主），但西方教会是用拉丁文化来解读的，而东方教会则是用希腊文化来描绘的。东正教只信奉基督教 325—787 年召开的七次大公会议的决议和信条，而不承认罗马教廷后来举行的历次大公会议决议；在得救之道上，认为"道成肉身"，即人之得救在于把有罪必死之人变成神的、永生不死的生命，不强调"救赎论"；在恩典和原罪方面与奥古斯丁的"预定论"不同，强调人只有通过个人努力选择善行才能获得上帝的恩典。

东正教的组织形式也有独特之处。相对罗马公教而言，它没有统一的管理中心，而是实行牧首制；帝国分为四个牧首区：君士坦丁堡牧首区、亚历山大里亚牧首区、安提阿与全东方希腊牧首区、耶路撒冷牧首区。牧首是各区的宗教首脑，其下设有都主教、教区长、大主教、大祭司、司祭、大助祭。

拜占庭文化

拜占庭对基督教、希腊罗马的古典文化传统和西亚、北非等地东方文化因素兼收并蓄，创造了别具一格的拜占庭文化。

在哲学领域中，新柏拉图主义延续了希腊罗马的哲学传统，虽曾为基督教神学所利用，但本身仍是唯心主义的哲学体系，普罗克洛斯（410—485 年）取得了最高成就；并且，他本人还在数学、天文学方面有所建树，为众多古典著作做过注疏，对西欧中世纪的学术思想产生过重要影响。

在建筑、艺术和绘画方面，查士丁尼时期修建的君士坦丁堡索菲亚大教堂是其最高代表。索菲亚大教堂融合希腊、罗马、基督教和东方因素，采用中央圆顶形式，巨大的圆屋顶建立在四个拱台支撑的四个拱门之上，高大明亮；饰有精细雕刻的大理石镶嵌和各种彩色玻璃镶嵌成的壁画，光彩夺目；画中场景生动，人物庄严肃穆，神态逼真。

拜占庭也在地理和史学方面留下了宝贵的遗产。6 世纪的拜占庭商人兼旅行家西姆·印吉科普著有《东方各国旅行记》，10 世纪皇帝君士坦丁七世编著《拜占庭帝国及其邻近各国记》，这些都是富有参考价值的珍贵史地资料。6 世纪拜的普洛可比是拜占庭最伟大的历史学家，他模仿希罗多德和修昔底德，根据自己的所见所闻撰成《查士丁尼战争史》，记述了查士丁尼时期拜占庭的历次战争,歌颂查士丁尼的伟大;另著有《秘史》,记录了查士丁尼时期的宫廷秘闻,揭露上层统治阶级的黑暗腐败。帝国中后期,历史学有新的发展,传记、回忆录之类的作品盛行,女作家安娜·科穆宁的《亚历克修斯传》最为著名。

拜占庭学者还编纂了不少词典、类书、诗文选集,并且对古典作品进行了大量的评介和注释。在皇帝们的大力支持下,1045年君士坦丁堡大学成立,并迅速成为东欧的学术中心。

拜占庭文化对人类文化的传承和交流起过重要作用。它不仅将多种文化因素融为一体,也对后来的西欧和东欧等地产生过重大影响。拜占庭学者编辑保存的古代典籍为意大利文艺复兴提供了材料,更有不少拜占庭学者来到意大利直接推动文艺复兴的发展。拜占庭的文化、艺术和东正教信仰对东欧产生了更为深远的影响。9世纪,西里尔、美多德兄弟来到摩拉维亚传播东正教,参照希腊文字创制斯拉夫字母,并把《圣经》和其他宗教文献翻译成斯拉夫文,推动东正教在保加利亚、塞尔维亚、基辅罗斯等地传播开来,促进了当地的文明开化。

二 俄国

基辅罗斯

东斯拉夫人广泛分布在东欧平原上,西起德涅斯特河,东达顿河、奥卡河和伏尔加河上游,南接黑海滨海地区,北抵拉多加湖一带。9世纪时,东斯拉夫人向阶级社会过渡,形成了若干部落联盟,并建立诸多设防城市,其中较大的有北方的诺夫哥罗德和南方第聂伯河中游的基辅。东欧平原有着丰富的森林资源和畅通的水上通道,自8世纪末,来自瑞典的瓦兰吉亚人开始进入该地区。到820年,瓦兰吉亚人控制了从诺夫哥罗德到基辅、从波罗的海到黑海的绝大部分水路,与当地斯拉夫人进行商品交换,或强索财物、掳掠人口,然后与拜占庭人、阿拉伯人等进行贸易。

862年,一支瓦兰吉亚人的军事首领留里克在诺夫哥罗德建立政权,开创了留里克王朝（862—1598 年）；这一支瓦兰吉亚人被称为"罗斯人"，"俄罗斯"一词便是从"罗斯"演化而来。大约同一时期，另一支瓦兰吉亚人在基辅建立国家。882 年，留里克王朝征服基辅，并迁都于此，史称"基辅罗斯公国"。随后，基辅罗斯迅速征服东斯拉夫人各部落和一些非斯拉夫人部落，建立起一个以东斯拉夫人为主体的庞大国家。基辅罗斯在国家统治上带有浓烈的维京海盗色彩，以"索贡巡行"最为著名：每年秋末冬初，罗斯大公便会率领亲兵到各地征收贡物，包括粮食、毛皮、蜂蜜等，并时常伴以劫掠财物和人口。通过索贡巡行，大公实现对地方的统治，并把贡物分配给亲兵来维系君臣关系。

在对外交往过程中，基辅罗斯接受了拜占庭文化。988 年前后，罗斯大公弗拉基米尔迎娶拜占庭公主，宣布东正教为国教，并率领臣民受洗。与此同时，基辅罗斯也逐渐形成自己的文化体系，并创制统一的文字系统。在文明进化的过程中，基辅成为最大的受益者；在弗拉基米尔 1015 年去世时，基辅已经从小镇发展成为大都市，拥有 8 个大市场、40 座教堂。

基辅罗斯建国后，东斯拉夫人开启了封建化进程。10 世纪时，索贡巡行被废止，采邑制逐渐推广，王公贵族们抢占大量土地，将其分配给亲兵，形成波雅尔贵族。11 世纪开始，教会从王公贵族那里不断获得土地馈赠，占有大量地产。处在底层的自由农民则在国家苛捐杂役的压迫下和王公贵族的侵凌下纷纷破产，沦为封建依附农民。通过这些途径，罗斯形成了独特的封建土地制度和生产关系。

1054 年，雅罗斯拉夫死时将国家三分，授予诸子；到 12 世纪中叶，罗斯境内出现了十几个割据政权。与此同时，突厥游牧部落波洛伏齐人也越过伏尔加河，侵入罗斯平原，不断袭击罗斯各地。13 世纪，罗斯的西北部遭到瑞典、德意志骑士团、波兰、立陶宛的侵略；东北罗斯各公国纷纷匍匐在了蒙古铁骑之下。此后，东北罗斯、西南罗斯和西北罗斯逐渐形成了俄罗斯、乌克兰和白俄罗斯三大民族。

莫斯科公国

1242 年，成吉思汗之孙拔都建立钦察汗国，疆域辽阔，东起额尔齐斯河流域，西至多瑙河下游，南接黑海、高加索、里海、咸海，北至诺夫哥罗德。罗斯人因蒙古大汗帐为黄色，称其为金帐汗国。金帐汗们对东北罗斯实行分而治之的政策，并以册封所谓的"弗拉基米尔及全罗斯大公"为诱饵，挑拨王公之间相互斗争，以便维持统治。在王公们尔虞我诈、彼此倾轧的过程中，莫斯科公国逐渐崛起。

莫斯科最初只是一个默默无闻的荒凉村镇，但到12世纪中叶，便发展成为一个重要的要塞；13世纪，又发展成公国，在政治舞台上活跃起来，并逐渐成为一支举足轻重的力量。伊凡一世在位期间（1325—1340年），极力逢迎金帐汗，镇压反蒙暴动，赢得金帐汗的信赖和厚待，于1328年获得"弗拉基米尔及全罗斯大公"的头衔。伊凡一世利用替金帐汗向全体罗斯人征税的特权，大肆敛财，被称为"钱袋伊凡"。他通过金钱来收买蒙古君主和民众，使莫斯科公国的版图大幅度增加；并说服罗斯大牧首将驻节地迁往莫斯科，为他的政权提供了强大的教权支持。

莫斯科公国的强大，引起了金帐汗的警觉，他试图利用各种手段来遏制它进一步强大。1380年，金帐汗国与立陶宛结盟，夹击莫斯科公国，但在顿河西岸库里克沃战役中惨败，这为罗斯人的独立奠定了基础，也确立了莫斯科公国在罗斯人中间的领导地位。此后，由于各地区经济联系日趋紧密且出于反抗金帐汗国的需要，罗斯人以莫斯科公国为中心逐渐形成统一的国家，这一进程在伊凡三世在位期间加速发展。

伊凡三世（1462—1505年在位）先后吞并雅罗斯拉夫（1463年）、罗斯托夫（1474年）、诺夫哥罗德（1478年）等公国，大致统一东北罗斯；并于1480年秋在乌格拉河河畔使金帐汗不战而退，最终结束了蒙古人对罗斯长达240年的统治。1485年，伊凡三世自称"全俄罗斯大公"，并对中央集权制国家进行了初步建设。他把过去独立的王公降为世袭领主，并让他们的代表组成咨议机关"杜马"，协助大公管理国事；大公掌握最高权力，委派总督到各地进行治理，总督的任期、权限和薪俸都有严格规定；极力抛弃先前的封邑王公和波雅尔贵族，依靠由中小封建主构成的服役贵族统治国家，服役贵族不得世袭、转让和出售领地，他们构成常备军的主体。与此同时，伊凡三世也尽力提高莫斯科公国的国际地位。1472 年，他与拜占庭的索菲娅公主结婚，将自己打扮为拜占庭帝国甚至罗马帝国的皇统继承人，这对俄罗斯的历史产生了深远影响。

瓦西里三世（1505—1533 年在位）继位后延续父亲伊凡三世的政策，兼并普斯科夫（1510 年）、梁赞（1521 年）等地，从波兰、立陶宛手中夺取斯摩棱斯克地区（1514 年），最终完成东北罗斯的统一，形成俄罗斯国家。

沙皇俄国的形成与发展

1533 年瓦西里三世去世，年仅三岁的伊凡四世（1533—1584 年在位）继位。逐渐失去权力的大贵族趁机把持朝政，扩张势力，并且相互倾轧虐杀。伊凡四世自幼生活在这种充满阴谋险恶的宫廷，使他逐渐养成暴戾、狐疑的性格，史称"恐怖的伊凡"或"伊凡雷帝"。

1547 年，伊凡四世开始亲政，并正式加冕为沙皇（意为"皇帝"），实行专制统治。他不断采用司法、行政、军事等手段强化皇权，重用中小贵族，打击大贵族势力，镇压农民反抗。1549 年，伊凡四世成立"重臣会议"，进行全面改革。

司法上，在 1550 年颁布新法典，统一全国法律，整顿司法体系；各地设司法机关，削弱地方官员的司法权力，吸纳富裕农民和市民代表参与司法审判，提拔中小贵族担任法官。军事上，建立配备火器的步兵和近卫团，并根据才能大小而非门第出身晋升军职；取消大贵族的免兵役特权，规定所有大小贵族必须以 150 俄亩土地为单位承担一名全副武装的骑兵义务，扩建骑兵队伍。行政上，设立中央"衙门"，管理全国的土地、军事、外交事务，废除地方总督职务；并把全国划分为普通区和沙皇特辖区两部分，将土地富饶、商业发达、地理位置重要的地方划为特辖区，作为皇室财产分配给支持沙皇并服军役的中小贵族，而把大贵族们的领地限制在偏远贫瘠的普通区，对试图反抗的大贵族进行残酷镇压，被处死者甚多。在改革达到目的之后，伊凡四世解散"重臣会议"，罢免曾经倚重的大臣，独揽权力、自行其是，最终确定沙皇专制政体。

伊凡四世怀有强烈的征服欲望，先后征服从金帐汗国分裂出来的喀山汗国（1552年）、阿斯特拉罕汗国（1556年），占领全部伏尔加河中下游流域和乌拉尔山以西的领土；伊凡四世在1555年自称"全西伯利亚的君主"，臣服并最终征服西伯利亚汗国（1598年），将版图向东推进至鄂毕河、额尔齐斯河一带。在扩张的基础上，俄罗斯开始成为一个沙皇统治下的多民族国家。

在沙皇专制下，农民的处境日益恶化。15、16世纪，大批俄罗斯农民逃往顿河与伏尔加河一带草原地区，获得自由，他们被称为"哥萨克"。为了防止农民出走、保证地主占有一定的劳力，沙皇政府颁布了各种限制农民自由的法令，逐渐禁止农民在某些月份、某些年份直至永远都不准离开地主，甚至自由人为他人做工半年以上便可以被视为农奴。17世纪中叶，封建主又获得授权，可以无限期地追捕逃亡农奴，这标志着俄国农奴制度的最终确立。在重压之下，农奴、自由农民等下层民众掀起了激烈的反抗，其中著名的有波洛特尼科夫起义（1606—1608年）和斯杰潘·拉辛起义（1667—1671年），残酷的农奴制度最终成为阻碍俄罗斯社会发展的桎梏。

16世纪末，俄罗斯的政局出现动荡。1598年，留里克王朝绝嗣。波兰借机入侵俄罗斯，但最终失败。1613年1月，米哈伊尔·罗曼诺夫被俄国贵族议会推举为沙皇，建立罗曼诺夫王朝（1613—1917年）。

三 捷克和波兰

捷　克

捷克人是西斯拉夫人的一支，最初居住在易北河上游波希米亚和摩拉维亚一带。623年，萨莫大公领导西斯拉夫各部落，建立萨莫公国，但很快解体。9世纪初，摩拉维亚公国形成，其领土包括捷克、摩拉维亚、斯洛伐克等地，但在906年被匈牙利人攻灭。此后，捷克人以波希米亚为中心，逐渐形成独立的波希米亚王国，或称捷克王国，并接受了天主教。1086年，神圣罗马帝国皇帝授予捷克公爵国王称号，捷克国王从13世纪开始成为选帝侯之一。

为了增加收入，捷克国王鼓励德意志的工商业者到捷克建造城市、开采矿藏、开垦荒地等。这些政策推动了捷克王国的强大，奥托卡二世在位期间（1253—1278年）捷克王国达到鼎盛。此时的捷克，农业生产稳定，手工业、商业繁荣，捷克铸造的银币通行于欧洲各地，布拉格、布尔诺等城市成为重要的经贸、文化中心。奥托卡二世也积极对外扩张，吞并奥地利、卡林西亚等广大地区，并一度凭借选帝侯身份操纵神圣罗马帝国皇帝的选任。捷克的强大引起了德意志诸侯们的恐慌，他们联合起来围攻奥托卡二世，夺取了除捷克本土之外的所有领地，捷克国王也沦为德意志君主们的附庸。

亲德意志政策给捷克的底层民众造成了更大的损害。14世纪时，德意志贵族掌握着捷克的大量土地，导致许多自由农民沦为农奴；城市也基本上被享有政治特权的德意志贵族控制，广大小手工业者和小商人的利益得不到保护。德意志教会势力也在捷克大肆渗透，压榨捷克人民；他们不仅直接占有大量地产，还通过伪造文件、滥发赎罪券等手段来榨取人民的血汗钱。所以，捷克的阶级矛盾和民族矛盾交织在一起，并且人民斗争的对象直指天主教会。

在斗争过程中，布拉格大学校长兼教授约翰·胡司（1369—1415年）挺身而出。他指责教会的腐化和贪婪，主张建立"廉价的教会"、革除教会特权、废除教阶制度；并使用捷克语传道，把《圣经》译成捷克文。天主教会以异端罪将其诱捕，并于1415年7月6日施以火刑。胡司的殉难引起了捷克人的极度愤怒，他们最终在1419年起义，建立起自己的国家政权。起义力量分为两大派：温和的圣杯派和激进的塔波尔派。前者由市民阶层、小贵族和富裕农民构成，要求摆脱德意志人的控制、建立民族教会等；后者聚集在捷克南部的山城塔波尔，基本上由农民、矿工、城市平民和中小骑士构成，主张土地公有、废除等级制度、废黜国王等。罗马教廷和神圣罗马帝国皇帝多次组织十字军镇压起义,以部分满足圣杯派的要求分化起义队伍,并最终于1434年将塔波尔起义军镇压,重新控制捷克。捷克农民战争(又称胡司战争)是欧洲历史上最为著名的一次农民战争,在一定时期内为捷克争取到了政治独立,促进了捷克民族文化的发展和民族意识的觉醒,并对后来的德国宗教改革和农民战争产生了深远影响。

波　兰

波兰人也是西斯拉夫人的一支,居住在东欧平原西部。波兰社会发展缓慢,直到9世纪中叶,波兰才出现一些酋邦类型的早期国家。10世纪中叶,波兰公国统一其他酋邦,形成波兰国家。966年波兰人接受了天主教,1025年波兰公国被承认为王国。与此同时,波兰加速封建化。王公贵族及其亲兵、教会大肆兼并土地,成为封建主阶层;由氏族成员转变而来的自由农民则纷纷破产,沦为依附农民,波兰的封建生产关系逐渐形成。波兰经济出现繁荣,在农业、畜牧业发展的基础上,波兰的工商业日益活跃,沃林和克拉科夫成为当时的工商业中心。

12世纪,波兰国家分裂,各地大小封建主相继获得特恩权、免税权和行政司法大权,成为各自领地上的实际主人。另外,来自德意志的条顿骑士团则是进行武力征服,抢占波兰土地。14世纪,波兰国势日隆,不仅重新统一、收复条顿骑士团占据的土地、吞并加利支公国(1340年),还与立陶宛瓜分基辅公国,并最终与立陶宛建立联合王国(1385年),在东欧强势崛起。联合王国在1410年的坦能堡战役中大胜条顿骑士团,最终使骑士团沦为附庸。

波兰的地方贵族特别是中小贵族实力过于强大,不仅影响着国家的整体强大,还严重阻碍社会的发展。在西欧农奴制基本解体、商品货币经济蓬勃发展之时,波兰却成为西欧粮食和原材料的供应地。为了攫取最大的利润,贵族们不断侵占土地,导致自由农民纷纷破产,沦为农奴,使得农奴制在波兰得到强化。16世纪初,波兰的农奴已占农民总人口的75%以上,成为名副其实的农奴制国家。

与此同时，国际形势也在恶化。俄罗斯逐渐崛起，明显威胁到了波兰和立陶宛的安全。1569 年，两国正式宣布合并，成立一个国会，使用一种货币，共尊一位国王；国都由克拉科夫向东迁往华沙，以靠近立陶宛；波兰和立陶宛仍保持自治，拥有独立的行政、司法和税务权力。合并后的波兰实行贵族共和制，国王由选举产生；国王处于虚君地位，无军权、财权，官员任免权、外交权也受到了极大限制。17 世纪，波兰国会更是确立了一项"自由否决权"，即国会决议必须全票通过方可生效。两国的合并不仅没有使力量得到有效整合，反而损害了波兰的国家机能，为波兰后来遭到瓜分埋下了祸根。

四　北欧的早期国家

维京时代

一般意义上，北欧指的是现代丹麦、挪威、瑞典、芬兰、冰岛五国以及各自的海外自治领，它们大体上位于波罗的海以北。由于相对隔绝和孤立，北欧人形成了独特的民族性格，被笼统地称为"斯堪的纳维亚民族"。在中世纪，丹麦人、挪威人和瑞典人被称为"诺曼人"（即北方人），更以令人恐怖的"维京人"而为世人熟知。

维京人与进入罗马帝国版图的日耳曼各部族是近亲。8 世纪，先前南下的日耳曼人已经接受了基督教和罗马文化，而停留在原住地的维京人仍然保留着原始的生活方式。此时的维京人以家庭为基本单位，全体家庭成员居住在一间简陋的大房子里，并且与牲畜混居。阶级分化也日益加深，人口分为贵族、自由人和奴隶。贵族和自由人定期召开大会，共商事宜，其中包括酋长或国王的选举。酋长或国王是最大的贵族，他几乎决定着所有重大事务。在艰苦的环境下，每个维京人都是作为战士来培养和生存的，他们具有强烈的服从意识，无条件地接受首领和大会的全部法令。尽管斯堪的纳维亚半岛处于寒带，但大部分维京人仍是农民，种植大麦、豆类等，兼事渔猎。沿岛形成的优良海港，为维京人向海求食提供了极大的方便，他们易于成为勇敢而又凶悍的水手、商人和海盗。

自8世纪末，维京人驾驶吃水浅、速度快的长船，大规模地扬帆起航，四处扩张；遇强则进行贸易，见弱则烧杀抢掠，开启了著名的"维京时代"。以从事贸易为主的瑞典人越过芬兰湾，沿着河流南下，直至黑海和君士坦丁堡城下；他们被当地斯拉夫人称为"瓦兰吉亚人"，最终在基辅（840年）和诺夫哥罗德（850年）等地定居下来，并建立起国家，成为俄罗斯的最初起源。挪威人和丹麦人都朝着西欧方向扩张，甚至穿过直布罗陀海峡进入了地中海，最远到达希腊半岛。挪威人首先到达大不列颠岛和爱尔兰，874年在冰岛定居下来，985年在格陵兰岛殖民，并在1001年到达了北美大陆。挪威人在冰岛建立国家，实行议会制；国土被酋长们分割成许多小块领地，这些酋长们又组成议会，通过协商决定国家大事。进攻西欧的主力是丹麦人，他们频繁地袭击现在的英国、荷兰、法国、德国和爱尔兰等地，并逐渐定居下来。丹麦人占领英格兰的大部分地区，为英国的统一奠定了基础。911年，丹麦人在法国西北的占领地被加洛林王朝承认，因被称为"诺曼人"，其首领被封为诺曼底公爵。1066年诺曼底公爵威廉入侵英格兰得到王位，此次事件标志着维京时代的谢幕。

维京人的扩张给各地带来了深重灾难，他们劫掠财物、屠杀人口、捣毁教堂和修道院、摧残文化。然而，维京人为所到之地注入了新的民族力量，为未来的英格兰和俄罗斯的崛起奠定了基础。他们的商业贸易活动，也促进了欧洲各地的经济往来，使不列颠群岛、法国西北部和俄罗斯等地的商业和城市兴起。在扩张的过程中，信仰多神崇拜的维京人接受了基督教和封建制度，北欧地区的历史也进入了新纪元。

11—15世纪的北欧

在维京时代，885年挪威实现统一，965年丹麦实现统一，993年瑞典也最终实现统一。在这三个国家中，丹麦的封建制度最为发达，国力也最为强盛。丹麦王子克努特自1016年逐渐建立起一个庞大的北海大帝国，统治着英格兰全境、丹麦本土、挪威、苏格兰大部和瑞典南部，史称"克努特大帝"。但是，这个帝国在他 1035 年去世后便迅速瓦解。

丹麦 11 世纪开始成为典型的封建国家。基督教会势力得到迅猛发展，大主教区大量建立，教会地产数量和规模急剧增加。世俗贵族势力进一步增强，军事贵族和骑士控制着大量的依附农民、农奴和奴隶。国王的权力也逐渐受到教俗贵族的制约，并以宪法形式固定下来。1282 年，丹麦国王颁布《纽保格斯宪法》，规定国王必须每年召开国会，并允许农民和市民参加。

14 世纪，丹麦复兴，产生了一位卓越的女王玛格丽特一世（1353—1412 年）。玛格丽特本为丹麦公主，嫁给挪威国王哈根六世，生下王子奥拉夫；1375 年，奥拉夫成为丹麦国王，并于 1380 年继承挪威王位。1387 年奥拉夫去世，机敏聪明、心怀大志的玛格丽特最终从幕后走向前台，成为两国共主。1397 年，玛格丽特成功创建卡尔马联盟，以丹麦为主导，将丹麦、挪威和瑞典置于同一个国王的统治之下，冰岛也在 1415 年加入联盟。然而，丹麦对盟国的掠夺却在损害卡尔马联盟的凝聚力。丹麦贵族强行在盟国境内圈占土地、征收赋税，激起了当地人民的反感和分离情绪。1435 年，瑞典获得自治权，并于 1523 年完全独立。从此，丹麦的势力渐趋衰败。

瑞典的封建化比丹麦迟缓。瑞典耕地少而山林多，不利于封建土地制度的发展，所以，瑞典人在很大程度上保持着氏族公社的生活状态。只有南部适合农耕的地区，封建土地制度得到了发展，贵族和教会占据着大部分耕地，并且有大批日耳曼封建主涌入。从 12 世纪起，瑞典极力向东扩展，在波罗的海东南岸一带与丹麦和德意志诸邦竞争；组织十字军东征，征服更为落后的芬兰，将基督教传播到那里。13 世纪，瑞典彻底征服芬兰，并维持了 600 多年的统治；但在试图征服诺夫哥罗德时，遭遇惨败。瑞典的商业被外国人主导，他们进而在政治上左右瑞典；1397 年瑞典被纳入卡尔马联盟，成为丹麦的附属。1523 年，瑞典完全独立，并逐渐超越丹麦，成为北欧大国。

挪威封建化极不充分，山多林密、海岸曲折，居民较少从事农业，更多的是从事畜牧业、渔业和林业。自由农民大量存在，他们对瑞典的政治具有重要的影响力。1380年挪威与丹麦合并之后，这些自由农民开始遭到丹麦封建主的严重剥削，须缴纳各种税赋杂捐。丹麦通过占据各种军事、民政、宗教等职务牢牢地控制着挪威，尽管遭到挪威下层民众的反抗，但丹麦的统治一直持续到19世纪，其间少有中断。

第十三章　东亚、南亚和东南亚

中古时期，亚洲各地区的发展呈现出复杂的多样性。东亚的日本和朝鲜，与中国保持着长期的交往，在政治经济文化等方面深受中国影响，并在7、8世纪进入新的历史发展时期。日本经过大化革新确立天皇体制，但随着武士阶层的兴起，日本逐渐形成了将军集权与大名分权、将军至强与天皇至尊的双重二元政治即幕府政治，武士道精神也深刻地影响着日本历史的发展。朝鲜半岛在7世纪实现统一后，积极地向中国学习，建立起中央集权制的封建国家；但国力始终不甚强大，自高丽王朝起，朝鲜政权一直奉中原王朝为宗主国，并在16世纪末遭到日本的大规模侵略，在明政府的援助下才得以化解危机。南亚的印度进入中古时期后，印度教取代佛教地位，种姓制度更加严密，并且印度逐渐被外来的穆斯林征服，建立起德里苏丹国和莫卧儿王朝。东南亚诸地区的发展相对滞后，深受外来文化的影响，但各地都逐渐形成了各自的民族文化。

一　日本

大化革新

公元645年，日本历史上第一次大规模改革——大化革新拉开了序幕。大化革新的直接目标是打击氏族豪强势力，强化天皇的统治地位。日本自古以来形成的氏姓制度，在政治领域固化了世袭贵族阶层对权力的掌控，极大地左右着最高统治者"大王"的命运。为了改变这一局面，603年，圣德太子推出多项改革措施，包括第一次把最高统治者的称谓由"大王"改为"天皇"。但由于氏姓贵族的强力反扑，改革的实际效果有限。

以皇族中大兄皇子和贵族改革派领袖中臣镰足为代表的改革势力，继承了圣德太子的改革事业，于645年6月12日发动宫廷政变，斩杀了擅权的氏姓贵族首领苏我入鹿，拥立中大兄的舅舅轻皇子为孝德天皇，宣布年号为大化。以中国唐朝为样板，开始推行全方位、系统性改革。

646年，孝德天皇发布《改新之诏》。在政治领域，仿照中国唐朝的中央集权制统治模式，在天皇之下设立二官八省为中央机构，官员称"太政大臣""左大臣""右大臣"等。设置国、郡、里为地方统治机构，官员称"国司""郡司""里长"等。编撰了《大宝律令》《养老律令》等，以法律的形式把改革成果固定下来。

在经济领域，废除贵族私有的土地制度和部民制，模仿中国的均田制，在全国范围内实行公地公民制，公民全部登记造册，直属国家。国家按公民人数班授口分田。全国实行统一的租庸调制。

在社会领域，建立了户籍制度和以天皇为最高层级的、极其严格的等级身份秩序。

在文化领域，仿照中国的做法，开始了官修正史。720年完成的《日本书纪》，是完全用汉字写成的第一部正史。书中用权威的语言赞美和神化天皇，成为后世天皇绝对化的重要源头。

由于日本国情的限制，经济改革很快就受到了现实的挑战，一些改革措施不得不停止实施。但是大化革新后建立的律令制国家，却成为日本历史上以吸收外来文化为动力，实现跨越式发展的第一个重要实践。

中日交往

早在汉代，中国正史中已经有了关于中日两国之间交往的记载。在这些交往中，中国先进的生产技术源源不断地传入日本列岛，加快了日本社会的发展。

239年，日本列岛上众多部落国家中的一个大国——邪马台国，派使来华，受到魏明帝高规格接待，并且封其女王为"亲魏倭王"，授以金印。

大和政权统一日本列岛后，与中国交往十分频繁，从413年到478年的60多年间，赞、珍、济、兴、武五代大王，先后10次派使来华，请求中国皇帝授予封号，并承认他们在朝鲜半岛的地位。但中国皇帝往往只授予其"安东将军倭国王"封号，而对其觊觎朝鲜半岛则心怀戒备。

7世纪初，日本在对华交往中，开始表露要与中国平起平坐的意图。在607年、608年日使递交的国书中，写有"日出处天子致书日没处天子无恙"，"东天皇敬白西皇帝"，云云。与此同时，日本在朝鲜半岛上也动作频频。7世纪，日本趁朝鲜半岛内乱之机，打着救援百济的旗号，介入半岛争端。663年，中日两国在白村江交火。日本大败，血染白村江。这是中日之间的第一次战争。现实使日本看清了它与中国之间国力的巨大差距，此后几百年间，日本把学习与赶超作为其对华交往的主要目标。

有唐一代，日本先后18次派出遣唐使，8—9世纪，使团规模达到了高峰，一次超过500人以上的就有5次，最多的一次达到650多人。学习的内容从天文历法、文学艺术、佛学经学，到建筑、手工业技术，等等。

唐以后直到宋末，中日之间的交往主要是民间层面的贸易往来和文化交流。中国的瓷器、书籍、铜钱，日本的漆器、折扇、刀等，是这一时期贸易的主打商品。两国学问僧的往来加深了对彼此的了解。

元朝建立后，于1274年、1281年，两次派兵渡海，企图以武力征服日本，均没有成功。另外，两国之间的民间贸易往来和文化交流并没有因此而中断。天龙寺船、五山文学，以及茶会的流行，是这个时期民间交往的一个缩影。

明初，中日两国中断了五百年的官方交往重新恢复。从1401年到1549年的一个半世纪中，日本官方派遣的贸易船有19次，日本在贸易中获利巨大。由于倭寇猖獗，贸易终止。1592年，日本发动了第一次以中国为对象的大规模侵略战争。丰臣秀吉企图以朝鲜半岛为跳板攻入中国大陆，但没有成功。另外，这场停停打打、迁延多年的战争预示着，历史上延续了上千年的中强日弱的基本态势，从此进入了转折期。

清代初期，日本德川幕府实行锁国政策，中断了与外国的往来，但对中国商船，仍破例许其入港贸易。但这一时期的民间贸易只能维持在一个低水平上。不过思想文化方面的相互影响，却发展到了一个很高的层次。

武家政治

律令国家衰微后，权力逐渐转移到中央贵族手中。激烈的政治斗争使作为侍卫的武家势力逐渐介入中央政治。其中最有代表性的是出身皇族的两大集团源氏与平氏。源氏在与平氏的多年争夺中，逐渐掌控了全国土地的管辖权、征税权和警察权。

1185年，源氏歼灭了平氏，源赖朝在镰仓建立了历史上第一个武家政权——镰仓幕府。其最高职位"征夷大将军"，是通过天皇任命的方式得以确认的。这反映了武家政治与天皇的关系。在幕府内部，将军与下属之间结成一种以恩赐和尽忠为纽带的特殊的主从关系，它与同族观念、血缘观念联系在一起，不同于一般的契约关系，它不仅是武家政治的一个典型特点，也是构成日本政治的一个特殊基因。

1392年，室町幕府成立。这是第二个武家政权。足利尊氏成为天皇任命的室町幕府第一代征夷大将军。由于商品经济的发展以及平民阶级的成长，室町幕府的控制力不断弱化，1467—1477年，发生了长达11年之久的应仁之乱。战乱几乎波及全国。以后，日本社会逐渐进入战国时代。各路"战国大名"一边在各自领国励精图治，一边武力征讨其他诸侯国，志在一统天下。

在统一战争中，大名们纷纷向经济拮据的皇室捐献费用，修缮皇宫，把天皇权威看作可用来号令天下的有力武器。1573年，尾张大名织田信长推翻了室町幕府。1582年6月，织田的部将明智光秀发动叛乱，将织田杀害于京都本能寺。织田的继承者丰臣秀吉迅速控制了局面，消灭了叛军。他宣誓效忠天皇，并打着敕命的旗号横扫天下，于1592年完成了统一。丰臣秀吉进一步发展了织田的统一政策，在治理交通、统一货币、发展自由贸易的基础上，又陆续出台了管理矿山、丈量土地、改革行政区划、收缴武器等一系列措施。同时，也滋生了对外扩张的野心。

丰臣死后，属下将领之间倾轧不已。实力派诸侯德川家康趁机起事，迅速消灭了反抗势力，平定了全国，于1603年就任征夷大将军，在江户设立了幕府。江户幕府的统治方式把武家政治发挥到顶点。为了控制大名、压制朝廷，德川氏建立了幕藩体制，弱化大名藩国势力，制定"武家诸法度"，恩威并施。对朝廷保留其形式，架空其实质。在社会上建立士农工商的严格等级身份制，通过控制各藩国，控制全国的政治经济命脉，把武家政治一直延续到明治维新爆发。

二 朝鲜半岛

朝鲜半岛位于亚洲东北部，东临日本海（朝鲜称东海），西濒黄海，北起鸭绿江、图们江，与中国为邻，与日本隔海相望；半岛多山、多河，地势北高南低、东高西低，有着丰富的矿藏、森林和水产资源，并且河川冲积平原适于农耕，是东亚中古文明的重要活动区域之一。

早期历史与王朝

早在远古时代，朝鲜半岛就有人类活动，并且与亚洲大陆保持着密切联系；半岛很早便出现了农耕文化，其五谷、果蔬种类也与大陆相同。中国古籍载，公元前11世纪，商朝灭亡，商贵族箕子率遗民迁居朝鲜北部，建立政权。公元前194年，燕人卫满推翻箕氏朝鲜，建立卫氏朝鲜。公元前107年，汉武帝在攻灭卫氏朝鲜后，在其辖地设乐浪、临屯、真番、玄菟四郡，合称"汉四郡"。生活在朝鲜半岛南部的古代居民称韩人，分为马韩、辰韩、弁韩三支；势力最大的马韩在西，辰韩在马韩之东，弁韩在辰韩之南。原本生活在中国东北境内的少数民族扶余人的两个分支高句丽人和百济人也在公元前的某个时间迁居到了玄菟郡和马韩，对朝鲜半岛的历史产生了重要影响。

公元前18年，百济在马韩的基础上立国，4世纪达到鼎盛，371年迁都汉山（今首尔）。与此同时，高句丽也逐渐崛起。自公元前37年立国起至隋唐时期，高句丽对中原王朝时臣时叛，不断对外扩张，夺取半岛中部的汉江流域。4世纪，新罗统一辰韩各部，以庆州为都城，532年又合并弁韩旧地，与百济、高句丽形成三国鼎立。551年，新罗联合百济，打败高句丽，夺得汉江流域；又转而打败百济，国势日隆。660年，新罗与唐朝联合灭掉百济；666—668年，双方又联合高句丽。670年，新罗在唐朝军队回防之后，侵夺高句丽旧地，使疆域扩展到半岛西北部的大同江畔。

687年，新罗政府实行禄邑制，按官员等级高低赐予土地，以充俸禄。722年推行丁田制，15岁以上的男子被授予一定面积的国有土地，受田农民须向政府缴纳田租，承担徭役和贡物。在政治上，新罗政府仿照唐制改革行政制度，并且大力倡导儒家学说，兴办科举，派留学生到唐学习。

7、8世纪，新罗在各方面实现繁荣。但随着贵族大地产制的发展，丁田制遭到破坏，大量丁田农民破产。9世纪以后，社会各种矛盾日益激化，人民反抗此起彼伏；同时，地方割据势力猖獗，出现了后高句丽、后百济与新罗王朝并立的局面。

918年，后高句丽的将领王建篡权自立，国号高丽，随后南下灭掉后百济和新罗，重新统一朝鲜半岛。高丽王朝仿照唐朝在中央推行三省六部制，地方上设置道、州、郡、县各级行政单位，听命于中央政府；并且，推行文尊武卑的政策，防止武将夺权。高丽王朝还推行土地国有制，将禄邑制和丁田制加以改造；在官僚阶层推行"田柴科"，受赐者只有收租权，且不得世袭；对普通农民推行公田制，受田者向政府缴纳四分之一的收成作为公租。随后，高丽王朝进入了稳定发展时期。但从10世纪末开始，契丹、女真、蒙古等外族相继到来，高丽王朝先后臣服于金朝和蒙古。

李氏朝鲜与壬辰卫国战争

1392年，高丽大将李成桂拥兵自立，建立李氏王朝，翌年改国号朝鲜，1394年迁都汉城。

在土地制度方面，李朝推行科田法，将土地分为私田和公田，分配给贵族官僚和农民，私田拥有者允许无条件世袭，但须向国家缴纳租税。同时，李朝还改革官制，在中央设置承政院、议政府、六部和三军府分掌政务和军务，同时禁止私兵存在，将武装全部收归中央。整顿法治，编纂《经国大典》，完备国家法律体系。加强对民众活动的控制，仿效中国保甲制度，推行邻保制度（后改称五家作统法），进行人口普查，规定成年男子必须佩戴指定号牌。

李朝前一百年出现繁荣景象。农业方面，先进的耕作技术得到推广，如轮作制逐渐取代休耕制，棉花、大麻等经济作物种植面积进一步扩大；手工业技术较为先进，制瓷工艺精良，活字印刷术也得到大规模使用；尽管物物交换仍然是贸易的主要形式，但商业仍获得较大发展，汉城和平壤成为南北两大商业中心。

但是，土地兼并和官僚派系斗争始终是李朝无法克服的痼疾。15世纪中后期，贵族土地兼并加剧，私田膨胀，农民纷纷失去土地，或成为私人佃农或沦为奴婢，社会问题和阶级矛盾进一步激化，大小起义时有发生。同时，政治上党争渐起，朝中文武官僚（勋旧派）和以儒学为标榜的政治集团（士林派）相互倾轧。社会不稳，政治腐败，为日本的入侵提供了可乘之机。

1592年3月，日本大举侵略朝鲜，壬辰卫国战争（即万历朝鲜战争）爆发。日军进兵二十天便占领首都汉城，两个月征服朝鲜半岛大部分地区。在抵抗侵略过程中，李舜臣打造出一种奇特的战舰"龟船"，这些船只从船首到船尾都安装鸟喙状的金属突出物，船身包裹坚固的铜铁外壳，通过撞击来摧毁敌船。同时，朝鲜向宗主国明朝求援。中朝军队联合，粉碎了日本的侵略狂想；1598年丰臣秀吉郁郁而终，日军最终撤出朝鲜。明朝在这场战争中，先后派出10多万军队、耗费800万饷银、损失数万人，为自身的灭亡埋下了祸根。

此后，朝鲜经济虽有进一步发展，但未曾从战争破坏中完全恢复，朝廷党争也从未中断。1627年，李朝臣服于后金政权，随后成为清朝的藩属。

三 印度

从笈多王朝到戒日王帝国

4世纪初，恒河下游摩揭陀的笈多家族崛起，320年旃陀罗笈多一世（320—330年在位）以华氏城为都，建立笈多王朝，然后四处扩张。旃陀罗笈多二世统治时期（380—413年），笈多王朝达到鼎盛，统治着整个北印度，且政治稳定、经济繁荣、文化昌盛。5世纪中期以后，笈多王朝由盛转衰，且遭到北来的游牧部族嚈哒人（即白匈奴）不断侵扰。6世纪初，嚈哒人以旁遮普的奢羯罗城为首都，建立嚈哒帝国，北印度成为它的一省，笈多王朝偏安于恒河下游一隅。567年，嚈哒帝国被突厥和伊朗联合攻灭。570年，笈多王朝的统治亦告终结。北印度再次陷入分裂状态。这一时期，出生于恒河上游的毗乞罗摩迭多崛起，建立伐弹那王朝。606年，曷利沙·伐弹那（即戒日王，606—647年在位）继位，依靠强大武装，数年内重新统一北印度，版图与笈多王朝鼎盛时期相当，都曲女城，史称戒日王帝国。戒日王统治时期，奖励学术文艺，崇尚佛教，但亦尊重婆罗门教，一时间诗人、学者、高僧云集于王都，其中便有中国僧人玄奘。但是，所谓的"帝国"不过是一个松散的政治联盟，戒日王647年病逝，帝国随之全面解体。

据《大唐西域记》记载，戒日王时期，在土地国有即归国王所有的形式下，食邑制在戒日帝国得到广泛实行，在官僚阶层中已成为普遍制度。食邑是终身占有的禄田，但逐渐转化为世袭领地。在农村，公社组织仍然存在，由于铁制农具逐步普及，家长制大家族已分化为父权制的个体家庭；每个家庭有一块世袭份地，向政府缴纳1/6的地租并负担各种劳役捐税。这一时期的印度经济也得到了发展，香料、果树等经济作物种植面积快速增加，以棉纺织业为代表的手工业发达；随着7世纪阿拉伯商人的到来，印度的海外贸易也日趋活跃，对外输出粮、油、象牙、香料等物品。

种姓制度的发展和印度教的兴起

印度古老的身份等级制度和宗教信仰此时发生了重大变化。

种姓制度在社会变革中得到了发展。首先，四大种姓的具体构成发生重大变化。婆罗门和刹帝利仍为统治者，身份由奴隶主转变为封建主。吠舍原由雅利安人中的普通农民、手工业者和商人组成，大多数普通农民和手工业者渐趋依附封建主，沦落为首陀罗。其次是阇提的出现。随着种姓制度的日趋严密，在吠舍和首陀罗中按照行业的不同形成了各种名目的阇提。阇提内部职业世袭，设有专门的管理机关来监督成员遵守规章制度和风俗习惯。阇提之间相互隔绝，拒绝通婚和交流技艺。阇提都依附各级封建主，以连环保的形式缴纳捐税。最后，旃荼罗等级大量存在，在四个传统种姓之下，还存在着社会上最受压迫的被认为是从事低级或不清洁职业的各个种姓，数目很多，他们被称为旃荼罗，即贱民，被视为不可接触者。这些人与人别居，"若入都市，则击木以自异，人则识而避之，不相唐突"。种姓制度的延续和发展阻碍着印度社会生产力的发展，也阻碍着社会凝聚力的提升和民族的强盛。

受奴隶制帝王尊崇的佛教在新的历史形势下渐趋衰落，而婆罗门教则以新的形式复兴，形成印度教。印度教崇敬三大主神：梵天、毗湿奴、湿婆，分别主管创造世界、维持世界和破坏世界。它的产生是婆罗门教、佛教和其他民间信仰长期融合的结果。印度教既宣扬婆罗门教的种姓制度，严格等级区别，又鼓吹佛教的禁欲、轮回、业报思想，此外还吸收了强调"梵我合一"的吠檀多派哲学理论。它一方面鼓吹苦行主义，要求下层民众逆来顺受，接受现实苦难；另一方面宣扬纵欲主义，为统治阶级的感官享受、醉生梦死寻找理论依据。湿婆神既是苦行之神，又是舞蹈之神，形象地折射出印度教的双重性。8、9世纪之交，商羯罗（788—820年）发动宗教改革运动，阐发"不二论"的思想体系，致力于僧团组织建设，使印度教趋于定型，并逐渐取代佛教，成为印度社会的主导宗教。

伊斯兰教的到来与莫卧儿帝国的兴盛

戒日王病故后的五百多年间,印度次大陆一直处于分裂状态,北部频频遭受外族入侵。阿拉伯人在7世纪末大举侵犯,8世纪初攻占印度河下游的信德地区。11世纪初信仰伊斯兰教的阿富汗—突厥人伽色尼王朝频繁侵扰印度,一度占领旁遮普。

1186年,阿富汗境内兴起的另一个伊斯兰政权廓尔王朝灭掉伽色尼王朝,随后征服北印度。1206年,廓尔王朝分裂,奴隶出身的突厥人库尔布·乌丁·伊巴克自立为苏丹,统治以德里为中心的广大地区,印度进入德里苏丹国家时期(1206—1526年)。随着劫掠改变为统治,征服者改行宽容政策,允许拒绝皈依的印度人存在,但向他们征收沉重的人头税。面对占压倒性多数的印度教臣民,突厥贵族在垄断高官显职后,允许印度教的地方王公拥有对所在地区的控制权。这种妥协有利于伊斯兰教和印度教的和谐相处,促成了倡导两教融合的巴克提运动的兴起。

德里苏丹国先后出现过五个王朝,最后在1526年被阿富汗的帖木儿后裔巴布尔攻灭,印度进入莫卧儿帝国时期(1526—1857年)。"莫卧儿"为波斯语的"蒙古"。巴布尔(1482—1530年)自称是成吉思汗的后人,他能征善战,且深受波斯文化熏陶,为北印度带来了新的文化滋养。其孙阿克巴(1542—1605年)颇有才干,致力于文化融合,建立稳固的中央集权,设置两个首都德里和阿格拉,对整个帝国实现有效统治,并一度将版图扩张至德干高原北部。他在位期间,印度的农业和商业也再度繁荣,使莫卧儿王朝进入鼎盛时期。但阿克巴的后继者并不热衷于励精图治,而沉迷于感官享受或穷兵黩武。孙子沙贾汗(1627—1657年在位)仅嫔妃便有五千人之多,为了纪念亡妻竟然动用两万名劳力费时二十年修建了泰姬陵,使它成为莫卧儿王朝艺术的最高典范。其后的奥朗则布(1658—1707年在位),面对亏空的国库,一边增加赋税,一边采用禁欲主义手段治理国家;并且他还积极迫害印度教徒,连年征讨信仰印度教的德干高原地区。奥朗则布的暴行激起旁遮普的锡克人、拉贾斯坦的拉杰普特人和马哈拉施特拉的马拉塔人的激烈反抗，在他死后，莫卧儿王朝陷入混乱，英国人则趁机逐渐向印度渗透。

四　东南亚诸国

东南亚概况

东南亚由中南半岛、马来群岛及其周边海域构成，以热带雨林气候、热带季风气候为主。各地区的地形地貌虽有明显的差异，但在文化上却有着相对的共同性，它们都曾不同程度地受到佛教、伊斯兰教和儒家文化的影响；不过，这些外来文化并没有使本地的基础文化发生根本变化，本土文化反过来对外来文化进行改造，发展出了各自的民族文化。

中南半岛的大多数现代居民，最初主要来自中国南部，一部分来自西藏，少数来自印度，与当地更早的居民和其他种族通婚，这种迁徙活动可能早在公元前2500年之前便已经开始。菲律宾、印度尼西亚和东南亚大陆南端的马来半岛，也不断有移民定居，他们被称为马来人，尽管各地方言有所差异，却有着共同的文化语言体系。马来人可能曾是大陆的主要居民，但北来的迁徙者逐渐在缅甸、泰国、越南、老挝和柬埔寨占据优势后，他们被迫南下。大陆居民的语言与汉语和藏语关系密切，与马来语或印度各语种几无关涉，只有缅甸语和泰语借用了印度的书写符号。

缅甸、泰国、柬埔寨、老挝和越南

缅甸与印度毗邻，深受印度佛教、文字、法律和艺术的影响。这片地区居住着40个民族，主要有缅族、孟族等，长时期内小国林立。9世纪，信仰小乘佛教的缅族国家崛起，1044年建立的蒲甘王朝（1044—1287年）完成缅甸的统一，并且广建寺庙和城市。1283年元朝征缅甸后，缅甸陷入分裂状态。16世纪，东吁王朝崛起，重新统一缅甸，并入侵暹罗（1939年改称为泰国），引发长期战争，被西欧殖民者利用；东吁王朝由此衰落，缅甸逐渐沦为殖民地。

孟族人最先在泰国湄南河流域建立了一些小的王国，这些小国农业、商业发达，崇信佛教，文化水平高。泰族人是中国古代百越的一支，11、12世纪开始在泰国兴起，1238年建立素可泰王朝，使泰国在中南半岛崛起。阿瑜陀耶王朝（1350—1767年）是泰国历史上最强盛的王朝，汉籍称为暹罗；它不仅统治着现在泰国的大部分领土，还占领了马来半岛、缅甸和柬埔寨的部分地区。15世纪，暹罗经济渐趋繁荣，在东南亚以及与中国、日本、孟加拉等地建立起贸易网络。但从16世纪初开始，暹罗先后遭到不同的西欧殖民者的入侵。

柬埔寨的主体民族高棉人也可能是从中国南部迁徙而来，并且在长时间内是中南半岛最为活跃的民族。1世纪建立的扶南王国当时是中国王朝的属国，却深受印度影响，引进了南印度文字和历法，婆罗门教为国教，但佛教也很盛行。7世纪，扶南王国衰亡。9世纪初建立的吴哥王朝（802—1432年）使得高棉王国的版图空前广阔，成为东南亚最重要的政治权力中心。同时，雄伟壮观的都城和寺庙建筑群开始在吴哥相继耸起，最著名的是苏利耶跋摩二世（1113—1150年在位）主持修建的吴哥窟（寺），历时近百年才完工。然而，恢宏的建筑，不仅无法支撑王朝的强盛，反而在耗费国力。1431年，泰族人攻占吴哥城，高棉王国被迫放弃吴哥城，1434年迁都湄公河下游的金边，高棉人从此一蹶不振。

多山的老挝，主要居民最初同样是来自中国南部地区。佛教由孟族人和高棉人传入，老挝人虔信佛教，但长期处在周围强势国家的压迫下。老挝人建立的三个小国，曾受到泰国、柬埔寨、缅甸和越南的统治和攻击。

越南是东南亚中国化最为明显的国家，越族是其主体民族。自公元前214年秦始皇在岭南地区设郡以来，中国一直对现在的越南北半部进行直接统治。五代十国之际，越南摆脱中国王朝的统治，建立独立国家，但仍然承认自己的藩属地位。李朝（1009—1225年）和陈朝（1225—1400年）效仿唐宋，建立起比较完善的国家体制，使用汉字，尊崇儒学，并且仿照汉字创造了本民族文字"字喃"。从陈朝起，越南开始南下扩张，到19世纪早期，它先后将占婆、老挝、下柬埔寨（现在的越南南部）等纳入越南版图。

马来亚、印度尼西亚和菲律宾

马来亚多为山地和雨林地带，大部分地区地广人稀，人口散居于一些相互隔离的小邦，直到 19 世纪才在英国殖民统治之下完成统一；在 15 世纪马六甲兴旺之前，它没有创造过发达的本土文化，也未修建过任何真正的城市，并且先后遭到室利佛逝王国和泰国的统治，被利用为海上贸易的基地。

爪哇岛和苏门答腊岛是印度尼西亚的主要岛屿，公元初年先后出现了一些小国。7 世纪，信仰大乘佛教的室利佛逝王国兴起，在印度尼西亚建立了第一个强大政权。它以苏门答腊岛的巨港为都城，控制着那里的海上航线和商队通道，包括马来亚的港口。8 世纪中期，爪哇岛信仰佛教的夏连特拉王国崛起，取代室利佛逝王国的统治地位，甚至一度占领柬埔寨和越南；该国 850 年建成的婆罗浮屠佛塔（即千佛坛），成为举世闻名的艺术珍品。

菲律宾多岛多山且森林茂密，居民生活在众多的小族群或部落，彼此相互隔绝。虽然菲律宾早在汉朝便与中国有了贸易往来，却未明显接受先进文明的熏陶；在 16 世纪西班牙殖民者到来之前，菲律宾人普遍处于文盲状态，没有牢固创制或广泛采用任何书写体系。

随着伊斯兰教在印度立足，与印度商贸往来频繁的东南亚开始大规模地皈依伊斯兰教。16 世纪初，马来亚的大部分、印度尼西亚和菲律宾最南部的大岛棉兰老岛等地区普遍伊斯兰化，出现了许多伊斯兰王国。进入东南亚的伊斯兰教也逐渐本土化，《古兰经》的许多戒律都发生改变，最典型的是对待妇女的态度，强调真主面前人人平等的观念被灵活地应用到了当地男女相对平等的传统上。

第十四章　蒙古帝国和奥斯曼帝国

12—16世纪，欧洲内部经历着潜滋暗长的变革，并显现出向外扩张的势头；与此同时，蒙古人和奥斯曼土耳其人却先后从东亚和西亚刮起了两场征服旋风，对欧亚大陆造成了强烈的冲击。13世纪初，蒙古人在成吉思汗的领导之下，实现统一并开始对外征服；在半个多世纪里，蒙古人的征服给当地带来了不同程度上的灾难，而蒙古帝国的建立又促进了各地区的交流与融合。在蒙古西征过程中，一支居住在中亚的游牧突厥部落被迫西迁，来到小亚细亚，被称为奥斯曼土耳其人；他们14世纪崛起，通过近两百年的征服，建立起一个地跨亚非欧三洲的庞大帝国，对世界历史尤其是欧洲历史的发展产生了重要影响。

一　蒙古帝国

蒙古帝国的兴起

蒙古初称"蒙兀室韦"，属室韦部一支，原居于贝加尔湖东南和黑龙江上游一带，8世纪开始西迁，散居于东起贝加尔湖、西至额尔齐斯河、南抵万里长城、北连西伯利亚的广阔高原地区。10—12世纪，高原上部落林立，他们先后依附于辽、金政权；11世纪，曾建立统一联盟，以"鞑靼"之名通称各部；随着成吉思汗的统一，各部又都被称为蒙古。

蒙古各部多数在草原地区从事游牧，畜养马、牛、羊，以肉类、马乳为食。在与南方先进农耕文化接触之后，他们生产力和社会形态都得到较快发展，铁器普遍使用，从原始部落状态向阶级社会过渡。传统的集体游牧方式逐渐被一家一户的个体游牧方式代替，社会分化加剧。部落首领（"汗"）和贵族拥有大量牲畜和牧地，并且豢养一批不事生产专以战争为业的亲兵。多数氏族成员只拥有少量牲畜，虽然是自由人，却要向氏族贵族纳贡服役。各部落之间为争夺牧场、牲畜和人口，相互厮杀，弱肉强食，出现了走向统一的征兆。金王朝担心蒙古崛起，便对各部落进行挑拨分化和定期剿杀，将铁木真（1162—1227年）的曾叔祖蒙兀国汗王俺巴孩处死。一盘散沙的蒙古各部族面临着摆脱外来统治、实现统一和安定的历史任务，铁木真顺应时代潮流肩负起了这一历史任务。

铁木真降生于孛儿只斤部的酋长家庭，父亲也速该为蒙兀国末代汗王；然而，他的早年经历却极为不幸。八岁时，父亲被敌对的塔塔儿部毒害，他和家人也遭到仇家迫害甚至追杀；铁木真多次陷入险境，却幸免于难。生存环境的险恶，锻炼了铁木真的意志，也培养出了他刚毅却又残忍的性格。

最后，铁木真寻得克烈部首领王罕和札只剌部首领札木合的支持，几经努力，使得孛儿只斤部重新强大，并于1189年自立为汗。1202年击败塔塔儿，凡是身高超过车轮的男子通通被处死；札木合和王罕与之反目后，都被击败。1204年，铁木真击杀太阳汗。至此，蒙古草原诸部基本上都依附于铁木真。1206年，蒙古各部酋长在斡难（鄂嫩）河畔举行大会，公推铁木真为全蒙古大汗，上尊号"成吉思汗"（意为无比强大的或海洋般的大汗），结束蒙古各部彼此仇视、相互攻伐的混乱局面；在东起大兴安岭、西到阿尔泰山、南抵阴山、北接贝加尔湖这片广大的草原上，建立起一个统一的蒙古国家。

成吉思汗立即对蒙古进行改革，建立以大汗及其亲属（"黄金家族"）为顶点的金字塔式权力结构。其一，先前的部落成员按照万户、千户、百户和十户等单位编户入籍，建立军政合一组织；每户战时提供一名士兵，随贵族出征。这些贵族以万户长、千户长、百户长和十户长的身份充任国家官吏，并接受相应封地。其二，扩建大汗亲卫军（"怯薛"），由贵族子

蒙古帝国的开创者成吉思汗

弟精选而成，大汗亲征时作为主力军参战。其三，完善国家司法制度，编订成文法典，设置断事官（"达鲁花赤"），审理民事、刑事案件。其四，命维吾尔人塔塔统阿用维吾尔字母拼写蒙语，创制蒙古文字，加强草原各部落之间的文化凝聚力。其五，实行宗教宽容政策，允许蒙古人信仰的萨满教之外的其他宗教自由传播，以达到"因其俗而乘其人"的统治目的。

国家的统一、制度的完备，有利于蒙古社会经济的发展，也为蒙古的对外征服铺垫了基础。并且，这一时期草原的气候也在恶化，气温下降导致牧场逐渐缩小，使得周边农耕文明区域的富庶更具诱惑，蒙古人最终冲出大草原。

蒙古帝国的扩张

蒙古人自1205年起，向南依次攻灭西夏、金、南宋三个政权，并且成吉思汗、拔都、旭烈兀先后领导了三次西征，建立起一个睥睨四方的庞大帝国，疆域一度东起太平洋、西至俄罗斯第聂伯河、北接北冰洋、南达马六甲。

成吉思汗首先征服西夏政权，自1205年起多次用兵，迫其纳贡求和；1211年誓师攻金，1215年占领金中都（北京），控制了华北、东北广大地域。在南征的十年间，蒙古不仅掠夺了大量金银、牲畜和人口，还获得了不少的军事器械匠师；原来只知草原野战的蒙古人掌握了火器、攻城器械的制造方法和攻城技术，为进一步扩张提供了利器。

在南征的过程中，蒙古也向西扩张，并与中亚强国花剌子模遭遇。花剌子模初为塞尔柱帝国属地，1138年成为独立王国，并不断向外扩张。到

第十四章 蒙古帝国和奥斯曼帝国

阿拉乌丁·摩诃末统治时期（1200—1220 年），花剌子模达到鼎盛，疆域广阔，北至锡尔河、咸海、里海，南至印度河、波斯湾，东至帕米尔，西至阿塞拜疆、库尔德山区和卢里斯坦。最初，双方还能保持着通商友好关系，但这种关系却缺乏诚意。1218 年，花剌子模将一支五百人的蒙古商队以间谍罪处死；成吉思汗遣使责问，而使者被杀、从者受辱。

1219 年，成吉思汗亲率近 20 万大军，四路出击。经过三年多的征战，蒙古摧毁了花剌子模帝国；花剌子模城被夷为平地，10 万工匠被送往东方，5 万壮丁充军，妇孺尽为奴婢，其余人等悉数被杀。1222 年，蒙古铁骑翻越高加索山进入俄南草原；1223 年 5 月在卡尔卡河畔几乎全歼突厥部波洛伏齐人（又称"钦察人"）和俄罗斯联军，随后直抵第聂伯河和克里米亚半岛，年底撤兵东归。成吉思汗东归后，将领土分赐给长子术赤、次子察合台、三子窝阔台和幼子拖雷。

第一次西征结束后，蒙古又于 1227 年攻灭西夏，1231 年征服高丽，1234 年灭金。在西夏灭亡前夕，成吉思汗病逝，窝阔台 1229 年继承汗位。1235 年窝阔台决定西征，由术赤之子拔都为帅，主攻方向为俄罗斯。1241 年初，在蹂躏了俄罗斯大部分地区之后，蒙古西征军兵分两路。拔都率主力南下，进入匈牙利，焚毁布达佩斯等城，直逼维也纳。北路军进入波兰境内横冲直撞，随后南下与拔都会师，准备发动新的攻势。年底，窝阔台病故，拔都闻讯罢兵。

1241—1251 年，蒙古内部陷入汗位纷争。最后，拖雷长子蒙哥在兄弟忽必烈、旭烈兀、阿里不哥和拔都的支持下，登上汗位。1253 年，蒙哥派二弟忽必烈南下、三弟旭烈兀西征。旭烈兀一路西进，1258 年攻占巴格达城灭掉阿拔斯朝；1260 年占领叙利亚的阿勒颇和大马士革后后，准备进军埃及。但蒙哥死讯传来，旭烈兀留下五千人驻守，率主力东归。不久，该驻军被埃及马木路克王朝歼灭，蒙古西征就此终止。忽必烈 1253 年灭掉大理；1257 年进兵安南，迫其臣服。1258 年，蒙哥任命阿里不哥为监国，自己亲率军对南宋发动总攻，1259 年在四川合州为矢石重伤不治。

在湖北鄂州作战的忽必烈听闻蒙哥去世、阿里不哥欲称汗，立即北上，并于1260年首先称汗，双方随即爆发战争。1262年，旭烈兀与金帐汗别儿哥则为争夺高加索地区大打出手。尽管忽必烈在斗争中获胜，蒙古诸部落尊其为正统，使蒙古帝国维持着表面的统一，但是，这一系列战争却标志着帝国走向了分裂。

蒙古帝国的瓦解

窝阔台汗国、察合台汗国、伊儿汗国和钦察汗国被称为四大汗国，虽然名义上尊继承法统的元朝为宗主国，实际上却自行其是，甚至公然对抗元朝。

窝阔台汗国原为窝阔台的封地，领蒙古西部、新疆北部、叶密立河一带，都城为叶密里。1229年，窝阔台即大汗位之后，将封地赐予长子贵由。1246年，贵由继承大汗位，两年后病殁。1251年，蒙哥继承大汗位之后，打压窝阔台诸子嗣。窝阔台嫡孙海都萌生反意，后反对忽必烈继承大汗位，数次兴兵攻打元朝。1301年，海都在攻元的战斗中负伤，不久去世。窝阔台汗国从此衰落，1309年被灭。

察合台汗国原为察合台的封地，领伊犁河以西、锡尔河以东之地，都城为阿力麻里。14世纪初，察合台汗国兼并窝阔台汗国大部分领土，国力达到极盛，疆域东起吐鲁番、西临阿姆河、北靠塔尔巴哈台山、南依兴都库什山。蒙古军事贵族与当地突厥贵族联合构成统治阶级，蒙古人逐渐突厥化，改信伊斯兰教。14世纪中期，汗国分裂为东西两部分。东察合台汗国占据察合台汗国旧地，16世纪向明朝宾服。西察合台汗国占据河中之地（即锡尔河与阿姆河之间），以撒马尔罕为都城。帖木儿为西察合台汗国突厥化的蒙古贵族后裔，生于1306年，为人机敏，通晓韬略。1370年，他自称是成吉思汗的继承人，夺取西察合台汗国汗位；随后率兵先后入侵伊儿汗国、钦察汗国、印度和小亚细亚等地。经过二十多年的征战，他建立起一个东起印度河、西接小亚细亚、北临咸海、南抵波斯湾的庞大帝国，史称帖木儿帝国。1405年，帖木儿率军东进，企图远征明朝，不料病死军中；帖木儿帝国由盛转衰，1500年灭亡。

第十四章　蒙古帝国和奥斯曼帝国

1264年，旭烈兀被忽必烈册封为伊儿汗，伊儿汗国正式建立；疆域东起阿姆河、西临地中海、北接高加索、南抵印度洋，都城为伊朗西北部的大不里士。早期，统治者固守游牧生活方式，导致经济凋敝、社会动荡。1295年，合赞汗继位，进行全面改革。他率先改信伊斯兰教，并将其定为国教；大力推行阿拉伯传统的军事封土制度；统一币制和度量衡，鼓励工商业发展；奖掖文化，倡导学术。这些改革使得伊儿汗国的社会经济得到较大恢复，文化也有相当的发展。但是，随着1304年合赞汗的去世，伊尔汗国便陷入内忧外患的困境，1388年被帖木儿征服。

钦察汗国原为术赤的封地，领额尔齐斯河以西、咸海和里海以北以及花剌子模之地。1235年，拔都率兵西征又进一步将其扩大；1242年，他以伏尔加河下游的萨莱为中心，建立钦察汗国（又称金帐汗国）。金帐汗国的疆土大体分为两个部分，一为俄南草原等游牧区，一为俄罗斯平原等农耕区。游牧区由蒙古人直接控制，为汗国的统治重心；农耕区则留给原有诸王公，蒙古统治者对各地分而治之。最初百年，蒙古贵族与钦察草原各游牧部族贵族融合，改操突厥语，改信伊斯兰教，有效地控制着俄罗斯诸王公，并凌侵伊儿汗国。14世纪中期之后，在莫斯科公国和帖木儿帝国的打击下，国势渐衰；1502年，被割据政权克里米亚汗国攻灭。

蒙古征服给亚欧众多地区造成了不同程度的破坏；除了嗜血好战，征服者在科学文化艺术、社会政治制度方面几乎毫无贡献可言。但是，这场征服旋风将原本相互隔绝的地区杂糅成一个整体，有利于促进人类文明的整体发展。蒙古统治者非常重视交通设施的修建和驿站制度的完备，从而使东西方的政治经济文化交流空前繁荣，各国使节、商人、僧侣、旅行家穿梭往来，中亚和西方的药物、织品、历法等输入中国，中国的火药、纸币和印刷术等远传西方。马可·波罗等人将自己在中国、印度的见闻带回欧洲，寻找远东的财富成为后来欧洲开辟新航路的动机之一。同时，这一时期人口流动加剧，民族融合明显，促成了一些民族的消失和另一些民族的产生和发展；其中，一部分蒙古人的突厥化使突厥人在整个中亚、西亚地区逐渐占据优势，为后来的奥斯曼帝国的崛起奠定了基础。

二　奥斯曼土耳其帝国

奥斯曼土耳其的兴起

奥斯曼土耳其人是西突厥部落后裔。突厥人原居住在叶尼塞河上游，后南迁至天山和阿尔泰山之间的草原地带；6、7世纪之交分裂，东突厥居大漠南北，西突厥游牧于中亚一带。阿拉伯帝国崛起后，西突厥各部先后被征服，并接受伊斯兰教。随着阿拉伯帝国的衰落，突厥王公们纷纷拥兵自立。11世纪中叶，塞尔柱突厥人崛起，攻占阿拉伯帝国首都巴格达，并且夺取小亚细亚大部分地区，迫使拜占庭帝国纳贡称臣，建立起一个所向披靡的帝国。但由于体制缺陷，塞尔柱帝国在国王马立克沙病逝（1092年）后陷入内讧，分裂成许多小王朝，其中小亚细亚的罗姆苏丹国存在时间最长。

13世纪初蒙古崛起，势单力孤的奥斯曼土耳其人在首领埃尔托格鲁尔的带领下，从中亚呼罗珊地区西迁，依附罗姆苏丹国，30年代时被安置到小亚细亚西北部，与孱弱的拜占庭为邻。奥斯曼土耳其人随后不断向拜占庭和渐趋衰落的罗姆苏丹国扩张，日益强大；埃尔托格鲁尔之子奥斯曼一世（1282—1326年在位）继位后，宣布独立，自称"埃米尔"（即国王）。1326年，他从拜占庭手中夺取了布鲁萨城，定为首都。后来，这个国家以其创立者来命名为奥斯曼帝国，该民族也被称为奥斯曼土耳其人。

这一时期，大部分奥斯曼土耳其人仍然按照氏族部落过着游牧生活，所有成年男子都是战士，机动性和战斗力极强。与此同时，氏族公社渐趋解体，土地名为国家所有，但事实上被部落贵族霸占，普通氏族成员纷纷沦为依附民。所以，社会上下层民众都希望获得更多的财富或改变生存状况，奥斯曼一世之子乌尔汗（1326—1359年在位）将他们引上了积极扩张的道路。乌尔汗继位之后首先完备国家制度，建立行之有效的行政管理体系，设立维齐尔（相当于宰相）协助苏丹处理政务，推行军事采邑制，颁布成文法典，兴办学校。更重要的是，他在1330年左右建立常备军——近卫军，这支军队训练有素，装备精良，待遇优厚，成为对外扩张的主力军。

奥斯曼土耳其高举"圣战"大旗，扩张矛头直指拜占庭，迅速占领拜占庭在小亚细亚的全部领地。1343年，拜占庭发生内讧，乌尔汗被邀请进兵欧洲。1354年，土耳其人占领达达尼尔海峡欧洲沿岸的加里波里，在欧洲获得第一个定居点，并以此向东南欧进攻，迅速占领整个色雷斯东部。乌尔汗之子穆拉德一世（1359—1389年在位）继位后正式称苏丹，继续进攻欧洲，1362年占领亚德里亚堡，1367年迁都此城。1371年，土耳其军队在马里乍河附近打败塞尔维亚、保加利亚、瓦拉几亚和匈牙利的6万联军，迫使塞尔维亚臣服纳贡。1389年6月，土耳其在科索沃之役中打败巴尔干各国联军，几乎将塞尔维亚全境臣服。1396年，在多瑙河尼科堡一役中，土耳其又一次大胜欧洲诸国的十字军，控制了巴尔干绝大部分地区。正当苏丹巴耶塞特（1389—1402年在位）准备将君士坦丁堡收入囊中之际，帖木儿则率军踏入小亚细亚。1402年7月，巴耶塞特亲率大军在安卡拉附近迎击帖木儿，结果遭遇惨败，被俘身亡。此次惨败激化了土耳其的内部危机，四个王子陷入内讧，而农民、手工业者这些底层民众则揭竿而起，进而延缓了土耳其的扩张步伐，也使拜占庭和东南欧获得喘息之机。

奥斯曼帝国的极盛

经过近二十年的动荡，奥斯曼帝国统治阶级结束内斗，民众起义也遭到镇压，政局渐趋稳定。穆拉德二世（1421—1451年在位）继位后，立即重整军备，借鉴欧洲军事技术，为军队配备火炮，使得奥斯曼军队如虎添翼。经过长期斗争，奥斯曼帝国于1430年夺取威尼斯人控制下的帖撒罗尼加；在进军巴尔干北部地区的过程中，奥斯曼军队屡屡被匈牙利打败，一度求和，但最终在1448年第二次科索沃战役中赢得决定性胜利。拜占庭当时已是风中残烛，仅剩下君士坦丁堡及其周边几块领土，最终被穆罕默德二世（1451—1481年在位）扑灭。1453年，君士坦丁堡被攻占，成为帝国的新首都。征服拜占庭帝国是一个里程碑式的事件，奥斯曼帝国的亚欧领土连为一体，一跃成为影响亚欧局势的大国。

穆罕默德二世又先后征服塞尔维亚全境（1459 年）、波斯尼亚（1463年）、黑塞哥维纳（1465 年）和阿尔巴尼亚（1479 年），确立对瓦拉几亚、摩尔达维亚的宗主权，并臣服克里米亚汗国；他还注意发展海军，成功地清除了威尼斯、热那亚等城市国家在黑海和东地中海的一些势力据点，使土耳其成为强大的海上势力，为奥斯曼帝国日后进一步征服欧洲奠定了坚实基础。16 世纪初，奥斯曼帝国向东推进到底格里斯河一带，向南攻灭马木路克王朝（1250—1517 年），将叙利亚、巴勒斯坦、埃及和阿拉伯半岛的汉志地区纳入帝国版图，控制着麦加、麦地那、耶路撒冷三个伊斯兰教圣地，并且攫取哈里发的称号，使奥斯曼帝国的苏丹成为伊斯兰世界的最高宗教统治者。

在历代苏丹的苦心经营下，奥斯曼帝国在苏莱曼一世（1520—1566 年在位）当政时期达到辉煌的巅峰。苏莱曼一世登基之后，四处用兵，使奥斯曼帝国的版图基本定型。在欧洲大陆，土耳其人攻占贝尔格莱德（1521 年）、布达佩斯（1526 年），控制了匈牙利王国的大部分领土，多次入侵奥地利，险些攻下维也纳（1529 年）；在亚洲，1534 年进兵伊朗，攻下巴格达，占领两河流域，还吞并了亚美尼亚和格鲁吉亚的部分地区，并且南下征服整个阿拉伯半岛（1536 年）；在地中海，夺得罗德岛（1522 年），击败威尼斯人，在东地中海建立绝对的霸权；在北非，控制阿尔及利亚（1529 年），占领的黎波里（1536 年），夺取突尼斯（1574 年）。苏莱曼一世不仅是一位卓越的军事家，还具有治国安邦的雄才大略。他注重法制，以"公平"和"正义"为原则，颁布多项法典，规范采邑制、土地税收等制度，限制贵族官员权力，善待非穆斯林等，实现了社会稳定和经济发展。同时，苏莱曼本人还具有深厚的文化涵养，使奥斯曼帝国的建筑、诗歌、科学、艺术等都达到了很高的造诣，出现了建筑师锡南、地理学家皮里·雷伊斯、诗人巴克等著名人物。其中，锡南设计督建的苏莱曼清真寺是这一时期奥斯曼文化的典型代表，它是一座圆形拱顶的高大建筑，将拜占庭和伊斯兰的建筑风格融为一体，整个寺院华丽明亮，气势宏大，令人叹为观止。

苏莱曼一世在位46年，奥斯曼帝国的政治军事经济文化等方面都趋于极盛，因此被世人尊称为"大帝"，与历史上伟大的君主比肩。然而，英明一世的苏莱曼却在立储的重要问题上听信宠妃、佞臣之言，将宝座传给了一个无才无德的酒鬼儿子。苏莱曼大帝的去世成为奥斯曼帝国历史的转折点，土耳其人逐渐在国际局势中陷入被动。

奥斯曼土耳其在两百多年里，从西亚的一小块附庸领地发展成为地跨亚欧非三大洲的大帝国，对人类历史产生了重大影响。首先，奥斯曼帝国的征服给当地人民带来了严重灾难，造成了大量人员伤亡和财产损失，并且奥斯曼土耳其人相对落后的社会生产方式也不利于当地经济的发展。其次，奥斯曼帝国强制推行民族同化政策，试图消灭被征服地区原有的语言和文化，严重阻碍了当地社会文化的发展。再次，奥斯曼帝国控制亚欧商路之后，课以重税，再加上频频出击欧洲，推动了西欧诸国更加积极地寻找通往东方的新航路。最后，鼎盛时期的奥斯曼帝国积极干预欧洲事务，联合法国等国家夹击哈布斯堡王朝，影响着欧洲政治的演进。

第十五章　早期美洲和撒哈拉以南的非洲

自人类进入文明时代以来，生活在欧亚大陆以及北非地区的族群构成了人类文明创造活动的主体，他们的活动主导着人类历史的发展趋势。但是，美洲和撒哈拉沙漠以南的非洲也存在着繁衍生息的族群，尽管地处偏僻、环境封闭，他们仍然创造出了颇具特色的文明体系。印第安人是美洲大陆的土著居民，以玛雅人、阿兹特克人和印加人为代表的印第安人创造出了高度繁荣的农业文明，他们培育出的玉米、土豆、西红柿等农作物，对世界农业和人类人口的发展起到了重要影响。撒哈拉以南非洲的黑人族群，多停留在原始公社阶段，但东北非、东非、西非和南非内陆也都出现过强大的奴隶制国家，并在建筑、音乐、手工艺品、冶炼技术等方面显示出精湛的技艺，在人类文明史上占据一席之地。

一　美洲的印第安人

印第安族群的分布

美洲是亚美利加洲的简称，它是世界第三大陆。自然地理上，美洲以巴拿马运河为界分为南、北美洲；人文地理上，以墨西哥湾格兰德河为界分为北美洲和拉丁美洲。

在四五万年前的冰川期，一部分生活在亚洲东北部的蒙古利亚人，跨越海平面降低的白令海峡，进入美洲大陆，开始在整个大陆及其周边岛屿繁衍生息；到 1500 年前后，美洲居民已达到 1500 万—4000 万人。经过漫长的发展，印第安人形成了许多不同的语言和文化族群，并且体质也有明显的差异。这些不同的族群，直到被哥伦布错误地称为"印度人"时，才获得统一的名称，中国人则便宜地称之为"印第安人"。

北美洲的印第安人大致分成七个集团。爱斯基摩人和阿留申人生活在北冰洋沿岸，以渔猎为生，以雪屋为居所，以雪橇为交通工具。特林基特人、海德人等部落生活在北美西北沿海，以镖枪、矛和网来猎捕海上动物。阿塔巴斯克人和大部分阿尔贡金人等族群生活在加拿大和美国北部原始森林地带，使用弓箭、长矛和粗棒，过着狩猎生活。穆斯科吉人、易洛魁人和部分阿尔贡金人等则生活在北美东部和东南部，从事锄耕农业，兼营狩猎和采集。其中，易洛魁人种植玉米、豆类、向日葵、南瓜和烟草；处于母系氏族向父系氏族过渡的阶段，土地公有，集体劳动，共同消费；实行族外婚并有收养外族人的习俗，氏族成员有权选举和更换世袭酋长和军事领袖。达科他人、科曼奇人、夏延人等族群生活在密西西比河以西的大草原上，以弓箭和狗来猎取野牛等大型动物为生，多半住于牛皮制的帐篷里。加利福尼亚人生活在美国太平洋沿岸，以采集为生，兼事狩猎和捕鱼，居住在树叶兽皮搭成的临时小屋，保留着浓厚的母权制特色。普韦布洛人生活在美国西南部和墨西哥北部，有着发达的灌溉农业，种植玉米、豆类、棉花等作物，用土砖建造房屋，有良好的制陶术和发达的纺织技术。

在欧洲人到来之前，北美各地印第安人的发展有所差别，但彼此之间的差距不大，社会形态都没有超出原始公社制；拉丁美洲各地区的发展程度则相去甚远，文明程度呈现出从北到南由高到低的渐变特点。

居住在墨西哥和北美洲北部地区的阿兹特克人、玛雅人和印加人创造出了发达的农业系统、完备的政治社会制度和繁荣的文化。环加勒比海地区的印第安人受到印加、玛雅和阿兹特克的影响，建立了众多酋长国，科学文化也有一定发展。生活在智利和阿根廷西北部的居民处在原始氏族公社末期，过着农业定居生活，会制陶和金属冶炼，懂得修桥铺路等。生活在今巴西、巴拉圭、圭亚那、哥伦比亚等热带丛林中的印第安人较为落后，处于父系氏族社会和石器时代，当地居民以种植、狩猎、捕鱼为生，种植

307

木薯、白薯、玉米、花生、棉花等作物。南美洲南端的自然环境恶劣，生活在这里的大部分居民过着狩猎采集生活，无农业，不养禽畜。

总而言之，美洲印第安文明的发生与发展都极为特殊。它崛起于雨林地带而非大河流域，并且是在与亚欧大陆文明主体相对隔绝的状态下独自产生和发展起来的，各地区也相互隔绝、少有交往与融合，美洲文明内部的子文明呈现出巨大的多样性和不平衡性。

以玛雅人、阿兹特克人和印加人为代表的印第安人为人类做出的最大贡献是农作物的培育，他们培育出的玉米、土豆、西红柿，经过欧洲殖民者的传播，很快成为全人类的主要食物；烟草最早产自美洲，17世纪开始在全世界广泛种植，如今烟草的使用在全世界范围内仍然普遍存在。

玛雅文化

玛雅人生活在墨西哥南部尤卡坦半岛和中美洲北部一带，他们是奥尔梅克文化的最直接继承者。公元前2000年左右，墨西哥中南部的印第安人逐渐定居，从事农业生产，种植玉米、豆类和棉花等作物，并且能够制作陶器、纺线织布。公元前1000年前后，该地区出现了奥尔梅克文化，它在公元前8—前5世纪进入全盛时期。奥尔梅克人创造了象形文字、计数法和历法，并留下了令人震撼的巨石雕像。然而，公元前300年左右，这个文化莫名其妙地突然消失。

从公元初年到9世纪，尤卡坦半岛南部兴起一批城邦，它们多以高大壮观的金字塔祭祀建筑为核心和象征；6世纪形成的奇钦·伊查城邦，成为半岛北部的政治中心。10世纪后，乌斯马尔、玛雅潘等城邦兴起；12世纪末，玛雅潘击败奇钦·伊查和乌斯马尔，成为半岛北部的霸主，"玛雅"之名便由此产生。15世纪，玛雅潘在众多小城邦的围攻之下衰落，随后各城邦陷入混战，玛雅文明极速衰落，到1511年西班牙殖民者到来之时已是奄奄一息。

玛雅社会处于原始社会末期和奴隶社会早期阶段，虽然以农村公社为基本组织单位，但阶级分化明显，奴隶制非常发达。军事贵族和祭司是统治阶级，哈拉奇·维尼克是教俗两界的最高首领，且实行世袭制。农业是玛雅经济的基础，玛雅人培育出了玉米、西红柿、甘薯、南瓜、豆类、辣椒、可可等作物，并以玉米为主要作物。玛雅人还能制造出十分精美的陶器，并居住在泥灰结构的房屋中。尽管商品种类繁多，但多以物物交换为主。

玛雅人经济水平不高，却创造出了令人惊叹的文化成就，主要体现在文字、天文、历法、数学、建筑等方面。玛雅人创造出了完整的象形文字体系，由800多个图形和符号组成。他们创造了以365天为一年的太阳历，一年分为18个月，每月20天，另加5天的禁忌日。他们能准确推算月亮以及金星等行星运行的周期，夜间按星星运行来确定时刻。玛雅人还创造了独特的20进位计数法，并且在运算中使用"0"的概念。在印第安人建造的金字塔中，玛雅金字塔最具有代表性，它们在外形和功用上都与埃及金字塔有所不同。玛雅金字塔绝大多数为四方阶梯形，顶部为平台，或在平台之上修建庙宇，并且这些金字塔是玛雅人用于祭祀的场所，而非国王的陵寝。此外，壁画艺术也是玛雅文化的一大成就，创作于6—8世纪的波南帕克壁画堪称世界古代文化中最伟大的艺术作品之一。

阿兹特克文化

阿兹特克人因其故乡位于墨西哥西北的阿兹特兰而得名，11世纪时仍处在迁徙不定的原始社会状态，直到1325年才在墨西哥中部特斯科科湖北岸定居，修建特诺奇蒂特兰城，即后来的墨西哥城。阿兹特克人尚武好战，定居之后迅速对外征伐，并在15世纪初与特斯科科人、特拉科班人结成部落联盟，联合扩张；15世纪末，阿兹特克将势力范围扩展到墨西哥全境和中美洲部分地区，曾远达危地马拉，建立起一个奴隶制帝国，统治着600余万臣民。阿兹特克帝国境内交通发达，蛛网般的大路连接着所属各部落，但是阿兹特克人并不对臣服部落实施直接统治，只是要求他们缴税纳贡。

阿兹特克社会的基本单位是氏族，并在15世纪后半期进入奴隶社会。土地公有，主要由氏族公社成员集体耕种，收获物供全体社员享用；少数土地由奴隶耕种,用来供养首领、祭司和军队。

阿兹特克人在继承玛雅文化的基础上又有所创新。农业是其主要经济门类,阿兹特克人独创"浮园耕作法",即特斯科科湖边居民在湖中木排上敷泥种植,以弥补土地之不足;并且大规模兴修水利,推动农业发展。他们主要使用石器和木器进行生产劳动,能够制作出精美的彩绘陶器;能够冶炼金、银、铜等金属,但仅用于制作饰品和祭器,很少用于生产;并且擅长纺织、刺绣和鸟羽镶嵌。他们还创制了一种图画文字,采用类似玛雅人的历法,并对1200多种动植物、矿物作了分类。阿兹特克人在建筑艺术上有着惊人的造诣,首都特诺奇蒂特兰城建造在特斯科科湖中的一群岛上,整个城市宏大华美;全城由宽敞的河道和堤坝连接在一起,主岛中央是一片以阶梯式金字塔主神庙为主的祭祀区,高大的建筑由石材砌筑而成,巍峨壮观;六万余幢房屋散布各岛,房屋周围和房顶上栽种着许多花草,整个城市犹如一个庞大的"空中花园",令人叹为观止。

然而,这种辉煌繁盛的背后却隐藏着野蛮和残忍的阴影。阿兹特克人笃信鬼神,盛行活人献祭之风,每年充当牺牲者多达数千人。为此,阿兹特克人不得不常年与外族交战,获得足够的战俘或人质以作牺牲,遂与周边臣属部落交恶;后来,西班牙殖民者对此加以利用,摧毁了阿兹特克帝国。

印加文化

纵贯南美大陆的安第斯山脉所形成的高原地区生活着许多印第安族群,印加人便是其中的一支,因部落首领和家族称"印加"(意为太阳之子)而得名,印加文化是在继承安第斯高原各族古老文化的基础上发展起来的。

11世纪,印加人在安第斯山区中部的库斯科谷地定居;自13世纪起,印加人开始对外扩张,征服谷地内的诸部落,建立国家,并兴建库斯科城。自1438年起,印加人开始大肆扩张,建立起一个庞大的奴隶制帝国;在国王瓦伊纳·卡帕克统治时期(1493—1525或1527年),印加帝国达到极盛。帝国版图以现在的秘鲁为中心,北起哥伦比亚南部,南抵智利中部、阿根廷西北部，西濒太平洋，东接亚马逊河流域雨林，南北绵延3000公里，面积约为90万平方公里，人口近千万。然而，瓦伊纳·卡帕克去世后，两位王子内讧，导致国势急剧衰落。1533年，西班牙殖民者攻陷库斯科城，灭掉印加帝国。

印加人实行严格的中央集权统治和神权统治。国王（"印加"）被视为"太阳神之子"，掌握立法、行政大权，兼任最高军事统帅和大祭司，拥有至高无上的地位。国王登基和出征之时，皆进行人祭；死时，以妻妾奴仆殉葬或献祭，有时多达数百人；死后被制成木乃伊，祭奉在太阳神庙内。印加社会存在着贵族、祭司、平民和奴隶四个等级。国家的重要行政职务由贵族充任，且职务世袭。印加帝国以库斯科城为中心，分为四个总督区，下辖若干个氏族公社。土地分为王田、神田和社田，由公社成员集体耕作，王田、神田供养国王和祭司，社田归公社共享。成年男子须轮流承担劳役和兵役、修路开矿、建造神庙宫殿的义务，称为"米塔制"。

印加人创造了灿烂的文化。印加人在安第斯山区的崇山峻岭间开辟梯田、凿渠引灌，培植了40余种农作物，以玉米和马铃薯为主，并且驯养了驼马和羊驼等畜类。他们以青铜器制造工具和武器，并能制作精美的金银器具、饰品。印加人也在建筑方面显示出了极高天赋。首都库斯科城修建在海拔3400米的高原上，城内设施完备，宫殿、城池皆以巨石建成，石块之间不施泥灰，却合缝严密，可谓鬼斧神工；城中的宗教中心太阳神殿（金宫），墙壁和地面以纯金铺成，透露着"令人难以置信的美妙"。萨克塞瓦曼城堡和马丘比丘遗址也都展现了印加人高超的建筑才能。印加人对外科、解剖、牙科、麻醉等医学知识有了初步认识和掌握，并且独创了自己的历法，与现行公历类似，以冬至为岁首。但没有文字，采用结绳记事的方式来记载重大事件。

二 撒哈拉以南非洲

基本状况

非洲是阿非利加洲的简称，它是世界第二大洲。非洲大陆多为高原地带，东部和南部的海拔多在千米以上。赤道从大陆中部穿过，全境3/4的地区处于热带，常年高温少雨。撒哈拉沙漠分布在北部，约占非洲总面积的1/4，荒凉无比；它是大陆自然环境的天然分界线，以北基本上是地中海气候，以南则多为热带雨林和热带草原气候。撒哈拉沙漠同时还是非洲人文环境的分界线，以北居民基本是欧罗巴人种，与外界联系密切，文明程度较高，曾创造过辉煌的古埃及文明；以南居民绝大部分为黑人，因而被称为"黑非洲"，相对封闭，普遍落后。

撒哈拉以南的土著居民，大体上可以分为四类人种。首先，黑人即尼格罗人占绝大多数，他们鬈发、宽鼻、厚唇、突颌，体型高大，有苏丹族和班图族两大分支。苏丹族肤色纯黑，大体分布在赤道以北、东起东非大裂谷、西至大西洋之间的广大地区，并以乍得湖为界分为东、西两个支系。班图族肤色浅黑，遍布于赤道附近及其以南地区。其次是俾格米人，肤色呈暗棕色，身材矮小，平均身高约为1.40米，是世界最矮种族，散居于赤道附近的茂林之中。再次是科伊桑人，居住在非洲南部，分为布须曼人和霍屯督人。皮肤呈黄褐色，比俾格米人稍高，面部扁平多皱，颧骨突出，眼睛细小，带有很多蒙古人种的特征。马尔加什人居住在马达加斯加岛，他们大体上属于蒙古人种，由印度尼西亚漂洋过海而来。

由于自然条件和生态环境的影响，撒哈拉以南非洲的经济带有不同程度的原始性，狩猎—采集、畜牧业和农业是他们获取生活资料的基本方式。生活在非洲东部和南部的俾格米人和科伊桑人的部分族群依靠狩猎—采集为生，他们保持着旧石器时代的生活方式，木器、骨器和石器是主要生产工具，以一个家族或几个家族为单位，过着流动性的生活。撒哈拉以南生活着众多种类的哺乳动物，这使畜牧业得以兴旺。不同地区的畜牧类型也不尽相同，南霍屯督人各部族采取的是原始畜牧方式，主要畜类为长角羊和肥尾羊。生活在撒哈拉沙漠中部的诸部落也经营畜牧业，他们大多信奉伊斯兰教，以饲养骆驼、山羊和驴为主，兼营绿洲农业和沙漠商队贸易。撒哈拉沙漠南部边缘（被称为萨赫勒）的居民则以饲养瘤牛为主，并用牛奶和奶制品交换商品。东非畜牧业的游牧范围较为固定：雨季在高地放牧牛群，并形成临时村落；旱季则回到谷地放牧，兼事农业。农业大体上属于初级农业，其显著特点是游耕和锄耕，即耕种土地不固定，铁器虽得到普遍运用，但农具简陋，仅有锄头，不用畜力。只有塞内加尔、坦桑尼亚维多利亚湖南岸等少数地区发展出了集约型农业，兴修水利，实行轮作和套种等；主要作物有黍类、香蕉和薯类等。尽管如此，一些地区的纺织技艺、制革术、木器等工艺相当精湛，甚至可以与同时期的欧亚诸国相媲美。商业贸易极为落后，大多停留在物物交换的阶段，虽盛产黄金，黄金却基本上未能发展成为货币。12—16世纪，加纳、马里和桑海等地区受到撒哈拉商路贸易的影响，对外贸易一度兴盛，但对外输出的商品单一，多以黄金、铜等矿产品和柯拉果等采集物为主。

撒哈拉以南非洲的文明程度由北向南大致呈现出由高向低递减的趋势。北部地区大都建立了国家，而生活在赤道森林中的俾格米人和南部非洲的科伊桑人仍然停留在原始公社状态，其余各地区和部族则大多处于酋长统治的部落制社会。文化普遍落后，大多数地区仍没有文字。

主要国家

苏丹和埃塞俄比亚位于东北非，早在上古时期便建立过强大的奴隶制国家。苏丹亦称努比亚，境内的库施深受古埃及的影响，一度被后者征服。自公元前8世纪起，库施国势日隆，攻入埃及并成功抵御崛起的亚述人的入侵。库施国家延续了千年之久，于4世纪中叶被埃塞俄比亚的阿克苏姆王国灭掉。此后，努比亚再无强大政权出现，并从7世纪起开始伊斯兰化，最终成为阿拉伯世界的一部分。埃塞俄比亚更多受到了来自阿拉伯半岛的影响，公元前1000年以前迁居此地的白种人闪米特人与当地黑种人库希特人逐渐融合，形成了后来的埃塞俄比亚人。公元前后，阿克苏姆王国形成，并在4世纪国王厄查纳在位期间（320—360年）达到鼎盛。厄查纳凭借强大的象军和海军开疆拓土，不仅占有埃塞俄比亚北部地区，还兼并了阿拉伯半岛西南部的也门，控制红海地区的国际商路，促成经济繁荣；统一并改制文字，创制了一套沿用至今的文字体系；接受科普特派基督教，在非洲大陆确立独特而又悠久的基督教传统。但随着阿拉伯帝国的崛起，阿克苏姆王国日趋衰败。13世纪，新兴的所罗门王国开启了统治埃塞俄比亚高原大部分地区的帝国时代；16世纪，所罗门王国在奥斯曼帝国等势力的冲击下，渐趋衰落。

东非的索马里半岛及其以南沿岸地区，自古以来便是商贸活动频繁之地。公元前后，该地区兴起了一批商业城市，后来发展成为城市国家，其中较为著名的有摩加迪沙、蒙巴萨、桑给巴尔等。这些城市国家在八九世纪皈依伊斯兰教，盛行奴隶制；它们借助地理优势，从内陆收购象牙、黄金等向外输出，从东方购得丝绸、瓷器等销往内陆。15世纪末以来，该地区遭到葡萄牙殖民者的入侵，商业随之渐趋凋敝。

西非盛产黄金，北非盛产食盐，两地形成互补，逐渐在撒哈拉沙漠中开辟出了商路，北非文化也通过商路进入西非。西非多为操苏丹语的黑人，自8世纪开始接受伊斯兰教，并先后兴起过三个奴隶制国家——加纳、马里和桑海。加纳居住着来自北非的柏柏尔人和本地黑人。3世纪前后形成国家。8世纪末出现黑人政权。于9、10世纪达到鼎盛；它征服了西非广大地区，占据尼日尔河与塞内加尔河上游的黄金矿藏，被誉为"黄金之国"。加纳在11世纪中叶遭到北非柏柏尔人的入侵，渐趋衰落，13世纪被马里吞并。马里位于尼日尔河上游，自13世纪初开始崛起，14世纪国王曼萨·穆萨统治时期（1307—1332年）达到鼎盛，凭借十万军队，控制着众多国家和部落。曼萨·穆萨尊崇伊斯兰教，曾率领一支庞大的使团前往麦加朝觐，一路挥金如土，被誉为"金矿之王"。14世纪末，马里陷入内忧外患的困境，很快被桑海取代。桑海人9世纪末占据尼日尔河流域的加奥，并以此建立国家。桑海虽然在13世纪初被马里帝国征服，但很快赢得独立，并日益强大；16世纪初达到顶峰，统治着今天的马里、尼日尔、尼日利亚等国。桑海经济繁荣，控制着廷巴克图、泽内等商业重镇；君主们崇尚阿拉伯文化，奖掖学术，实现文化昌盛。16世纪末，桑海在摩洛哥人的大举进攻之下衰落，并于1680年亡国。此后，西非地区陷入部族混战，再无强大政权兴起。

非洲中部和南部较为落后，其文明发展进程与班图人的大迁徙有着密切关系。班图人原来住在赤道以北的喀麦隆高原，公元初年开始分西、中、东三路向南迁徙，这股迁徙浪潮一直持续到 19 世纪，将铁器、畜牧业和农业传播到赤道以南非洲的大部分地区，并促成一些地区产生了国家，其中最著名的是刚果和津巴布韦。14 世纪前后，西班图人以班扎为首都，在原始公社制解体基础上建立起刚果国家，15 世纪中叶达到极盛，占据今日刚果西部和安哥拉西北部。农业是其主要经济形式，以种植小米、高粱等为主；手工业中的冶金业和造船业比较发达；商业活跃，各地都有定期的集市。15 世纪末，葡萄牙殖民者开始入侵刚果，大量财富被抢夺，众多人口遭掠卖，刚刚兴起的刚果国家就此衰落。南班图人中的马卡兰加人在 5 世纪前后建立莫诺莫塔帕国，并以津巴布韦（意为石头城）为首都。莫诺莫塔帕也是在原始公社解体基础上形成的早期国家，甚至还保留有母系氏族制遗风。14—15 世纪是其全盛时期，版图包括今津巴布韦、莫桑比克南部、博茨瓦纳东部和南非北部一带。莫诺莫塔帕国以农业和畜牧业为主，手工业和商业也很发达，但最引人注目的是其建筑技艺，如津巴布韦古城，包括城墙、高塔、神庙、宫殿、住宅等建筑在内，主要由雕凿平整的花岗石砌成，细微之物精致美观，高大之物气势雄浑。16 世纪以后，莫诺莫塔帕在葡萄牙等欧洲殖民势力的侵掠下渐趋败亡。

第十六章　文艺复兴与宗教改革

14世纪前后,欧洲乡村经济出现新的面貌,耕地面积扩大,粮食作物品种增加,乡村市场发展;城市中出现新的社会力量,民族国家的观念逐渐加强,形成了新的王权和新的阶级,社会结构发生变化。中世纪基督教教会将人群严格分为三个等级,即从事祈祷的人(教士、修道士)、从事战争的人(骑士、贵族)、从事劳动的人(农民、手工业者、商人)。手工业者和商人构成了城市市民主体,与农民共属于第三等级。中世纪晚期,三个等级内部发生了变化,市民阶层逐渐发展成为社会主要力量。

新的社会思想和社会变革此时也在城市中出现。意大利一些城市发生了以弘扬古典希腊和罗马文化为主要内容的文艺复兴运动,重新界定了人与神之间的关系,重新确认了上帝的意志,引发出新的理念。文艺复兴的核心精神是人文主义,主张以人为本,认为人是现实生活的创造者和主人,尊重人性,提倡理性,肯定人的价值和尊严,倡导个性解放,歌颂人对现世幸福的追求;反对以神为本的价值观,反对愚昧无知和宗教神学对人性的禁锢。针对教会的奢靡腐败,德国等国家掀起了宗教改革运动,形成了新教三大派别。

一　中世纪晚期的社会状况

乡村经济社会的发展

10世纪开始,欧洲农业出现了新的发展。经过7世纪以来几次大规模

第十六章 文艺复兴与宗教改革

的垦殖运动,欧洲耕地面积增加,地理面貌也发生了较大改观。农业技术进一步提高,重犁、马挽具等工具的使用,土地轮耕制度的革新,有效地增加了耕地的实际面积,并且减少了实际耕作的劳动量,解放了一部分劳动力。同时一年可以有两次收获,增加了粮食的实际产量,也减少了因作物歉收导致饥荒的可能性。13世纪,谷物的单位产量达到种子的3—4倍。关于农业耕作方面的书籍大量出现,如《田庄管理》《弗列他》等,介绍了诸如农业管理知识、灌溉技术、嫁接技术等。耕种作物的品种增多,一些地区出现了专业的种植区,如葡萄种植园、经济作物种植区等,促进了农业的专业化。新的作物品种促进了畜牧业的发展,牲畜饲养水平提高,畜产品产量提升。农牧业的发展不仅丰富了人们的餐桌,改变了膳食结构,有助于提高人的身体素质,而且为商业和手工业提供了充足的粮食、原材料和剩余产品。

领主的生活需求得到极大的满足,生活方式、消费结构都有所变化,对货币的需求增加。因此,他们纷纷缩小直领地面积,扩大租佃地的面积,改变土地经营方式。通过转让、联姻、继承等方式,小块份地集中起来,形成租佃为主的大农场,领主转而靠固定的年度租金过活。土地的财产价值和经营方式发生重大变化。农奴承担的劳役地租也开始转变为货币地租,在交付一笔固定的年金后,农奴购得劳役豁免权,获得了对自己劳动力的自由支配,从而有望摆脱领主的人身束缚。而通过缴纳迁徙税,农奴即可离开庄园,有机会获得自由身份。大约到14世纪末,农奴制在部分地区基本废除。这些逃亡的农奴多是懂得技术、有一定资金和能力的人,他们为城市输送了新鲜血液。

农业的发展改变了由于战乱等引发的人口锐减现象,西欧人口逐渐增加,到1350年已经增至7000万人。人口的增长是农业发展的结果,也必然刺激对粮食的需求。人口的增长、比较充足的粮食和原料供应为手工业和商业的发展提供了比较充足的劳动力,刺激了商业和制造业的复兴。11、12世纪,大量的乡村市场涌现。参与市场的人员范围扩大,剩余产品数量和种类都有所增加。这种交换和贸易不再局限于生活用品和维持生计,一些地区出现奢侈品消费，如意大利、法国等。许多封建主也将庄园收入的剩余部分投入市场，也有一些人确立了某些商品的专卖特权。地方贸易有了新的扩展，开始向发展中的城镇提供食品和原材料，并把这些城镇的制品带回乡村销售。在贸易量和人数上，村镇贸易无疑大大超过了国际贸易。此时，由于土地继承、转让、买卖这时已成事实，土地关系发生变化，封君封臣制度受到重大的打击。

农村的社会结构发生了改变，大多数贵族不重视或没有能力经营自己的地产，将其抵押或卖掉，以偿还债务或应付开支；一批农民、骑士、乡绅通过市场等手段不断集中土地，并逐渐建立起自己的新型地产，以新的经营方式控制了生产、交换等环节，还控制了乡村行政事务，是农村中富有生气的阶级力量，也是现代农业的最早发起人。

市民阶级的形成

在中世纪西欧，市民是指居住于城内、有纳税义务、有自由身份和一定政治权利的城市成员。随着城市取得自治权，市民阶级获得更多的权利，力量逐渐壮大，构成欧洲社会结构中新的等级，成为推动欧洲迈入现代社会的重要力量。

市民阶级的形成首先是社会分工和交换的产物。农业生产率的提高，剩余产品和富余劳动力增加，手工业与农业分离，手工业者专门从事以市场交换为目的的工作。市场的兴起和扩大，使商业真正成为独立于乡村农业和城市手工业的行业，独立的商业制度、组织和机构建立，交换关系渗透到广大的乡村及城镇，商人逐渐取得城市居住权，由行商发展为坐商。手工业者、商人进入城市成为城市居民，享有新的契约关系赋予的权利，取得了特殊的法律地位，受到王室、教会的特许状和城市法的保护。

市民阶级的形成，也归功于国王、教会为获取经济利益和削弱诸侯势力给予的支持。城市商业所产生的捐税在国家岁入中占很重的份额，据统计，13世纪政府征收9次骑士免役税仅有2.8万英镑，而1225年一次性获得城市市民财产税就达5.8万英镑。商人通过海外贸易，带回大量精美的手工艺品、香料等奢侈品，以及贸易和关税收入。金融商人通过贸易和商业借贷成为君主和贵族的债权人。商人帮助国王筹划财政事务，管理国家的手工业作坊和矿山。这些利益必然使市民成为教俗权力的关注对象。从 12 世纪开始，许多领主帮助商人和城市编纂法典、整理旧有习惯，形成城市自己的法律体系。这个法律体系规定了一套调节商品交换关系的原则和方法。教会也改变了对商业利润的看法，不再将商业解释成非道德性行为。国王成为城市和商人的长期盟友，推行重商政策，鼓励工商业发展，奖励手工业发展，兴办手工业作坊，支持海外贸易，互惠互利。

城市被赋予自治权，同时也获得了诸如市场权、铸币权、征税权等权利。市民被赋予自由权，并得到本城市法律的保护。各市镇在集市点建立"市场法庭"或类似的司法机关，采取证人作证的方式进行审判，以解决贸易纠纷。在此基础上，城市逐渐形成各类管辖商人贸易案件的法院，由商人首领或选举产生的代表主持，按照商业惯例、贸易互惠约定处理案件，对侵犯商人人身和货物的罪行施以重罚。

市民拥有自己的武装，选举产生市议会，实行民主代议制度，实施财政和行政权力。为了城市的独立和自己的权利，他们组成联盟，与其他城市、国王或领主签订各种双边条约。

发家的商人巨贾又将大量的商业利润投入乡村，置办田产，采用新的生产经营方式，他们也模仿大贵族的生活方式，与贵族联姻或成为官员，抬高自己的身份。许多商人都有多重身份，如商人、地主、官员等。他们成为王权集权所需要的政治力量，其政治权利也不断扩大。法王腓力二世正是在市民的支持下，获得英国在法国的大部分领地，并将佛兰德尔地区并入法国控制之下，奠定了强大王权的基础。13、14 世纪，英、法等国市民阶层作为第三等级，出席国王召集的会议，不断提出自己的政治主张。

民族国家的萌发

中世纪欧洲，存在多种形式和内涵的共同体，而自基督教化之后，宗教共同体和地域共同体的意义在人们头脑中比国家的概念更为重要。当被问及"你是哪里人"时，很多人首先回答的是"我是基督教徒"。

在纷争战乱中，欧洲社会国家意识和民族意识日渐加强，民族国家初步形成，由中世纪国家以保护和义务为原则的个人联合的政体向现代意义上的国家转型。现代意义上的国家建立在中世纪碎化的行政区划基础之上。王权的逐步强化是民族国家形成的重要保障。界线明确的疆域、共同的法律法规、统一的语言、常备军、统一的民族认同是民族国家的几个要素。查理大帝之后，法兰克王国分裂，虽历经三个多世纪的分分合合，但是欧洲的格局基本确定。各王国逐渐加强王权，建立起一套行之有效的政治制度，可以为臣民提供更有力的安全保护。此时，教会的权威在与世俗权威对抗的过程中，改变了与世俗权威相互依赖的关系，完全独立出来，但同时也确认了世俗权威的地位及职能。12世纪的文化复兴、法律复兴为国家建立奠定了法律和文化价值观等基础，财政、司法制度，管理层、行政机构等开始运转。这样，11—14世纪前后，构成现代国家的这些要素陆续出现，民族国家形成成为历史发展的必然。英格兰和法兰西是较早建立的民族国家，它们的政治理想和制度成为欧洲各国效仿的范型，其民族意识的强化缘起于百年战争。

法兰西是典型的封建制国家，地方势力比较强大，历代君主都在努力扩大王权，而其更大的障碍来自英格兰。如前面提到的，自诺曼征服以来，英格兰君主一直持有法兰西的领地，并且分封给一些贵族，亨利二世时更控制了安茹、阿奎丹等地。法兰西加佩王朝第七任君主是腓力二世，他利用英格兰王位继承问题，趁机从英王手中收回大部分领地。在王国内部，各国王也力推改革措施，加强国王法庭的权限，从各地封建领主手中收回铸币权，实行雇佣兵制度，减少王室对领主的依赖，腓力四世还召集了三级会议。王权的加强为法兰西形成政治统一的民族国家奠定了基础。此时，英格兰境内大贵族势力不断增强，王权不断势弱，1327年大贵族控制议会甚至废黜了国王爱德华二世。

1328年，因法王查理四世死后没有子嗣，引发王位继承问题。1337年，为了解除法兰西对苏格兰的支持以及保持英格兰在法兰西领地，英格兰爱德华三世向法兰西提出王位继承的要求。双方在佛兰德尔的羊毛贸易利益冲突也相当尖锐，引发了百年战争。英国国王获得议会支持，取得大量军费。最初，法国一直处于劣势，法王约翰二世在普瓦提埃战役中被俘，王子查理被迫签订《布列塔尼和约》，法国支付 50 万赎金赎回国王，英国获得加莱和法国西南部大片领地。法王查理五世即位后，双方再动干戈，法军多次打败英军，英军被迫签订二十年停战协定。此后双方因国内纷争，战争暂告一段落。到了 1413 年英王亨利五世即位，对法重新宣战，通过外交和武力手段，占领了诺曼底，并于 1420 年占领法兰西北部，迫使法王签订《特鲁瓦和约》，王位继承权也转归英王。此后双方互有胜负，形势变化频繁。1427 年英军围攻奥尔良，进一步刺激了法兰西民众的民族意识。法兰西人民自发组织起武装予以抵抗。1429 年，法兰西出现了一位英雄——圣女贞德。她获得法王允诺后，率军解救了奥尔良，并使《特鲁瓦和约》失去意义。但是，贞德本人却被烧死在火刑柱上，这一结果刺激了法兰西民众。当英王即法兰西王位时，遭到了全法兰西民众的反对。此后，战事向着有利于法兰西的方向发展。最终，英格兰完全失去了在大陆的领地。这样，英格兰彻底放弃了在大陆扩张领地的欲望，全心发展不列颠。

百年战争之后，英法两国的领地基本确定，民族意识得到了强化，他们加强王权，削弱地方割据势力。法王路易十一占领勃艮第公爵领地，收复各封建领地，基本完成国家统一，奠定了现代法国的基础。到弗朗西斯一世时，国王已经成为国家的最高主宰，直接控制军队和法庭，通过对外发动侵略战争，保护本国工商业城市发展，建立民族教会，确定法语为统一的语言等举措，初步形成了法兰西民族国家。

英格兰自诺曼征服以后，王权力量相对强大，在后期的发展过程中逐渐出现了现代国家的一些机构和制度的雏形，奠定了现代英国的政体基础。经过百年战争和红白玫瑰战争，地方大贵族势力削弱，为主张集权的新君主制的建立扫平了道路。1485 年亨利七世即位，开始了都铎王朝的统治。天主教教会的财产和权利也遭剥夺，推动了教会国家化进程；确立了英语的民族语言地位。王权推行重商主义政策，扶植呢绒制造业，鼓励国内统一市场发展。民族国家也初步形成。

西班牙则是在长期与外来民族侵略斗争的过程中形成民族国家的。5世纪西哥特人进入伊比利亚半岛,在托莱多建立首都;8世纪初阿拉伯人占领西班牙地区,中叶建立倭马亚王朝。11世纪,倭马亚王朝终结,西班牙遂分裂为若干公国和伯国,它们一直以来致力于赶走阿拉伯人,收复占领区。到13世纪末,全国领土基本收复,14世纪逐渐形成卡斯提、阿拉贡、葡萄牙三个较大的王国。1479年卡斯提和阿拉贡通过联姻统一在一起,最终伊比利亚半岛形成西班牙和葡萄牙两个国家。西班牙形成新君主制,依靠中小贵族和天主教会支持,召开由僧侣、贵族、市民等级组成的议会,有的地区也有骑士代表参加,打击地方势力,没收土地,限制城市自治权,与市民作战,因此城市工商业受到打击。两国均重视海外的拓殖。

德意志、意大利地方势力仍很强大,王权没有与城市形成联盟,但是此时商品经济已经发达,结束割据局面、建立统一国家的意识越来越强。

二 文艺复兴

意大利的城市国家

意大利经济的繁荣和资本主义的萌芽与发展,为文艺复兴的产生提供了社会和物质基础。意大利半岛地处地中海中部,地理位置优越,佛罗伦萨、威尼斯、热那亚等城市多是亚欧贸易的重要枢纽,并且自身的工商业也很发达。14世纪时,意大利已出现资本主义手工工场和雇佣劳动,1338年的佛罗伦萨便有两百多家手工工场从事呢绒生产,同时拥有全欧洲最发达的银行业和丝织业。14、15世纪的威尼斯城市繁荣,以造船业和从事跨地区海上贸易著称,威尼斯商船和舰队在地中海上穿梭往来,几乎独霸东地中海世界,它的丝织业和玻璃制造业也驰名全欧。在经济繁荣的过程中,意大利新兴的资产阶级在政治上活跃起来,北部部分城市如佛罗伦萨、威尼斯等,推翻封建贵族统治,组建带有民主政治特征的"城市共和国",为文化艺术创作营造了宽松的政治环境;并且把持政权的大银行家、工场主、大商人，倡导世俗性的文化活动，对文艺复兴活动给予了不同程度的保护和支持。

意大利本身便是罗马文化的诞生地与核心地区，罗马文化的遗产在这里得到更多的保存，世俗王公的藏书室和教堂图书馆中收藏有大量希腊、罗马的珍贵文献。意大利还和拜占庭、阿拉伯这些古典文化的继承者保持着长期的经济文化联系，使意大利学者对古希腊的文稿和艺术品也较为熟悉。在拜占庭帝国灭亡前后，拜占庭学者纷纷逃往意大利，掀起了学习希腊文化的热潮。同时，古罗马有着悠久的世俗文化教育传统，深刻地影响着中世纪的意大利，这里诞生了最早的一批新型大学如博洛尼亚大学（1158年），传授侧重实践应用的学科知识如法律、医学等，它们后来被统称为"人文学科"。同时，罗马教廷也逐渐重视古典文化，14世纪建立的梵蒂冈图书馆，到15世纪末收藏古希腊文和拉丁文的稿本达到3650册；并且，教廷也对新艺术表示出极大热情，资助艺术家创作一些宗教题材的艺术品，借以宣扬基督教信仰。最后需要指出的是，中国造纸术和印刷术经阿拉伯人西传后，在意大利等地得到广泛使用，推动了文艺复兴的兴起和发展。

总之，14世纪初，意大利的知识分子首先借助"复兴古典文化"的旗帜，掀起了一场新文化运动。

意大利文艺复兴

意大利文艺复兴兴起于14世纪初，在15、16世纪达到鼎盛，到1530年基本结束；这一时期的意大利人在许多领域都取得了丰硕成果，可谓巨人辈出、异彩纷呈。

但丁、彼特拉克和薄伽丘被誉为"文学三杰"，他们同为佛罗伦萨人。但丁出身于小贵族家庭，代表作有《神曲》和《论世界帝国》。《神曲》发表于1307年，用意大利方言写成，是文艺复兴开始的重要标志。作者在书中采用隐喻象征的笔法来描写当时意大利社会政治问题，肯定人可以战胜罪恶、贪欲、强暴的诱惑和阻挠达到真善美的理想境界。但丁还在《论世界帝国》中阐发革命性的政治观点，明确提出政治与宗教平等、政教分离的观点，鼓吹人权是建立国家的基石。彼特拉克（1304—1374年）是第一个号召复兴古典文化的学者，并首先提出"人学"和"神学"的对立，被誉为"人文主义之父"。他的代表作《歌集》也是用意大利方言写成，表达了对纯真爱情的渴望和对现世幸福的向往，诗集中所创作的十四行诗也逐渐形成一种新的诗体。薄伽丘（1313—1375年）出身于商人家庭，其著名的短篇小说集《十日谈》开近代短篇小说之先河。作者在书中无情地揭露教士和贵族们的荒淫伪善，反对禁欲主义，提倡个性发展，对后世的现实主义文学产生深远影响。

除了文学之外，意大利人还在绘画、雕刻方面取得了卓越的成就。乔托（1267—1337年）被誉为欧洲"绘画之父"，他是意大利文艺复兴最早的画家、雕塑家和建筑家。乔托的画作克服了中世纪生硬呆板的画风，注重对人物个性进行细致入微的刻画，被赋予了最初的人文主义内涵。意大利文艺复兴在15、16世纪达到鼎盛，涌现出了众多艺术家和著名的威尼斯画派，其中达·芬奇、米开朗基罗和拉斐尔被称为"艺术三杰"，他们逐渐摆脱宗教题材，转向现实生活。列奥那多·达·芬奇（1452—1519年）是一位奇才，他不仅在绘画上极具天赋，并且在雕刻、音乐、物理、生物、天文、地质、工程、机械装置等众多艺术和科学领域都取得了令人意想不到的成果。他将科学法则融入绘画要素如光线、明暗、透视、构图等，使现实主义绘画技巧臻于完善，其代表作《最后的晚餐》和《蒙娜丽莎》是公认的杰作，画面动静结合，内容极为丰富，人物的心理和性格被刻画得细微传神。米开朗基罗（1475—1564年）是一位雕刻家、画家和爱国者。他的绘画和雕刻作品蕴含着丰富的人文主义，展现着雄壮的战斗精神和对人类美好未来的无限希望，雕塑《大卫》《摩西》和壁画《创世记》《末日审判》是其代表作。拉斐尔（1483—1520年）的画作典雅、优美，带有少女般的明媚和柔情，代表作有《草地上的圣母》《西斯廷圣母》《雅典学园》等。

意大利也涌现出了一批著名的史学家、政治思想家等，如认为"人"

是主人的史学家列奥那多·布鲁尼（1369—1444 年）、揭露"君士坦丁大帝的赠赐"为伪作的洛伦佐·瓦拉（1406—1457 年）、描绘"太阳城"的空想社会主义先驱康帕内拉（1568—1639 年），但对后世影响最大的当属马基雅维利。马基雅维利（1469—1527 年）是一位政治活动家和思想家，创作了《君主论》和《佛罗伦萨史》等名作。他提出国家至上理论，批判君权神授理论和教会对政治的干预；倡导强权政治，将"国家利益"视为唯一的政治活动准则，具备狮子般英勇和狐狸般精明的君主可以为此不择手段。他的学说被后世称为马基雅维利主义，对西方的政治思想和实践产生了深远的影响。

文艺复兴的扩展

在意大利文艺复兴发展的过程中，意大利和欧洲诸国的文化交流日渐频繁；美因茨的哥登堡（1400—1468 年）在 15 世纪中叶发明活字印刷术和双面印刷技术，极大地促进了书籍的出版和文化传播；新航路的开辟，使欧洲的经济中心从意大利半岛转移至大西洋沿岸。在这种背景下，文艺复兴开始向欧洲诸国扩散，并向自然科学、哲学等领域拓展。

德国文艺复兴的活动中心集中在大学和知识界，关注宗教、道德和哲学问题而非古典文化，并且强烈地要求德国统一和摆脱罗马教廷的奴役，其代表人物有思想家勒克林和胡登、艺术家丢勒和小汉斯·霍尔拜因。法国文艺复兴的代表人物有文学家拉伯雷、政治学家波丹。拉伯雷（1494—1553 年）所著的长篇讽刺小说《巨人传》内容通俗易懂、语言生动活泼，深受民众欢迎；他在书中贬斥教会的禁欲主义和贵族的浑浑噩噩，认为教育应该全面发展人的个性。波丹（1530—1596 年）在《论国家》中提出主权至上论，主张通过君主集权来巩固统一的民族国家，并且重视对私有财产的保护。英国文艺复兴在 16 世纪末和 17 世纪初达到高潮，代表人物有莫尔和莎士比亚。托马斯·莫尔（1478—1535 年）是著名的空想社会主义思想家，他在《乌托邦》中谴责西欧不合理的社会制度和英国"羊吃人"的现象，构建了一个消灭城乡差别和私有制、人人劳动且按需分配、公民在政治上一律平等的理想社会模式,对后世产生了深远影响。威廉·莎士比亚(1564—1616年)是英国文艺复兴最卓越的代表,创作大量的戏剧和十四行体诗。他关注下层民众的疾苦和愿望,无情地揭露了当时英国上层社会的贪婪、残酷;喜剧《仲夏夜之梦》《威尼斯商人》和悲剧《罗密欧与朱丽叶》《哈姆雷特》等被誉为世界文学中的瑰宝。塞万提斯(1547—1616年)是西班牙文艺复兴的代表人物,代表作《堂吉诃德》对西班牙16、17世纪的社会现实进行了强烈的批判,揭露天主教会和封建贵族的黑暗腐朽,赞美人民群众对自由和平等的追求。伊拉斯谟(1466—1536年)是尼德兰文艺复兴的代表人物,深受古典文化熏陶,学问渊博;他猛烈抨击天主教会和经院哲学,号召废除禁欲主义和形式主义,作品《愚人颂》出版后迅速在欧洲各国流传开来,被誉为"人文主义的泰斗"。乔叟使用伦敦方言写作了《坎特伯雷故事集》,书中英语词汇占90%,这部作品广为流传,其创作形式和题材也成为后世仿效的典范。乔叟更把《玫瑰传奇》译成英文,为近代英语的形成和发展奠定了基础。正如有的学者所论,威克里夫和罗拉德派的反教权主义的活动,以及他们将拉丁文《圣经》译成英语的做法,已在某种程度上启发着英国人的民族意识。而乔叟的文学创作不仅起着启发英国人民族意识的作用,还促使着中古英语向早期现代英语的过渡,因此他被誉为英语文学之父。

三 宗教改革

"廉价教会"

16世纪,统一的基督教信仰遭到了破坏,在西欧内部,教廷的权威也受到质疑。此前,这个西欧人一直公认的文化共同体发生大分裂,形成天主教和东正教对峙的局面。在教权与王权的争斗中,教会确立了其在精神和信仰方面的权威地位,成为人类与上帝对话的唯一中介。教会着力宣传神圣的宗教礼仪和行"善功",是获得救赎的途径;宣扬炼狱之苦可以通过金钱赎买。经济方面,教会在封建割据中攫取大量土地和财富,占有各国土地的三分之一，剥削众多的农奴。教会所属庄园生产谷物，还经营森林、牧场、磨坊，从事造酒、制盐、海陆运输、抵押、放债等活动，利用"什一税"的征收以及圣职买卖、赎罪券、诉讼费等各项名目获利。随着资本主义的兴起，新旧财产形式和社会关系碰撞冲突，新兴资产阶级要求一种有助于自身发展的新的思想和文化支持。教会及其说教成为社会直接批判的对象。而随着民族意识的强化，各地区都强烈要求教会民族化、世俗化。推动改革的力量主要来自下层民众、市民阶层、国王和诸侯。他们对教会生活奢侈、贪婪、经济压榨、神权至上等表示强烈的不满。

早在 16 世纪以前，西欧不断出现反教会运动，如阿尔比派异端运动、捷克的胡司运动、伊拉斯谟对圣经原本的校译、英国的威克里夫对赎罪券的批判等。发生在德意志、英格兰、瑞士的宗教改革更深刻地影响了基督教的发展。

德意志长期处于政治分裂的状态，无法形成统一的国内市场和强大统一的中央政权，长期受到教廷的盘剥压榨，摆脱罗马教廷的压迫成为德国全民族的使命。1517 年教宗列奥十世借修缮罗马圣彼得大教堂之名，派特使特策尔到德意志兜售赎罪券。他声称，只要买赎罪券的钱一敲响钱箱，人们的罪恶便顷刻化为乌有，灵魂顿时比生时还要纯洁。他的这种行为引起神学博士马丁·路德的强烈不满。马丁·路德于 10 月底写出《关于赎罪券的 95 条论纲》，张贴在维登堡教堂的门口，提出自己的观点与他人辩论。神学家约翰·加尔文因为改信路德新教而被迫害，逃亡到巴塞尔。他研究路德的学说，提出了自己的"预定论"观点，逐渐形成新教的另一派别。

两派都提出了"廉价教会"的诉求，要求简化教会仪式；并且对教会的虚伪、奢靡、欺诈表示抗议，认为"善行无用"。两派在信仰和主张上有所不同。路德在论纲中主要针对各地特使打着教宗的旗号实施买卖和欺骗的行径，提出"信仰得救"理论，强调《圣经》是唯一权威，真正的得救在于对《圣经》的解释和对上帝的虔信。个人可以通过阅读《圣经》和上帝直接对话，理解上帝的意旨，个人理解是支配自身行为的唯一指南。教会的赦免和赎罪券是没有作用的。在此基础上他进一步提出废止善行得救论和炼狱说，允许教士结婚，关闭修道院，用本族语言布道。加尔文的"预定论"强调上帝的意志是绝对的权威，人类的一切都是由上帝预先安排好的，世界上只有两种人：上帝的选民和上帝的弃民，不可改变。但是他又提出，是否是上帝的选民并不为人所知，需要通过现世的努力去证明。因此，现实中的勤奋工作和良好品德都是十分重要的。新教的观点激励着西欧人不断进取，被韦伯誉为激发了资本主义精神的宗教伦理。

两派都产生了不同程度的社会影响。路德的行动虽然温和，但《论纲》引起教廷的巨大反响。教廷要求路德在宗教会议上忏悔，遭到路德拒绝。他被开除教籍，但是他继续写作，表达自己观点，得到普通民众的支持。他完成了德文版的《圣经》，又发表给贵族和人民的公开信，号召他们起来抗争。他坚持主张应由国家掌握宗教领导权，得到部分诸侯和世俗统治者的认同。在信徒的努力下，1555年路德派诸侯与保守的力量签订了《奥古斯堡和约》，制定了"教随国定"原则，路德教成为德意志北部地区诸侯国和自治市的唯一合法宗教，这也标志着路德教成为世俗制度的工具。加尔文不赞成"教会从属于国家"，主张国家基督教化，政教合一。他不仅提出理论，还在现世中加以实践。他两度到日内瓦主持宗教事务，并受教会共和制度的感悟，建立了一个政教合一的神权共和国，神职人员由信徒选举产生，长老、市政官员、市议员共同组成领导机构。加尔文精神渗透到共和国各个方面，并对欧洲产生很大影响。尼德兰（荷兰）以加尔文教徒组织发起对教会的进攻，最后宣布脱离西班牙统治，建立了一个世俗的共和国。

与德意志不同，英格兰的宗教改革是与王权强化的过程相联系的，是由国王借由民众反对教会的愿望发起的。经由亨利八世和伊丽莎白一世的努力，英国宣布与罗马教廷断绝关系，确立了英国国教。国王被尊为英国教会和教士的唯一最高元首和保护者，教徒必须宣誓效忠国王。亨利八世甚至解散了修道院，将教产拍卖给新兴贵族，使改革行动得到国内各阶层的支持。伊丽莎白一世女王从教义、仪式等方面进一步完善了国教：简化教会仪式，允许教士结婚，用民族语言传教。国教也保留了主教制度、什一税等制度，高级教士出席上院会议，宗教法庭处理婚姻和遗产等方面的诉讼。国王更以法律形式确认了改革结果，先后颁发了《至尊法案》《王位继承法》《反对教宗权力法》《教会统一法》《信仰划一法案》等，并颁布《公祷书》作为国教唯一的布道书。

经过几次改革，在西欧形成了与天主教相对立的新教三个派别：路德教、加尔文教和英国国教。

加尔文 　　　　　　　　马丁·路德

宗教战争

宗教改革后，信仰分裂，与正统思想不一致就被视为"异端"。各教派、各国家都强调本国宗教的统一和独立性，无法容忍其他教派和信仰。而这种宗教冲突和民族利益交织，宗教战争不断，最终导致国家间的战争。较大的战争包括德意志宗教战争、法国胡格诺战争、三十年战争。

在德意志，1524年首先由闵采尔领导了农民战争，矛头指向教会和封建贵族。路德对此表示反对。皇帝查理五世是天主教徒，他与天主教贵族和罗马教廷联手扼杀新教。1531年新教成立"施马尔卡尔登同盟"，得到萨克森选帝侯的支持，与皇权作战。到1539年，除了布伦瑞克—沃尔芬比特尔公国外，帝国西南、东部和北部全部地区都转向新教，诸侯将天主教各主教区世俗化，安插自己的子弟世袭主教职位。战争中，查理五世一度打败新教同盟，但是新的选侯转而支持新教。1555年双方签订《奥古斯堡宗教和约》。

在法国，发生了一场声势浩大的胡格诺战争。胡格诺教派是法国加尔文教信徒，16世纪六七十年代，由于政治需要，30%—50%的贵族也加入胡格诺派。他们主张进行宗教改革，借机扩大政治权力。此时长达60多年的对意大利的战争动摇了法国的王权，西南部各地胡格诺贵族与北方天主教贵族集团发生争夺国家最高权力的战争，史称胡格诺战争（1562—1594年）。这场战争也可以被视为贵族混战，兼有资产阶级和人民群众反封建斗争的混合性质。1572年双方准备和解，但在圣巴托罗缪之夜，天主教集团对胡格诺教徒进行了大屠杀，此后蔓延到其他省。人们逐渐认识到国家的重要性，认识到宽容对于解决宗教问题的重要作用，而这时的政治学家提出的国家主权论也提供了理论支持。最后两派内部出现主张和解的声音。1598年新继承王位的亨利四世在南特颁布敕令，规定天主教作为国教，但允许新教徒信仰自由，政治上享有同等权利，在南方可以建立城堡和设防城市，作为履行敕令的保证；新教徒的军队和牧师的费用由国家负担。这是天主教与新教双方互相妥协的产物，是欧洲国家第一个宗教宽容法令。当然，这种宽容并不彻底，法国实际上被分裂为北部的天主教区域和西南部的胡格诺派区域，信仰自由和权利只局限在特定区域而已。

从1576年开始，欧洲宗教分歧不断加剧，新教和天主教相继成立联盟，进行对峙。1618年神圣罗马帝国皇帝任命天主教徒费迪南为捷克（波西米亚）国王，引起捷克新教贵族强烈反对，他们冲入皇帝在布拉格的行宫，按照当地惩罚叛逆的习俗，将皇帝使节掷出窗外，引发战争。丹麦、尼德兰、瑞典、法国、西班牙等国相继加入，英国、俄国、教宗和波兰也因为支持不同集团而介入。这场战争演变为整个欧洲国家之间的战争。西班牙支持天主教，丹麦和瑞典支持新教，法国则想削弱哈布斯堡王朝势力。战争断断续续打了30年，是欧洲此间发生的规模最大、最残酷的战争，德意志人口损失达1/3以上。战争触及新教和天主教的冲突，但是支持哪一方主要出于政治利益考虑，例如法国由于与哈布斯堡王朝的宿怨，而支持瑞典和新教一方。最后交战各方召开会议，并签署了《威斯特伐利亚和约》，重新划定了欧洲大国的边界，开创了通过国际会议解决国际争端的先例。哈布斯堡王朝和西班牙蒙受重大损失，法国成为大赢家。和约第一次正式承认加尔文教的合法地位，确定新旧两教权利平等的原则，罗马教宗唯我独尊的地位一去不返。

天主教改革运动

在新教兴起之前，天主教教会自身也在寻求改革之路，一些教士看到教会的问题，并采取了一些举措。宗教改革前后，几任教宗都是改革派，他们支持天主教会改革，力图按照基督教原始教义和教会组织模式整顿和重建现行的教会制度和神职人员的思想道德。这次改革更加强调宗教信仰的普世性和国际性，也可以视为一场教会自救行动。1500年以后宗教会议运动又有再起之势，德皇查理五世出于本国利益，极力鼓动召开一次有充分权力的宗教会议，革除教会的各种弊端。法王则因为从教宗权力中获得了对法国天主教会的控制，加之与查理五世的宿怨，而支持教宗、反对皇帝，并且怂恿德国新教徒坚持斗争，反对召开宗教会议，以便天主教世界继续存在纷争内讧。罗马教廷则组建了一个要求改革的红衣主教集团。

1545年天主教会高级神职人员在特兰托小镇召开了一次宗教会议，这次会议断断续续开了20年。会议上确认了教宗权威高于宗教会议，确保了天主教会的统一。会议首先承认教会内部存在道德沦丧、愚昧无知等腐败问题，然后提出根据阿奎那的神学理论，对教会组织制度、教会仪式和教规的细节进行重新规范，各级教会组织必须严格遵守。主教居住在自己的辖区，对本主教区有完全的行政管理权。每个人不能同时兼任多种职务。会议还提出每个主教区设立一所培养教职人员的神学院。会议对教义进行了重新阐释，并特别坚持了善行与信仰结合可以赎罪的理论，确定了七圣礼，规定礼拜用语只能是拉丁语，教士独身和修道院制度以及使用偶像、圣物和朝觐的制度和惯例也被保留和坚持下来。会议对忏悔、赦罪等活动的过程、步骤做了阐释。会议提出圣经和口传教义同等重要,都是天主教信仰的源泉。这次会议在整肃纪律、纠正歪风方面取得了成功,并且针对新教的理论坚持了天主教的原始教义,确认了教宗职位的宗教和道德权威。会议所作出的决议一直执行到 20 世纪 60 年代。

但是较之以往的会议,这次会议与会代表人数有限,有时仅有二三十人。各国发言大多围绕本国利益,一些代表甚至提出各地主教组成的集团权威高于教宗权威。从中我们也可以感受到在民族国家普遍建立的前提下,国际性宗教会议已然失去了其有效管理各国宗教事务的能力。

耶稣会此时成为天主教改革运动的主力,其建立者是军人出身的罗耀拉(1491—1556 年)。他从军负伤后潜心攻读神学,成立耶稣会也是他实现自己成为忠诚的教会十字军战士的愿望。耶稣会严格按照军队编制,组织严密,纪律森严。实行会长制度,总会长终身任职,各教省设省会长,任期三年;下面按地区划分会长和院长,出外传教并在当地建立省辖传教区。罗马总会长经常派出巡阅使。会内层层控制,会士之间相互监督。总会长对各地会士拥有绝对权力。会员必须宣誓效忠教宗。1540 年保罗三世批准耶稣会成为一个新型修士会,传教是其主要的职责。这种传教热情使许多耶稣会成员跋涉至亚洲和南北美洲,深入穷人中间开展布道活动,发展新的信徒,同时在欧洲致力于使新教徒重新归信天主教。耶稣会成立许多学校,除了讲授教义,还教授绅士的举止准则,并将人文主义思想纳入教育的内容。他们积极参与世俗事务,充当国王们的忏悔神甫。

依靠这样的一些举措,天主教会强化了自己的宗教生活,重申了教义和纪律,在国际范围内壮大力量,自身得到了复兴和巩固。

简明世界历史读本
A brief history of the world

近代

第十七章　大航海时代

探索海洋是人类的古老梦想。到 15 世纪，航海技术的进步以及新的现实动机足以激励少数先行者将探索活动向更广、更远的海域推进，世界进入了大航海时代。纵观全球，15 世纪最宏伟的航海活动是中国的郑和下西洋。但是，真正改变世界历史进程的却是欧洲人进行的开辟新航路的尝试，并由此揭开了世界近代史的篇章。大航海时代一直延续到 18 世纪。欧洲人在全球展开的航海探险活动和地理发现，把世界各地联系起来，对整个世界的发展产生了深远的影响。

一　郑和下西洋

宣扬国威的使团

明朝开国之后，明太祖采取了屯垦、严格赋税等一系列措施，耕地面积扩大，粮食产量增加，社会秩序得以恢复，农业、手工业与商业日益兴盛，国库逐渐充盈。明代中国是当时亚洲最强盛的大国，正是在强大国力的支持下，出现了郑和下西洋的壮举。

明成祖朱棣派遣郑和下西洋，其动因是宣扬大明的国威。也有人认为，是为了寻找建文帝遗踪。公元 1402 年，燕王朱棣发动"靖难之变"，次年攻占都城南京。建文帝逃逸，不知所终，传说潜往南洋一带。朱棣恐有后患，下令四海觅踪。

明初，中国的航海技术已经达到世界领先水平。中国匠人已有建造大吨位远洋船舶的能力。中国船员已懂得将多个指南针结合，更加准确地确定航向；并了解一些海域的季风变化。他们主要依靠大型风帆，同时借助桨楫之力进行远洋航行。郑和远洋，率领的是一支庞大的船队，每次人数都在两万以上。据《明史》记载，"将士卒二万七千八百余人，多赍金币。造大舶，修四十四丈、广十八丈者六十二"。考古研究表明，郑和航海的"宝船"共63艘，最大的长四十四丈四尺，宽十八丈，折合现今长度为151.18米，宽61.6米，是当时世界上最大的海船。船有四层，可容纳千人，船上9桅可挂12张帆，锚重达几千斤。

此前的海上丝绸之路已把中国与东洋、南洋、西亚、非洲分段连通起来。海上丝绸之路大体上有三条。第一条由扬州出发，主要通向日本、朝鲜；第二条由泉州出发，主要通向东南亚；第三条由广州出发，主要通向西亚、东非。第三条海上丝绸之路，印度人与阿拉伯人起到了主导作用。郑和并没有开辟新的航线，而是沿着海岸线近海航行，将先前华人、印度人、阿拉伯人的航线连成一体。郑和下西洋期间，多次雇佣印度人、阿拉伯人做导航和翻译。郑和"下西洋"所到之处，并非今天所说的"西洋"，而是南太平洋和印度洋。

史无前例的航行

公元1405年7月11日（永乐三年六月十五日），郑和奉命率船队从南京龙江港起航，经太仓出海。这次航行历时两年多，人数达27800人。后又分别于1407年、1409年、1413年、1417年、1421年、1430年先后六次出海远航。1433年4月，在返航途中，郑和因过度劳累，在印度西海岸古里去世，船队由随从官员王景弘率领返航，于同年7月22日抵达南京。

郑和下西洋是人类有史以来一次性航程最远、规模最大的海上航行。郑和的船队出发后，经过南太平洋、印度洋，足迹最远达到非洲东岸和阿拉伯湾。2013年，考古学者在肯尼亚的曼达岛发现了埋藏在地下长达600年的中国古钱币，钱币上残有"永乐通宝"字样，它们应该是郑和下西洋达到非洲的证据。

郑和下西洋向"蛮夷之邦"展示了明帝国的强大国力。《明史·郑和传》写道:"自和后,凡将命海表者,莫不盛称和以夸外番,故俗传三保太监下西洋,为明初盛事云。"郑和船队所到之处,曾经与地方势力发生小规模的冲突,但总体看来,很少有疯狂掠夺与血腥征服的行为。

由于航海活动消耗国力太大,至宣德年间,官方远洋活动悄然结束。随后,东南沿海一带海盗再度猖獗,明朝颁布"海禁令",向闭关锁国的道路更进了一步。近代维新派梁启超感叹:"哥仑布之后,有无量数哥仑布,维哥达嘉马以后,有无量数之维哥达嘉马。而我则郑和以后,竟无第二之郑和。"

民间海外贸易

明与前清两代,除短暂时期外,始终严格限制民间海外经商,海禁几乎是"国策"。但是,民间海外贸易始终屡禁不绝。在东南亚一带,王直以及郑芝龙、郑成功父子都曾创建了显赫一时的海外商业帝国。

王直(?—1559),原名汪直,明代徽州府歙县人。他出生于富商家庭,因厌恶科举制度,不满朝廷海禁政策,召集乡党赴广东沿海造船出海,满载明令禁运的硝磺、丝绸等物品驶抵日本、暹罗等国,进行走私贸易,牟取暴利。他后来拥有了一支数百艘的庞大船队,以日本岛屿为基地,在中国沿海地区进行武装走私。王直曾上疏,恳请开放海禁,后来受命于朝廷,成功剿灭几支其他海商兼海盗,但他本人终被朝廷诱捕处死。

历史上,王直长期被视为"倭寇"之首。实际上,王直是在海禁政策逼迫下产生的中国海商兼海盗。还有相当数量的"倭寇"也是中国人。在日本和东南沿海一带民间,王直始终享有很高的威望,现在多处都建有纪念他的塑像。

郑芝龙(1604—1661),福建南安人,早年去日本学习剑术,加入日本海盗团伙,逐渐发达。后在福建沿海集合海盗首领,从事海上贸易、走私与抢劫。郑芝龙的活动范围广及东洋、南洋各地,船员包括汉人、日本人、朝鲜人、非洲黑人等,计二十余万,拥有大小船只三千多艘,成为华东与华南海上的唯一强权。

郑芝龙的海上霸业，遭遇新航路开辟后西方殖民势力的扩张。1633年，郑芝龙在金门击溃荷兰东印度公司船队，更加稳固地控制了进入中国的航路，向各国商船征收费用，积累起巨大财富。明亡后，郑芝龙归顺清朝，其子郑成功坚决抗清，继续扩大家族的海上商业帝国。郑成功建立起"山路五商"和"海路五商"十个商行，形成一个联系中国、日本以及东南亚各地的庞大贸易网络。1661年，郑成功赶走荷兰人，收复了台湾。此后，郑成功组织向台湾大规模移民，推动了台湾的发展。最后，在清王朝的打压下，郑氏家族的海上霸业逐渐衰落。

清朝后来把海外贸易限定在广州一地，实行"公行"的垄断制度，中国人大规模的海上商业活动随之停止。

二　环球航行

15、16世纪中国在东亚和印度洋的航海事业没能引领中国走向世界，而同时代的西方人却远涉重洋，向自己心目中的"印度"驶来，这就是后来人们所称的"哥伦布发现新大陆"。大航海时代的真正主角是西方航海家。

香料、基督教、地圆说

欧洲人近代远洋航海，既带有现实的动机，也有独特的条件。欧洲人渴望寻求财富与资源，开辟通往亚洲的新航路，同时传播基督教。当时的地理观念与航海技术，也为此做好了准备。

历史上，欧洲一直与亚洲有着商贸往来。亚洲的丝绸、香料和瓷器虽然不是普通欧洲人的日常消费品，但作为奢侈品，能给商人带来巨大的利润。印度的胡椒和中国的生姜是昂贵而必需的生活用品。盛产于西非的黄金与象牙也是欧洲商人们一直追逐的巨大商业目标。14、15世纪，地中海是欧亚贸易的枢纽。意大利的威尼斯和热那亚是盛极一时的海上商业强国，掌控着经印度和阿拉伯商人接力贩运的东方商品。意大利人马可·波罗（1254—1324）的游记向欧洲人夸大地描述了东方的财富。巨大的利润前景让其他欧洲人心痒难耐。

除了这些物质利益之外，传播基督教、扩大基督教王国也是推动欧洲人探索更广阔世界的精神动力。君士坦丁堡落入穆斯林之手后，再次掀起基督徒们"收复失地"的热情。当葡萄牙航海家达·迦马（约1460—1524）在1498年到达印度时，当地人问他想要什么，他回答："基督徒和香料。"现代美国学者杰里·本特利指出，"在航海探险中，传播信仰的目标成为发财致富的动机的脱罪辞和强心剂"。

探险的信心也缘于地圆说的复活和航海技术的进步。"地圆说"是一种古老的学说。公元2世纪托勒密的《地理学》在15世纪初被译成拉丁文，再次引起人们对"地圆说"的兴趣。许多有知识的人都相信，如果驶入海洋，一直往西航行，同样能到达东方。意大利地理学家托斯卡内利（1397—1482）甚至认为中国和日本就在大西洋的另一边。与"地圆说"同样起到鼓动作用的，是近代航海技术的发展。罗盘与星盘的结合使用，增加了导航的准确性。方形帆与三角帆的组合，使欧洲船只可以利用任何方向的来风。从技术上看，这个时代的航海家不再谨慎地沿着近海迂回航行，而是敢于直接深入无边无际的大海。

西班牙与葡萄牙是两个近代航海的先驱国家。两国处于欧陆边缘的伊比利亚半岛上，内陆已没有发展空间，于是沿海岸向大西洋地区扩张。葡萄牙已经沿非洲西海岸做了探险和殖民的尝试。葡萄牙的航海事业比西班牙发达。但是，为什么是西班牙而不是葡萄牙率先发现了美洲呢？或许恰恰因为葡萄牙在技术上比较先进，以至于认为哥伦布的计划完全不可行。哥伦布一开始是向葡萄牙人寻求支持，但被人说成是江湖骗子。葡萄牙人能够证明，哥伦布对地球经度的计算是错误的，到达日本的航路要比他估算的远得多。哥伦布只好向西班牙寻求赞助，一开始也遭到拒绝。后来，西班牙女王愿意用自己的嫁妆参与资助这场多少带有赌博性的探险，哥伦布带着满脑子不确切的地理观念，到达了美洲。哥伦布至死都以为他到达

哥伦布

大西洋航行

1492年8月3日，意大利人克里斯托弗·哥伦布（1451—1506）装备好三艘帆船——"尼娜号"、"平塔号"和"圣玛利亚号"，怀揣着西班牙国王费尔南多二世给中国大可汗的信，从西班牙的帕罗斯角起航。哥伦布的船队一开始是向南航行，达到加那利群岛，装载了补给，等到信风到来时，转头向西，深入大西洋航行。据其《航海日志》记载，经过70个昼夜的艰难航行，10月12日清晨，他的船队终于看见了陆地，认为那就是印度，实际上，那是巴哈马群岛中的一个小岛，今天叫"华特林岛"。他登上陆地，用基督徒的方式，将这块小岛命名为"圣萨尔瓦多"。哥伦布相信，自己离日本已经不远了。他继续向西南航行，最后达到了古巴，并在帕里亚湾南岸首次登上南美洲大陆。到次年3月，船队回到葡萄牙。

后来，哥伦布又发起了三次航行，达到了南美洲的另外一些海岸。哥伦布一生没有到达真正的印度，也从未到达过北美大陆，甚至没有找到黄金。但是，他远航的消息很快传遍了欧洲，欧洲人从中看到了新商机和新希望。哥伦布发现新大陆对欧洲自身、对美洲、对世界都产生了深远的影响。此前，东西半球的居民几乎完全处于彼此隔绝的状态，自哥伦布之后，东西半球联系到一起，地球真正成为一个整体。

太平洋航行

哥伦布发现新大陆的航行，仍然是在大西洋海域的航海活动。向太平洋挺进，从而最终第一次完成环球航行的，是另一位航海家、葡萄牙人费南多·麦哲伦（1480—1521）。在麦哲伦看来，哥伦布虽然没有到达真正的东方香料产地，但是已经离那里不远了；只要穿过美洲大陆，继续向西航行，就能到达。麦哲伦向葡萄牙国王请求支持，但遭到拒绝，因为葡萄牙人已经能够绕过非洲南端达到印度。麦哲伦只好向西班牙求助，得到了支持。

1519年9月20日，麦哲伦率领船队从塞维利亚港起航。麦哲伦的船队比哥伦布的船队规模要大得多，由5艘巨大的帆船组成，每艘都有100吨位以上，共有280名水手。船队大致沿着哥伦布的航线，到达南美洲东岸后，沿着海岸线进行了旷日持久的探寻，最终在南美洲南端穿过一条海峡，进入了太平洋。这条海峡后来以他的名字命名为"麦哲伦海峡"。麦哲伦的船队没有想到太平洋如此开阔。他们又航行了4个多月，才到达关岛。这是一段极其艰难的航行，船员吃着腐败的食物，喝着发臭的水；很多人染上了可怕的坏血病，牙龈腐烂，甚至精神异常。

到达关岛后，船队得到了补给，随后来到菲律宾群岛。在这里，麦哲伦船队与当地人发生了冲突，麦哲伦本人及船队的很多成员被打死。余下的人继续航行，穿过印度洋，绕过好望角，沿着非洲西岸北航。1522年，在海上漂泊了三年后，船队所剩的唯一一艘船以及少数幸存船员，回到了塞维利亚港。

大洋洲的开放

近代以前，大洋洲长期处于原始而孤立的状况。大洋洲的原始居民过着狩猎和采集生活；到近代大航海时代前夕，少数地区开始农耕和畜牧。到大航海时代，在西方殖民活动的影响下，这一地区渐渐与全球连到一起，向世界开放。

欧洲人接受地圆学说后，开始尝试从地球的两极到达东方。一些人推测在地球南端一定存在大块陆地，并不断发起探索南方新大陆的活动。通过这些航海活动，大洋洲的面貌渐渐为西方人所了解。但真正促进西方人开发大洋洲的,是库克船长的航行。

库克船长,原名詹姆斯·库克(1728—1779)。他三次向大洋洲远航,成为第一个登上澳大利亚大陆的欧洲人。库克长期在英国皇家海军任职,具有航海经验和探险精神。英国政府选派库克出海远航,寻找带有神秘色彩的南方大陆。

1768年8月25日,库克船长率领一艘重达386吨的陈旧的运煤船"努力号",从英国普利茅斯湾起航。他们沿着南美洲东岸航行,然后穿过合恩角,于1769年7月到达了南太平洋的塔西提岛。在这里进行了短暂的天文观测后,继续西行,到达并命名了社会群岛,然后又调头向东,到达新西兰的夏洛特皇后湾。到这时,库克船长开始失望,认为所谓"南方大陆"并不存在。于是船队开始返航。在返航途中,船队发现了澳大利亚北部的海岸线。船队尝试登陆,先后到达了鲫鱼湾(后来更名为植物湾)、悉尼、昆士兰,以及澳大利亚的北端约克角。由于船员中出现严重疫情,船队被迫返航。1771年7月13日,"努力号"经过3年的远航回到了英国。

接下来,在1772—1775年、1776—1780年,库克船长又带队进行了两次远航。他的航线深入包括澳大利亚大陆在内的大洋洲众多岛屿、海峡。更为宝贵的是,他绘制了大洋洲的地形图,至此,欧洲人对大洋洲的轮廓有了清晰的了解。1779年2月,船队在夏威夷与土著岛民发生冲突,库克船长被岛民刺死。余众率领船队返航,于次年返抵英国。库克船长被刺后俯身倒地、面部埋入沙滩的画面,后来被渲染成为西方绘画的常见素材。

库克船长对大洋洲各地的远航、发现和命名,开启了欧洲人开发大洋洲的历程。在这一过程中,澳大利亚的开发与发展,具有一定的典型性。1770年,库克船长在第一次航行中,宣告了英国对澳大利亚的主权。1797年,麦卡瑟由好望角引进美丽诺羊,澳大利亚畜牧业开始快速发展。19世纪初开始,澳大利亚成为英国的罪犯流放地。1851年,澳大利亚的新南威尔士发现金矿,自由移民数量开始迅速增长,逐渐取代了流放犯。

第十七章 大航海时代

三 全球物种交流

新航路开辟之后，出现了物种在全球范围内的交流，被称为"哥伦布交换"。欧洲人用随身携带的病菌，在枪炮的帮助下摧毁了美洲土著的人种与文明，在新世界站稳了脚跟。一段时期后，粮食作物与牲畜的全球性交流，渐渐恢复了人口的增长，使文明在很多地区得以复兴。

病毒的传播

"哥伦布交换"中，最出乎人们意料的是病毒、病菌的传播。

欧洲人到达美洲之后，带来了新的病菌，使美洲社会遭到灭顶之灾。虽然在征服新世界的过程中，枪炮发挥了不可低估的作用，但是，死于西方人枪炮之下的印第安人的数量，远远少于死于新瘟疫的数量。可以说，天花、麻疹、百日咳、流行性感冒等传染病是造成美洲印第安人悲剧的罪魁祸首。

在大航海时代以前，美洲并不存在上述病毒。一位印第安人这样回溯昔日的幸福时光："那时，没有疾病；他们的骨头没有酸疼；那时他们没有发烧；那时他们没有天花；那时他们没有胸疼；那时他们没有腹疼；那时他们没有肺痨；那时他们没有头疼。那个时候，人事之道整齐有序。可是那些外来者来了，令一切全然改变。"

欧洲人对自身携带的病毒已经有了一定的免疫力，但美洲人在这些新来的病毒面前不堪一击。瘟疫很快爆发，几年之间，天花导致美洲新英格兰沿海90%的当地居民死亡。根据一位亲历过这一惨剧的人记录，当时只有20来岁的人才有可能活下来，幸存者无力处理数倍于自己的尸体，干脆放弃家园，逃到附近其他地区，结果进一步感染了更多的人，"村庄成了废墟，没有人再管它。成千上万的印第安人尸横遍野，无人埋葬"。

病毒的侵入在很大程度上改变了濒临灭绝的印第安社会的组织与文化。很多活下来的土著人开始认为，他们的守护神抛弃了自己。一些人转而相信欧洲牧师；一些人"勇气全失，表情沮丧，如惊弓之鸟"；一些人开始酗酒，甚至自杀，就像中世纪"黑死病"时期的欧洲人那样。瘟疫还改变了土著人群之间的关系。一些土著部族在瘟疫面前衰落，为防止其他部族的攻击，转而向欧洲人寻求保护。等他们恢复过来时，赶走欧洲人已经不可能了。有学者甚至得出结论："欧洲人之所以能够征服美洲，并非由于他们的军事天赋，或者他们的宗教动机，也不是由于他们的野心或贪婪。他们征服美洲，靠的是发动人们始料未及的'生化战'。"

病毒侵入的影响远不止于北美的印第安人。南美洲的阿兹特克、印加等古代文明，也由于欧洲人带来的病毒遭到毁灭性打击。到 16 世纪 30 年代，天花向北传播到了五大湖区，向南传播到了阿根廷。在太平洋岛屿，当地人对这类病毒的免疫力更低，他们同样遭受到悲惨的后果。

新航路开辟后，欧洲人把梅毒带到世界各地，并互相推诿。英国人称之为"法国病"，法国人称之为"意大利病"，意大利人称之为"西班牙病"……梅毒究竟原发于何处，至今仍有争议，但它的爆发和全球传播则是"哥伦布交换"的一个结果。

农作物与牲畜的传播

除了病毒病菌的交流外，新旧两个世界之间也出现了动植物物种的大交流。这种交流是双向的、长期的。从长远看，新物种的传播，促进了亚洲与欧洲的经济发展，恢复了新大陆人口的增长。

美洲的物种开始传向世界其他地区。农作物主要有玉米、马铃薯、四季豆、番茄、辣椒、南瓜、草莓、向日葵、木瓜、花生、菠萝、可可豆、橡胶、烟草、蔗糖；牲畜主要有羊驼、荷兰猪、美洲驼、火鸡。

新大陆的玉米、马铃薯等粮食作物被引进欧洲与亚洲，维持了长期的人口增长。欧洲人一开始种植玉米时，主要是作为饲料使用。到 17 世纪，玉米才登上欧洲人的餐桌。到 18 世纪末 19 世纪初，玉米成为中国西南地区的主要粮食，随后又在北方大量种植。玉米可以在中国不适宜种植水稻和小麦的坡地、沙地种植，养活了明清时期中国的大量人口。大约 16 世纪，马铃薯开始在欧洲种植，到 17 世纪末，爱尔兰人开始普遍吃"醋蘸马铃薯"。日本也于 17 世纪末开始种植马铃薯，并开始向中国传播。到 18 世纪，马铃薯在英国变得越来越重要。19 世纪中期，英国还一度因为马铃薯减产而引起一场大饥荒。四季豆等美洲豆类作物丰富了蛋白质的来源，从西欧到中国，都很受欢迎。番茄和辣椒改善了欧洲人和亚洲人的口味。

除这些粮食作物之外，美洲印第安人的传统经济作物烟草和蔗糖，也传到欧亚大陆和其他地区。美洲向外部传输的家畜品种不多。美洲拥有大量的野牛群，印第安人一开始猎杀它们作为食物，欧洲人到来后，慢慢出现了皮货贸易。

旧世界也向美洲传输了许多物种，农作物主要有麦（大麦、小麦、黑麦）、葡萄、苹果、香蕉、梨、甜菜、黄瓜、茄子、大蒜、大豆、甘蔗、茶、亚麻、西瓜、鸦片、咖啡、大麻，等等；牲畜主要有猪、马、牛、羊、骆驼、鸡、鹅、蜜蜂、家兔、蚕，等等。

小麦的引进对新大陆瘟疫之后的人口恢复起到了至关重要的作用。小麦是人类的一种古老食物，小麦种植最早可能出现于地中海沿岸。被哥伦布的船队带到新大陆后，作为一种耐寒、耐旱的作物，小麦在北美的大平原地带以及南美阿根廷的内陆平原长势良好，渐渐取代了这些地区的本土作物——不耐寒的玉米。除小麦之外，葡萄也被从欧洲引进到新世界，并得到大量种植。欧洲人还推动了物种在新世界内部不同地区之间的交流。在新大陆某些不适宜种植小麦的地区，玉米被大量种植；到 18 世纪初，马铃薯也从新大陆其他地区来到北美。

新大陆的猪、马、牛、羊等大牲畜，也都是从旧大陆引进的。当时人戏称：有三大动物引领着大征服——西班牙贵族、猪和马。哥伦布的船队里有猪。猪在新大陆上岸后，表现出极强的生命力。在土著人口纷纷死于病菌时，猪却大量繁殖。殖民者随处放养的猪，几乎是他们早期的唯一肉类来源，帮助他们渡过了难关。美洲的第一批马随哥伦布于 1493 年登陆。马令印第安人感到异常惊恐，他们从未看见过这种高大而快捷的动物。马为欧洲人在与印第安人的战斗中赢得了一定的军事优势。据一位殖民者记载，一名骑在马上的士兵，一小时可以戳死2000名印第安人。马作为畜力的使用，改变了新大陆以人力为主的劳动模式，这种影响是深远的。16世纪初，牛被引进新大陆的峡谷地带和中美洲。羊也随哥伦布于1493年到达。美洲有大片肥沃的草场，特别适合放牧牛群、羊群。膘肥奶足的牛羊为人们提供了肉食和奶类，渐渐取代猪肉，促进了人口的营养和健康。牛羊的皮毛给人们带来温暖，后来发展成皮货贸易。牛仔们放牧牛群，催生了新大陆的特色文化。除这些大动物之外，老鼠也藏在航船中漂洋过海到了美洲，这对美洲的生态链产生了巨大的影响。

第十八章　白银资本

大航海时代开始后，世界空前紧密地连到一起，各大洲进入新的、不同的发展进程。美洲的古老文明先后湮灭，西班牙、葡萄牙在中南美洲建立起新的"伊比利亚帝国"，大力开发银矿，荷兰人、英国人、法国人在北美建立殖民据点。非洲人被大量掠到美洲，在矿山和种植园里从事异常艰苦的劳作。欧洲在"重商主义"旗帜下发生了商业革命，经济逐渐转型。欧洲商人用从美洲掠夺来的白银，交换欧洲内部以及亚洲的财富。亚洲的传统制成品通过新的航线流向世界各地，欧洲以及日本的白银以前所未有的规模大量流入中国，促成了明清时代的经济繁荣。

白银的世界性流动，成为这个时期的一个标志性的现象。用一位历史学家的话说，白银"围绕世界运转，并促使世界旋转"。白银拉近了世界各地的联系，也拉大了西方与东方的经济差距。

一　美洲殖民地

殖民地的开发

继哥伦布发现新大陆之后，伊比利亚半岛的西班牙人和葡萄牙人开始了在美洲的殖民征服活动。他们最先涉足的是中美洲的加勒比海地区。

1496 年，哥伦布的弟弟巴塞罗缪·哥伦布来到加勒比海伊斯帕尼奥拉岛，发现这里地理位置显要，自然风光秀丽，便率众兴建了一座小镇，取名"圣多明各"。这是欧洲殖民者在美洲的第一个永久性居民点，今天成为多米尼加共和国的首都。

加勒比海地区黄金储备很少,西班牙人很快将目光转向美洲大陆,进入墨西哥和秘鲁。1519年,埃尔南·科尔特斯(1485—1547)带领探险队进入墨西哥的阿兹特克帝国,三年后就毁灭了帝国。1530年,弗朗西斯科·皮萨罗率领探险队从中美洲进入秘鲁的印加帝国。他们利用帝国的王室斗争,俘获了国王,勒索大量赎金,得逞后又将国王杀害。大约1540年,西班牙人在这些地区建立了比较稳固的统治。西班牙人胜利的原因是多方面的,既因为技术先进,如钢剑、步枪和高大的战马,也因为前面提到的天花病毒,还因为土著人内部容易被分化的社会形式。

与此同时,葡萄牙军队在巴西建立了自己的统治。1500年,葡萄牙探险家佩德罗·卡布拉尔(约1467—约1520)在航海途中发现了巴西。1530年,葡萄牙贵族马丁·阿方索·德索萨率领400多名移民来到巴西,建立殖民地。随后,葡萄牙国王将这一区域的大片土地赏赐给贵族,鼓励他们开发和移民。到16世纪中期,葡萄牙人在巴西沿海建立起种植园,从事蔗糖贸易,获取丰厚利润。

比西班牙、葡萄牙人占领中南美洲稍晚,其他欧洲人在北美开始殖民活动。法国殖民者在加拿大东部和北美中部建立殖民地,英国人则更多地占据了今天美国的东部沿海地区。在北美地区,欧洲人一开始以捕鱼为生,后来他们沿哈德逊河深入内地,开始从事皮货贸易。

西方人的到来使得美洲社会逐渐多元化。在人口方面,美洲出现了新的社会分层。在西班牙、葡萄牙殖民地,移民被称为"半岛人",处于社会的最上层;双亲为移民、出生在美洲的人被称为"克里奥尔人";欧洲人与土著人的混血后代,被称为"梅斯蒂索人",他们处于社会底层,但数量越来越大,社会影响力也在逐步增强。在宗教方面,基督教虽然遇到顽强的抵抗,但最终取代了本土宗教,成为继病菌、军事征服之后又一个有力的控制手段。1524年,圣方济各会传教士团来到阿兹特克地区传教,影响逐渐扩大。

第十八章　白银资本

银矿的开掘

南美洲盛产黄金和白银。但是，土著人的商品经济比较落后，还不懂得金银的货币功能。他们主要把金银用作装饰品和贵重器皿，对西班牙人疯狂追逐金银的行为十分不解。

西班牙人最初在殖民地劫掠了大量的白银，后来开始大规模采掘银矿。1545年，西班牙勘探者在波托西（今玻利维亚南部）一带发现巨大的银矿矿脉。16世纪80年代，殖民者开始大规模开发银矿。银矿的发现与开发，吸引了大量的西方移民，西班牙社会各个阶层的人蜂拥而至。到1600年，波托西成为一个人口众多的新兴城市。

西班牙人在矿山管理上实行"米塔制"。这是一种强加在土著人身上的徭役制度。它规定，每个村落每年交出七分之一的男性成员，参加矿山劳动，每年劳动约四个月，七年一个轮回。劳动者的工作异常艰苦，环境十分恶劣，但报酬非常低。他们经常接触水银，死亡率很高。为逃避"米塔制"，很多土著男性逃到山林或远地。

大多数白银通过大西洋航线流向欧洲，欧洲商人用白银交换亚洲的丝绸、香料和瓷器。一些白银从墨西哥西部海岸通过太平洋航线流向马尼拉，再以各种方式流向亚洲，特别是中国市场。当时，一种特制的"马尼拉帆船"在这种白银运输中起到重要作用。美洲的白银有的通过欧洲、有的直接流到亚洲，带来了亚洲特别是中国的经济繁荣。

奴隶贸易

与西班牙在美洲开发银矿不同，葡萄牙则主要依靠奴隶劳动发展蔗糖产业。

蔗糖是欧洲人生活的必需品，特别是朗姆酒等日用品的加工原料。欧洲的蔗糖产量十分有限，但在加那利群岛，葡萄牙人发现，随手扔下的甘蔗根很快就能冒出新芽。1530年，首批到达巴西的葡萄牙移民在当地种植甘蔗成功，并且首次使用一种名叫"英极虎"的榨糖机（engenho，相当于英语中的engine）。后来，该词逐渐发展成为一个复杂的概念，包括土地、劳动力、建筑、资金等所有与蔗糖有关的事物。16世纪80年代，巴西的甘蔗种植园数量迅速增加。法国人和英国人也很快在加勒比海诸岛建立了甘蔗种植园。

新大陆的蔗糖种植带来了罪恶的奴隶贸易与奴隶劳动。一开始，葡萄牙种植园主在土著人中征召劳动力。但是，由于土著人传统上不习惯农业劳动，加上天花等瘟疫导致大量劳动力的丧失，葡萄牙人转而寻找新的劳动力。他们将15世纪初期自己在非洲奴役黑人的经验，搬到新大陆。奴隶贸易开始成为新大陆劳动力的主要来源。输往新大陆种植园进行劳动的非洲奴隶数量巨大，到19世纪奴隶贸易结束时，被贩卖的奴隶总人数超过1200万，这还不包括死于贩运途中的150万人。另外，还有大约600万奴隶被贩运到东方。

跨大西洋的贸易路线一般有三段：从欧洲港口出发，乘船到非洲，这叫"出程"；接着，在非洲与酋长相勾结，掳获黑人后运往美洲，把黑奴卖给美洲的种植园主，这叫"中程"；最后，再把美洲的金银和工业原料运回欧洲，这叫"归程"。这样，逐渐形成了一种联系欧洲、非洲与美洲的奴隶"三角贸易"。

到16世纪60年代，非洲奴隶成为美洲种植园里最主要的劳动力。奴隶劳动为殖民者带来丰厚的利润，高产的蔗糖被他们视为"白色黄金"。但是，这一切都是以极不人道地摧残奴隶为代价的。后人评价说："没有安哥拉就没有奴隶，没有奴隶就没有蔗糖，没有蔗糖就没有巴西。"17世纪初巴西每年出口蔗糖约两万吨，占欧洲蔗糖市场的80%，蔗糖收入占葡萄牙国王总收入的40%。

继葡萄牙之后，英国、法国、西班牙、荷兰、美国都卷入这场罪恶的奴隶贸易中。除加勒比海地区和"美洲的伊比利亚帝国"外，大批黑人被贩卖到北美殖民地。奴隶贸易是人类文明史上极为丑陋的一页。在长途贩运中，船舱环境极其恶劣，半数以上奴隶死去，被扔进大海。有人说，如果能看到海底被遗弃的奴隶尸骨，就能找到当初奴隶贩运的航线。被贩卖到美洲的黑人奴隶，少数成为矿工或家仆，绝大多数在种植园从事繁重的体力劳动。奴隶的工作与生活条件十分恶劣，还经常受到人身虐待，奴隶的死亡率非常高。奴隶以各种方式反抗压迫与奴役，寻求自由与独立。

二 欧洲的商业革命

随着世界市场的开辟，欧洲人的商业模式发生了革命性变化，并引起原初的工业化。

价格革命

16、17世纪，欧洲人口增长，导致粮食等产品价格上涨，引发了一场影响深远的价格革命。

"哥伦布交换"为欧洲带去马铃薯、玉米等农作物，使欧洲人的食物大大丰富。起初，欧洲人对马铃薯的可食性将信将疑。由于《圣经》中没有提到过这种作物，教会禁止人们食用；有人传言马铃薯会传播麻风病；甚至还有人说马铃薯会增强性欲。最后，由于面包价格持续走高，饥不择食的穷人打破禁忌，体力劳动者更需要这种碳水化合物食品，马铃薯渐渐成为人们的日常主要食物。玉米在欧洲很多地区是一种高产作物，虽然主要用作饲料，但在农村和灾荒时期能够维持很多人口的生存。

到16、17世纪，流行病不再肆虐欧洲，欧洲人开始获得新的免疫力，寿命延长。黑死病在欧洲爆发的范围和次数都明显减少。1660年，伦敦还爆发过一次严重瘟疫，1720年，马赛也爆发了一次。但总体上，17世纪中期之后，对欧洲人来说，传染病的威胁降低了很多。

在食物丰富和免疫力增强的双重作用下，死亡率下降，人的寿命延长。16、17世纪，虽然欧洲人口的出生率没有明显提高，但人口总数在增长。到16世纪末，欧洲人口达到1亿；而在14世纪中期，这一数字大约是6000万。

粮食增长带来人口增长，人口增长又引起粮食需求的不断增长。这要求开垦新的土地，而对先前被人遗弃的劣质土地的开发，需要付出更大的代价。最后，生产成本的提高导致粮食价格的上涨。在16世纪，英国农产品价格上涨了四倍。农产品价格的上涨带来其他商品价格、租金、佣金等的连环增长，欧洲出现了一场"价格革命"。

商业模式的变化

人口增长意味着消费群体的扩大，价格上涨使商人们更加有利可图。新航路开辟以后，人们的商业模式与观念发生了深刻变化。欧洲出现了新式的银行、股份公司、证券交易所，重商主义逐渐成为很多国家君主的强国之策。

新航路开辟以后，一方面，巨额的商业利润吸引人们不顾航程远、时间长、投资高、风险大，从事远洋商业；另一方面，美洲的银矿开发，为欧洲商人们带来了大量便捷而可靠的硬通货。这时，商人们愿意通过银行筹募资金，规避风险。1407年，有商人在威尼斯设立银行，一般认为，这是最早的近代银行。到16、17世纪，在西欧各大城市，银行如雨后春笋般地建立起来。1657年，瑞典设立国家银行。1694年，英格兰银行成立。这些新式银行开展存贷款、汇兑业务，发布市场信息以及与市场有关的政治新闻。新式银行资金雄厚，信用良好，颇受商人们青睐，为商业飞速发展提供了巨大动力。

有了商业银行作为依靠，股份公司发展成为能获取巨额利润的新的商业模式。股份公司的最大优势在于既能够集中大量资金，从而实现高额利润，又能够分担风险。而且对于一些中小股东而言，无须直接参与公司经营，也能分享利润。欧洲最初的股份公司大多是海外公司。1600年，英国成立东印度公司，从事大规模海外贸易。荷兰于1602年成立东印度公司，1621年成立西印度公司。此后，丹麦、瑞典也都成立了自己的印度公司。这些印度公司往往垄断某些行业、某些地区的海外贸易，到后来，甚至干涉海外殖民地的政治，成为当地的实际统治者。

随着银行与股份公司的发展，证券交易所开始出现。股份公司在筹募资金时，一般许诺一定时间后将本息连同利润还给股东。在这期间，如果有些股东由于某种原因需要退出，就会想到将手中持有的股份出卖。这样，买卖股份的机构——证券交易所出现了。1602 年，荷兰东印度公司在阿姆斯特丹设立证券交易所，这被认为是世界上最早的证券交易所。

海外贸易的巨大利润使欧洲的一些国君大力推行重商主义政策。他们认为，一个国家的金银储备越多，国家就越富强；政府应该加强对农业、商业和制造业的控制，加快海外贸易与殖民扩张，并保持贸易特别是制成品贸易的正平衡。17 世纪末，在财政大臣科尔伯的领导下，法国推行重商主义经济政策。一些国家以政府名义担保，筹募资金，设立国家银行。这一时期，政府更加支持财产私有权，支持股份公司在海外的经营活动，为它们颁发"特许状"。

原工业化

巨大的海外市场刺激了西欧手工业生产方式的变革，资本主义生产方式首先在手工制造业中取得突破。

在中世纪，西欧的手工业基本上采取以家庭为单位的作坊式生产方式。随着城市的发展，出现了以城市为中心的手工业行会。行会垄断某一行业的生产与经营，维持价格秩序，限制行业竞争。

新航路的开辟给制造商们带来更多的机遇。他们不愿意忍受行会的束缚，开始走向农村去发展手工业。他们采用"分包制"，把原材料分给农户，支付一定的劳动报酬，然后收集产品，再将产品运往海外销售。这些人被称为"包买商"。这种经营多以利润为导向，面向国际市场，按照效益原则组织生产，推动了农村家庭工业的发展。有些地区形成了比较繁盛的乡村纺织业。现代一些西方经济史家称之为"原工业化"，视之为工业化的初级阶段。

三　全球交流与东亚

1500 年到 1800 年这段时期，虽然欧洲人逐渐涉足新大陆和亚洲，但世界人口、经济活动和贸易的主要份额都在亚洲。当时，世界人口的 2/3 都在亚洲。亚洲人生产着世界上 4/5 的产品。中国和日本在这个时期的全球交流中也具有重要地位。

中国明清时代

虽然经历了明清之际改朝换代的短暂中断，但明清两朝的经济总体上保持缓慢增长的势头。明代中期以后，适逢海路打通，新物种得以引进，为明清经济带来新的活力。继"哥伦布交换"之后，美洲的玉米、红薯由西班牙人引进中国。这些作物适宜在中国种植，产量比在美洲还要高。甘蔗也传到中国，在南方种植。明代后期，烟草由吕宋（今菲律宾）等地传入，种植地区从闽浙延伸到江南甚至北方。原产南美洲的花生也传入中国，深受喜爱。新农业作物的引进对中国的经济发展和人口膨胀起了重要作用。

中国明清两朝积累的巨大财富，对奉行"重商主义"的欧洲商人有巨大的吸引力。在明朝，葡萄牙人、西班牙人、荷兰人通过大航海时代开辟的航路来到中国，通过有限的贸易港口，用白银换取中国的生丝和瓷器。在徽商、晋商开展国内贸易的同时，一部分中国商人千方百计拓展海外贸易，他们用瓷器、丝织品换取东南亚一带的香料、药材和珠宝，再换取欧洲人和日本人的白银。

当时中国参与的国际海上贸易主要有三条航线。一条是中国—东南亚—日本；一条是中国—马尼拉—美洲；一条是中国—果阿—欧洲。三条航线的一端都是中国，另一端分别是日本、美洲、欧洲；一端是中国产品的输出，另一端是白银的源头，其中，日本和美洲是白银出产地，欧洲则是白银的中转地。换句话说，明朝大规模白银输入的三条线路为：以马尼拉为中心的"海上丝绸之路"与美洲白银的流入；以长崎为中心的中日贸易与日本白银的流入；以澳门为中心的西洋贸易与欧洲白银的流入。

在这三条路线的海外贸易中，中国始终处于出超地位。中国的丝绸、瓷器、生丝等产量巨大，流向海外，海外的白银源源不断地流入中国。16 世纪中期，流入中国的白银主要来源是日本。16 世纪末到 17 世纪初，美洲的白银大量流入中国。据估计，1572 年到 1821 年，大约有 2 亿比索的西班牙银币流入中国，远远超过国内开采的白银总量。

从明朝中期开始，随着大量白银的流入，纸币渐渐被铜钱和银锭取代。值得注意的是，在 19 世纪前，在世界白银流通体系中，白银在中国只进不出，白银在中国被用作货币本位金之余，主要作为贵金属，被官僚和富商囤积起来。中国成为白银的"终极密窖"。

日本江户时代

在日本的历史上，天皇是国家的最高领袖，幕府是将军征战时处理军务的营幕。但自 13 世纪以来，幕府将军掌握着实际的领导权。从 16 世纪起，日本处于德川家族控制的幕府统治时期，天皇成为国民的精神领袖。德川幕府定都江户（今东京），其 200 多年的统治时期被称为"江户时代"。在"江户时代"，日本国内享受着长期的和平与安宁。在航路开辟之后的全球化时代，日本与外部世界也保持着一定的交流。

与中国一样，"哥伦布交换"为日本带来了新的物种。新的水稻品种、新的灌溉方式以及肥料的使用，增加了粮食产量。棉花、丝绸的产量也大大提高。农业产量的提高带来了人口的迅速增长。从 1500 年到 1750 年，日本人口翻了近一番，从 1600 万增长到 3000 万左右。

在东南亚贸易圈里，日本也占有重要地位。德川幕府沿用了丰臣秀吉时代的"朱印状"制度，向从事海外贸易的商人与船只颁发"朱印状"，规定了航行目的地与日期。带有"朱印状"的日本商船往来东南亚、台湾、马尼拉之间。葡萄牙人一度在日本和东南亚之间扮演中间商的角色。到 17 世纪中期，幕府不再颁发"朱印状"，开始限制海外贸易，加强"锁国"。此后，通过限定的口岸（出岛，今长崎县境内），日本继续与荷兰商人进行贸易活动。

这一时期，日本是一个重要的白银以及铜的出产国。日本用自己的白银、黄金、硫黄等交换木材、染料、水银等，尤其是换取中国的丝绸。日本生产和输出的白银，大部分流向中国。

近代早期东南亚中国移民

亚洲经济的增长加速了东南亚人口的流动，许多地方出现了来自中国、印度、日本等地的移民社群，其中尤以中国移民最为活跃。

中国人的海外移民活动历史久远。海上丝绸之路延续了2000多年。到了宋代，凭借先进的航海和造船技术，中国商人主导了印度洋和东南亚的海上贸易。到15世纪，中国商人的居住点遍布东南亚各地。

明代中后期，海外最大的华人社会是菲律宾岛的马尼拉，同时，爪哇东部的华人数量增多。这些移民移居海外主要是由于经济原因，同时也是为了逃避战祸和天灾。海外华人是东南亚贸易的主力，有的华侨还入仕当地政府，充当来华使节。当地政府一般对待华人都比较重视和尊重。相比之下，明清政府基本上视海外移民为叛臣逆子。

新航路开辟之后，西方人来到东南亚各地。他们在本国政府的支持下，以暴力为手段，以通商为目的，从东南亚当地政府手中、华人移民手中，以及彼此手中抢占殖民据点。1509年，葡萄牙人占领马六甲。16世纪60年代，西班牙人占领了马尼拉。1619年，荷兰的东印度公司占领雅加达，建立巴达维亚城。由此，西方殖民者的势力渗透到东南亚各地。

西方人占领东南亚殖民据点后，对当地华人移民实行招徕与限制并施的政策。一开始，他们需要华人在定居与通商方面的帮助，但到后来，又担心华人势力壮大，对华人进行排斥甚至屠杀。荷兰人占领雅加达后，土著居民跟随酋长逃到万丹，巴城几乎是空城。荷兰国内愿意移民巴城的人屈指可数。巴城总督四处招徕甚至劫掠外地华侨来此居住。17世纪中期后，西方人开始排挤甚至打击东南亚华人。西班牙人在马尼拉多次屠杀华人。1652年，台湾荷兰殖民者对华人大开杀戒，殉难者上万。1740年，荷兰殖民者屠杀上万巴城华人。由于华人的生存能力、经商才能以及与土著的融洽关系，每次排华之后，西方殖民者又想办法招徕华人继续开发殖民地。

第十九章　近代思想变革

在 16—18 世纪，欧洲的思想领域先后产生了科学革命与启蒙运动两场重大变革。16 世纪的波兰天文学家哥白尼最早迈出了科学革命的步伐，他所阐述的"日心说"逐渐成为科学世界观的基石；17 世纪后期英国的天才人物牛顿则取得了科学革命的最高成就，其经典力学体系深深地改变了人们的自然观与世界观。与此同时，在尼德兰和英国诞生了早期的启蒙学说，格劳秀斯、斯宾诺莎、霍布斯、洛克等早期启蒙思想家积极宣扬理性、自然法以及自然权利。科学革命思想在 18 世纪得到了广泛传播，鼓舞人们运用理性去探索支配着人类社会的法则。得益于 17 世纪的启蒙思想以及科学的世界观，18 世纪见证了一场被称作"启蒙运动"的文化变革。启蒙运动不仅盛行于英国和法国，也在整个欧洲引起广泛的回响，它甚至穿越大西洋传播到了美洲殖民地，从而成为一场国际性的思想文化运动。这场运动对当时的社会、政治、宗教、道德等提出了深刻的批判，成为西方历史发展的一个转折点，并奠定了现代性的基石。

一　科学革命

科学革命的历史根源

所谓科学革命，通常是指欧洲 17 世纪初期科学理论和科学实践的一系列变革，其中尤以天文学和物理学所取得的成就最为突出。科学革命是西方文明的独特产物，它的产生有着多方面的原因。

首先，中世纪欧洲大学教育的发展为科学革命的产生创造了条件。15世纪，欧洲的主要大学都开设了数学、天文学和物理学等新学科，这无疑推动了科学的发展。16、17世纪的欧洲科学家大多在大学里接受过教育，伽利略和牛顿等天才人物还曾在大学中执教。

其次，文艺复兴为现代科学奠定了基础。这一时期出现了两种促进新科学大力发展的倾向。第一，机械论的宇宙观日益为人们所熟知。1543年出版的古希腊数学家和物理学家阿基米德的著作推动了机械论宇宙观的发展。阿基米德认为，宇宙就像一架大型机器，在机械力的作用下运行。这种机械论试图在自然界中寻找可以观察和量度的因果关系，因而在科学革命的发展中起到了重要作用。第二，15世纪出现了理论与实践相结合的倾向，打破了中世纪那种理论与实践彼此分离的局面。文艺复兴期间工匠不再受到鄙视，人们重视纺织、制陶、制玻璃以及冶金等方面的实用技术。拥有理论的学者与掌握技术的匠人加强了联系，彼此促进，二者的联合推动了科学的发展。此外，文艺复兴时期的一些艺术家自身便能贯通两个领域：他们既是能工巧匠，又是探讨光学原理与几何法则的学者，其探索活动也促成了理论与实践的结合。

再次，地理大发现及航海技术的发展为科学革命提供了动力。文艺复兴时期的地理探索颠覆了某些传统理论。比如，新大陆的发现就证明托勒密的地理学是错误的。远洋航行也需要更精确的航海测绘以及望远镜、气压计、温度计和空气泵等新工具，这些需求成为科学研究的动力之一。

哥白尼革命

直到16世纪初，欧洲学者的宇宙观仍主要以希腊哲学家亚里士多德和天文学家托勒密的思想为基础。公元前4世纪亚里士多德认为，整个宇宙是一个以地球为中心的球状结构。月亮、太阳以及其他天体环绕着静止不动的地球运转。亚里士多德区分了天上的世界与地上的世界。他指出，天体由完美无缺、永恒不变的元素组成，它们的运动轨迹为完美的正圆形；而地球则由可变元素组成，处于从生成到衰亡的演变之中。大约在公元2

世纪中期,古希腊学者——亚历山大里亚的托勒密写作了《天文学大成》,系统阐述了当时的天文学成就。在托勒密的体系中,地球也是静止的,外围重重包围着9层天空,它们围绕着地球运动。托勒密还建立了完备的几何模型,提供了一套以复杂的圆周运动为基础的数学体系,能够计算和预测行星的运行路线。托勒密体系经过拜占庭和阿拉伯的学者传给了欧洲的中世纪思想家。

尼古拉·哥白尼(1473—1543)是波兰的一个教士,青年时代曾在欧洲多所大学学习教会法和天文学。哥白尼发现传统的宇宙观无法令人满意地解释从地球上观察到的行星运动轨迹。他提出:如果把地球看作是一颗围绕着太阳运转的行星,就能比托勒密体系更好地解释所观察到的行星运动。尽管哥白尼早就形成了日心说理论,但是他担心被嘲笑,又怕遭到教士们的反对,因此直到1543年才公开发表了其论文《天体运行论》。哥白尼主张,宇宙的中心是太阳,而非地球,地球和其他行星一样在正圆形的轨道上围绕着太阳运动;地球不仅环绕太阳运转,它每天还要绕着自己的轴转动。地球自转的假说能够解释黑夜与白昼交替的现象。日心地动说能够在理论上解释为何在地球上观察星球的运行轨迹会如此复杂。哥白尼把地球降低到了与其他行星同等的地位,令地球丧失了在宇宙中的独特位置,这等于否定了亚里士多德的基本观点——地球与任何天体都不同。

哥白尼的学说很快遭到了路德与加尔文等新教领袖的谴责,他们认为日心说是对《圣经》权威的挑战,因为《圣经》经文支持地心说。与新教神学家不同,欧洲的一些天文学家比较欢迎哥白尼的著作。其中德意志天文学家约翰尼斯·开普勒(1571—1630)便是哥白尼日心说的坚定支持者,他为推进哥白尼革命作出了重要贡献。开普勒提出了著名的行星运动三大定律,论证了行星运行的轨道是椭圆而非哥白尼所说的正圆,还修正了哥白尼的行星匀速运行的观点,认为行星运行的速度随着与太阳距离的变化而变化。在开普勒从数学理论的角度完善哥白尼体系的同时,意大利物理学家、天文学家伽利略(1564—1642)则收集了更多的天文学证据以促使日心说为人们所接受。伽利略利用自制的天文望远镜，在天体观测上取得了许多新发现。这些发现发表于1610年出版的《星空使者》一书中，成为证实哥白尼日心说的证据。1632年，他还出版了《关于托勒密和哥白尼两大世界体系的对话》，书中猛烈抨击了传统宇宙观，维护了哥白尼的学说。正因此，伽利略遭受了罗马宗教裁判所的审讯，被迫公开放弃其主张。尽管如此，伽利略的观点仍在欧洲知识界广泛传播。除了天文发现，伽利略还在物理学，尤其是力学和运动理论方面作出了卓越的贡献。

在哥白尼革命的道路上，哥白尼只是迈出了第一步。作为一场科学变革，哥白尼革命是众多天文学家、数学家、物理学家和哲学家共同努力的结果。到18世纪初，亚里士多德、托勒密的有限的、以地球为中心的传统宇宙观，已经被宇宙是无限的、恒星密布并服从于数学定律的观念所取代。

培根与笛卡尔的科学方法论

科学革命的核心是新的探索世界和确定真理的科学方法论。新方法否定中世纪经院哲学家的三段论式的演绎推理法，强调要进行系统的调查、实验，要依据所观察到的事实和数学原理进行推论。阐释新方法的两位代表人物是弗朗西斯·培根（1561—1626）和勒内·笛卡尔（1596—1650）。

培根曾任英国大法官，他并非科学家，而是一位哲学家和散文作家。培根试图在崭新的科学方法的基础上彻底改造人类的知识。他采用的科学方法是归纳法，即从特殊到一般，从具体到抽象的推理方法。在1620年出版的《新工具》一书中，培根阐述了他的归纳法。譬如，要想研究树叶，就应该尽力搜集形态各异的样品，然后认真细致地加以对比和分析。他还提出，人们之所以在科学方面停顿不前，是因为"他们像中了蛊术一样被崇古的观念，被哲学中所谓伟大人物的权威，和被普遍同意这三点所禁制住了"。因此应抛开种种陈旧观念，以崭新的眼光审视事物，用观察到的实际事实来塑造我们的思想。培根的思想启发了17世纪英国、尼德兰以及法国的实验科学家。1660年创立的科学团体伦敦皇家学会，便是从制度层面将培根的科学方法付诸实践。

与培根一样，笛卡尔也对传统知识感到不满。他在《谈谈方法》（1637）中写道，"我们有可能取得一些对人生非常有益的知识，我们可以撇开经院中讲授的那种思辨哲学，凭着这些看法发现一种实践哲学，把火、水、空气、星辰、天宇以及周围一切物体的力量和作用认识得一清二楚，就像熟知什么匠人做什么活一样，然后就可以因势利导，充分利用这些力量，成为支配自然界的主人翁了"。笛卡尔为了摒弃当时的学术基础，决意批判地审视每一个概念，只保留不证自明的基本事实。根据他的推理逻辑，笛卡尔认为只有他在思考这一点是不容怀疑的，"我思故我在"成为其推理演绎各种结论的起点。

笛卡尔与培根的不同之处在于，他还是数学家，非常重视数学方法。笛卡尔相信，逻辑，尤其是几何学那种从公理出发的推理，只要正确运用，就是绝对可靠的工具。此外，笛卡尔系统阐释了17世纪的机械论自然观，他否定了自然界中的神秘力量，从物质微粒和运动的角度解释一切现象，以便客观地研究整个宇宙。

可以说，培根归纳式的经验主义和笛卡尔演绎式的理性主义共同确立了17世纪的科学方法。

伟大的综合：牛顿革命

牛顿（1642—1727）曾写道："如果说我能（比别人）看得更远，那只是因为我站在巨人们肩膀上的缘故。"的确，他把一个世纪以来许多科学家和数学家所提供的大量资料会合起来加以综合，开普勒、伽利略、培根和笛卡尔等伟人都为牛顿的重大科学成就的产生打下了基础。通过融会开普勒和伽利略的研究成果，牛顿发现：开普勒的行星运动定律和伽利略的地球上物体运动定律，乃是相同定律的两个方面。牛顿也综合了培根和笛卡尔所提出的两种科学方法。他把经验主义作为研究的起点，重视实验数据的收集，同时也强调理性主义的作用，证明了数学作为理论工具的意义。

牛顿在数学、光学等领域均有建树。在数学上，他创立了微积分学，发展了关于方程式的大部分理论；在光学上，他在了解光束、光的折射及色彩现象方面作出了重要贡献。不过，牛顿的最高成就在于他提出了万有引力定律。在其划时代巨著《自然哲学的数学原理》（1687）中，牛顿用大量的数据证明了这一定律。根据这一定律："宇宙间物质的每一粒子都和其他的每一粒子相互吸引。它们之间相互吸引

牛顿

的力量与它们之间距离的平方成反比，和它们质量的乘积成正比。"他还证明这个定律可以应用于一切物体，无论是巨大的星球，还是从树上掉落的小小苹果，而这种普遍性在此之前是不被接受的。这套理论可以解决一些貌似不相干的现象，比如，潮汐运动是由月亮引力造成的。直到 20 世纪，牛顿的理论都是不可动摇的，只是在近一个世纪内才发现它有局限性。

牛顿的宇宙是无限的，没有中心的，同时这个宇宙又是统一的，可以用数学来描述。然而，他仍要用神学原理支撑其宇宙观。在牛顿看来，虽然物质的运动可以用数学原理来描述，但是宇宙的基本运作机制是由上帝神圣的力量来启动的。他宣称，如果上帝不是定期地介入调整，那么星球体系会陷入一片混乱之中。

1727 年牛顿去世时，英国诗人亚历山大·蒲柏为他写了一首诗：

自然与自然法则隐没于冥冥暗夜之中，
上帝说"牛顿诞生吧！"于是，一切光明。

这场始自哥白尼、讫于牛顿的科学革命，使人们对自身的能力产生了空前的自信。在天文学和物理学新发现的鼓舞之下，其他领域的研究者也纷纷取得了重要成就，解剖学、微生物学、植物学和化学等学科在17、18世纪都实现了彻底的变革。虽然在19世纪之前科学所带来的重大技术进步并不多，但是人们已经普遍意识到科学具有实用价值。在欧洲人的思想文化中，科学已经成为理性、革新、进步与福祉的象征。

二 启蒙运动

启蒙运动是18世纪的一场国际思想运动，对西方社会与文化产生了深远的影响。一般认为启蒙运动肇始于17世纪末的英国，以牛顿的《自然哲学的数学原理》（1688）和约翰·洛克的《人类理解论》（1690）为起点；随着1789年法国大革命的降临，这场思想文化运动也落下帷幕。

启蒙运动产生的背景

18世纪的启蒙精神首先源自17世纪的科学理论和哲学社会学说。科学革命为启蒙运动的诞生营造了基本的思想环境，提供了先决条件。自然科学中的新发现不仅影响了科学界，更是广泛惠及启蒙运动文化。伏尔泰曾说："如果全部自然界，一切行星，都要服从永恒的定律，而有一个小动物，五尺来高，却可以不把这些规律放在眼中，完全任意地为所欲为，那就太奇怪了。"启蒙哲人们相信，科学方法既然能够发现自然界的法则，便也可以揭示人类社会的规律，并进而解决所有领域的基本问题。启蒙运动中的乐观精神即来源于此。除了接受科学革命的影响，17世纪的新思想潮流也为启蒙运动提供了概念装备与思想武器。当时在尼德兰和英国出现了一批早期启蒙学者，包括格劳修斯、斯宾诺莎、弥尔顿和霍布斯等人，他们着重阐述了理性、自然法、人的自然权利和社会契约等理论，这些理论在18世纪的启蒙运动中得到了进一步完善。

18世纪的启蒙运动不仅接受了17世纪欧洲本土的滋养，它还在全球寻找灵感。17、18世纪的欧洲探险家、传教士和商人出版了大量游记、信札类的作品，描绘了形形色色的土著文化和异域文明，激起欧洲知识分子的强烈兴趣。遥远的世界成了欧洲人反观自身文化传统与社会问题的一面镜子。在狄德罗看来，高贵原始的塔希提人诚实、简朴，他们中间没有欧洲社会所存在的诸多罪恶。"高贵的野蛮人"成了当时某些哲人政治著述中的重要观念。与土著文化相比，中华文明无疑带给欧洲人更重要的启迪。当时欧洲的知识界是通过来华传教士的信札来认识中国的，而传教士往往带着仰慕之情谈论中国的政治、经济和传统文化。受传教士中国观的影响，启蒙时代的欧洲出现了伏尔泰、魁奈等热烈赞美中华文明的思想家，他们看到的是一个没有教会专制、尊重理性、顺应自然、繁荣富强的理想化社会。对于某些致力于铲除欧洲社会弊端的启蒙知识分子而言，中华文明显然可以充当他山之石。

18世纪欧洲独特的社会背景为哲人们提供了施展才华的舞台，使启蒙运动蓬勃发展。启蒙知识分子的活动并不局限于书斋，他们活跃于公共领域，聚集在咖啡馆、沙龙和科学院中交流思想，向有阅读能力的公众传播新知识与新思想。17世纪中叶，欧洲的第一家咖啡馆在伦敦开业。到了18世纪中期，欧洲的城市已经涌现出了成千上万的咖啡馆，这些咖啡馆成为男人自由讨论文学、政治以及思想问题的场所。时人评论道，咖啡馆如同一个政治股票交易所，各领域中最大胆、最聪明的头脑汇集于此，他们对政治事件与宫廷秘闻发表高见。咖啡馆因此培养了启蒙时代的批判精神。对于启蒙哲人而言，更为重要的社交场所是沙龙。这些沙龙往往由受过良好教育的妇女主持，知识精英与附庸风雅的权贵齐聚一堂，他们在音乐和美食的陪伴下畅谈启蒙思想。沙龙中的聚会促进了新思想在社会名流中的传播，提升了知识分子的社会声望。此外，在各地的科学院、共济会分会、读书俱乐部和借阅图书馆中也都热烈地宣讲、讨论启蒙思想。启蒙运动的产生与发展也得益于欧洲出版业的繁荣。在18世纪，包括书籍、杂志、报纸以及小册子在内的印刷品的数量在欧洲各地迅速增长。越来越多的民众开始购买书籍，人们还可以通过图书馆借阅书刊，咖啡馆里也摆放着杂志和报纸供顾客浏览。兴旺发展的出版业充当了传播启蒙观念的重要工具。

英国启蒙运动

启蒙运动的发源地是英国,牛顿与洛克被认为是启蒙运动的先驱。牛顿的学说既代表了科学革命的最高成就,也为启蒙运动的大厦奠定了最初的基石。牛顿的胜利启发哲人将科学方法用于神学、历史、道德和政治等领域,改善人在世界上的命运。牛顿强调通过观察来证明普遍法则,而且主张以实际经验来验证推论。重视实在的经验也正是启蒙运动的基本特征。洛克便运用科学思维与感性经验来研究人的心理。其哲学著作《人类理解论》抛弃了长期居统治地位的天赋观念学说,提出人的一切知识来源于感性知觉。洛克认为,人的头脑最初就是一张白纸,一切观念都不是先天形成的,而是源自后天的经验。从洛克的哲学可以推演出这样的结论,即人是被环境所塑造的,如果环境改变,那么人的观念与人格也会随之改变,一个新的社会就可以建立起来。洛克的政治理论集中体现在《政府论》中。洛克宣称,人们最初较为和睦地生活在自然状态中,对自己的生命、自由和财产拥有一种自然的权利。为了保护各自的财产,人们放弃了自然状态,依据契约建立政府。既然建立政府的目的在于保障权利,倘若政府违背契约,剥夺自然权利,那么人民可以揭竿而起,推翻政府。洛克还阐明了政府的形式,他主张把国家的权力分为立法权、执行权和对外权,同时认为立法权处于最高地位。《政府论》暗含了分权学说和相互制衡的思想,孟德斯鸠后来更为系统地阐述了这些观点。作为牛顿与洛克的祖国,英国成为欧洲大陆许多哲人崇拜的对象,经过光荣革命的洗礼,这个国家显得自由、进步、宽容、稳定。

在牛顿与洛克身后,欧洲启蒙运动的中心就转移到了法国。但是,这并非意味着英国启蒙运动就此画上了句号,实际上18世纪的苏格兰奏出了英国启蒙运动更为华丽的乐章[①]。从18世纪20年代至该世纪末,在苏格兰

---

① 1707年苏格兰与英格兰正式合并。

的格拉斯哥、爱丁堡和阿伯丁等地涌现出了一批杰出的知识分子，他们在科学、经济、哲学和史学等领域取得了突出的成就，对整个世界都产生了深远的影响。苏格兰启蒙运动的产生首先源于这一地区的落后。18世纪时苏格兰只有不到十分之一的耕地，特殊的地理环境使得该地区人民长期贫困，也正因如此苏格兰的知识分子们致力于探索自然世界，以期改善人民的生活环境，同时他们还思考如何在社会与政治经济层面施行改革，从而促使社会进步。不过，落后的苏格兰城市化水平很高，而且热衷于发展教育。启蒙运动在苏格兰便主要是以大学为依托进行的，古老的爱丁堡大学和格拉斯哥大学成为发展和传播启蒙思想的重镇，一些大学教师成为了启蒙思想家。1725年格拉斯哥的道德哲学家弗兰西斯·哈奇森出版了《论美与美德观念的起源》，此书的问世被视作苏格兰启蒙运动的开端。书中反复出现"道德感""仁爱"等概念。哈奇森认为，道德感产生于利益之前，并且否认了理性能带给我们道德知识或道德洞察力。哈奇森对于包括大卫·休谟和亚当·斯密在内的多位苏格兰启蒙学者产生了重要影响。休谟被誉为"道德科学界的牛顿"，他致力于探讨关于人的科学，撰写了《人性论》。对于历史学，他曾做出如下评价："这些充斥着战争、阴谋、分裂与革命的记载，其实就是政客和道德哲学家为修正其理论所进行实验的记录，这些记录与物理学家或自然哲学家为了解植物、矿物等外部事物的性质所做的相关实验并无不同。"此外，休谟以其深刻的怀疑论著称，挑战了启蒙运动中乐观的理性主义。亚当·斯密既是道德哲学家又是政治经济学家。在1759年出版的《道德情操论》中，斯密将社会行为和道德规范建立在人类的"同情"之上。他认为，正是在释放同情、仁爱的情感过程中，人才得以实现自我。斯密的划时代著作《国富论》（1776）提出了取代重商主义的新理论，作者阐明了自由放任经济学说，反对政府对经济事务进行干预。斯密指出，只要竞争和自由市场力量这只"看不见的手"得以公正地平衡财富的分配，那么个人在追求私利时整个社会也会随之受益。苏格兰启蒙运动除了致力于道德哲学、历史学和政治经济学的探索，还强烈地追求自然知识。近代地质学的奠基人詹姆斯·赫顿、化学家约瑟夫·布莱克、发明蒸汽机的詹姆斯·瓦特等人都是苏格兰启蒙运动的重要参与者。

法国启蒙运动

启蒙运动在法国取得了最为辉煌的成就，巴黎成为全欧启蒙运动的中心。在欧洲众多启蒙思想家中最为有名的便是法国三杰：伏尔泰、孟德斯鸠和卢梭。其中，伏尔泰（1694—1778）又被视作启蒙运动的化身。他出生于一个资产阶级家庭，取名弗朗索瓦－马利·阿鲁埃，伏尔泰是其笔名。1726—1729年间伏尔泰旅居英国，他真切感受到了英国科学进步、宗教宽容、思想自由。伏尔泰的两部著作《哲学通信》（1733）和《牛顿哲学原理》（1738）介绍了英国的优越性，并宣传了培根、牛顿和洛克的学说。他对于英国的宗教宽容尤为羡慕，并且在法国大力宣扬宗教自由思想。"消灭丑恶的东西！"是伏尔泰提出的振聋发聩的斗争口号。对他而言，"丑恶的东西"就是宗教狂热、不宽容以及迷信。在政治层面，伏尔泰拥护开明专制，他曾说，宁可在出身名门的雄狮下面卖命，也不去投奔200只和他同类的鼠辈。他歌颂太阳王的统治，撰写了《路易十四时代》。

孟德斯鸠是启蒙运动中最重要的政治理论家之一。他出生于波尔多的一个贵族家庭，1716年从已故伯父那里继承了波尔多高等法院庭长的职务。1721年他出版了小说《波斯人信札》，该书借两名造访巴黎的波斯人之口抨击了法国社会。在书中，孟德斯鸠流露出对于文明比较与政治制度研究的兴趣。正是这种兴趣促使他在欧洲各国进行游历，考察各地的物质、习俗、法律及体制。凭借广泛的积累，孟德斯鸠写出了《罗马盛衰原因论》（1734）和《论法的精神》（1748）。《论法的精神》率先用观察和实验精神研究社会与政治，试图发现支配人类社会的自然法则，该书因此被视为社会学的奠基之作。孟德斯鸠表明，政体形式与环境、气候、习俗以及民族性格密切相关，比如，专制制度适合大帝国，共和制适用于小城邦，君主制适合中等规模的国家。曾旅居英国的孟德斯鸠，非常推崇英国有限的君主制，正是在描述英国体制时他引出了"分权"概念。他相信在英国的政治制度中，行政、立法和司法三种权力相互分开，彼此制衡，这为自

由提供了保障。

让·雅克·卢梭（1712—1778）是启蒙运动中一个孤独的天才，他与其他哲人总是貌合神离。卢梭出生于瑞士日内瓦的一个钟表匠家庭，年轻时生活坎坷，漂泊不定，从事过多种职业，靠自学成才。《论科学与艺术》（1750）是卢梭的成名作，他在此文中批判现代文明社会，赞美"高贵的野蛮人"。在第二篇论文《论人类不平等的起源》（1755）中，卢梭继续反思文明社会的弊端，认为私有财产和奢侈是政治不平等的根源，同时展示了人在"自然状态"中快乐的生活。推崇人类文明化的伏尔泰读了此文后讽刺道，"读尊著，令人渴慕四脚爬行……"卢梭的《社会契约论》（1762）提出了公意和人民主权理论，对政治理论作出了重大贡献。卢梭的政治思想著作抽象、艰深，真正使他广受同时代人崇拜的是其畅销小说《新爱洛绮丝》（1761）和《爱弥儿》（1762），前者探讨了启蒙时代社会与个人、理性与情感之间的矛盾；后者提出教育应该鼓励而不是扼杀孩童的自然天性，成为启蒙运动中关于教育的重要著作。

卢梭

除了这三位大哲，法国启蒙运动中还涌现出百科全书派和重农学派等重要派别。1751—1772年间出版了狄德罗主持编撰的28卷本的《百科全书》，参与编纂的学者群体被称作百科全书派。《百科全书》几乎包罗了那个时代哲学与科学的全部知识，这反映了法国启蒙运动中的一个重要信念：向人民灌输理性与科学知识就能实现人类的进步。以经济学家魁奈为首的一批法国经济理论家和改革家被称作重农学派，其中包括担任过财政总监的杜尔阁。重农学派认为国家财富的基础是土地，只有农业才能创造纯产品。因此，他们反对重商主义，认为国家不应干预经济力量的自由运行，并率先提出了"自由放任"这一术语。

法国启蒙运动非常推崇理性。伏尔泰以理性之名反对教权，狄德罗把"百科全书"定义为"一个理性时代"、"一个哲理时代"的证书。《百科全书》还声称："理性对于哲人而言，正如恩惠之于基督徒。"当然，卢梭并非如此，他质疑理性，认为如果一味坚持理性便会误入歧途。他对于感性的推崇，预示着浪漫主义时代即将来临。

启蒙运动的扩散及其影响

启蒙运动不仅盛行于英、法两国，而且扩散到德意志、瑞士、意大利、波兰、瑞典、俄国、丹麦、葡萄牙、西班牙等地，还延伸到了北美殖民地。在德意志启蒙运动中，涌现出了歌德、席勒、莱辛、赫尔德、康德以及门德尔松等一批伟大的学者。1784年哲学家康德为《柏林月刊》撰写了一篇文章，题为"答复这个问题：'什么是启蒙？'"他将启蒙运动界定为"人类脱离自己所加之于自己的不成熟状态"，他大声疾呼"要敢于认识！要有勇气运用你自己的理智！这就是启蒙运动的口号"。意大利最著名的启蒙思想家是法学家贝卡里亚。贝卡里亚以孟德斯鸠的理论为基础撰写了《论犯罪与刑罚》（1764），他强调分权的重要性，指出立法权和司法职能不能由同一个人或机构执掌。他还展开了对于酷刑与死刑的深刻批判。在北美，欧洲启蒙思想家的著作也有许多读者，而且产生了本土的启蒙思想家，如富兰克林和杰斐逊。

作为一场重要的思想文化运动，启蒙运动在世界历史上产生了深远的影响，留下了丰厚的遗产。启蒙思想家立足于理性主义，对于他们所栖身的世界展开了广泛深入的批判：现存的宗教组织、政治体制、社会结构、经济制度、司法体系、教育模式等均受到了质疑。这股强烈的批判精神首先有力地冲击了教权的束缚，驱散了宗教狂热与迷信蒙昧的迷雾，推动了宗教自由与社会世俗化的进程。其次，启蒙哲人在批判传统的同时力图以科学方法研究人类社会，解决实际问题，这直接导致了社会科学的诞生。政治学、经济学、社会学、历史学、心理学、人类学等各门社会科学均脱胎于启蒙运动。最后，虽然绝大多数哲人都希望自上而下地改良社会制度，但是他们对于进步的信仰，对于自由平等的追求以及对于公共舆论的塑造，都促进了民主革命时代的来临。

第二十章 欧洲近代国家转型

近代早期的欧洲，政治领域发生了一系列影响深远的变化。英、法、西班牙等西欧国家的君主在 15 世纪末 16 世纪初建立起了民族国家。在这些早期的民族国家中，民族相对单一化，君主享有最高统治权，并且实现了中央集权化。17、18 世纪欧洲各国逐渐发展出了两种不同类型的政体：英国经过革命确立了君主立宪制，成为了宪政国家；法国、西班牙、奥地利和普鲁士致力于加强王权，建立了所谓的"绝对君主制"。

一 英国的宪政之路

独特的政治传统

英国能够在 17 世纪走上宪政之路，首先得益于其深厚的法治精神和议会传统。1215 年签署的《大宪章》申明国王不能凌驾于法律之上，不能随意侵犯贵族的权益，不可擅自征税。《大宪章》因此包含了法律至上以及王权有限的立宪精神。在爱德华一世（1272—1307 年在位）统治期间，议会最终定型，自此以后未经议会批准君主不得发布新法令成为惯例。

尽管存在着独特的政治传统，但是在 15 世纪末和整个 16 世纪英国经历了和法国类似的发展进程，即打击封建贵族、建立新君主制，推动国家的建设。都铎王朝（1485—1603）的第一位君主亨利七世削弱了大领主的势力，禁止他们拥有私人武装，并且重用平民出身的大臣。他还利用星室法庭镇压叛乱，维护秩序。亨利八世则利用宗教改革扩大了王权，《至尊法案》宣布他是"英国教会在世上唯一的最高首脑"。伊丽莎白一世时期，英国的王权得到了进一步发展，在她的统治下，英格兰初步确立了海上霸权，成为在欧洲事务中举足轻重的国家。英国的民族感情正是围绕着都铎王室而得以巩固的。都铎王朝的君主们虽然加强了自身的权力，却始终不敢逾越"王在议会"的根本原则。亨利八世的重要举措都以议会立法的形式出现，伊丽莎白女王也总是用各种手段谋求议会的合作。

斯图亚特王朝的困境

1603年终身未嫁的伊丽莎白女王无嗣而终，由其远亲苏格兰国王詹姆斯·斯图亚特继位，称詹姆斯一世，从而开创了斯图亚特王朝的统治。詹姆斯一世在接受这顶王冠的同时也面临许多问题。首先，詹姆斯长期生活在落后的苏格兰，他对英格兰的历史传统，尤其是议会制度，缺乏了解。其次，自16世纪60年代以来清教运动在英国兴起，旨在清除英国国教中的天主教残余。清教徒信奉加尔文主义，他们不仅反对教会中的主教制度，也反对国王的专制。此外，根据中世纪传统，英国王室仅有王室领地收入和关税收入这两项固定收益，而政府名义上从属于王室，开支也来自国王的国库，因此王室常常入不敷出。在这些问题上，迂腐顽固的詹姆斯一世倒行逆施，最终失去了民心。由于对英国政治传统的无知，詹姆斯宣扬"君权神授"，并撰写了《自由君主制度的真正法律》一书，试图建立一种不受议会、教士以及往昔法律及惯例约束的君主制。清教徒曾希望詹姆斯能推进英国教会的改革，可是国王却声称"要把清教徒逐出国土"。更糟糕的是，在王室陷入财政困境的情况下，国王用出售专卖权和卖官鬻爵等方式聚敛钱财，这些做法使王权名誉扫地。国王还要求议会批准开征新税，而议员们往往拒绝其要求，王权与议会的矛盾日益突出。

1625年詹姆斯去世，其子即位，成为查理一世。查理的统治比其父更加专制，结果进一步激化了矛盾。1628年议会向国王提交了《权利请愿书》，要求查理停止未经议会批准擅自征税、不经审判监禁百姓等非法活动。查理一世不愿接受议会的约束，于1629年解散了议会，实行了11年的无议会统治。与此同时,查理一世搞宗教压迫,迫害清教徒,甚至在苏格兰强制推行英国国教,结果引起了苏格兰人的起义,这成为英国革命的导火索。

内战与护国政治

为筹集军费,查理一世不得不于 1640 年 4 月召开议会。议会一召开,议员们便猛烈抨击国王的暴政,查理怒而将其解散,这次议会仅存在了三个星期,史称"短期议会"。然而苏格兰人继续施压,查理被迫妥协,于 11 月再次召开议会,这次议会维持了 20 年,史称"长期议会"。长期议会的召开标志着革命的开始。长期议会逮捕并处决了国王的宠臣,还通过了几项重要法令,其中包括:规定每三年必须召开一次议会,并且限制了国王解散议会的权力,重申一切税收都需经议会批准。议会还废除了星室法庭等王权专制的工具。查理一世以武力回应议会对王权的约束,1642 年 1 月他率兵进入下议院,企图逮捕五名议会领袖。这次行动是战斗的号令,国王与议会之间的武装冲突已不可避免。8 月,查理在诺丁汉城宣布征讨议会,内战由此爆发。

王党的力量主要在英国的西北部,议会的支持者则占据了经济更为发达的东南部。贵族、乡绅和城镇居民都卷入了内战,他们之间最明显的差异是宗教信仰不同:信奉国教者支持国王;清教徒支持议会。因清教徒喜欢理短发,议会军又被称为"圆颅党"。第一次内战(1642—1646)以议会阵营的胜利而告终,因为圆颅党拥有一支英勇善战的部队,其主要创建者便是清教乡绅奥利弗·克伦威尔。1648 年春,王党分子又挑起叛乱,已被查理一世收买的苏格兰人也派出了军队,于是第二次内战开始。但是这次内战仅仅打了几个月王党就彻底失败。1649 年 1 月 30 日,查理一世被处决,罪名是"暴君、卖国贼和杀人犯"。

1649 年 5 月英国宣布成为共和国。掌握实权的克伦威尔对内镇压了持不同政见的平等派(主张普选制)和掘地派(主张共产制),对外征讨爱尔兰和苏格兰,并将这两国并入英国版图。1653 年 12 月,克伦威尔宣布自己成为英格兰、苏格兰和爱尔兰共和国的"护国主",建立起军事独裁统治。1658年,克伦威尔去世,两年后斯图亚特王朝复辟。

复辟与光荣革命

经过多年流亡登上王位的查理二世承诺尊重议会,也不再恢复星室法庭等王权专制工具。然而,导致英国陷入内战的根本问题没有得到解决,复辟不久宗教问题又挑起国王与议会之间的争端。查理二世倾向于罗马天主教,羡慕路易十四的绝对君主制,并暗中执行亲法的外交政策。更糟糕的是,由于国王没有合法子嗣,王弟詹姆斯成为了王位继承人,而此人是天主教徒。围绕着詹姆斯王位继承权问题,议会分裂成了主张排斥的辉格党和主张保留的托利党。1685年,詹姆斯即位,称詹姆斯二世。1688年国王得子,这意味着斯图亚特王朝又获得了一位天主教继承人。在这种情况下,辉格党和托利党领袖决定废黜詹姆斯二世,邀请詹姆斯的新教徒女儿玛丽以及丈夫荷兰执政官威廉入主英国。当1688年11月威廉入侵英国时,詹姆斯仓皇逃往法国,遂实现了一场不流血的光荣革命。议会于次年宣布威廉和玛丽为新的君主,并颁布了《权利法案》以限制王权。从1689年到1701年,英国议会又陆续通过了《兵变法》《宽容法》《三年法》和《继承法》等法案,真正奠定了英国君主立宪制的政治与法律基础。从此以后,英国的法律应由议会制定,国王无权废止;国王必须定期召开议会,每届议会最长为期三年;未经议会同意,国王不得征收新税和招募常备军。

光荣革命确立了主权(即国家的最高权力)归议会所有的原则。为了主权的归属问题,英国的君主与议会进行了近一个世纪的斗争,议会的最终胜利使英国成为了宪政国家。18世纪,英国的宪政体制不断完善,形成了内阁制,1721年罗伯特·沃波尔成为了英国历史上第一位内阁首相。在英国的内阁制中,首相是政府和内阁的最高首脑,掌握实权。光荣革命后,由土地贵族阶级领导的英国保持了长期的政治稳定与经济繁荣,并在与法国争夺海外殖民地与商业利益的战争中最终胜出。

二 法国绝对君主制的兴衰

法国绝对君主制的兴起

17、18世纪的法国是典型的绝对君主制国家。所谓绝对君主制是指君主凭借常备军和官僚机构独揽大权的政体。在欧洲近代早期，绝对君主制的发展对克服封建分权状态、建立起有比较明确领土疆域的中央集权国家具有重要意义。法国绝对君主制的兴起经过了长期的积淀，其根源可追溯至15世纪路易十一（1461—1483年在位）统治时期。路易十一扩展了法国的边界，将国土聚合到了一起，而且他建立了常备军，设立了固定税，并且对行政、司法机构进行了改革。16世纪前期执政的弗朗索瓦一世和亨利二世都致力于发展中央集权，他们为加强王权在外省的权威、保障政府更好地运转而做出了种种努力。但到了16世纪后期，由宗教改革引发的"胡格诺战争"使法国彻底分裂，天主教集团与胡格诺派的新教集团相互厮杀、争夺权力。混乱不堪的局面持续了30年之久（1562—1598），直到波旁王朝的开国之君亨利四世登基之后才逐渐平息了内战，重新开启了建立绝对君主制的事业。

为安抚胡格诺教徒，亨利四世于1598年颁布了《南特敕令》，赋予他们有限的宗教自由以及军事、政治上的权利。《南特敕令》成为基督教国家实行宗教宽容政策的典范。面对凋敝的经济，亨利四世在大臣苏利的辅佐下大力推行恢复经济、改善民生的政策。他声称要让每个农民锅里都有一只鸡。通过开垦荒地、兴修水利、改善交通和整顿财政，法国的农业得以复苏。亨利四世还扶植工商业，积极发展制造业和对外贸易，在他治下法国又成为了经济强国。16世纪长期的内战不仅严重削弱了经济实力，也使历代国王加强中央集权的努力付诸东流。于是，深谙政治权术的亨利四世重新开始了强化王权的事业。他运用种种手段压服了贵族，恢复了中央政府的权力，确立了稳定的社会秩序。

1610年亨利四世遇刺身亡，年仅9岁的路易十三继位，由其母后摄政。

从亨利四世去世到路易十四亲政之间的这段历史，扮演重要角色的不再是国王，而是两位摄政的王太后和两位枢机主教。1624 年枢机主教黎塞留成为首相，他掌控国家事务长达 18 年之久。黎塞留精明强干、雄心勃勃，他不仅要使王权处于至高无上的地位，还要令法国称霸欧洲。为实现这两个目的，黎塞留要扫除一切障碍。他严厉打击图谋不轨的贵族，无情镇压叛乱的胡格诺派教徒。他让由国王任免的监察官管理地方政府，加强了中央集权。在外交层面，黎塞留致力于打击哈布斯堡王朝，它是波旁王朝获取欧洲霸权的主要障碍。黎塞留去世后，枢机主教马扎然辅佐冲龄即位的路易十四，他全面继承了其前任的中央集权政策。1648—1652 年间，不满马扎然统治的贵族和城镇居民掀起了一系列反叛，史称"投石党运动"。这场运动以失败而告终，它是法国贵族最后一次以武力公然反抗王权的尝试。

路易十四时代

1661 年马扎然去世，23 岁的路易十四亲政。他统揽大权，以雄才大略、文治武功，一度使法国成为欧洲大陆上的霸主。他也被尊称为"太阳王"。

亲政后的路易十四决定在巴黎西南郊外的凡尔赛新建一座宏伟的宫殿。修建工程历时三四十年之久。凡尔赛宫是盛行于 17 世纪的巴洛克艺术风格的典范之作，其堂皇富丽凸显了王权的崇高。凡尔赛宫中住的不仅是王室，路易十四还把各地的大贵族都宣召进宫，让他们侍奉国王。太阳王还在宫中安排了许多宴会、舞会、戏剧演出等娱乐活动供贵族消遣。曾经雄踞一方的大贵族们在宫中过着穷奢极侈的生活，结果钱财耗尽，债台高筑，不得不在国王面前俯首帖耳以获取丰厚的赏赐。这有利于加强王权，但也滋长了宫廷阴谋与派系斗争。凡尔赛的奢华生活并没有使路易十四成为只重享乐的无道昏君。恰恰相反，国王每天按时在书房里办公，召开会议、听取汇报，批发公文，像办公室的职员那样恪尽职守。

为了进一步强化王权，太阳王采取了一系列措施。首先，打击爱搞对抗的高等法院，大大缩减了其在参与立法方面的权力。其次，重视军队的建设。他不仅将约 10 万人的军队扩充到 40 万人左右，还实行了一套常规性的招募、训练、惩戒、提升的制度，使一切武装力量为国王服务。再次，进一步加强了中央政府对外省的控制。最后，由于相信宗教上的一致性关乎王权的尊严与国家的安全，路易十四废除了《南特敕令》，迫使成千上万的胡格诺派教徒离开法国，迁往荷兰、英国和普鲁士。

在路易十四统治之下，法国不断挑起战争，开疆拓土。很久以来，法国就存在着所谓"天然疆界"的理想，要将领土边界向东推到莱茵河，向南推到阿尔卑斯山、地中海和比利牛斯山，向西推至大西洋。黎塞留还提出"将高卢王国归还高卢人，使法兰西和高卢相等同"。路易十四继承了前人的遗志，而且更加野心勃勃。他有两个扩张目标：其一是将法国的边界向东扩展，直抵莱茵河，吞并西属尼德兰以及弗朗什-孔泰；其二是获取整个西班牙的继承权。为了实现这些目标，路易十四先后挑起了对荷战争、奥格斯堡联盟战争、西班牙王位继承战争（1701—1713）。长期的战争状态致使法国经济衰退、国库空虚、民不聊生，法国的绝对主义王权盛极而衰，开始走下坡路。

绝对君主制的衰落

1715 年太阳王去世，其曾孙路易十五继位，年仅 5 岁，由奥尔良公爵摄政。在摄政王统治时期（1715—1723）出现了贵族的复兴，曾经受路易十四压制的贵族阶级又恢复了权势。太阳王曾挑选有才干的平民出任政府高官，而路易十五和路易十六时期军队、政府乃至教会的要职皆由贵族把持。曾被路易十四驯服的高等法院也恢复了传统的权力，这一代表穿袍贵族的机构成为 18 世纪反对国王政府推行改革的主要力量。

路易十五登基之初，颇受人民欢迎，人称"受爱戴的路易"。然而这位君主的统治能力却令人失望。他酷爱狩猎，追求美色，甚至令情妇干政。18 世纪中叶，法国参与了奥地利王位继承战争（1740—1748）和七年战争（1756—1763）。对法国而言，这两场战争的实质都是和英国争夺殖民地和海上霸权，然而法军最终落败。七年战争的惨败令法国的殖民势力被赶出了北美和印度，同时也使法国君主制蒙羞，路易十五自此失去了人民的信任，更糟糕的是政府陷入了严重的财政危机中。1774年声名狼藉的路易十五离世，他的孙子路易十六继位。新国王性格内向、优柔寡断，他虽然希望将国家治理好，但其祖父留给他的是一个烂摊子，积重难返。国王政府所推行的改革往往遭到特权等级的阻挠，由此法国绝对君主制的内在矛盾已经暴露无遗：国王政府打算从贵族的财富中寻找税源，贵族则力图控制政府的决策权，同时拒绝放弃经济特权。王权与贵族之间的紧张关系最终导致了旧制度的崩溃与绝对君主制的覆灭。

三 普鲁士的崛起

勃兰登堡-普鲁士国家的形成

近代普鲁士国家的崛起堪称奇迹，它从神圣罗马帝国境内的不毛之地变成了欧洲的强大国家。普鲁士国家是以勃兰登堡邦国为核心发展起来的。勃兰登堡处于神圣罗马帝国的东北部，曾是一块荒凉贫瘠之地。其统治者为能够选举神圣罗马帝国皇帝的七个选帝侯之一。1415年霍亨索伦家族开始统治勃兰登堡，该家族利用婚姻、继承以及其他手段不断扩大版图。1614年勃兰登堡选帝侯获得了克累弗、马克和拉分斯堡，1618年又继承了普鲁士公国。普鲁士公国是位于波罗的海南岸的落后地区，离勃兰登堡很远，而且当时乃是波兰属国。三十年战争结束时，勃兰登堡选帝侯在威斯特伐利亚和会上取得了东波美拉尼亚。1655—1660年间，波兰和瑞典发生了战争，作为瑞典同盟者的勃兰登堡选帝侯借机宣布取消波兰对普鲁士公国的宗主权，正式将其并入勃兰登堡，从而真正形成了勃兰登堡—普鲁士国家。到17世纪末，霍亨索伦王室统辖的各个区域已经形成了一大块领地，其面积在神圣罗马帝国之内仅次于哈布斯堡家族领地。

从大选帝侯到士兵王

引导普鲁士走上强国之路的首位统治者乃是被尊为大选帝侯的弗里德

里希·威廉（1620—1688）。他于1640年即位，正值三十年战争（1618—1648）后期。此时，勃兰登堡已遭受了严重的战祸，瑞典与哈布斯堡王朝的军队常常出没于此，上百村庄变为废墟。弗里德里希·威廉执政后努力平复战争对勃兰登堡造成的严重创伤。他扶持农业、改善交通、兴办工业、发展贸易，并接纳从法国逃亡来的多才多艺的胡格诺教徒。三十年战争后期，大选帝侯参照瑞典的模式建立了一支常备军。1653年弗里德里希·威廉与容克①达成协议，承认容克拥有"完全支配"农民的权力，容克贵族则同意大选帝侯向农民和城市居民征收军事税，以维持常备军。大选帝侯统治末期，这支常备军达到3万人，成为勃兰登堡－普鲁士推行中央集权的工具。在军事集团周围，又形成了官僚集团，它为普鲁士绝对主义政体的形成打下了坚实的基础。

勃兰登堡－普鲁士的统治者并不满足于担任选帝侯，而是渴望成为国王。1701年，选帝侯与神圣罗马帝国皇帝进行了一笔交易：选帝侯为皇帝提供一支8000人的勃兰登堡军队以助其参加西班牙王位继承战争，作为回报，皇帝承认选帝侯成为"在普鲁士的国王"。② 于是，弗里德里希·威廉的继承人选帝侯弗里德里希三世（1657—1713）成为"在普鲁士的国王"弗里德里希一世。1713年的《乌特勒支和约》正式承认了普鲁士王国的国际地位。

1713年，被称为"士兵王"的弗里德里希·威廉一世（1688—1740）即位。"士兵王"性情粗鲁，鄙视文化，酷爱军队建设和军事生活。他坚信国家的前途完全有赖于军事力量，因此他把常备军的数量从3.8万增加到了8.3万人。到1740年时，普鲁士人口在欧洲居第12位，其军队则名列第四。为了获得足够的军费，国王关注那些能提供税收的工场手工业的发展，严格限制商品进口；与此同时，他极端节俭，竟将王室费用削减了四分之三。弗里德里希·威廉一世以喜爱高个子士兵而著称，他命人到欧

---

① 德语Junker的音译，泛指普鲁士的贵族和大地主。
② "在普鲁士的国王"头衔只适用于普鲁士地区。到18世纪中叶，"在普鲁士的国王"变为"普鲁士国王"，即所有领地的国王。

洲各地去购买、引诱甚至绑架高个子新兵,邻国也会把巨人作为礼物送给他。国王还喜欢身着制服,过着军事化的生活,他常常去检阅或训练他的士兵,因而获得了"士兵王"的称号。1723年,弗里德里希·威廉一世建立了直属于国王的"最高总理财政、军队与王室领地事务院"(简称总理事务院),作为中央权力机关,其下又设各省委员会,管理各省的财政和军事等问题。由此形成了一套服从国王个人意志的常设行政机构和官僚制度,普鲁士的绝对君主制得以发展。

弗里德里希大帝的开明专制

1740年,弗里德里希二世(后来被称为弗里德里希大帝,又译腓特烈大帝)继承王位。这位受启蒙思想影响、热爱文化事业的君主使普鲁士经历了开明专制时代。所谓开明专制,即是在启蒙运动的感召之下,王权脱下神圣的外衣,以理性的原则进行国家的重建工作。作为开明君主,弗里德里希二世减轻了农奴制的压迫,他在占全国四分之一面积的王室领地上废除了农奴制,但对于其他领地上的农奴制则无力改变。他倡导宗教宽容,允许其臣民自由信仰宗教和哲学思想。他改革司法制度,禁止拷打犯人,不准贿赂法官。他还发展教育,建立起初级教育体系。为了使国家富强,弗里德里希二世重视经济发展,他扶持私营企业主,开办国家银行,逐步废除内部关税,改善道路交通,同时还保护农业,鼓励移民垦荒。弗里德里希二世以"国家的第一公仆"自居,事必躬亲,集各项大权于一身,各部大臣形同虚设。

与其父"士兵王"一样,弗里德里希大帝也热衷于军队建设,在他治下常备军扩展到了20万人。凭借强大的军队,普鲁士于1740年夺取了奥地利的工业区西里西亚,并由此展开了奥地利王位继承战(1740—1748)。战争结束时普鲁士对于西里西亚的所有权得到了承认,这块宝地不仅为普鲁士带来了资源,更使其人口几乎增加了一倍。至此,普鲁士已经跻身于欧洲列强,在国际政治中扮演重要角色。1772年,普鲁士与俄、奥一道瓜分波兰,占领了西普鲁士。1793年和1795年,弗里德里希大帝的侄子弗里德里希·威廉二世又两次参与瓜分波兰。至 18 世纪末,普鲁士领土已达到 30.5 万平方公里。在普鲁士崛起过程中,从大选帝侯到"士兵王",再到弗里德里希大帝,都选择了一条优先发展军事力量的道路。普鲁士高效的官僚体系也是依附于军队建立起来的。由此可见,普鲁士的绝对君主制与军国主义密切相关。在这一体制中,王权与容克贵族的联盟至关重要,君主默许容克在其土地上肆意压迫农奴,容克则支持建立绝对君主制度,垄断国家的军政要职,并对推行领土扩张政策怀有强烈的兴趣。

四 俄罗斯的西化与扩张

彼得大帝之前的俄罗斯

在彼得大帝统治之前,俄罗斯无论在地理位置、政治联系还是文化交往上,都处于欧洲的边缘。在基辅罗斯时代与金帐汗国统治时期,俄罗斯主要接受的是拜占庭文化与蒙古文化的影响。1480 年,莫斯科大公伊凡三世令俄罗斯摆脱了蒙古长达两个半世纪的统治,形成统一的国家。伊凡四世(1533—1584 年在位,号称"雷帝")于 1547 年加冕自称沙皇,成为全俄罗斯的独裁者。这位残暴的君主对外拓疆掠土,征服了喀山汗国、阿斯特拉罕汗国等地,并发起了向西伯利亚的扩张。对内,他进行司法、军事以及政府机构方面的改革,血腥屠杀了大量世袭大贵族,确立了中央集权制度。伊凡四世的统治给外国观察家留下了深刻的印象,法国思想家让·博丹指出,俄国的政治体制和其他所有欧洲国家的君主制有着根本的差异。伊凡雷帝死后,俄罗斯经历了大约 30 年的混乱时期,饱受派系斗争和内外战争的折磨。

1613 年,缙绅会议选举 17 岁的米哈伊尔·罗曼诺夫(1613—1645 年在位)为沙皇,从而开创了一直持续到 1917 年的罗曼诺夫王朝。米哈伊尔及其继承人阿列克塞(1645—1676 年在位)统治期间,俄罗斯逐渐恢复了稳定,并确立了沙皇的专制统治。1649 年,沙皇阿列克塞颁布法典,这部法典加强了沙皇的专制权力,对于违抗君主制的惩治措施更加严厉。17 世纪前期，沙皇政权的巩固很大程度上仍依赖于各等级的支持，因此经常召开各等级代表参加的缙绅会议，讨论决定税收和对外政策等重要问题。1649年后则很少召开此类会议，1653年会议是俄国历史上最后一次缙绅会议。1649年法典规定农民及其子女都归地主所有，农民没有人身自由，不得迁徙。它还取消了过去地主追捕逃亡农民的"规定年限"，承认贵族有权无限期追捕逃亡农民。1649年法典从法律上完全确立了俄国农奴制。此时的俄国土地资源丰富，但缺乏劳动力，所以地主们千方百计将农民束缚在土地上，使其成为失去人身自由的农奴。

残酷的剥削和压迫迫使农奴大量逃亡，投奔"哥萨克"①。哥萨克原本多是为躲避农奴制压迫而逃亡的农民，他们聚居在第聂伯河、顿河和伏尔加河流域，形成村落。当压迫严重、生计艰难时，哥萨克就揭竿而起。1667年，在斯杰潘·拉辛的领导下，顿河哥萨克发动农民起义，起义席卷了伏尔加河与顿河之间的广大地区。直到1671年，起义才被沙皇军队彻底镇压下去。作为对起义的回应，上层阶级进一步巩固了俄国的农奴制度。

面向西方：彼得大帝的改革

在罗曼诺夫王朝统治初期，俄国已经感受到了西方文明的优越性，开始大量引进欧洲国家的人才，以及军事技术、书籍和日常用品。部分开明贵族还主动学习欧洲语言与生活方式。但大多数俄国人依然抵制西方文明，其社会生活与文化习俗与欧洲主流格格不入：比如，贵族妇女深居简出，往往头戴面纱；男人则蓄须，着东方式长袍，举止狂放粗野。俄罗斯东正教会在排斥西方影响方面尤其发挥了重要作用。因此，在彼得大帝登基前，尽管和西方已经有了一百多年的交往，但是俄国的西化进展十分缓慢。

1682年，年仅十岁的彼得一世即位，其姊索菲亚摄政。1689年，彼得挫败了索菲亚的篡位政变，独自执掌了政权。彼得在1697—1698年间乔装打扮赴西欧考察，深刻感受到了其祖国的落后。为了使俄罗斯的发展赶上

---

① 哥萨克一词源自突厥语，意为没有固定职业和固定住所，脱离了本土的自由民。

西欧先进国家的步伐，彼得开展了一系列改革。

最令彼得一世感兴趣的是西方的军事力量。当时俄国以贵族骑兵为主的军队落后于 17 世纪在西欧形成的以步兵为核心的专业常备军。于是，彼得仿效西欧建立了一支庞大的、纪律严明的新式常备军。他还创建了海军和波罗的海舰队。在政治层面，彼得将西欧的官僚体系引入到俄国的中央和地方政府，提高了行政效率，加强了沙皇的统治。在经济层面，彼得鼓励发展工商业，实行重商主义政策，增加出口，减少进口，提高关税。不仅国家创办手工工场，还鼓励私人兴办，并聘请了大量西方的技术人员。在文化教育和社会生活方面，彼得打破了教会对于教育的垄断，改由世俗政权管理教育。同时，还进行历法改革，简化俄文字母，翻译出版西方科技书籍，建立图书馆、博物馆、科学院。彼得也对社会习俗进行了改造，他允许妇女参加社交活动，要求贵族剪胡须，穿西式服装，学习西方礼仪。彼得还在波罗的海东岸修建了新都城圣彼得堡，象征着俄罗斯逐渐西化。

在彼得一世推行改革的同时，俄国为夺取波罗的海出海口，与瑞典进行了长达 21 年的"北方战争"（1700—1721）。战争初期，俄军惨败，但因彼得的改革增强了军力，振兴了经济，所以俄国最终打败了强敌瑞典，获得了在波罗的海沿岸的一块土地以及温水出海口。

彼得大帝的改革是一次强制性的现代化运动，它在一定程度上改变了俄国的落后面貌。但是彼得的现代化主要以发展军事、经济和技术为目标，并没有削弱反而加强了俄国的农奴制经济基础。

叶卡捷琳娜二世的开明专制

在彼得一世去世后的 37 年间，俄国政局不稳，沙皇更迭频繁。直到 1762 年叶卡捷琳娜二世通过政变上台后，政局才稳定下来。这位女沙皇统治长达 34 年，她推进了彼得大帝的改革事业，并赢得了一个有些夸大其词的称号——开明专制君主。

叶卡捷琳娜是德意志一个小诸侯的女儿，15 岁时嫁给了俄国皇位继承人彼得。此后，她在孤独、陌生的环境中生活，把精力都用在了读书上。

叶卡捷琳娜广泛阅读启蒙思想家的作品，孟德斯鸠的著作曾引导她思考关于俄国政治改革的问题。她还与伏尔泰、狄德罗等人保持通信联系，并捐助哲人，正因此她在欧洲公众中树立了开明君主的形象。

叶卡捷琳娜在执政初期曾打算进行一些开明改革。1767 年，她召集过一个立法委员会，以对国家的法律与制度进行全面改革。但立法委员会的各阶层代表们争论了一年也未取得任何实质性进展。后来，叶卡捷琳娜下令编纂法典，限制使用酷刑，并在一定程度上支持宗教宽容。在经济领域，叶卡捷琳娜也实施了一些开明举措。她鼓励工商业发展，减少了行会的控制，下令废除工业垄断权，取消国内关税。在她统治下，手工工场有了长足的发展，重商主义也被逐步放弃。叶卡特琳娜还改革俄国的教育体制，创建了新的国立公共教育机构。

1773 年爆发的普加乔夫农民起义使女沙皇从开明转向保守。普加乔夫是个穷苦的顿河哥萨克，他冒充被废黜的彼得三世发动农民起义。起义席卷莫斯科以东的广大地区，乌拉尔山、顿河与伏尔加河一带。这次俄国历史上最猛烈的农民起义于 1775 年被沙皇军队镇压下去。普加乔夫起义使叶卡捷琳娜意识到农民的力量是可怕的，要巩固其统治必须依靠贵族。1785 年，女沙皇颁布《贵族宪章》，赋予贵族大量特权。她还把大片国有土地和农民赏赐给贵族，于是 80 万农民沦为了农奴。

叶卡捷琳娜二世继承了彼得大帝对外扩张的政策，成为俄罗斯疆域的一个主要缔造者。为打开由黑海进入地中海的通道，女沙皇先后与土耳其进行了两次大规模战争，结果获得了亚速海及黑海沿岸地区，兼并了克里米亚汗国，并取得了黑海至地中海的航行权。她还三次参与瓜分波兰，占有了原波兰领土的 62%，共 46.3 万平方公里。至 18 世纪末，俄罗斯虽然在政治、经济、思想、文化上仍落后于西欧国家，但其广阔的疆域和强大的军力使其跻身欧洲主要强国之列。

第二十一章 大西洋革命

18世纪,全球最有活力的地区首推大西洋两岸。大西洋贸易创造了巨大的财富,欧洲的商人、船主、金融家、制造商、美洲的种植园主成为最大的受益者。社会结构的变动,酝酿了变革的危机。1775年的美国独立战争爆发,并且成为法国大革命的一个诱因。直到19世纪前期,大西洋两岸革命浪潮此起彼伏,构成一个"大西洋革命"时代。

一 美国革命

列强在北美的争夺

当西班牙和葡萄牙在南美建立地域广阔的帝国时,英国、法国、荷兰等国则向北美地区进行拓殖。1479年,意大利探险家卡波特得到英国国王的授权进行了第一次驶往北美的航行,英国根据他的报告宣布北美大陆属英国所有。1535年,法国探险家抵达加拿大的魁北克。17世纪初,英、法、荷分别在北美建立了殖民地。英国人建立了弗吉尼亚的詹姆斯敦(1607年)和马萨诸塞湾的五月花号移民点。法国人在魁北克建立了据点。荷兰人从印第安人手中买下曼哈顿岛,取名新阿姆斯特丹,但后来被英国人占领,取名纽约。

到18世纪初,在北美大陆中东部,英国、法国和西班牙形成鼎立之势。西班牙从中南美洲向北在佛罗里达、得克萨斯、新墨西哥乃至路易斯安那扩张势力。英国在北美大西洋沿岸共建立了13个殖民地,因为有源源不断的移民，本土人口增长也很快，到1763年时已经有250万人口，其中黑人奴隶约50万。法国的势力从五大湖地区扩张，顺密西西比河而下，直达墨西哥湾。不过，法国殖民地的新移民数量较少，到1763年，法属北美殖民地只有6万白人。在英法竞争中，法国步步落败，一再丧失殖民地。1713年，根据《乌得勒支条约》把新斯科舍半岛割让给英国；七年战争（1756—1763）法国战败，割让了加拿大。

英属北美殖民地的发展

英属北美殖民地在发展过程中，渐渐形成了一个白人自由民社会。北美大陆有广袤的土地，为了吸引移民，殖民当局对大部分土地实行按人分配的原则。这就使得早期的移民大多获得了私有土地。殖民地从一开始就存在着阶层差异。一些大地产所有者、大商人、律师和法官等凭借苦心经营，在几代人的奋斗之后发迹，成为名门望族。但是，殖民地基本没有世袭的贵族等级，大多数处于社会中下层的人也有较大的流动自由和上升空间。不过，殖民地实行黑人奴隶制和白人契约仆役制度，并保留了从欧洲带来的长子继承权等社会习俗。

英属北美殖民地的发展，伴随着对土著印第安人的驱赶和排斥。欧洲人刚来到北美大陆时，面临着各种各样的生存困难。印第安人对他们十分友好，向他们提供物质帮助，传授生产技术。一些印第安人还与殖民者通婚。今天西方的感恩节就是源于当年新移民对土著人的感谢仪式。但是，随着白人的不断拥入，新、旧居民之间由于资源争夺、文化习俗分歧等方面的原因，频繁发生摩擦与冲突。到18世纪中期，经过几次白人与印第安人之间的重大战争，一些印第安人部落消亡，其他部落被驱赶到阿巴拉契亚山脉以西地区。

英属北美殖民地在名义上为英王所有。但是，英国与北美殖民地远隔重洋，交通和通信很不方便。殖民地各级地方政府享有不同程度的自治权。北美白人居民也享有比英国人更广泛的参与政治的机会和权利，在社会生活中培养了自治的意识和能力。北美13个殖民地都设有议会，还有自治的管理机构和民兵组织，当地的精英人士出任议员和公职人员。

"无代表权不纳税"

七年战争的胜利消除了法国的威胁，殖民地居民对母国不再有保护的需求。英国与殖民地的关系反而变得紧张了。

以前殖民地的税款只是用于殖民地，英国还要给予补贴。为了弥补七年战争造成的庞大赤字，英国政府决定向殖民地征收新税，先后颁布《印花税法》《汤森税法》和《茶叶税法》等。新征收的税额并不苛重，但是在殖民地居民看来，新税侵犯了"不列颠臣民的权利"。他们提出，按照英国宪政的自由原则，征税法案必须由民选代表来制定。殖民地在英国议会没有代表，因此"无代表权不纳税"。这就把抗税斗争上升为一种政治原则和政治权利之争。

由于殖民地居民接连掀起抗税斗争，英国政府被迫撤销了《印花税法》《汤森税法》，仅留一项茶叶税。在马萨诸塞的波士顿，为了抗议东印度公司对茶叶贸易的垄断，一些人化装成印第安人，把东印度公司商船上的 300 多箱茶叶倒入大海。该事件因此得名"波士顿倾茶事件"。倾茶事件发生后，英国议会通过 4 项高压法令，宣布关闭波士顿港口，并派军队进驻该市。

1774 年 9 月和 10 月，除佐治亚外，12 个殖民地的代表在费城召开会议，商讨对付英国的统一行动，史称"第一届大陆会议"。会议号召殖民地人民抵制英国产品，要求英王废除各项高压法令。

独立战争

1775 年 4 月 19 日清晨，英军从波士顿开赴西北郊搜查军火，在莱克星顿（村名）遭遇附近民兵的伏击，伤亡 200 多人。消息传开后，1.5 万名民兵迅速包围了波士顿。"莱克星顿的枪声"触发了美国独立战争。

1775 年 5 月，第二届大陆会议在费城举行。13 个殖民地 66 名代表出席，其中有富兰克林、杰斐逊、华盛顿等。会议决定组建大陆军，任命华

《独立宣言》起草委员会

盛顿为大陆军总司令。

1776年1月,英国派遣德意志雇佣军到北美镇压叛乱。消息传来,群情激愤。托马斯·潘恩出版小册子《常识》,宣传独立思想。短短几个月里,《常识》销售了近15万册,促成了殖民地人民的独立意识。

大陆会议于7月4日发布了由杰斐逊起草的《独立宣言》。《独立宣言》以"美利坚合众国"代表的名义宣告:美洲13个殖民地正式脱离英国,成为独立和自由的国家。《独立宣言》不再诉诸"不列颠臣民的权利",而是用天赋人权和普遍的民主原则来阐述了反叛的理由,也阐述了新国家的基本原则:"我们认为下面这些真理是不言而喻的:人人生而平等,造物主赋予他们若干不可剥夺的权利,其中包括生命权、自由权和追求幸福的权利。为了保障这些权利,所以才在人们中间成立政府。而政府的正当权力,系得自被统治者的同意。如果遇有任何一种形式的政府变成是损害这些目的的,那么,人民就有权利来改变它或废除它。"《独立宣言》是历史上第一份以国家的名义宣示启蒙原则的正式文件,马克思称之为"第一个人权宣言"。

战争开始后,英国凭借雄厚的经济基础和海军力量,大举进攻,并对北美沿岸实行封锁。面对强敌，大陆军处处被动。1777 年冬季，费城陷落，华盛顿率领部队败退到城外的福吉谷。由于严寒，不少士兵冻死。

美国的独立战争很快引起了外国干涉。战事伊始，法国有一批年轻贵族军官作为志愿者参加北美独立战争。在外部力量的支持下，形势开始变得对大陆军有利。1777 年 10 月，大陆军在萨拉托加包围 6000 人的英军，迫使其投降。萨拉托加大捷之后，法国承认英属殖民地独立，并公开参战。英国的另外两个宿敌西班牙、荷兰也先后参加反英战争。俄国、普鲁士、丹麦、瑞典、葡萄牙等国对英国实行封锁、阻碍海上贸易非常不满，也结成武装中立同盟。战争扩大为国际战争，英国陷入孤立，力量对比发生根本的改变。

1781 年，法美联军将英军将领康华里的 8000 人军队围困在弗吉尼亚的约克镇。康华里被迫投降，至此战争基本结束。1783 年，双方签署《巴黎和约》。英国正式承认殖民地独立，并将密西西比河以东、北纬 31°以北的大片土地划归其所有。持续 8 年之久的战争以殖民地人民的胜利而结束。

社会和政治改革

北美独立战争不仅是摆脱宗主国控制的斗争，而且也是一场社会和政治革命，美国由此确立了现代政治制度和法律的基本框架。

独立战争开始后，各个殖民地成为独立的邦国。各邦宪法都宣布共和制，规定邦政府官员，包括行政长官，均由选举（直接或间接选举）产生。各邦都扩大了选举权，有 9 个邦还降低了选民的财产资格，最民主的宾夕法尼亚则取消了财产资格要求，规定一切男性纳税人均有选举权。北美多数成年白人男子都或多或少拥有财产，只有少数乞丐和仆人没有选举权。各邦宪法还附有《权利法案》，列举了政府不得侵犯的人民的基本权利和自由：出版自由、请愿的权利、陪审审判制、人身保护法等。

所有的邦都废除了长子继承权。白人契约仆役制度也受到谴责，到 18 世纪末彻底消失。北部和中部各邦宣布废除奴隶制度。南部的弗吉尼亚也允许奴隶主解放自己的奴隶。

美国在政治上最大的变革是国家政体的革新。

大陆会议于 1777 年通过《邦联条例》，据此建立了一个邦联制国家。邦联是主权国家的联盟。各邦自行其是，协调起来很困难。现实的外交问题和贸易问题也需要统一解决。1786 年，因战后经济困难而导致了退伍军人谢斯领导的农民起义。经紧急动员，当局才将起义镇压下去。建立强有力的中央政府成为当务之急。历史上，共和制只是存在于城邦国家，一旦疆域扩展，就会导致中央集权的帝制。古罗马就是 18 世纪启蒙思想家引以为鉴的例子。如何在一个大国里确保共和制，这是一个难题。

为寻找邦联走出困境的方案，邦联国会授意各邦派代表到费城集会，修改《邦联条例》。1787 年 5 月至 9 月，经过反复商讨和激烈争论，50 多位与会代表非常务实地达成妥协，起草了一部新宪法。《美国宪法》依照分权制衡原则设计了一个联邦制共和国。联邦政府与地方政府分享权力；联邦政府的行政、立法、司法三个政府机关各司其职，并都有牵制其他两个机关的权力；总统和议员均由选举产生。不过，宪法在分配众议院名额时规定，除了自由民外"其他人口"按"五分之三计算"，由此确认了南方奴隶制的合法性。

新宪法规定，宪法草案交由各邦讨论，若获得 9 个或以上的邦接受，就自然生效。各邦召开不同规模的会议，讨论这一新宪法。那些总体上拥护新的联邦机制的人，被称为"联邦派"。一些人指责新宪法缺少保护人权的条款，更没有提出废除奴隶制；指责新的联邦政府侵占了各邦现有的部分权力，有变成集权政府的危险。这些人被称为"反联邦派"。到 1788 年初，9 个邦批准了新宪法，新宪法获得了合法性。在随后的几年里，各邦先后承认新宪法，成为美利坚合众国最初的 13 个州。

1789 年，依据新宪法，经选举产生了美国第一届国会和总统。华盛顿当选总统，组建了美国联邦政府。外交部（后改称国务院）、陆军部、海军部、财政部、邮政部等先后成立。华盛顿是当时最孚人望的政治领袖。但是他在担任两届总统之后，宣布不再参选连任，开创了国家元首选举任期制的先例，为美国共和制做了精彩的注解。

在反联邦派的不懈努力下，1791年，宪法增加了10条修正案，主要规定了对人权的保护，被称为《人权法案》。

新建立的美国是世界上第一个联邦制的大型共和国，其影响无远弗届。

二　法国大革命

旧制度的危机

18世纪，法国一直是欧洲大陆上令人生畏的强国。国内基本稳定，经济得到发展。该世纪工业产量增长了60%。里昂的丝织业、昂赞煤矿和克勒佐冶金工厂都名闻遐迩。商业和海外贸易的发展尤为迅猛，外贸增加了4倍。马赛、波尔多等港口帆樯如云。法国的人口为西欧之最，从1700年的2000万增长到该世纪末的2600万。法国作为文化中心也光芒四射，令各国仰望。

但是，"旧制度"制约着法国的社会经济发展。旧制度是指法国革命前的体制，具体说就是绝对君主制、等级社会结构以及各种纷杂的封建制度残余。法国与其他西欧国家一样，分为三个等级。教士和贵族是第一、第二等级，其他人都属于第三等级。17世纪，王权加强中央集权，逐渐削弱了贵族势力。1715年路易十四去世后，出现"贵族复兴"的趋势，引起整个社会取向的逆转。政府和教会的高级职位、军队、高等法院等几乎都被贵族垄断。贵族身份、地位和特权受到其他阶层的羡慕。王室为增加财源和扩充官僚队伍，实行捐官制度。平民可以通过购买官职来获得贵族身份，由此出现"资产阶级贵族化"现象。有近5万人通过捐官成为贵族，享有了免税特权。但是他们仍被排斥在高官显爵之外。资产阶级对贵族由嫉妒而生怨恨。

第三等级中人数最多的是农民，占人口的80%。法国的农奴制在13—15世纪已经瓦解。农民有自己的永佃田；贵族、教会的土地也分成小块租佃给农民耕种。小农经营着全国大部分土地，也承担了最大部分的赋税和劳役：国家的人头税，教会什一税，贵族领主的各种捐税，以及各种劳役。

大部分农村地区都非常贫困。

从 17 世纪末到 19 世纪初，英、法为争霸参与了一系列战争，故有第二次英法百年战争之说。在西班牙王位继承战争（1701—1713）、波兰王位继承战争（1733—1735）、奥地利王位继承战争（1740—1748）和七年战争（1756—1763）中，法国屡屡失利，不仅丧失了大部分海外殖民地，而且国库亏空、债台高筑。路易十六 1774 年上台后，法国帮助英属北美殖民地赢得独立，但是背上更加沉重的债务，陷入难以克服的财政危机。

法国是启蒙运动的中心。启蒙思想家和一些行政官员认识到法国实行改革的必要性。但是，波旁王朝的权力已在衰弱。路易十五和路易十六都试图改革，向享有最多财富的特权阶层征税，但遭到了贵族抵制而屡屡失败。改革虽不成功，变革的舆论已逐渐酝酿。

革命与制宪议会

1789 年 5 月，为解决严重的财政危机，路易十六召集已经中断 170 多年的三级会议开会筹款。国王让三个等级的代表分院开会。第三等级的代表多数是律师和地方法官。他们反对分院开会，自称代表大多数国民，并在一个网球场开会，宣誓要制定一部宪法，把三级会议改名为制宪会议。路易十六企图调兵逮捕这些代表。7 月 14 日，巴黎人民闻讯爆发起义，攻占了象征专制的巴士底狱，路易十六被迫妥协，轰轰烈烈的法国大革命由此爆发。革命之火传遍全国。各地城市仿效巴黎建立自治的市政府，农村普遍发生暴动，攻击贵族庄园。一些贵族开始流亡国外。10 月 5 日、6 日，在激进派的鼓动下，大批巴黎妇女拥入凡尔赛宫，迫使路易十六及其家人迁居巴黎杜依勒里宫，国王成为革命的人质。

在革命氛围中，制宪议会掌握了国家实权。8 月 26 日，制宪议会通过《人权和公民权宣言》，宣示了对旧制度的否定和新制度的原则，即人权、人民主权、分权、法治的理念。《宣言》是对启蒙思想原则的高度概括，成为近代世界历史上最重要的政治文献之一。

接着，制宪议会制定一系列法令，对整个法国进行全面改造，包括建立立宪君主制政体；废除贵族等级及称号；将全国划分为83郡，地方官员一律由选举产生；保障经济自由：废除内地税卡、废除行会、禁止雇主结社，也禁止工人结社和罢工；[1] 实行教会世俗化。1791年，制宪议会制定了宪法，概括了上述法令，并且把《人权宣言》作为宪法的序言。

议会外，各种政治社团如雨后春笋遍布全国，报纸也纷纷问世。人们流行戴小红帽，种"自由树"。

处于监控之下的路易十六对革命形势深感不安。1791年，国王携全家乔装出逃，在靠近边境的瓦伦被截获。国王被迫接受了1791年宪法。立宪君主制在法国正式建立。

但是，制宪议会的立法也引起一些纷争。宪法规定年满25岁并纳税的男性公民为"积极公民"，享受选举权，其余为"消极公民"。民主派批评这种纳税选举制排斥了下层民众，是用财富寡头来取代门第寡头。最严重的争端是围绕着教会世俗化改革展开的。制宪议会的代表大多没有政教分离的观念，而是想把宗教变成国家的一个工具。制宪议会没收全部教会财产予以出售，用于解决政府的财政危机，然后颁布《公民教士法》，规定各地主教和教士由全体居民选举产生，由国家支付教士薪俸，要求所有教士宣誓效忠宪法。《教士法》遭到罗马教皇的公开谴责，法国有一半教士拒绝宣誓。整个国家面临着分裂。

吉伦特派与共和国

1791年年底，新的立法议会召开。来自吉伦特郡的议员脱颖而出。他们与当地商业利益关系密切，且深受启蒙思想影响，主张国际革命。1792年春，路易十六心怀叵测地任命吉伦特派组阁，向奥地利宣战。从此，法国革命开始扩展为欧洲革命。

---

[1] 制宪议会禁止一切领域的结社。拿破仑上台后也禁止20人以上的社团。直到1901年法国才颁布结社法，允许结社自由。在此之前，法国没有公开合法的政党，也没有形成稳定的政党政治。

攻占巴士底狱

战争开始后，普奥联军进逼巴黎，激发起法国人爱国热情。8月10日，巴黎民众起义，组建巴黎公社，①攻占了王宫。9月20日，法国军队和义勇军在瓦尔密村击退普鲁士军。21日，由普选产生的国民公会开幕。国民公会通过废除君主制的议案，发布了"自由、平等、博爱"的口号，宣布成立法兰西共和国，史称法兰西第一共和国。这是欧洲大陆出现的第一个基于普选的大型共和国。

吉伦特派所主导的国民公会掌握了全部政权，对外继续进行革命战争。法国军队在"对宫廷战争，给茅屋和平"的口号下打出国境，并在所到之处废除封建权利、组织新的革命政府。吉伦特派对内主张结束革命、维护财产和秩序。但是罗伯斯庇尔、丹东、马拉等雅各宾派代表了更激进的潮流。在民众压力下，国民公会表决处死国王。路易十六被送上断头台。

1793年春夏，法国局势再次恶化。欧洲各国君主组成反法联军，从几个方向进击法国。在西部的旺代地区，农民抵制征兵而爆发了大规模的叛乱，得到非宣誓派教士和贵族的支持。城市里通货膨胀、物资短缺，民怨

---

① 自中世纪以来，法国取得自治权的城镇称为公社。此时的巴黎公社是巴黎市的政府。1871年的巴黎公社也是袭用大革命时期的这个名称。

鼎沸。吉伦特派坚持经济自由的主张，镇压限价运动，逮捕了巴黎的民众领袖。5月31日到6月2日，雅各宾派与巴黎公社联手举行起义，拘捕了吉伦特派领袖，掌握了政权。

雅各宾派与恐怖统治

赢得战争与平定叛乱成为当务之急。1793年秋，由罗伯斯庇尔、圣茹斯特等12人组成救国委员会，在国民公会的支持下，集中权力，断然推行恐怖统治。

在政治方面，颁布《惩治嫌疑犯条例》，宣布逮捕一切明显或被认为反对革命的分子；改组革命法庭，加速审判。数以千计的人被送上断头台，其中有王后、贵族、非宣誓教士，也有政治反对派人士（大多是前期的革命者），还有许多平民。革命开始后，法国采用了免除犯人痛苦、显示平等原则的断头机。此时，断头机反而成为恐怖的象征。在叛乱地区，则采用集体枪毙、集体溺毙的速决方式。

在经济方面实行经济统制：征集物资，供应军队；颁布全面限价法，对生活必需品实行最高限价；严厉打击囤积居奇。

在宗教方面则推行"非基督教化"运动，包括关闭教堂，改用共和历法①。

到1794年春，救国委员会已经有效地组织和指挥了一支上百万人的大军。国民公会向军队派出特派员，进行督战。忠诚能干的军官得到迅速提升，士兵的政治热情空前高涨。共和国军队很快平息了国内叛乱，而且击退了反法联军。

罗伯斯庇尔是卢梭的信徒，推崇美德，而且身体力行，有"不可腐蚀者"的美誉。在局势缓和后，罗伯斯庇尔等人为实现"美德共和国"而继续实行恐怖统治。圣茹斯特推出"风月法令"，规定法庭可以凭推理定罪，

---

① 共和历旨在消除基督教在日常生活中的痕迹，用共和国成立之日代替耶稣的生日为元年元旦，用"旬末休息日"取代"星期日"，每年12个月，名称依次为：葡、雾、霜、雪、雨、风、芽、花、牧、获、热、果。

所有的刑罚简化为死刑。结果，国民公会代表人人自危，民众也厌倦了流血。1794年7月27日（热月9日），国民公会发动政变，把罗伯斯庇尔、圣茹斯特等人送上了断头台，史称"热月政变"。

拿破仑帝国

热月政变后的5年里，法国政局依然动荡不安。新的反法联军大兵压境。许多人盼望出现一个强人政权，对内实现秩序和稳定，对外实现光荣的和平。拿破仑趁机篡取了政权。

拿破仑·波拿巴（1769—1821）生于地中海科西嘉岛一个小贵族家庭。他因平定王党叛乱而获得提升。他在对外征战中战绩辉煌，而且大肆劫掠，把战利品运回巴黎，赢得军队和政界的赞赏。1799年11月9日（雾月18日），拿破仑发动政变，建立"执政府"，史称"雾月政变"。拿破仑自任大权独揽的第一执政。他强化中央集权，取消地方自治，从中央到地方都实行任命制。他还主持制定了《法国民法典》，即通称的《拿破仑法典》。这部法典总结了革命10年的立法成果，确立了现代民法体系。为了实现稳定，拿破仑软硬兼施，既坚决镇压叛乱，也严格控制舆论，关闭了大多数报刊。留下的4份报纸，被时人嘲笑为拿破仑擤鼻涕的4块手绢。他还采用大赦等安抚手段。其中最重要的决策是，为了弥合《教士法》造成的社会分裂、与天主教会实现和解，他与罗马教皇签订《教务专约》，承认天主教是多数法国人信仰的宗教，主教由国家任命，由教皇授职。拿破仑在战场上也取得胜利，再次击败了反法联军。

短短几年的文治武功使拿破仑的个人威望登峰造极。1804年，经公民投票，法国改共和国为帝国，史称法兰西第一帝国。拿破仑举行盛大加冕典礼，称拿破仑一世。拿破仑将传统贵族体制与新的才能原则结合起来，重建了一套帝国制度，包括宫廷制度、贵族头衔和荣誉军衔等，对革命元老和军队功臣论功行赏。

拿破仑称帝后志在称霸欧洲。他是一个军事天才，同时他最大限度地发挥了革命后法国民族迸发出来的力量。在与反法联军的多次较量中，他的大军几乎踏遍欧洲大陆。普鲁士遭到惨败，只得割地赔款。奥地利被迫把公主嫁给这个"科西嘉暴发户"，并解散了有944年历史的神圣罗马帝国。俄国沙皇也只能与拿破仑讲和。

拿破仑在欧洲大陆上建立了一个庞大的帝国体系。其核心部分是法兰西帝国。帝国扩大了法国的疆域，兼并了尼德兰、德意志、瑞士和意大利的大片领土。帝国外围是一系列附属国，由拿破仑的亲属或部下出任附属国的王公。

拿破仑大军所到之处，废除封建贵族特权，推行《拿破仑法典》，受到当地许多革命者的欢迎。但是，拿破仑也压榨被征服地区，掠夺财物、摊派兵役，引起当地人民的不满。在反法斗争中，欧洲各地的民族主义骤然兴起。

法国的主要对手是英国。1805年，法国海军被英国一战摧毁，拿破仑进攻英国的计划落了空，便转向经济战。1806年，他狂妄地宣布实行大陆封锁体制，禁止英国与欧陆进行贸易。为了阻止葡萄牙与英国的贸易，拿破仑出兵占领了葡萄牙。1808年，法军借道返回时，竟然占领了盟国西班牙。西班牙掀起了全民族的反法独立战争，使三分之一的法军陷入西班牙游击战的泥潭。俄国也不愿俯首听命，对英国商品网开一面。1812年6月，拿破仑率领60万大军入侵俄国。拿破仑大军占领了俄军弃守的首都莫斯科，结果遭到寒冬的重创。法军撤回到边界时，所剩不及十分之一。

1814年，反法联军进入巴黎，拿破仑宣布退位，被流放到意大利海岸附近的厄尔巴岛。路易十六的弟弟路易十八回到巴黎，复辟了波旁王朝。1815年3月，拿破仑突然返回法国，受到军队和民众的欢迎，执政"百日"。6月，拿破仑在比利时的滑铁卢被反法联军击败，再次退位，被流放到大西洋的圣赫勒拿岛。

大革命的遗产

法国革命和拿破仑战争前后延续了四分之一世纪，搅得整个欧洲乃至相邻地区天翻地覆，激起了各阶层、各党派挥之不去的爱恨情仇。也正是因为如此，法国革命享有"大革命"的专称。经过大革命，法国和欧洲都已不复旧貌。

在法国，现代政治法律的架构确立下来了。复辟王朝被迫承认了君主立宪制的政体，承认了大部分在革命期间发生变化的财产关系。《拿破仑法典》继续有效。

法国的民族国家也最终成型。法国各省的地方法规和特权统统被废除，司法得到统一，度量衡得到统一。统一的国内市场也形成了。在革命与战争中，法国人建立了统一的民族认同。

欧洲各地的封建势力受到沉重打击。许多王公失去了权力。德意志地区的版图大大简化，从300个领地简化成34个邦国和4个自由市。一些邦国还进行了改革。

法国大革命也创造了新的政治文化。大众的动员参与、政治派别的纷争、政治符号和仪式的使用等，都影响了后人。大革命也成为各种政体的试验室。雅各宾派专政的恐怖和拿破仑帝国尤其引人注目。

法国大革命具有划时代的意义，至今具有世界性的影响。大革命使人权和民族国家成为现代的核心价值。早在1792年瓦尔密战役时，身居普鲁士军营中的诗人歌德目睹法国义勇军的士气后就赞叹说："从此时此地，世界开始了一个新纪元。"

三　拉丁美洲独立战争

18世纪末，整个拉丁美洲都处于欧洲列强的殖民统治之下。除了巴西东北的荷属、英属和法属圭亚那、英属牙买加等岛屿、法属海地外，其余均为西班牙和葡萄牙的殖民地。美国独立战争、法国大革命和拿破仑战争激起了殖民地居民的革命热情。拉丁美洲的独立运动由此兴起。

海地革命

18世纪末，位于加勒比海伊斯帕尼奥拉岛西部的海地是法国海外最富庶的殖民地，当时称法属圣多明戈。海地共有人口54.5万，除了少数白人和混血人外，大多数是黑人奴隶。

法国大革命的爆发和《人权宣言》的发表，燃起了海地各个阶层的政治希望。1791年8月23日，黑人奴隶揭竿而起[①]。海地陷入白人、混血人和黑人各种军事派别的混战。西班牙和英国乘机出兵海地。在混乱中，黑人奴隶杜桑·卢维杜尔脱颖而出。他率领黑人起义军先后打败西、英军队。1801年，杜桑统一了整个海地岛，宣布废除奴隶制。1802年，拿破仑派遣远征军恢复法国的统治和奴隶制，但是法军因遭遇瘟疫而几乎全军覆没。1804年1月，海地正式宣布独立。

海地是世界上第一个黑人共和国。海地革命极大地震撼了美洲的白人奴隶主，也迫使欧洲各宗主国重新评估奴隶制的合法性。

西属殖民地独立战争

到18世纪末，西属殖民地形成了一个金字塔式的种族/等级社会，当时约有人口1700万，按照地位和人数分别是半岛人（白人移民）、克里奥尔人（土生白人）、混血人、印第安人，另外还有几十万黑人。

1810年，拿破仑全面占领西班牙。西属殖民地在反对法国统治的名义下普遍发生了争取独立的战争。1814—1815年，随着拿破仑帝国崩溃和西班牙波旁王朝复辟，殖民地各地政权都失去了合法性，大多被西班牙军队摧毁。

1820年西班牙发生革命。西属殖民地独立战争再次兴起。英国为了保护自己在拉美的商业利益，阻止西班牙出兵干涉。美国也发表《门罗宣言》（1823年），以拉丁美洲的保护者自居，反对神圣同盟国家在拉丁美洲卷土重来。殖民地当局再次失去宗主国的支援。西属殖民地最终赢得独立。

西属殖民地的独立战争主要在三个中心地区展开，即墨西哥、委内瑞拉、拉普拉塔地区。

---

① 联合国教科文组织1997年宣布每年的8月23日为"贩卖黑奴及其废除的国际纪念日"。

墨西哥是中美地区独立战争的中心。1810年9月16日，多洛雷斯教区神甫伊达尔哥敲响教堂的大钟，发动武装起义，这就是著名的"多洛雷斯呼声"。伊达尔哥在战斗中被俘牺牲后，乡村神甫莫雷洛斯继续领导起义。1813年，莫雷洛斯召开了国民会议，废除奴隶制和"血统差别"，发布《墨西哥独立宣言》和墨西哥历史上的第一部宪法。1815年，西班牙波旁王朝复辟，派军队增援墨西哥殖民当局。起义军遭到镇压，莫雷洛斯被俘牺牲。伊达尔哥和莫雷洛斯领导的独立战争，主要参加者是印第安人和混血种人，具有社会革命的性质，因此遭到克里奥尔上层的联合镇压。战争十分残酷，大约有20万至50万人死于战乱。

1820年西班牙发生革命，引起墨西哥克里奥尔上层的担忧。克里奥尔军官伊图维德是在镇压起义军的战争中发迹的。1821年，他率领军队进入墨西哥城，宣布独立，得到克里奥尔上层的支持。第二年，伊图维德自封为墨西哥皇帝。但是，军队很快爆发了反帝制的起义，伊图维德只得退位。1824年，制宪大会召开，宣布墨西哥为共和国。

南美北部独立战争的中心在委内瑞拉。最初的革命领导人是克里奥尔军官弗兰西斯科·米兰达。1812年，加拉加斯发生大地震，殖民当局趁机大举进攻。米兰达被俘死于狱中。此后，西蒙·玻利瓦尔成为委内瑞拉独立战争的主要领袖。1816年，玻利瓦尔在海地政府的支持下，打回委内瑞拉。他转向农村地区，解放黑人奴隶，吸引了大批印第安人、黑人和混血人参军。1819年，他率领一支部队翻越安第斯山，解放了波哥大，宣布成立"大哥伦比亚共和国"。1820年，趁西班牙发生革命之机，玻利瓦尔率军回到委内瑞拉，翌年收复加拉加斯。1822年，他建立了包括委内瑞拉、哥伦比亚和厄瓜多尔的统一的共和国。南美北部的独立战争取得胜利。

南美南部独立战争的中心在拉普拉塔地区。1810年，拉普拉塔各地克里奥尔革命者也掀起了独立运动。1814年，除阿根廷和巴拉圭外，殖民当局恢复了对南美南部大部分地区的统治。拉普拉塔地区独立战争的主要领袖是何塞·圣马丁。1816年，在圣马丁的敦促下，国民议会宣告阿根廷独立。1817年，圣马丁带领军队翻越终年积雪的安第斯山，于1818年和

1821 年先后解放智利和秘鲁,圣马丁出任秘鲁护国公。西班牙殖民总督逃到上秘鲁,负隅顽抗。

为了彻底完成西属拉美殖民地的解放大业,圣马丁和玻利瓦尔于 1822 年秘密会晤。会谈后,圣马丁突然退隐欧洲,玻利瓦尔率领军队进入秘鲁。1824 年,玻利瓦尔的战友苏克雷指挥秘鲁、智利、阿根廷和哥伦比亚联军,在阿亚库乔战役大获全胜。1825 年,秘鲁宣告独立,为纪念玻利瓦尔的功绩,取国名玻利维亚。1826 年,西班牙殖民军的最后一个据点投降,西属拉美独立战争胜利结束。

巴西的独立

西属殖民地取得独立时,葡属巴西也以和平方式取得独立。

1808 年,葡萄牙王室逃到巴西,建立了流亡政府,偏安美洲,提高了巴西的地位。1820 年,葡萄牙发生革命,实行立宪君主制。在新议会的要求下,国王被迫返回葡萄牙,任命他的儿子佩德罗为巴西摄政王。新议会还要求巴西回到原来的殖民地地位,引起了巴西上层的不满。1822 年,在克里奥尔精英的拥戴下,佩德罗宣布巴西独立,加冕为巴西帝国的皇帝。

拉美独立战争是继法国大革命后又一次波澜壮阔的革命运动,不仅摧毁了拉丁美洲的殖民体系,而且也打击了欧洲的殖民势力和复辟势力。海地革命激发了废除奴隶贸易和奴隶制的高潮,维也纳会议也不得不发表谴责奴隶贸易的宣言。在神圣同盟和维也纳体系建立后,拉美独立战争重新确认和传播了自由、独立、改革的观念。

经过独立战争,除古巴、圭亚那和牙买加外,几乎整个拉丁美洲摆脱了欧洲的殖民统治获得独立。在西、葡和法国殖民地上出现了 17 个独立国家(墨西哥、危地马拉、洪都拉斯、尼加拉瓜、哥斯达黎加、萨尔瓦多、哥伦比亚、厄瓜多尔、委内瑞拉、秘鲁、玻利维亚、智利、阿根廷、巴拉圭、乌拉圭、巴西和海地),基本形成了迄今为止拉丁美洲的政治版图。

拉丁美洲各国在独立后都颁布宪法,除巴西外,都建立了共和制。除巴西外,各国很快废除了奴隶贸易和奴隶制。各国还取消了印第安人的人头税和强制劳役、取消了商业专卖权。只有巴西和尚未独立的古巴、波多黎各还保留着奴隶制。

与美国独立战争相比，拉丁美洲独立战争时间持续较长，基本没有外援，而且无异于内战。战争不仅严重破坏了社会经济，也促成了考迪罗（西班牙语译音：军阀）独裁权力的形成。独立战争后，考迪罗夺取和把持政权的现象肆虐拉美各国。

第二十二章　工业革命

在法国大革命轰轰烈烈进行之时，英国也正在静悄悄地进行着一场意义甚至更加重大的经济革命，即工业革命。现代英国史学家霍布斯鲍姆把以这二者为中心的政治革命和经济革命称为"双元革命"。工业革命是由一系列技术变革引起的从手工劳动转向机器生产的重大飞跃。这是在新石器时代农业革命之后人类物质生产方式的第二次根本性变革。工业革命是在英国首先发生，然后逐渐扩展开来。历经双元革命的欧洲、北美确立了现代资本主义的政治经济文化制度，释放出巨大的生产力，成为世界上的先进地区，同时也获得了殖民扩张的更大动力。

一　英国工业革命

工业革命的前提

工业革命率先在英国发生，是由多方面因素的耦合造成的结果。

1688年光荣革命后，英国经历了长期的内部稳定。英国虽然在18世纪卷入北美、法国等地区的多场国际战争，但国内总体上处于和平状态。光荣革命确立了君主立宪政体，国会取得了对行政权力的监督控制权。

英国国会议员大多有商业利益，极力推行重商主义政策。英国对外实行保护关税政策，同时鼓励本国产品的输出，一再降低或取消出口关税，甚至实行出口补贴。1707年，英格兰和苏格兰正式合并为大不列颠王国，二者之间实现了贸易自由。金融业的制度建设尤其重要。1694年成立的英格兰银行，按照私营方式组建，但行使中央银行的职能，不仅稳定英国金融，并且为工商业和殖民地开发筹集资金。

英国政府强化保护私人产权的政策。早在1623年英国就颁布了《专利法》。18世纪，英国的司法以保护私有财产为中心，变得极其严厉。死刑的罪名从67种增加到223种，私闯民宅、偷窃牲畜都会被判处死刑。聚众罢工将被流放到澳洲。这种严刑峻法厉行一个世纪之久。到17世纪末，英国私人企业制度也初步成型。商业股份公司已经有150多家。在18世纪中期的运河热中，交通业也出现了股份公司。

18世纪，英国兴起了农业革命。许多地主圈占土地，开垦荒滩，兴修水利，改良农业和畜牧业，提高了生产效率，也迫使许多农民离开农村。农业革命不但为工业提供了农产品和自由劳动力，而且扩大了国内市场。

17世纪中期，黑死病首先在英国消失，英国进入了一个人口快速增长时期。1700—1820年，人口总数从850万增加到2100万。丰富而流动的自由劳动力资源是当时欧洲其他国家所没有的。

英国拥有丰富的煤铁资源。更重要的是，这些资源距离当时的工业中心较近或者因有水力运输条件而便于利用。

从17世纪中期起，英国已成为欧洲的科学技术中心之一。英国皇家学会于1662年成立，专注于自然科学，特别是实验科学的研究。一些城市出现科学研究协会，形成关注科技进展和实用发明的氛围。牛顿力学的创立和普及，为机械发明创造了知识条件。

英国进行了一系列对外战争，最终确立了海上和殖民地霸权。殖民地和海外市场对英国经济具有重要意义。18世纪后期，东印度公司从印度搜刮的财富达到50亿英镑以上。美洲给英国提供了大量的初级产品：蔗糖增加了英国人食品的卡路里，棉花保证了棉纺织业的迅速扩张。美洲也是英国工业品的重要市场。尤其在拿破仑战争期间，英国趁机在美洲确立了商业特权地位。

国内外市场的迅速扩大推动了对工场手工业的技术改造。从18世纪

60年代起出现了一个技术改造的热潮,其中许多工匠做出重要发明,专利数目跳跃增加(从1760年以前每年难得超过12项到1825年一年250项)。当时各生产部门发展的不平衡,直接推动了技术改造,形成相关递进。

工业革命的进程

工业革命首先是在英国从棉纺织业开始的。17世纪,英国传统的毛纺织业遇到了来自印度物美价廉的棉织品的竞争。1700年英国国会通过禁止棉织品进口的法令,导致棉织品价格上涨,刺激了本国棉纺织业的发展。棉纺织业作为新兴的生产部门,与历史悠久的毛纺织相比,它受旧传统、旧行规的束缚和限制要少得多,比较容易采用新技术。

1733年,纺织工人凯伊发明了飞梭,提高了织布的工效。1764年,织工哈格里沃斯发明了手摇纺纱机(即珍妮机);1768年,理发师阿克莱特制成水力纺纱机,大大提高了纺纱的工效。1771年,阿克莱特开办了第一座纺织工厂。1779年,纺纱工人克伦普顿综合二者的优点发明了骡机(意为综合机),经过不断改进后,可以同时纺三四百个纱锭。1785年,乡村牧师卡特莱特发明了动力织布机。棉纺织业的相关部门——净棉、梳棉、漂白、整染等行业也相继实现了机械化。

棉纺织工厂最初主要用水力来推动工具机,但水力作为自然力受到地理和季节的限制。1765年格拉斯哥大学的仪器修理工瓦特对矿山用的蒸汽抽水机进行改进,研制成了单向蒸汽机。1782年他试制成双向蒸汽机。这是工业革命时期最重要的技术突破。1785年起,蒸汽机开始应用于棉纺织厂。瓦特的蒸汽机比较笨重。不久,英国工程师特里维西克和美国的奥利弗·埃文斯分别研制出较小较轻的高压蒸汽机,使蒸汽机成为普遍适用的高效率动力机,紧接着各种新式机器进入各工业部门,而且能够应用于汽船和机车。

冶铁业和煤炭业也先后发生技术革命。冶炼原先用木炭为燃料,但森林资源有限。18世纪上半期,工场主达比父子经过两代人的努力,发明了焦炭炼铁的方法。在60年代加装了鼓风设备以后,这项技术开始被广泛采用，引起冶铁业的大发展。1784年工程师科特发明了生产熟铁的搅拌法和生产钢的辗压精炼法，提高了炼铁的质量和效率。煤炭业也出现了许多新技术发明，开始使用凿井机、曳运机、蒸汽抽水机、安全灯等。煤铁产量猛增，为其他工业部门的发展创造了条件。

交通运输部门也发生了重大变化。18世纪中后期，英国出现开凿运河、疏浚河道、修筑硬面公路的热潮，全国基本形成了四通八达的水运网，道路交通也大为改善。蒸汽机的推广引起了交通工具的变革。1807年美国人富尔顿发明了汽船。1812年英国制造的汽船试航成功。1819年第一艘汽轮横渡大西洋成功。1814年史蒂芬森发明了第一台比较实用的蒸汽机车。19世纪三四十年代，英国大规模地修建了铁路。铁路运输的勃兴使运河退居次要地位。交通运输的发展缩短了燃料、原料和产品的运输时间，降低了成本，促进了工业和国内外贸易的发展。

蒸汽机的推广和各个部门的机械化，使得更加需要数量多、精度高和规格统一的机器。车床、刨床、铣床、汽锤等工作母机先后被发明出来。19世纪三四十年代，一个新的工业部门——机器制造业诞生了。从棉纺织业使用机器到机器制造业的机器化，英国历经80余年，首先完成工业革命。

第一个工业化国家

工业革命既改变了生产技术和劳动工具，也改变了产业结构。经过工业革命，纺织、冶金、煤炭、机器制造和交通运输成为英国工业的五大基本部门。到1830年，工业收入已经超过农业收入。到1850年，英国城市人口超过农村人口。英国从一个农业国变成工业国。工业革命还促成了城市化的发展，改变了英国地理面貌。工业革命所创造的巨大生产力是以往任何时代都望尘莫及的。各主要工业部门的劳动生产率和生产量都成倍成十倍地增长。

到19世纪中期，英国成为第一个工业化国家，被称为"世界工厂"。英国的冶铁业产量是美国的5倍、德国的10倍。1851年，伦敦水晶宫举办世界博览会，在1.4万件展品中，有一半是英国的机器和工业品。

工业革命使英国在国际舞台上具有极大的优势。英国凭借廉价的工业品和强大的海军而成为世界霸主。到19世纪末为止，英国在欧洲是欧陆大国之间均势的平衡器，并且建立了一个最大的全球性殖民帝国。

工业革命也改变了社会阶级结构，造就了工业资产阶级和人数众多的工人阶级。在工业化早期，工人阶级的劳动条件和生活条件普遍恶劣，而且工厂矿山还大量使用廉价的女工和童工。

二　工业革命的扩散

扩散的概貌

到19世纪，工业革命逐渐从英国这个工业革命发源地扩散到欧洲大陆，甚至扩散到世界其他地区。最初，工业革命的扩散面临各种障碍。首先，英国有一项法律，禁止机器出口。其次，欧洲大陆上的各种情况也不利于工业化，如政治分裂、农奴制度、政治动荡、革命和战争等都妨碍工业革命的进行。但是，1815年拿破仑战争结束后，英国上述那项法律在1825年被废除。欧美诸国先后走上工业革命的道路。

从空间看，工业革命以英国为中心，在大西洋两岸一波接一波地向大陆纵深推进：在欧洲大陆是沿比利时、法国、德国、瑞士、意大利、俄国等展开，在北美大陆也是从东北部逐渐向西部、南部扩展。

但是后起的工业化不是一个自发的、必然的进程。与先行者英国不同，在后起的工业化国家中政府或多或少自觉地推动工业革命。1830年革命后，比利时新政府立即实施修建全国铁路网的方案。不过，工业革命的高潮普遍发生在1848年革命之后。革命的教训和激烈的国际竞争，迫使各国政府纷纷调整政策，消除经济发展的障碍，大力发展经济。欧陆主要国家之间签订了一系列自由贸易协议，不仅使英国商品通行无阻，也使其他国家更容易地获得英国的机器和技术。美国通过内战也使南方走上工业化的道路。

从行业上看，重工业，尤其煤铁业和铁路业，成为工业革命的领先行业。火车、铁路成为工业革命的成就和象征。可以想见人们第一次见到火车这个活动着的庞然大物呼啸而来时的惊异场面。修建铁路需要巨额资本，也就成了各国政府重点扶持的对象。从19世纪30年代起，铁路业在各国经济发展中起着火车头的作用，带动了机器制造业、钢铁业、煤铁业、建筑业等行业的大发展。不过，除英国和比利时外，其他欧美国家是在1848年以后才出现兴建铁路网的热潮。英国还在1863年修成伦敦的第一条地铁。19世纪50—70年代也被称作"铁路时代"。

法国工业革命

法国的工业革命深受政治局势变化的影响。18世纪晚期，法国纺织业已经有个别企业开始使用机器和蒸汽动力。然而，由于受到法国大革命、拿破仑战争、1848年欧洲革命、巴黎公社革命等周期性的政治动荡和战争的影响，工业化进程受到严重制约。

法国工业发展的高峰期是在19世纪五六十年代的第二帝国时期。拿破仑三世推崇圣西门主义，提倡发展实业，并且实行贸易自由。在政府的支持下，各种兴业信贷银行纷纷成立，大量吸收小额储蓄，投资工商业，甚至农民也比较容易获得贷款。拿破仑三世鼓励发展铁路，各大银行争相投资。法国的铁路网基本形成。法国还大力兴建港口和发展海运。政府还支持开凿苏伊士运河。第二帝国对巴黎进行了改建，还举办了世界博览会。法国的商业也兴旺起来，出现了大百货公司。农业也出现技术改良高潮，各地纷纷举办农业展销会。正是在商品展示的浮华与辉煌中，法国基本完成了工业革命。

工业革命后，法国经济呈现出一些特点。在法国的工业中，中小企业占据优势，而且工业大量分布在小城镇、甚至农村地区。农业比重居高不下，而且小农经济在农业中占据优势。农业人口下降的速度非常缓慢。到1906年，总人口3925万，农村人口2270万，占57.3%。法国的金融高利贷资本特别活跃。因政权更迭比较频繁，大银行更愿意投资国外和国债，不愿意投资实业。不过，由于法国人口增长缓慢，人均产值相对较高，人民生活福利相对较好。

德国工业革命

德国的工业革命是后来居上的代表。19世纪上半叶，德国四分五裂，经济相对落后。19世纪30年代，随着关税同盟的建立，工业革命在德意志开始起步。1848年革命结束后，德国进入了20多年工业持续高涨时期。一批大型私人银行和各种股份公司纷纷问世，出现开发新矿山建设新工厂、修筑新铁路的投资热潮。大约到70年代末，德国完成了第一次工业革命的大跃进。德国虽然起步较晚，但发展迅速，超过了法国。

德国工业革命发端于铁路建设。1835年，德国第一条铁路建成通车，从纽伦堡至富尔特，共5公里。到1871年，全国铁路总长度达到2万公里。到1900年，总长度达5万公里。在当时，德国铁路的总长度仅略逊于俄国，但密度是俄国的10倍。

在以铁路为中心的交通运输业的带动下，德国工业突飞猛进。优先发展重工业是德国工业革命的一大特点。1850年以后，重工业的发展速度一直超过轻工业。德国煤炭储量丰富，到1860年，煤炭产量已经超过法国和比利时。到70年代初，德国的生铁产量超过了法国。

与英法相比，德国工业革命中政府的推动作用更为明显。德国第一条铁路就是在巴伐利亚国王的支持下修建的。从40年代起，汉诺威、巴登等邦国开始兴建国有铁路。普鲁士政府也开始积极规划和建设铁路。最初，普鲁士政府主要通过参股和给予利息担保等方式资助私人铁路公司。统一后，德国政府通过大规模购买实现了铁路国有化，并对铁路部门实行半军事化管理。另外，普鲁士政府还兴办了许多国营煤矿和炼铁厂，如鲁尔煤田的煤矿几乎全部是由国家经营的。

教育的发展对于德国经济具有重要意义。从19世纪初，德意志各邦纷纷实行全民义务教育。一些邦政府还兴办中等专业技术学校。德国的大学不仅享有学术自由，并把教学与科研结合起来，在科学研究上成绩斐然，在电气和化学工业领域产生了一系列重大发明。到19世纪中后期，借助先进的教育体系，德国不仅迅速完成第一次工业革命，而且在第二次工业革命中居于世界前列。

美国工业革命

19世纪，经济发展的最大奇迹可能要算是美国了。在一个世纪的时间里，美国的经济迅速壮大，从一个种植园和商业殖民地经济发展成庞大、完整、基本自足的现代经济体系，其工业产值和国民生产总值都跃居世界首位。

建国之初，杰斐逊曾担心贫富分化，主张农业立国，反对西进。财政部长汉密尔顿则制定鼓励工商业发展的政策，鼓励西进。美国的工业革命成为美国整体经济发展和开发西部的构成因素。1789年，塞缪尔·斯莱特仿制英国的水力纺纱机成功，并在罗得岛建立了美国第一家水力纺纱厂。19世纪30—50年代，棉纺织业率先机械化。随后，毛纺织业、面粉业、食品业、制鞋业、服装业和木材加工业等也普遍使用了机器。美国的工业化以东北部和俄亥俄河流域为中心。西部的开发也导致西部工业的兴起。到80年代，美国的制造业超过了英国，跃居世界首位。

美国工业发展的奇迹缘于美国的一些独特条件。通过西进运动，美国领土迅速扩张，在一个世纪的时间里，美国成为世界上领土面积最大的少数几个国家之一。美国幅员辽阔，资源丰富，地区分工程度高，市场潜力巨大。由于美国经济发展较快，吸引了英国等欧洲国家的大量投资。19世纪，美国又迎来了近2000万移民，移民的创业精神强，其中不少人是熟练的手工业者。

创新是美国经济发展的重要动力。1790年美国第一届国会就通过了《专利法案》。1850—1860年间，正式注册的发明专利就有2.52万项。值得注意的是，惠特尼等人发明和完善了滑膛枪零部件的标准化生产方法。此后，机器零部件的标准化生产方法得到推广，确定了现代工业化批量生产的模式和工艺。

交通运输业成为美国工业革命乃至整个美国经济的一个先导行业。随着西部的开发,美国出现了交通运输业革命。富尔顿发明汽船后,汽船运输蓬勃发展。联邦政府还推动各州修筑"收费公路"和修建运河。从 30 年代起,在政府的鼓励和资助下,全国掀起修筑铁路的热潮,到 1850 年,铁路线总长达 1 万多公里,居世界首位。修建铁路的热潮持续到 20 世纪初。一个以铁路为骨干的全国水陆运输网基本成型。

三 第二次工业革命

成就与特点

在第一次工业革命尚未结束之际,新一轮的技术革新浪潮已经兴起。从 19 世纪六七十年代到 20 世纪初,欧美出现了一系列重大的技术突破,形成了第二次工业革命。

第二次工业革命的突出成就是电力的广泛应用。1866 年德国工程师西门子制成发电机;1870 年比利时人格拉姆发明了电动机。随后,电灯、电话、电焊、电钻、电车等各种电动生产资料和生活用具,如雨后春笋般涌现出来。1882 年,法国学者马·德普勒发现了远距离送电的方法,同年,美国发明家爱迪生在纽约创建了美国第一个火力发电站,把输电线连接成网络。电力工业和电气设备工业迅速发展起来。世界跨入电气时代。与蒸汽动力不同,电力不仅改造了工业,而且直接进入人们的生活,影响了整个社会生活。

内燃机的发明和应用是这一时期的又一重大成就。1876 年德国人奥托研制出以煤气为燃料的四冲程内燃机。1883 年,德国工程师戴姆研制出汽油内燃机。1892 年,德国工程师狄塞尔发明了柴油机。内燃机的发明解决了交通运输工具的发动机问题。80 年代,汽车诞生了。以后,以内燃机为发动机的内燃机车、远洋轮船、飞机、拖拉机和军用装甲车等也陆续出现,并带动了相应的新兴工业部门的发展。石油开采业和石油化学工业也随之兴起。美国早在 1859 年已在宾夕法尼亚州发现石油,钻出第一口油井。石油最初只用于照明。随着内燃机的广泛应用,石油工业突飞猛进。

化学工业的建立是第二次工业革命的一项重大突破。从80年代起,人们开始从煤焦油中提炼氨、苯、人造染料等化学产品。人造染料成本低,性能好,很快就代替了天然染料。化学工业不仅采用化学方法进行原料加工,而且采用化学方法合成物质。1869年,美国人黑特发明赛璐珞,1884年法国人圣·夏尔东发明人造纤维。1867年诺贝尔发明火药,80年代又改进了制造无烟火药的技术,并在军事上广泛应用。

新技术革命也推动了一些老工业部门的发展。最突出的是钢铁工业。从60年代起,贝氏转炉炼钢法(以英国人贝西默命名)、法国人马丁和德国人西门子兄弟发明的平炉炼钢法、英国人托马斯发明的碱性转炉法先后问世,冶炼技术不断改进,钢的质量不断提高、产量持续增长。从1868—1900年,英、美、捷、德4国的钢产量由24万吨增加到2355万吨。钢逐渐取代铁,成为基本的工业原料和重要的建筑材料。

同第一次工业革命相比较,第二次工业革命具有一些新的特点:

第一,科学研究在技术创新中起了关键作用。自然科学特别是热力学、电磁学、化学等方面的新发展,开始与工业生产紧密地结合起来,在技术上取得一系列重大的突破。实验室开始成为技术革新的主要孵化器。在欧洲,实验室附属于大学或类似的科研机构,在美国开始出现了纯粹的商业实验室,最著名的就是爱迪生的实验室。

第二,第二次工业革命几乎同时发生在几个先进的欧美国家。英国、德国、美国都在技术革新中处于领先地位。

第三,新工业群出现,如电力、电器、化学、石油、汽车等工业;同时一些旧的工业部门也得到飞跃式发展。重工业最终成为整个工业的主导部门。

第四,第二次工业革命的核心是动力和能源的变革。电力的广泛使用,使人类进入"电气时代";化石燃料作为能源的开发,逐渐成为整个产业结构的基础。因此,这次工业革命覆盖了第一次工业革命,可以被称作是化石燃料驱动的工业革命。

第二十二章　工业革命

经济组织的变化

工业革命前，欧洲的工场手工业大部分是以发包形式分散在家庭里生产，集中生产的工场非常少见。进入工业时代，工厂制度成为最普遍的生产组织形式。工厂将生产资料和工人集中在一起，通过使用机器进行大批量生产。工厂实行细致的分工和严格的纪律。

在早期工业时代，中小型的家族企业占多数。企业主推崇经济自由主义，主张自由贸易、自由竞争，反对政府干涉工商业活动。

第二次工业革命后，资本主义经济迅猛发展，企业规模越来越大，生产和资本出现集中趋势。煤炭、钢铁工业如此，新兴工业如电力、化学、石油工业等也是如此。导致这种情况的因素比较复杂：有些企业的机器设备的固定成本较高，需要大规模投资；有些企业规模较大则是由于更大批量的生产可以带来超额利润；金融业的发展和介入，也便利了企业的兼并。这样，大企业的时代就到来了。

在大规模的资本密集型产业里，股份有限公司得到广泛的发展。随后产生了公司制联合大企业（"托拉斯"）。19世纪末，公司制企业形式首先在美国成为潮流，随后在欧洲和世界其他地方也发展起来。这种公司制企业形式后来也逐渐推广到中小型企业。

企业的扩大，导致所有权与经营权的分离。经理阶层产生，科学化的管理开始兴起。19世纪末，美国的工厂系统组织的咨询工程师和专家泰罗开始提倡"劳动科学组织"，发明了"泰罗制"的科学化管理方法。1913年，福特发明了被称作"福特制"的流水线生产方式。这种大批量、标准化的生产组织模式极大地提高了生产效率。

在大企业时代，大企业家在一定程度上放弃了自由竞争的信条。一些大型企业或者联合起来，或者通过兼并，成为某种产品的独家或主要生产或供应商，从而往往利用有利条件，控制产品价格，获取超额利润。这样就形成了"垄断"，危及了中小企业的生存，也损害了消费者的利益。

当时的垄断形式有许多种，最重要的是卡特尔和托拉斯。卡特尔是生

413

产同类商品的大企业之间通过协定建立的垄断销售市场的联盟；托拉斯是由若干生产同类商品的大企业或产品有密切关系的大企业合并组成。

卡特尔最早在1857年出现于德国，因得到法律的支持而迅速发展。1890年猛增到210个，1905年卡特尔已达385个。在德国，卡特尔与保护性关税结合，维持了国内的价格，同时有利于向国外市场的低价出口。

托拉斯是美国垄断组织的最突出形式。第一个托拉斯是1879年成立的洛克菲勒的美孚石油公司。到1904年，美国共有318个工业托拉斯，其中最著名的是美孚石油公司、美国钢铁公司、国际收割机公司、杜邦火药公司和福特、通用、克莱斯勒3家汽车公司等。托拉斯在美国引起很大争议。有些人（如钢铁巨头卡内基）认为，这种资本积聚、规模扩大是不可抗拒的趋势。但是"进步派"认为，应该确保大大小小公司的某种竞争自由和权力的分配公平。1890年，美国国会通过了第一个反垄断法令——《谢尔曼反托拉斯法》。该法令主要反对经济活动中的不平等竞争和贸易，限制大企业的不法行为。美国法院据此禁止一切卡特尔。

四　城市化浪潮

工业革命也对城市发展起了决定性的推动作用。城市是农业革命的产物。由于宗教、政治和商业的原因，在农耕世界产生了各种各样、大大小小的城市，使一部分人脱离乡村，成为城市居民。工业革命则推动了城市化的大发展，使多数人成为城市居民，彻底改变了人类社会的生活方式。

城市化的开始

自中世纪后期，西欧的城市开始复兴。近代早期，国际贸易和海外殖民活动使西方世界先后出现了一些繁荣的商业城市。威尼斯、里斯本、阿姆斯特丹先后成为国际贸易乃至金融的中心。此外沿海和内河的一些交通枢纽也成为商品的集散乃至生产中心。欧洲君主则致力于打造作为政治中心的宏伟都城，如巴黎、马德里、维也纳和圣彼得堡。伦敦则是将政治优势与商业活力结合起来，最终成为近代欧洲最繁荣、最大的城市。不过，在工业革命之前，除了少数城市国家，城市居民通常在各个国家都是少数。在非城市国家里，只有荷兰，到17世纪早期，半数的人口已居住在城市，成为欧洲城市化程度最高的国家。

工业革命开始以后，城市化的浪潮相伴而来。

自18世纪后期，与传统的政治中心和商业中心不同，工业成为城市形成和发展的新动力。在英国，棉纺织业、冶金和矿业的发展使许多小镇迅速发展起来，曼彻斯特、伯明翰等新兴工业城市甚至跻身于大城市之列。铁路的发展，也使得沿线出现了许多铁路城镇。1801—1871年间，英国以纺织业为主的城市人口增长了299%，港口城市增长了214%，纺织以外的其他制造业城市增长了186%，各县城及旅游城市增长了139%。英国最大的城市伦敦也进一步膨胀，到1841年已达到200万人口。城市不仅仅是消费中心，而且成为最有活力的生产中心。农村人口大量进入工业地区。19世纪中期，城市人口已占全国总人口的52%。城市生活方式大大改变了人们的社会关系和观念。

在工业化相继展开的其他地方，都出现了城市化浪潮。到19世纪后期，大型城市中心几乎出现在每一个大陆上。就世界范围而言，已有5%以上的人口居住在10万人以上的城市中，几乎是一个世纪前的三倍。到20世纪初，在比利时、德国和美国，城市人口都已占总人口的一半以上。

城市病及其治理

在欧洲19世纪的城市化过程中，出现了一系列严重的问题。因此，城市化不仅仅是城市人口的聚集，而且也是发展城市建设，提高城市管理水平、改善城市居民生活和工作条件的进程。英国作为第一个工业化国家，首先面临解决城市病的问题。

城市病从地理空间上凸显了社会不公。工人住宅区是大城市和工业区的贫民窟，成为贫穷、疾病和犯罪的渊薮。低矮破漏的房屋连成一片，街道狭窄破烂。没有下水道、渗水井，甚至没有厕所。到处是臭水洼和垃圾堆，空气极其污浊。许多家庭男女老少挤住一室。还有一些人无处栖身，露宿街头或蜷挤在污秽的夜店里。

工业和生活垃圾造成了整个城市、整片地区的环境污染。恶劣的卫生条件导致流行病频频爆发。伦敦多次发生严重的环境污染致人死亡事件。1858年夏，泰晤士河发生"大恶臭"，霍乱也再次爆发。1866年官方调查报告指出："因沿途城镇、村庄与住户排放污水，泰晤士河总是污浊不堪。有不少造纸厂、制革厂等工厂企业的废水也流入了泰晤士河。还有各种动物的尸体顺流而下，直至腐烂而成垃圾。在受到如此严重的污染之后，河水却又被抽取，用沙过滤后，输入伦敦，供家庭使用。"

过度的劳动和恶劣的生活条件使工人及其子女的健康受到了严重摧残。16—24岁的纺织工人看上去却像是儿童。工人中间流行着各种职业病和传染病，如砂肺、瘰疬、佝偻病、伤寒和霍乱。工人的寿命大大低于其他阶层。19世纪早期，曼彻斯特的死亡率是周围农村地区死亡率的三倍。当时有学者指出，在最大的经济强国英国，极度贫困现象要比西班牙或葡萄牙这样的落后国家更为普遍。当然，富人也不可能免遭环境污染的危害。

在有识之士和专业人士的推动下，英国的城市病引起重视，并逐步得到有效的治理。早在1817年，英国政府就着手对全国公共卫生状况进行调查。1848年，议会通过了《公共卫生法》，建立中央卫生局，并授权地方成立卫生局。1876年，政府通过《河流防污法》。泰晤士河经过30年的治理，情况得到改善，钓到活鱼成为一大新闻。议会还通过法律（1890年和1909年），责成地方政府关闭潮湿的地下室，拆毁不透气的房屋，并且从地主手中购买土地，为穷人建造光线充足、干净和通风良好的住房。

解决城市病问题也与其他方面的社会经济改革密不可分。到19世纪末，英国人（包括工人）的生活普遍变得文明体面。恩格斯晚年在为《英国工人阶级的状况》写再版前言时也承认："这本书里所描写的那些最令人触目惊心的恶劣现象，现在或者已被消除，或者已经不那样明显。"

第二次工业革命以后，人类的生产力有了更突飞猛进的发展。随着资本主义的扩张，世界的联系更加紧密，全球形成更大范围、更错综复杂的分工，一片片大陆被开发出来，城市化的进程在欧美之外的地区也加速展开。但是，新的经济发展也带来新的问题。欧美之外的城市出现越来越严重的城市病，城乡二元对立愈益严重。经济的全球化，也伴随着环境污染的深广扩展，全球生态形势愈益严峻。

第二十三章　欧洲的政治民主化与民族主义

19世纪，在双元革命的影响下，欧洲进入了一个蓬勃发展的时期。尽管在拿破仑垮台和1848年革命失败后，欧洲两次出现反动回潮，但是在工业革命和资本主义经济发展的推动下，自由主义和民族主义所代表的进步潮流势不可当。

随着工业化的展开，欧洲的社会结构发生重大变化，无论是经济实力上升的中小资产阶级，还是日益壮大的工人阶级，都力求在议会中拥有代表，维护自己的权益。19世纪中后期，欧洲主要国家在不同程度上经历了政治民主化转型。

民族主义，即创建统一独立的民族国家的要求，也成为欧洲的一个时代潮流。德国统一（1870年）、意大利统一（1871年）、匈牙利在奥匈帝国中的自治（1867年）、多瑙河两公国合并（1859年，建立事实上的罗马尼亚），等等，改变了欧洲的政治地图。爱尔兰、波兰争取独立的斗争以及土耳其帝国和奥地利帝国境内的民族解放运动一直在延续。

一　"主义"的兴起

经过启蒙运动和法国大革命的冲击，作为旧秩序支柱的宗教世界观从根本上被动摇了。人们寻求建立在科学基础上的世俗意识形态。作为对启蒙理性原则的反动，浪漫主义狂飙兴起。很快，各种世俗的社会政治学说如雨后春笋般地涌现，其中影响较大的有保守主义、自由主义、民族主义以及社会主义（关于社会主义，见第二十四章）。女性主义也在这个时期兴起。

保守主义

保守主义是在关于法国大革命的论辩中产生的。英国政治家爱德蒙·伯克1790年发表《法国革命论》。该书被公认为保守主义诞生的标志。伯克反对大革命的暴烈行动和抽象的理性原则，但他不反对改革，主张以稳健的改革来维护传统。

1815年以后，法国复辟王朝的拥护者首先使用了"保守主义"一词。他们坚决反对整个启蒙学说，主张"扼杀18世纪的精神"，要求恢复旧制度乃至中世纪的教会权威。

19世纪欧洲还出现了一些浪漫主义的保守主义思想家。他们反对大众民主，推崇天才，指摘工业化过程中的种种弊病，谴责城市生活的非人格化，美化安谧的农业社会，要求国家干预和控制资本主义的发展。

自由主义

在反抗拿破仑入侵的战争中，一些西班牙爱国者自称"自由派"。拿破仑战争结束后，"自由派"（liberal，又译"自由主义者"）这一政治名称以及由此派生的术语"自由主义"迅速流传开来。大体上看，19世纪的自由主义是以启蒙思想为原则的意识形态，主张政府和法律应保护公民的个人自由和财产权利。

法国的自由主义最早诞生于拿破仑帝国期间斯塔尔夫人的沙龙。其中邦雅曼·贡斯当最为著名。他们反对雅各宾派专政的"独裁普遍化"和拿破仑的"僭主政治"，后来也反对复辟时期的过度反动。历史上，西方思想界往往把民主视为暴民政治而予以贬斥。19世纪30年代，托克维尔发表《论美国的民主》，开始正视民主政治。托克维尔承认，平等和民主化是势不可当的历史潮流，与平等社会相适应的只能是民主政府。但是，他提醒要防止出现"多数人的暴政"，要保护个人自由。

英国是自由主义思想的大本营，其源头可以追溯到17世纪的洛克。18世纪后期到19世纪中期，边沁和穆勒是两个重要代表。边沁提出功利主义学说，抛弃抽象的自然权利，用功利原则为自由主义提供新的理论论证。他认为，立法的原则应该是"最大多数人的最大幸福"；社会利益是个人利益的总和；个人利益是唯一现实的利益；法律要保护人身安全和私有财产。约翰·穆勒（又译密尔）修订了功利主义，主张以文明进步为根本原则。他强调保护个人自由，特别是思想和言论自由，认为压制意见会损害和限制人类的精神发展和社会进步。

民族主义

随着近代民族国家的形成，欧洲人的民族意识逐渐强于教派意识。人们越来越强调自己和彼此的民族身份，如英格兰人、法国人等。18、19世纪之交，民族意识逐渐成为一种思想主张，政治上，主张建立各个民族统一的主权国家，文化上，承认每个民族都有自己本民族的语言、历史和文化，承认保持、发扬这些文化传统的权利。卢梭和德国思想家赫尔德被认为是"民族主义之父"。卢梭的主权在民（"民族"的全体成员参与和决定政治）思想提供了民族自决的政治原则。赫尔德则提出了各民族文化具有同等价值的文化民族主义思想。

针对法国革命宣布的普世原则和拿破仑的军事扩张，德国思想家首先明确表达了民族主义思想。哲学家费希特在1808年发表的《对德意志民族的演说》被公认为民族主义诞生的宣言。他认为，民族之所以是一个民族，根本在于民族精神。民族的复兴就其根本来说是民族文化的复兴。他呼吁实现德意志民族的统一和复兴。稍后，黑格尔阐述了带有民族主义倾向的历史哲学。他认为，有些民族是"世界历史性"的民族，注定要对世界历史作出更大的贡献；欧洲民族的政治发展体现了世界理性的最高阶段。他主张由普鲁士王国来统一德国。经济学家弗里德里希·李斯特也提出"民族经济学"（national economy，又译"国民经济学"）来与英国的政治经济学对抗。他针对英国商品的倾销，主张发展和保护本民族的经济。

女性主义

19世纪，欧美出现了批判性别不平等、争取妇女权益的女性主义思潮和运动。

女性主义思想是在法国大革命期间兴起的。法国女活动家古日的《女权宣言》和英国女作家玛丽·沃斯通克拉夫特的《女权辩护》（1792年）可算是女权主义诞生的宣言书。《女权宣言》是对《人权宣言》的改写，把"人"（在西文中，人既表示一般的人，也表示男人）增添或换成"女人"。

19世纪中期到20世纪初，欧美地区出现了女性主义运动的第一次浪潮。1848年，美国第一届女性权利大会在纽约召开，通过了仿照《独立宣言》改写的《意见宣言》，宣布"所有的男人和女人是生而平等的"，要求给予女性选举权、被选举权、财产权、就业权和受教育权。争取选举权是该时期女性运动的核心目标。在美国，怀俄明、犹他等州先后给予妇女选举权。新西兰议会于1893年通过妇女选举权的法案。1899年，澳大利亚给予妇女选举权。进入20世纪，由于妇女在第一次世界大战中接替了男人的许多工作而作出重大贡献，妇女的要求逐渐被社会所接受，从1918年起，欧美许多国家先后实现了妇女选举权。

此外，女性主义运动还赢得其他一些重要成果。美国各州大多通过法律保障已婚妇女的财产权。英国在1882年也通过类似法律，一些大学和职业也开始向妇女开放。剑桥和牛津先后建立了女子学院。

二 19世纪前期的革命浪潮

1814—1815年，在维也纳召开了全欧国际会议，旨在重建欧洲的秩序和政治格局。奥地利、俄国、英国、普鲁士和法国主导了会议。列强赞同法国提出的"正统"原则，即尽可能地恢复到革命前的政治状态，包括恢复君主制和原有的政治疆界。列强就政治版图做了交易和妥协。结果，德意志和意大利依然处于分裂状态，一些弱小国家和民族分别划归列强支配。维也纳会议后，欧洲进入一个反动时期，复辟势力甚嚣尘上。但是法国大革命留下了革命意识，许多参加过拿破仑战争的老战士以及怀有浪漫激情的青年学子都不甘忍受这种过度的反动。在19世纪二三十年代以及1848年，欧洲先后出现了三次革命浪潮。

19世纪二三十年代的革命

19世纪20年代发生了第一波革命。1820年，西班牙、意大利的自由派军官先后发动起义，要求恢复宪政。在欧陆列强的支持下，法国和奥地利分别出兵西班牙和意大利，镇压了这些起义。1825年12月，俄国青年贵族军官因反对保守的尼古拉一世继位、要求实现宪政而发动起义，史称"十二月党人"起义。起义失败后，5名起义领袖被处死，大批军官被流放。

1821年，希腊秘密团体友谊社发动起义，反对土耳其"异教徒"的压迫。翌年，正式宣布希腊独立。希腊起义遭到血腥的报复，触动了欧洲基督教世界的情感。有30多个国家的志愿者奔赴希腊，与起义者并肩作战。英国诗人拜伦战死在希腊。在俄、英、法等列强干预下，希腊在1829年获得独立。

1830—1831年发生了第二波革命。这次革命呈现出法国大革命的大众政治模式。1830年7月，法国巴黎民众走上街头示威，抗议波旁王朝的倒行逆施，并转变为街垒战，历时3天取得胜利，史称"光荣的三天"。起义胜利后，奥尔良公爵路易-菲利浦被拥立为国王，建立了由财富寡头支配的奥尔良王朝（亦称七月王朝）。

比利时在1815年维也纳会议上被划归荷兰。法国七月革命引发了比利时的革命。8月，布鲁塞尔爆发反对荷兰统治的起义，很快席卷了整个比利时。11月，比利时宣布独立。

受法、比七月革命的鼓舞，1830年11月，波兰贵族军官和学生在华沙发动争取民族独立的起义，最终遭到俄国 11 万大军镇压。

1848 年革命

1848 年，欧洲大陆发生了第三波革命浪潮。这场革命来势迅猛，波及广泛。

革命发生的前几年，马铃薯病虫害四处蔓延，农业普遍歉收，许多地方发生饥荒。1847 年，欧洲又发生经济危机。经济的恶化影响了民众生活，也加剧了民众的不满情绪。当时，自由主义、民族主义乃至社会主义等思潮非常活跃，民主改革和民族主义的呼声愈益高涨。报刊业的发展也为政治鼓动和信息传播提供了有力的手段。

各地发动革命的都是自由派或激进派知识分子，因此 1848 年革命也有"知识分子革命"之称。不过，起义的主力却处处是城市穷苦工人（包括手工业者）。工人的社会改革要求给革命打上了新的印记。

1 月 20 日，意大利那不勒斯王国西西里岛首府巴勒莫发生起义，发出了信号。但真正的地震中心是法国。

1848 年 2 月，法国发生革命。巴黎民众上街示威，要求实现普选权，很快演变成街垒战，路易-菲利浦仓皇逃往英国。革命在 3 天里取得胜利。临时政府宣布成立共和国，史称法兰西第二共和国。但是，共和政府难以负担失业工人的供养开支，而且担心聚集的工人成为动乱之源，激起并镇压了巴黎工人的六月起义。在 12 月的普选中，拿破仑的侄子、从英国流亡归来的路易·波拿巴出人意料地以绝对多数票当选共和国总统。这是因为在经历了一年的动荡与失望之后，许多法国人，尤其是农民重新唤起对拿破仑一世时代的怀念。许多农民在投票时排着队，奏着音乐，高喊"皇帝万岁"。1852 年 12 月，经公民投票，路易·波拿巴将共和国改成帝国，史称法兰西第二帝国。路易·波拿巴号称拿破仑三世。几年之间，法国从实现普选权的民主革命开始，最终以公民投票批准了一个新帝国。

在法国二月革命的影响下，普鲁士、奥地利等德意志邦国、奥地利帝国内的捷克、匈牙利等以及意大利各地相继发生革命。许多地方仿佛重现了法国大革命和1830年革命的场景：街垒、三色旗、自由帽、《人民之友》报、"雅各宾派"等随处可见。但是，与法国大革命越来越激进的进程相反，仅仅半年后，革命就开始退潮了。法国对六月起义的镇压也成了欧洲普遍反动的信号。有产者担心法国大革命的"恐怖"重演，恐惧和反感下层民众的反动。各国政府从最初的打击中恢复过来，很快就聚集军事力量进行反攻。沙皇俄国派出大军帮助奥地利镇压匈牙利革命。奥地利、西班牙和法国联合干涉意大利革命。到1849年8月，历时18个月的欧洲革命偃旗息鼓。几乎所有被推翻的政权都卷土重来，唯一例外的法国也很快重建了帝制。

但是，革命并非逝水无痕。各国统治者惧怕噩梦重现，不得不放弃僵化立场，认真考虑革命中提出的民主改革和民族统一与独立的要求。马克思指出，镇压革命的刽子手反而成为革命遗嘱的执行人。

三 英法的政治民主化

英国的政治社会改革

19世纪中后期，英国经历了以三次议会改革为中心的民主化进程。

1688年"光荣革命"以后，英国建立君主立宪政体，人民享有一定的言论、出版、集会、结社的自由。英国统治者还承袭了"光荣革命"形成的妥协传统。19世纪中后期，英国处于维多利亚女王统治时期，被称作"维多利亚时代"（1837—1901年）。这是英国历史上的一个"盛世"，英国成为"世界工厂"和"日不落帝国"。持续的经济繁荣也有利于缓解社会矛盾。这些都使英国的改革能够和平渐进地展开。

议会改革前，英国的议会选举制度混乱而腐败，工业革命后的"衰败地区"仍然占有大量议席，选民受到财产、年龄、性别等过多限制，贵族寡头把持议会。激进派发起了改革运动，举行大规模集会游行。一些城镇爆发了骚动。1832年，国王和贵族被迫让步，议会通过改革法案，降低了选民的财产资格，调整了选区名额。结果，工业资产阶级上层获得了参加政权的机会。在 60 年代和 80 年代，在多次声势浩大的群众运动的推动下，英国又进行了两次议会改革，进一步降低选民的财产资格，先后将普选权扩大到普通工人和农民，基本实现了成年男子的普选权。在此前后，英国还实行了一些旨在清除选举舞弊行为的改革，如口头表决改为秘密投票，限定选举费用的最高限额及其正当使用范围。通过上述一系列变革，英国政治民主一步一步扩大，最终基本实现平等代表制，使得工人阶级可以参与政治生活。一方面，各个政党为了选票不得不考虑工人的要求；另一方面，工人的自发政治组织，如社会民主同盟、费边社、独立工党等相继成立。1900 年，这三个组织同工人联合会合并，组成工党。进入 20 世纪后，工党在议会中成为两大政党之一。至此，英国实现了从贵族寡头政治向现代民主政治的转变。

19 世纪中后期，英国在中央和地方两级推行了以廉政高效为目标的行政改革。17 世纪英国革命以后，中央政府机构逐渐建立起来，文官数量迅速增加。原来官吏任免大权属于国王和枢密院，到 18 世纪，这个权力转到内阁首相和大臣手中。他们滥用权力，任人唯亲，造成官吏腐败、行政混乱无能。自 1855 年起，英国政府进行文官制度改革，1870 年规定除外交部和内务部某些高级文官由大臣直接任命外，一切文官的任命均需通过公开竞争性考试。这一改革被认为借鉴了中国科举的经验。与此同时，英国政府对地方自治政府也进行了改革，军事警察组织也不断完善。

工业化引发了许多社会问题，英国政府也承担起越来越多的社会管理职能。1871 年和 1875 年，自由党政府和保守党政府先后颁布《工会法》和《企业主与工人法》，明确授予工会合法地位，允许工人以团体名义与企业主谈判。英国议会还通过法案，对工厂的卫生检查（1878 年）、工人工伤经济赔偿（1880 年和 1897 年）、长时间工作的工种以及童工（1892 年）等作出规定。教育方面，两党政府也竞相促使国会通过初等教育法案和实行强制性义务初等教育法案。英国政府在治理环境方面也作了一些努力。

19世纪英国流行个人主义的"自助论",将贫穷归咎于个人道德缺陷。为了防止懒惰乞讨,1834年的《济贫法》要求各地设置"劳动院",强制收容无业贫民及其家庭。19世纪末,舆论开始认识到失业并非仅与道德相关,要求仿效德国社会保障制度的呼声也越来越高。进入20世纪,英国开始由传统的济贫制度开始向现代福利国家转型。

法国共和制的确立

与英国的渐进式发展不同,19世纪法国的政治发展大起大落。19世纪前期,复辟王朝和七月王朝都实行宪法并设立议会,但是它们都实行选举权的财产资格限制,不能满足法国大革命激发的大众民主政治要求。因此,在1830年和1848年,人民革命屡屡成为政体变迁的助推器。

1852年后的第二帝国实际上是具有某种民主外衣的军事独裁统治。一方面,帝国设有议会机制,实行普选权并用公民投票方式来表决重大事宜;另一方面,帝国拥有庞大的行政和军事机器,严格控制立法机构和选举过程,严格限制新闻和出版、结社和集会的自由。在政局稳定的形势下,法国出现了经济发展、社会繁荣的景象。首都巴黎成为展示帝国盛世的中心,宫廷大办宴会、舞会、狩猎等"帝国欢宴"。1867年法国举办的世界博览会盛况空前。但是,帝国机制非常脆弱。1870年,法国贸然挑起普法战争,在色当战役失败,御驾亲征的拿破仑三世成为俘虏。第二帝国轰然倒塌。

1870年9月,巴黎民众宣布共和,是为法兰西第三共和国。经历普法战争和巴黎公社革命之后,1875年,法国国民议会通过新宪法,实行总统制和议会制的混合体制,由于总统没有解散议会的权力,法国实际成为议会制国家。1879年起,温和共和派掌权,推行一系列巩固共和制的改革。议会修改了宪法,规定共和制度不可触犯。共和派大力推行世俗化措施,包括全面的教育改革,使法国完成了扫盲。共和派政府争取工人的支持,宣布工会合法。但是,温和共和派执政时期,政府出现了一些营私舞弊、

第二十三章 欧洲的政治民主化与民族主义

贪赃枉法的重大丑闻,如勋章丑闻、巴拿马运河丑闻、德雷福斯案①,每每成为法国政治生活中的斗争焦点。经过这些丑闻,法国共和体制经受住了考验。自大革命起,历经近百年的曲折,法国终于稳定在共和政体的框架内。

四　民族统一

意大利的统一

中世纪以来,意大利一直分崩离析。维也纳会议后,意大利分为八个邦国和地区。其中西北部的撒丁王国处于意大利人的萨伏伊王朝统治下。东北部的伦巴底—威尼斯地区是奥地利帝国的一个总督辖区。中部的三个小公国——帕尔马、摩地纳和托斯卡纳的最高统治者是奥地利人。中部的教皇国实际上处于法国的控制之下。南部的西西里王国则处于西班牙波旁王室的专制统治下。

经过拿破仑战争,意大利人的民族意识已经开始觉醒。1831 年,流亡法国的马志尼创立"青年意大利"党,致力于意大利的自由和统一。约有 6 万热血青年加入该党。1848 年革命中,意大利许多地方成

加富尔

---

① 勋章丑闻:1887 年,总统的女婿勾结陆军副参谋长暗中非法出售官职和勋章,被警察抓获,总统因此辞职。巴拿马运河丑闻:巴拿马运河股份公司为获得股票发行权,而贿赂总理、部长、议员等上百人,后被揭露。德雷福斯案:1894 年,犹太军官德雷福斯被诬陷向德国出卖情报,真的罪犯被发现后,军方拒不认错,引发全国大争论。

立革命政府，建立共和国。撒丁王国还发动了反奥战争。

1848年革命失败后，撒丁王国成为统一事业的希望所在。撒丁王国保留了宪法，并收容了许多革命者。自由派加富尔出任撒丁王国的财政大臣和首相，推行了一系列富国强兵的改革，增强了撒丁王国的国力。撒丁王国还通过外交上的努力，赢得了英法对独立事业的支持。撒丁王国成为意大利统一的核心，一步步推动了统一事业的完成。

第一步，实现中部和北部的基本统一。1859年，奥地利向正在备战的撒丁宣战。英国谴责奥地利，法国对奥宣战。战争开始后，法、撒联军接连取得胜利。与此同时，奥地利所控制的意大利中部地区接连发生起义，托斯卡纳、帕尔马、摩地纳公国的王公纷纷逃亡。教皇领地之内的罗曼那也发生起义，摆脱了教皇的控制。这些地方都建立了自由派领导的临时政府。1860年3月，加富尔在中部各邦发起全民投票，正式肯定了中部各邦与撒丁王国的合并。

第二步，统一南方，成立意大利王国。1860年春天，西西里爆发了大规模起义，遭到波旁王朝军队的血腥镇压。在加富尔的默许下，加里波第组织了"千人团"，又名红衫军，渡海南征。加里波第在西西里登陆，很快又渡过海峡占领那不勒斯。经过公民投票，南意大利西西里合并于撒丁王国。1861年3月，都灵议会正式宣布成立意大利王国，撒丁国王维克多·艾曼努尔二世为意大利国王。可惜，加富尔于6月去世。

第三步，合并罗马，完成统一。1870年7月，普法战争爆发，拿破仑三世不得不调回驻罗马的军队。9月，意大利军队和加里波第的志愿军进入教皇辖地，迅即占领罗马。根据公民投票，罗马合并于意大利。教皇被剥夺世俗权力后，避居梵蒂冈。至此，意大利统一最后完成。1871年1月，意大利王国首都由佛罗伦萨迁到罗马。

新的意大利王国实行君主立宪制。最初几届自由派政府实施了一系列统一措施，推行标准化教育，扶持铁路和公路建设。不过，意大利各地社会经济发展非常不平衡，西北地区的工业化进展较快，南方的农业经济长期落后停滞。

第二十三章 欧洲的政治民主化与民族主义

德国的统一

根据维也纳会议,德意志分为34个邦和4个自由市,奥地利与普鲁士是其中最大的两个邦国。由于奥地利境内有众多少数民族,奥地利首相梅特涅极力维持现状,压制主张自由和统一的知识界。

1848年,在法国"二月革命"的影响下,德意志爆发了"三月革命"。5月,各邦议会的议员数百人(基本上是律师和教授)聚集在法兰克福,讨论统一问题。1849年3月,会议通过了一部德意志帝国宪法。宪法规定了公民的基本权利和自由,并规定了君主立宪政体和联邦体制。但是,此时各邦君主已纷纷恢复旧秩序,拒绝了这部宪法。

不过,德国的经济发展和市场一体化为政治统一创造了条件。1834年,德意志关税同盟成立,到1854年已经涵盖了德意志大多数邦国(除了3个海港城市和奥地利)。1860年,德国铁路总长为11632公里,已经将各地连接起来。经济一体化基本实现,政治分裂状况愈益显得难以容忍。1859年到1861年意大利统一运动的勃发和意大利王国的建立,再次激发了德意志的民族主义情绪。德意志资产阶级以及知识界寄希望于普鲁士。

普鲁士是德意志经济最强大的邦国,而且是关税同盟的创立者和支柱。普鲁士在1848年革命后颁布了宪法,设立了议会。但是,普鲁士的宰相俾斯麦一上台就粗暴地否定自由主义主张,公开宣示实现统一的"铁血政策":"当代的重大问题不是通过演说与多数人的决议所能解决的——这正是1848年和1849年的错误——而是要用铁和血。"他要极力推进普鲁士的扩张,以此实现德意志的统一。

"铁血宰相"俾斯麦通过一系列内政外交措施,加强了普鲁士的力量。他独断专行,不经议会同意而擅自征税,以推行军事改革,普鲁士的军队不仅数量扩充,而且武器、指挥人员、战术观念均焕然一新。为了孤立自由派,俾斯麦还与拉萨尔领导的全德工人联合会达成协议:用实行普选权换取工人对政府的支持。在外交方面,俾斯麦深知德意志统一的最大阻力来自奥地利,必须用武力将奥地利赶出德意志邦联,但还需要避免法国和俄国的干预。他审时度势，施展纵横捭阖的外交手段，进行坚决快速的军事行动，1864年、1866年和1870年先后分别对丹麦、奥地利和法国进行三次"王朝战争"，实现了德意志统一。1871年1月18日，即普鲁士王国建立170周年纪念日，普鲁士国王威廉一世在法国的凡尔赛宫宣布自己是统一的德意志帝国的皇帝，德国统一完成。

德国统一排除了奥地利。1867年，战败的奥地利也进行改革，允许匈牙利有限自治，奥地利皇帝兼任匈牙利国王，是为奥匈帝国。

统一的德国是当时欧洲大陆上人口数量仅次于俄国（有4000多万人口）、经济实力最强大的国家。德国的经济发展因政治统一而获得更好的条件。欧洲的地缘政治也从此发生重大变化。德国一度取代法国成为欧洲大陆的霸主，而法国与德国之间的宿怨酝酿着更大的危险。

第二十四章　马克思主义的诞生与国际工人运动

工业革命的开展不仅仅创造了巨大的生产力，也伴随着阶级贫富分化、政治压迫、社会动荡以及生态破坏等严重问题，工人阶级的状况尤其令人触目惊心。欧美各国政府把工人阶级视为"危险阶级"，把工人有组织的活动和要求看作商业侵权行为或共谋犯罪，因此禁止工人结社集会，严厉镇压工人的反抗。工人运动由此兴起，争取和维护工人自身权益，成为欧洲各国推进民主政治和社会公正的一支强大力量。

剧烈的社会变动、尖锐的社会问题不仅引发了各种社会抗议，而且引起思想家们的思考和批评。社会主义思潮异军突起，马克思、恩格斯建立了科学社会主义理论，与国际工人运动建立了密切联系。

一　早期工人运动与马克思主义的诞生

英、法早期工人运动

英国工人很早就开始维护自己的权益，并逐步建立起工会组织。中世纪的行会是师傅和帮工的共同组织。随着帮工与雇主之间利益分化，帮工开始组织起来，争取提高自己的工资。据记载，英国第一个工会组织出现在 1696 年。当时的组织最初称为礼拜堂，是一种类似俱乐部的社交组织。到 18 世纪末，在造船工人、剪刀匠、成衣匠、水车匠、细木工和印刷工人中，同业工会已经很盛行了。但是，在拿破仑战争期间，结社受到了压制。

当时，一些手工业工人把机器的出现视为造成失业和贫困的根源，英国许多地方发生了捣毁机器的卢德运动。相传第一个捣毁机器的人叫卢德，因此参与者被称作卢德分子。卢德运动甚至发展为破坏工厂，攻击企业主。19世纪20年代，随着禁止结社法被废除，工会如雨后春笋般涌现出来。1829年第一个全国性纺织工人的联合工会成立，会员达10万人。其他行业的工联也纷纷建立。1834年，英国工会团体一度联合成立了"全国各行业总工会"，推选社会主义者欧文为主席，会员达50万人之多。

19世纪三四十年代，由于对1832年议会改革的结果大失所望，英国工人进行了一场声势浩大的争取普选权的政治运动——宪章运动。1836年，熟练工匠威廉·洛维特创立伦敦工人协会。1838年协会发布了一份请愿书——《人民宪章》，要求年满21岁的男子均有选举权；秘密投票；按居民人数分配选区和议员名额；每年改选一次国会；废除议员候选人的财产资格，等等。为实现《人民宪章》，"全国宪章派协会"在各地组织盛大集会和示威游行，有时还举行大规模的罢工。宪章派在1839年、1842年和1848年先后三次向国会递交请愿书，每次均有上百万人签名，但每一次都遭到国会的否决。1848年后，随着英国经济的繁荣，宪章运动逐渐销声匿迹。

与此同时，英国工会运动继续发展，兴起了以维护熟练工人经济利益为宗旨的"新模范工会"。1851年，第一个新模范工会"混合机器工人协会"成立，其他行业的工会也纷纷仿效。这种工会是行业性的联合工会（中文简称"工联"），只限于工资较高的熟练工人参加；设有全国性的领导机构，实行集中领导。工联着眼于提高工资，加强互助，救援失业工人和生病工人等。其口号是"诚实的劳动，合理的工资"，以集体谈判来争取"公平的工资"。

英国工人还发展了合作运动。1844年在曼彻斯特市郊罗奇代尔小镇出现了第一个工人的消费合作社。它的成功带动了数百个合作社的建立。

欧洲大陆在19世纪三四十年代也出现了工人运动。工人罢工、工会组织、互助合作运动到处可见。法国工人运动显得十分突出。法国政府对工人的压制十分严厉，再加上法国革命留下的政治文化，工人运动也因此具有浓重的政治斗争性质和激烈特点，1831年和1834年先后发生两次里昂工人起义。里昂是法国传统的丝织业中心，大多数丝织工人从事来料加工，受到包买商的压价盘剥。1831年，工人与包买商达成了最低工价标准。但是政府宣布不承认工人以强迫方式签订的协议，由此激发了起义。工人筑起街垒，插上黑旗，上书"工作不能生活，毋宁战斗而死"。1834年，政府逮捕了领导罢工的互助会领袖，军队向抗议群众开火，再次引发起义。起义工人在红旗上书写"不共和，毋宁死"的口号。这两次起义均被政府调集军队镇压下去。

法国工人的秘密革命团体也非常活跃。一些共和派分子逐渐和工人接近，个别秘密共和组织转变为工人团体，其中以奥古斯特·布朗基创建的"四季社"规模最大。布朗基是空想共产主义者。他坚信通过少数革命家的秘密团体进行武装起义和建立革命专政，即可实现共产主义。

空想社会主义

19世纪前期，针对新兴工业社会的弊病出现了各种批评。其中有许多人反对自由放任的竞争、主张建立以合作为基础的社会。他们的学说被统称为"社会主义"。社会主义思想的起源可以追溯到柏拉图的《理想国》或文艺复兴时期托马斯·莫尔的《乌托邦》，但更直接的来源是启蒙思想。有少数启蒙思想家力图把政治平等推广到经济平等，卢梭猛烈抨击社会不平等，马布利和摩莱里更是提出建立公有制的主张。法国革命期间还发生了巴贝夫领导的平等派运动。不过，他们的主张都是以农业社会为背景，带有平均主义色彩。

"社会主义"的名称是在1830年前后出现的，最初主要指法国的圣西门、傅立叶和英国的欧文所提出的主张和学说。

克劳德·昂利·圣西门出身于法国的名门望族，19岁时以志愿者身份参加美国独立战争。法国革命爆发后，他耗尽家产进行科学研究，志在成为社会科学中的牛顿。夏尔·傅立叶生于法国富商家庭，当过推销员和经纪人。法国革命期间，他的商品曾被征用，本人也多次遭到逮捕，因此对革命抱敌视态度，对社会现实感到失望，决心探索造福人类的新道路。罗伯特·欧文年轻时是一个白手起家的企业家。他曾担任新拉纳克棉纺织厂的经理，创新了管理方式，改善了工人的劳动和生活条件。他后来在美国建立新和谐公社，遭遇失败。欧文返回英国后积极投入工人的合作社运动和工会运动。

圣西门、傅立叶和欧文都接受进步观念，从社会发展的观点，论证现存制度的历史暂时性及其被更美好制度取代的必然性。圣西门把人类历史分成5个阶段，每个时期都比前一个时期进步，但都是暂时的。资本主义是中世纪神学和封建制度与未来的"实业制度"之间的"过渡时期"。傅立叶也认为社会发展是从低级到高级的辩证运动。"任何社会在它本身即具有孕育下一个社会的能力。"眼前的"文明制度"也将被新的"和谐制度"所取代。

他们三人的思想主张还包含着对生产力大发展的预期，摆脱了禁欲主义和平均主义。圣西门是"工业社会"的预言者。他认为，在未来的实业制度下，社会的目的是尽善尽美地运用科学、艺术和工艺来满足人们的需要。他主张由实业家（工厂主、商人和银行家）和学者掌握管理权力，按科学计划组织社会生产，按才能和贡献实施分配。傅立叶强调应该科学地分析人性，未来的和谐制度将满足人性的要求：那时生产力将极大地发展，人们自愿建立协作组织——法朗吉，可以自由地选择工种和经常调换工种，将享受到丰富而多样的物质和文化生活，也将享受自由的性生活。傅立叶还特别强调，妇女解放的程度是普遍解放的天然标准。欧文认为私有制是万恶之源，主张建立由劳动者组成和管理的公社，公社里实行生产资料公有制和各尽所能、按需分配的原则。

当时有人嘲笑他们三人是"乌托邦（空想）社会主义者"，这不仅是因为他们的学说里包含许多古怪想法。更重要的是，他们确信他们设计的理想社会指日可待，仅仅取决于统治者或某些富人的一念之差。而且，他们都吸引了一批狂热信徒。圣西门派带有浓厚的宗教神秘主义，傅立叶和欧文的信徒也像宗教教派一样在欧美许多地方进行昙花一现的公社实验。

社会主义思想家大多出身于富裕家庭，但是也有少数出身于手工工人，后者在法国工人中影响较大的是蒲鲁东。蒲鲁东发表《什么是所有权》一书，宣传"财产就是盗窃"的观点，由此蜚声于世。他主张小生产者联合起来，建立互助会、合作社和交换银行。他反对一切国家与权威，被视为无政府主义的创始人之一。

当时还有一些社会主义思想被称作"共产主义"思想，如法国的卡贝主义、布朗基主义、德国的魏特林主义等，在手工工人中有一些影响。

马克思主义的诞生

19世纪中期，卡尔·马克思和弗里德里希·恩格斯这两位德国思想家创立了富有生命力的科学社会主义学说。马克思出身于一个富有的犹太律师家庭，恩格斯出身于一个德国工厂主家庭。他们都曾经是青年黑格尔派，接受费尔巴哈的唯物主义和人本主义，对唯心主义的黑格尔哲学加以改造。马克思曾担任过《莱茵报》主编，后来迁居巴黎，最终流亡英国，接触了各种工人活动家和社会主义者。他吸收了英国政治经济学、英法空想社会主义以及有关法国大革命的史学研究等成果，提出了异化劳动理论。恩格斯迫于父命到英国曼彻斯特参与企业经营。他对工业革命的历史和英国工人状况进行了深入的调查，得出了与马克思相似的结论。他们不仅相信大工业必然会带来社会变革，而且把工人阶级看做是进行社会变革的力量。

1844年，马克思和恩格斯开始了终生的合作，建构基于唯物史观的社会主义理论。他们称自己的学说为"共产主义"或"科学社会主义"，以区别于空想社会主义。

为了向工人传播他们的理论，马克思恩格斯加入德国流亡工人组织"正义者同盟"，并帮助该同盟改组为"共产主义者同盟"。1848年2月，马克思、恩格斯为同盟起草的纲领《共产党宣言》发表。按照恩格斯的概括，《宣言》的基本思想大致如下："每一历史时代的经济生产以及必然由此产生的社会结构，是该时代政治的和精神的历史的基础；因此（从原始土地公有制解体以来）全部历史都是阶级斗争的历史，即社会发展各个阶段上被剥削阶级和剥削阶级之间、被统治阶级和统治阶级之间斗争的历史；而这个斗争现在已经达到这样一个阶段，即被剥削被压迫的阶级（无产阶级），如果不同时使整个社会永远摆脱剥削、压迫和阶级斗争，就不再能使自己从剥削它压迫它的那个阶级（资产阶级）下解放出来。"《宣言》号召全世界的无产者联合起来发动革命，推翻现存社会制度，最终建立一个无阶级的社会。

《共产党宣言》第一次比较完整地阐述了马克思主义的基本原理。后来马克思发表的《资本论》（1867年）是马克思主义最有代表性的著作。但是，《共产党宣言》篇幅较小，语言通俗、热烈，因此成为传播最广、影响最大的马克思主义文献。

二 国际工人运动

第一国际

1864年，在伦敦声援1863年波兰起义的国际工人大会上，英国和法国的工会领袖发起建立了国际工人协会，史称"第一国际"。寄寓伦敦的一些流亡人士也受邀加入，马克思担任德国通讯书记。但马克思被公认为是第一国际的实际领袖，国际的几乎所有纲领性文件和决议草案均出自他的手笔或体现了他的思想。

国际工人协会成立后，总委员会设在伦敦，英国的工联成为国际的主要支柱。法国、瑞士、比利时、西班牙、意大利和美国先后成立了一些国际的支部。加入国际的各国组织在处理国内事务时基本上自行其是。但是第一国际的存在体现了工人的国际团结和斗争声势。

第一国际每年都举行代表大会。历届大会通过一系列决议，表明对合作制、工会、罢工以及妇女劳动等问题的积极态度，肯定政治斗争的必要性。这些决议对于欧洲工人运动的高涨起了鼓动作用。

第一国际对民族解放运动也非常重视。第一国际多次与波兰流亡者共同举办纪念活动。总委员会还谴责英国政府对爱尔兰芬尼党成员的残酷镇压。

1870—1871 年，普法战争和巴黎公社成为第一国际的关注中心。巴黎公社并非第一国际策划的产物，但是第一国际的法国支部成员在公社中起了重要作用。公社失败后，马克思为总委员会撰写的宣言对公社作了总结和辩护。

巴黎公社失败后，第一国际基本上成了流亡者的争吵场所。再加上一些政府对国际会员的迫害，第一国际陷入极度的困境。为了摆脱无谓的纷争，总委员会从伦敦迁到美国，实际上停止了活动。1876 年，第一国际宣告解散。

第一国际存在了 12 年，推动了欧洲工人运动的发展。马克思参与第一国际的重要活动，既有助于马克思丰富自己的理论，也确立了马克思主义在国际工人运动中的支配性影响。

巴黎公社

1870 年 9 月，普法战争致使法兰西第二帝国垮台。普军包围了巴黎。巴黎人民唤起"93 年"的记忆，武装起来，建立国民自卫军，保卫巴黎。1871 年 2 月，新产生的法国国民议会选出梯也尔为临时政府首脑。梯也尔政府与德国签订了和约草案。按照和约，法国须赔偿 50 亿法郎并割让阿尔萨斯和洛林东部，在赔款付清前德军留驻法国。梯也尔政府与德国媾和后，转而着手解除巴黎人民的武装，激发了 3 月 18 日起义。

1871 年 3 月 18 日凌晨，政府军偷袭巴黎的蒙马特尔高地来夺取大炮，遭到民众的团团包围。国民自卫军发动了全面起义，梯也尔政府出逃凡尔赛。3 月 28 日，巴黎公社正式宣告成立。

巴黎公社是在围困中建立的地方自治政府，它号召各地城市建立各自的公社，然后再由所有自由的公社组成联盟。为了显示与旧社会决裂，公社宣布废除全部旧的国家机器：废除常备军和警察，解散军事法庭、封闭法院，释放在押政治犯。公社还通过政教分离的法令，查封或征用了一些教堂。

公社是一个代表工人和劳动者的政府。86名公社委员由选举产生，其中工人约30名，其余是新闻记者、职员、教师和医生。公社委员有许多人是社会主义者，有些是第一国际会员。他们同仇敌忾保卫巴黎，并尽心尽力为这个200万人口的城市提供公共服务。公社旨在建立一个廉价、廉洁的政府，规定公社职员的最高薪金大体相当于优秀工人的工资。公社努力维护劳动者的利益，例如废除面包工人夜班制，禁止任意罚款和非法克扣工人工资，委托工人协会签订包工合同等。公社想方设法恢复一些被业主抛弃的工场的生产，把工人组成合作社。

公社没有女性委员，但也有一些十分活跃的妇女。一些女性社会主义者要求男女平等、同工同酬、妇女离婚权、女子受教育权。她们还推动了取消卖淫和关闭妓院。还有一支妇女连队参加了保卫巴黎公社的战斗。

从4月初，政府军开始对巴黎发动"不间断、不留情的战争"。5月21日，政府军攻入巴黎，开始了被称作"五月流血周"的大屠杀。5月28日，最后一批公社战士约200人在拉雪兹神甫公墓壮烈牺牲。

巴黎公社仅仅存在了72天，但是它作为第一个工人民主政权的尝试而成为社会主义运动的一个纪念碑。公社也是自1789年以来法国革命动荡的最后一章，其爱国主义和民主尝试得到了后世的肯定。

第二国际

19世纪末，欧洲工人运动再次高涨。此时，工会运动发展很快，但工人政党很快就主导了工人运动。德国的李卜克内西和倍倍尔最早创建了社会民主工党（1869年，最后改称社会民主党）。此后，欧洲许多国家以及美国也先后产生了工人政党。另外还出现了一些宣传社会主义的知识分子团体，如英国的费边社、俄国流亡者普列汉诺夫创建的劳动解放社。

这些政党和团体大多宣布信奉马克思主义。也有一些社会主义者信奉改良主义。例如，英国费边社之所以以古罗马将军费边的名字命名，是因为他们欣赏费边的缓进待机的迂回战术，主张依靠市政当局来发展社会公用事业和福利事业，逐渐进入社会主义。费边主义后来成为英国工党的一个重要思想资源。

1889年7月14日，根据德、法两党的提议，在巴黎举行了国际社会主义者纪念攻克巴士底狱100周年的大会。在这次大会上建立了新的国际组织，即第二国际。

第二国际是第一国际的继续和发展。马克思主义的主导地位在第二国际得到承认。第二国际也以召开代表大会为主要活动方式。不同的是，第二国际没有发表成立宣言和章程，也没有设立总委员会，即没有集中的领导机构。第二国际领导人承认有必要让各国政党根据各自的国情制定政策和纲领。另外，第一国际的成员以工会组织为主，也有个人会员加入；第二国际则主要是各国社会主义政党的联合，也有工会及其他社会主义者组织加入。

第二国际前期（到1900年）是其黄金时期。历届代表大会讨论了与工人运动相关的重大问题，如劳工立法问题、政治斗争与经济斗争问题、军国主义问题、民族殖民地问题、土地问题等，作出了一系列重要决议。第二国际在成立大会上就通过了五一国际劳动节的决议。以后每年五月一日各国工人举行大规模的游行和罢工，造成了工人阶级团结斗争的浩大声势。

在第二国际的影响下，拉丁美洲、澳大利亚以及日本都出现了社会党或社会主义研究会，都有代表出席第二国际代表大会。

第二国际的社会主义主要以社会民主主义的面貌出现。许多政党采用"社会民主党"或"社会民主工党"的名称。普法战争之后，欧洲主要国家经历了30多年没有战争与革命的和平时期。欧洲工人的数量大幅度增加，但是工人的经济状况没有恶化，反而得到改善。工人也获得了更多的公民政治权利。在这种环境下，第二国际既强调工人运动不能局限于日常经济斗争，必须开展政治斗争，同时也与暗杀等恐怖行为划清界限，主张"工人阶级的组织竭尽所能利用或掌握政治权利与立法机构以增进无产阶级的利益并夺取政权"。

实践中，德国社会民主党不仅迫使政府废除了反社会主义法，而且成为议会第二大党。德国党的经验，鼓舞了其他国家的工人政党。法国、比利时、意大利等都有一些社会主义者和工人代表当选议员或进入市政府。各国社会党在选举中表现出的强大力量，推动了本国的一些社会经济改革。各国社会党还利用议会进行反对殖民主义和军国主义的宣传，投票反对扩军备战措施。

在长期的合法斗争中，第二国际内部也出现了坚持社会革命原则与主张改良主义之间的分歧。恩格斯去世后，德国社会民主党人爱德华·伯恩施坦对马克思主义进行全面修正，认为随着资本主义经济发展和国家的政治民主化，资本主义可以和平地转入社会主义，不再需要流血革命。伯恩施坦的主张最初遭到许多批评，但影响越来越大，并且与各种改良思潮（如英国费边主义）相互呼应，渐成气候。第一次世界大战爆发后，由于许多社会党支持本国政府的战争政策，第二国际最终分裂。

第二十五章　废奴时代

16 世纪到 19 世纪前期，随着资本主义世界市场的发展，雇佣劳动在西欧北美得到迅速发展，与此同时，奴隶制和农奴制等形式的强迫劳动在美洲和东欧（德意志、波兰和俄国）也得到空前的发展。与古代的奴隶制和农奴制不同，近代早期的强迫劳动在许多地方成为商品生产的要素。

随着启蒙运动和基督教福音振奋运动的兴起，农奴制和奴隶制成为文明的耻辱。随着工业革命的扩散，这些强迫劳动方式逐渐变成资本主义发展的障碍。18 世纪到 19 世纪中期，农奴制在欧洲逐渐被废除。18 世纪末，废奴主义运动兴起，美洲各地的奴隶制也先后废除。19 世纪中期，美国和俄国同时废除了奴隶制和农奴制，接着巴西废除奴隶制，取得了 19 世纪人类文明进步的重大胜利。

一　废奴主义的兴起

丹麦最先于 1792 年通过立法废除奴隶贸易，但影响重大的废奴主义运动主要是从英国和法国兴起的。

英国的废奴主义

英国早在 12 世纪之初就废止奴隶制，但是到 18 世纪，英国成为大西洋最大的奴隶贸易国，而且黑奴也开始作为仆役输入英国。1772 年，英国法院就一名逃亡黑奴案，判定拥有奴隶为非法。此后，英格兰以及苏格兰境内的黑奴先后获得解放。但是，奴隶制在大英帝国的殖民地依然存在。

在基督教福音主义的影响下，废奴主义在英国勃然兴起。1783年，6名英国贵格会教徒集会，向政府提交了请愿书，掀起了大英帝国的废奴运动。1787年，一些贵格会和圣公会教徒成立"废除奴隶贸易委员会"。他们用各种印刷品和巡回演讲方式，向公众宣传黑奴遭受的非人待遇，要求制定废除奴隶贸易的法律并在公海执行这项法律。下院议员威廉·威伯福斯成为废奴主义在国会的重要代言人。他们的主张得到其他宗教团体和许多工人、妇女的支持。数百万人在请愿书上签名。经过20多年的努力，到1807年，英国国会通过了"禁止奴隶贸易法案"。19世纪20年代，英国反奴隶制运动再掀高潮。国会在1833年通过"废奴法案"，政府用2000万英镑的赎金，解放了大英帝国境内的75万奴隶。

英国的废奴运动与其他地区的废奴运动相互支持。美国独立后一些州的废奴措施、法国大革命和海地革命都促进了英国的废奴运动。英国也在欧美地区强力推行废奴法律。1815年，迫于英国压力，欧洲各国在维也纳和会上同意废除奴隶贸易。此后，英国用支付巨款的补偿方式，先后迫使葡萄牙和西班牙放弃了奴隶贸易。英国的废奴组织还对美国等国的废奴运动提供了支持。

法国革命的废奴法律

法国启蒙思想倡导理性主义，鼓吹生而平等自由的人权观念。对于多数法国启蒙思想家来说，奴隶制和奴隶主要是一个具有浓厚政治意义的比喻，象征着各种专制制度及其被统治者。1788年，受英国废奴主义者的影响，法国出现了黑人之友协会。

法国大革命开始后，《人权宣言》宣布了人权的普世性，但是殖民地白人种植园主反对给有色人种平等的权利，并维护奴隶制。1791年，海地爆发黑人起义，英国趁机占领海地。1794年2月，法国国民公会通过法令，宣布所有的法属殖民地废除奴隶制，成为近代第一个倡导人权、宣布废奴的国家。这项措施既是对《人权宣言》的确认，也有争取黑人的政治支持、挑动英属殖民地黑人造反的现实政治意图。法国后来在废奴进程中几经反复。1848年革命后,法国再次宣布废除奴隶制。

二 俄国废除农奴制的改革

农奴制危机

俄国农奴制是从15世纪随着沙皇专制的形成与强化而逐步确立和扩展的。到19世纪中期,中东欧的农奴制已基本废除,俄国仍保留庞大的农奴制。农奴制在严格意义上不是奴隶制,但是农奴同样没有人身自由而且承受强制劳动。沙皇专制和农奴制使得俄国在欧美进步人士心目中成为欧洲最大的反动堡垒。

到19世纪中叶时,俄国总人口6000万,农民为4800万。4800万农民中地主的农奴为2200多万,占总人口的1/3以上。农奴制下,农业耕作方式原始落后,农民依然使用古老的木犁。许多地主在经济上破产,只能把庄园抵押给国家银行。农奴制也制约了俄国工业的发展。农奴受到束缚,不能自由地务工经商。广大农村贫困落后,也严重地限制着国内市场的扩大。俄国的工业步履维艰,与西欧的差距越来越大。

自18世纪末,俄国农奴制的野蛮落后开始遭到俄国先进分子的抨击。在一些经济发展比较快的地区,农奴制经济趋于瓦解。进入19世纪,沙皇政府也认识到农奴制的落后,先后设立多个秘密委员会,研究改革方案。沙皇解放了国有土地上的农奴。但是,反拿破仑战争的胜利使俄国成为欧洲大陆的头号军事强国,表面的军事强势使沙皇政府缺乏改革的动力。

1853年,俄国和土耳其发生战争。随后,法国和英国加入土耳其一方,战争转到俄国的克里米亚半岛。俄国在本土作战,却遭到惨败。沙皇政府的权威受到动摇。战争的失败充分暴露了俄国军事和经济的落后。农奴制首先成为众矢之的。

改 革

1855年继任的新沙皇亚历山大二世感到改革的紧迫性,决定依靠自由派官员，推行以废除农奴制为中心的一系列改革。

亚历山大二世首先宣布实行"公开性"方针，放宽书报检查制度，允许自由出国，大赦政治犯。俄国社会的改革呼声形成强大的压力。农民也躁动起来。普加乔夫起义的幽灵令上层社会感到担心。亚历山大二世告诫贵族："与其等待自下而上摧毁农奴制，不如自上而下摧毁它。"他主持成立了农民事务秘密委员会，按照兼顾土地贵族与农民利益的原则制定废除农奴制的改革方案。

1861年，沙皇发布了《宣言》和《关于脱离农奴依附关系的农民法令》。按照《法令》，农民获得人身自由，有权订立契约、从事工商业活动，拥有动产和不动产，还可以改变身份，成为市民或商人；农民可以按照规定赎买一半土地，另一半土地归地主所有；农民由村社管理，村社负责征集赎金、赋税和治安。

俄国农民获得了解放，但是付出了沉重的代价。地主有权决定自己"割取"哪些土地，而留给农民的通常是坏地。农民需要一次性支付约20%的赎金，其余部分由国家银行垫支给地主，农民分49年偿还贷款和利息；赎金成为农民的终身债务，甚至传给了儿子。为避免赎金和赋税没有着落，村社限制农民外迁或外出不归，农民实际上被束缚于村社。农民对改革大失所望，怀疑贵族歪曲沙皇的旨意。在实施改革的两年里，就发生了2000多起农民暴动。

改革剥夺了贵族支配农民的权力，却没有遇到贵族的强烈抵抗。除了沙皇政府的权威外，主要是因为改革给予贵族极大的补偿。过去贵族不能随意转让和买卖土地，他们现在成为真正的土地所有者并获得最好的土地。许多贵族已经或濒临破产，现在他们获得了一大笔资金。因此，改革后生产发展较快的是地主庄园。

农奴制废除后，地主的地方统治权和对农民的司法权随之消亡，亚历山大二世立即推行了地方自治与司法改革。

沙皇政府在省、县都建立地方自治局，在城市建立杜马（俄语音译，议会之意）。这些机构由选举产生，贵族和富人在其中占绝对优势，但也有少量的农民代表。地方自治局积极地发展当地教育、修建道路、改善城市基础设施等。亚历山大二世颁布《司法章程》，参照西欧模式进行司法改革，全面建立近代司法体系。章程规定，废除等级法院，实施统一的司法，建立陪审制度和律师制度，实行公开审判。但司法改革真正落实十分缓慢。

沙皇政府还进行了教育与军事改革。建立了初等国民教育网；除了原有的古典中学外，增设了半职业教育性质的实科中学；大学一度恢复了教授自治权，但教授依然由政府任命。军事改革也随后跟进：普遍兵役制取代了原来由地主强送农奴当兵的制度，兵役期也从26年减至6—7年。

亚历山大二世的"大改革"成为俄国历史的一个分水岭。农奴制废除了，许多领域出现了新气象。然而，改革很不彻底，农奴制的残余依然大量存在，政治自由依然受到限制。

民粹派运动

19世纪60年代末，一些青年知识分子对沙皇改革感到失望，发起了一个激进的民粹派运动。参加者主要是出身中小地主的大学生，也有一些平民或农奴子弟。他们的精神领袖是老一代思想家赫尔岑和车尔尼雪夫斯基。赫尔岑和车尔尼雪夫斯基都坚决反对沙皇专制和农奴制，但他们也受到西欧社会主义思潮影响，主张俄国走一条非资本主义发展道路。赫尔岑首倡通过农民村社走向社会主义的农业社会主义思想。

1873年，民粹派发起"到民间去"运动，遭到政府镇压。一些民粹派转而采用恐怖手段。1881年，他们炸死正在准备颁布宪法的沙皇亚历山大二世，反而促使新沙皇退回到保守反动的立场。"改革时期"就此中止。

三 美国南北战争

领土扩张与南北矛盾

美国独立后，开始了大规模扩张领土的进程。1783年，美国从英国手中获得阿巴拉契亚山脉和密西西比河之间的大片领土。1803年，美国从拿破仑手中以1500万美元购得200万平方公里的路易斯安那。1810—1811年，美国强占了西属的西佛罗里达，1819年又强买下东佛罗里达。19世纪40年代，美国通过战争从墨西哥夺取了从新墨西哥到加利福尼亚的广阔土地。1846年，美国从英国手中获取俄勒冈地区。在半个世纪里，美国的"疆界"不断西移，抵达太平洋沿岸。1867年，美国以720万美元从俄国手中购得阿拉斯加，于1898年吞并了太平洋上的夏威夷，最终形成了现今美国的版图。

在领土扩张的过程中，东部居民和新移民源源不断地向西移居，形成了大规模的"西进运动"。移民们不避艰险，辛勤开拓，发展农业和畜牧业。城市也在中西部出现和兴起。在西进运动中，印第安人遭到驱赶。反抗的部落遭到灭顶之灾。

西进运动也与民主化进程相伴。美国政府早就规定对新兼并的土地实行国有化并向移民出售（1785年法令）。1787年联邦颁布《西北条例》，规定了平等建州的原则，即，凡有6万自由居民并建立民选议会的领地均可平等地加入合众国。在民主选举基础上建立的新州，不仅使联邦制共和国在广袤大陆上扩展，而且推动了东部各州普遍实现了成年男子普选权。到19世纪中期，美国已成为前所未有的领土面积最大的联邦制共和国。

在民主政治空前扩展的同时，在美洲其他地区奴隶制衰亡之时，美国却形成了世界近代历史上规模最大的奴隶制。

19世纪初，在杰斐逊总统的敦促下，美国国会通过废止奴隶贸易的法案。但是，随着英国棉纺织业蓬勃发展和美国北部工业的兴起，国内外市场对棉花的需求量激增。种植棉花需要长年而简单的劳动，大量役使奴隶非常有利可图。地处亚热带的美国南方奴隶制种植园经济由此迅速发展和扩大。在美国南方，奴隶贸易也日益兴盛。种植园成为生产与出售奴隶的单位。南方黑奴人数从1790年的70万增加到1860年的395万。

反对奴隶制的斗争也随之兴起。受到非人待遇的黑奴不断进行反抗压迫和争取自由的斗争。1822年、1831年都发生过种植园奴隶起义。一些贵格派和福音派信徒发起遣送黑人返回非洲的事业。1847年，被遣送回非洲的黑人建立了利比里亚共和国。由于遣送花费甚巨，这项事业难以扩大。19世纪30年代，废奴运动兴起。废奴组织达2000之多。废奴派组织了帮助南方黑奴逃亡的秘密线路，称"地下铁道"。参加这项工作的有3万多人，他们把黑奴秘密转送到北方或加拿大。

西部新开发领土的建州问题引起南北双方的政治冲突。南方奴隶主要求新建州中应有一定份额的蓄奴州。北方工商业集团和西进农民则要发展白人自由劳动制度，在新建州内禁止奴隶制度。由于各州的参议院议员都是两名，因此新建州是作为自由州还是蓄奴州加入联邦，关系到北方和南方在参议院的权力平衡。

1820年，南北双方经过激烈争执，通过《密苏里妥协案》，确定新建的密苏里州为蓄奴州，同时从马萨诸塞州划出一个新州——缅因州作为自由州；规定北纬36°30′以北永远禁止奴隶制。

1849年加利福尼亚建州，制定了禁止奴隶制的州宪法。南方反对加州加入联邦。美国国会最终达成《1850年妥协案》，同意加州作为自由州加入联邦，但制定法律，严厉处理逃亡奴隶问题。

1854年，国会决定在密苏里河以西的"处女地"建立堪萨斯和内布拉斯加两个州。规定新州的奴隶制问题由当地居民自决。结果，堪萨斯出现了两个对立的政权，并发生武装冲突，史称"堪萨斯内战"。这是美国内战的前奏。

1859年10月16日，废奴主义者约翰·布朗带领16名白人（包括他的3个儿子）和5名黑人在弗吉尼亚的哈普斯渡口举行起义，目标是在阿巴拉契亚山区建立一个废奴主义共和国。布朗的两个儿子战死，布朗负伤被俘。12月1日布朗及其战友被处以绞刑。布朗的殉难激起北方广大群众的悲愤。

林肯和内战

19世纪中期，奴隶制问题成为美国两大政党民主党和共和党竞选时的争执焦点。民主党可追溯到1796年由杰斐逊领导的民主共和党。1828年，民主共和党分裂，一部分组成民主党。除两次大选外，民主党一直占有总统职位。民主党在南方有很深的基础。共和党于1854年成立，以反对奴隶制扩张为宗旨，代表了北方工商业集团和西部农民的利益。

1860年大选时，共和党在竞选纲领中提出"不再让给奴隶制一寸新的土地"、保护关税等主张，并许诺实行宅地法，给每个移民免费分配一小块公共土地。共和党推出的总统候选人是农民出身的阿伯拉罕·林肯。共和党的竞选纲领和林肯本人赢得东北部和西部广大选民的支持。林肯于1860年年底当选总统。林肯当选意味着共和党反奴隶制扩张的纲领势在必行。

南方各州对共和党得势感到恐惧，立即采取了分裂行动。南方先后有11个州宣布退出联邦，另立南部同盟。1861年4月，南方军队进攻联邦军驻守的要塞，挑起内战。

从南北力量的对比看，北方占有优势。它拥有3/4的领土和2200万人口，还有工业优势。南方只占有1/4的领土，人口900万，其中黑奴占350万，工业产值很低。但是，内战初期，南方占有军事优势。南方有维护奴隶制的共同目标，能够投入全部物力和人力。而且有许多干练的军事将领。

林肯政府的基本战争目标是反对分裂、维护联邦统一。战争之初，林肯政府回避南方各州奴隶制的存废问题，拒绝黑人参加联邦军作战。这个策略取得较好的效果，既鼓动起了北方民众的爱国热情，又赢得了北方部分民主党人的支持，也稳住了未参加叛乱的4个蓄奴州。

随着战争的进程，林肯审时度势，果断地采取了一系列措施。1862年，他颁布了《宅地法》，规定一切忠于联邦的成年人交付10美元登记费，即可在西部领取160英亩土地，耕种5年后即成为这块土地的主人。接着，林肯发表了震动世界的《解放宣言》，宣布叛乱地区的奴隶从此永远获得自由；凡条件适合者可以在陆海军服役。宣言实际上提出了战争的第二个目标：消灭奴隶制。林肯政府的这些措施对战局的转变产生了积极影响。工人、农民和黑人积极参加联邦军作战。北方的整体优势也逐渐显露出来。1865年年初，联邦军形成了对南方心脏地区的包围之势。4月，面对优势的联邦军，南方军队总司令率残部3万余人投降。

在历时 4 年的内战结束之际，林肯却在 4 月 14 日在华盛顿福特剧院看戏时遭到暗杀。林肯的猝亡引起美国千百万人的哀痛。

战争以北方胜利告终，维护了美国统一，消灭了奴隶制。1865 年，国会通过宪法第 13 条修正案，规定在美国全境禁止奴隶制。

南方重建

林肯去世后，副总统安德鲁·约翰逊依法继任总统，并实施林肯生前提出的战后和解方案，对南方实行大赦。结果，南方各州重新建立了州议会和州政府，其中很多人是前南方邦联的高级军政官员。他们制定了《黑人法典》，剥夺黑人的投票权。

共和党激进派对这种局面非常不满。1867 年，国会通过重建南方的方案，宣布对南方 10 个州实行军事管制；重新选举各州政府；剥夺前南方邦联高级官员的选举权；赋予黑人以选举权。结果，来自北方的"提包客"和南方的共和党白人掌握了南方大部分州的主要权力，还有些黑人当选为议员和副州长。各州政府废除《黑人法典》，还推行普通义务教育，为黑人开办学校。

激进的重建遭到南方白人的强烈抵制。他们重新聚集在民主党名下，逐渐掌握了各州政权。其间，三K党等种族主义组织兴起，对黑人和激进派白人滥施暴力。1876 年大选时，共和党舞弊引发争执。两党达成妥协：共和党候选人出任总统、然后撤销南方军事管制。南部重建就此结束。

十年的重建使南方的经济制度得到改造，军管的撤销恢复了南方各州的宪法权利，为整个国家的重新统一奠定了更稳定的政治基础。但是，"黑人问题"从此交由南方自己处理。南方各州陆续实行一系列种族隔离政策，一些州还剥夺了黑人的选举权。公然的种族歧视成为长期困扰美国社会的问题。

四　巴西的废奴运动

1822 年，巴西独立后实行君主立宪制，皇帝享有半专制的权力，而种植园主通过间接选举制度掌握着各级政府权力。独立后的拉美各国相继废除奴隶制，只有巴西保留了奴隶制。巴西自1550年输入黑奴，黑奴劳动成为巴西种植园及采矿业的基础。巴西独立时，全国总人口356万，60%是黑人，而黑人中大部分是奴隶。随着咖啡种植业的迅速发展，奴隶贸易和奴隶制进一步扩大。1820—1850年，运进巴西的黑奴共有100万人，黑奴总数达300万。

巴西的奴隶贸易和奴隶制受到国际废奴潮流的强力冲击。英国于1807年废除奴隶贸易后，开始对相关国家施加压力。巴西皇帝佩德罗一世于1826年签署了一个3年后废除奴隶贸易的公约，但遭到商人和种植园主的强烈抵制。公约成为一纸空文。

佩德罗二世于1831年继位，1840年亲政。他主政近50年，推动工商业的发展，支持修建铁路、铺设电报线和海底电缆，被誉为19世纪最有作为的君主之一。他最开明的表现就是顺应形势，逐渐解放奴隶。他亲政后首先解放了自己的所有奴隶。1845年英国议会通过"亚伯丁法案"，授权英国海军扣留任何巴西贩奴船只。佩德罗二世借势在1850年宣布禁止奴隶贸易。

1865年美国废除奴隶制后，巴西各地先后出现废奴协会，广泛展开援救黑奴的活动。佩德罗二世支持废奴派的主张，先后颁布一系列法令，如规定今后出生的黑奴婴儿可获自由身份；凡60岁以上的黑奴均获自由。还有数千黑奴因参军在巴拉圭战争中作战而获得自由。但是废奴主义者指责佩德罗二世改革不力，开始加入共和运动。

1888年，当佩德罗二世在欧洲就医之时，废奴派在巴西各大城市组织示威游行。伊莎贝拉公主摄政（佩德罗二世的女儿）签署了议会通过的废奴法令。法令简短明快："第一条：自本法令生效之日起，巴西奴隶制宣告废除。第二条：一切与此相反的规定由此失效。"伊莎贝拉签字时使用的是废奴派送的金笔，故该法令史称"金法律"。当时巴西尚存的72万奴隶立即无条件地获得解放。

废奴法令鼓舞了共和派的斗志。种植园主也因利益受损而不再支持王权。1889年，陆军元帅丰塞卡发动军事政变，宣布成立联邦共和国。两天后佩德罗二世全家返回母国葡萄牙。

巴西废除奴隶制在世界历史上意义重大，标志着随近代殖民主义产生的世界性奴隶贸易和奴隶制的终结。①

---

① 此前两年，西属殖民地古巴已废除奴隶制。至此，整个美洲废除了奴隶制。

第二十六章 东方帝国：危机与改革

18、19世纪，印度、土耳其、中国、日本等亚洲重要国家的王朝统治先后衰落。这种衰落主要应归因于传统农耕经济社会里人口增长压力导致的马尔萨斯危机、政府开支膨胀导致的财政危机和日益滋生的官员腐败。国内民族矛盾的激化也是促使一些帝国衰落的重要因素。

这些国家衰落之时，正值工业化的西方国家在世界各地发起咄咄逼人的扩张。亚洲各地先后被卷入由欧洲支配的世界市场，印度与许多小国沦为西方国家的殖民地。为挽救危局，土耳其（及其北非属地埃及）、中国、日本纷纷学习西方，实行局部的或全面的改革。改革都是在维护原有的政治权威或文化传统的名义下进行的，实际上启动了现代化的进程。

一 奥斯曼帝国

奥斯曼土耳其帝国地跨亚非欧，曾经是欧洲基督教世界的最大威胁。自17世纪末，双方的军事形势发生逆转。此后两个多世纪里，奥斯曼帝国成为欧洲列强蚕食瓜分的对象，帝国内部的民族和宗教矛盾也非常尖锐。在19世纪中期进行了以法制改革为中心的西化改革。但是，改革未能扭转帝国瓦解的颓势。

濒临崩溃的帝国

1683年，奥斯曼帝国远征维也纳之役以惨败结束。此后，奥斯曼帝国对欧洲从攻势转为守势，先后向奥地利、俄国割让大片土地。

自 18 世纪后期，帝国的内部控制也逐渐失灵。由于在对外战争中需要地方权贵的援助，导致地方权贵日益坐大。叙利亚、埃及的军事长官（帕夏）只是在形式上承认苏丹的宗主权。在阿拉伯半岛，不仅地方总督蔑视中央权威，而且沙特家族与瓦哈比教派结合掀起了反叛运动。一些地方几乎不向中央政府纳税。

进入 19 世纪，奥斯曼帝国周期性地面临瓦解的危机。法国大革命后，巴尔干地区人民的民族意识逐渐觉醒，纷纷争取独立或自治；西欧和俄国也趁机扩张势力，分割奥斯曼帝国的疆土。如何处理这个"欧洲病夫"的危机和"遗产"，成为 19 世纪欧洲外交的一个重大问题，史称"东方问题"。英国、奥地利、法国乃至后来崛起的德国都担心俄国会独吞奥斯曼帝国的遗产，因此极力维持一种均势，使得摇摇欲坠的奥斯曼帝国又延续了一个世纪。

在内忧外患的重重打击下，奥斯曼帝国的大片地区或者分离出去，或者落入列强手中。塞尔维亚首先在 1804 年起义，经过 1806—1812 年的俄土战争，获得自治权利，俄国夺取了比萨拉比亚部分地区。接下来，希腊的独立战争（1821—1829 年），在列强主要是俄国的军事干预（1828 年俄土战争）下赢得胜利。俄国获得多瑙河河口及其附近岛屿和黑海东岸。19 世纪下半叶，巴尔干的民族解放运动来势更加猛烈。自 1875 年起，巴尔干地区的黑塞哥维那、波斯尼亚、保加利亚纷纷起义。已经获得自治的塞尔维亚和黑山也向土耳其宣战。1877 年，俄国以解放斯拉夫兄弟的名义出兵，大胜土耳其军队。战争结束后，英、奥、德向俄国施压，1878 年召开柏林国际会议。根据《柏林条约》，塞尔维亚、黑山、罗马尼亚获得独立，保加利亚赢得自治权；俄国兼并了黑海东南岸的巴统等地；奥匈帝国取得了波斯尼亚和黑塞哥维那的行政管理；英国占领了塞浦路斯。

坦志麦特

土耳其感受到西方的威胁，也近距离地感受到西方的近代文明。自 18

世纪末，土耳其断断续续地进行了一系列改革。

18世纪末，谢利姆三世（1789—1807年在位）试图进行军事改革。在旧军队之外，他建立了一支由欧洲军官训练和指挥的"新军"和相应的后勤机构。原有的禁卫军和教会保守势力发动政变废黜了谢利姆三世，解散了新军。

在法国大革命的影响下，土耳其宫廷内产生了实行宪政的制度革新思想。不过，所有的改革设计都不触及伊斯兰教的原则，甚至从伊斯兰教中寻找依据。苏丹马赫穆德二世（1808—1839年在位）、阿卜杜勒·迈吉德（1839—1861年在位）和阿卜杜勒·阿齐兹（1861—1876在位），这三代苏丹依靠改革派大臣，致力进行全面改革，史称"坦志麦特"（土耳其语，改革之意）。

马赫穆德二世为"坦志麦特"扫清了道路。他一举消灭了禁卫军，再度建立"新军"，削弱伊斯兰教士的权力，加强对地方官吏的控制，提高了苏丹的权威。他还设立了翻译局。在与欧洲接触较多的外交官和翻译局译员中产生了主张西化的改革派官员。

1839年，为了跻身于自由国家行列、赢得英法等国的同情、遏止俄国的侵犯，新苏丹阿卜杜勒·迈吉德接受外交大臣雷希德的建议，颁布了《花厅御诏》，正式开始了"坦志麦特"时期。

《花厅御诏》在革除时弊、返回伊斯兰教正途的名义下，宣布实行"新的制度"，即保证臣民不分民族和宗教，在法律面前一律平等，并保证他们的生命、名誉和财产的安全，促进他们的福利。

1856年，在英法两国的压力下，阿卜杜勒·迈吉德颁布了新的改革宪章。宪章重申1839年《花厅御诏》中的各项原则，特别许诺所有的公民不分宗教，享有充分的公民权。

根据《花厅御诏》和1856年改革宪章，在苏丹的支持下，改革派大臣先后颁布了新刑法、新民法、商业法、海上法、土地法、省区行政法等，陆续实施了一系列改革措施：包括按照法国模式，改造金融系统、发行纸币；实行征兵制，规定服役期限；改革民法和刑法；设立公共教育委员会，开办第一批现代大学和科学院；废除对非穆斯林征收的人头税、允许非穆斯林参军，给予他们在省和市镇议会中的代表权；改善行政管理，扶持工商业发展；规定国歌和国旗；允许外国人购买土地。

"坦志麦特"的改革措施逐渐产生了深远的影响。各种新法律的颁布奠定了奥斯曼帝国世俗生活领域的法律基础；新式军队、新式银行、新式学校开始出现；非穆斯林的地位有所改善；根据土地法，土地私有权得到承认，一个稳定的地主阶级开始出现。一些犹太人有权购买巴勒斯坦的土地，开辟了犹太复国主义运动。新式学校造就了一批受过欧式教育、具有自由主义和民族主义思想的年轻人，其中包括穆斯塔法·凯末尔等未来的青年土耳其党人。

但是，改革派官员偏重于引进西方法制，对经济没有兴趣。他们也曾开办了一个工业园区，聘请外国专家管理工厂，但官场腐败和资金困难使得这一尝试半途而废。因此，民族资本主义的力量很难发展起来。更重要的是，改革者想用一种超越民族和宗教的奥斯曼主义来消除帝国境内被统治民族和教派的分离倾向，但是许多法令在很大程度上停留在纸上。改革催生了新的立宪改革运动。1865年，几个年轻人仿效青年意大利党，成立秘密组织"青年奥斯曼党"。他们批评政府改革依然偏离伊斯兰教法，要求实行宪政。1876年，改革派领袖米德哈特借助民众的游戏示威，迫使新苏丹哈米德二世签署了土耳其的第一部宪法，规定奥斯曼帝国改行立宪君主制，设立议会。这部宪法标志着"坦志麦特"的顶峰。两年后形势逆转，哈米德二世解散了议会，杀害了米德哈特，恢复了个人专制。改革戛然而止。

二 埃及：从阿里改革到英国占领

在奥斯曼帝国政府进行改革的同时，处于北非的帝国属地埃及在总督阿里及其后继者的主持下也进行了改革，一度成为帝国版图内最有生气的部分。

阿里改革

埃及地处欧、亚、非三洲的交通要道，具有重要的战略地位，也是英国和法国的一个角逐对象。1798年，拿破仑率领法军入侵埃及。在抗击入侵者的战争中，阿尔巴尼亚裔的土耳其军官穆罕默德·阿里崭露头角。1805年，阿里被推举为埃及总督，土耳其皇帝被迫封他"帕夏"称号。

阿里先后击退入侵的英军和消灭了埃及原来的统治集团马木路克军团，建立了自己的专制统治，史称穆罕默德·阿里王朝。阿里在没收了马木路克的土地后，进而没收了伊斯兰教会掌握的全部土地，建立了更彻底的国有土地制度。

在抗法战争中，阿里认识到西方在军事上的优势。因此，他推行以军事改革为中心的一系列西化改革。这些改革包括：废弃雇佣兵役制，实行征兵制，建立了由法国教官训练、纪律严明、装备先进的"新军"，创建了地中海舰队和红海舰队；创办了一批官营兵工厂、造船厂以及纺织厂等，聘请外国技师，使用的工人达六七万之多；开设非宗教性的世俗学校和专科学校，如工程学校、农业学校、医药学校、语言学校等，聘请外国专家，派遣留学生。为了获取资金，阿里大规模兴修水利，下令所有的农民种植新引进的长绒棉花，由国家低价统购，再高价出售给英国。在阿里统治下，民众的负担极其沉重。手工业者和农民被强征到工厂里做苦工；每年有40万农民被征发进行公共工程建设；农民还被征召从军，长年作战。

阿里的改革取得了显著的成效，埃及显现出繁荣的景象。埃及军队成为中近东地区最强大的一支武装力量，超过了它的宗主国——土耳其。

阿里怀有帝国之梦，极力扩张自己的版图。1811年，受土耳其苏丹之命，阿里出兵镇压阿拉伯半岛上的瓦哈比派。经过10年征战，阿拉伯半岛成为阿里的属地。接着，阿里出兵攻占南方近邻苏丹。1824年，苏丹以出让叙利亚和克里特岛为条件，诱使阿里参与镇压希腊革命的战争。希腊独立后，苏丹不愿兑现对阿里的承诺，阿里发动第一次土埃战争，逼迫苏丹屈服。至此，阿里实际上已经统治了一个横跨亚非的帝国。

阿里的扩张野心与英国的霸权利益发生冲突。英国政府表示，不能允许埃及成为工业品制造国，也不允许一个"励精图治的阿拉伯国王"占有通往印度的道路。1840年，在英国支持下，土耳其发动第二次土埃战争。1841年，英国海军在亚历山大港大举登陆，埃及陆军全面溃败。阿里被迫交出埃及和苏丹以外的全部属地，还被迫接受了两个条件。一是把军队从13万人裁减到1.8万人；二是允许外国商人在埃及境内进行自由贸易。服务于军队的埃及工业体系因此而受到致命打击。到1849年阿里去世时，他所创办的工厂都不复存在了。

伊斯梅尔的改革

阿里的帝国梦破灭了，但是他的改革开辟了埃及的现代化之途。在短暂的停滞之后，赛义德（阿里的儿子，1854—1863年在位）重振改革事业。他废除了政府对农业生产和销售的统制，允许农民成为他们耕种土地的主人。他还与法国人德莱塞普斯合作，开始了开凿苏伊士运河的宏大工程。

伊斯梅尔（赛义德的侄子，1863—1879年在位）进一步推行欧化改革和实行经济开放方针。他曾声称："我的国家不在非洲，我们现在是欧洲的一部分。"在他统治期间，埃及新开掘100多条运河，总长1.3万多公里，修筑480多公里的铁路，铺设8000公里长的电话线。他还下令在开罗旧城以西，仿照欧洲式样兴建备有供水、交通、街道照明等公共设施的新城。埃及的教育事业也有很大发展，宗教小学从阿里时期的50所增加到4000多所；开罗的爱资哈尔大学有来自穆斯林世界各地的学生1.5万余人。

伊斯梅尔还推行政治改革，设立了协商代表委员会，议员由各地显贵选举产生。委员会没有立法权，只有咨询权，但实际上对政府的工作产生了重要影响。

伊斯梅尔统治时期最辉煌的时刻是1869年的苏伊士运河通航典礼。欧洲许多王公出席了盛典。运河于1859年动工，历经10年的艰辛，牺牲了12万人的生命，终于竣工。运河之宏伟，令时人叹为观止。运河的通航大大缩短了欧亚航程。埃及也由此成为世界交通枢纽。

但是，埃及在经济上越来越受控于欧洲列强。埃及所有的经济部门主要服务于棉花的种植和出口，埃及由此成为依附于欧洲经济的单一产品出口国。政府财政也严重依赖西方的高息贷款。伊斯梅尔好大喜功，耗费靡巨，不惜饮鸩止渴，向西方银行高息举债，长期借款从300万英镑上升到6800万英镑。

由于埃及财政状况日益恶化，1875年，伊斯梅尔被迫把苏伊士运河的股份卖给一直对其持有敌意的英国，接着宣布财政破产。英法两国趁机加强干涉，强迫埃及总督任命欧洲人管理和监督财政。

外国干涉和欧化教育促成了埃及民族主义的觉醒。1881年，以阿拉比上校为首的一批埃及军官发动起义，宣布废除埃及总督、驱逐外国势力。1882年，英国以恢复埃及总督权力的名义进行军事干涉，击败阿拉比。为了永久控制埃及，英国干涉军留驻不撤。埃及表面上还是奥斯曼帝国的一个省，但实际上被英国占领。1914年英国对奥斯曼帝国宣战，变埃及为自己的正式保护国。

三 印度

长久以来，种姓、家族、村社、教派、地域等是印度社会族群认同的基础，因此整个印度次大陆的政治聚合十分脆弱。莫卧儿帝国也是一个由征服者强加给印度的大屋顶。莫卧儿帝国衰落之际，英国逐渐征服了印度。

英国东印度公司的侵略和统治

进入18世纪，莫卧儿帝国就开始土崩瓦解。各地的反叛风起云涌，地方王朝纷纷脱离帝国统治。波斯和阿富汗先后入侵，大肆洗劫。到18世纪中叶，莫卧儿帝国的实际控制区只剩下先后两个首都德里和阿格拉周围的地区。

莫卧儿帝国的衰败和混乱，给了英国可乘之机。英国东印度公司得到英国政府授权，在海外行使政府权力。公司在商站和居住地修筑防御工事，雇佣和训练印度土兵,俨然国中之国。公司军队人数虽少,但武器精良、训练有素、战术先进。英国人还得到了当地代理商人和大银行家的支持,因为这些人厌恶本地政权的横征暴敛。

1717 年,英国东印度公司从莫卧儿皇帝那里获得了对英国商站所在地马德拉斯和加尔各答周围地区的征税权。东印度公司由此开始逐步扩张,利用教派、种族、地区之间的隔膜,用印度人打印度人。到 19 世纪中期,经过大大小小一百多次战争,英国完成了对印度的全部占领。印度完全沦为英国殖民地。

从 18 世纪中期,英国在印度各地实行双重管理制度,即保留土邦王公,地方事务由原有的地方政府管理,东印度公司凭借优势的军事力量消除匪患,维持治安,征收土地税。东印度公司的兴趣主要是攫取财富,在 18 世纪后期到 19 世纪初,通过税收、贸易以及直接搜刮和抢劫,从印度榨取了 10 亿英镑。东印度公司的许多官员敲诈勒索、贪污自肥,遭到英国舆论谴责。1773 年,英国国会通过《印度管理制度》,规定英国政府任命印度领地的总督,把英国在印度的统治权从官商公司转移给英印政府。

英国在印度推行自由贸易原则,把大量的棉织品输入印度。印度手工纺织业遭到沉重打击,千百万手工业者破产。往日手工业发达、人口稠密的城市遭到了毁灭性破坏,如达卡的人口从 15 万人锐减到 3 万人。

1857 年反英大起义

19 世纪中期,英国开始把铁路、邮政和电报等引进印度。50 年代,从加尔各答和孟买通向内陆的铁路开始修筑;印度各大城市之间实现了电报联络;邮政服务也展到乡村。英国越来越相信可以不再依靠土邦王公的协助,完全由自己来统治印度。1848 年印度总督发布了"丧失权利论"。根据这个理论,王公死后如无男性直系后嗣,他们的领地和年金均收归东印度公司。十多个土邦因此被公司兼并。这就引起了一些土邦王公的恐惧、不满和仇恨。

1857 年,"涂油子弹事件"引发了土兵起义。传说新发的子弹用涂有牛脂和猪油的纸包装，使用时必须用牙咬开。印度教徒敬牛，伊斯兰教徒禁忌猪肉，因此这种传说触犯了印度土兵的宗教感情，激起了普遍的愤慨。5月，孟加拉军土兵发动起义。起义者把莫卧儿王朝的末代皇帝推上印度皇帝的宝座，号召印度教徒和伊斯兰教徒团结起来，对英国人进行圣战。两个多月里，起义的浪潮席卷北印度和中印度。一些被剥夺权利的王公成为重要领袖。但是，多数地区的土邦王公或不愿恢复莫卧儿统治，或囿于地方观念，要么袖手旁观，要么支持英印政府。英国殖民当局在短暂的慌乱之后，开始从印度各地以及刚刚结束对俄战争的克里米亚半岛调集军队。起义军据守的德里、勒克瑙等城市先后陷落。年轻英勇的詹西女王拉克什米·巴依也在会战中阵亡。到1858年年底，起义被平息。

1857—1859年起义是印度第一次突破种族、地域界限的反英大起义，成为印度民族意识觉醒的宝贵资源。

镇压大起义后，英国政府解散了东印度公司。英国派出的总督在一个5人的行政会议协助下治理印度。全印度划分为13省，其中两个大省马德拉斯和孟买的省督由英王任命。英国还改组了印度军队，提高了英国军官和英国部队的比例；所有的重武器均由英国军人掌握。1877年，维多利亚女王接受了"印度女皇"的称号，英属印度帝国正式确立。

四　日本明治维新

开国与倒幕

1853年，美国海军准将佩里率领由4艘军舰组成的舰队，驶抵日本江户湾入口处的浦贺港，以武力为后盾，要求开港通商。德川幕府1633年实行锁国政策以来关闭了220年的国门从此被打开。幕府被迫与美、英、法、俄、荷、意、比等西方列强签订了一系列不平等条约。列强的殖民扩张使日本的独立和主权受到了严重损害，民族危机不断加深。与民族危机同样深刻的是社会矛盾。自18世纪起，各种形式的农民斗争呈不断上升之势，捣毁、请愿、起义、暴动年年发生，甚至还出现了以统治阶级内部中下级官吏为首发动的起义。如1837年1月发生的大盐平八郎起义,给幕府造成了极大的震撼。与此同时,开港后外来资本主义势力的冲击更是加速了封建制度瓦解的进程。德川幕府采取各种强制性措施,企图把开国后迅猛发展的国际贸易控制在封建统治允许的范围内。

各种矛盾会聚到一起,形成了一支倒幕的联合大军。1867年10月,萨摩、长州两强藩奉天皇旨意讨伐幕府。次年1月3日,倒幕派以天皇名义发布《王政复古大号令》,宣布废除幕府,一切权力重归天皇。幕府将军德川庆喜不从,率幕府军在京都近郊的鸟羽、伏见与政府军展开激战。至5月3日,江户开城投降。年末,本州境内的幕府军全部被歼灭。次年5月,政府军抵达北海道。6月27日攻下五棱廓要塞。至此,历时一年半之久的内战以幕府军的彻底灭亡、政府军的胜利宣告结束。

1868年4月,维新政府以天皇的名义发布了"五条誓约",昭示新政府建设的基本原则。誓约为:1. 广兴会议,万机决于公论;2. 上下一心,大展经论;3. 公卿与武家同心,以至于庶民;4. 破旧来之陋习,立基于天地之公道;5. 求知识于世界,大振皇基。1868年10月12日,天皇睦仁正式举行即位大典,改年号为"明治",改江户为东京,定为日本国都。

明治政府推出了一系列现代化的改革措施。

1869年7月,在全国实行"奉还版籍",令所有封建藩主交出土地和人民,把各藩的施政权纳入中央政府的统一领导下。1871年8月,又以天皇的名义发布"废藩置县"诏书,彻底废除幕藩体制下全国设有的261个藩国,重新划定行政区划,设置3府72县,府县的最高长官由中央直接任命。1873年,发布《地税改革法令》,简化了繁多复杂的贡租法,否定了封建领主土地所有制,保证了国家财政收入的稳定。

明治政府推行殖产兴业政策,以赎买方式革除武士俸禄,鼓励其将所持资金投入办实业。改革财政金融制度。建立现代企业制度。政府具体扶持,大力兴办企业,引进先进的经济制度和生产技术。废除各地关卡和大商人特权,培育国内市场。

政府还努力发展现代化教育。以西方教育为样板,兴办各种大中小学

461

校。1890年10月,发布《教育敕语》,将"忠君爱国"作为教育的根本目标,向民众灌输忠于天皇的思想观念。

明治政府一边推行富国强兵政策,一边急不可待地开始了其"布国威于四方"的对外扩张。在解散藩兵、建立现代军事制度的方针指导下,组建现代化的陆海军,陆军分5个兵种,设6个大军区;海军设东西两个海区。1873年发布《征兵令》,规定陆军分常备、后备、国民军三部分。17岁至40岁男子都载入军籍,编为国民军。满20岁男子中选者编入常备军,服现役3年,服满后编入后备军。

1872年10月设琉球藩。1874年4月设"台湾蕃地局",任命陆军中将西乡从道为事务都督。5月西乡率军发动侵台战争,遭到台湾人民英勇抗击。1875年7月,日本强令琉球终止对清政府的朝贡和废除册封。1879年4月,废琉球藩,改为冲绳县,划归日本版图。

1875年5月25日,日本军舰侵入朝鲜釜山附近海域,9月20日侵入江华湾。1876年2月26日,以武力胁迫朝鲜签订完全由日本单方面草拟的《江华条约》,从而打开了朝鲜的门户,否定了中朝之间历来存在的历史关系。

建立宪政制度

政权建设是明治政府一切举措的重中之重。维新势力打着"尊皇"的旗号,把远离权力中心达几个世纪之久的天皇重新抬出来,其目的并不是真要回到天皇亲政的古代社会,而是要借助天皇的权威,尽快结束几百年封建割据的分裂状态,建立统一的现代国家。

明治政府非常重视向西方学习。1871年11月,新政府派遣以岩仓具视为大使的大型使团,赴欧美各国访问考察。使团于1873年9月回到日本。

1874年1月,板垣退助、后藤象二郎等人组建了日本历史上第一个政党——爱国公党,发起了自由民权运动,要求政府设立民选议院。这一时期各种政治性结社如雨后春笋,各种政治主张纷纷登台亮相。声势浩大的自由民权运动对政府构成了巨大的压力。1879年2月,政府开始就制宪问题在领导层内部征求意见。领导层比较一致的看法是,在日本实行立宪政治是必然趋势。但是对具体的实施步骤和方式、宪法的风格和内容、国会的构成和权限等细节问题仍有不同意见。这期间民权运动进入全盛时期，到 1880 年年底，签名请愿的人数已经超过 24 万，向政府递交的开设国会请愿书和建议书达到 70 多件，各种民间自拟的宪法草案也纷纷问世。1881 年 10 月 12 日，政府发布了"开设国会敕谕"，明确提出"将以明治二十三年为期，召集议员，开设国会"。

1882 年政府派遣伊藤博文赴欧洲考察立宪政治的有关事宜。1885 年建立了现代内阁制，内阁由总理大臣和国务大臣组成。第一届内阁由伊藤博文担任总理。伊藤博文组织了宪法起草小组，从 1886 年秋天起，开始了宪法的编撰工作。他在欧洲考察中印象最深的是，虽然英、法、德等国都是代议制民主，但其政体形式却是千差万别，因国而异。既然如此，日本也就没有必要，而且也不可能去盲目追随某种模式，日本也可以结合本国的风土人情，去确定自己的政体模式，说到底，就是可以借助天皇的力量。因为天皇的权威已经在倒幕斗争中经过检验被证明行之有效。新政府甚至认为，就是对外国而言，天皇"万世一系"的特点在世界上也绝无仅有，足以使日本在外民族面前夸耀一番。

1888 年 4 月，宪法编撰完成。明确了"大日本帝国宪法"为钦定宪法，以这部宪法为基础建立的国家政体，是以天皇为中心的日本型立宪君主制。1889 年 2 月 11 日，明治政府举行了隆重的典礼，以天皇亲授的形式发布了《大日本帝国宪法》，即明治宪法。明治宪法共 7 章 76 条。7 章的内容分别是：天皇；臣民权利义务；帝国议会；国务大臣及枢密顾问；司法；会计；补则。明治宪法体制的最大特点是它的多元性结构，即它内部存在着多个并行的、彼此互不负责的权力主体，包括帝国议会、内阁与枢密院、军部等。它们都在宪法第一条"大日本帝国由万世一系之天皇统治之"、第三条"天皇神圣不可侵犯"、第四条"天皇总揽统治权"的规定下，作为天皇权力的代行者和辅弼机构，相互牵制，共同对天皇负责。明治宪法体制的这一特点，决定了日本历史可以在同一体制框架内出现多种发展的可能性。

第二十七章 拉美的曲折发展

拉丁美洲各国独立后,并未走上西欧北美模式的现代化道路。独立战争带来了政治独立,却没有带来社会变革。大地产制不仅没有削弱,反而有所巩固和扩大。普遍盛行的考迪罗主义不仅使许多国家陷入政治混乱、经济停滞的可悲状态,也对拉美政治经济的发展产生了深远的影响。

19世纪70年代后,拉美进入一个新的历史时代。政治渐趋稳定,经济也得到较快发展。但是,社会阶层和地区的贫富二元社会结构依然如故,依附性低度发展的特征依然明显。

一 考迪罗主义

拉美各国独立后,除巴西实行君主政体外,其余国家都制定了宪法,建立起议会民主制共和国。然而,这些国家大多政变频繁,连年内战,地方割据严重,共和制度发生变异,普遍实行军事独裁的政治统治形式,形成了拉美独有的考迪罗主义。

大地产制的发展

考迪罗一词,西班牙语的原意是"首领"或"领袖",后来成为凭借武力夺取和维护中央或地方政权的拉美国家军事独裁者的专名。考迪罗主义的产生和盛行与拉美独特的历史条件密不可分,大地产制就是其中的一个重要因素。

第二十七章 拉美的曲折发展

大地产制（大庄园制）在拉美有300多年的历史，成为殖民时期遗留下来的最重要的遗产。领导独立运动的克列奥尔人（西属美洲土生白人）和马松博人（巴西土生白人）阶层大多是大地产主，独立后他们取代了西班牙和葡萄牙殖民者的地位，控制了中央和地方政权，他们和独立战争中涌现出来的将军、军官和政客瓜分了前殖民者的大片土地，不仅把大地产制保存下来，还有所扩大。

19世纪中叶起，拉美许多地方出现了大地产制扩大的趋势。这在很大程度

墨西哥民族英雄胡亚雷斯

上缘于许多国家采取的自由主义改革措施。首先，掌权的自由派全面攻击教会的财富、特权和体制，颁布反对教会的法律，将大批教会土地没收后廉价出售。由于价格便宜，不仅使农村庄园主扩大了地产，还使大商人和城市富人有可能成为大地产主。胡亚雷斯领导的墨西哥改革运动以及哥伦比亚、危地马拉、委内瑞拉、厄瓜多尔等国的反教权运动，都采取了类似的措施。其次，一些国家立法支持大地产主兼并印第安人村社的土地。墨西哥曾颁布法令，要求印第安人村社必须将公地转为私产。萨尔瓦多、秘鲁、哥伦比亚等国也在法律上废除了村社土地所有制，强迫出售土地。再次，一些国家向大地产主和外国公司开放国家公有土地。阿根廷、墨西哥等国拥有大量人烟稀少的国有土地。阿根廷政府通过土地出租、廉价出售或赠予而将这些土地私有化。1857—1862年，233名土地承租人平均每人获得9000公顷土地；1876—1891年，68个公有土地垦殖申报人平均每人获得近6000公顷土地。一些外国公司也通过购买、租借等方式，占有和经营拉美国家的地产。到20世纪初，墨西哥全国土地约有1/4为外国资本占有，其中一半属于美国人。一些美国公司

在墨西哥占有5万到10万公顷土地。英国人在阿根廷的最大私人农场占地30万公顷。

结果,在整个19世纪,拉丁美洲各国大土地所有者兼并的土地等于以前三个世纪的总和。到19世纪末20世纪初,墨西哥约1.3万座大庄园控制着全国58%的土地;阿根廷2000户大地主拥有5400万公顷土地,占全国1/5的耕地;委内瑞拉80%的土地属于大土地所有者,每户地主占地都在1600公顷以上;在巴西,2000户大土地所有者的土地面积,比意大利、荷兰、比利时、丹麦四国面积的总和还大;其他多数拉美国家的情况大同小异。

拉美的大庄园是面向国际市场的商业性生产单位,但其内部自成一体,有大片耕地、牧场、河渠和林地,从事农牧业生产,还有各种行当的工匠从事手工业生产,其产品几乎可以满足整个庄园的所有需求,只有贵重物品和奢侈品需从国外进口,属于典型的自给自足的经济形态。大庄园占地辽阔、远离政府所在地,与外界联系很少,只有一条小路通向临近的庄园、村落和城镇。庄园主的住宅就是大地产的中心;庄园主没有法定的司法权,但他们中许多人在地方市政和司法部门任职,政府和教士站在他们一边。因此,庄园主对整个家族、仆人、奴隶、佃农、普通农民乃至邻居都享有绝对权威,庄园内人身依附关系广泛存在。庄园主在自己的庄园实施君主式或家长式的管理,俨然是国中之国的统治者,成为割据一方的实力集团。在19世纪初的动乱年代,大庄园主为了财产和生命安全,或请求考迪罗的保护,或自己组织私人武装,保卫庄园并壮大自己的领地,成为考迪罗式的人物。大庄园不仅成为产生考迪罗的温床,也是考迪罗获得支持、赖以生存的基础。

考迪罗的统治

独立战争期间,一些军事领袖拥兵自重,享有很高的个人声誉。赢得独立后,他们往往从军事领袖转变为国家元首,成为第一批独裁者。后来的考迪罗大多出身于军官或是某一地区地主集团的首领,他们夺取政权主要是通过军事政变登上中央到地方的政治舞台，强者占领首都，建立中央政权，号令全国；实力较弱者占领城镇和乡村，建立地方政权，实行地方割据。

虽然考迪罗常常打出"平民主义"改革的旗号，争取平民的同情，但既定的夺权政策和残酷统治，不仅招致人民的反抗，激起暴动和革命，还必然导致考迪罗之间为争权夺力而杀伐不止，从而导致国内政局的动荡。考迪罗统治的时间长短不一，能统治十几年或几十年不被推翻的十分罕见，有些考迪罗刚刚通过政变上台，短短数小时后即被另一场政变推翻。从独立到19世纪末，墨西哥共有72个执政者，有69人是通过政变上台的；玻利维亚发生了60次暴动和政变，有6个总统被杀死；委内瑞拉发生了50次暴动，其中有12次推翻了原有的政权；哥伦比亚爆发27次内战，其中有10次是全国规模的。秘鲁在1829—1845年的16年间也更换了12个总统。

考迪罗主义长期存在的另一个原因在于独立后各国中央政府的虚弱。独立后，原有的殖民地经济网络遭到破坏，各地区之间的联系削弱，地方豪门变得非常强大。政府税收主要来自进出口贸易的关税，虽然得到大地主的普遍认同，但在很长时间里岁入不足且不稳定。面临财政困难时，政府只得向外国（主要是英国）举借高利贷。这些债务犹如饮鸩止渴，使得政府难以正常运转、贪腐泛滥。中央政府也愈加成为各派势力争夺的宝鼎，考迪罗主要依靠军队和克里奥尔大地主集团的支持。多数考迪罗也寻求教会的支持。教会本身是大土地所有者，教会的领导人支持任何维护教会利益和财产的考迪罗。

考迪罗实行个人独裁统治，其权力不受限制。他们随意修改宪法或终止宪法的实施，宣布军事管制；任意监禁、流放甚至处死任何人；肆意抢劫国库、搜刮民财。有些考迪罗完全依靠私人军队，委内瑞拉的情况最为极端：政府军变得多余，最终在1872年被完全解散。一些考迪罗随意进行内战和对外战争，出卖国家主权和利益来换取欧洲国家和美国的借款。但也有些考迪罗崛起于民间，在分裂无序的社会中建立起一定的秩序，或维护民族独立和主权，或推行一些改革和发展经济的措施，在拉美民众和史书中成为某种传奇式英雄。有一些考迪罗究竟是英雄还是枭雄，人们至今毁誉不一。

阿根廷的胡安·曼努埃尔·德·罗萨斯（1793—1877）是拉美第一个著名的考迪罗统治者。罗萨斯原是一位实力显赫的大牧场主，在独立战争中曾率领牧民击败欧洲远征军，独立后他出任布宜诺斯艾利斯省省长，1833—1834年，他发动"荒漠远征"，进攻阿根廷南部的土著居民。1835年再度任省长，被授予无限权力，建立起20年的专制统治。罗萨斯独裁统治期间，对政敌实施无情打击，有数千人被绞死、枪杀、暗杀或毒死。流亡人数至少在3万以上。另外，罗萨斯自称"人民之子"，尽力争取穷苦百姓的支持，为了解决日益严重的失业问题，他大规模扩军，将大批失业者编入军队，赢得了下层民众的广泛支持。他还试图用武力收回分离出去的乌拉圭和巴拉圭。1852年，他被原来的部下乌尔基击败，逃亡英国。罗萨斯在任期间制止了国内无政府混乱状态，确立了中央集权，维护了国家的统一，但其独裁统治和常年战争也给人民造成灾难。

巴拉圭的弗朗西亚（1766—1840）是与罗萨斯齐名的另一位考迪罗。他是哲学硕士和神学博士，独立前在神学院教授拉丁文，后来作为独立运动领导机构成员被选为第一任总统，几年后获得终身任期，仅仅依靠3位助手统治巴拉圭长达26年。他的理想是实现卢梭的《社会契约论》。他采取锁国政策，几乎不准任何人出入国境。他实行严酷的独裁统治，压制反对派，取消了报纸和邮政，还取消了宗教法庭和神学院，废除什一税，自任巴拉圭教会的最高领袖。与此同时，他严惩贪官污吏，断绝与罗马教皇的关系，禁止外国人在巴拉圭经商，扶持、保护民族工业，引进现代农牧业技术。弗朗西亚创造了一个短暂的现代斯巴达式社会，促进了巴拉圭民族国家的形成，被誉为"巴拉圭独立之父"。

墨西哥的桑塔·安纳（1794—1876）也是一位毁誉参半的考迪罗。他少年从军，在独立战争中从殖民军反戈出来，以少胜多挫败西班牙最后一次反攻，被誉为"祖国的救星"。他参与多次政变，在1833—1855年7次担任墨西哥总统，也多次被迫下台。他集中代表了考迪罗所能具备的缺点：独裁统治、滥用武力、反复无常。初任总统时，他放权给副总统法里亚斯。法里亚斯进行自由主义改革，引起军方、大地主和教会的不满。他解除法里亚斯的职务、中止宪法、解散议会，结果引起许多州的反叛。他率军镇压反叛，纵容军队劫掠叛乱城市。他一度流亡美国，1846年美墨战争爆发后，美国把他作为特洛伊木马送回墨西哥，但他回国后反而领导墨西哥军队对抗美国。

19世纪70年代以后，拉美各国的考迪罗主义由盛而衰，考迪罗已经不能为所欲为，军事独裁的统治形式不得不逐步让位于民主体制。到20世纪初，考迪罗主义已在政治舞台上消失。

二　墨西哥的改革

19世纪中后期，拉美许多国家进行了以土地市场化为中心的自由改革。其中影响最大的当属墨西哥的改革运动。

独立后，墨西哥的大地产制进一步扩张，大庄园的数量从1810年的4900座增加到1856年的6092座。天主教会是墨西哥最大的地主，占有全部农业用地的1/3。不仅如此，教会还借助所掌握的政治特权和经济实力为所欲为，成为独裁者的同盟者。从19世纪50年代中期起，阿尔瓦雷斯和胡亚雷斯领导的自由派发起了一场主要针对天主教会的改革运动。

阿尔瓦雷斯（1790—1867）出身于富裕的混血人种，自独立战争起参加了墨西哥所有重大的战争，成为战功卓著的将军，自1849年起担任格雷罗州州长。他还是热忱的自由派、平等的鼓吹者。胡亚雷斯（1806—1872）出生于印第安农民家庭，得到赞助进入大学攻读法律。学习期间，他深受启蒙思想家著作的影响，抛弃了早年的天主教信仰。他先后担任律师和法官，1847年成为瓦哈卡州州长，任期内推行了一系列改革举措，政绩卓著，使他在全国享有盛誉。瓦哈卡州及其他几个自由派掌权的州的改革浪潮，引起了保守派的恐惧。1853年，保守派发动政变，独裁者桑塔·安纳上台，逮捕、驱逐了许多自由派人士。胡亚雷斯流亡美国。

1854年3月，阿尔瓦雷斯发动武装起义，迫使桑塔·安纳下台。阿尔瓦雷斯担任临时总统，组建自由派政府，开始了大改革。改革旨在削弱教会与军人权力，并按照美国模式建立现代公民社会和市场经济。胡亚雷斯担任司法、宗教和国民教育部长，在他的主持下，1855年制定并颁布了关于中央和地方各级法院组织和司法管理的法令，即著名的"胡亚雷斯法"。该法取消了军人和教士不受普通法院审判的特权，宣布法律面前人人平等的原则，剥夺了教士的选举权，减少教会干预世俗政治的机会。1856年，政府颁布了"莱多法"，规定教会所属的城乡不动产必须在三个月内转让或出售给承租人或其他人，还禁止教会今后拥有土地，从而废除了教会财产永远不得变卖的特权。1857年，墨西哥制宪议会通过了自由主义的新宪法，规定政教分离，进一步限制教会特权，同时保障公民广泛的民主权利。根据新宪法举行大选，胡亚雷斯担任最高法院院长，即法定的副总统。

改革引起墨西哥社会各种势力的强烈反应。1857年年底，保守派发动政变，占领首都墨西哥城。自由派随后在外省建立了以胡亚雷斯为首的政府。双方展开了残酷激烈的内战，史称"改革战争"。胡亚雷斯政府果断地颁布一系列改革措施，宣布没收教会的全部土地财产，将这些土地分成小块出售给农民；实行政教分离和信仰自由，废除什一税和教会其他捐税；实行婚姻和户籍登记的民事管理；实行世俗教育；解散修道院，取消教会管理墓地和主持公众节日的权利等。自由派赢得民众及温和派的支持，击败了保守派。1861年，胡亚雷斯政府胜利返回墨西哥城。1861年6月，全国举行大选，胡亚雷斯成为美洲历史上第一位印第安人总统。

为了巩固政权，胡亚雷斯采取了几项重要措施，追认并全面实施改革法，驱逐罗马教皇使节和4个主教，勒令干涉墨西哥内政的西班牙大使回国。由于内战导致的经济荒芜和财政破产，墨西哥政府宣布暂停偿付外债两年。英国、法国和西班牙做出激烈反应，联合出兵占领了墨西哥的韦拉克鲁斯。经谈判，英国和西班牙撤回了军队。但是，法国皇帝拿破仑三世为了讨好罗马教会和法国的保守势力，出动大军占领墨西哥城，把奥地利大公马克西米连送到墨西哥充当傀儡皇帝。退守北方的胡亚雷斯政府浴血抗战，并获得美国的支持。1866年，美国迫使法国撤军，战局急转直下。1867年，胡亚雷斯政府光复了墨西哥全境，俘获和处决了马克西米连，长达5年的卫国战争胜利结束。

胡亚雷斯领导的改革运动和卫国战争成为拉美国家捍卫国家独立和争取社会进步的一个范例。胡亚雷斯与处于同一时期的林肯经常被后人相提并论，视为19世纪中叶美洲两位最伟大的领袖。

因内战和外国侵略的干扰，墨西哥的"大改革"虽冲击了旧的体制，但大多未能如愿。胡亚雷斯于1872年病逝后，继任者莱多引起了国内情绪的普遍不满。胡亚雷斯的部将迪亚斯趁机在1876年发动军事政变，夺取了临时总统的职位，随后又打着1857年宪法的旗号，得以在次年当选为正式总统。可当上总统的迪亚斯却建立起长达34年的独裁统治，成为一个绝妙的讽刺。

迪亚斯上台后，对人民及反对派实行高压政策，残酷剥削和掠夺印第安人，同时，客观上在一段时期内不得不延续以前的一些改革法令和政策，推动墨西哥经济的发展。这种政治独裁主义与经济自由主义相结合的模式在当时的历史条件下打破了以往的无政府—军阀独裁—无政府的恶性循环，为墨西哥的经济发展提供了30多年的和平稳定时期。在这一时期，墨西哥经济迅速发展，现代化步伐大大加速。

三 南美的经济发展

19世纪后期，拉美各国普遍出现了政局基本稳定、经济高速发展的局面。

对外贸易的发展与早期工业化

经过独立后半个世纪的政治混乱时期，许多拉美国家的政局趋于相对的稳定。一些国家形成了地主阶级和大商人联合的寡头统治。例如，智利在1833年颁布新的宪法，限制选举权，统治阶级组成保守党和自由党，政治权力开始实现了平稳、合法的更替；阿根廷在结束了罗萨斯独裁统治后，也颁布了新宪法，形成了得到不同派别拥护的中央政府。还有一些国家形成了高度集权的考迪罗个人独裁统治。这些考迪罗政府大多使用严酷的手段实现政治稳定，宣扬孔德的实证主义口号"秩序与进步"，推动国内的经济发展。这些考迪罗通常被称作"秩序与进步独裁者"，其中比较著名的是墨西哥的迪亚斯（1830—1915）、委内瑞拉的戈麦斯（1857—1935）、多米尼加的乌利塞斯·欧鲁（1845—1899）等。

当时，欧洲和美国的工业化浪潮开始强烈地影响到拉丁美洲。欧美国家工业化的发展刺激了对谷物、肉类和羊毛等大宗农产品的需求，与此同时，农业和工业的技术进步也需要更多的原材料。拉丁美洲丰富的自然资源能够满足欧美国家对食品和工业原料的需求。铁路和蒸汽船的发展则促进了原材料的运输，新式船舶将拉美到欧洲的航行时间缩短到几个星期，冷藏运输甚至能够将鲜肉和其他生鲜食品运到大洋彼岸。

面对发展经济的有利时机，拉美各国普遍采取自由贸易方针，开放市场，制定优惠政策，从欧洲引进大量移民。欧美国家加紧向拉美的经济渗透，纷纷到拉美国家修建铁路，开采矿山，兴办工厂，买下土地经营种植园，从而为拉美国家提供了资本、技术和管理体制，刺激了拉美国家对外贸易的发展。

从19世纪中期开始，拉美对外贸易就已经开始增加，到19世纪70年代，拉美进入了出口贸易增长的"黄金时期"。阿根廷大量出口羊毛、牛羊肉、小麦等农产品，出口量在1853年到1873年间增长了6倍，到1893年又翻了一番。在30年内，阿根廷从一个进口谷物的国家，一跃而成为仅次于美国和俄国的世界第三大谷物出口国。巴西的咖啡出口在1844—1874年间增长了一倍多，1874—1905年间增加了3倍；1870—1875年期间平均每年4亿磅，19世纪最后的5年平均每年达到11.3亿磅。哥伦比亚、哥斯达黎加和委内瑞拉的咖啡出口量也有惊人增长。智利的硝石出口从1881年的35.6万吨增至1913年的270万吨。墨西哥的外贸总值从1870—1900年增加了3倍。整个拉美出口的年均增长率在1870—1890年和1890—1912年分别是2.7%和4.5%，保持了持续增长的势头。

外贸繁荣的背后是农业的发展和早期工业化的进展。阿根廷农业的耕地面积大幅度增加，从1870年的150万英亩增加到1901年的1700多万英亩。乌拉圭的牛、羊存栏数分别从19世纪中期的200万和100万增至19世纪末的700万和1800万。巴西南部的咖啡生产种植面积大、劳动生产率高，到19世纪末其产量占到世界总产量的2/3。

拉美的早期工业化表现为出口加工工业和采矿业的迅速发展。例如，冷冻技术的引进使肉类加工告别了牛肉脯和咸牛肉的时代。在各国优惠政策的吸引下，外国资本源源不断地流入，拉美的采矿业有了迅猛的发展，矿业生产组织和采矿技术都发生了极大变革，企业规模变大，生产技术和生产方式规范化，新技术使低品位矿石也能开采和提炼。智利在1870年前还不生产硝石，但到1900年就年产140万吨，约占世界总产量的3/4。19世纪最后20年，墨西哥的出口基本部门采矿业和石油工业生产每年平均增长7.2%，金银矿的产量增加了4倍以上，石油开采的发展更为惊人，十年之内增长了1000倍。玻利维亚的锡出口量从1897—1913年猛增了12倍。

拉美的早期工业化也表现在铁路和港口建设上。19世纪后期，拉美国家的铁路建设也进入高潮。火车早在1837年就出现在古巴。19世纪50年代，巴西和阿根廷都开始修建铁路。19世纪晚期，拉美许多国家的铁路网有了惊人的迅速扩展。阿根廷的铁路网从1880年的2570公里增加到1890年的1.67万公里，1914年达到3.4万公里，并建成了横穿安第斯山脉的铁路线。1880—1910年，巴西的铁路线从3400公里增至2.13万公里。1880年，墨西哥的铁路只有不到600公里，1911年增加至2.4万公里。到1913年，拉美的铁路总长达8.3万多公里。铁路的飞跃式发展为工农业产品的运输和人员流动提供了低廉便利的运输手段，也促进了新的可耕地和采矿业的开发和发展，创造了真正的全国市场。与此同时，铁路网将割据的地方势力连接成一个整体，使得政府能够对偏远地区进行更为有效的管理。

拉美各国的发展很不平衡。阿根廷的经济增长最为显著。它在19世纪初是西属拉美殖民地中最不发达、人口最少的地区之一。但到19世纪最后30年，它在人口增长速度、移民数量、修建铁路的里程和对外贸易的发展方面都超过了其他拉美国家，使阿根廷成为拉丁美洲最先进的国家，按GDP计算排名世界第10位。阿根廷被誉为"世界的粮仓和肉库"，首都布宜诺斯艾利斯则被视作"南美洲的巴黎"。

资源的诅咒

拉美地区蕴藏大量的金银、储量巨大的矿产资源、丰富的农产品，所以在独立后发挥自身比较优势，拉美国家很自然地走上了初级产品出口的外向发展道路，形成了三种类型的初级产品出口经济：温带农牧业（主要是阿根廷和乌拉圭），生产畜产品和小麦；热带农牧业（包括巴西、哥伦比亚、厄瓜多尔、中美洲和加勒比以及墨西哥和委内瑞拉的某些地区），生产甘蔗、烟草、可可、咖啡、香蕉、棉花、橡胶等；矿业经济（主要是墨西哥、智利、秘鲁和玻利维亚等国），出产银、铜、锡、金和石油。

总体上看，这种初级产品出口模式使得拉美各国在世界经济中处于对西欧，尤其是英国的依附地位，严重地制约着拉美各国的经济发展和社会发展。

拉美的工业化从一开始就与对外经济依赖紧密联系，外国资本大规模地渗入，掌握了拉美各国的经济命脉。英国是拉美的最大贸易伙伴。整个19世纪，拉美的主要贸易活动掌握在英、法、德、美等国公司的手中，而英国公司控制了拉美贸易的60%以上。英国的工业品充斥拉美市场。拉美的农产品和矿产品出口也主要由英国公司经营，大部分转手卖给其他欧洲国家，英国中间商从中获取可观的利益。英国还是拉丁美洲的主要投资国和债权国。1822—1826年，英国对拉丁美洲各国提供10次贷款，共2100万英镑。其中，拉美国家实得现款仅700万英镑，其他1400万英镑则作为利息预先被扣除了。在19世纪50年代以后，英国对拉美进行更大规模的投资，投资总额在1870年达到8500万英镑，1890年增至42570万英镑，

1913 年更增至 10 亿英镑。至此，英国资本在拉美拥有 118 条铁路、23 家石油公司、25 家硝石公司，几乎控制了电话、电力和水利等行业，还控制了大多数国家的交通、铁路和港口等企业。

19 世纪晚期，美国在经济领域也加强了与拉美的联系与渗透。1822 年美国与拉美国家的贸易总额只有 2600 万英镑。到第一次世界大战前夕，美国已超过英国，跃居首位。美国对拉丁美洲国家投资到 1889 年已超过 3 亿美元，主要集中于墨西哥铁路和矿业，古巴的食糖生产以及中美洲的种植园和铁路。法国、德国也都在 19 世纪末加大了对拉美的资本输出和经济渗透。

到 1913 年，拉美经济被完全纳入世界资本主义经济体系之中，沦为依赖世界市场的初级产品出口地区。这种依附性的经济发展模式势必导致资源配置扭曲，造成拉美国家经济的脆弱性。拉美经济长期高度依赖少数几种出口商品。1913 年，5 个拉美国家（玻利维亚、智利、古巴、萨尔瓦多和危地马拉）的单一商品占出口量的 60% 以上，3 个国家（哥斯达黎加、尼加拉瓜和巴拿马）的单一商品占出口量的一半以上。世界市场的波动使得拉美各国经济很难维持稳定的高速发展，只有阿根廷和智利的出口从 1850 年到 1914 年的年均增长率超过 4%，其他国家都在急剧增长之后陷入了长期停滞。委内瑞拉的依附经济是拉美经济的一个缩影。它严重依赖锡矿的出口，同时进口的粮食又对本国农业造成破坏，使得农业生产迅速下降。玻利维亚经济因而受到双重依赖的制约，单一产品的出口依赖世界市场，部分粮食供应也依赖海外市场。

此外，这种发展模式使得拉美经济和社会的"二元化"更为突出。在初级产品部门日益繁荣的同时，其他产业部门的发展比较缓慢。初级产品的产区、沿海地区和首都等大城市获得了较快的发展，其他地区却很难从初级产品的出口中获益。许多拉美国家的铁路网呈扇形通往面向欧洲的港口，而本国各地之间的交通却非常落后；现代化的港口城市与广大的内地，现代化的矿区和种植园与周围古老的村庄形成强烈的反差。在阿根廷，区域发展的不平衡现象尤为突出。潘帕斯草原和布宜诺斯艾利斯因为源源不断的初级产品出口日益繁荣，中部和西北部的一些省份却长期陷于贫困状况。

最后，初级产品出口经济消耗本地资源，为大量生产特定的出口产品，人为地改变拉美地区原有的自然环境，农牧业生产耗尽土壤肥力，不仅对自然环境造成不可逆的破坏，也导致产量逐渐下降，这一点在1900年前后的中美洲、委内瑞拉和海地表现得特别明显。

尽管初级产品出口模式的加速实施有效地扩大了国民财富，但大多数人却很少受益。这种经济进一步强化了拉美的大地产制度，到处可见大牧场、大种植园，而绝大多数农户失去土地，一贫如洗。拉美社会表现出巨大的反差，出现了尖锐的两极化现象：一端为大地产阶级、商业资产阶级、教会和上层军官，另一端为贫困的农民和城市工人，前者在城市过着显赫奢华的生活，广大下层民众的处境却几乎没有改善。社会的高度不平等成为拉美各国普遍的特征。在多数国家，这种分化几乎是以种族为基础，印第安人和黑人向上流动几无可能，印第安人只好退缩到村社里，黑人在拉美的处境与美国黑人一样悲惨。

社会的二元化也促成了政治的不稳定。当民众运动引发政治动乱时，就会导致军人的干政，代之以强调控制的威权主义。进入20世纪，民粹主义与威权主义的恶性循环，依然成为拉丁美洲许多国家的政治常态。

第二十八章　帝国主义扩张

地理大发现以后，欧洲国家开始了海外殖民扩张的进程。欧洲人的早期殖民扩张在 1770 年达到高峰，在世界各地建立起将近 150 个殖民地。西欧成为世界体系的中心，出现了列强争霸的局面。英国凭借海上霸权，不断在世界各地扩张势力，建立起庞大的殖民帝国，成为世界的霸主。

1815 年后，随着工业革命的扩展，欧洲国家经济和军事实力日益壮大，掀起了第二次殖民扩张浪潮。尤其是 1870 年后，欧洲列强奉行帝国主义政策，争先恐后地争夺殖民地，划分势力范围，日本和美国随后也加入进来。到 20 世纪初，帝国主义列强已经控制和奴役了世界上绝大部分土地和人口，建立起"极少数'先进'国对世界上绝大多数居民实行殖民压迫和金融扼杀的世界体系"[①]。帝国主义国家之间争斗不已，不仅导致了美西战争（1898 年）、英布战争（1899—1902 年）和日俄战争（1904—1905 年）等局部战争，最终还引发了第一次世界大战。

一　帝国主义的动力

与早期殖民主义相比，新帝国主义体现出不同的特征。其中一个重要的差异在于，帝国主义有着与之前时代殖民扩张不太一样的动力。

在早期殖民主义时期，西欧工商业资本主义的技术和经济力量有限，

[①] 《列宁选集》第 2 卷，人民出版社 1995 年版，第 578—579 页。

加之交通运输落后，国际贸易规模不大，海外殖民扩张的主要目的在于获取殖民地的贸易垄断权和殖民特权，各国普遍推行以殖民地贸易垄断制度为特色的重商主义政策。进入19世纪后，作为工业革命的先驱，英国在世界经济竞争中独占鳌头，不再对贸易垄断权感兴趣，放弃了具有保护主义特征的重商主义，转而推行自由贸易政策，试图通过国际自由贸易的方式独霸全球市场。因此，直接攫取殖民地不再具有前一个时期那么大的吸引力。

然而，自19世纪中叶起，世界经济和国际政治的格局发生了重大变化。德国和意大利实现统一，成为新兴的强大民族国家；美国在南北战争之后经济高速发展；日本也在明治维新后迅速崛起。与此同时，不仅英国的老对手法国进行了工业革命，俄国也推行了自由化改革并开始了工业化进程。德国、美国、日本等国家则快速实现了工业化，德国和美国甚至跳跃式地赶上和超过了英国和法国。这些工业化国家纷纷加入国际竞争，打破了英国一国独大的格局。

新兴的工业化国家对海外市场和原材料供应不断增长的需求成为推动列强走向帝国主义的强大动因。大多数工业化国家意识到，英国强大的源泉在于其所拥有的庞大帝国，而它们强大的工业力量又促使它们去获取"阳光下的地盘"。"新重商主义"在工业化国家迅速流行开来，先是在法国和德国，之后传播到俄国和美国，最后影响到英国。根据新重商主义的观点，在新的工业化时代，没有一个国家能够长期做到自给自足，每个工业化国家不仅要通过设置关税壁垒来防止外来竞争，还必须建立自己的殖民帝国，以保证自己拥有足够大的原料产地和产品市场，不仅要侵占当下需要的原料产地和市场，而且要抢占未知的、将来可能需要的原料产地和市场以及具有战略意义的地区。同时，殖民地廉价的劳动力也使得采矿、经济作物种植的利润特别丰厚。这种追求垄断利益的竞争成为帝国主义的根本动力。

帝国主义一个最重要的新特点是金融资本发挥了前所未有的作用。此时，金融资本不仅在工业化国家的经济体系中确立了统治地位，而且成为殖民扩张的重要动力。与以往的殖民活动不同，工业化积累的资本往往要在新的经济活动中谋取丰厚的利润。19世纪中叶，英国已经开始资本输出，到19世纪晚期，西欧其他国家和美国也有了"剩余资本"，用于国外投资。资本输出不仅面向安全的欧洲和北美，也有相当大部分输出到亚洲、非洲和拉美，成为宗主国掠夺殖民地的最主要的方式。列强对亚非拉等原料产地的投资大部分是直接投资，投资于当地的铁路、采矿和农产品加工业，也有间接投资，通过发行债券、发放贷款等方式投资当地的金融银行业。开拓国外投资地区，保护海外投资，成为列强政府的任务。20世纪初，各主要帝国主义国家对亚非拉地区的资本输出占其海外投资总额的比例，英国为50%、美国为43%、法国为30%、德国为20%。

种族主义以及宗教因素也是驱动帝国主义的力量。19世纪是欧洲现代文明突飞猛进的时代，欧洲的政治、经济和文化全面居于优势地位，欧洲流行的社会达尔文主义和人类学将文明程度的差距归结为种族的差异。虽然也有一些欧洲人承认这种差距源于历史发展阶段的差距，但大多数人认为白人是上天注定的统治者，要远远优于亚洲人和非洲人，因而负有对劣等种族的"野蛮人"传播文明的使命。英国诗人吉卜林的诗作《白人的负担》试图用这种责任论来掩饰帝国主义的实质，宣称欧洲应该承担挑起白人的负担，向世界输出欧洲的文明。传教士也支持殖民主义，认为欧洲人的统治可以帮助他们将基督教进一步传播到亚洲和非洲的内陆地区。

列强之间的民族主义竞争也促进了帝国主义的兴起。欧洲列强认为殖民地对于国家形象和国家安全至关重要，爱国主义和对荣耀的追求刺激了对经济漠不关心的帝国主义分子，强国地位越来越被等同于海外殖民地的数量，开疆拓土成为事关国家荣誉的大事。当时的军事领导人认为，海上力量是建立和维护帝国的关键，而海军需要遍布全球的基地来提供煤和补给，控制大量的海岛和港口，在战时就可以为本国的海军提供安全的补给基地。

最后，帝国主义还被一些人视为解决国内问题的途径。工人运动和社会主义的复兴引起统治阶级的忧虑，各国政府都竭力宣传殖民扩张与改善工人阶级福利的关系，把殖民扩张变成一种凝聚国内人心的爱国主义事业。还有一些帝国主义分子认为，殖民扩张可以输出多余人口，消除国内社会问题的根源。

二　瓜分世界

从19世纪70年代到1914年的短短数十年间，殖民列强将非洲和亚太许多地区瓜分殆尽。

列强在亚太地区的扩张

英国对印度的统治成为定局之后，对东南亚特别是缅甸和马来半岛的控制权成为进一步争夺的目标。19世纪70年代起，英国开始侵入马来半岛腹地。1886年，英国吞并缅甸全境，将缅甸划为英属印度的一个省。1895年，英国将4个马来土邦合并成马来联邦。1909年，英国又将马来半岛北部4邦置于英国的保护之下。1914年，英国将马来半岛最后一个独立的土邦柔佛王国变为保护国，基本完成了对东南亚的征服。英国在亚洲的殖民帝国几乎囊括了印度次大陆并延伸到马六甲，包括今天的印度、巴基斯坦、孟加拉、斯里兰卡、缅甸、马来西亚和新加坡。

19世纪中叶，法国开始侵入越南。1887年，法国将越南、老挝、柬埔寨三国合并，成立法属印度支那联邦。法国于1897年完成了对柬埔寨的最终控制，柬埔寨正式成为法国的殖民地。在法国将老挝并入法属印度支那联邦之后，法国在东南亚的殖民体系最终形成。至此，整个中南半岛只有暹罗保持独立，夹在英属殖民地和法属殖民地之间。英法在暹罗展开了激烈的争夺，直到1907年才以湄南河为界，划分了各自的势力范围。

荷兰经过长期的征服和蚕食，到20世纪初终于将"荷属东印度"的控制范围扩展到南太平洋上长达5000公里的印尼群岛上，把原来一长串贸易货站变成了连在一起的殖民地。

在东亚，中国成为帝国主义争夺的焦点。19世纪末，以俄国为首的欧洲列强纷纷向中国政府勒索租界，划分势力范围，掀起了瓜分中国的狂潮。日本和美国也加入了在东亚的争夺。日本尤其来势凶猛，先是于1894年发动了对中国的甲午战争，夺取朝鲜和中国台湾，还获得了巨额赔偿。之后，日本又于1904年发动日俄战争，击败俄国，把中国东北变成日本的势力范围。美国为了抵消欧洲列强及日本瓜分中国对美国在华利益的影响，提出"门户开放"政策，要求获得与其他列强同等的在华特权。

在中近东和西亚，伊朗和奥斯曼帝国依然是西欧列强和俄国的主要瓜分对象。伊朗的经济和内政基本上被英、俄两国所支配。英国人开办的波斯帝国银行承担伊朗国家银行的职能，实际控制了伊朗的财政。俄国则派遣军事教官团，训练指挥国王近卫军，进而控制了伊朗政府。伊朗王位继承、高级官员任命都须经俄国同意。

奥斯曼帝国也陷入半殖民地化的危机。除了帝国的属地继续成为列强瓜分的猎物外，土耳其本土的经济和内政也越来越多地受到列强的支配。英、法、德、意、奥等国成立了"奥斯曼国债管理局"，把奥斯曼帝国的主要财政收入当作抵押品，监督奥斯曼帝国还债。

总的来看，到20世纪初，唯有日本"脱亚入欧"，加入帝国主义的行列；亚洲多数国家和地区沦为殖民地；中国、泰国、土耳其、伊朗、阿富汗维持着某种程度的独立，但也丧失了部分主权。

瓜分非洲

19世纪末20世纪初，帝国主义国家争夺的主要对象是非洲。1875年以前，欧洲人在非洲的扩张十分有限，然而，在之后的短短25年间，欧洲列强瓜分了除埃塞俄比亚和利比里亚之外的整个非洲大陆。

在北非，为了确保通向印度的生命线苏伊士运河的安全，英国先后于1882年和1898年控制了埃及和苏丹。法国则先后占据了阿尔及利亚、突尼斯和摩洛哥三国。

帝国主义瓜分的主要对象是撒哈拉以南的"黑非洲"。19世纪70年代中叶之前，欧洲列强对这一地区的了解仅限于一些沿海地区，英国探险家戴维·利文斯敦和斯坦利等人对非洲内陆的考察，为欧洲人揭开了非洲的神秘面纱。1876 年，比利时国王利奥波德二世在布鲁塞尔召开了国际会议，成立了"国际非洲协会"。不久，利奥波德二世派遣探险家斯坦利继续在刚果河流域进行殖民扩张活动。1879—1884 年，斯坦利诱使刚果河南岸的酋长们签订了 500 多个条约，建立起 22 个商站，以后这些占领地组成了刚果自由邦。法国和葡萄牙也不甘落后。法国殖民者布拉柴从 1875 年起就在刚果河流域活动，用同样的欺骗方式占有了刚果河西北部的大块土地，使法国的势力抵达刚果河北岸，从而与斯坦利向刚果河北岸的扩张计划发生冲突。1882 年占领安哥拉的葡萄牙人也宣布自己对刚果河两岸拥有权利。三方互不相让，由于其他列强的插手，局势变得更为复杂。

1884 年 11 月，德国的俾斯麦主持召开了有英、法、德、比、葡等 15 个国家参加的柏林会议。会议承认了利奥波德二世在刚果的统治权，规定任何国家今后在非洲取得新领土必须通知其他签字国，必须实行"有效占领"。柏林会议后，帝国主义列强瓜分非洲国家的进程大大加快了。

在西非，法国以塞内加尔为根据地由西向东扩张，占据了西非广大的土地，发展为法属非洲殖民地，其面积约为法国本土的 10 倍。德国也开始建立殖民据点，逐步把多哥、喀麦隆变成自己的保护国。英国先后征服阿散蒂国家、贝宁王国，将尼日利亚沿海地区变成英国的占领地。

在东非，英国早已在桑给巴尔同苏丹签订条约，享有特权，并把东非海岸视作英国的势力范围。德国也在东非积极进行活动，1885 年建立德国东非公司，在内陆地区从当地酋长那里骗取许多"条约"，获得了大片土地。到 19 世纪 90 年代，英、德、法三次协调彼此在东非的冲突，将各自霸占殖民地的疆界最终确定下来。意大利则夺取了意属索马里和厄立特里亚，不过，埃塞俄比亚人在 1896 年打败了意大利军队，并在此后的 40 年中成功地抵制了意大利的侵略。

在南部非洲，英国利用开普殖民地为根据地，向北扩张，企图将其占领的南北非洲殖民地联结在一起，实现"开普敦—开罗计划"。英国通过新成立的南非公司进行活动。1891 年，英国正式宣布尼亚萨兰地区为"保护国"。1894年,英国又组建了"罗得西亚"殖民地。1899—1902年,为了争夺南非领土和资源,英国同荷兰移民后裔布尔人建立的南非共和国和奥兰治自由邦进行了一场战争,史称"英布战争"或"布尔战争"。英国从大英帝国各地调集了40多万兵力,最终吞并了德兰士瓦共和国和奥兰治自由邦。到1900年前后,撒哈拉以南非洲地区基本上被西方列强分割完毕。

美国在拉美和太平洋的扩张

美国历来有扩张主义的传统,只不过此前的扩张基本局限于北美大陆。1896年,美国政府正式宣布陆地疆界确定。几乎转眼之间,美国就踏上了海外扩张的道路。

1898年,美国正式兼并夏威夷。1898年,美国以支持古巴人民起义为名发动对西班牙的战争,抢夺了西班牙殖民地古巴、波多黎各以及太平洋上的关岛和菲律宾。美西战争成为现代第一场帝国主义战争,也标志着美国由大陆扩张转向海上扩张。美国开始作为一个世界强国出现在太平洋上。

1901—1909年任总统的西奥多·罗斯福提出"罗斯福推论",发展了门罗主义,主张美国在西半球履行"国际警察"职能。在促成巴拿马于1904年脱离哥伦比亚独立后,美国获得了巴拿马运河区。整个美洲都成为美国的势力范围。罗斯福之后担任总统的塔夫脱提出"金元外交",鼓励和保护美国在拉美的投资和贸易,旨在取代英国在拉丁美洲的经济霸权。

三 殖民帝国的统治

到1914年,帝国主义列强已经控制了地球陆地表面85%的地区。为了统治幅员广袤、人口众多的殖民地,殖民大国在不同的殖民地建立起各具特色的统治制度。归纳起来,殖民统治主要有直接统治和间接统治两种形式,前者以法属殖民地为代表,后者以英属非洲殖民地为代表。

殖民统治体制

在印度支那和大部分法属非洲殖民地,法国实行的是以"同化"为主要特征的直接统治制度。法国人在殖民地实施有效管理的第一步就是彻底摧毁殖民地原有的权力结构，如非洲的村社制度、越南的儒学文官制度等，代之以全新的法国殖民制度。在法国殖民地行政管理体制中，最能体现法国殖民统治特色的当属法属印度支那实行的"杜美体制"。

1897—1902年出任法属印度支那总督的保罗·杜美为了克服当地的政治混乱和财政困难，创立了高度集权模式的殖民地行政体制。杜美体制包括殖民地总督集权制度、分而治之政策以及文化同化政策。在这一体制中，总督代表宗主国政府全权管辖殖民地，集立法、行政和司法大权于一身；驻各地的欧洲殖民官员和土著官员都直接对总督负责。总督之下也有一些以土著人士为主的辅助机构，如土著咨议会议、贵族会议等，但都没有实权，其成员的产生要经过殖民当局的严格挑选。自杜美之后，法属殖民地总督拥有了凌驾于各地区长官之上的权力，由上至下形成了等级森严的殖民地管理体制。

法国在殖民地实行分而治之的政策，人为划定政治实体。在非洲，法国将大多数殖民地合并为法属西非（1895年）和法属赤道非洲（1910年）。殖民地当局将法国的省县制度搬到非洲，在各殖民地设立区和分区，由法国人任长官，下辖若干更小的行政区，这样的小行政区只管辖若干村庄，由法国人任命的土著官员管辖。在印度支那，原有的印度支那三国被划分为5个地区，各地区采取不同的统治方式。越南分为南圻（交趾支那）、中圻（安南）和北圻（东京）三个部分。交趾支那为直辖领地，东京为半保护地，安南为保护地，柬埔寨与老挝则是两个"保护领"。河内、海防等重要城市受总督直接管辖，其市长和行政长官由总督任命。

法国的直接统治体制植根于壮大法兰西民族的同化理论。法国殖民者秉持"文明使命"观，认为殖民地与宗主国应该在政治经济上保持一致，土著居民可以通过受教育而接受法国文化，最后自然同化为法国公民。为了实现这个目标，殖民当局通过直接统治的行政管理体制，大力推行同化政策。法属西非是法国积极推行这一方针的一个最具代表性的殖民地。殖民当局极力削弱当地部落组织和土著酋长的传统权力，直接委派各级官员推行宗主国法令，直接统治土著居民。即使那些被纳入殖民地下层管理体制的当地部落首领，也不再是传统的部落首领，而是法国人重新任命的"忠诚者"。为了推行同化政策，1912年法国当局制定《入籍法》，规定凡出生在法属西非，效忠法国或担任公职10年以上，具备读写法文能力、相应生活资料和良好品质者，均可获得法国的公民权。只有少数土著知识分子和上层人士符合这些条件，能够成为法国公民。事实上，法国无力承担全面同化殖民地居民的代价，只能想办法直接统治土著居民。

除法国外，这一时期德国也在多哥和喀麦隆推行以高度军事专制为特征的直接统治制度。

英国拥有世界上最庞大、最多样性的殖民帝国，其殖民统治体制也是最为复杂的。大体上说，英国采取两种不同的殖民地行政管理体制。一是通过在殖民地建立自治政府，并以之来维护宗主国在这些地区的利益。这种体制主要是一些白人移民殖民地，如加拿大、澳大利亚、新西兰等。二是通过建立专制政府的方式来推行殖民统治。这种方式主要是在英属印度和热带殖民地，虽然它们成为英国殖民地的时间不同，地区各异，但具有基本相同的特征，即这类殖民地都由英国委派的总督掌管，受到英国政府的严密控制。在19世纪末之前，这些殖民地大多采取以直接统治为主、间接统治为辅的统治方式，其中最具代表性的是英属印度的统治体制。

英国在印度的直接统治开始于18世纪末。1773年和1784年的两个印度法确立了英国议会对印度殖民统治的控制权。1858年的印度法和1861年的印度参事法正式构建起印度直接统治体制。按照这一体制，管理印度的最高权力属于英国政府的印度事务大臣；印度总督作为英王的代表是印度的最高行政长官，代表英王和英国政府对印度行使统治权；印度文官系统则负责征收赋税，维持社会治安，高层文官必须由英国人担任，他们下属的印度各省文官则由印度人组成，军队和警察系统也存在类似的两级制。1910年，在印度的高层英国文官有5000人，管辖着超过60万各级印度文官，警察系统中英国人和印度人大体也是这个比例，印度军队则由2.5万名英国军官和15万印度人组成。英国政府和英印当局就是通过这样的官僚行政体制对印度大部分地区实施直接统治。

1857年的印度民族起义之后，英国政府感到有必要保留尚存的印度土邦王公，利用他们来维护英国在印度的利益。当时，大约有550个土邦由于实施间接统治被保留下来。英国政府采取分而治之的策略，保留了这些土邦原有的社会制度，以换取土邦王公对英印政府的服从与合作，并以这种直接统治与间接统治相结合的方式统治整个印度。

到20世纪初，高级殖民专员（相当于殖民地总督）卢加德在北尼日利亚推行一系列借助土著政权协助殖民统治的政策，并对间接统治进行了系统阐述，使之从单一的统治手段发展成为有特定内涵的殖民统治制度和政策。卢加德创立的间接统治体制包含4个基本要素：一是英国的宗主权，这种宗主权包括所有土地的所有权、任命土著首领和官员的权力以及立法权和行政权，土著统治者只有接受英国的宗主权，其统治才得以维持。二是建立土著政权，各级土著政权向英王效忠，职责是维持治安、征税、传达并执行总督的命令。三是土著税收，土著政权负责实际征税，可留取一部分税收用来支付地方官员的薪水和公共建设费用，其余部分上交英国殖民当局。四是土著法院，卢加德参照英国法律系统建立了高等法院和省法院，并将当地的传统司法机构改造为土著法院，负责审理当地居民之间的民事案件。

卢加德的这套间接统治制度基本上属于土著地方自治，但土著当局受到殖民当局的重重限制，享有的自治权限极为有限。之后，卢加德将这种间接统治制度推广到整个尼日利亚，在英属西非内陆地区、乌干达部分地区、坦噶尼喀、婆罗洲、斐济、汤加等殖民地也先后采取了这一体制。不过，从整个英帝国的范围看，像尼日利亚那样实施间接统治的殖民地并不占多数，大多数皇家殖民地仍是采取直接统治的方式。

殖民统治的遗产

帝国主义的征服和统治严重冲击了非西方国家原有的社会结构，给这些地区政治、经济、社会乃至文化的发展带来了复杂而深远的影响。

第二十八章　帝国主义扩张

殖民地经济最显著地体现出帝国主义遗产的复杂性。帝国主义是资本主义和工业发展的结果，殖民统治在经济上把广大殖民地、半殖民地经济纳入全球经济之中，成为世界资本主义经济体系的附属部分。西方列强带来了过去所没有的东西，如修建了公路、铁路、运河、港口、水利等基础设施，兴办现代工厂，引进种植了新的经济作物，推动了殖民地经济的发展。

然而，这种经济发展具有明显的片面性和脆弱性。帝国主义的经济扩张旨在使殖民地成为宗主国的原料产地和产品市场。为了获取非洲的黄金、铜、金刚石、棕榈油、可可、丁香、花生，中东的石油，东南亚的咖啡、水稻和橡胶，印度的黄麻、小麦、茶叶、棉花，殖民列强摧毁了殖民地原有的经济结构，片面发展一种或几种出口经济作物和矿产品。在非洲，大片土地被白人移民侵占，非洲人不得不在白人种植园和矿山劳作。在法属印度支那，殖民当局将大片土地拍卖给欧洲人建立水稻种植园经济，雇用本地农民开展水稻种植。在传统的农业和手工业沦为帝国主义经济掠夺的牺牲品之后，殖民地经济并未发展出现代工业。在非洲许多殖民地，现代工业几乎为零。印度的制造业虽然在殖民统治时期有了初步的发展，但英国非但没有促进，反而在关键时刻积极阻挠，使印度无法为国内幼稚的工业建立起有效的关税保护，从而在英国源源不断输入的机器制造产品的冲击下止步不前，印度经济并未发生结构性改变。这一现象被称为"流产的现代化"。由于没有实现工业化，无法吸收增长的人口，新增人口只能重新流回农业，使土地问题成为最尖锐的问题。其他许多殖民地也因为同样的原因经历了这种"流产的现代化"。

殖民统治的影响不只限于经济，在社会结构和思想文化上也对殖民地产生了深刻的影响。殖民列强建立直接统治，往往彻底瓦解了当地的社会结构。在印度，殖民当局推行的土地整理摧毁了印度农村公社，这造成了印度农民的普遍贫困，也在客观上推动了印度土地私有的发展，具有进步意义。在非洲和东南亚，殖民当局的掠夺土地政策都造就了新的大土地所有者阶层。

在文化上，殖民当局普遍兴办学校，向殖民地输入西方教育和西方思想。在非洲，传教士的教会学校发挥了积极的影响，他们不仅传授欧洲语言，还教学生用非洲语言阅读和写作，传教士确立了非洲语言的书面形式，为非洲本土文学的发展奠定了基础。在印度和东南亚，英、法等国也都建立了教育制度，强制推行英语和法语，传播西方文化。西式教育在殖民地培养出熟悉外国语言和文化，同时接受自由主义理念的知识阶层。随着民族意识的逐渐觉醒，这一受过西方教育的阶层最终发起了本地的民族主义运动。

最后，殖民统治还给当地的自然环境带来重大影响。由于强行推行单一经济作物种植，建立大种植园经济，印度、亚洲其他地区、非洲的大片森林被砍伐。在19世纪的最后25年，亚洲和拉美的大部分地区经受了乱砍滥伐和土地养分衰竭引起的重大环境灾难。厄尔尼诺现象在19世纪晚期三次来袭，给亚洲大部分地区、北非、中非和西非的部分地区以及巴西东北部带来干旱。尼罗河水位下降了35%，中非乍得湖缩小了一半。结果造成亚洲、非洲和拉美部分地区发生大饥荒，造成人民大规模死亡。在安哥拉、埃及、阿尔及利亚、越南、埃塞俄比亚、苏丹等国家，干旱导致的饥荒削弱了当地政权和社会。

四 从大国协调到两大军事集团

拿破仑战争结束后，欧洲出现了"百年和平"。在将近一个世纪的时间里，欧洲虽然时有局部战争和冲突，但维持了整体上的和平与稳定，没有爆发全面战争和世界大战，从而为19世纪欧洲政治经济和社会文化的全面发展提供了良好的国际环境。

维也纳体系

1815年，维也纳会议重新划定了欧洲的政治版图，并对战后的欧洲秩序做出安排，建立起以大国协调、共同维护欧洲均势和平为核心的国际关系体系，史称维也纳体系。维也纳体系奠定了 19 世纪欧洲长期和平的基石。

维也纳体系是一个典型的近代均势体系。欧洲的均势格局最早可以追溯到 1648 年的《威斯特伐利亚和约》。1618—1648 年的三十年战争加剧了德意志的分裂，削弱了哈布斯堡王朝的力量，使欧洲各国间的力量达到平衡。《威斯特伐利亚和约》结束了三十年战争，初步确立了多国并存的政治格局，也开创了以国际会议的方式和平解决国际争端的模式。经过此后一个多世纪优胜劣汰、弱肉强食的纷争，英国、法国、奥地利以及相继崛起的俄国和普鲁士成为欧洲政治舞台的主角。

维也纳体系推翻了拿破仑帝国的欧洲新秩序，在威斯特伐利亚体系的基础上，确认并维护了大国的均势平衡原则，这一原则贯穿了之后的数个国际关系体系并一直延续至今。维也纳体系的主要贡献是所谓"欧洲协调"。欧洲大国协同用"会议加军事"的方式来维持大国均势平衡，积极开展会议外交，构筑欧洲协调机制。

俄、普、奥三国组成维护基督教和君主统治的神圣同盟，防范法国再度爆发革命，维护欧洲的旧秩序。这几个大国之间以会议方式协调一致，对于侵犯正统原则的小国进行武力镇压。1830 年后，神圣同盟不再举行会议。

欧洲协调机制的主体是 1815 年建立的四国同盟，英、俄、普、奥旨在以武力压制法国，防止法国东山再起，改变维也纳会议划定的欧洲政治版图。1818 年，法国也加入该同盟，使同盟的性质发生了重大改变，由之前的反法同盟演变成保持欧洲协调，维护大国利益的持久联盟。5 大国定期举行国际会议，讨论欧洲的事务，协调彼此间的利益和矛盾，因此形式上叫作"欧洲协调"，当时叫作"会议外交"。这种协调机制曾因克里米亚战争而中断，在战后得到恢复，并在 19 世纪末频繁召开国际会议，促成大国之间达成妥协，避免了矛盾的激化，从而维护了欧洲整体上的和平与稳定。

"光荣孤立"

英国是维也纳体系最大的受益者和主导者。对于英国而言，只有法国、普鲁士、俄国以及奥地利实力相当、互相牵制，英国才能在欧洲大陆扮演仲裁者和制衡者的角色，从而真正保障英国在欧洲乃至世界的战略利益。为此，英国必须置身于欧洲大陆争端之外，同时又对大陆事务时刻保持影响力。为此，在之后的将近一个世纪时间里，英国始终奉行"光荣孤立"政策，精心调节国际力量的微妙平衡，使得维也纳体系的均势原则日臻完善。在这种政策指导下，英国不与他国订立永久的同盟，而是保持行动自由。一旦某一国或集团的势力膨胀，威胁到英国的利益，英国总是随即与另一国或集团结成同盟，谋求建立新的均势平衡。

1853年爆发的克里米亚战争是对维也纳体系的一次重大冲击，也是英国在欧洲大陆推行均势政策的一个例证。这场战争的起因是俄国把手伸向早已衰落的奥斯曼帝国，向巴尔干地区扩张，企图控制黑海海峡，建立俄国在近东的统治。俄国的扩张行动引发了其他列强的普遍不满。英国把俄国控制黑海海峡的企图视为对英属印度的威胁，因而选择法国作为盟友，联手对俄开战。1856年，双方签订《巴黎条约》，规定黑海中立化，俄国不得在黑海建立舰队。俄国不仅在黑海扩张受阻，而且丧失了1815年后在欧洲大陆的主导地位。

克里米亚战争之后，法国取得了欧洲大陆的霸权地位。然而，法国的优势地位是建立在奥地利的削弱之上，法国并不具备相应的实力。拿破仑三世咄咄逼人的对外政策最终招致失败。普法战争的结果，意大利和德国统一，法国元气大伤，失去欧陆优势。欧洲力量重新配置，欧洲大陆出现了新格局。此后40余年间，欧洲没有发生大国间的战争，各大强国都把精力转向海外扩张。但是，大国之间的不信任和猜疑加深，进入到一个"武装的和平"时代。

大陆联盟体系

普法战争后，俾斯麦精心构建起一个以德国为中心，由三皇同盟、德奥同盟和三国同盟组成的大陆同盟体系，力图孤立和打击法国，避免法、俄两国夹击德国，巩固和保障德国业已取得的欧洲大陆霸权地位。

在俾斯麦以及奥匈帝国和俄国外交大臣的策划下，德国、奥匈和俄国结成了"三皇同盟"。1872年，奥匈帝国皇帝弗朗茨·约瑟夫和俄国沙皇亚历山大二世出访柏林，会见德国皇帝威廉一世。三国最后议定维持欧洲现状，协调解决东南欧的纠纷。1873年5月，德、俄签订军事协定，约定缔约一方遭到第三国入侵时，另一方应出兵20万协助。同年6月，俄、奥两国皇帝签订了一项政治协定，即《兴勃隆协定》。同年10月，德国也加入这一协定。协定的内容主要是：维持欧洲领土现状，遏制革命运动，发生国际争端时相互磋商。三皇同盟表面上是一个欧洲保守势力的神圣同盟，实际上是为了实现两个目的：孤立德国的敌人法国，协调奥地利与俄国在巴尔干的关系。与1815年建立的神圣同盟一样，三皇同盟也是一个松散同盟，没有真正的约束力。

1875—1876年，巴尔干半岛爆发反抗土耳其统治的起义，遭到土耳其的残酷镇压。俄国再度借机插手，于1877年向土耳其宣战，迫使土耳其签订《圣斯特法诺和约》。这一和约使俄国大大扩张了在巴尔干的势力，遭到英、奥两国的强烈反对。1878年六七月，各国在柏林召开国际会议。俾斯麦在英、奥、俄之间纵横捭阖，宣称愿意做一个"诚实的中间人"，实则扮演列强仲裁者的角色。柏林会议表明一个以德国为中心的欧洲新均势已经建立起来，列强最终迫使俄国吐出一部分战利品，在修改《圣斯特法诺和约》的基础上进行势力范围的再分配。俄国受到挫败，俄德、俄奥的关系也恶化了。

俾斯麦看到很难同时维持与俄国和奥地利的友好关系，又担心俄国与法国结盟，于是决定加强德奥关系，谋求缔结反俄同盟。1879年10月，德奥在维也纳签订秘密的同盟条约，约定如缔约国一方遭到俄国进攻，另一方应以其全部军事力量实行互助；如缔约国一方遭到另一国家进攻，缔约国另一方应对其盟国采取善意的中立，但是如果进攻的国家得到俄国的支持，缔约国双方应共同作战直到共同议和为止。德奥同盟旨在防患于未然，德国支持奥地利在巴尔干半岛扩张，但用这种方式来笼络奥地利，不可避免地加剧了同俄国的矛盾。

1881年，意大利在同法国争夺突尼斯的斗争中遭到失败，感到有必要依靠与法国敌对的德国，因此要求与德奥结盟。1882年，德奥意签订秘密的三国同盟条约。条约规定：如意大利未有直接挑衅行为而遭到法国进攻，德、奥必须以它们的全部军队援助意大利；如德国未有直接挑衅行为而遭到法国侵略，意大利也担负同样的义务；缔约国之一在同其他任何一个大国（法国除外）发生战争时，缔约国另外两方必须对它们的盟国采取善意中立，这意味着如果俄奥发生战争，意大利将恪守中立。德奥意结成的同盟，史称"三国同盟"。

　　随后，俾斯麦又先后把塞尔维亚和罗马尼亚拉入大陆体系，主导建立了德奥塞同盟和奥塞同盟。1887年，德、俄签订《再保险条约》，规定俄国在德法发生战争时保持中立，德国在俄国夺取黑海海峡时保持中立。俾斯麦还拉拢英国，鼓励和支持英、奥、意签署有关地中海协定，合作对付俄国。至此，俾斯麦完成了包括俄国、奥地利、塞尔维亚和罗马尼亚在内的错综复杂的多边结盟体系。它不仅达到了孤立法国的目的，也确立了德国在欧洲的战略优势。但是，这个体系并未解决法德矛盾、奥俄矛盾，因而其促成的对德国有利的均衡局面是脆弱的。

三国协约

　　三国同盟的形成促进了法俄结盟。法国主动向俄国示好。为帮助俄国解决财政困难，1888年和1889年，法国先后向俄国提供5亿法郎及19亿法郎的贷款，帮助俄国渡过了财政困难。

　　德国政策的转向最终推动了法俄两国的结盟。1890年，俾斯麦下台，德国皇帝威廉二世转而推行"世界政策"，德国对外政策开始偏重于联英反俄，并开始走上海外殖民扩张的道路。1890年，德国不再与俄国续签《再保险条约》，德俄同盟遂告终结。法俄要打破各自的孤立状态，不得不加强合作。1891年，法国舰队访问喀琅斯塔得要塞，沙皇亲自来到旗舰上，在俄国一向严禁演奏的《马赛曲》的乐曲声中脱帽致敬，以示对法亲善、对德示威。1892年，法俄签订了秘密军事协定。协定明确规定，如果德国或意大利在德国支持下进攻法国，或德国或奥地利在德国支持下进攻俄国，两国应迅速投入所有军队同德国作战，迫使德国在东西两线同时作战，还确定了对付德国的具体兵力。法俄正式结成同盟，这不仅标志着俾斯麦的大陆结盟体系完全解体，也预示着另一个军事集团的形成。

威廉二世的海外扩张政策势必触及英国的利益，英德在世界各地的殖民扩张发生严重的利益冲突。尤其让英国惊恐的是，德国大力建设海军，对英国的海上霸权构成挑战。随着英德矛盾加剧，英国不得不改弦更张，放弃"光荣孤立"政策，转而向法俄靠拢。英法于1904年缔结协约，就两国在殖民争夺中的冲突达成妥协。英法协约虽然并不直接针对德国，但为英俄和解铺平了道路。1907年，英俄缔结协约，协调两国在中亚和中国西藏的冲突。至此，三国协约最终形成。欧洲形成了两大军事集团。

两大军事集团加剧了欧洲的紧张局势。两大军事集团都是秘密缔结的，欧洲列强之间的疑惧愈益加深了。同盟的军事性质还加剧了军备竞赛。同盟的条约义务也使得所有的大国很可能因一个微小的争端而卷入战争。这些军事集团最初都是防御性的，但是1909年德奥同盟首先改变了性质。德国承诺，如果奥匈入侵塞尔维亚和俄国出面干涉，德国将给予奥匈以军事支持。结果，进入20世纪后，欧洲的国际危机接连发生，大战一步步迫近。

第二十九章 近代西方的文化

在16—19世纪的西方近代史上，曾发生了文艺复兴、宗教改革、科学革命、启蒙运动、工业革命和法国大革命等一系列重大历史事件，西方的文化艺术也在这一时期出现了愈益繁荣的景象，呈现出许多新的特点。

一 文学

小 说

小说是欧洲最年轻的文学样式，诞生于从中世纪向近代迈进的过渡阶段——文艺复兴时期。就文学形式而言，古代神话、史诗、戏剧、历史散文和中世纪传奇等叙事性文学形式共同孕育了小说。而文艺复兴的人文主义思潮是小说得以产生的文化土壤。自由的小说创作是作家实现自我价值的方式，读者对小说的个体化阅读方式也是个性解放的表现。印刷术的改进为属于印刷文化的小说提供了技术条件。

意大利作家薄伽丘的《十日谈》是西方第一部短篇小说集，它宣扬人文主义，反对禁欲主义，大大提升了散文的文学表现力，打破了韵文独尊的局面。法国作家拉伯雷的《巨人传》是西方第一部长篇小说，它大量运用民间故事和俗语，讴歌现世幸福，讽喻社会弊端，是一部体现文艺复兴精神的杰作。西班牙作家塞万提斯的长篇现实主义小说《堂吉诃德》是西班牙文学"黄金世纪"的巅峰之作，被认为是西方文学史上第一部现代小说。它描绘了16世纪末17世纪初西班牙的社会生活图景，成功塑造了一个可笑、可悲亦可敬的不朽人物形象——堂吉诃德，高扬了人道主义精神。17世纪的欧洲，尤其在法国，小说被古典主义的主流文学所排斥，但在贵族沙龙小说和市民写实小说两个支流中得到了发展。

18世纪，小说逐步取得与诗歌和戏剧同等的地位，成为现代文学的主要样式。小说在18世纪兴起的根本原因在于资本主义的发展、资产阶级的崛起以及启蒙运动的推动，社会已经从"诗歌时代"进入"散文时代"，小说这一通俗文体更加符合大众读者的品位。这一时期的小说涤除了传奇色彩，关注个人的日常生活与情感，体现出写实主义与理性主义的风格，与资产阶级的现实主义精神和启蒙运动的科学理性价值观相契合。

英国在18世纪写实小说创作方面走在了前列，作家们重视小说的道德教化功能，试图批判落后的风习，塑造理想的人性。笛福享有"小说之父"的赞誉，其航海历险小说《鲁滨逊漂流记》完成了从传奇故事向近代写实小说的历史性过渡，第一次将普通人的日常生活作为关注的中心。斯威夫特的《格列佛游记》创立了寓言性讽刺小说形式。理查森首次成功地运用了书信体小说的形式，创作了《帕梅拉》《克拉丽莎》等情感小说，使小说的重心转向内心世界，对18世纪晚期的感伤主义文学和19世纪初的浪漫主义文学产生重大影响。菲尔丁是一个集大成者，为小说这一新兴体裁提供了系统的理论，并在其代表作《汤姆·琼斯》中成功地实践了散文体喜剧史诗，对于小说文学地位的确立居功至伟。

在启蒙运动的中心法国，产生了抨击旧制度的哲理小说，著名的启蒙哲人均参与了这种创作，比如孟德斯鸠的《波斯人信札》、伏尔泰的《老实人》、狄德罗的《拉摩的侄儿》和卢梭的《爱弥尔》等。浪漫主义之父卢梭还创作了情感主义小说《新爱洛绮丝》。德国文学也在此时掀起狂飙突进运动，歌德的感伤主义小说《少年维特之烦恼》引发了一场欧洲范围内的"维特热"。

小说在19世纪进入了全面繁荣的黄金时代，因此19世纪在文学史上被称为"小说的世纪"。从宏观历史上看，19世纪是一个大变革时期，欧洲历经了工业革命和法国革命的洗礼，在政治、经济、文化等各个领域均发生重大变化。追求自由并强调想象的浪漫主义思潮在世纪之初席卷了各个艺术门类。文学领域出现了浪漫主义小说的一种特殊表现形式——历史小说，苏格兰作家司各特是其创始人，代表作有《艾凡赫》等。法国作家大仲马也创作了《基督山伯爵》和《三个火枪手》等历史小说。雨果是浪漫主义文学的领军人物，代表作有《巴黎圣母院》《悲惨世界》《九三年》等，奇特、强烈和鲜明的美丑对照是其小说最突出的特征。

巴尔扎克

19世纪中期，由于工业资本主义发展导致社会矛盾日益加剧，以写实手法无情批判种种社会弊端的现实主义小说应运而生，小说进入空前辉煌的时代。司汤达的《红与黑》是法国第一部成熟的现实主义小说。巴尔扎克是法国现实主义小说巨匠，他提出了当时最系统的现实主义文学观点，最先将小说视为一种有自身目的、规律和方法的文学形式，创作了巨型全景式社会小说集《人间喜剧》，包括《高老头》《欧也妮·葛朗台》等96部小说。法国晚期现实主义作家福楼拜减少了小说对故事的过分依附，使小说更接近生活的本色，代表作有《包法利夫人》等。狄更斯是英国现实主义小说的主将，代表作有《双城记》《艰难时世》等。此时的英国文坛还出现了引人注目的女作家群，奥斯丁创作了《理智与情感》《傲慢与偏见》等，勃朗特三姐妹创作了《简·爱》和《呼啸山庄》等小说。

19世纪后期，由于实证主义哲学的影响，自然主义小说在法国出现。它始于龚古尔兄弟，但主要倡导者和实践者是左拉，他创作了描写法国第二帝国时期的系列小说，如《娜娜》等。另外，某些现实主义作家也被认为是20世纪现代主义小说的先驱。英国作家哈代通过他的性格与环境小说发展了主观写实，代表作有《德伯家的苔丝》等。俄国文学后来居上，在英、法之后将小说创作推向又一个高峰。诗人普希金创作了诗体小说《叶甫盖尼·奥涅金》。莱蒙托夫的《当代英雄》是俄国第一部现实主义心理分析小说，果戈理的《死魂灵》确立了俄国现实主义小说的批判方向和美学原则。19 世纪 50 年代，俄国小说步入成熟期，产生了第一个具有全欧洲影响力的作家屠格涅夫，代表作有《猎人日记》等。托尔斯泰是小说史上的杰出大师，他创作了现代史诗式的三大现实主义长篇小说《战争与和平》《安娜·卡列尼娜》和《复活》。陀思妥耶夫斯基描写底层小人物的境遇，实践了病理学式的人物塑造，代表作有《罪与罚》和《白痴》等，他的小说创作在 20 世纪越来越受到推崇。

戏　　剧

近代戏剧的演变乃是整个西方近代文化演变的一个缩影。

15 世纪下半叶至 17 世纪初，是西方戏剧史上的文艺复兴时代。文艺复兴戏剧富有人文主义精神，主要取材于虚构的生活故事和历史传说，充满强烈的世俗化色彩，批判贵族和教会的封建统治，属于大众戏剧。文艺复兴戏剧追求剧情的丰富性，时间跨度大，地点转换多，人物众多，情节纷繁，多采用开放式结构。它打破悲剧和喜剧的严格界限，产生了悲喜剧。文艺复兴的中心意大利从 15 世纪末起便有了文艺复兴戏剧的萌芽，比如马基雅维利的喜剧《曼陀罗花》和塔索的牧歌剧《阿曼达》等，并对别国的戏剧创作产生了影响。意大利人拉开了西方戏剧史上话剧、歌剧、舞剧各立门户的序幕，并在镜框式舞台建造和舞台布景设计方面处于领先地位。16 世纪中叶起，西班牙戏剧开始摆脱意大利的影响，凸显民族特色。塞万提斯创作了《被围困的努曼西亚》等 30 多部戏剧，而维加则以多产的剧作家著称，代表作有《羊泉村》等。英国戏剧在 16 世纪晚期进入鼎盛期，开创了欧洲戏剧的新传统，代表了文艺复兴戏剧的最高水平。莎士比亚是世界戏剧史上一座难以逾越的高峰，他共有 37 部剧作传世，包括著名的四大悲剧《哈姆雷特》《奥赛罗》《李尔王》和《麦克白》。

17世纪中叶至18世纪上半叶，是古典主义戏剧的时代。古典主义戏剧严谨整饬，是对汪洋恣肆的文艺复兴戏剧的反驳。在这一时期，由于绝对王权发展、唯理主义盛行，法国成为欧洲戏剧中心。王权主要通过法兰西学院来干预文化艺术，1638年，院士夏普兰针对高乃依的悲剧《熙德》发表了《法兰西学院关于〈熙德〉的感想》一文，从此剧作家不得不遵从古典主义戏剧的"三一律"，即每部剧只能描写发生在一地并在一天内结束的单一事件。古典主义戏剧多为五幕，冲突集中，线索单纯，人物性格缺乏变化，悲剧与喜剧泾渭分明。悲剧表现王公贵族，以华丽诗句和高雅情感为标志；喜剧表现平民百姓，以日常口语和滑稽风格为标志。法国古典主义戏剧三杰是高乃依、莫里哀和拉辛。其中，高乃依是奠基人，并影响了后二者，创作有《熙德》等30多部剧本。拉辛是最典型的古典主义悲剧巨匠，创作了《昂朵马格》等十余部剧作，其悲剧严格遵循三一律，却如行云流水，全无约束之态。莫里哀是古典主义喜剧大师，却对古典主义有所突破，他创作了《伪君子》《悭吝人》等30部讽刺喜剧，市民趣味浓厚，深刻影响了后来的启蒙戏剧和现实主义戏剧。

18世纪下半叶是启蒙戏剧时代，它反映了第三等级的崛起，是对服务于王权的古典主义戏剧的颠覆。启蒙戏剧具有强烈的政治色彩，反封建和反教会是其矛头所向，政治批判与社会批判是其两大主题。启蒙戏剧时期产生了除悲剧和喜剧之外的第三种戏剧体裁——正剧，它着眼于现实，多以第三等级为正面人物，贵族则成为被讽刺的反面人物。它力图突破古典主义的三一律，推崇莎士比亚戏剧，台词不用诗句，更加口语化。启蒙运动的主战场法国也是启蒙戏剧的中心。启蒙运动领袖伏尔泰借古典主义戏剧的形式来表达启蒙诉求，代表作有《俄狄浦斯王》等。而真正为启蒙戏剧立法的是狄德罗，他在《关于〈私生子〉的谈话》和《论戏剧诗》等文章中阐述了正剧（或市民剧）理论。剧作家博马舍深受狄德罗影响，将其理论付诸实践，创作了《塞维利亚的理发师》和《费加罗的婚礼》等经典启蒙戏剧。另外，德国在18世纪后期掀起了文学上的狂飙突进运动，戏剧也有了长足进步。莱辛是德国民族戏剧的创始人，他通过《汉堡剧评》为德国戏剧提供了理论支持，并影响了狂飙突进运动的代表人物歌德和席勒。歌德的代表剧作是《浮士德》，席勒则创作了《强盗》《阴谋与爱情》等多部批判性剧作。

19世纪是浪漫主义戏剧和现实主义戏剧并盛的时代，其间法国和俄国的戏剧成就最为突出。19世纪上半叶，浪漫主义戏剧继承启蒙戏剧的批判传统，彻底战胜了古典主义戏剧。它主张打破一切陈规，高扬戏剧创作的个性，主张强烈地反映生活，表现超凡人物，提出悲喜交加、美丑对照的创作原则。雨果是浪漫主义戏剧的泰斗，1827年，其诗剧《克伦威尔》的序言成为浪漫主义戏剧的宣言书；1830年，其戏剧《欧那尼》的上演成为浪漫主义战胜古典主义的历史性事件。

克伦威尔

在19世纪三四十年代浪漫主义戏剧盛极一时之后，现实主义戏剧声势日隆，逐渐取代了前者。现实主义戏剧反对古典主义的陈规戒律，也反对浪漫主义的夸张过火，力求客观如实地描绘现实生活，塑造普通人形象，具有更强的批判性。19世纪下半叶，现实主义戏剧已经完全占据了法国舞台，小仲马的《茶花女》是其最杰出代表。而批判性最强的现实主义戏剧则出现在各方面发展均落后于西欧的俄国，其矛头所向是黑暗的沙皇专制统治和封建农奴制。其中，普希金和别林斯基是俄国现实主义戏剧的奠基人，而果戈理的喜剧《钦差大臣》和奥斯特洛夫斯基的悲剧《大雷雨》则是其杰出代表作。挪威剧作家易卜生是北欧现实主义戏剧的最重要代表，被称为"现代戏剧之父"，作品有《玩偶之家》等。

19世纪七八十年代，法国出现了现实主义戏剧的极端形式——自然主义戏剧，主张以观察到的事实对人物面貌作记录式的描写，并要求精确地分析环境和生理遗传对人物性格形成的影响。龚古尔兄弟对其进行了最初的创作实践，左拉的《戏剧中的自然主义》为其提供了理论基础，而贝克则是自然主义剧作家的代表，作品有《乌鸦》等。值得一提的是，工业革命的技术革新也被运用到戏剧中，比如升降舞台、煤气灯照明和白炽灯照明等。

二　艺术

美　术

文艺复兴是欧洲近代美术的辉煌起点。16世纪下半叶，随着文艺复兴伟大光芒的散去，欧洲艺术逐渐进入了纷繁的巴洛克时代。巴洛克艺术的风格特征是华丽壮观，充满激情浪漫的动感，宗教色彩浓重，强调艺术形式的综合，等等。17世纪是巴洛克艺术的全盛时期，并呈现出多元化倾向。罗马天主教会反宗教改革运动的开展、法国绝对君主制的确立以及尼德兰资产阶级革命的成功等重要史实是其促成因素。

在反宗教改革运动的中心罗马，贝尔尼尼是最具代表性的巴洛克艺术家，他得到教皇和红衣主教的宠信，雕塑遍布整个罗马城，比如《圣德列萨祭坛》《阿波罗与达芙妮》等。在隶属天主教西班牙的佛兰德斯，这个南北欧文化的交会之地，产生了巴洛克绘画艺术大师鲁本斯。他将意大利的巴洛克艺术技巧与佛兰德斯古老的民族美术传统结合起来，形成了热情奔放、绚烂多彩、动感十足的画风。他担任过宫廷画师，并得到权贵富豪的赏识，主要作品有《基督上、下架》《抢劫留西帕斯的女儿》等。在王权为教权服务、黑暗保守的西班牙，宫廷肖像画大师委拉斯开兹横空出世，他深受意大利及鲁本斯巴洛克绘画风格的影响，创作了传世之作《宫娥》《教皇英诺森十世》等。

在逐步确立了绝对君主制的法国，则产生了兼具巴洛克风格的古典主义艺术，它严谨规整，崇尚理性。古典主义受到宫廷的扶持和干预，因而要体现王权的伟大，追求民族在精神及物质方面的统一。宫廷画家乌埃是最早的古典主义代表人物，主要作品有《路易十三肖像》等。普桑是最杰出的古典主义大师，代表作有《阿卡迪亚的牧人》《台阶上的圣母》等。勒布伦师从两位前辈，并得到路易十四的恩宠，担任了宫廷首席画师和法兰西美术学院院长，是"伟大风格"的最成功演绎者。

尼德兰革命胜利后，荷兰摆脱西班牙统治建立了一个共和政体的新教国家，也从此摆脱了南欧文艺复兴精神的统治，成为新兴的欧洲文化艺术中心。画家失去了教会和宫廷这两大传统客户，转而为新兴的资产阶级和市民阶层服务，因此荷兰画派的风格是现实主义的，崇尚真实朴素的世俗生活。其中最伟大的画家是伦勃朗，代表作有《杜普医生的解剖课》《夜巡》等。

18世纪，路易十五治下的法国开始流行纤巧、精美、浮华、烦琐的洛可可艺术，体现出上流社会奢靡腐化的享乐主义之风。洛可可艺术塑造的人物没有了古典主义的庄严感，变得轻盈柔媚，无论男女都带有脂粉气，因而它也被称为艳情艺术，饱受伏尔泰等启蒙哲人的诟病。华托是洛可可艺术的早期代表人物，作品有《舟发西苔岛》等。布歇将洛可可风格发挥到极致，得到了国王情妇蓬巴杜尔夫人的赏识，担任了宫廷首席画师和法兰西美术学院院长，代表作有《梳妆的维纳斯》等。弗拉戈纳尔是洛可可艺术的晚期代表，创作了《秋千》等表现男女暧昧气息的作品。

除了作为主流的洛可可艺术之外，法国也出现了平民写实主义风格的画家，他们受到启蒙思想的影响，主张用艺术表现第三等级小人物的生活，在法国掀起了学习荷兰画派风俗画和静物画的浪潮。夏尔丹是极受狄德罗称赞的画家，擅长通过静物画和风俗画来反映平民的生活乐趣和勤俭美德，代表作有《鳐鱼》《玩陀螺的男孩儿》等。平民风俗画家格勒兹创作了《乡村里的订婚》《父亲的诅咒》等作品。

1789年法国大革命前后，新古典主义应运而生。尽管它的大多数题材和形式选自古希腊罗马的历史神话故事，但其内容和人物所表现出的精神面貌却具有时代的革命气息。大卫是新古典主义的早期代表，他的作品贯穿了革命前和革命后时期，如《贺拉斯兄弟之盟》和《马拉之死》。安格尔是晚期新古典主义的最杰出代表，他是保守的学院派，与新兴的浪漫主义艺术相对立，代表作有《泉》《瓦平松的浴女》等。

19世纪前期，浪漫主义艺术的先驱、法国画家席里柯创作了举世闻名的画作《梅杜萨之筏》。浪漫主义绘画的主将德拉克洛瓦在表达情感的强大力度与描绘运动的激烈气势方面无人匹敌，他创作的《但丁与维吉尔》和《希阿岛的屠杀》引起了浪漫主义与新古典主义之争，而以1830年革命为题材创作的《自由引导人民》则标志着他成为浪漫主义艺术的领军人物。另外，西班牙浪漫主义画家戈雅创作了《1808年5月2日起义》等作品。

19世纪中叶，随着资本主义的发展和阶级矛盾的尖锐化，法国出现了现实主义艺术，主张真实客观地反映当下的时代现实，其代表人物主要有杜米埃、米勒和库尔贝。杜米埃创作了大量具有政治讽刺性的版画作品并因此入狱，之后，其绘画主题转入生活讽刺，表现底层劳苦大众，比如《洗衣妇》《三等车厢》等。出身农民家庭的米勒，创作的大多是他所熟悉的农村题材，反映了农民的贫困生活，比如《拾穗者》《晚钟》等。库尔贝是现实主义艺术的积极倡导者，他认为"古典主义是装腔作势，浪漫主义是无病呻吟"，代表作有《碎石工》《奥南的葬礼》等。

19世纪六七十年代，印象主义以创新的姿态登上法国画坛，它得到现实主义的滋养，并在现代光学理论和实践的启发下，注重对瞬间的光与色彩的研究与表现。马奈是印象主义的奠基人，作品有《草地上的午餐》等。而印象派的典型代表是莫奈，"印象派"的名字便是源自其1874年创作的作品《日出·印象》。雷诺阿是最受欢迎的印象派画家，因为他描绘的都是美丽的事物，比如《钢琴边的少女》等。19世纪末，出现了后印象主义艺术，它比印象主义更加强调画家的主观情绪和内心世界，其代表人物是塞尚（《静物》《圣维克多山》等）、高更（《黄色的基督》《游魂》等）和凡·高（《星空》《向日葵》等），他们三人被誉为"现代艺术之父"。

第二十九章 近代西方的文化

音　乐

西方音乐史通常将1430—1600年这段时间称为音乐的文艺复兴时期。这时的作曲家开始从中世纪教会的束缚中解放出来，自视为面向现世的有创作力的艺术家，他们将音乐与诗歌紧密结合起来，使音乐具有了更多人的个性和情感的表达。可以说，从文艺复兴开始，音乐成为了一门独立的艺术。随着世俗化的发展，欧洲各国在16世纪先后出现了一些世俗声乐体裁，如意大利牧歌、法国尚松、英国牧歌和德国利德等。牧歌的歌词通常是严肃而优雅的，带有诗意的幻想，主题一般是感伤的或田园风格的。宗教改革则深刻地影响了宗教音乐，路德对新教仪式的音乐实践进行了大胆改革，创作了一种新型的会众演唱歌曲——众赞歌。器乐作品在文艺复兴时期开始增多，体裁大致包括舞曲、即兴作品、对位体裁、奏鸣曲和变奏曲等。当时的主要乐器有竖笛、肖姆管、小号、管风琴、古钢琴、琉特琴等。此外，1501年，意大利人彼特鲁奇发明了乐谱的三重印刷术（分别印刷谱线、音符和歌词），出版了第一部用铅活字印刷的音乐书籍《歌曲一百首》，使音乐得到了更广泛的传播。

1600—1750年这150年，在西方音乐史上被称作巴洛克时期。巴洛克音乐的风格是复杂多样的，但有一种共同的音乐美学理论：音乐的主要目标是唤起听者的情感。17世纪的意大利产生了歌剧，它将舞台戏剧、布景、情节和持续的音乐相结合，音乐中包括各种独唱、对白、合唱和器乐作品。清唱剧和康塔塔则是17世纪产生于意大利的另外两种声乐体裁。此时的器乐受到声乐的影响，也得到了重要发展。管风琴和古钢琴进入黄金时代，小提琴取代了古提琴，上升为一种突出的独奏乐器。作曲家开始为特定乐器创作适合于发挥该乐器技巧的作品，主要体裁包括管风琴的托卡塔、赋格曲和以众赞歌为基础的作品，古钢琴的组曲和变奏曲，以及小提琴的奏鸣曲和协奏曲。从此，器乐和声乐的风格被区分开来。巴洛克晚期的四位作曲家——拉莫、斯卡拉蒂、亨德尔和巴赫，代表了18世纪早期欧洲音乐的最高水平。这一时期宫廷成为重要的音乐文化中心，比如法国路易十四的宫廷和佛罗伦萨的美第奇宫廷。资产阶级积累的财富也促进了艺术的发展，城市学院和私人协会赞助音乐活动，公众音乐会开始出现。

1730—1815年这段时期被称为古典主义时期，其首尾与巴洛克晚期和浪漫主义早期相重叠。此时的欧洲出现了启蒙运动，音乐文化也随之发生了深刻变化。古典主义音乐普遍追求一种世界性，认为理想的音乐语言应该超越民族风格的局限，同时也应该是高雅、清晰、均衡、自然的。古典主义音乐从晚期巴洛克抽象而复杂的复调音乐中解放出来，采用了更加简单明快的主调风格。1730—1750年被称为前古典主义时期，出现了一种新型歌剧形式——喜歌剧，它以清新自然和轻松愉悦的手法，对抗正歌剧。而德国作曲家格鲁克也顺应了返回自然的潮流，对正歌剧进行了意义深远的改革。交响乐在18世纪30年代出现，后来逐渐取代协奏曲，成为主要的器乐形式。18世纪下半叶是古典主义音乐的全盛时期，出现了以海顿、莫扎特和贝多芬为代表的维也纳古典乐派。海顿是古典主义的奠基人和中心人物，古典交响乐和弦乐四重奏在他手中获得真正的生命。音乐神童莫扎特则使古典主义音乐登峰造极，他在35年的短暂人生中创作了600多首作品，其中歌剧是其音乐创作中的最辉煌领域，比如《费加罗的婚礼》等。贝多芬的一生经历了欧洲在政治、社会和文化方面的大变革，也遭受了耳聋和与世隔绝的个人痛苦。他集古典主义音乐之大成，开浪漫主义音乐之先河，是横跨这两个时期的音乐巨人。

19世纪是浪漫主义音乐的时代，它打破了古典主义传统规则的局限。音乐创作中对作曲家的个性情感以及对民族性的强调，取代了18世纪世界主义的艺术理想。浪漫主义是一个直觉战胜理性、心灵战胜头脑、酒神战胜日神的时代。这一时期，音乐家的社会地位也发生了巨大变化，他们逐渐摆脱了对宫廷和教会的依附，得到了新兴的资产阶级听众的支持，一些演奏家成为商业化公众音乐会上的明星。工业化也使许多乐器得到了重大改革，例如带活塞和阀键的管乐器和现代大钢琴的出现，其中钢琴是浪漫主义作曲家最钟爱的乐器，并随之产生了一些新体裁，如交响诗、钢琴小品、标题交响乐、艺术歌曲等。乐谱和音乐杂志的印刷更加普及，音乐教育事业和音乐学的研究也开始了最初的发展。浪漫主义时期的典型作曲家有舒伯特、柏辽兹、门德尔松、舒曼、肖邦、李斯特和勃拉姆斯等。各国浪漫主义歌剧异彩纷呈，其中德国的瓦格纳创立了乐剧。19世纪下半叶，在民族主义浪潮推动下，俄罗斯、捷克和挪威等国出现了民族主义音乐，柴可夫斯基、德沃夏克和格里格是其代表。19世纪末的作曲家马勒和施特劳斯将浪漫主义音乐推向最后的高峰，而印象主义作曲家德彪西和拉威尔则完成了音乐观念和风格手法上的转变，打开了20世纪音乐的大门。

三 新闻和教育

报　　刊

近代报刊的出现，缘于众多历史条件。首先，德国人古登堡铅活字印刷术的发明和普及，为报刊提供了最基本的技术支持。意大利（1464年）、法国（1470年）、尼德兰（1471年）、英国（1476年）等国相继引进了这一划时代的新技术。其次，近代早期文艺复兴、宗教改革和地理大发现等一系列重大历史事件增加了人们对新闻信息的需要，为报刊提供了精神动力。再次，欧洲邮政业务不仅为报刊提供消息，也将新闻印刷品及时投递给读者。

由于享有印刷术的优势，德国曾在近代早期的世界新闻史上独领风骚，例如：1609年，德国产生了世界上最早的定期刊物——《观察周刊》，每期只刊登一条新闻；1615年，德国诞生了世界上第一份真正的报纸——《法兰克福新闻》，每周一期，刊登数条新闻；1650年，在莱比锡诞生了世界上第一份日报《新到新闻》等。但是，由于近代德国一直处于分裂状态，没有形成现代意义上的民族国家，政治和经济发展落后，致使德国报业也长期处于小型化、分散化的停滞状态。

与德国不同，英国和法国较早地实现了民族国家的统一，极大地促进了两国报业的发展，但同时也将报业纳入官方的严格控制之下，其控制手段有特许出版制度、新闻审查制度、知识税和津贴制度等。1621年，英国出现第一份定期刊物《每周新闻》，内容取材于荷兰的新闻书，主要是国外消息。英文 News 作为新闻之意，第一次用于刊名，从此流行于世。1665年，政府公报《牛津公报》创刊，后来改名为《伦敦公报》，发行至 20 世纪。1702 年，英国有了第一份日报《每日新闻》。1709 年和 1711 年，斯蒂尔和艾迪逊合作创办了文学报刊《闲谈者》和《旁观者》。18 世纪中后期，英国陆续出现了几家权威性日报，如《纪事晨报》（1758 年）、《晨邮报》（1772 年）和《泰晤士报》（1785 年）。而在绝对君主制下的法国，三种官方特许报刊垄断了思想传播：第一份报纸《各地见闻》于 1631 年 1 月创刊于巴黎，后来被勒诺多创刊于同年 5 月的《法兰西公报》兼并；1665 年，《学者报刊》创立；1672 年，《文雅信使》创立，1724 年改名为《法兰西信使》。法国第一份日报是布里索于 1777 年 1 月创立的《巴黎日报》。

另外，美国在殖民地时期也发展了报业，第一份报纸是 1690 年由哈里斯创办的《国内外公共事件报》，但刚出版一期便遭查禁。第一份连续出版的美国报纸是 1704 年坎贝尔创办的《波士顿新闻信札》，随后还有 1719 年创刊的《波士顿公报》和 1721 年创刊的《新英格兰报》等。

报刊是社会变革的重要力量，在革命期间，报刊更是斗争双方强大的宣传工具。在 1640—1660 年的英国革命期间，英国共有 300 多种报刊问世，分为革命派和保王派两大阵营。其中，革命派的报刊有《国会议程纪要》《公民信使报》等，保王派的报刊有《宫廷信使报》《学院信使报》等。美国独立战争期间，报业也分为爱国派和效忠派两大阵营：前者包括《波士顿公报》《马萨诸塞侦探报》等；后者包括《利文顿纽约公报》《波士顿邮差报》等。而在 1789—1800 年的法国大革命期间，共涌现出 1350 多种新报刊，其中绝大多数是激进的革命派报刊，比如马拉的《人民之友》、米拉波的《法兰西爱国者》和阿贝尔的《杜歇老爹》等。英、美、法各国的革命极大推动了报业的发展，然而，真正的新闻自由要等到 19 世纪才得以实现。

19 世纪上半叶，西方涌现出第一批面向普通大众的廉价报纸，从而改变了近代报业的结构和性质。大众报刊的出现也缘于某些特定历史条件。

首先，19 世纪初现代民主政治在欧美国家的逐步确立激发了公众对社会信息的需求。其次，工业革命推动了城市化进程和工商业的发展，城市成为生产、消费和信息的中心，城市居民人口高度集中，为大众报刊提供了更多的读者。再次，随着工商业的发展，广告产业也在 19 世纪上半叶实现空前飞跃，大量的广告收入使报刊变得更加廉价。最后是印刷技术方面的革新：1814 年德国人发明了滚筒式蒸汽印刷机，大大提高了印刷速度。

大众报刊在 19 世纪 30 年代首先崛起于美国。1833 年，本杰明·戴创办了《太阳报》，每份售价 1 美分，直到 19 世纪 50 年代，该报销量一直居美国报业之首。贝内特于 1835 年创办的《纽约先驱报》，销量后来居上。另外，格里利在 1841 年创办的《纽约论坛报》成为美国大众报刊成熟的标志。在七月王朝之后的一段时间，法国的大众报刊也开始繁荣起来。其中影响最大的是吉拉丹于 1836 年创办的《新闻报》，每份售价 1 苏，主要刊登社会新闻。杜塔克于同年创办的《世纪报》，其销量从 1838 年之后一直领先于《新闻报》。英国在废除印花税的 1855 年，诞生了第一份便士报《每日电讯报》，在 1896 年《每日邮报》创刊之前，它一直是英国乃至世界上发行量最大的报纸。

到了 19 世纪末，美、英、法等国相继出现"黄色报纸"，比如《纽约世界报》等。黄色报纸以极度夸张及捏造情节的手法来渲染新闻事件，尤其是关于色情、暴力、犯罪方面的事件，以达到耸人听闻进而扩大销量的目的。

大　学

大学是除了天主教教会之外欧洲最古老的机构。近代早期的大学继承了中世纪的传统，通常包括四个学院——神学院、法学院、医学院和文学院。然而，文艺复兴的人文主义思潮深刻影响了各个学院，尤其是提供预备教育的文学院。宗教改革极大地推动了近代欧洲大学的发展，因为天主教教会和新教教会都将大学视为加强自己力量的一个机构。因此，神学在 16 世纪仍是最重要的学科。然而，宗教改革的结果却导致神学院失去了主导地位，因为教派神学不能完成自身政治合法化的任务，也无法证明自己作为论辩神学的统一神学力量的存在。一些新教国家建立了新型大学，推动了大学教育与社会需求联系密切的世俗化趋势。比如，苏格兰于1583年成立的爱丁堡大学，其教学重点是文科和实用的知识，包括哲学和科学基本知识，并设立了医学讲座和解剖学讲座。

到了17世纪，大学学科发生变化。首先，自然法的兴起弥补了神学公信力的丧失，法学取代神学成为显学，并将这种地位保持了大约一个半世纪。宗教改革之后，随着政治问题的凸显，解决国家的行政和宪法问题成为法学家的主要任务。国家确立君主政体的过程导致法学的政治化程度日益提高，法学遂成为一个主要学科，这在德意志地区、尼德兰、意大利和苏格兰等国家表现得尤为突出。17世纪末，现代公法诞生，有效地刺激了18世纪的大学改革。哈勒大学成为宣传政治法学思想的中心，哥廷根大学则在公法传统中享有盛誉。其次，国家强盛依赖于经济繁荣，经济科学也成为大学中的一个重要学科。有着政治哲学功底的苏格兰大学的经济学家们，首先确立了经济自由主义的文化基础，亚当·斯密和亚当·弗格森使政治经济学这一学科独立出来。另外，尽管17世纪的科学革命发生在大学之外，但新科学的思想却逐渐渗透到大学课程里面。

18世纪最后三分之一世纪里，哲学变得愈发重要，并在19世纪的一段时间里占据了主导性学科的地位。自然概念是神学、法学和哲学的共同基础，但由于神学保留了派别性，法学趋于政治化，它们都不能对这一概念的所有来源进行探究，而哲学则以一种非派别性的和自主的方式宣告了自身独立于宗教和政治活动之外。因此，自然法、自然宗教、人性便成为哲学的任务，哲学处于确立自然启示的地位。这促成哲学在启蒙运动行将结束时成为大学中的主导学科，获得了学科评判权。

与此同时，近代科学进一步渗透到苏格兰大学的课程结构中，许多实用科学以讲座形式进入大学，如天文学、农学、技术学、化学、机械学等讲座。18世纪的苏格兰大学以科学教学闻名于世，尤其在医学、科学和数学领域，吸引了来自英格兰、欧洲大陆甚至美洲的学生。苏格兰的大学是启蒙运动的重要载体之一，涌现出一大批著名教授学者，比如，格拉斯哥大学的道德哲学教授哈奇森和政治经济学之父亚当·斯密，蒸汽机发明者瓦特则在格拉斯哥大学的实验室里开始了他的探索。总之，苏格兰大学培养了近代英国的大部分医生、工程师和其他专业技术人才。

1810年柏林大学的建立标志着现代大学的诞生。德国教育学家洪堡的改革确立了现代大学的原则和体制，其理念是倡导学术自由以及研究与教学合一。洪堡认为，大学兼有双重任务，一是对科学的探求，一是个性与道德的修养。这意味着大学不为政治、经济利益所左右，强调大学在管理和学术上的自主性。洪堡的理念传递到欧美各地，被许多大学效仿。

19世纪，随着工业革命在欧美的开展，各国大学纷纷将科学技术融入其课程之中，开始走出冰河期，进入新的发展阶段。以英格兰为例，由于工业生产急需大量的科技人员，英格兰仅有的两所古老大学牛津和剑桥已经不能满足社会发展的需要，伦敦大学、国王学院和达拉谟大学等新型大学应运而生。它们主要以苏格兰和德国的大学为模板，重视实用技术知识。此外，从19世纪中叶开始，城市学院在英格兰各地工业中心城市出现，这是城市化、工业化和人口增长的必然结果。牛津和剑桥也在19世纪下半叶发生了深刻的世俗化变革，增加了自然科学和医学课程，建立了现代科学实验室，加强了与社会生产和生活的联系。

简明世界历史读本
A brief history of the world

现代

第三十章 第一次世界大战与革命

帝国主义政治经济发展的不平衡，导致帝国主义列强为瓜分殖民地和势力范围展开激烈的竞争，形成"三国同盟"和"三国协约"两大对立的帝国主义军事集团，引起第一次世界大战爆发。战争削弱了欧洲，引起了俄国十月革命等一系列革命的爆发，建立起世界上第一个社会主义制度的国家苏维埃俄国，促进了亚非拉民族民主运动蓬勃发展。第一次世界大战结束后，建立起由凡尔赛体系和华盛顿体系构成的帝国主义新的世界体系。凡尔赛—华盛顿体系的建立，完成了第一次世界大战后帝国主义列强对世界秩序的重新安排，暂时维持了资本主义世界的相对平衡，但没有消除帝国主义争夺世界的矛盾。

一 第一次世界大战的起源

两大军事集团扩军备战

两大帝国主义军事集团形成后，为争夺世界霸权，积极扩军备战，不断提高国防预算。1890 年，"三国同盟"德、奥、意的国防预算分别是 2880 万英镑、1280 万英镑、1480 万英镑，到 1914 年，分别增加到 1.108 亿英镑、3660 万英镑、2820 万英镑。两大军事集团都大力扩张陆军。到战争开始时，德国和奥匈帝国共有陆军 370 万人；协约国的陆军总兵力为 580 万人。德国、法国、俄国、英国和奥匈帝国受过军事训练的人数，分别是 490 万、506 万、565 万、120 万和 300 万。1913 年，比利时的军队只有 5.4

万，战时激增到 34 万。在海军军备竞赛方面，英国和德国最为突出。从 1889 年到 1914 年，德国 4 次扩充海军。英国不断建造吨位和大炮口径更大的"无畏"号新型战舰，还提出德国造一艘军舰、英国就造两艘的"2：1 原则"。到 1908 年，英、德"无畏舰"的比例已为 4：3，英国只略占优势。到 1914 年大战爆发时，英国已有军舰 688 艘，德国有 391 艘。

第一次世界大战爆发前，欧洲一些国家的军队已经开始用先进的武器装备起来。在装甲车的基础上，出现了时速 25 公里以上的坦克；飞机用于战场，这在俄国、法国、英国和德国得到迅速发展，出现了航空兵——空军新的兵种；汽车长途运输完成军事任务也不鲜见。法国的军用汽车近万辆；俄国和德国各有 4000 多辆，英国有 1300 多辆。常规武器也有明显进展，出现了自动、半自动步枪，轻、重机枪；口径达 155 毫米的野战炮；最远射程达 12 公里的榴弹炮等。随着战争的临近，各国都在制订战争计划。德国制订了先后击败法国、俄国的"施里芬计划"；奥匈帝国制订了配合德国，主要针对俄国和塞尔维亚的计划；俄国制订了配合法国、同时打败德国和奥匈帝国的"第 19 号计划"；法国制订了进攻德国的"第 17 号计划"，英国还制订了海上打击德国的作战计划。

帝国主义列强积极扩军备战的同时，却不断高喊和平裁军，欺骗世界舆论，以掩盖自己的战争行径。1899 年 5 月，26 个国家的代表在荷兰海牙召开第一次和平会议。会议虽然签订了《关于和平解决国际争端公约》等文件，但没有在裁军问题上做出任何实质性决议，国际局势没有丝毫缓和。1907 年 6 月，第二次海牙和平会议召开。在长达 4 个月的会期中，裁减或限制军备问题根本未被列入议程，列强也没有实质性裁军行动。会议缔结了《海牙公约》，包括禁止使用毒气和达姆弹、保障战时中立国和中立人员的权利、限制敷设水雷等。但是，这些在后来的战争中，从没有很好地执行。两次海牙和平会议在裁军或限制军备方面一无所获，而战争狂热却不断增长。

摩洛哥危机和波斯尼亚危机

军备竞赛直接导致军事冲突和政治危机加剧。1905 年，法国向摩洛哥提出将其沦为法国保护国的"改革"方案。德国认为，法国的行为使其切身利益受到威胁，积极支持摩洛哥拒绝法国的方案。德皇威廉二世于该年3月底访问摩洛哥，支持摩洛哥维护主权，强调各国在摩洛哥的地位应"绝对平等"。法国在英国的支持下不甘示弱，于1905年6月派军舰到摩洛哥炫耀武力，出现了第一次摩洛哥危机。在其后召开的国际会议上，法国获得了许多特权，德国陷入困境。1911年春，摩洛哥首都非斯爆发了反帝人民起义，法国以恢复秩序和保护侨民为名出兵镇压，占领非斯，并进而控制了整个摩洛哥。7月，德国"豹"号炮舰驶入摩洛哥阿加迪尔港，进行战争挑衅。法德爆发了第二次摩洛哥危机。英国海军趁势进入战备状态，支持法国并对德国施压，迫使德国再次妥协。德国在两次摩洛哥危机中的失势，促使它大力发展军事力量；英法的军事联系也更加密切，随时准备应对德国挑起的战争。

地中海东部的巴尔干地区，被称为"欧洲的火药桶"，列强明争暗斗，与巴尔干民族独立运动交织在一起，使这里的局势愈加错综复杂。1908年，波斯尼亚危机爆发。根据1878年英、德、法、意、俄、奥匈、土等国签订的《柏林条约》，波斯尼亚和黑塞哥维那虽名义上是奥斯曼帝国的行省，但奥匈帝国取得了对波、黑的管理权。然而奥匈帝国并不满足，时刻准备正式吞并这两个地区。1908年9月，奥匈与俄国秘密达成协议：奥匈同意对俄舰队开放黑海海峡，俄国同意奥匈兼并波、黑两地。10月7日，奥匈宣布正式吞并波、黑，俄国十分恼火。塞尔维亚政府始终把波、黑看作是未来以塞尔维亚为主体建立的大南斯拉夫国家的重要组成部分，对奥匈帝国极为愤怒，遂进行战争动员并寻求俄国支持。俄国则以斯拉夫人的"保护者"自居，支持塞尔维亚人抵抗奥匈。但奥匈在德国的支持下，态度十分强硬，向塞尔维亚发出最后通牒。1909年2月，土耳其与奥匈签订协定，以250万英镑为代价，放弃了对波、黑的主权。德国以战争相威胁，要求俄国敦促塞尔维亚承认波、黑被奥匈吞并这一事实。俄国得不到英法盟国支持，势单力薄，在军事上尤其虚弱，开始对强势的德国做出让步。塞在俄国的压力下，被迫屈服。持续半年之久的波斯尼亚危机，使塞、俄与奥匈、德之间的矛盾日趋加剧,俄国开始大规模重建军事力量。欧洲开始全面走向战争。

巴尔干战争

1912年10月,在土耳其控制的巴尔干地区爆发了第一次巴尔干战争。保加利亚、塞尔维亚、希腊和门的内哥罗组成巴尔干同盟,很快打败了土耳其。土耳其被迫求和,并请列强调解,而列强也趁机谋求自己的利益。1912年12月6日,巴尔干同盟与土耳其的和谈会议和英、法、德、俄、意、奥匈六国大使会议同时在伦敦召开。在六国大使会议上,协约国支持巴尔干同盟,同盟国支持土耳其。1913年5月30日,土耳其与巴尔干同盟签订《伦敦和约》,后者取得了大片领土,而土耳其在欧洲的领土仅保存了伊斯坦布尔和海峡北面的狭小地区。这场战争使巴尔干各族人民摆脱了土耳其的统治。从这个意义上来说,这次巴尔干战争具有争取民族解放的性质。

巴尔干同盟各国因争夺领土而分裂,1913年6月爆发了第二次巴尔干战争。列强借机干涉,奥匈帝国支持保加利亚,协约国支持塞尔维亚、希腊和门的内哥罗和土耳其。保加利亚在力量对比和战场态势明显处于劣势的情况下,被迫提出停火,交战双方8月在布加勒斯特签订和约。塞尔维亚和希腊瓜分了马其顿的绝大部分领土,保加利亚只保留马其顿的一小部分,南多布罗加割让给罗马尼亚。在稍后的《保土条约》中,亚德里亚堡划归土耳其。这次战争使巴尔干各国分为两大集团:一方是塞尔维亚、希腊和罗马尼亚,它们处于俄国和法国的影响之下;另一方是保加利亚和土耳其,它们得到奥匈帝国和德国的支持。两次巴尔干战争进一步加深了帝国主义两大军事集团的矛盾,在欧洲国际政治中,巴尔干地区变得愈加敏感,成为第一次世界大战的爆发地。

二 第一次世界大战爆发和进程

萨拉热窝事件与战争爆发

1914年6月28日,塞尔维亚青年加弗利尔·普林西普在波斯尼亚首府萨拉热窝，枪杀了奥匈帝国皇储弗兰茨·斐迪南夫妇。奥匈决心充分利用这一事件发动战争，得到了德国的支持。德皇威廉二世（1859—1941）对奥匈大使说："对塞尔维亚的军事行动不应再延迟了。"奥匈和德国开始了紧张的战争准备。俄国和法国支持塞尔维亚，也在积极备战。俄法两国相互承诺，一旦对德开战，双方一定履行自己作为盟国的义务。

7月23日下午6时，奥匈向塞尔维亚发出条件苛刻的最后通牒：严惩一切反对奥匈的宣传和行动；严厉取缔一切反奥组织；按照奥匈提供的名单清洗反奥匈的军官和政府官员；奥匈派代表到塞尔维亚，会同追捕和审判萨拉热窝暗杀事件的参与者；限令48小时内答复。塞尔维亚在规定时间内接受了通牒中的大部分要求，仅拒绝奥匈派人到塞尔维亚参与追捕和审判暗杀事件的活动者。在德国的支持下，奥匈于7月28日向塞尔维亚宣战，炮击贝尔格莱德。7月30日，俄国宣布总动员，法国同日开始了军事准备，7月31日宣布实行总动员。7月31日，威廉二世宣称"德国已处于战争威胁状态"，于当晚向俄国发出最后通牒，要求俄国在12小时内取消总动员，遭拒绝。德国在向俄国发出最后通牒的同时，向法国照会，要求法国承诺在德俄战争中保持中立，也遭拒绝。德国于8月1日对俄国宣战，8月3日向法国宣战。

奥匈帝国向塞尔维亚宣战后，英国的中立立场发生了重大变化。德国强调"军事上的需要高于其他一切"，咄咄逼人。英国向法国保证：英国海军一定按照1912年两国海军的协定，保护英吉利海峡和大西洋的法国海岸，与德国的矛盾日趋尖锐。英国宣布，从8月4日晚11时起，英德之间处于战争状态。与此同时，英帝国所属的各自治领，如南非联邦、澳大利亚、新西兰等也都卷入了战争，第一次世界大战全面爆发。8月2日，德土订立密约，10月29日土耳其军舰炮击俄国黑海港口，俄国与英法在11月初，分别向土耳其宣战。8月7日，门的内哥罗加入塞尔维亚一方对奥匈作战。日本则以"英日同盟"为由，于8月23日对德国宣战，并于11月初占领了中国的青岛和胶州湾。

战争进程

第一次世界大战的战火首先在欧洲燃起,战争主要在欧洲的四条战线上进行。西线:英、法、比军队与德军对抗;东线:俄国军队与奥匈、德军作战;巴尔干战线:塞尔维亚、门的内哥罗、罗马尼亚、希腊军队与奥匈、保加利亚军队作战;意大利战线:意大利军队在英法支持下对抗奥匈军队。另外还有英、土对抗的近东战线和俄、土对抗的高加索战线,以及海上战役和空中战斗。在上述诸多战线中,西线和东线是主要战场。

1914年9月法、德在西线进行的马恩河战役,是大战中的第一次大规模战略决战,双方参战人数150多万,持续8天后法英联军获胜,使德军速决战计划彻底破产,德军不得不在东西两线作战。在东线,德军虽取得了对俄军的胜利,但不足以挽回德军战略挫折所造成的损伤。8月23日,日本以"英日同盟"为由对德宣战,于11月初占领了德国在中国的"租借地"青岛和"保护领地"胶州湾,以及德国在太平洋的马绍尔群岛和加洛林群岛,充分暴露了日本帝国主义的扩张野心。11月,土耳其站在同盟国一方参战,战争规模不断扩大。

1915年,英法联军在法国北部多次向德军发起攻击,企图将德军逐出法境,遭德军激烈抵抗。4月,德军在伊普尔战役中置海牙国际公约于不顾,第一次使用了毒气,使英法联军遭受严重损失。此后,交战双方都大规模使用毒气。在西线处于战略防御态势的德军,开始将作战重心东移,企图首先打败相对虚弱的俄国,以摆脱两线作战的困境。5月2日—6月22日,德奥军队集中优势兵力,在西加里西亚的果尔利策地区与俄军交火,俄军惨败。同年,意大利、保加利亚分别加入协约国和同盟国参战。德奥集团在东线虽胜,但未能摆脱两线作战的困境,于是决定再次移师西线。1916年,在西线和东线爆发了三次著名的战役。

1916年2—12月在西线进行的凡尔登战役,是大战中时间最长的消耗战。法军和德军双方投入了庞大兵力,分别为66个师和46个师。参战兵力约200万人,伤亡70多万人,因此这次血腥的战役又被称为"绞肉机"

和"屠场"。德军集中重炮进行轰击，使用了燃烧弹和毒气，还第一次使用了轰炸机，数次向凡尔登要塞发起攻击，但终没能使法国投降。为了减轻凡尔登的压力，英法联军于6月发动了索姆河战役。英军首次将坦克用于实战。经过持续4个月的战斗，英法联军从德军手中夺回180平方公里土地，双方损失人数近130万。为配合英法在西线作战，俄军于1916年6月向同盟国军队发起强大攻势，在东线先后占领卢茨克、切尔诺夫策，向前推进50—150公里，双方损失约250万人。

1916年，英、德进行了大规模的海战。英国企图彻底消灭德国的海军主力，以保持英国的制海权；德国则打算通过海战的胜利，结束英国的海上封锁。1916年5月31日，英、德舰队在丹麦日德兰半岛以西斯卡格拉克海峡相遇，展开了两国海军主力仅有的一次交战——日德兰海战。英国出动舰只151艘，德国出动101艘。6月1日，战斗结束，英国损失3艘战列巡洋舰和11艘小舰，死亡6000余人，德国损失1艘战列巡洋舰和10艘小舰，死亡2500余人。英国损失虽大于德国，但仍握有制海权，继续保持海上优势。

大战爆发后，美国宣布中立，但美国与协约国的贸易额和投资额都远远大于同盟国。1917年2月，美国以德国潜艇击沉其"豪桑图尼克"号为由，与德国断交，反德情绪不断高涨。4月6日，美国向德国宣战，次日向奥匈宣战。美国参战后，希腊、巴西、暹罗（泰国）、利比里亚、印度、澳大利亚、加拿大、南非、古巴、巴拿马、汉志（沙特阿拉伯）、危地马拉、尼加拉瓜、海地、洪都拉斯、哥斯达黎加和中国等，都直接或间接地参加了协约国作战。德奥集团在战略上进一步处于劣势，整个战争发生了重大转折。

1917年俄历10月，俄国爆发了列宁领导的十月社会主义革命。十月革命胜利后的第二天，苏维埃政府通过了列宁起草的《和平法令》，要求立即缔结"不割地（即不侵占别国领土，不强迫合并别的民族）不赔款"的和平条约，向所有交战国提出休战建议，宣布俄国退出战争。1918年3月3日，苏俄与德奥集团签订《布列斯特—立托夫斯克条约》，俄国正式退出战争，东线不复存在。

1918年，同盟国集结190多个师的兵力先发制人，从3月到7月，对协约国发动了5次进攻，但未能达到预期目标，反而使德军损失约100万人，兵源已近枯竭；而协约国获得前来参战的100万美军的支持后，实力大大加强，自7月中旬开始反攻。8月8日，联军在450辆坦克、上千架飞机的支持下，发动亚眠战役，10月2日突破德军"兴登堡防线"，生俘大量德军。10月4日，巴登亲王马克斯（1867—1929）向威尔逊总统发出照会，请求签订停战协定。11月4日协约国方面向德国提出35条停战条款。11月11日清晨，德国代表在巴黎东北贡比涅签订了停战协定。1918年11月11日上午11时，西线全线停火，第一次世界大战结束。

战争的性质和影响

第一次世界大战的根源，在于资本主义在垄断基础上的激烈竞争，以及帝国主义经济、政治发展不平衡规律的作用。这场战争是19世纪末以来帝国主义列强争夺世界霸权，瓜分世界的继续。这场战争持续了4年3个多月，30余个国家卷入，其破坏性在人类历史上是空前的，是一场真正的世界性的帝国主义战争。

第一次世界大战给欧洲造成了极其惨重的损失：直接死于战争的军人达900万，受伤2000多万，终身残废者350万，给欧洲造成了巨大的精神创伤。大战同时给欧洲造成了巨大的物质破坏：参战各国的直接经济损失约1805亿美元，间接经济损失约1516亿美元；欧洲失去了大量海外市场和海外投资。1919年协约国欠美国债务高达100亿美元，美国由战前的债务国一举变为战后的债权国，并掌握了世界黄金储备的40%以上。

大战使欧洲的政治版图发生深刻变化，沙皇俄国、德意志帝国、奥匈帝国和奥斯曼土耳其帝国瓦解，代之而起的是人类历史上第一个社会主义国家苏联和德意志、奥地利、波兰、捷克斯洛伐克、匈牙利资产阶级共和国。战争引起了革命，如发生了俄国十月革命、德国十一月革命、巴伐利亚苏维埃共和国和匈牙利苏维埃共和国的建立等。

第一次世界大战开始了世界殖民体系的解体过程。战争把东方各族人民卷入现代国际政治生活,加快了东方的觉醒,推动了被压迫国家、被压迫民族反对帝国主义、殖民主义斗争的发展。大战期间,列强疲于相互厮杀,各殖民地和半殖民地的民族工业得以乘隙发展,民族资产阶级和无产阶级的队伍也随之壮大,成为反对帝国主义的重要力量。在十月革命的感召下,亚洲大陆出现了中国的"五四运动"、印度的"非暴力不合作运动"、土耳其的"凯末尔革命"等一系列争取民族解放的斗争,形成了战后第一次民族解放运动的高潮。

战后形成的凡尔赛—华盛顿体系,体现了帝国主义国际关系的新秩序。但是,它并没有解决帝国主义列强之间的矛盾,而且孕育着新的更加尖锐的矛盾。这新矛盾具体表现为不甘心被他国宰割、急于复仇的战败国,与战胜国之间的矛盾。此外,帝国主义经济、政治发展不平衡规律,使战胜国之间的实力对比发生了新的变化,又孕育着开始一轮新的争夺。战后,帝国主义国家不断加强对国家政治、经济生活的干预,加速了国家垄断资本主义的发展,对世界现代历史的发展产生了广泛的影响。

三 战争引起革命

俄国十月社会主义革命

1914年第一次世界大战爆发后,俄国强征1500万壮劳力入伍,几乎占全俄男劳动力的1/2,使大片土地荒芜,工厂倒闭,国债激增。1917年1月,为纪念1905年"流血星期日",在彼得格勒、莫斯科、罗斯托夫、哈尔科夫等地爆发了大规模工人罢工和示威游行。3月8日(俄历2月23日),彼得格勒举行了纪念国际劳动妇女节的集会后,一些工厂的工人开始罢工,示威者有10多万人,他们高呼"打倒战争!""打倒专制制度!"揭开了"二月革命"的序幕。

3月10日,彼得格勒出现了30万人的全市政治总罢工。11日,有近200名工人被军警开枪打死打伤,激起工人更大规模的反抗斗争。12—13日,10多万名士兵在革命高潮的影响下,站到了起义工人一边。起义者占领了彼得保罗要塞和冬宫。3月15日，沙皇尼古拉二世被迫宣布退位，统治俄国300余年之久的罗曼诺夫王朝寿终正寝。3月12日晚，彼得格勒苏维埃成立后，俄国其他城市也相继成立了苏维埃。但领导苏维埃的孟什维克和社会革命党人却认为，二月革命是资产阶级革命，自然应由资产阶级政党组阁。3月15日，资产阶级临时政府成立。这样，二月革命后，在俄国出现了资产阶级临时政府和工兵代表苏维埃两个政权并存的罕见局面。

4月3日，列宁从瑞士回到彼得格勒。4月4日晨，列宁出席了在塔夫利达宫举行的布尔什维克党代表会议，作了题为《论无产阶级在这次革命中的任务》的报告，即著名的《四月提纲》。列宁明确指出：目前俄国的特点是从革命的第一阶段过渡到革命的第二阶段，第二阶段应当使政权转到无产阶级和贫苦农民手中。1917年秋，俄国经济处于全面崩溃边缘，社会阶级矛盾空前尖锐，革命形势愈益成熟。9月，列宁写信给党中央，明确提出不失时机地通过武装起义夺取政权。10月23日，布尔什维克中央以10票赞成，加米涅夫、季诺维也夫两票反对，通过了列宁起草的"把武装起义提上日程"的决议。10月18日，加米涅夫、季诺维也夫在《新生活报》发表声明，公开反对党的起义方针，被列宁痛斥是叛卖行为。武装起义的消息泄露后，临时政府发布了随时镇压武装起义的紧急命令。11月6日（俄历10月24日）清晨，士官生和警察袭击布尔什维克党中央机关报《工人之路报》，封闭了印刷厂。革命士兵夺回了印刷厂，发出推翻临时政府、一切政权归苏维埃的号召。当晚，列宁来到斯莫尔尼宫指挥武装起义。7日（俄历10月25日）上午，除冬宫外，整个彼得格勒都掌握在起义者手中。晚9时40分，"阿芙乐尔号"巡洋舰发出攻打冬宫的信号，起义者冲进冬宫，与守军进行了殊死搏斗，逮捕了临时政府的部长，彼得格勒武装起义取得了彻底胜利。

在攻打冬宫的同时，11月7日晚，全俄工兵代表苏维埃第二次代表大会在斯莫尔尼宫开幕。大会通过了《告工人、士兵和农民书》，宣布代表大会已经把政权掌握在自己手中；大会还通过了《和平法令》《土地法令》。《和平法令》宣布，苏维埃政府"向一切交战国的人民及其政府建议，立即就缔结公正的民主的合约开始谈判"。《土地法令》决定，无偿没收地主的土地，交给劳动者使用，"永远废除土地私有权"。大会成立了人民委员会，列宁当选为人民委员会主席。苏维埃政府的建立，宣告了世界上第一个社会主义国家的诞生。

欧洲革命运动

德国发动第一次世界大战，给德国人民带来了深重的灾难。在俄国十月革命影响下，德国反战运动高涨。1918年11月3日，基尔港水兵起义，揭开了十一月革命的序幕。11月4日基尔成立了士兵苏维埃和工人苏维埃，起义迅速席卷全国，11月9日，首都柏林几十万工人和士兵发动武装起义。德皇威廉二世被迫退位逃亡荷兰，霍亨索伦王朝覆灭。

首相巴登亲王将政权交给敌视苏俄的社会民主党右派首领艾伯特。11月10日，艾伯特组成资产阶级临时政府——人民全权代表委员会。斯巴达克联盟决定建立无产阶级政党。1918年年底，德国共产党成立，宣布党的任务是用革命的暴力建立无产阶级专政的苏维埃政权。

1919年1月初，柏林工人发动武装起义，遭政府军血腥镇压，德共领导人李卜克内西和卢森堡被绑架后杀害。2月，在魏玛召开的国民会议上，艾伯特当选德意志共和国第一任总统。柏林"一月战斗"失败后，斗争仍在继续。4月13日，共产党领导慕尼黑工人夺取政权，建立巴伐利亚苏维埃共和国，遭资产政府的残酷镇压。5月1日，6万余政府军攻入慕尼黑，苏维埃政权被颠覆。十一月革命虽然失败了，但推翻了君主制，建立了共和国，完成了资产阶级民主革命的部分任务。

第一次世界大战前，匈牙利是奥匈帝国的一部分，大战爆发后，奥匈帝国与德国结盟，1918年10月战败。10月底，匈牙利爆发资产阶级民主革命，成立了以独立党人卡罗利·米哈伊为总统的共和国，结束了哈布斯堡家族对匈牙利的400年统治。1919年3月20日，协约国向匈牙利发出最后通牒，要求它割出2万平方公里领土。卡罗利·米哈伊政府拒绝最后通牒，宣布辞职。3月21日，匈牙利共产党发动工人起义，占领了首都布达佩斯，匈牙利社会民主党和共产党合并，成立"社会主义党"；当晚，匈牙利苏维埃共和国成立，次日发表《告全国人民书》，宣布"匈牙利无产阶级从今天起把全部政权掌握在自己手里"，这是俄国十月革命之后欧洲建立的第一个苏维埃政权。

协约国积极策划颠覆匈牙利苏维埃共和国，6月8日、13日两次照会匈牙利，以罗马尼亚军队撤到蒂萨河以东，邀请匈牙利参加巴黎和会为交换条件，要求匈停火后撤。匈牙利政府意见不一，为避免分裂，在6月14日召开的苏维埃代表大会上通过了接受协约国照会的决议，协约国却食言，匈国内反革命分子趁机发动叛乱。匈牙利政府反击时，红军总司令维尔莫什、总参谋长费伦茨却临阵背叛，使红军接连受挫。8月4日，罗马尼亚军队进入布达佩斯，革命者遭到血腥镇压。1920年3月，原奥匈帝国海军上将霍尔蒂就任摄政王，实行军事独裁统治。

第一次世界大战爆发后，第二国际各国党的多数领导人，背叛了无产阶级国际主义，第二国际破产。十月革命的胜利，推动了各国革命运动的发展，建立新的国际组织的条件日趋成熟。1919年1月，8个马克思主义政党的代表在莫斯科集会，发表《告世界共产主义组织和左派社会党人书》，邀请他们派代表来莫斯科研究建立共产国际问题。3月2日，国际共产主义代表会议在莫斯科召开，列宁致开幕词。大会宣告共产国际即第三国际成立，其主要任务是总结无产阶级革命斗争的经验，制定新的革命战略和策略，以适应新形势的需要。共产国际执行局由列宁、季诺维也夫、托洛茨基、拉科夫斯基和普拉廷5人组成。

亚非民族民主运动

在俄国十月革命的影响下，亚非国家出现了民族解放运动的新高潮。第一次世界大战期间，英国将印度拖入战争。国大党在第一次世界大战中支持英国政府，期待战后印度能获得独立。然而，战后英国在印度继续实行殖民统治，并变本加厉，如1919年3月授予总督特别权力，激起印度人民的强烈反抗。4月13日，约两万群众在阿姆利则举行抗议集会时，英军开枪镇压，当场有 379 人被打死，1200 人受伤。"阿姆利则惨案"发生后，在孟买、阿麦达巴德等地发生焚毁政府机关、邮局、警察局，破坏铁路等事件，愤怒的群众同军队展开搏斗。1920 年 9 月，甘地提出了"非暴力不合作计划"，并改组国大党，吸收工人、农民和手工业者入党，党员很快发展到 1000 万人。在甘地主持起草的国大党新党章中，第一次提到了实现印度独立的斗争目标。

1919 年，在凯末尔的领导下，土耳其开始民族革命战争，以拯救日益严重的民族危机。1919 年 7 月成立了以凯末尔为首的代表委员会，通过了争取民族独立、自由和领土完整的政治纲领。1921 年年初建立了土耳其国民军，在伊涅纽战役、萨卡里亚、多鲁佩纳尔等战役中，土军大败希腊军，俘获希腊军总司令。1922 年 10 月 11 日，协约国与土耳其签订停战协定。1923 年 7 月 24 日，英、法、意、日、希、罗、南七国与土耳其签订《洛桑和约》。上述七国、保加利亚还与土耳其签订了《海峡公约》，土耳其人民反帝斗争取得重大胜利。1923 年 10 月，凯末尔出任总统的土耳其共和国成立，政府宣布废除素丹制，以资产阶级共和政体取代了旧的封建君权和神权政体，标志着土耳其资产阶级革命的胜利。

1910 年，朝鲜沦为日本的殖民地。日本在朝实行"武断政治"，对朝鲜进行残暴掠夺和血腥统治。1919 年 1 月 21 日夜，长期被幽禁的原高宗皇帝李熙中毒身亡，一说是日本总督指使朝奸所为。朝鲜人民开展大规模反日示威运动。2 月 8 日，数千留日朝鲜学生在东京集会，发表独立宣言。3 月 1 日下午，汉城学生、工人、市民和农民集会，宣读《独立宣言》，30 万群众游行示威，高呼"朝鲜独立万岁！""日本军队滚出去！"除汉城外，3 月 1 日在平壤、南埔、安州、宣州、义州、元山、仁川和大同等地同时发生了示威运动。日本总督长谷川好道迅即暴力镇压，在 3 月至 5 月，屠杀了 7500 多人，打伤 1.59 万人，逮捕 4.69 万人。"三一起义"虽被镇压，但显示出朝鲜的民族觉醒和顽强不屈的战斗精神。

第一次世界大战爆发后，随着埃及民族经济的发展，民族资产阶级和工人阶级不断壮大。俄国十月革命的胜利，推动了埃及现代民族独立运动兴起。1919年3月8日，英殖民当局逮捕了争取埃及独立的柴鲁尔等4位华夫脱党领导人，成为三月起义的导火线。3月9日，数以万计的开罗学生走上街头，高呼"自由万岁""埃及万岁"，掀开了埃及现代民族解放运动的序幕。开罗各界民众罢工、罢市，反英斗争很快蔓延到全国各地。英国殖民当局出动大批军警进行镇压，约有3000埃及人丧生。1919年6月28日，巴黎和会通过的《凡尔赛和约》正式承认埃及为英国的"保护国"，华夫脱党试图借助西方大国帮助埃及独立的幻想彻底破灭，继续开展多种形式的反英斗争。1921年12月，英国当局再次逮捕了柴鲁尔等5位华夫脱领导人，埃及爆发新的反英高潮，罢工、罢市、罢课；铁轨、电线等设施不断遭到破坏。为避免"三月起义"重演，英国在1922年2月28日宣布结束英国保护，承认埃及是独立的主权国家，但英国仍然保留在埃及的驻军权等特权。3月15日，埃及宣告独立，福阿德素丹改称国王。

四　凡尔赛—华盛顿体系

巴黎和会

第一次世界大战结束后，战胜国召开巴黎和会。1919年1月18日，和会在巴黎近郊的凡尔赛宫开幕。实际出席和会的共32个国家，和会的决策者是由美、英、法、意四国首脑组成的"四人会议"，而实际起决定性作用的是美国总统威尔逊、英国首相劳合—乔治和法国总理克里孟梭组成的"三巨头"会议。苏维埃俄国未被邀请，战败国不得列席会议。在与会的32个国家中，英国、美国、日本、法国和意大利各有5名全权代表，可以出席任何会议。其他国家各有1—3名代表，只可以出席与之有关的会议。

各主要战胜国有不同的争霸目标，在如何安排战后世界时，发生了激烈的争斗，明显地表现出巴黎和会的"分赃"性质，以致会议拖了半年多才结束。帝国主义列强分赃不均，明争暗斗，矛盾重重，但在反对社会主义苏俄的行动上却完全一致。巴黎和会的重要任务之一，帝国主义列强决定对苏俄实行经济封锁,通过划分所谓"防疫地带",对抗俄国革命的影响,并研究了支持苏俄国内的反动势力、武装干涉的计划。

法国经济在战争中受到严重破坏,物质损失高达 2000 亿法郎,由战前的"高利贷帝国主义",变为负债国,分别欠美国、英国 38 亿美元、6.5 亿英镑。法国向德国提出 6000 亿至 8000 亿金马克的巨额战争赔款;法国不仅要求收回战争中失去的阿尔萨斯和洛林,占领萨尔矿区,还提出彻底摧毁德国政治、经济,建立自己在欧洲霸权的目标,遭到美英的反对。英国虽然在战争中损失惨重,开始失去世界金融中心的地位,但它还是世界上最强大的海军强国;依然保持着对欧洲盟国的债权国的地位。所以英国的目标是维护既得的利益,反对过分削弱德国,以使法国称霸,相反却要从德国、法国的对抗中获利。美国大发战争财,获益最大,由战前的债务国变成债权国。1919 年,美国的海外投资达 70 亿美元,拥有世界黄金储备的 40%。因此美国的目标是遏制英国、法国和日本的实力,凭借强大的经济实力夺取世界霸权,遭到英、法、日的坚决反对。

中国是战胜国,有权收回德国在山东侵占的一切非法权益。但是英、法、意却无视中国的主权,支持日本所谓"接管"德国在山东的特权,美国也向日本让步,结果使日本的野心得逞。消息传回,举国愤怒,1919 年 5 月 4 日,国内爆发反对帝国主义、封建主义的爱国民主运动,在反帝爱国的"五四运动"的推动下,中国代表拒绝在条约上签字。

《凡尔赛和约》

主要战胜国面对日益高涨的革命形势,经过激烈的争斗最终拟定了对德和约,和约明确规定,德国及其各盟国应当承担战争罪责。6 月 28 日德国代表在凡尔赛宫签署了《协约及参战各国对德和约》,即《凡尔赛和约》。和约共 15 部分,440 个条款和一项议定书。第一部分为国际联盟盟约。第二部分是对德和约,主要内容是:

关于德国疆界问题。阿尔萨斯—洛林重归法国;萨尔煤矿由法国开采,行政由国际联盟代管 15 年,期满后通过公民投票决定其归属(1935 年公民投票以压倒性多数决定归属德国）；莫列斯纳、欧本和马尔梅迪划归比利时。莱茵河西岸的德国领土由协约国占领15年，东岸的50公里内为不设防地区。德国承认奥地利独立，德奥永远不得合并。将西里西亚的古尔琴地区划归捷克斯洛伐克。德国承认波兰独立。波兰得到波兹南、西普鲁士和东普鲁士，及上西里西亚的部分领土，还得到穿过西普鲁士的"波兰走廊"的狭窄出海口。但泽市为国联保护下的自由市。这使德国丧失了13.5%的领土和10%的人口。

关于限制德国军备问题。废除普遍义务兵役制；解散总参谋部；规定陆军不得超过10万人，仅用于维持国内秩序和边境巡逻；不得拥有陆海军航空兵力；禁止生产和输入坦克、装甲车等重型武器；海军的限额是小型战列舰和轻巡洋舰各6艘，驱逐舰和鱼雷艇各12艘，不得拥有主力舰和潜艇；海军兵员不得超过1.5万人，在德国港口以外的德国军舰一律交协约国销毁。

关于战争赔偿问题。主要战胜国之间矛盾重重，使和会未能对赔款总额达成协议，仅规定由赔偿委员会于1921年5月1日前确定总额；在此之前德国应偿付200亿金马克价值相等之物，并承担占领军的一切费用。

关于德国殖民地和势力范围问题。规定剥夺德国全部海外殖民地，由主要战胜国以"委任统治"形式瓜分。太平洋的德属新几内亚和赤道以南除德属萨摩亚和那卢以外的群岛归属澳大利亚；赤道以北原德属马绍尔群岛、加罗林群岛和马利亚纳群岛为日本所得；那卢岛名义上委托于英国，实由澳大利亚统治；萨摩亚分给新西兰。德属西南非洲交给南非联邦；多哥和喀麦隆各被分为两部分，由英、法瓜分；德属东非（坦噶尼喀）归属英国；乌干达—布隆迪归比利时。和会还无视中国的强烈抗议，把德国在山东的非法权益和胶州湾租借地移交日本，激起了中国人民的极大义愤。

华盛顿会议

巴黎和会仅暂时调整了列强在西方的关系，帝国主义在远东和太平洋区域的矛盾日渐凸显，美英日之间的矛盾尤其尖锐。美国为谋求自身权益，主动提出召开华盛顿会议。1921年11月12日至1922年2月6日，美、英、日、中、法、意、比、荷、葡9国与会，苏维埃俄国仍被排除在外。会议的正式议程有两项：限制海军军备问题；太平洋及远东问题。会议主要签订了3项有利于美国的条约。

1921年12月13日，美英日法4国签订了《关于太平洋区域岛屿属地和领地的条约》，即《四国条约》。条约规定：缔约国同意相互尊重它们在太平洋上的岛屿属地和领地的权利；一旦这些权利遭受任何国家侵略的威胁时，缔约国应共同协商，以便就应采取的最有效的措施达成协议；条约有效期10年；条约经批准生效后，英日同盟即予终止。《四国条约》瓦解了英日同盟，消除了美国在远东争霸的主要障碍。该条约在促进英美关系的同时维持了英日友谊，使英国在太平洋上的权益暂时有所保障。尽管日本的扩张野心受到美英法的遏制，但日本在太平洋上的既得权益得到了保证。

列强就限制海军军备问题经过激烈争吵后，在1922年2月6日签订了《英美法意日五国关于限制海军军备条约》即《五国海军条约》。条约规定：5国主力舰总吨位限额分别为：美、英各52.5万吨，日本31.5万吨，法、意各17.5万吨；主力舰的排水量不得超过3.5万吨，舰炮口径不得超过16英寸；各国航空母舰总吨位限额为美、英各13.5万吨，日本8.1万吨，法、意各6万吨；美、英、日三国在太平洋岛屿和领地的要塞维持现状；日本承诺不在台湾设防。条约有效期至1936年12月31日。

华盛顿会议主题之一的"太平洋及远东问题"的核心，是中国问题。中国代表团重申在巴黎和会上提出的要求：尊重中国领土完整和政治独立；废除各国在华的特权；取消对中国政治上、司法上、行政上的限制等。1922年2月4日，中日签订《解决山东问题悬案条约》及《附约》，条约规定：日本将胶州德国旧租借地交还中国，中国将该地开为商埠；日军撤出山东；日本将青岛海关和胶济铁路归还中国；撤出在青岛和胶济铁路沿线的日军，但中国需照铁路产业的现值偿还日本，期限为15年；以前由德国人掌管的煤、铁、矿山等,由中日合资经营等。《附约》中规定了日本人和外国侨民的许多特殊权利,使日本在山东保留了不少权益。

1922年2月6日,与会9国正式签署了9国《关于中国事件应适用各原则及政策之条约》,即《九国公约》。其中心内容是"四项原则":1. 尊重中国之主权与独立及领土与行政之完整;2. 给予中国完全无碍之机会,以发展并维持一有力巩固之政府;3. 施用各种之权势,以期切实设立并维持各国在中国全境之商务实业机会均等之原则;4. 不得因中国状况,乘机营谋特别权利,而减少友邦人民之权利,并不得奖许有害友邦安全之举动。《九国公约》使美国长期追求的"门户开放"政策成为现实,"门户开放""机会均等"成为列强共同侵略中国的基本原则。所谓尊重中国主权、独立,不过是表面文章。

凡尔赛—华盛顿体系的建立

第一次世界大战后,英、法、美、日等战胜国通过巴黎和会及华盛顿会议,建立起帝国主义"和平体系"。

巴黎和会期间,协约国同德国除1919年6月28日签订了《协约及参战各国对德和约》,通称《凡尔赛和约》,协约国还同德国的盟国分别签订了和约。1919年9月10日,协约国同奥地利签订了《圣日耳曼条约》,规定匈牙利脱离奥地利成为独立国家,奥地利承认捷克斯洛伐克、塞尔维亚—克罗地亚—斯洛文尼亚王国(1929年改称南斯拉夫)独立,禁止德奥合并;1919年11月27日,协约国与保加利亚签订了《纳依条约》,保加利亚将大片领土分别割让给罗马尼亚、塞尔维亚—克罗地亚—斯洛文尼亚王国和希腊,并失去通往爱琴海的出海口;1920年6月4日,协约国同匈牙利签订了《特里亚农条约》,匈牙利将约70%强的领土分别划给罗马尼亚、塞尔维亚—克罗地亚—斯洛文尼亚王国、捷克斯洛伐克及奥地利。1920年8月10日,协约国同奥斯曼帝国签订了《色佛尔条约》,奥斯曼帝国丧失大约80%的领土,其中大部分是在国联委任统治的形式下成为英、法等国的殖民地或保护国。协约国同德国及其盟国缔结的上述一系列和约,构成了帝国主义的凡尔赛体系。凡尔赛体系改变了欧洲、中东的政治格局；重新瓜分德国的海外殖民地，调整了帝国主义国家在欧洲、西亚、北非的利益冲突。华盛顿会议签署的《四国条约》《五国条约》《九国公约》等，构成战后帝国主义在中东和太平洋地区的统治秩序，称为华盛顿体系。华盛顿会议是巴黎和会的继续与发展，是对凡尔赛体系的修改和补充，是第一次世界大战后列强在远东和亚太地区建立的新的国际秩序。

由凡尔赛体系和华盛顿体系构成的国际关系新秩序，史称"凡尔赛—华盛顿体系"，凡尔赛—华盛顿体系的建立，完成了第一次世界大战后帝国主义列强对世界秩序的重新安排，暂时维持了资本主义世界的相对平衡，但并没有消除帝国主义争夺世界的矛盾，1939年9月1日第二次世界大战全面爆发，凡尔赛—华盛顿体系不复存在。

第三十一章　短暂的和平与危机

新生的苏维埃俄国经受了严峻的考验，巩固了政权，开始了社会主义改造和建设，形成了较完整的社会主义经济体系，同时也为世界社会主义运动留下了经验和教训。20世纪20年代，资本主义暂时摆脱了混乱和动荡，政治、经济发展进入了相对稳定时期，但在这背后依然存在着严重的隐患。1922年意大利法西斯政权建立，亚非拉民族解放运动继续发展。1929年，资本主义世界爆发了空前的经济危机。资本主义国家为摆脱危机纷纷寻找出路，美国加强国家对经济生活的干预，实行罗斯福"新政"；丹麦等北欧国家进行了福利国家的试验，德国走上了法西斯专政的道路，日本政权法西斯化，在欧洲和亚洲形成了两个战争策源地。世界从短暂的和平到危机激烈的动荡，催生了社会主义、民族主义、生物决定论和优生学等社会思潮的广泛传播。

一　苏联社会主义改造和建设

新经济政策的实施

苏维埃国家诞生时，同德奥集团仍处于交战状态。1918年3月3日，苏俄与德国签订了《布列斯特和约》。苏俄虽丧失了约100万平方公里土地，但使其最终退出了第一次世界大战，获得了宝贵的和平喘息时间。《布列斯特和约》签订后，协约国以防止德国入侵和保护在俄侨民为借口，对苏俄进行武装干涉，同时积极武装苏俄国内的各种反动势力，妄图将新生的苏维埃政权扼杀在摇篮中。1918年夏,苏维埃国家陷于严重的危机之中,全俄中央执行委员会把国家各项工作转入战时轨道,实行"战时共产主义"政策。这一政策以余粮收集制为主要内容,同时还实行企业全盘国有化,劳动军事化;在分配方面实行配给制;在交换方面否定货币的作用,基本取消了市场和商品的自由交换。

1918年夏开始实施的"战时共产主义政策",一方面,是特殊时期的非常政策,为保证国内战争的胜利有功;另一方面,随着战争结束和国家政治、经济生活正常化,这个政策也造成工农业生产严重萎缩,广大工农群众生活不断恶化。1920年10月,俄国最大的机器制造工厂——彼得格勒普梯洛夫工厂工人开始罢工。1921年春,莫斯科、彼得格勒、哈尔科夫等地出现了工人罢工和游行示威;2月28日,波罗的海舰队基地喀琅施塔得水兵叛乱,经济危机开始转变成政治危机。"战时共产主义政策"也包括直接过渡到共产主义的尝试。列宁曾一度认为,旧的俄罗斯经济,可以直接过渡到按共产主义原则进行的国家生产和分配。但实践使列宁认识到这是行不通的。他说:"在一个小农国家里按共产主义原则来调整国家的生产和产品分配,现实生活说明我们犯了错误。"[①]

1921年3月,俄共(布)召开了第十次代表大会。大会的中心议题是制定党在新的历史时期的经济政策,通过了《关于以实物税代替余粮收集制的决议》。新经济政策的主要内容,是以征收粮食税代替余粮收集制。农民按国家规定缴纳粮食税,税后的余粮归个人所有,并可自由到市场交换物品。工业方面,恢复私人小企业,将部分国有企业以租赁制和租让制的形式,转变为典型的国家资本主义企业。1921年7月7日,政府通过《关于手工业和小企业》的决定后,私人企业也有了发展。私企的雇工最初在20人以内,后发展到百人之内。在商业方面,废除国家配给制和国家贸易垄断制,实行自由贸易制和商品交换。私营商业有了长足发展。新经济政策的实施,不仅解决了1921年春天的危机,同时探索了在经济落后的小农

---

① 《列宁全集》第33卷,人民出版社1985年版,第39页。

国家里，建设社会主义的途径和方法，创造性地发展了科学社会主义理论。

在全面恢复国民经济，积极应对帝国主义的外交压力的斗争中，建立统一的苏维埃共和国联盟提上日程。1922年12月26日，全俄第十次苏维埃代表大会通过了《关于建立苏维埃社会主义共和国联盟的决议》。12月30日，俄罗斯社会主义共和国联邦、乌克兰苏维埃社会主义共和国、白俄罗斯苏维埃社会主义共和国，以及南高加索联邦（由阿塞拜疆、亚美尼亚、格鲁吉亚三国组成）的代表，在莫斯科举行苏联第一次苏维埃代表大会，宣告苏联正式成立。

工业化和农业集体化

苏联国民经济恢复后，开始了全面建设社会主义。1925年12月，俄共（布）召开第十四次代表大会，"苏联一国能否建成社会主义"在会上引起激烈争论。季诺维也夫否认苏联一国建成社会主义的可能性，反对大会批准的社会主义工业化方针，因此，他被撤销列宁格勒省委的领导职务，组成以基洛夫为首的新省委。

党的十四大之后，苏联社会主义工业化开始全面实施。全苏掀起了社会主义建设的高潮。第一个五年计划的方案要求国民经济建设将投资646亿卢布，工业投资为195亿卢布，其中重工业占3/4以上；预定工业总产值增加1.8倍，重工业产值增加2.3倍。1931年年中，开始制订第二个五年计划（1933—1937年），联共（布）第十七次代表大会批准了这个计划。"二五计划"规定，国民经济建设将投资1330亿卢布，其中工业投资为695亿卢布，重工业534亿卢布，比"一五计划"增长3.6倍。1933年年初，"一五计划"提前9个月完成。1937年春，"二五计划"也提前9个月完成。苏联社会主义工业化，使其从落后的农业国转变为有独立工业体系的社会主义强国。在世界工业总产值中，苏联仅次于美国占世界第二位。

1927年12月，联共（布）第十五次代表大会讨论改变苏联农业发展缓慢问题。斯大林认为，改变农业落后的"出路就在于把分散的小农户转变为以公共耕种制为基础的联合起来的大农庄，就在于转变到以高度的新技术为基础的集体耕种制"①。布哈林等不同意斯大林的观点,认为农业落后的原因是粮食收购价格过低,无视价值规律调节市场。布哈林的观点得到李可夫和托姆斯基等人的支持。

1928年1月,斯大林发表《论联共(布)党内的右倾》讲话,明确提出布哈林、李可夫和托姆斯基等已经结成"右倾机会主义集团"。中央全会和中央监委联席会议对布哈林进行了严厉批判后,农业集体化进程加快。1929年6月到9月,集体农户从100万户增至192万户。1930年1月5日,联共(布)中央通过《关于集体化的速度和国家帮助集体农庄建设的办法》的决议,强调全苏要在第一个五年计划期间,完成绝大多数农户集体化的任务。1930年1月20日到2月10日,加入集体农庄的农户增加了一倍,有些地区从10%增加到90%。

1929年12月27日,斯大林在《论苏联土地政策的几个问题》的报告中,提出"向农村资本主义分子展开了全线进攻","从限制富农的政策,过渡到消灭富农阶级的政策"。1930年1月,联共(布)中央通过了《关于在全盘集体化地区消灭富农经济的措施》的决议。富农的财产多被剥夺,不允许他们加入集体农庄。一些富农及其家属被驱逐到边远地区。一些地区扩大了消灭富农的范围,强行实现集体化,侵犯了一些富裕农民和中农的利益,一些地区出现了骚乱。1930年3月,斯大林发表了《胜利冲昏头脑》,开始纠正农业集体化中对中农使用暴力等突出问题。1937年,参加集体农庄的农户占93%,耕地面积达99%,基本实现了农业集体化,满足

---

① 《斯大林全集》第10卷,人民出版社1954年版,第261页。

了国家对粮食的需求。但在这个过程中，却严重违背了列宁关于改造农民的自愿和渐进原则，使农业生产力遭到破坏。农业集体化后，苏联农业发展仍十分缓慢，成为苏联社会主义发展中的隐患。

苏联社会主义制度的确立

第一、第二个五年计划完成后，苏联在经济上基本完成了社会主义工业化和农业集体化，以及商业国有化或合作化，形成了较完整的社会主义经济体系。在社会结构方面，除地主阶级外，资产阶级和富农阶级也被消灭。这些变化表明，1924年制定的联盟宪法亟待修改，1936年6月新宪法草案公布，交全民讨论。

1936年12月5日，苏维埃第七次代表大会一致通过了苏联新宪法，宣告世界上第一个社会主义国家建成。新宪法规定：苏联是工农社会主义国家。苏联的政治基础，是劳动者代表苏维埃；经济基础，是社会主义经济体系和生产工具与生产资料社会主义所有制。社会主义所有制有两种形式：国家所有制和合作社、集体农庄所有制。1938年1月17日，召开了最高苏维埃第一次会议，选出由24人组成的最高苏维埃主席团，加里宁为主席，莫洛托夫被任命为人民委员会主席，1941年5月，斯大林接任了人民委员会主席职务。

十月革命胜利后，苏俄面临的国际、国内形势异常尖锐复杂，影响其政治体制表现出高度集中的特点。自然，这和党内个人崇拜盛行也有关。1929年12月21日，苏联隆重庆祝斯大林50寿辰，斯大林被称作"当代的列宁"。个人崇拜使党内生活的民主原则和社会主义法制受到严重破坏。

1934年12月1日，列宁格勒州委书记基洛夫被暗杀，这一事件成为30年代苏联"大清洗"的开端。当日晚，根据斯大林的建议，苏联中央执行委员会和人民委员会通过《关于修改各加盟共和国现行刑事诉讼法典的决议》，规定：凡属恐怖组织和恐怖活动的案件，侦查工作不超过10天；结论在开庭审判前一天交给被告；原告、被告都不参加审判；不接受上诉和赦免请求；极刑判决宣布后立即执行。从1936年到1938年在莫斯科进行了三次公审。被告人被控与西方列强阴谋刺杀斯大林和其他苏联领导人、充当外国间谍，颠覆苏联社会主义制度。第一次公审是 1936 年 8 月，季诺维也夫和加米涅夫等 16 名被告人全部处死。第二次公审是 1937 年 1 月，17 名被告中，皮达克夫等 13 人被处死。第三次公审是 1938 年 3 月，布哈林、李可夫等 19 人被处死。

1937 年 6 月，军事法庭对一批苏军高级将领进行了秘密审判。第一副国防人民委员图哈切夫斯基元帅、基辅军区司令亚基尔、白俄罗斯军区司令乌博列维奇、伏龙芝军事学院院长科尔克、莫斯科军区副司令费尔德曼等 8 人，被指控充当德国间谍，全部处死。一些留守苏联的兄弟党和共产国际的领导人，如匈共领导人库恩·贝拉、波共中央总书记尤·伦斯基-列申斯基、南共中央书记弗拉基米尔·乔皮奇等，均以"间谍罪"被处死。"大清洗"持续 4 年之久，造成了许多冤假错案，留下了沉痛的教训。

二　20 年代的世界

20 年代美英法的社会经济和政治

第一次世界大战使美国获利丰厚。在经历了战后的短期危机后，美国经济开始复苏，进入相对稳定时期，1923—1929 年间逐渐走向繁荣。此时正是约翰·柯立芝（1872—1933）任总统时期，因此人们将这一时期的繁荣称为"柯立芝繁荣"。美国的经济繁荣主要表现在汽车、电气设备、建筑等新兴工业发展迅速。小汽车进入家庭，收音机、洗衣机、电冰箱等成为日常生活用品。大规模工业生产的发展，使包括妇女在内就业增加，促进了大城市发展，摩天大楼拔地而起。从 1919—1929 年，美国的工业生产率提高了 40%，农业生产率提高了 26%；国民生产总值从 650.9 亿美元增加到 828.1 亿美元。但是繁荣中也蕴藏有隐患和危机，主要是国民经济各生产部门发展不平衡，房地产和股票的投机狂热，金融市场动荡。

英国在大战中受到削弱。1920 年英国出现了战后第一次经济危机，此后长期处于萧条状态。为促使经济复苏，英国进行了产业结构调整。1929

年，新兴工业的产值在整个工业中的比重，从 1917 年的 6.5% 上升到 13.6%。但英国传统工业部门煤炭、钢铁、冶金、纺织、机械制造等依然落后。整个 20 年代失业人口居高不下，多达 100 多万，失业成为严重的社会问题。1924 年 1 月，以拉姆齐·麦克唐纳（1866—1937）为首相的第一届工党政府成立。工党执政后进行了有限的社会福利改革，但未能解决日益严重的失业问题，工人群众普遍不满。尽管如此，保守党和自由党对工党的执政仍感到不安，麦克唐纳执政不到一年就被迫辞职。1925 年，保守党重新上台执政。1926 年，英国爆发全国性工人大罢工。英共积极参加了罢工斗争，强调大罢工的意义，是"给资本主义最沉重的打击"。但工会右翼领袖却与政府达成秘密协议，使工人复工。总罢工失败后，英国政府颁布了维护垄断资产阶级根本利益的《劳资争议与工会法》。

法国是战胜国，战后获利很多。1926 年普恩加莱再次出任总理后，在整顿财政、稳定法郎等方面取得成绩，20 年代末，法国基本完成了战后经济恢复，航空、汽车等新兴产业迅速发展，农业也恢复到了战前水平，法国成为欧洲经济繁荣的国家。经济的恢复和发展，改善了人民的生活水平，1928 年开始实行养老金制度，给残疾工人及孕妇发放津贴。《凡尔赛和约》没有使法国达到肢解德国的目的，法国对德国仍心怀疑惧。1925 年 10 月 5 日，法国与德、比、英、意、波、捷代表在瑞士签订了《洛迦诺公约》，强调德法、德比边界不受侵犯以及遵守《凡尔赛和约》关于莱茵区非军事化的规定。法国还耗费巨资，在东北边境修筑了长达两百多公里的"马其诺防线"，作为安全保障。

意大利法西斯政权建立

第一次世界大战后，意大利经济陷入困境，人民生活日渐恶化，出现全国性的工人罢工、农民抗租抗税运动。意大利在巴黎和会后，极端民族主义情绪不断高涨，社会进一步动荡。1920 年，垄断资产阶级和大地主阶级分别成立了意大利企业家联合会和农业总联合会，要求建立"能够确保社会秩序的强有力的政府"，推动了以墨索里尼为首的法西斯运动的发展。

1919年3月,"战斗的意大利法西斯"在米兰成立,到1921年已有成员近19万人,其目标是夺取全国政权。同年,"战斗的意大利法西斯"改名为"国家法西斯党",并以古罗马的"束棒"标志为党徽,墨索里尼为党的"领袖";在其《纲领》中强调国家至高无上,强调国内要建立极权制;对外扩张恢复罗马帝国的霸业。

1922年10月27日,墨索里尼发动了"向罗马进军"运动,法克特内阁被迫辞职。10月31日,墨索里尼组成第一届法西斯政府。1924年4月,国家法西斯党通过舞弊在大选中获得65%的选票。公开揭露这一丑闻的统一社会党总书记马泰奥蒂被法西斯分子暗杀。这一罪恶行径在社会各界引起强烈反响,全国出现了反法西斯浪潮,但在国王和罗马教廷的庇护下,墨索里尼政府通过了信任案。此后,墨索里尼加紧反攻倒算,在全国用暴力镇压反法西斯活动;多次改组内阁,把非法西斯大臣除名,建立法西斯一党专政。为强化法西斯统治,墨索里尼政权相继颁布法令。如1925年取消集会和结社自由、言论自由的《反秘密团体法》《新闻法》,授予墨索里尼以独裁权的《政府首脑及阁员职责与特权法》。1926年取消一切从事反政府活动的《国家防御措施法》等。1929年4月,墨索里尼除作为党和政府的首脑外,还兼任内阁13个部门中的8个大臣,集党政军财经大权于一身。

日本短命的政党政治

1890年,日本召开了第一届帝国议会。最初的几届议会根本不承认政党的存在。政府视政党如敌人,千方百计将其排除在国家政治生活之外。1900年,伊藤博文组建了御用政党——立宪政友会,并亲自担任总裁。它吸收并取代了处处与政府作对的"民党"大部,成为议会中的第一大党。1913年,与伊藤派对峙的山县有朋派官僚桂太郎,组建了与立宪政友会齐名的第二大御用政党——立宪同志会,吸收了其他主要民党。至此,发源于民党的两大政党主流都已被收入御用政党。

第一次世界大战前后,日本资本主义发展迅速,两大御用政党逐渐演变为资产阶级的政治代言人。1912年年底开始爆发的第一次护宪运动以及随之而来的大正民主运动，使藩阀势力连连后退。1918年9月，出现了第一个以政党领袖为首相的内阁，即政友会原敬内阁。然而好景不长，1921年11月9日，原敬首相遇刺身亡。藩阀与政党两大势力的斗争趋于白热化。政党势力掀起了第二次护宪运动。1924年6月，组成了护宪三派内阁，由当年大选中成为议会第一大党的宪政会总裁加藤高明担任首相。护宪三派内阁的成立是政党政治的开始。

1928年，政友会内阁实施了普选法成立后的第一次大选。政友会与民政党得票率达90%，议席数上升到95%。

在政党政治时期，政党与政党之间围绕政权争夺展开了激烈斗争。交替上台的两大政党在执政过程中逐渐形成了各自的政策特点。政友会把积极主义作为基本的政策取向，而民政党则往往采取收缩性质的所谓"消极政策"。这种不同的政策取向，成为国家政治根据不同时期不同需要进行调整和转换的一种杠杆。

在1929—1933年资本主义经济大危机的背景下，日本政党政治遇到了来自军部和右翼势力的致命挑战。1932年5月15日，一伙狂热的陆海军中下级军官发动了流血政变。在首相官邸开枪打死了政友会总裁、首相犬养毅，维持了仅仅8年的政党政治由此落下了帷幕。

亚非拉民族解放运动

20世纪30年代，印度政治出现的重要变化，是国大党内"左派"力量崛起。尼赫鲁（1889—1964）和鲍斯（1897—1945）是主要代表人物。尼赫鲁曾参加第一次非暴力不合作运动，得到甘地等人赏识。1927年，他访问苏联时对社会主义发生兴趣，回国后积极宣传社会主义。鲍斯早年曾就读英国剑桥大学，1921年6月回国后即投身民族解放运动。1927年年底，他和尼赫鲁一起被任命为国大党总书记。30年代末，尼赫鲁和鲍斯先后担任国大党主席。他们不满足印度争取有限自治目标的做法，要求实现完全独立。1928年11月，他们领导成立了全印独立同盟。1929年年底召开国大党年会时,甘地力荐尼赫鲁为大会主席。会议通过"争取印度完全独立"的决议,并授权甘地全权领导不合作运动。

土耳其建国后的任务是消灭奥斯曼封建专制制度,建立民族国家,用资产阶级共和政体,取代封建君权和神权政体,广泛开展以"世俗化"为中心的现代化、民族化、民主化改革。1922年11月到1924年3月,政府先后宣布废除素丹制、取消哈里发制,宣布建立共和国。共和国宪法删去了"伊斯兰教为土耳其国教"的条款,宣布妇女同男子享有同等的选举权。1926年,大国民议会颁布了以瑞士民法为蓝本的《民法》,此后又颁布了以欧洲法律为蓝本的《刑法》《刑事诉讼法》《商法》《海上法》《民事诉讼法》《法院组织法》和《律师法》等,并强调在法律面前人人平等。1924年,大国民议会颁布法令,宣布由国家监督学校;学校必须向受教育者提供世俗的现代化教育,传授西方科学技术、文化知识和思维方式,政府停办了各地的所有宗教小学和宗教中学。为了全面确立土耳其民族精神,1928年11月,大国民议会公布文字改革方案,决定自1929年元月开始用拉丁字母代替阿拉伯字母。1933年,政府颁布法令,要求清真寺一律用土耳其语代替阿拉伯语进行宣礼。

朝鲜"三一起义"失败后,朝鲜资产阶级民族主义者分化。一部分与殖民统治者合作,成为亲日民族改良主义者。另一部分逃亡国外,在中国上海,成立了以李承晚为临时大总统的"大韩民国临时政府";还有一些民族主义者组织"独立军",在朝中边境进行抗日斗争。马克思主义也在朝鲜传播,各地出现了共产主义小组和马克思主义研究团体。1925年4月17日,朝鲜共产党成立,推动了工农运动与民族解放斗争的发展。1929年受世界经济危机的影响,日本将危机转嫁给朝鲜,朝鲜的民族企业纷纷倒闭,人民生活急剧恶化,城乡罢工、抗租、暴动和武装反抗,遭受日本殖民当局残酷镇压。

埃及宣布独立后,成立了以前首相侯赛因·鲁什迪为主席的宪法委员会,着手起草宪法。1922年10月,委员会向政府提交了宪法草案。各派政治力量对宪法草案态度不一,后经各方妥协,1923年4月19日,国王颁布了埃及独立后的第一部宪法,史称《1923年宪法》。新宪法规定埃及是一个君主立宪制国家,国王拥有重权,但需通过大臣施政;立法权由国王和议会共享,议会实行两院制。新宪法保留了英国的特权,为以后英国干涉埃及内政留下了隐患。1924年年初,埃及举行了首次大选。以柴鲁尔为首的华夫脱党获大胜,在1月28日组成新宪法实施后的第一届政府,柴鲁尔出任内阁首相兼内政大臣。他自称受人民之托组阁,该内阁被称为"人民内阁"。

《1917年墨西哥宪法》,含有土地国有、劳工权利、反教权主义、限制外国资本等内容,是墨西哥资产阶级革命的重要成果,但遭到大地主、大资产阶级、教会以及外国资本势力的激烈反对。从1917年2月5日新宪法诞生之日起,到1940年卡德纳斯总统任期结束,墨西哥政府实现新《土地法》,使100万农民无偿得到了4500万英亩土地;《铁路国有化法令》,将外资控制的铁路收归国有。《没收石油公司财产法令》,收回17家美国、英国和荷兰石油公司,成立墨西哥石油公司。另外,卡德纳斯改革在恢复民主制度、开展扫盲运动、普及世俗教育等方面,也取得了重大成绩。卡德纳斯在总统任内(1934—1940),按照1917年宪法原则,进行了内容广泛的改革。

三 资本主义世界经济危机与战争策源地形成

1929—1933年资本主义世界经济危机

第一次世界大战后,主要资本主义国家经济逐渐恢复到战前水平,20年代出现不同程度的繁荣。但是,资本主义的基本矛盾依然存在,世界经济发展不平衡日趋加剧,致使1929—1932年资本主义世界经济危机爆发。危机期间,资本主义世界工业生产下降近40%,世界贸易额缩减近2/3。上万家银行倒闭,三千多万工人失业,几百万农民破产。危机最早出现在美国,首先是金融系统的崩溃,随后蔓延到工农业。到1932年,美国的工业总产量和国民总收入减少1/2,商品价格下降近1/3,出口额下降70%。

5000多家银行倒闭。危机从美国迅速波及欧洲主要资本主义国家和世界各地。1931年5月到7月，德国国家银行的黄金储备减少42%；1931—1932年，英国失业工人达300多万，英国的国际收支在历史上首次出现逆差；法国工业生产大幅度下降，1932年与1929年相比，下降了31.9%，国民收入减少了30%。与以往出现的历次经济危机相比，这次危机使生产下降之大，波及之广，持续之长，失业率之高，都是空前的。在这次危机中，农业危机与金融危机、工业危机相伴随。

1929—1933年的经济危机，是资本主义世界有史以来最严重的经济危机，许多国家都出现了严重的社会危机和政治动荡。数以百万计的大规模的失业，广大劳动者处于赤贫和绝望中。社会不公平的现象更加突出，垄断资产阶级不择手段向人民转嫁危机，大大激化了社会矛盾。严重的经济危机，还使帝国主义国家与殖民地、半殖民地国家之间的矛盾激化，殖民地半殖民地国家人民生活状况恶化，推动民族解放运动不断高涨。

美国罗斯福"新政"

经济危机发生后，美国总统胡佛看不到危机的严重形势，继续执行自由放任的政策，反对政府干预国家经济生活，使经济形势持续恶化，人民对政府失去信任。1932年选举中，民主党人罗斯福以绝对优势当选第32届美国总统。罗斯福施政纲领的核心是避免美国经济形势进一步恶化，通过实行"新政"，以应对经济危机造成的严重政治、经济形势。

1933年3月9日到6月16日，罗斯福力促国会通过了一系列重要的新政立法。3月9日，参、众两院通过《银行紧急法案》；3月10日，罗斯福政府宣布停止黄金出口，4月19日放弃胡佛极力维护的金本位；5月通过《农业调整法》，提高农产品价格，解决农业危机。5月通过《联邦紧急救济法》，成立联邦紧急救济署，通过"以工代赈"，恢复失业者的自尊心和自立精神。6月通过《全国工业复兴法》，成立"全国复兴署"，明确劳工的权利，整顿危机中的美国工业。在此期间，还通过了公共工程和保护自然资源法案。1933年3月即组成民间资源保护队；5月，国会通过田纳西

河流域工程发展法令，综合治理田纳西河，在治理洪水泛滥、利用水力发电、改良土壤和扩大航运等方面都获成功。

"新政"取得初步成绩后，1935年开始用"三R"①来概括的社会改革。1935年6月通过了《全国劳工关系法》，保证了工人的基本权益。1935年8月通过了《社会保障法》，通过对富人征税，对穷人救济，缩小贫富差距。1938年6月，国会通过了关于最低工资和最高工时的立法，更具体地保护了劳动者的权益。罗斯福"新政"的实施，使美国在恢复金融秩序、发展工农业生产、增加就业机会、扩大国内外市场等方面，都取得了显著的成绩，这一切有利于危机年代美国社会的稳定，避免了社会进一步的激烈动荡。

丹麦福利国家的试验

1929年开始的经济危机，使北欧国家也很快受到影响。如瑞典的经济在10月已几近崩溃，一些大企业家，如伊瓦·库鲁格等因破产自杀。丹麦的经济形势也同样严重，美国迅速收回在欧洲的投资，以及欧洲大国采取"保护主义"的回应，使国际贸易几乎瘫痪，而主要依靠出口的丹麦，受到沉重打击。1931年，英国、德国等欧洲大国的农产品价格急跌，使丹麦的经济雪上加霜，1932年，约有4300个农场主破产。农业生产的恶化，直接影响到整个国家经济生活，城市的失业率直线上升，1930—1932年，由

---

① "三R"，即救济（Relief）、复兴（Recover）和改革（Reform）。

12%上升至41%以上。1933年1月26日，丹麦首相斯道宁在议会上发表讲演，认为丹麦社会正面临着前所未有的最严峻的形势。一半以上的丹麦人没有购买力，丹麦经济在快速衰退。

为了挽救丹麦近乎绝望的经济和社会形势，丹麦政府和最大的反对党自由党，在1933年1月30日签订了丹麦历史上著名的《堪斯勒盖德协议》。该协议包括一部集体协议法，强调政府的经济干预、对农业进行紧急援助，以及丹麦克朗大幅度贬值等。此外还提出一系列社会改良政策。其重要内容之一是原先以公共支持和私人慈善捐赠为原则的立法大为简化，取而代之的是支持社会事业的司法原则和国定费用。这样，就为"福利社会"奠定了理论基础，开辟了现实的道路，帮助丹麦渡过了30年代严重的经济危机。在这期间，丹麦开始从农业社会向工业社会过渡。从1930年到第二次世界大战爆发前，丹麦的工业从业人数翻了一番，丹麦人的生活状况有了明显的改变，失业大军消失了，同1920年相比，1940年人均可支配收入增加了50%。丹麦福利国家模式的本质，是建立较为系统的福利和社会保障系统，它渗透在丹麦社会各个领域，社会各阶层的公民都可以享有。1929年经济危机期间丹麦福利国家的试验，奠定了现代丹麦福利国家的基础。

德国法西斯统治和欧洲战争策源地形成

1919年2月，艾伯特出任德意志共和国总统，7月通过新宪法，史称"魏玛宪法"，依据魏玛宪法成立的德意志共和国被称为魏玛共和国。1927年，德国的工业生产恢复到战前水平，1929年超过英、法。1929年经济危机爆发后，德国因战败失去了全部殖民地，只能通过削减工资、提高税额的办法向人民转嫁危机，人民生活急剧恶化。经济危机带来了严重的政治危机，1928—1933年，德国先后更换了四届政府。经济危机期间，德国法西斯纳粹党（全称德意志民族社会主义工人党）迅速发展。在纳粹党的蛊惑下，越来越多濒临绝望的德国人寄希望于纳粹党首希特勒。1930年9月大选，纳粹党的议席从12席增加到107席，成为国会中的第二大党。大选后，希特勒与垄断资产阶级逐渐结盟。1933年1月30日，总统兴登堡任命希特勒组阁，2月27日，纳粹党制造国会纵火案，诬陷此系共产党所为，借此颁发《保护国家和人民法令》，镇压共产党，取消公民的基本权利，制造白色恐怖。1934年8月兴登堡去世后，希特勒集国家全部权力于一身，法西斯极权体制最终确立。

墨索里尼和希特勒

为了夺取新的"生存空间"，希特勒纳粹党迅速走上扩军备战的道路。1930年10月，希特勒以未能满足德国"军备平等"要求为由，退出日内瓦国联裁军会议，随后又退出国联。1936年3月7日，德军占领莱茵非武装区，废除《洛迦诺公约》。1936年10月25日，德意成立柏林—罗马轴心，11月25日德日签订反共产国际协定。1937年11月6日，意大利加入，初步形成了柏林—罗马—东京轴心侵略军事集团，标志着欧洲战争策源地形成。

日本法西斯化和亚洲战争策源地形成

在明治宪法体制下，军权是一种直属天皇的特殊权力，它可以不受监督和制约，这就为军权的泛滥和军国主义的上台埋下了制度的祸根。

在1929—1933年资本主义经济大危机冲击下，统一世界市场和货币金融体系逐渐被英镑集团、法郎集团、美元集团等所代替。以美国为中心的经济协调机制变成了列强间以各自为中心的一个个经济集团的相互对立。第一次世界大战后形成的以凡尔赛—华盛顿体系为标志的国际秩序走到了尽头。

在经济危机的冲击下，日本军国主义势力日趋活跃。他们把夺取中国东北看作是彻底解决日本经济危机，建立新的海外市场，控制亚洲，进而称霸世界的唯一途径。从 1930 年起，以中下级军官为骨干的激进团体纷纷出现，他们不断地策划暗杀事件和政变阴谋。1930 年 9 月，陆军中佐桥本欣五郎等人结成了"樱会"，宣称要以国家改造为目的，进行"昭和维新"，建立军人政权。

1931 年，军部激进势力以夺取中国东北为目标，发动了"九一八事变"。19 日占领了沈阳和长春，20 日占领了丹东、营口、凤城等"满铁"沿线重要作战据点。11 月 19 日占领齐齐哈尔。1932 年 1 月 3 日，关东军侵占了张学良政权所在地锦州。至此，整个东北落入日军之手。

1936 年，陆军激进派发动"二二六政变"，之后成立的广田弘毅内阁，恢复了陆海军大臣现役武官制，修改了 1923 年制定的"帝国国防方针"，把以美国为假想敌改为以美苏两国为假想敌。另外，还制定了旨在进一步扩大战争的"国策基准"，并以此为根据，大幅度提高军费，扩大军事规模。

1937 年 7 月 7 日，日军在北京郊外发动"卢沟桥事变"，战火很快燃遍全中国。军部一边扩大战争，一边不断扩大权力。整个国家机器加速了向战时体制的转变。为了克服国务与统帅的不协调，建立了战时体制下特殊的决策机制——大本营内阁联席会议和御前会议。1940 年 7 月 27 日的大本营内阁联席会议上，通过了《根据世界形势发展的时局处理要纲》，决定一边继续进行对华战争，一边做好把战争进一步扩大到太平洋的准备。1941 年 9 月 6 日的御前会议上，决定了对美开战的时间表。至此，日本战争机器开始了疯狂的运转。

四　20 世纪初期主要社会思潮

社会主义

19 世纪末 20 世纪初，资本主义进入帝国主义阶段，但其基本矛盾依然存在，欧美资本主义国家工人运动不断高涨。20世纪初，列宁将马克思主义与俄国工人运动相结合，并与国际共产主义运动中以伯恩施坦为代表的修正主义进行了尖锐的斗争，将马克思主义发展到列宁主义阶段。在布尔什维克的领导下，俄国人民胜利地进行了十月社会主义革命，把科学社会主义的理论变成了现实，建立了世界上第一个社会主义国家，实现了科学社会主义的巨大飞跃，有力地推动了社会主义思想的广泛传播，成为20世纪初有世界历史意义的社会思潮。

科学社会主义在东方产生广泛影响，因为深受帝国主义、封建主义压迫的东方各民族和各国人民，从十月革命中看到了争取自身独立、自由、解放的道路。在中国，1919年爆发了"五四运动"，5月5日，为纪念马克思诞辰101周年，李大钊在其主编的《晨报》开辟了《马克思研究》专栏，持续了半年多的时间，广泛介绍了科学社会主义理论体系。社会主义思潮在同形形色色的非科学社会主义思潮的论战中，日益产生广泛的影响，如以李大钊为代表的马克思主义者，与胡适为代表的资产阶级改良主义者，关于问题与主义的论战；以陈独秀、李达为代表的马克思主义者，与张东荪、梁启超等资产阶级思想家关于"社会主义：中国向何处去"的论战，以及他们与黄凌霜等人关于无政府主义的论争等。1919年朝鲜"三一"起义后，科学社会主义在朝鲜迅速传播。金日成在领导朝鲜人民抵抗日本帝国主义侵略的斗争中，探索如何将科学社会主义的基本原理与朝鲜的实际相结合，明确朝鲜革命的性质是反帝反封建的民主革命。十月革命后，科学社会主义理论通过中国和法国，传到越南。1920年12月，胡志明加入法国共产党，在《人道报》《国际新闻》等报刊大力宣传社会主义理论，促使许多越南先进分子开始接受科学社会主义理论，越南革命确立了包括土地革命和资产阶级民主革命的正确道路。日本是亚洲最早接触社会主义，并向周边国家传播社会主义思想的国家。20世纪初，日本已经成为帝国主义国家，日本工人阶级迅速成长，有力地推动了社会主义思想的广泛传播，马克思主义经典作家的著作，陆续译成日文出版。片山潜、幸德秋水、堺利彦等，为科学社会主义在日本的传播做出了重大贡献。

欧洲的社会主义思潮，主要表现为一些欧洲国家的马克思主义理论家，对社会主义革命理论的探讨。如曾参加1919年匈牙利革命的卢卡奇，在1923年发表《历史和阶级意识》，集中论述了无产阶级的阶级意识与无产阶级革命运动的关系，被认为是恩格斯逝世后重建马克思主义的尝试。德国共产党机关刊物《国际》主编柯尔什，在1919—1922年间提出"实践社会主义"理论，认为在教条主义和修正主义的社会主义思想之外，还存在着"实践社会主义"，其特点是理论与实践相统一。曾任意大利共产党总书记的葛兰西，在"实践哲学"的基础上，较系统地提出了西方社会主义革命的理论。其代表作《狱中札记》，是一部有独创性的马克思主义理论著作，至今仍有广泛影响。

民族主义

民族主义是一个历史范畴，早在封建社会中，就有封建君主制的民族主义。世界近代历史是资本主义战胜封建主义的历史，这一历史过程是和建立民族国家的民族运动联系在一起的。民族国家的出现推动了民族主义的迅速发展，使其成为一种完整的思想体系。在资产阶级民主革命时期，民族主义表现出它的历史合理性和进步性，同时也暴露出它的局限性，如极富侵略性的沙文主义的产生等。资产阶级取得政权后，由其阶级本质所决定，往往在"维护民族利益"的旗号下，加紧对本民族劳动者的剥夺，同时不择手段地奴役其他民族，为发动侵略战争辩护。

19世纪末20世纪初，资本主义发展到帝国主义阶段，世界民族分为压迫民族和被压迫民族。压迫民族的民族主义，成为帝国主义的侵略工具。帝国主义列强对殖民地、半殖民地人民的残酷压迫和剥削，激起了这些国家人民的激烈反抗。被压迫民族旗帜鲜明地反对帝国主义和殖民主义；主张加强民族团结，维护民族利益；反抗民族的压迫，支持殖民地、半殖民地国家的民族解放运动，支持民族国家反对帝国主义的侵略扩张。被压迫民族的民族主义，唤醒了被压迫民族争取独立和解放的意识，有力地推动了这些国家民族民主革命运动的发展。在亚洲，土耳其、阿拉伯地区、伊朗、印度、印度尼西亚、朝鲜、缅甸、菲律宾和越南诸国，掀起了反对英、荷、日帝国主义，争取民族解放和国家独立的革命斗争；在中国，孙中山领导的中国旧民主主义革命，其指导思想是"三民主义"，民族主义即其内容之一。在非洲，民族主义也日益产生广泛的影响。在尼日利亚、加纳和南非，都受到了民族主义的冲击。俄国十月社会主义革命后，殖民地半殖民地民族民主革命运动进一步高涨，并同西方各资本主义国家的无产阶级革命斗争结合在一起，成为世界无产阶级社会主义革命的一部分。

社会达尔文主义

"社会达尔文主义"这一概念，最早出现在 1944 年美国历史学家理查德·霍夫施塔特的著作《社会达尔文主义与美国思维》，所以不宜用"社会达尔文主义"一词指称 1944 年前的相关思潮，但这种用法已被历史学界广泛采用。20 世纪初，"社会达尔文主义"的相关思潮，主要是生物决定论和优生学。一些学者将达尔文的生物进化理论应用于社会研究中，使达尔文进化论中"自然选择""适者生存"学说应用于人类社会，最早提出这一思想的是英国哲学家赫伯特·斯宾塞。主要代表人物还有英国的 W. 白之霍特、B. 基德；美国的 W. G. 萨姆伊和 F. H. 吉丁斯；奥地利的 G. 拉岑霍弗尔、L. 龚普洛维奇等。他们强调生物进化的规律就是人类历史发展的永恒的规律，一个种族为了生存必须具备侵略性。这一理论在 20 世纪初的德国广为流传，对第一次世界大战后德国的领土扩张和种族灭绝政策产生了重要影响。

对达尔文学说的另外一种社会解读，是所谓的"优生学"，该理论由达尔文的表弟弗朗西斯·高尔顿系统提出。他认为，人的生理特征和智力明显地世代相传，社会应该对这种遗传有明确的选择，以避免"劣等"人的增长超过"优等"人；否则，社会将被"劣等"人所充斥。"优生学"理论的蔓延，导致德国"一元论者联盟"在 1904 年建立，1909 年该联盟的会员已达 6000 多人，其中不乏社会名流，如德国物理化学家、1909 年诺贝尔化学奖获得者威廉·奥斯特瓦尔德等。他们还认为，日耳曼人是优等人种，因为他们在寒冷的气候中进化，可以使他们获得优异生存能力。这些后来成为希特勒法西斯纳粹党的理论源泉之一。"优生学"的重要影响是种族主义泛滥。一些种族主义者认为：白种人是伟大的人种的重要表现，是对所谓"野蛮人"的征服，如美国人在北美，英国人在新西兰和澳大利亚的所作所为。

第三十二章　第二次世界大战

20世纪30年代中期，国际局势危机迭起，加速走向战争。日本继侵占中国东北后，1937年7月，发动全面侵华战争，中国开始了全民族抗战，开辟了世界上第一个反法西斯战场。1939年9月，德国入侵波兰，第二次世界大战全面爆发。大战初期，德军"闪击战"占领大半个欧洲，意大利肆虐非洲，日本进军亚洲和太平洋。但国际反法西斯联盟形成后，战争形势从1942年年中开始出现了根本转折。盟军在苏德战场、太平洋战场和北非战场的一系列重大胜利，使法西斯侵略者走上穷途末路。1945年，盟国终于取得了世界反法西斯战争的彻底胜利。战争结束前，美、苏、英为了各自的利益，就如何结束战争、处理战争遗留等问题，通过德黑兰会议、雅尔塔会议、波茨坦会议达成了一系列谅解协议。《雅尔塔协定》是重新安排战后世界秩序的重要协议之一，所以"二战"后新的国际体系被称为"雅尔塔体系"。1945年联合国建立，是世界反法西斯战争胜利的重大成果。

一　第二次世界大战爆发

中国抗日战争开始

20世纪30年代初，德意日法西斯在世界各地挑起战争，各国人民进行了英勇抵抗，中国人民的抗日战争是世界反法西斯战争的开端。1931年6月，日本陆军省与参谋本部会议制订了《解决满洲问题方策大纲》等侵略中国的计划。9月18日，日本关东军按预定计划在沈阳北郊柳条沟附近炸毁了南满铁路的一段，污蔑是中国军队所为，并以此为借口炮击中国军队驻地，向中国东北发起大举进攻。1932年2月，随着哈尔滨沦陷，日本占领了东北三省。日本为占领上海，1932年1月28日在闸北、吴淞发起进攻，蔡廷锴、蒋光鼐率领的十九路军奋起抵抗，开始淞沪抗战，十九路军多次击退日军的攻势并重创日军。1933年日军进攻热河，中国第29军在喜峰口、罗文峪，第17军在古北口顽强阻击，数次击退日军进攻。1933年5月26日，国民党爱国将冯玉祥、方振武和共产党员吉鸿昌等，在张家口成立察哈尔抗日同盟军，收复被日伪盘踞的察东，鼓舞了全国人民的斗志。

1935年，中国共产党发表《八一宣言》（即《为抗日救国告全体同胞书》），呼吁全国各党各派各界各军停止内战，一致抗日。12月，北京爆发了席卷全国的"一二·九"学生抗日救亡运动。同月，中共中央政治局在瓦窑堡会议上制定了建立抗日民族统一战线的方针。在中共抗日民族统一战线政策的号召和全国人民抗日救亡运动的推动下，1935年至1936年上半年，张学良的东北军和杨虎城的西北军与中国工农红军订立停止内战、一致抗日的协定。1936年12月12日，张学良与杨虎城在劝谏蒋介石联共抗日无果的情况下，发动了震惊中外的"西安事变"。中共中央从抗日大局出发，促成了西安事变的和平解决，推动了全国抗日民族统一战线的正式形成。

1937年7月7日，日军寻衅炮轰卢沟桥，发动全面侵华战争，中国开始了全民族抗战，开辟了世界上第一个反法西斯战场。1937年9月下旬，八路军115师在山西平型关歼灭日军1000余人，打破了日军"不可战胜"的神话。1938年3、4月间，中国军队在台儿庄与日军展开血战，取得了台儿庄大捷，歼灭日军1万余人，日本陆军主力被牵制在中国大陆，极大地消耗了日军的有生力量。日本侵华，暴行累累。1937年12月日军攻占南京后，制造了惨绝人寰的南京大屠杀，中国军民30余万人遇难。

德国入侵波兰

波兰地处欧洲重要的战略要地，1939年4月3日，希特勒下达进攻波兰的"白色方案"密令。9月1日凌晨，德国以优势兵力突袭波兰。9月3日，英、法被迫向德国宣战，第二次世界大战全面爆发。然而，英法却是宣而不战，导致波兰孤军作战，9月28日，华沙陷落。苏联为应对德国的战争威胁，同月以保护波兰境内的乌克兰和白俄罗斯人为名，出动军队占领了波兰东部的西乌克兰和西白俄罗斯地区。为建立沿波罗的海到黑海阻止德军的"东方战线"，苏联在11月30日发动了苏芬战争，苏联获得了靠近边境的芬兰土地，还迫使芬兰将汉科半岛及附近岛屿租给苏联作为军事基地。1940年6月至8月，苏联先后占领了爱沙尼亚、立陶宛、拉脱维亚三国和罗马尼亚的比萨拉比亚和北科布维纳地区，将其并入苏联版图，这些做法严重败坏了社会主义国家的形象。

　　面对英法军队按兵不动，"西线无战事"的状况，德军占领波兰后挥戈西进，在1940年4月先后攻占丹麦、挪威。5月10日，法国战役开始。德军攻入荷兰、比利时。5月15日，德军以装甲部队为先导向英吉利海峡和巴黎推进，英法联军溃不成军。但希特勒却命令德军在法国敦刻尔克停止追击，使英法联军有了喘息之机。从5月26日到6月4日，英国成功地从敦刻尔克将33.6万英法联军撤回英国，史称"敦刻尔克大撤退"。6月10日，意大利对法宣战，13日，法国政府宣布巴黎为"不设防城市"，14日，德军进入巴黎。15日，德军突破马其诺防线，包围了50万法军。17日，法国贝当政府请求停战。22日，受德国控制的傀儡政权——维希政权成立。就在贝当政府请求停战的同一天，时任法国国防部副部长的戴高乐将军飞往伦敦，成立了"自由法国"，继续战斗。他宣布，"无论发生什么情况，法兰西抵抗的火焰绝不应该熄灭，也绝不会熄灭"，表达了法国人民抵抗德国法西斯侵略的决心。

　　法国败降后，英国退守英伦三岛。希特勒诱降英国未果后，在7月26日签署了进攻英国的"海狮计划"。从7月10日开始，德国空军对伦敦等地进行狂轰滥炸，一直持续3个月之久，投下了6万吨炸弹，给英国造成了重大伤亡：8.4万人遇难，100余万幢房屋被炸毁，许多城市变成废墟。但在英国军民的顽强抗击下，终于取得了不列颠之战的胜利，德国损失了

1700多架飞机后，被迫放弃"海狮计划"。

苏联卫国战争爆发

进攻苏联是德国法西斯的既定政策，为此德国在政治、经济和军事、外交等方面，进行了长期的准备。1940年7月21日，希特勒下令制订了入侵苏联的"巴巴罗萨"计划。1941年6月22日拂晓，德国撕毁了《苏德互不侵犯条约》，出动190个师、3500辆坦克、4000余架飞机、47000门大炮，兵分三路在苏联西部1800多公里的战线发动闪击战，企图率先占领苏联首都莫斯科，以及列宁格勒、基辅等中心城市和战略要地，把苏军主力消灭在西部地区，进而灭亡苏联。苏军初战失利，第一天就损失飞机1200架，数十万苏军被德军分割包围。7月3日，斯大林发表广播演说，号召全力以赴同希特勒法西斯作殊死的斗争，"用人民的一切力量来粉碎敌人！"

从6月22日到7月9日，德军用18天的时间完成了战略突破任务，进入了苏联纵深地区。北路德军向列宁格勒推进，到9月中旬包围了列宁格勒，但遭到苏联军民的顽强抵抗。中路德军攻入苏联纵深达600公里，占领了白俄罗斯，入侵俄罗斯西部，通向莫斯科的要地斯摩棱斯克陷落。南路德军推进了350公里，占领了乌克兰大部分地区，在基辅展开激战，苏军进行了顽强抵抗。到11月底，德军深入苏联领土达850—1200公里，占领了150万平方公里土地。但是由于苏联人民浴血奋战，在付出重大代价的同时，也消耗了德军的有生力量，使德军并没有实现既定的战略目标，莫斯科、列宁格勒等仍在苏联人民手中。苏联军民的英勇抵抗，粉碎了德国速战速决，在短期内灭亡苏联的狂妄计划。

1941年9月，希特勒决定用集中兵力局部突破战略代替全面推进战略，制订了以莫斯科为主攻目标的"台风"计划，德军为此调集了78个师和近1400架飞机从三个方向向莫斯科推进。9月30日，德军发动强大攻势，至10月3日推进了200公里，逼近莫斯科。希特勒扬言在10天内攻占莫斯科，11月7日要在红场检阅德国军队。到10月中旬，德军推进到距莫斯科不到100公里。11月7日，斯大林在红场发表《纪念十月革命二十四周年》的演说，号召苏联军民以钢铁般的意志阻止德国侵略。数十万红军参加了红场的阅兵式，并直接开往前线。11月底，德军推进到距莫斯科只有20公里的地方，但在苏联军民的拼死抗击下，无法再前进一步。12月6日，苏军开始反击，到1942年年初，苏军推进150—300公里，毙敌30余万人，粉碎了德国闪击战。莫斯科保卫战的胜利，极大地鼓舞了苏联和世界各国人民打败德国侵略者的信心。

太平洋战争爆发

1936年8月7日，日本内阁五相会议通过了《国策基准》，决定将以苏联为敌的北进政策和以美英为敌的南进政策列为日本基本国策。1937年7月侵华战争全面展开后，日本陆军主力深陷中国战场无力发动对苏战争，日本没有机会实施北进政策。1939年9月"二战"全面爆发后，欧美大国无暇顾及远东，为日本南进提供了机会。1940年6月德国攻占了西欧、北欧后开始进攻英国，东南亚与西南太平洋地区成为英法无力防御的地带。7月下旬，日本决定"解决南方问题"准备发动太平洋战争。为此，日本在国内强化对国民的控制，实行国民经济军事化；在外交上，日本与德、意在1940年9月27日签订了《三国同盟条约》，利用德意牵制美英。日本还与苏联签订中立条约，消除南进的后顾之忧；日本采取包括试图诱降蒋介石等措施，企图尽快结束中日战争，轻装南进。与此同时，日本加紧制订对美作战计划。日本海军联合舰队司令官山本五十六制订了海军偷袭美国珍珠港，陆军同时向马来亚、菲律宾进攻的南进作战计划，被日本大本营所采纳。为了麻痹美国，日本开始同美国举行马拉松式的谈判，掩饰其战争准备。

1941年7月2日，日本御前会议最后确定了南进方针。8月1日，美国宣布禁止向日本出口航空燃油。日本为获得石油等战略物资，加快了南进的步伐。11月5日，御前会议决定在12月初对美、英、荷开战。12月8日凌晨（珍珠港当地时间7日），日本海军按预定计划偷袭了美国在夏威夷的军事基地珍珠港，经过3小时轰炸，炸沉、炸伤美舰24艘，击毁飞机

260余架，炸死炸伤官兵3680余人，美国太平洋舰队遭受重创。在珍珠港事件爆发的当天，日本40万陆军在海空军配合下，向香港、马来亚、菲律宾、关岛等东南亚地区和西南太平洋岛屿发动袭击，美英等20余国相继对日宣战，太平洋战争爆发。日军迅速占领了缅甸、马来亚，太平洋的吉尔伯特岛，新几内亚、所罗门群岛及阿留申群岛等广大区域，在军事上进展顺利，但却不得不在中国战场和太平洋战场两线作战。

二　第二次世界大战的转折

斯大林格勒会战

莫斯科战役后，希特勒决定发动夏季攻势，企图攻占斯大林格勒（原称察里津，今伏尔加格勒）后迂回包围莫斯科，消灭苏军主力。1942年6月，德军兵分两路发动攻势，斯大林格勒会战开始。8月23日，德军将苏联斯大林格勒方面军分割为两部分，对斯大林格勒进行狂轰滥炸，苏军伤亡惨重，但德军遭到苏联军民的拼死抵抗。9月13日，德军开始进攻斯大林格勒，展开了激烈的巷战。苏联军民顽强阻击，为苏军赢得宝贵时间。10月，苏军秘密集结110万人的优势兵力，在坦克、飞机和数以万计的火炮掩护下，对德军实施反包围，33万德军在钳形包围圈中，如瓮中之鳖。在长达200余天的斯大林格勒会战中，德方损失近150万人，约占其在苏德战场总兵力的1/4。

斯大林格勒会战是苏德战场的战略转折点，苏军夺取了战略主动权，开始了战略反攻，对世界反法西斯战争产生了重大影响。但希特勒不甘心失败，为扭转战局在1943年夏季发动了新的攻势，即在莫斯科与基辅之间的库尔斯克地区展开激战，史称"库尔斯克会战"。希特勒调集了90万兵力、2700辆坦克和自行火炮、2000余架飞机，苏军则调集了133万兵力、3444辆坦克和自行火炮、2172架飞机迎战。7月5日，库尔斯克会战开始。12日，苏军主力开始反攻，在普罗霍洛夫卡地区，交战双方出动坦克总数约1200辆，进行史无前例的坦克激战，德军溃败。在库尔斯克会战中，德

军惨败,从此再也无力发动战略性进攻,彻底失去了战争主动权。库尔斯克会战结束后,苏军在 2000 公里的战线上乘胜追击,先后解放了顿巴斯、基辅等重镇,将战线向西推进了 400 余公里,苏军开始了战略总反攻。

盟军在北非的胜利

1942 年 6 月 21 日,德国隆美尔"非洲兵团"向驻守埃及的英军发起攻击,攻陷托卜鲁克,生俘数万英军,直指距亚历山大港仅 100 公里的阿拉曼。8 月 4 日,丘吉尔任命蒙哥马利为第八集团军司令,准备反攻。8 月 31 日,德意"非洲兵团"进攻阿拉曼,开始阿拉曼战役。10 月 23 日夜,英军在蒙哥马利指挥下,从南北两路向"非洲兵团"发起猛攻,德军、意军节节败退,英军收复托卜鲁克。1943 年 1 月 23 日,英军占领的黎波里,阿拉曼战役结束。这一战役使德意法西斯军队一蹶不振,彻底扭转了北非战场的态势。在阿拉曼战役正在进行时,1942 年 7 月,美英组建了 11 万人的"北非远征军",制订了在北非登陆的"火炬计划",美国艾森豪威尔将军出任总司令。11 月 8 日,美英盟军在奥兰、阿尔及尔和卡萨布兰卡登陆;25 日,盟军开始进攻突尼斯。希特勒虽派出 5 个师的德意军队迅速增援,但也无法阻挡盟军的攻势。1943 年 3 月盟军从东西两路夹击突尼斯,5 月 13 日,在突尼斯陷入绝境的 25 万德意军队向盟军缴械投降。

1943 年 1 月 14 日至 23 日,罗斯福与丘吉尔在卡萨布兰卡举行会晤,决定在地中海开辟新战场。7 月 9 日夜,盟军开始在西西里岛登陆,未遭到任何有效抵抗。7 月 25 日,风雨飘摇中的意大利发生政变,国王埃马努埃莱解除墨索里尼的一切职务并将其囚禁，任命巴多里奥元帅为总理。28日，新政府宣布解散法西斯党。8月6日，意新政府要求同德国解除同盟条约，遭希特勒拒绝。9月3日，意新政府同美英秘密签署了投降书。同日，盟军在意大利本土登陆，占领意南部。但德军却在10日占领了意北部和罗马，并于12日在意大利中部劫走了被囚禁的墨索里尼，扶植他建立了"意大利社会共和国"傀儡政府。10月13日，意大利新政府宣布退出三国同盟并向德国宣战，德意日三国同盟彻底瓦解。

太平洋战场的战略转折

美国在太平洋战争初期失利后，罗斯福任命尼米兹和麦克阿瑟分别出任太平洋战区、西南太平洋战区的司令，不断加强太平洋战场的军力。1942年4月18日，从美国航空母舰上起飞的16架B-25轰炸机，先后空袭了日本东京、横滨、名古屋、神户，日本本土首次遭到空袭。为避免美军再次空袭日本本土，日本急欲与美海军主力决战，在6月初发动了以消灭美国太平洋舰队为目标的中途岛海战。战前，日海军集中了4艘航母、350艘舰艇和1000余架飞机，但其作战计划的密电被美军破译。6月4日晨中途岛战役开始后，日舰队即遭到美机的袭击，4艘航母在一天内全部被击沉，330架飞机被击落，日舰队仓皇逃离。日舰队中途岛海战大败，失去了在太平洋的制海权，盟军扭转了所处的不利态势，太平洋战争出现了转折。

中途岛海战是美军在太平洋战区取得的第一次重大胜利，之后，美军主动出击，将战线转到西南太平洋，开始夺取东所罗门群岛。8月7日，美军由3艘航母和80艘军舰组成的特混舰队及近两万名海军陆战队，向东所罗门群岛的瓜达尔卡纳尔岛发动攻击，并占领了该岛。12日，日军为夺回该岛开始反击。直至1943年2月7日，美日两国的海军、陆军和空军在瓜岛进行了激烈的争夺战。在瓜岛战役中，日军损失2.4万人、900多架飞机和30多艘舰艇。美军大胜，完全掌握了太平洋战争的主动权。到1943年年底，美军在北太平洋攻占了阿留申群岛、在中太平洋占领了吉尔伯特和马绍尔群岛，在西南太平洋攻占了新乔治亚群岛和布尔维干等岛屿，在太平洋战场取得了决定性胜利。

《开罗宣言》和德黑兰会议

斯大林格勒会战后，世界反法西斯战争转入战略反攻，盟国亟须协调军事战略，研究对战后世界的安排。1943年11月22—26日，美英中三国首脑罗斯福、丘吉尔、蒋介石在开罗举行会议。会议的主题是发动缅甸战役，联合对日作战，以及战后处置日本等问题，内容涉及中国的国际地位、对日本的军事占领、收回中国失地等。三国首脑表示，对日作战的目的，是为了制止和惩罚日本的侵略。会议发表的《开罗宣言》庄严宣布，"三国之宗旨在剥夺日本自一九一四年第一次世界大战开始以后在太平洋所夺得的或占领之一切岛屿，在使日本所窃取于中国之领土，例如满洲、台湾、澎湖群岛等，归还中华民国。日本亦将被逐出于其以暴力或贪欲所攫取之所有土地"[①]。由钓鱼岛、黄尾岛、赤尾岛、南小岛、北小岛、大南小岛、大北小岛和飞濑岛等岛屿组成的中国台湾附属岛屿钓鱼岛群岛也包括在其中。

开罗会议结束后，美英苏三国首脑立即于11月28日至12月1日在伊朗德黑兰举行会议，史称"德黑兰会议"。会议的中心议题是1944年5月美英在欧洲开辟第二战场问题，并达成了实质性的协议。此外，会议还讨论了德国问题、波兰问题、苏联对日作战，以及建立联合国组织等问题。会议强调，处置德国的目的，是使其不再威胁欧洲和世界的和平，但在具体问题上，三国未能达成一致意见。关于波兰的领土问题，斯大林坚持1941年6月德国入侵苏联前，苏联领土的完整性不能更改，美英首脑都不同意这一意见，后作出让步，决定将德国东部的一部分领土划归波兰，作为补偿。斯大林表示，打败德国后，苏联将在远东参加对日作战。罗斯福还提出了建立联合国的建议，得到支持。《开罗宣言》和德黑兰会议，具

---

① 《国际条约集（1934—1944）》，世界知识出版社1961年版，第407页。

体协调了各国的反攻战略,表现了四大国将反法西斯战争进行到底的决心,为夺取反法西斯战争的最终胜利奠定了坚实基础。

美英开辟第二战场

根据德黑兰会议的决定,美英盟军着手开辟第二战场,即实施"霸王"作战计划。按照这一计划,盟军将横渡英吉利海峡,在法国北部的诺曼底登陆作战。到 1944 年 6 月,盟军已集中 86 个师近 288 万兵力、6500 多艘舰船、15700 余架飞机,艾森豪威尔将军为盟军总司令。希特勒为防备盟军在法国北部登陆,加强西线防御,但由于德军主力与苏军作战,西线只配置了 60 个师的兵力,分编为两个集团军群,由伦斯德元帅指挥。而且,德军错误地将主力布防在加来海峡地区,认为只有这里适宜登陆,而在诺曼底只有 10 个师的兵力。1944 年 6 月 6 日凌晨,盟军 3 个伞兵师出其不意空降到诺曼底德军防线的后方,6 时 30 分,盟军先头部队迅速突破德军防线,有 5 个师登陆成功,并与空降兵会合,迅速建立了滩头阵地。到 12 日,盟军已有 32 万余人在诺曼底登陆,7 月 2 日达 100 万人,多次挫败了德军的反扑。到 7 月 24 日,盟军有 145 万人登陆,建立起宽约 100 公里、纵深 30—50 公里的前沿阵地,胜利完成了诺曼底登陆。

7 月 25 日起,盟军向德军发起大规模进攻,法国约 50 万游击队积极配合盟军作战。8 月 15 日,另一只盟军 50 余万人在法国南部戛纳登陆后迅速向北推进。盟军在法国北部发动大规模攻势,于 8 月 25 日收复巴黎,并进入荷兰和比利时,逼近德国西部边境。诺曼底战役沉重打击了德军,德军损失 40 万人(约 20 万人被生俘),损失飞机 3500 架,火炮 2000 门,坦克 1300 辆。盟军也付出了沉重的代价,伤亡 21 万人,高于德军。

三 世界反法西斯战争胜利与联合国建立

世界各国人民反法西斯斗争

第二次世界大战中,德国和日本在其占领区疯狂抢掠物质资源,对广大人民实行血腥统治。各国人民组织起来，积极开展反法西斯斗争。1941年7月18日，苏共发布了《关于在德军后方组织斗争》的决议，到1942年年底，游击队发展到1013支，游击队队员迅速发展到25万人。波兰人民积极开展武装斗争，1943年4月，华沙爆发了犹太人起义。1944年8月，又爆发了华沙起义。在南斯拉夫，共产党领导的人民武装抵抗运动迅速发展，到1943年达30万人，解放了2/3的国土。在希共的推动下，希腊各地的游击队组成人民解放军，沉重打击德、意占领军，1944年11月已控制了全国大部分国土。罗马尼亚、保加利亚、阿尔巴尼亚、匈牙利、捷克斯洛伐克的抵抗运动，在斗争中发展壮大。法共领导的抵抗运动与戴高乐领导的"战斗法国"联合行动，坚持开展反法西斯武装斗争。挪威、荷兰、比利时、丹麦、卢森堡、芬兰、德国等国的地下抵抗运动，沉重打击了侵略者。意共在北部山区建立"加里波第游击队"，开展反法西斯的游击战。

亚洲各国人民为反抗日本法西斯的侵略和奴役，也展开了以武装斗争为主的抗日斗争。1937年6月3日，金日成领导的抗日游击队袭击了朝鲜普天堡市，取得普天堡大捷。1940年日本入侵印度支那后，胡志明领导广大人民成立了人民武装，开展抗日斗争。1942年3月，菲律宾"人民抗日军"成立后，开展游击战争，在美军登陆菲律宾的作战中发挥了重要作用。马来亚共产党创建了以华侨为主体的"人民抗日军"，开展抗日游击战争。1942年3月仰光被日军占领后，缅共即成立了抗日游击队，后又建立"反法西斯人民自由同盟"，开展抗日武装斗争。印度尼西亚共产党建立了"反法西斯人民运动"和"自由印度尼西亚运动"等抗日组织，开展各种形式的抗日斗争。

雅尔塔会议和雅尔塔体系

1945年年初，德国败局已定，2月4—11日，美英苏三国首脑罗斯福、丘吉尔、斯大林，在苏联克里米亚半岛的雅尔塔举行会议。三国表示将尽快结束欧洲战争，在波兰边界划分、召开联合国制宪会议、对战后世界安排等问题上，达成了一致意见。苏联同意对德作战结束后 2—3 个月内参加对日作战，作为交换条件，三国签订了秘密协议，该协议的主要内容是：日本占领的"库页岛南部及邻近一切岛屿须交还苏联"，"千岛群岛须交予苏联"；"外蒙古（蒙古人民共和国）的现状须予维持"，"大连商港须国际化，苏联在该港的优越权益须予保证，苏联之租用旅顺港为海军基地须予恢复"；"对担任通往大连之出路的中东铁路和南满铁路应设立一苏中合办的公司以共同经营之；经谅解，苏联的优越权益须予保证而中国须保持在满洲的全部主权。"① 美、英、苏的秘密协议严重践踏了中国主权，是强权政治的产物。

所谓"雅尔塔体系"，指美、苏、英为了各自的利益，就如何结束战争、处理战争遗留等问题，通过德黑兰会议、雅尔塔会议、波茨坦会议所达成的一系列谅解协议，《雅尔塔协定》是重新安排战后世界秩序的重要协议之一，所以"二战"后新的国际体系被称为"雅尔塔体系"，其主要内容是重新确定了战后东欧国家、德国、日本、意大利等地区和国家的版图，美、英、法、苏四国分区占领德国；划分了战后大国的势力范围；建立联合国际组织，作为协调国际争端，维持战后世界和平的机构；对德、日、意的殖民地以及国际联盟的委任统治地实行托管，原则上承认被压迫民族的独立权利。审判战犯，彻底铲除法西斯主义和军国主义，肃清其残余，防止法西斯主义和军国主义东山再起。

德国投降

第二战场开辟后，盟国从东西夹击德国。在东线，苏军 1944 年夏全面反攻，年底几乎收复了所有的国土。10 月，苏军解放了罗马尼亚和保加利亚。在西线，1944 年冬盟军推进到阿登地区后，德军拼死反扑，3 天推进了约 40 公里。1945 年 1 月 12 日，苏军应丘吉尔要求，为配合盟军在阿登地区作战，从波罗的海至喀尔巴阡山提前发动大反攻。1 月下旬，苏军攻

---

① 参见《国际条约集（1945—1947）》，世界知识出版社 1961 年版，第 8—9 页。

入德国东部地区；2月挺进到德国腹地，4月占领了东普鲁士，攻占了维也纳，准备向柏林发动总攻；3—5月，相继解放了波兰、匈牙利、捷克斯洛伐克，进入南斯拉夫。与此同时，盟军在3月渡过莱茵河进攻鲁尔地区，32万德军投降。4月，意共发动起义，处死墨索里尼；美英军队占领意大利，德军投降，意大利解放。5月，盟军解放了挪威和丹麦。

1945年4月16日，苏军集中了250万兵力，发起柏林战役。4月25日，苏军包围了柏林，并与集结在易北河畔的美军会师。26日，苏军重炮摧毁了德军在柏林的防御工事，27日攻入柏林市区，同德军展开了激烈的巷战。29日，苏军逼近德国国会大厦和总理府，30日，苏军攻占国会大厦，希特勒同日自杀身亡。5月2日，柏林守军停止抵抗，柏林战役结束。在整个战役中，苏军歼灭和俘虏40余万德军，但也付出了伤亡30万人的代价。

5月7日，德国在艾森豪威尔主持的仪式上签署了无条件投降书。苏联认为，苏军是战胜德国法西斯的主力，苏军攻克柏林，因此正式签降仪式必须由苏联主持。5月8日夜（莫斯科时间5月9日），德国政府代表又在柏林苏军指挥部签署了投降书，5月9日为欧洲反法西斯战争胜利日。德国投降标志着德国法西斯彻底灭亡，世界反法西斯战争取得了决定性胜利。

波茨坦会议和日本投降

进入1945年，日本完全陷于困境之中，中国正面战场开始收复广西、湖南、江西等省。在美英盟军配合下，中国远征军在3月收复了缅甸北部地区和中国云南省的边境地区。在敌后战场，中共发出"扩大解放区，缩小沦陷区"的号召，发动春季和夏季两大攻势，在河北、山东、山西、河南、江苏、广东等省歼灭日伪军12万余人。在太平洋战场，美军在4月发动冲绳战役，全歼参战的日本海军，日陆军也伤亡惨重。

1945年5月德国投降后，7月17日至8月2日，美英苏三国首脑在柏林近郊波茨坦举行会议。会议决定由苏美英等国分区占领德国；确定了使德国非军国主义化，彻底肃清纳粹主义的方针；规定德国必须最大限度地对盟国进行赔偿；会议划定了德国东部的边界。苏联重申了履行对日作战承诺，同时讨论了结束对日战争的条件和战后处置方针等。7月26日，美英中三国发表了《波茨坦公告》，盟国重申将战争进行到日本无条件投降为止，开罗宣言之条件必将实施，决定战后对日本实行占领并实施非军事化和民主化方针。

7月28日，日本宣布拒绝接受《波茨坦公告》，盟国开始对日作战。在中国，正面战场和敌后战场均展开了大反攻，日军负隅顽抗。8月6日和9日，美国先后在日本广岛和长崎投下原子弹，人员伤亡近20万人。9日，苏军170余万越过中苏边境，迅速突破日军防线，击溃了占领中国东北的日军。在朝鲜，苏军迅速解放了朝鲜北部。在东南亚，盟军在缅甸国民军的配合下解放了缅甸。印支共产党领导越南人民取得了"八月革命"的胜利，建立了越南民主共和国。在马来亚，人民抗日军解放了半数以上的乡村地区。8月15日，日本宣布了天皇的投降诏书。9月2日，在东京湾美舰"密苏里"号上，举行了日本向盟国投降的签字仪式，世界反法西斯战争和中国抗日战争结束。9月9日，在南京举行了日本向中国投降的签字仪式。9月3日被称为中国抗日战争胜利的纪念日。

联合国建立

1942年1月1日，美国、苏联、英国、中国等26国代表在华盛顿发表了《联合国家宣言》。宣言规定：各签字国保证运用全部军事与经济资源对德意日及其仆从国作战，不与法西斯国家合作，不单独同法西斯国家缔结停战协定或和约。宣言还明确宣布战后要建立一种"广泛而永久的普遍安全制度"，以维护世界和平与安全。1944年8—10月，美、英、中、苏四国在华盛顿召开了敦巴顿橡树园会议，讨论建立联合国家组织问题。在苏联的坚持下，会议分为美苏英阶段（8月21日至9月28日）和中美英阶段（9月29日至10月7日）。会议就以下问题作出决议：战后国际组织的宗旨是维护世界和平与安全，其原则是国家主权平等、不干涉内政等；战后国际组织机构由国际组织大会、安全理事会、秘书处和国际法院四个部分组成；战后国际组织大会的重要决议，须与会会员国 2/3 以上票数赞成后通过，其余决议以简单多数通过；战后国际组织的一切权力在 11 国组成的安理会，美、英、苏、中以及法国在安理会拥有常任席位，有否决权；联合国家组织专门成立经济与社会理事会，军事问题则交安理会成立的专门军事机构军事参谋团处理。

1945 年 4 月 25 日，来自 50 个国家的 282 名代表在美国旧金山召开联合国国际组织会议。6 月 25 日，会议通过了《联合国宪章》和国际法院规约。根据《联合国宪章》的规定，联合国的主要机构是联合国大会、安全理事会、经济及社会理事会、托管理事会、国际法院和秘书处。6 月 26 日，举行了宪章签字仪式，10 月 24 日《联合国宪章》开始生效，联合国正式成立。后来，联合国大会决定这两天为"宪章日"和"联合国日"。1946 年 1 月 10 日，联合国正式开始工作。

第三十三章 冷战格局的形成

第二次世界大战后,国际关系结构发生了重大变化,出现了东西方对峙和对抗的两极格局,形成了帝国主义和社会主义两大阵营。以美苏为首的两大阵营,从各自的战略利益出发,分别建立了区域性的经济集团和军事联盟。如马歇尔计划的提出、经互会的建立、北约和华约的建立等。杜鲁门主义的提出,是美苏"冷战"形成的标志,冷战成为两大阵营矛盾和斗争的主要方式。柏林危机和德国的分裂,出现了第一次冷战高潮。朝鲜战争和越南战争的爆发,表明冷战已经从欧洲扩展到亚洲。这些国际危机和战争,对"二战"后世界历史进程产生了重大影响,但这毕竟不是全球性的较量。"冷战"的同时,民族解放运动继续发展,并最终使帝国主义殖民体系崩溃,彻底改变了现代世界的政治版图。获得独立和解放的发展中国家,进行着艰苦的理论和实践的探索,形成了不同的发展道路,第三世界开始兴起。

一 社会主义阵营形成

中国革命的胜利

1945年8月15日,日本帝国主义无条件投降,中国抗日战争取得最后胜利,但国民党在美国支持下发动了全面内战。在中国共产党领导下,人民解放军经过辽沈、淮海、平津三大战役与渡江战役,国民党的统治被推翻。1949年10月1日,中华人民共和国成立。到1951年5月,除台湾、香港与澳门外，中国的全部领土获得解放。

中华人民共和国的成立，标志着中国新民主主义革命的胜利，占人类总数四分之一的中国人民从此站立起来了。新中国成立之初，新生的人民政权要继续完成新民主主义革命的遗留任务，同时要迅速医治战争创伤，恢复国民经济，巩固人民政权。从1949年10月到1952年年底，经过三年多的艰苦奋斗，新中国成立前遭到严重破坏的国民经济全面恢复，并有较大发展。1952年，按可比价格计算，工农业总产值比1949年增长77.6%。与欧亚各国在战后经济恢复情况相比，经济恢复之快令世人瞩目。新中国在1952年下半年开始酝酿与提出过渡时期总路线，以逐步实现国家的社会主义工业化，逐步实现国家对农业、手工业和资本主义工商业的社会主义改造（史称"一化三改"）。从1953年起，中国开始实施发展国民经济的第一个五年计划（1953—1957），进入了有计划的经济建设和全面实行社会主义改造时期。到1957年，"一五"计划的各项指标都大幅度地超额完成，奠定了社会主义工业化的初步基础。

新中国的诞生是20世纪发生的具有世界历史意义和重大影响的事件，不仅改变了中国的历史进程，也改变了世界政治力量的对比，有力地推动和鼓舞了亚非拉地区被压迫民族和被压迫人民争取解放的斗争。

东欧和亚洲人民民主国家建立

"二战"胜利前后，东欧各国人民在苏联军队进军东欧时，建立起人民民主国家。南斯拉夫和阿尔巴尼亚，主要是在本国共产党领导下，通过武装斗争，并在苏军的帮助下解放了全部国土。1941年，南斯拉夫被德意等法西斯军队占领后，南共成立了由铁托任总司令的南斯拉夫人民解放游击队司令部。到1944年年底，南斯拉夫解放军已解放了塞尔维亚、马其顿、黑山，以及首都贝尔格莱德等。5月15日南全境解放。11月29日成立南斯拉夫联邦人民共和国。"二战"中，阿尔巴尼亚先后被意、德占领。以恩威尔·霍查为首的阿共领导民族解放军与侵略者进行了长期战斗，1944年11月29日，阿全境解放。1946年1月11日，阿尔巴尼亚人民共和国成立。波兰、捷克斯洛伐克和匈牙利的民主政权是在苏联的直接支持和帮助下建立起来的，而保加利亚和罗马尼亚是本国共产党领导武装起义、配合苏军进攻取得胜利后建立起国家政权的。

1945年5月德国投降后，苏、美、英、法对德实行分区占领。随着美苏矛盾的尖锐，西方三国策划在西占区成立西德国家，以对抗苏联。1949年9月，西占区宣布成立德意志联邦共和国（联邦德国）。苏联针锋相对地进行反击，1949年10月7日，宣布德意志民主共和国（民主德国）成立。

"二战"后，亚洲的蒙古、越南、朝鲜建立了人民民主政权，走上了社会主义发展道路。在苏联帮助下，蒙古从1948年开始实施第一个五年计划（1948—1952），接着又实施了三年计划（1953—1956），工业产值在国民经济中的比重不断增加。

1945年8月日本投降后，越南民主共和国9月2日成立，法国拒绝承认。1946年12月，法军向河内发起攻击，越南人民被迫进行抗法民族战争。1945年8月苏联对日宣战后，朝鲜人民军在苏军支持下解放了朝鲜北部。1948年8月15日大韩民国成立，朝鲜民主主义人民共和国则在9月9日成立。美、苏分别支持半岛南北双方，南北双方严重对峙，摩擦和冲突不断，1950年6月25日凌晨，朝鲜战争爆发。

苏联发展成为世界强国

第二次世界大战结束后，苏联面临的首要任务是迅速医治战争创伤，恢复和发展国民经济。从20世纪40年代中期至50年代中期，苏联进行了国民经济的恢复与重建，逐渐发展成为世界社会主义强国。

在工业方面，迅速实现经济转型，将军事工业转变为民用工业，并鼓励采用先进的科学技术。第四个五年计划（1946—1950）的实施，1950年苏联工业总产值比1940年增加73%，国民收入比战前提高64%。国防工业取得重大突破，1946年建成世界上第一座原子能反应堆，1949年成功试爆第一颗原子弹，打破了美国的核垄断。第五个五年计划（1951—1955）完成时，工业产值和主要指标达到或超过战前水平。人民生活水平明显提高，1947—1952年，苏联连续三次降低食品和日用品价格；在城市和工人区修建住房1亿多平方米。

在农业方面，1946年9月和1947年2月，联共（布）中央先后通过《关于消除集体农庄中违反农业劳动组合章程的现象的措施》和《关于战后时期大力发展农业的措施》，这些虽在一定程度上促进了农业的生产，但由于苏联长期实行优先发展重工业的方针，重工业与轻工业、工业与农业的发展长期比例失调，导致农业发展缓慢。1950年仅达到1940年水平的99%；1953年，全苏人均粮食为432公斤，仍低于"一战"前1913年540公斤的水平。农业始终是苏联经济中的落后部门，为苏联的后续发展留下隐患。

社会主义阵营形成

第二次世界大战后，社会主义国家由一国发展到多国。在苏共的授意下，波共领导人哥穆尔卡在1947年9月邀请苏、南、波、罗、捷、匈、保、法、意九个国家的共产党和工人党代表，赴波兰举行会议，成立共产党和工人党情报局，其目的是加强各党之间的联系，协调各党的行动。同时，苏共也借此加强对东欧各党和国家的控制。

为对抗美国的《欧洲复兴方案》，苏联在1947年7—8月先后与保、匈、波、南、罗等国签订了一系列双边经济协定，在此基础上，苏、保、匈、波、罗、捷六国于1949年1月在莫斯科举行会议，宣布"经济互助委员会"（简称"经互会"）成立，以"实现人民民主国家和苏联更广泛的经济合作"。后来，阿尔巴尼亚、民主德国、蒙古、古巴和越南等社会主义国家也先后加入，1964年，南斯拉夫开始与该组织合作，其他社会主义国家则以观察员身份参加经互会的活动，经互会逐渐发展成社会主义国家之间的经济组织。

1949年8月，谋求欧洲和世界霸权的军事组织——北大西洋公约组织（简称"北约"）正式成立，其成员包括美、英、法、比、荷、卢、加、意和冰岛。挪威、丹麦、葡萄牙、希腊与土耳其等国不久也加入。

苏联在强烈抗议北约建立的同时，不断加强与东欧社会主义国家的军事合作。1955年5月14日，苏联和阿、保、波、民主德国、捷、罗、匈八国在华沙签署具有军事同盟性质的"华沙条约"。条约规定：任何缔约国遭到武装进攻时，其他缔约国应以一切必要方式给予援助。从共产党和工人党情报局到华约政治军事集团的建立，标志着苏联为首的社会主义阵营形成。

二　殖民体系崩溃

印巴分治

"二战"后，印度争取民族解放的斗争不断高涨，1946年2月18日，驻孟买印度水兵发动起义，反对英国军官种族歧视，起义迅速扩展到马德拉斯、卡拉奇等地，起义者高呼"打倒英帝国主义"，得到工人罢工、学生罢课的支持。起义爆发的次日即2月19日，英国内阁特使团到印度谈判，英国为避免民族起义重演，被迫调整统治印度的政策。1947年2月20日，英国宣布在1948年6月前移交政权。

1947年3月，蒙巴顿出任印度总督，6月3日，蒙巴顿公布了"印度独立方案"（即"蒙巴顿方案"）。英国对印度分而治之，蒙巴顿方案依宗教原则把印度划分为印度斯坦和巴基斯坦两个自治领。印度斯坦包括阿萨姆、孟加拉西部、旁遮普东部、比哈尔、联合省、孟买、马德拉斯等地区；巴基斯坦包括西巴基斯坦（旁遮普西部、信德省、俾路支省、西北边省）和东巴基斯坦（孟加拉东部和阿萨姆的锡尔赫特区）。这样，印度被人为地分裂成印度斯坦和巴基斯坦两个政治实体。

1947年7月，英国议会通过了《印度独立法案》，结束了英国在印度近200年的殖民统治。8月14日，巴基斯坦独立；15日印度独立，两国均为英联邦内的自治领。印巴分治加剧了印度的教派冲突，使南亚局势长期处于紧张状态，1947年、1965年和1971年先后爆发了三次印巴战争。第三次印巴战争使巴基斯坦一分为二，东巴建立起独立的孟加拉国。

埃及七月革命

"二战"后，埃及民族解放运动高涨，各界人民要求英军撤出埃及，废除英国在埃及的一切特权。1946年2—3月间，埃及爆发了多次全国性反英游行，遭英军血腥镇压，使英埃矛盾进一步激化。1952年7月23日凌晨，以加麦尔·阿卜杜勒·纳赛尔为首的"自由军官组织"发动起义，起义部队占领了陆军司令部和各军事据点，控制了开罗的广播电台、机场和火车站等重要场所。7月26日，法鲁克国王被迫退位，偕家眷前往意大利，阿里王朝被推翻。1953年6月，宣布永久废除君主体制，成立埃及共和国，推举纳吉布少将任内阁总理兼军队总司令。

七月革命胜利后的重要任务之一，是收复苏伊士运河。苏伊士运河是沟通欧、亚、非三洲的要道，战略位置十分重要。1954年10月，英埃签订了《关于苏伊士运河军事基地的协定》，英国承认埃及对运河享有主权，英军在协定签订后20个月内分阶段撤离埃及。1956年6月，最后一批英军撤出埃及，但苏伊士运河的管理权仍由英法控制。1956年7月26日，埃及宣布将苏伊士运河收归国有，遭英法的强烈反对。英法联合以色列，在1956年10月29日对驻守西奈半岛的埃军发起进攻，苏伊士运河战争（第二次中东战争）爆发。埃及军民奋起抗击，赢得了国际社会的广泛同情和支持。1956年11月4日，联合国派出紧急部队监督停火；6日，英、法、以三国被迫宣布停火，从1956年12月到1957年3月，英、法、以三国军队相继撤出埃及，埃及人民维护国家主权的斗争取得胜利。

拉美人民反美斗争

拉美历来被认为是美国的后院。"二战"后，美国通过1947年签订的《泛美联防公约》和1948年成立的"美洲国家组织"，在政治、经济和军事上，加紧对拉美国家的控制，引起拉美人民的激烈反抗，促使拉美民族解放运动蓬勃发展。

1951年，阿本斯出任危地马拉总统后，打破美资对国家运输和电力的垄断，把铁路收归国有，通过土改征收包括美资控制的土地分配给农民，支持工人为维护自身权益与外资进行斗争。阿本斯实行独立自主的外交政策，在联合国大会和美洲国家组织等会议上，反对美国的霸权主义和强权政治。

1952年4月，玻利维亚的巴利维安军事独裁政权被推翻。埃斯登索罗出任总统后，实行民主改革，近1000万公顷土地分给农民，发展石油及其他矿业生产，废除土著劳役制，实行普选制，实行初等义务教育，加大公共卫生和社会福利支出等。但这些改革遭到美国的破坏，使玻利维亚不得不接受美援，政治经济发展受制于人。1964年，埃斯登索罗政权被军人政变推翻。

1970年9月，智利人民团结阵线在大选中获胜，11月组成人民团结政府。信奉社会主义的萨尔瓦多·阿连德出任总统，开始了诸多带有社会主义性质的改革。如土地改革，征收822万公顷土地兴办国营农场；对美国等外资控制的铜矿、银行等企业实行国有化；大幅度增加工人工资和社会福利。对外旗帜鲜明地执行反帝反殖的对外政策，不仅同古巴恢复了外交关系，而且同民主德国、中国、蒙古、越南、朝鲜等社会主义国家相继建交，同苏联在经济、政治上也建立起密切的联系。阿连德政府的改革引起国内右翼的激烈反抗，美国中央情报局直接插手对阿连德政府的颠覆。1973年9月11日，智利军人发动政变，阿连德本人在与政变部队的战斗中以身殉国。

第三世界的兴起

"二战"后，第三世界逐渐兴起，20世纪50年代万隆会议的召开与不结盟运动的兴起、60年代七十七国集团的成立，是第三世界兴起的三个重要标志。

20世纪50年代，独立的亚非国家已有30多个。这些国家都面临着巩固民族独立、发展民族经济的重任，因此迫切需要加强国际合作，营造和平的国际环境。1954年4月，印尼总理阿里·沙斯特罗阿米佐约首先提出召开亚非会议的倡议。1955年4月18—24日，亚非会议在印尼万隆举行，有29个国家的代表出席。会议通过了《关于促进世界和平与合作的宣言》，把和平共处五项原则进一步引申和发展为各国和平共处友好合作的十项原则，会议体现出的求同存异、平等协商、和平共处、谋求合作的"万隆精神"，在国际社会产生了广泛影响。

1961年2—4月，南斯拉夫总统铁托出访非洲9国，倡议召开不结盟国家首脑会议。9月1日，第一次不结盟国家和政府首脑会议在贝尔格莱德开幕，与会的25个国家通过了《不结盟国家和政府首脑宣言》，宣布不结盟国家支持各国人民争取独立和平等的斗争；主张彻底废除殖民主义，努力制止各种新殖民主义。不结盟运动的兴起，进一步弘扬了"万隆精神"。

1963年，第18届联大讨论了召开贸易和发展会议的问题。会上，75个国家发表联合宣言，从而形成"七十五国集团"。1964年，75国集团扩大为77个国家和地区，发表了《七十七国联合宣言》。七十七国集团的宗旨是加强发展中国家在国际经济领域的合作，采取一致立场反对超级大国和帝国主义的控制、剥削和掠夺。七十七国集团的形成，是第三世界兴起的重要标志之一，第三世界建立国际经济新秩序的斗争，由此进入了一个新的阶段。

三　冷战形成与局部热战

冷战的根源和冷战开始

"冷战"是指美国和苏联之间"二战"后出现的既非战争又非和平的冲突状态。"二战"后，苏联成为可与美国抗衡的政治军事大国，美国视其为通往世界霸权道路上的主要障碍。美国为谋求世界霸权，明确提出要遏制所谓苏联的"共产主义扩张"，要把苏联的影响遏制在东欧，避免其在西欧和中东等地产生影响。美国公开主张对苏联采取强硬政策，在苏联引起强烈反应。

1946年2月9日，斯大林在一次演讲中结合"二战"的起源时指出：

资本主义的世界经济体系包藏着总危机和军事冲突的因素，战争不可避免。为此，他要求苏联在二到三个五年计划中，大大提高工业水平，以作为防止不测事件的保障。斯大林强调：苏维埃社会制度比非苏维埃制度更有生命力，比它更稳固；苏维埃社会制度是比任何一个非苏维埃制度都要优越的社会组织形式。美国认为斯大林的演讲是"好战的声明"，杜鲁门总统要求美国驻苏使馆就此演讲进行"调查"。

2月22日，美驻苏使馆临时代办乔治·凯南向国务院发回一封8000字的长电报。在电报中，他提出美国应把苏联作为敌人对待，要使用强大力量牵制苏联。这封电报成为美国制定冷战政策的重要文件之一。1947年3月12日，杜鲁门在美国国会宣读了关于遏制苏联和"共产主义扩张"的国情咨文，拉开了"冷战"的帷幕。

杜鲁门主义和马歇尔计划

1946年3月4日，杜鲁门与丘吉尔策划后，邀请丘吉尔在美国发表《和平砥柱》演讲，号召世界上讲英语的国家与美英结成联盟，反对苏联和国际共产主义的"威胁"。7月，杜鲁门指示起草《克利福德报告》，主要内容是美国必须以强大的军事力量，抑制苏联的"扩张"；在政治、经济上，支持非苏联势力控制的地区和国家进行反苏斗争，这些成为后来杜鲁门主义的核心。

1947年春，希腊共产党游击队与政府军发生激战，大败政府军。3月12日，杜鲁门在其宣读的一篇国情咨文中借题发挥。他说：希腊受到共产党"恐怖主义"威胁，一旦希腊由共产党控制，其邻国土耳其及整个中东甚至全世界都会受到共产主义的威胁。这也是"敌人"对美国和自由的威胁。因此，美国支持反对苏联和共产主义扩张的政府和力量，帮助自由独立的国家保持独立。这篇被称为"杜鲁门主义"的国情咨文，被认为是美国对苏联进行冷战的开始。

为了援助欧洲，反对苏联，美国制订并实施了"马歇尔计划"。1947年6月5日，国务卿乔治·马歇尔在哈佛大学发表了这个计划。通过马歇尔计划，英、法、意、奥、荷、卢、比、葡、爱尔兰、瑞典、瑞士、丹麦、冰岛和德国西占区，以及土耳其等国，共接受了美国总额为131.5亿美元的援助，使西欧渡过了战后最困难时期。到1950年，西欧各国生产已经恢复到战前水平，到1952年，英、法、意工业生产分别比战前增长13%、29%和48%，德国的西方占领区的工业生产，到1952年增长为115%。在实施马歇尔计划的同时，美国先后通过"第四点计划"、"军援法"和"共同安全法"等，向世界反苏反共的国家提供军事、经济和技术援助。

柏林危机

"冷战"形成后，美国在政治、经济和军事上，不断加大对苏联和社会主义国家的遏制。1948年年初，美国起草了"五角大楼文件"，与英、加等国开始筹建北大西洋防务体系，建立军事同盟——"北大西洋公约组织"。在此期间，美、英、法、荷、比、卢六国协调对德政策，筹划将西占区合并，建立联邦德国。苏联针锋相对关闭了西占区通往西柏林的铁路、公路和水路交通，美英等国只能通过空中走廊空运各类物资。美苏在柏林的尖锐对峙，导致出现第一次柏林危机。

第一次柏林危机发生后，苏美都避免直接的军事对抗。经秘密谈判后在1949年5月初达成协议，双方在5月12日取消一切封锁。表面看"危机"似已解决，但产生危机的原因依然存在。1949年后，西柏林成为西方对苏联进行间谍活动的基地，也是炫耀资本主义的窗口。1958年10月27日，民主德国领导人乌布利希指责西方大国违约单方面武装联邦德国，无权继续留在西柏林。苏联坚决支持乌布利希，扬言要"动外科手术"，除掉西柏林这个"毒瘤"。1958年11月27日，苏联正式照会美、英、法三国，要求三国在6个月内撤出它们在西柏林的驻军，使柏林成为一个自由市。美、英、法三国断然拒绝，声称如果苏联封锁进入西柏林的通道，它们将不惜诉诸武力，第二次柏林危机爆发。

1961年6月3—4日，赫鲁晓夫与肯尼迪在维也纳举行美苏首脑会晤。赫鲁晓夫重申要使柏林成为非军事化的自由市，遭肯尼迪拒绝。肯尼迪强调，西方在西柏林的存在和通往西柏林的权利不可谈判。第二次柏林危机再度恶化。1961年夏天以来，民主德国越来越多的居民涌入西柏林，8月11日一天即有2500多人，其中不乏技术专家。8月12日至13日夜，民主德国在华约国家的支持下，沿东、西柏林分界线拉起了铁丝网，只留9个严加控制的过境点。几天后，一道165公里的混凝土修筑的"柏林墙"建立起来。这样，西柏林便被"柏林墙"围住。苏美在柏林地区长期对峙，直至1961年10月苏共二十二大后，第二次柏林危机才逐渐平息了下来。

朝鲜战争

1950年6月25日凌晨，朝鲜内战爆发。美国总统杜鲁门26日命令驻日美军协助韩国作战，27日命令美海空军入朝作战。7月7日，美国操纵安理会通过组织"联合国军"的决议，麦克阿瑟任总司令。朝鲜军队在战争初期顺利推进。6月28日攻占汉城，至8月中旬占据半岛南部90%的土地。9月15日，美军在仁川登陆后战局发生逆转。南朝鲜军队和美军在10月越过三八线，把战火烧至中朝边境，严重威胁中国的安全。

应朝鲜的请求，中国人民志愿军在10月25日入朝参战。志愿军和朝鲜人民军协同作战，连续发动了五次战役，扭转了战局。以美军为主的"联合国军"被迫转入战略防御，并接受停战谈判。1951年7月10日，交战双方开始举行停战谈判。经过两年多的军事、外交和政治斗争，1953年7月27日签订了停战协定。协定确定：双方以北纬38度附近的实际接触线为军事分界线，各自后退2公里，建立非军事区。朝鲜战争是"二战"后发生的第一场大规模的局部战争。战争打破了美国"不可战胜"的神话，确立了中国作为世界大国的地位。

越南战争

1955年10月，美国扶植吴庭艳成立南越傀儡政权，南越完全置于美国控制之下，这激起南越人民的强烈反抗。1960年12月，越南南方民族解放阵线成立，建立武装力量。越南劳动党也成立南方局，加强对南越人民革命斗争的领导。1961年5月，美国肯尼迪政府在南越发动"特种战争"，即由美国出资装备南越军队，在美国军事顾问的训练和指挥下，镇压南越革命斗争，美国开始直接介入越南战争。

1964年8月，约翰逊政府派军舰侵入越南民主共和国的领海挑衅，反诬遭越海军袭击，并以此为借口扩大在越南的战争行动，对越南北方进行大规模的空袭。1965年3月，美国海军陆战队登陆越南南方，全面介入越南战争。与此同时，美国国内反战运动蓬勃发展，1967年有30多万人参加了"反战进军"。越南人民抗美救国战争得到中国、苏联等世界各国人民的支援，美国深陷越战泥潭。1969年年初尼克松出任美国总统后，通过推行战争"越南化"方针，开始从南越撤军。美军士气低落，1970年逃兵达7万多人。1973年1月27日，美国被迫在巴黎签署了《关于在越南结束战争、恢复和平的协定》，停止一切敌对行动，撤出全部美军，越南抗美救国战争取得胜利。

古巴危机

古巴与美国隔海相望，1959年1月古巴革命胜利后，走上社会主义发展道路，彻底结束了美国在古巴半个多世纪的殖民统治。1961年年初，美国与古巴断交，但从没停止对古巴的颠覆和破坏。古巴为自身的安全，重视发展同苏联的关系。

1962年8月底，美国声称在古巴发现中程导弹发射场，对苏联提出指责，苏联矢口否认。10月14日，U－2飞机在古巴上空清晰地拍摄到修建中的导弹发射场。10月22日晚，肯尼迪向全国发表电视讲话，披露了苏联在古巴修建导弹基地的消息，要求苏联在联合国的监督下撤走SS－4导弹，宣布将对古巴实行军事封锁。

10月24日，美国开始对古巴实行军事封锁，载有核弹头的B－52轰炸机进入古巴周围的上空，在古巴领海拦截并检查所有可疑船只，美国海外驻军进入戒备状态。苏联对美国的军事封锁最初态度强硬，命令华约军队取消一切休假，进入戒备状态，古巴导弹危机一度把世界推向核战争的边缘。

美苏在激烈对抗的同时，竭力避免使危机升级到爆发战争。经过联合国斡旋和外交谈判，最终赫鲁晓夫下令撤除苏联在古巴的导弹，保证不再将进攻性武器运进古巴。肯尼迪表示苏联从古巴撤走导弹后，将解除对古巴的封锁。11月8—11日，苏联把在古巴的42枚导弹和相关装备撤走，很快又运走了伊尔－28轰炸机。肯尼迪则于11月20日宣布停止对古巴实行的海上"隔离"检查和封锁。古巴导弹危机遂告平息。古巴危机是冷战中的一转折点，美苏对抗升级使世界和平愈益面临着严重威胁。

第三十四章 冷战下的动荡世界

在石油危机的影响下，资本主义国家在 1974 年爆发了战后最严重的世界经济危机。这次危机表现出"滞胀"的局面，一直延续到 70 年代末。美国、英国和法国等西方大国纷纷寻求摆脱经济危机的办法，"里根经济学"、"撒切尔主义"和法国密特朗政府的经济改革等，就是这一背景下的产物。"二战"后，瑞典、丹麦、挪威、芬兰和冰岛五国由社会党执政，重视社会改革。当 70 年代资本主义经济危机出现时，北欧五国依然经济繁荣。与此同时，世界社会主义运动也面临着严峻挑战，苏联东欧国家在 70 年代也出现了改革的热潮。这些改革虽然取得了不同程度的进展，但始终没有突破高度计划经济模式的弊端。1987 年，戈尔巴乔夫的"新思维"提出用"人道的民主的社会主义"代替科学社会主义，使改革彻底脱离了社会主义方向。1989 年起东欧社会主义国家先后发生剧变，1991 年苏联解体。1978 年 12 月 18 日，中共十一届三中全会的召开，开始了中国特色社会主义道路的新探索。改革开放是实现中华民族伟大复兴的必由之路，同时也深刻改变了国际政治经济的格局。"冷战"结束、欧盟和世界经济区域性组织纷纷建立，使雅尔塔体系瓦解和两极格局终结。

一 70 年代经济危机与各国经济政策调整

西方主要资本主义国家的经济危机

1973 年第四次中东战争爆发后，石油价格飞涨了两倍多，从而触发了第二次世界大战后最严重的全球经济危机。1973年年底，经济危机首先从英国开始，席卷了美国、加拿大、西欧和日本等国。1974—1975年经济危机的主要表现是：资本主义国家失业率增高，1975年发达资本主义国家的失业人口达1850万，由此经济发展明显放慢，如美国的工业生产下降了14%，日本的工业生产下降了20%以上，整个资本主义世界工业生产下降了8.1%。企业破产、股市行情下跌严重，如英国股市比危机前最高点下跌了72%，超过了30年代大危机下跌52%的幅度。除联邦德国外，西方大国都出现了巨额国际收支逆差，计达392亿美元。这严重影响了国际贸易，1975年世界进口总额减少了6%。

1974—1975年经济危机回升缓慢，1976年复苏后并没有进入繁荣阶段，大多数西方大国从下半年开始，经济发展又开始放缓或停滞。资本主义世界直到70年代末，都没有进入繁荣阶段。与30年代生产过剩引发的经济危机不同，70年代资本主义经济发展表现出明显的"停滞膨胀"（滞胀）的特点，即生产缓慢以致停滞，与高失业率、通货膨胀并存，同时物价又不断上涨。为了应对1974—1975年经济危机，美国等西方大国，纷纷提出解救措施。

美国经济复兴计划

为克服外贸逆差和"滞胀"现象，尼克松政府于1971年8月宣布推行新经济政策，其主要精神是实行财政赤字。1971年和1972年年度财政赤字均高达230亿美元以上。但这未能解决"滞胀"问题。1977年卡特上台，也没有找到摆脱"滞胀"的出路。1980年里根出任美国总统，在1981年2月提出经济复兴计划，主要内容是减低个人和企业税率；削减政府开支；减少政府对企业所设置的各种规章制度；制定稳定的货币政策。这是罗斯福"新政"以来美国经济政策的重大转变，即由高税收、多规章、大开支，向低税收、少规章、小开支的政策转变。这个被称为"里根经济学"的政策实施后，美国经济逐渐发生良性变化，经济开始增长，通货膨胀率下降，就业人数增加。到1986年，美国经济基本摆脱了"滞胀"困境。

英国新自由主义的经济政策

1979年撒切尔夫人上台组阁时,英国经济江河日下。从1979年6月到1981年6月,国内生产总值下降了4.6%。1982年1月,失业人数突破300万。为了克服危机,撒切尔政府放弃了凯恩斯主义政策,实行新自由主义的经济政策。其一,全面减少货币供应,提高银行利率,紧缩信贷,削减税收,精简政府机构,严格控制并削减政府开支,减少财政赤字,以抑制通货膨胀。其二,积极推行国有企业私有化,将当初收为国有的英国电话公司、铁路公司和煤气公司出售给私人,并将私营化扩大到众多经济、社会领域,包括国营企业、住房、教育、医疗等。放开市场,大幅度解除政府管制,在交通、电信、公用事业、金融、物价等领域取消或修改监控条例。其三,控制社会保障规模,在继续维护福利国家制度的前提下,逐步降低社会福利在公共开支中的比重。此外,撒切尔政府对英国公务员制度进行了改革,裁减公务员数量,强化竞争机制,防止官僚化,政府职能从管理向服务转变。撒切尔政府的新自由主义经济政策,被人们称为"撒切尔主义"。在80年代,英国经济持续增长,1986—1988年,分别为3%、4%、5%,被称为"撒切尔奇迹"。撒切尔夫人经济政策的成功,使其再度蝉联英首相。

法国经济改革

1969年6月,乔治·蓬皮杜当选总统。他在任内采取较灵活的政策,减少国家对经济的控制,将法郎贬值12%,促进经济发展。1974年4月,蓬皮杜病逝,卡尔·德斯坦(1926—)继任总统,雅克·希拉克出任总理,主张"自由经济"和"经济自由化",同时实行了社会改革,如堕胎合法、避孕自由等。1981年4月,弗朗索瓦·密特朗在选举中获胜,皮埃尔·莫鲁瓦为总理。密特朗政府没有迎合当时西欧盛行的新自由主义潮流,而是进行了扩大国有化、刺激消费、提高最低工资标准、增加福利开支、向地方放权,加强国内各地区自治管理权为主要内容的改革。这些政策增加了政府收入，提高了普通百姓的生活水平，但导致宏观经济失调，不得不回到自由主义的政策上去。1984年7月，密特朗改组政府，新政府放缓经济发展速度，通过增加税收，提高公共事业收费，限制信贷，加强外汇管制等应对巨额赤字，法国经济稳定增长，出现微弱复苏；同时国际经济环境也开始好转，法国逐渐走出"滞胀"困境。

北欧五国的社会发展与经济繁荣

"二战"后，瑞典、丹麦、挪威、芬兰和冰岛五国都是社会党执政，积极推行社会改革。与70年代资本主义经济危机出现的"滞胀"相反，20世纪60年代到90年代，北欧五国出现了经济繁荣景象，特别是瑞典模式具有广泛的影响。

60年代后，瑞典经济从传统的木材工业转型，钢铁、机械制造、能源和汽车制造业迅速发展，成绩显著，80年代，瑞典"沃尔沃"牌轿车已成为世界名车之一。瑞典的福利模式被西方视为典范，因此瑞典也被称为"福利国家"。瑞典的国家社会保险、家庭福利、社会服务和医疗保健，几乎包括了"从摇篮到坟墓"的人生各个阶段；此外儿童、老人、残疾人等，还享有相应的多方面免费服务。不仅瑞典，其他北欧国家的福利制度也都有所发展，失业、医疗、教育、养老等都列入社会福利之中。

北欧国家的福利制度建立在经济稳步发展的基础之上。丹麦中小型的食品和家具工业；挪威沿海的石油业；芬兰的高科技电子产品，特别是名牌手机生产等举世瞩目。高福利和高税收紧密联系在一起，如1960年前丹麦人纳的税，只占他们收入的25%，后来到了50%。用于福利费用的开支增加，使国家财政紧张。福利过高而使政府财政和企业负担加重，影响经济发展。在社会生活方面，高福利引发了一系列社会问题，其中包括精神空虚引起的酗酒和自杀等问题，总之，福利国家制度已经成为北欧国家社会发展的一个负担。90年代后，瑞典和其他北欧国家政治经济政策开始调整，逐步削减社会福利开支，实行保守主义的新自由主义经济政策。

亚洲"四小龙"

"二战"后，特别是20世纪70年代起，东亚和东南亚经济出现了快速发展，以韩国、新加坡、中国香港、中国台湾的亚洲"四小龙"最为典型。它们利用世界经济体系调整的机遇，在七八十年代实现了经济高速增长，并保持持续增长，同时基本完成了社会结构转型，使这些国家和地区在经济、社会发展上接近发达国家的水平。

从1963—1978年，韩国先后实施了三个五年计划，国民生产总值翻了四番多，年均增长率达到10%。80年代，韩国的汽车、化工、造船、半导体等产业，取得了令世人瞩目的成绩。1965年，新加坡脱离马来西亚独立后，通过实施"反经济衰退计划"渡过难关；70年代，新加坡的制造业和对外贸易，已成为国民经济的两大支柱产业。1970—1979年，国内生产总值年均增长8.93%，在80年代，新加坡已经形成了以制造、金融、运输和通信为主的多元经济结构。

50年代，中国香港以中国内地为依托，实现了从以转口贸易为主，向以制造业和加工工业为主的经济转型。1960—1970年，香港产品出口值增加3.3倍。香港同时以"购物天堂"吸引世界游客，成为亚太地区新兴金融中心和旅游中心。80年代，香港大力发展以资本、技术密集型为主的电子、家电和计算机工业。1988年人均国民收入达9600美元。70年代后，中国台湾经济从劳动密集型产业，向资本和技术密集型产业转变，优先发展重工业和化学工业，80年代，台湾经济继续平稳发展。1991年，人均收入从1980年的2344美元增加到8970美元。

"亚洲四小龙"原以农业和轻工业为主，后利用发达国家向发展中国家转移劳动密集型产业的机会，积极吸引外资和技术，利用本地廉价而良好的劳动力，在钢铁、造船、汽车、石化、芯片和电脑、家用电器等行业，取得令世人瞩目的成绩，成为继日本之后的亚洲新兴工业经济体。但是，这种发展模式也留下许多弊端，过于依赖国际资本难以避免经济发展中的隐患。

二　苏东改革和剧变

苏共第 20 次代表大会

1953 年 3 月 5 日，斯大林患脑溢血逝世。3 月 6 日，苏共中央、苏联部长会议、苏联最高苏维埃主席团举行联席会议，任命马林科夫为部长会议主席；任命伏罗希洛夫为最高苏维埃主席团主席；联席会议还确定由马林科夫、赫鲁晓夫等 10 人组成苏共中央主席团。3 月 14 日，苏共中央召开全会，选举赫鲁晓夫、苏斯洛夫等 5 人组成苏共中央书记处。6 月 28 日，苏共中央主席团委员、苏联部长会议第一副主席兼内务部长贝利亚被捕。贝利亚被指控犯有"反党反国家罪"，被判处死刑。1953 年 9 月 7 日，赫鲁晓夫当选为苏共中央第一书记，开始强调扩大社会主义民主，批判"个人崇拜"，为"列宁格勒案件"等冤假错案平反。在对外关系上开始执行缓和国际紧张局势的政策。1954 年，苏联与奥地利签订和约；1955 年恢复了与南斯拉夫的国家关系。

1956 年 2 月 14—24 日，苏共二十大召开，赫鲁晓夫在大会报告中提出"和平共处""和平竞赛""和平过渡"的政治路线，明确表示坚决反对个人崇拜。这次代表大会发布了"六五计划"的指示，通过了进行经济改革的决议。大会选出了新的中央委员会，赫鲁晓夫继续当选苏共中央第一书记。2 月 24 日深夜，赫鲁晓夫突然召开内部会议，由他向大会做了会前由苏共中央集体决定，但没有列入大会议程的《关于个人崇拜及其后果》的报告，即长达 5 小时的"秘密报告"。报告全盘否定斯大林，揭露了斯大林个人崇拜及滥用权力的严重后果。赫鲁晓夫列举苏共十七大选出的 110 名中央委员和 139 名候补中央委员中，80% 被清洗；大批苏军优秀将领被清洗，是苏联卫国战争初期苏军连败的主要原因；报告还谈到列宁遗嘱，列宁要求撤销斯大林职务的建议等。会后，"秘密报告"的内容陆续在党内传达。6 月 30 日，苏共发表《关于克服个人迷信及其后果的决议》，在全苏开始大规模的平反工作。

苏共二十大召开和赫鲁晓夫的"秘密报告",在国际上引起强烈反响。6月4日,美国《纽约时报》发表了报告的全文,西方掀起了反苏、反共、反社会主义的高潮,西方国家大批共产党员退党。苏共二十大给国际共产主义运动带来巨大冲击,许多国家的共产党提出不同的意见,国际共运出现分歧和分裂,一些社会主义国家发生了动乱,如1956年6月波兹南事件、1956年10月匈牙利事件等。苏共二十大后,苏共领导层的矛盾日趋尖锐。1957年6月,苏共中央通过了《关于揭发马林科夫、卡冈诺维奇、莫洛托夫反党集团的决议》,将他们从中央委员会和主席团委员会开除。1958年2月,布尔加宁被解除部长会议主席职务,由赫鲁晓夫兼任。苏共二十大两年后,赫鲁晓夫掌握了苏联党政大权。

苏联政治经济体制改革

1953年9月7日,赫鲁晓夫在苏共中央全会上当选为苏共中央第一书记,并在会上作《关于进一步发展苏联农业的措施》的报告。会后,赫鲁晓夫开始农业改革。1955年起,国家放宽对农牧业的生产管理,只下达国家收购各类农畜产品的指标,农庄有权自行安排生产。1958年6月,改革农产品收购制度,政府取消农产品义务交售制,改为农产品采购制,提高了农产品收购价格。1954年后,先后废除了自留地的义务交售制、副业的义务交售制,允许庄员有自留地和饲养一定数量的牲畜。增加农业投资,从1954—1958年,政府为开荒投资67亿卢布,共开垦出4000万公顷的土地。1958年2月,苏共中央通过了《关于进一步发展集体农庄制度和改组机器拖拉机站的决议》,决定将拖拉机等农业机器卖给集体农庄,并将机器拖拉机站改组为机器修配站。上述措施开始克服苏联农业长期停滞不前的状态,1953—1958年期间,农业产量的年平均增长率达6.8%。但后期出现不少问题,1958—1964年期间,农业产量的年平均增长率只有1.7%。

苏联工业绝大部分由国家集中管理。赫鲁晓夫上台后力图改变这种状况。1957年2月,赫鲁晓夫在中央全会上作了《关于进一步改进工业和建筑业的管理组织》的报告,要求把工业和建筑业的日常领导工作从中央转到地方。但到1963年时，管理工业的机构不仅没有精简，反而扩大了两三倍。1962年9月9日，利别尔曼教授在《真理报》发表了《计划、利润、奖金》的文章。他主张用利润、奖金等经济手段而不用行政手段来发展企业的生产；还主张把赢利率作为衡量企业好坏和规定奖金多少的标准。赫鲁晓夫支持利别尔曼观点，国家只下达给企业生产计划的数量和交货期限两个指标，其余完全由企业自行制定，并开始在乌克兰的一些工厂试行。赫鲁晓夫的工业改革成效明显，从1951—1965年期间，苏联工业的年平均增长率达到10.7%。但从整体上说，赫鲁晓夫的改革并没有触动原有体制的基本框架，缺乏创新的科学理论的指导。

1959年1月，赫鲁晓夫主持召开苏共第二十一次非常代表大会，通过了赶超美国、全面开展共产主义社会建设的"七年计划"。为此，赫鲁晓夫在党政领导体制、经济管理体制等方面进行了改革。但是许多改革主观武断，严重脱离实际，消耗大量国家资财，接连失败；一些改革独断专行，损害了从中央到地方各级领导人的利益，引起越来越多的人的不满。1964年10月，赫鲁晓夫被迫辞职。

1964年10月，勃列日涅夫出任苏共中央第一书记后，开始纠正赫鲁晓夫的改革，恢复了党和国家中央机构的统一领导；恢复了州和边区党委的统一领导；恢复了中央和各加盟共和国的专业部。针对赫鲁晓夫在苏共二十二大（1961年）宣布苏联20年内过渡到共产主义，勃列日涅夫在1967年提出"发达的社会主义理论"，强调其特征是"各尽所能，按劳付酬"。1965年9月，苏共中央召开全会，决定工业发展中实行"新经济体制"。主要内容是减少企业的指令性计划指标；以利润为中心加强对企业的经济刺激；扩大企业权限，实行完全的经济核算制；实行工业品价格批发的全面改革；加强银行信贷作用。在农业方面增加农业生产投资；重视用经济方法管理农业；鼓励个人副业生产；重视农业生产的专业化，包括农业科研和专业人才的培养等。1980年，苏联农业基本实现了电气化，小麦、棉花、牛奶等11种农产品的产量跃居世界首位。

1977年10月7日，苏联通过新宪法，宣布苏联已完成了无产阶级专政的任务，成为"全民的国家"。1982年11月10日，勃列日涅夫病逝，安德罗波夫继任苏共中央总书记，但他在1984年2月病逝，由契尔年科继任，13个月后，契尔年科也在1985年3月病逝，由戈尔巴乔夫出任苏共中央总书记，同年7月被选为最高苏维埃主席团委员，成为苏联新的领导人。

戈尔巴乔夫"新思维"和苏联解体

戈尔巴乔夫执政伊始，即开始经济领域的改革，在1985年4月苏共中央全会上提出"加速"经济发展战略。1987年6月苏共中央全会通过了《关于根本改革经济管理的基本原则》，提出了经济改革的完整构想。同年11月，戈尔巴乔夫应美国出版商之约撰写并出版了《改革与新思维》。他强调"新思维的核心是承认全人类的利益和价值高于一切"，必须"彻底消除垄断理论的后果"，"使社会政治思维发生急剧的转折"。戈尔巴乔夫的"新思维"，被西方认为是"标志着苏联历史上一个新时代的开始"。

1988年6月底7月初，苏共召开第十九次全国代表会议。戈尔巴乔夫在会上首次用"人道的民主的社会主义"代替科学社会主义，他主张放弃苏共对国家的领导权，改革彻底脱离了社会主义方向，开始形成多党制。1990年3月召开的苏联第三次人民代表大会，正式废除了苏共的法定领导地位。1990年7月2—13日，苏共二十八大通过了《走向人道的、民主的社会主义》的纲领性声明，苏联和社会主义体制彻底决裂。

戈尔巴乔夫"新思维"指导下的改革，使苏联国内经济形势日趋恶化，联盟分裂的倾向不断加剧。1991年8月19日6时，苏联副总统亚纳耶夫发布命令宣布，戈尔巴乔夫由于健康原因已不能履行总统职务，自即日起由他本人代行总统职务。同时宣布成立国家紧急状态委员会，行使国家全部权力。俄罗斯联邦总统叶利钦不服从紧急状态委员会的命令，宣布国家紧急状态委员会是"非法的"，是"右派反宪法的反动政变"。在叶利钦的鼓动下，局势发生逆转。21日晚8点，戈尔巴乔夫发表声明，宣布已完全控制了局势，并在22日凌晨返回莫斯科。"8·19"事件后，苏联出现反共浪潮。8月23日，叶利钦签发命令，"停止俄罗斯共产党的活动"。根据戈尔巴乔夫、叶利钦和莫斯科市长波波夫的命令,苏共中央大楼被查封。8月24日,戈尔巴乔夫宣布辞去苏共中央总书记职务,要求苏共中央自行解散。

"8·19"事件后,各加盟共和国的分离势力大大加强。1991年12月21日,除波罗的海三国和格鲁吉亚外,阿塞拜疆、亚美尼亚、白俄罗斯、吉尔吉斯斯坦、摩尔多瓦、哈萨克斯坦、俄罗斯、乌兹别克斯坦、乌克兰、塔吉克斯坦、土库曼斯坦11个独立国家领导人在哈萨克斯坦首都阿拉木图举行独立国家首脑会议,正式宣告建立独立国家联合体,苏维埃社会主义共和国联盟不复存在。1991年12月25日19时25分,戈尔巴乔夫在电视讲话中宣布辞职,将国家权力移交给俄罗斯总统。19时32分,红旗从克里姆林宫上降落,三色的俄罗斯联邦国旗取而代之。戈尔巴乔夫的改革,以苏共亡党、苏联解体而终结。

东欧国家的改革和东欧剧变

东欧国家的改革,发端于南斯拉夫。第二次世界大战后,南斯拉夫走上了与苏联有别的社会主义发展道路,实行工人自治。1950年6月27日,南斯拉夫国民议会正式颁布了《工人自治法令》,标志着南斯拉夫自治制度的开始确立。1956年苏共"二十大"后,东欧国家出现了改革浪潮。1956年波兰开始改革过分集中的政治、经济体制。1956年10月匈牙利事件后,匈牙利自1957年开始调整国民经济结构,放弃脱离实际的"建设钢铁国家"的口号,集中力量发展轻工业和农业。1958—1959年捷克开始了第一次经济改革。从1965—1968年间特别是1968年捷克进行的第二次改革,被称为"布拉格之春"。1968年3月,杜布切克主持通过了建设"一个新的十分民主的,符合捷克斯洛伐克情况的社会主义社会"的《行动纲领》,明显地表现出摆脱苏联控制的趋势。8月20日傍晚,苏联军队入侵捷克,23日,约20万苏联军队及后来参加的民主德国、波兰、匈牙利等华约军队,对捷克斯洛伐克全境军事占领,结束了捷改革进程。

1974年11月,罗共十一大通过了向共产主义迈进的纲领,齐奥塞斯库要求通过脱离实际的"高积累、高指标、高速度"来实现这一目标。20世纪80年代初，罗马尼亚经济发展遇到严重困难，人民基本生活需求无法得到满足。1982年6月，罗共开始实行经济体制改革，将国企的部分固定资产归职工所有，由其入股和分红；农业实行"定额包产制"，联产计酬等。20世纪50年代末60年代初，保加利亚开始了旨在完善经济和政治管理体制的改革。主要内容是扩大社会主义民主，把管理体制从部门原则改为地区原则，撤销主管经济的中央各部。从1982年1月1日起在国民经济和社会发展的所有领域实行新经济机制，其原则是"经济核算和自负盈亏"。60年代初，民主德国基本完成过渡时期的任务。1963年6月，民主德国开始实施《国民经济计划与管理的新经济体制准则》，其主要内容是：扩大地方和企业的自主权，国家对地方和企业不再规定具体生产指标；企业实行自主的经济核算，自负盈亏。

第二次世界大战后，东欧社会主义国家的社会发展暴露出一些亟待解决的矛盾。自50年代起，这些国家试图通过政治、经济体制改革，解决这些问题，确实也不同程度地解决了一些具体问题，但始终没有彻底摆脱苏联高度集中的经济体制的束缚。新旧问题日积月累，社会政治、经济矛盾更加尖锐。此外，以美国为首的西方国家长期推行和平演变政策，以及戈尔巴乔夫改革放弃了社会主义方向，都对东欧剧变产生了直接的影响。自1989年9月波兰团结工会在议会大选中获胜，成立以团结工会为核心的新政府始，匈牙利、民主德国、捷克斯洛伐克、罗马尼亚、保加利亚、阿尔巴尼亚等国的共产党或工人党等马克思主义政党相继丧失政权，社会主义国家的政治制度发生剧变。

南斯拉夫社会主义联邦共和国，是由斯洛文尼亚、克罗地亚、波斯尼亚和黑塞哥维纳（波黑）、塞尔维亚、黑山、马其顿六个共和国以及科索沃、伏伊伏丁那两个自治省联合而成的国家。1980年5月4日，南斯拉夫总统铁托病逝，原来掩盖的一些矛盾开始暴露出来，加上西方国家的和平演变，苏东剧变的影响，南斯拉夫社会日趋动荡。1990年1月20日，南斯拉夫共产主义者联盟召开第十四次非常代表大会，提出南共联盟放弃对国家的领导地位；南斯拉夫将实行政治多元化，实行多党议会民主制；建立民主社会主义。这使统一的南共联盟分裂，同时揭开了南斯拉夫国家解体的序幕。

1992年3月爆发了波黑战争，三年激战后在巴黎签署《波黑和平协定》，规定波黑由塞尔维亚共和国和穆克（穆斯林族和克罗地亚族）联邦两个实体组成，但仍作为一个统一的主权国家。波黑战争后，科索沃危机成为世人关注的中心。1999年3月24日起，以美国为首的北约，对南斯拉夫空袭了78天。5月8日，北约战机悍然袭击了中国驻南使馆，制造了世界外交史上罕见事件，激起中国人民的极大愤慨。2006年6月，南斯拉夫分裂为斯洛文尼亚共和国、克罗地亚共和国、马其顿共和国、波斯尼亚和黑塞哥维纳（波黑）、塞尔维亚共和国、黑山共和国，科索沃于2008年2月17日正式宣布独立。1945年11月成立的南斯拉夫社会主义联邦共和国彻底解体。

三　中国等社会主义国家的改革

改革开放和中国特色社会主义道路

"文化大革命"结束以后，中国面临向何处去的重大历史抉择。1978年12月18日，中共十一届三中全会的召开，全面恢复和确立了马克思主义的正确路线。全会重新确立了解放思想、实事求是的指导思想；做出把全党工作的着重点转移到社会主义现代化建设上来的战略决策。1981年6月，中共十一届六中全会通过了《关于建国以来党的若干历史问题的决议》，对新中国成立以来党的重大历史问题，特别是"文化大革命"、毛泽东的功过是非和毛泽东思想的基本内容等，作了总结和评价。

中共十一届三中全会后，开始了中国特色社会主义道路的新探索。1982年9月，中共十二大首次提出"建设有中国特色的社会主义"的问题，中国的改革开放全面展开。在农村，家庭联产承包责任制迅速推向全国。1984年，提出社会主义经济是"公有制基础上的有计划的商品经济"

后，所有制结构逐步得到改善，集体经济、个体经济，以及中外合资、中外合作和外商独资的"三资"企业得到迅速发展。1984年，沿海城市进一步开放，从大连到北海的14个沿海港口城市获得了经济特区的部分优惠政策，经济得到快速发展。1985年起，又相继在长江三角洲、珠江三角洲、闽东南地区和环渤海地区开辟经济开放区，批准海南建省并成为经济特区。

1987年10月，中共十三大系统阐述了党在社会主义初级阶段的基本路线。1992年10月，中共十四大重申了"一个中心、两个基本点"的基本路线，确立了邓小平建设有中国特色社会主义理论在全党的指导地位，明确中国经济体制改革的目标是建立社会主义市场经济体制，中国改革开放和社会主义现代化建设事业进入新的发展阶段。在着力推进社会主义市场经济发展的同时，中共中央坚持"两手抓、两手都要硬"的方针，推进社会主义精神文明建设，为深化改革开放创造了良好氛围。按照"一国两制"的方针，1997年7月1日、1999年12月20日，香港、澳门先后回归祖国。在"和平统一，一国两制"基本方针指引下，中国大陆与台湾也结束了长期隔绝局面，两岸人员往来以及经济、文化、体育等各领域的交流蓬勃发展。

2003年10月，中共十六届三中全会通过了《中共中央关于完善社会主义市场经济体制若干问题的决定》，为建设中国特色社会主义提供了强有力的体制保障。在推动经济发展的同时，高度重视繁荣发展社会主义文化，提高国家文化软实力，2011年10月，中共中央作出关于深化文化体制改革的决定，明确提出建设社会主义文化强国的奋斗目标，为中国文化的进一步发展指明了方向。2012年11月8日，中共十八大在北京召开，习近平当选新一届中央委员会总书记。大会坚持以中国特色社会主义理论体系为指导，解放思想，改革开放，凝聚力量，攻坚克难，对开创中国特色社会主义事业新局面具有深远的意义。事实证明，改革开放是决定当代中国命运的关键抉择，是发展中国特色社会主义、实现中华民族伟大复兴的必由之路，同时也深刻地改变了国际政治经济的格局，在相当程度上影响了世界历史的进程。

朝鲜、越南和缅甸的改革

1953年7月《停战协定》签订后，朝鲜提出优先恢复和发展重工业，同时发展轻工业和农业的基本路线。1955年12月，金日成提出"主体思想"，强调革命和建设的主人是人民群众；要独立地根据本国的实际情况解决革命和建设中的一切问题。80年代，朝鲜加强贯彻思想、技术、文化三大革命路线。90年代初苏东剧变，朝鲜劳动党提出通过"朝鲜式社会主义"道路来应对挑战，1992年和1993年，先后公布了《外国人投资法》《外国独资企业法》和《合作法》《自由经济贸易区法》《外汇管理法》《外国投资企业及外国人税收法》《土地租赁法》《外资银行法》和《外国人出入自由经济贸易区规定》等法律法规。1994年7月，金日成去世，金正日接班。1998年提出了建设"主体的社会主义强盛大国"的发展战略。2002年7月，朝鲜开始实施"社会主义经济管理改善措施"。2002年9月，朝鲜设立新义州开发区，向中国开放；10月设立开城工业园区和金刚山旅游园区，向韩国开放。自2004年1月起，农业部门开始了"以家庭为单位的农业经营方式"试点，工业部门也开始了"企业改革"的试点。

1976年，越南实现全国统一，从80年代中后期开始改革。改革从农业开始，1980年在海防市郊进行生产承包试点，1988年越共中央政治局通过"10号决议"，正式实行农户承包责任制。贯彻"10号决议"成效明显，1989年，粮食由原来的不足变为自给有余，越南成为居泰国、美国之后的第三大大米出口国。为保证改革顺利进行，越共在1991年6月召开七大时，提出坚持"党的领导、社会主义方向、马列主义和胡志明思想、无产阶级专政、国际主义"等五项基本原则，反对"政治多元化"和"多党制"。会议同时提出了建立社会主义方向的、多种经济成分的、由国家管理的市场机制的经济体制的方针。1996年6月，越共提出到2020年，要使越南基本上成为一个工业化国家。在改革中，越共重视党建的任务和方向，强调要提高党的领导和战斗能力，发挥全民族的力量，全面推动革新事业，使国家尽早摆脱欠发达状况。

老挝人民革命党是20世纪30年代印度支那共产党的成员之一，1955年独立建党。自20世纪30年代到1975年，老挝人民革命党的活动长期处于秘密状态。1972年2月，老挝人民革命党召开第二次全国代表大会，明确提出走社会主义道路的政治路线：在全国完成民族民主革命，为不经过资本主义发展道路直接进入社会主义准备一切必要条件，把老挝建成一个和平、独立、民主、统一和繁荣的国家。

1975年10月，老挝人民革命党通过和平方式取得政权，老挝国王西沙旺·瓦塔纳11月宣布退位。12月，老挝首届全国人民代表大会在万象召开，宣布成立老挝人民民主共和国，老挝人民革命党成为执政党。1975—1979年，老挝进行社会主义改造时，全面照搬苏联的办法，强调生产关系的变革，严重脱离了老挝实际，阻碍了社会生产力的发展。1979年11月，老挝党召开二届七中全会，开始纠正偏差，深刻认识到在条件不具备的情况下，搞工业国有化、农业合作化是错误的。90年代初的苏东剧变，原社会主义国家停止了对老挝的援助；西方国家则趁机施压；流亡国外的反政府武装趁机窜回国内进行武装骚扰。老挝党和政府强调，无论世界局势发生多么严重复杂的变化，决不放弃社会主义革命和建设的目标。随着革新开放的逐步展开，老挝国内经济和政治取得很大的成就。2011年3月，老挝党召开九大，强调老挝将坚持走社会主义道路，加强执政党自身的建设，推进革新视野，扩大对外交往，建设社会主义法治国家，为实现2020年摆脱国家欠发达状态奠定坚实的基础。

古巴改革

古巴是西半球唯一的社会主义国家。为了适应国际和国内环境的变化，古巴政府先后进行了多次改革，探索建设社会主义的道路。苏联解体使古巴和苏联的贸易额1989—1993年下降了92%，1992年，美国国会通过了《托里切利法案》，对古巴实行全面禁运，古巴经济陷入空前危机。

1991年10月古共四大召开，提出了改革开放的初步构思，并陆续出台了一系列改革措施。在政治方面修改了1976年宪法，为古巴即将采取的新的政治经济改革提供法律依据。在经济方面,实行古巴公民持有美元的合法化;放宽对个体经营的限制;通过了新的《外资法》,并将经济发展的重点由制糖业转移到旅游、医疗器材和生物制品的生产和出口上。与此同时,古共强调"坚持党的领导是关键",确立了改革要坚持马列主义、社会主义和共产党的领导,坚决反对多党制和西方民主制。通过改革,古巴经济从危机中得到逐步恢复。

2006年7月底,菲德尔·卡斯特罗因身体原因卸任,2008年2月劳尔·卡斯特罗就任国务委员会主席和部长会议主席,开始进一步的深化改革。2008年7月,新法令允许农民承包闲置土地,给农业生产者以更大的自主权,以增加农业生产、减少粮食进口。2010年,古巴宣布要在3年内精简国有部门的冗员150万人,使约75万人从事个体工作。2011年4月16日,古共六大召开,会议宣布实行党和国家最高领导人的任期制;通过了《经济和社会政策的纲要》。《纲要》强调,古巴将坚持社会主义方向,不断完善和"更新"经济和社会模式,发展国民经济,提高人民生活水平;古巴将在坚持以计划经济为主导的前提下,考虑市场的因素;在坚持以公有制为主的前提下,扩大个体户、外资等其他所有制形式,为古巴新一轮的改革指明方向。

四 欧盟和世界经济区域性组织的建立

亚太经合组织的建立与发展

1989年11月5日至7日,在澳大利亚总理霍克的提议下,澳大利亚、美国、加拿大、日本、韩国、新西兰和东盟6国在澳大利亚堪培拉举行亚太经济合作首届部长级会议。1993年6月,亚太经济合作会议改名为亚太经济合作组织(简称APEC)。APEC的宗旨是为本地区人民创造稳定和繁荣的未来,建立亚太经济大家庭。在这个大家庭中提倡深化开放和伙伴精神,支持开放的国际贸易体制,为世界经济做出贡献。APEC发展迅速。现有成员21个:澳大利亚、文莱、加拿大、智利、中国、中国香港、印度尼西亚、日本、韩国、马来西亚、墨西哥、新西兰、巴布亚新几内亚、秘鲁、菲律宾、俄罗斯、新加坡、中国台湾、泰国、美国和越南，遍及南北美洲、东亚和大洋洲。APEC的运作机制，包括每年一次的领导人非正式会议、部长级会议、高官会议，还有委员会工作组和秘书处。各级会议的核心问题是区域内的贸易投资和经济技术合作。亚太经合组织领导人非正式会议迄今已先后举行了21次，首次领导人非正式会议于1993年11月在美国西雅图召开，此后每年召开一次，在各成员间轮流举行，由各成员领导人出席（中国台湾只能派出主管经济事务的代表出席）。1994年11月15日，第二次领导人非正式会议在印度尼西亚茂物通过《亚太经合组织经济领导人共同决心宣言》（《茂物宣言》），明确提出"在亚太地区实现自由、开放的贸易与投资"。APEC给亚太地区的经济合作提供一个平台，符合亚太地区各国社会政治经济体制多样、文化多元、利益关系复杂的现实情况，有益于各成员国求同存异，通过平等互利的经济合作，共同发展繁荣。

北美自由贸易区的建立与扩展

在欧洲和东盟经济区域化的影响下，加拿大总理马尔罗尼在1985年3月提出加强美加经济合作，实现自由贸易的建议。美加社会和文化相近，经济联系原本就十分密切，经过一年多的谈判，于1988年1月2日正式签署了《美加自由贸易协定》，1989年1月生效。协定规定10年内取消彼此间的关税和非关税壁垒，取消对服务业的关税限制，在投资方面双方都实行优惠政策。与此同时，墨西哥也开始了与美国进行自由贸易的谈判，1990年7月，美墨达成《美墨贸易与投资协定》。后来加拿大也加入。三国从现实的国际和各国国内的形势出发，在1992年8月12日签署《北美自由贸易协定》，1994年1月1日正式生效，北美自由贸易区成立。

北美自由贸易区的建立，标志着美国、加拿大和墨西哥等国走上了经济区域化发展的道路，但三个成员国在政治、经济、文化方面存在很大差距。因此，它是美加发达国家和墨西哥这一发展中国家的一种区域经济合作，这种合作更多地表现为经济优势互补。美国和加拿大有资金的优势，以及知识密集型产业,可扩大在墨西哥的投资和市场;而墨西哥则可以从美加获得巨额资金和技术转让,以优化本国的产业结构,同时,可利用充足的廉价的劳动力降低生产成本。北美自由贸易区的建立,给三国带来巨大利益。成员国之间的货物贸易额增长迅速,从1993年的3060亿美元增长到2002年的6210亿美元。北美自由贸易区将三国经济联系在一起,提高了各国产业的竞争力;三国取消贸易壁垒,开放市场,不同程度地实现经济增长。这一切对于发达国家和发展中国家能否通过自由贸易,实现经济共同增长提出许多有待深化认识的问题。

非洲统一组织和非洲联盟

1963年5月25日,31个刚刚获得独立的非洲国家领导人在埃塞俄比亚首都亚的斯亚贝巴,一致通过了《非洲统一组织宪章》,成立了第一个全非性政治组织——非洲统一组织(简称非统组织),5月25日定为"非洲解放日"。非统组织的宗旨是:促进非洲国家的统一和团结、协调并加强它们为实现非洲人民美好生活所进行的合作和努力,保卫非洲各国主权和领土的完整,从非洲根除一切形式的殖民主义,促进国际合作。此外,非统组织还强调各成员国主权一律平等;不干涉别国内政;相互尊重主权、领土完整和独立生存的权利,和平解决争端;奉行不结盟的对外政策等。该组织的最高权力机构是国家和政府首脑会议,每年举行一次。此外还有解放委员会,调解、和解与仲裁委员会,经济和社会委员会,教育、文化、科学和卫生委员会,以及防务委员会等机构。非统组织始终高举反帝、反殖和争取非洲的完全解放的旗帜。一直到80年代末,历届首脑会议都把"非殖民化"和反对种族歧视列为会议的议程。1990年纳米比亚独立,以及1994年新南非的诞生,非洲开始了没有殖民统治的新时代。

冷战结束后,国际政治、经济格局发生了深刻的变化,非洲统一组织已难适应形势的发展。1991年第27届非统组织首脑会议上,各成员国签署了成立非洲经济共同体的《阿布贾条约》,计划在1999年建立新的全非组织。1999年9月,卡扎菲在第4次非统组织特别首脑会议上提出了成立

"非洲合众国"的倡议，与会各国首脑决定将"非洲合众国"改为"非洲联盟"，并签署了《苏尔特宣言》，决定创建非洲联盟。2000年7月，在第36届非统组织首脑会议上通过了《非洲联盟宪章草案》。2001年5月，《非洲联盟宪章》正式生效；7月，第37届非统组织首脑会议宣布由非洲统一组织向非洲联盟过渡。2002年7月，在第38届非统组织暨首届非盟首脑会议上，宣布非洲联盟（简称非盟）正式成立。

东南亚国家联盟

20世纪80年代以后，随着经济全球化的迅速发展，东南亚地区经济一体化也在发展。1967年8月，由印度尼西亚、泰国、菲律宾、新加坡和马来西亚5国成立的东南亚国家联盟（东盟），在这时发展成为"大东盟"，文莱、越南、老挝、缅甸和柬埔寨在20世纪八九十年代相继加入东盟后，东盟由最初的5个成员国扩大到10个。东盟的宗旨是：弘扬平等和合作的精神，共同促进本地区的经济增长、社会进步和文化发展，增进地区间的积极合作和相互援助，同国际组织和区域性组织保持紧密和有益的合作，努力建立一个和平、繁荣的东南亚国家共同体。1992年1月，东盟第四次首脑会议决定15年内建立东盟自由贸易区，在"东盟意识"不断增长的基础上，积极推动经济合作，争取尽早建成以安全、经济和社会文化共同体为核心的东盟经济共同体。2002年1月1日东盟自由贸易区正式启动，在消除成员国之间的关税和非关税障碍，促进本地区的贸易自由化，早日实现经济一体化，把本地区建成一个有吸引力的区域等方面，做出重要贡献。

20世纪90年代，东盟率先发动东亚区域合作进程，形成以东盟为中心的区域合作机制。东盟与中日韩（10+3）、东盟分别与中日韩（10+1）的合作机制已成为东亚合作的主要渠道。此外，东盟还与美、日、俄、澳大利亚、新西兰、加拿大、印度和欧盟国家建立对话伙伴关系。东盟10国总面积约447万平方公里，人口6.01亿，是一个有重要影响力的区域性组织，美国与俄罗斯于2011年加入东盟领导的东亚峰会。

第三十四章 冷战下的动荡世界

从欧共体到欧洲联盟

冷战结束,世界格局和欧洲局势都发生了重大变化,美国借此机会,凭借其强大的经济和军事实力,意欲建立美国主导的一统天下。欧洲要成为欧洲人的欧洲,就必须动员起欧洲整体的力量,加快欧洲的联合,欧洲联合面临着前所未有的机遇和挑战。1991年12月10日,欧共体12国在荷兰马斯特里赫特草签了《欧洲联盟条约》(又称《马斯特里赫特条约》,简称《马约》)。条约决定将欧共体改名为欧洲联盟,还规定要建立经济与货币联盟,同时成员国要逐渐采取共同的外交和安全政策。这标志着欧共体从一个经贸组织开始向经济、政治、外交、防务一体化的实体转变。1992年2月7日,12个成员国在马斯特里赫特正式签署《欧洲联盟条约》,欧洲一体化进入政治联合的新阶段,为欧洲的联合奠定了坚实的基础。

1993年11月1日,条约生效,欧洲联盟(欧盟)正式成立。1999年1月1日,欧元正式启动。2002年1月1日,欧元正式流通。2002年7月1日,欧元成为欧元区正式法定货币。这使得欧盟经济一体化的历史进程不可逆转,对国际贸易和世界经济格局产生了深远的影响。欧盟建立后,如何弥合东、西欧的差异,将中、东欧国家纳入共同体中,建立以欧盟为核心的"大欧洲",是一现实而又艰巨的任务。2004年5月1日,欧洲联盟接纳立陶宛、爱沙尼亚、拉脱维亚、马耳他、塞浦路斯、捷克、波兰、匈牙利、斯洛文尼亚和斯洛伐克10个国家入盟,成员国增加到25个。

上海合作组织

中国、俄罗斯、哈萨克斯坦、吉尔吉斯斯坦和塔吉克斯坦为加强相互信任,五国元首于1996年4月26日在上海会晤并签署《关于在边境地区加强军事领域信任的协定》,"上海五国"会晤机制正式确立。2001年6月14日,"上海五国"元首在上海举行第六次会晤,乌兹别克斯坦以完全平等的身份加入"上海五国"。15日,六国元首举行了首次会晤,共有6个成员国,并签署了《上海合作组织成立宣言》,宣告上海合作组织(上合组织）正式成立。上海合作组织确立了"互信、互利、平等、协商、尊重多样文明、谋求共同发展"的"上海精神"，提出了"互信、互利、平等、协作"的新安全观。其主要任务是加强成员国的相互信任与睦邻友好；维护和加强地区和平、安全与稳定，共同打击恐怖主义、分裂主义和极端主义、毒品走私、非法贩运武器和其他跨国犯罪；开展经贸、环保、文化、科技、教育、能源、交通、金融等领域的合作，促进地区经济、社会、文化的全面均衡发展，不断提高成员国人民的生活水平；推动建立民主、公正、合理的国际政治经济新秩序。上海合作组织每年举行一次成员国国家元首正式会晤，定期举行政府首脑会晤，轮流在各成员国举行。从 2004 年开始，上海合作组织启动了观察员机制。当年 6 月在上海合作组织第四次峰会上，蒙古国获得观察员地位。2005 年 7 月，上海合作组织第五次峰会决定给予巴基斯坦、伊朗、印度观察员地位。2009 年 6 月举行的上海合作组织第九次峰会决定给予斯里兰卡和白俄罗斯上海合作组织对话伙伴地位，正式启动对话伙伴机制。此外，上海合作组织与联合国、东盟、独联体等国际或地区组织建立了密切联系。2012 年 6 月，上海合作组织成员国第十二次峰会接收阿富汗为观察员国、土耳其为对话伙伴国。

五　冷战结束后的国际格局

雅尔塔体系瓦解和两极格局终结

20 世纪 60 年代末至 70 年代初，苏美关系出现缓和，其标志是 1972 年 5 月签订《美苏关于限制反弹道导弹防卫系统协定》和《美苏关于限制进攻性战略武器的某些措施的临时协定》，但苏联没有停止对外扩张，如 1979 年出兵阿富汗、介入安哥拉内战、支持越南侵略柬埔寨等。1981 年里根出任美国总统后，推行新的"遏制"政策，1983 年 3 月提出"战略防御计划"（即"星球大战"计划），企图在新一轮的军备竞赛中拖垮苏联。1985 年，苏共总书记戈尔巴乔夫提出了对外战略的"新思维"，宣扬"人类的生存高于一切"，美国反应积极，在人权、军备控制、地区冲突和双边关系等问题上，双边建立起多层次的对话机制。

苏联解体、东欧剧变后，俄罗斯（苏联）与东欧国家的关系出现了质变。俄罗斯从东欧诸国撤军，在政治、经济和军事上与东欧国家拉开了距离，导致经互会和华约组织相继解散。从"欧洲对抗与分裂的时代已经过去"的基本认识出发，俄罗斯支持东欧国家与西方的对话，这表明以意识形态划分东、西欧的雅尔塔体系开始崩溃。"二战"后形成的两极格局不可逆转地走向终结。

在华约解散的同时，北约开始东扩。这是冷战结束后，国际政治发生深刻变化的具体表现。北约的实际领导权，由美国掌控。美国力主将东欧国家纳入北约，这样既可牵制欧盟，又可以遏制俄罗斯的重新崛起。1994年1月在北约首脑会议上，通过了同东欧国家和俄罗斯建立"和平伙伴关系"的方案。1995年9月，完成《北约东扩可行性报告》，确定了北约东扩的目的、原则、决策程序和共同防务政策等事宜。1997年5月，北约国家与伙伴关系国家的外长共同决定组成欧洲北大西洋伙伴关系委员会。同年7月，在北约马德里会议上，接收波兰、匈牙利和捷克为北约成员国。2004年，拉脱维亚、爱沙尼亚、立陶宛、斯洛伐克、保加利亚和斯洛文尼亚加入北约。北约成员由19个增加到26个，是北约成立以来最大规模的一次扩大。2009年4月1日，阿尔巴尼亚和克罗地亚也正式加入北约，其成员扩大为28个。

大国全球战略的调整

冷战结束后，美国政府认为它可以"按照自己的价值观和理想建立一种新的国际体系"，在全球发挥它的"领导作用"。为此，布什政府提出了新干涉主义。1992年11月，比尔·克林顿当选美国总统后，提出了美国主导世界新秩序的"参与和扩展战略"，即领导并改变世界的战略，目标是建立美国一统天下的单极世界。2001年"9·11事件"发生后，美国政府提出《美国国家安全战略报告》，把恐怖主义和专制主义视为最危险的敌人和主要的打击对象。美国积极建立和维护同各大国之间的关系，进行全球的反恐合作。2001年10月美国发动了对阿富汗的战争，推翻塔利班政权。2003年3月20日，以核查"大规模杀伤武器"为由，又发动对伊拉克的战争，推翻了萨达姆政权。

日本是有影响的世界经济大国，冷战结束后加紧谋求在国际事务中的政治大国地位，如要求成为联合国安理会常任理事国、推行"多极外交"和"大国外交"，不断强化同美国的同盟关系等。1997年日美签订《新防卫合作指针》，把日美安全保障体制的地理范围扩大到整个亚太地区。此外，日本还加强日欧关系，力图构建美、日、欧三极的世界结构。美国"9·11事件"发生后，日本通过《恐怖对策特别措施法案》，突破《日本国宪法》第9条的限制，在2004年以"伊拉克的重建和稳定关系到日本的国家利益"为名，向伊拉克派遣了日本自卫队。

20世纪90年代初，世界形势急剧动荡，邓小平适时提出"冷静观察、沉着应付、稳住阵脚、有所作为"的战略方针，中国以经济建设为中心，坚持改革开放，保证综合国力稳步增长。90年代中期以后，中国加强与各国的政治对话和平等合作，与各国建立不同层次的战略伙伴关系：与俄罗斯建立面向21世纪的战略伙伴关系；与美国致力于建立面向21世纪的建设性战略伙伴关系；与欧盟发展长期建设性伙伴关系；与法国建立面向21世纪的全面伙伴关系；与德国建立面向21世纪的重要伙伴关系；与英国建立全球性战略伙伴关系；与日本建立致力于和平与发展的友好合作关系等，还与加拿大、墨西哥、韩国和中亚各国也建立了合作伙伴关系。对于正在发展中的国家和地区，中国也给予积极的关注和合作。在2006年中非合作论坛北京峰会上，建立了中非之间政治上平等互信、经济上合作共赢、文化上交流互鉴的新型战略伙伴关系。在朝鲜半岛核危机问题上，中国发挥了独特而重要的作用，为地区安全和世界和平做出了贡献。

联合国作用的加强和联合国改革

第二次世界大战后成立的联合国，主要任务是维护国际和平和安全，促进国际合作,解决国际社会的矛盾,到 2011 年已经有 193 个国家加入联合国。冷战结束后,原来被两极格局掩盖着的各种矛盾凸显出来,造成地区冲突不断,世界愈加动荡,使联合国面临着严峻挑战。联合国的重要工作之一,是国际裁军和军备控制。联合国曾于 1978 年、1982 年和 1988 年召开三届裁军特别联大会议,号召各国通过裁军来实现世界和平与安全。冷战结束后,联合国的作用得到加强,如 1993 年 1 月,100 多个国家在巴黎签署《禁止化学武器公约》。1995 年 4 月,179 个缔约国同意无限期延长《核不扩散条约》。1996 年 9 月 10 日,第 50 届联合国大会续会以 158 票赞成,3 票反对,5 票弃权,通过了《全面禁止核试验条约》等。

冷战结束后,联合国面临的新情况和新问题越来越多,而且越来越复杂。联合国成立半个多世纪后,出现的机构臃肿、效率低下、遭受霸权主义和强权政治的掣肘等问题也越加凸显。这样,联合国的改革问题提上日程。联合国改革的主要内容是精简机构,提高效率;改组扩大安理会组成,增加常任理事国,使之具有更广泛的代表性;增强联合国维护和平,应对突发事件的能力。

1997 年 1 月 1 日,安南出任联合国第七任秘书长时,提交给会员国《革新联合国:改革方案》,该方案内容繁杂,被称作"一揽子改革方案",并在联合国第 54 次大会上通过,但真正付诸实施的只是在秘书长职权范围内秘书处的改革。

2005 年 3 月 21 日,安南向第 59 届联大提交的《大自由:为人人共享安全、发展和人权而奋斗》的报告中,提出有关安理会扩大的两个方案。其一,增加 6 个没有否决权的常任理事国以及 3 个经选举产生的非常任理事国,其中非洲和亚太地区各有 2 个常任席位,欧洲和美洲各增加 1 个常任席位。其二,增加 8 个任期 4 年、可连选连任的半常任理事国和 1 个非常任理事国,非洲、亚太、欧洲和美洲将分别获得 2 个常任席位。他认为,这是"联合国历史上最难的改革",但却是"可以实现的",只要各方齐心协力,就能让地球上的人们生活得更加安全和富足。

六 冷战中的局部战争及其延续

两伊战争

伊拉克与伊朗两国长期存在着民族矛盾、宗教分歧，领土纠纷也有百年之久，加上两国又都想在海湾地区称霸，因此双边关系长期紧张，边界冲突不断。1980年9月下旬，伊拉克趁伊朗在霍梅尼上台后经济恶化、社会动荡、政局不稳、与美国断交的时机，对伊朗发动了战争。9月22日，伊拉克总统萨达姆·侯赛因为完全控制位于波斯湾西北部的阿拉伯河，以抵御"伊斯兰革命"为名，向伊朗发动军事进攻。战争开始后，伊拉克进攻，伊朗处于防御状态；但1982年6月后，伊朗通过一系列反攻，夺回了战争初期伊拉克占领的土地。伊拉克为避免彻底溃败的命运，被迫向伊朗提出休战的建议。但伊朗决意彻底摧毁伊拉克政权，拒绝了伊拉克的建议。这样，战争又进行了六年，以伊朗进攻，伊拉克防御为主。后伊拉克实施反攻，夺回大部分失地。

1987年7月20日，联合国安理会通过要求两伊停火的598号决议，两国先后接受了这个决议。1988年8月20日交战双方停火，两伊战争结束。在战争中，伊拉克在军事上和外交上得到了苏联的大力支持，此外，美国也偏袒伊拉克，向其提供武器和经济援助。两伊战争长达8年，成为继越南战争后持续时间最长的一次战争。8年中，两国军费开支和经济损失总计达6000亿美元，交战双方人员伤亡148万人，被俘8万人。其中伊朗军队死亡35万人，受伤70万人，被俘3万人；伊拉克军队死亡18万人，受伤25万人，被俘5万人。

中东战争

第二次世界大战后，阿拉伯国家和以色列及其他西方国家在中东巴勒斯坦及其周围地区进行过五次战争。第一次中东战争也称"巴勒斯坦战争"，1948年5月14日，以色列国宣告诞生，以色列建国次日，阿盟宣布对以开战，参战国有埃及、伊拉克、叙利亚、黎巴嫩和约旦。战争开始后，阿拉伯军队迅速控制了巴勒斯坦大部，但在美国推动下，联合国于5月29日和7月9日两度通过停火决议，以色列趁机从国外输入大量武器和志愿兵，很快反败为胜。自1949年2月起，埃及、黎巴嫩、约旦、叙利亚被迫与以色列签订停战协定，70多万巴勒斯坦阿拉伯人沦为难民。

第二次中东战争即"苏伊士运河战争"。1956年7月，埃及将苏伊士运河公司收归国有。10月29日，以军伞兵在法国空军的支援下，对西奈半岛的埃军发动了闪电式进攻，揭开了战争的序幕。30日，英、法向埃及发出"最后通牒"，要求埃以停火，允许英法军队进驻运河区，限12小时答复，否则派兵干涉，遭到埃及拒绝。英法空军对开罗、亚历山大、塞得港狂轰滥炸，同时派数万名海军陆战队登陆，沿苏伊士运河南下，企图一举占领运河区。埃及军民奋起抗击，并得到了国际社会的广泛同情和支持。1956年11月6日，英、法、以三国被迫宣布停火，1957年1月，三国军队完全撤出埃及。

第三次中东战争也称"六五战争"或"六日战争"，1967年6月5日，以色列出动战机袭击埃及、约旦和叙利亚的空军基地，战争爆发。10日，交战双方全面停火。以色列在战争中夺取了阿方包括叙利亚戈兰高地和耶路撒冷旧城在内共6.5万平方公里。同时，战争造成了数十万巴勒斯坦难民流离失所。

第四次中东战争也称"十月战争""斋月战争"或"赎罪日战争"。1973年10月6日，埃及和叙利亚为收复失地，在伊拉克等国的支持下发起猛攻，一举突破苏伊士运河和戈兰高地上的以军防线，收复了大片土地。但以军反攻后，取得了战场上的主动。24日，交战双方遵照联合国的决议停火，经过谈判，以军在戈兰高地撤至1967年停火线以西，并在1982年4月撤出西奈半岛。

第五次中东战争，又称"黎以战争"，即1982年6月以色列入侵黎巴嫩战争。6月6日，以色列以其驻英大使遇刺为借口入侵黎巴嫩，在6天之内占领了黎巴嫩四分之一的领土，从6月14日开始，集中兵力围攻巴勒斯坦解放组织总部所在地贝鲁特西区。6月27日，联大第7次紧急特别会议通过决议，要求以色列立即停火，并无条件从黎巴嫩撤军。9月中旬，以军与黎巴嫩基督教民兵对巴勒斯坦难民1000多人进行血腥屠杀，激起了世界公愤，以军被迫撤出贝鲁特西区。1984年11月，以色列被迫同意在联合国主持下与黎巴嫩重开撤军谈判，并放弃了要求叙利亚同时撤军的先决条件。

印巴战争

1947年印巴分治给南亚地区带来了长期的紧张。冷战时期，两国在1947年、1965年和1971年共发生过三次战争。1947年"蒙巴顿方案"规定，克什米尔土邦可以自由选择加入印巴。10月下旬，克什米尔土邦王公宣布加入印度，印巴两国发生战争。经联合国斡旋，印巴于1949年1月在克什米尔地区停火，7月27日划分停火线。印控制3/5的地区；巴控制2/5的地区。1964年，巴基斯坦派志愿人员到克什米尔印控区，支持当地人的反印活动。1965年8月，印巴两国军队在边界频频发生冲突，9月8日印军向巴发动全面进攻，第二次印巴战争爆发。在联合国秘书长的直接干预下，9月23日交战双方停火，1966年1月10日达成协议。印巴分治后，巴基斯坦分为东巴与西巴两部分，两部分不仅在地理上，而且在政治、经济、文化等方面的距离日渐凸显。1970年，东巴议会中的第一大党人民联盟提出自治主张。1971年3月，巴基斯坦总统叶海亚·汗派军队进入东巴，大批民众逃亡印度，人民联盟于同年4月在印建立"孟加拉国临时政府"。11月，印度发动对巴基斯坦的突然进攻，第三次印巴战争爆发，印军于16日攻陷东巴首府达卡，巴基斯坦守军投降，17日战争结束，东巴成为独立的孟加拉国，南亚的地缘政治格局出现重大变化。三次印巴战争后，印巴关系虽曾出现缓和的迹象，但对抗一直未停。1985年两国军队在锡亚琴冰川地区发生冲突，造成100人死亡。1999年5月卡吉尔争夺战持续48天，死伤达千余人。此外，印巴核竞赛愈演愈烈，极端组织的恐怖活动也不曾停止，印巴关系中的战争危险因素并没有消失。

海湾战争

伊拉克在历时8年的两伊战争中虽然损失惨重,但仍没有放弃在海湾地区和阿拉伯世界称霸的企图。1990年8月2日,伊拉克10万军队入侵科威特,推翻了科威特政府并占领了科威特。8月8日,伊拉克总统萨达姆宣布将科威特划为伊拉克的"第19个省",并称它"永远是伊拉克不可分割的一部分"。联合国安理会对伊拉克入侵科威特反应异常迅速。8月2日当日,联合国安理会即以14票赞成,0票反对,1票弃权,通过了谴责伊拉克违反联合国宪章,要求其撤军的第660号决议。从1990年8月2日至11月29日,联合国安理会先后通过了12个谴责和制裁伊拉克的决议。其中第678号决议,规定伊拉克撤军的最后期限为1991年1月15日,在最后期限如仍不撤军,决议授权联合国会员国可以使用"一切必要手段"来执行联合国通过的各项决议。

为了控制海湾的石油资源,显示美国在世界上的"领导作用",1991年1月17日,以美国为首的多国部队轰炸巴格达,38国组成联军出兵海湾,海湾战争爆发。经过历时42天的空袭,在伊拉克、科威特和沙特阿拉伯边境地带展开历时100小时的陆战后,多国部队逐渐取得了压倒性的优势,解放了科威特,2月28日达成停战协议,海湾战争结束。伊拉克最终接受联合国660号决议,从科威特撤军。海湾战争是"冷战"结束后的第一场大规模局部战争,深刻地反映了科学技术发展所带来的战争特征的重大变化。现代高技术条件下作战对军事战略、战役战术和军队建设等问题带来了诸多启示,预示着战争史上一个新时代的到来。

阿富汗战争

1976年,苏联支持达乌德发动政变,推翻了查希尔王朝,成立了阿富汗共和国。但达乌德力图摆脱苏联束缚的政策引起苏联的不满,1978年4月,苏联支持以塔拉基为首的人民民主党推翻了达乌德政府,成立阿富汗民主共和国,塔拉基任革命委员会主席、总理,推行亲苏路线。1979年3

月,副总理兼外长阿明出任政府总理后反对塔拉基"以苏联为榜样",9月发动政变推翻塔拉基政权,并将其杀害,阿明出任总统、人民民主党总书记。阿明执政后,国内政局愈加动荡,1979年12月27日,苏联入侵阿富汗,占领首都喀布尔、处死了阿明后,扶植卡尔迈勒组成了亲苏政权。苏联入侵阿富汗后,阿富汗人民奋起抵抗,1981年阿富汗圣战者伊斯兰联盟成立,得到美国、巴基斯坦、沙特阿拉伯和埃及等国的援助,在全国进行军事抵抗斗争。1985年戈尔巴乔夫任苏共总书记后,推进阿富汗问题的政治解决进程。苏联被迫接受1988年4月14日的日内瓦协议,从5月15日开始撤军队,苏联侵阿战争结束。

为谋取中亚的地缘战略利益及丰富的战略资源,美国在"9·11事件"之后,以打击庇护全球性恐怖组织"基地"首领本·拉登的阿富汗塔利班政权的名义,加紧对该地区的渗透。美英与阿富汗北方联盟达成合作推翻塔利班政权协议后,于2001年10月7日晚上进行空袭,攻击塔利班和基地组织多个据点,当天塔利班即抨击这一"反恐战争"是向伊斯兰世界宣战。除美英外,德国、波兰、捷克、斯洛伐克等北约国家,哈萨克斯坦、日本、韩国、菲律宾等国为美军提供了后勤支援并在战后派遣军队驻扎阿富汗。为避免阿富汗战争久拖不决,新就任的美国总统巴拉克·奥巴马在2009年12月1日宣布在6个月内向阿富汗增兵3万,同时承诺2011年7月开始逐步从阿富汗战场撤出,将于2014年12月31日前完全撤出。本·拉登于2011年5月1日被美军击毙。2012年5月2日,美国总统奥巴马在阿富汗巴格拉姆空军基地发表讲话,公布了结束阿富汗战争的计划表。2.3万美军在2012年夏季结束前回国。

伊拉克战争

"9·11事件"发生后,美国宣布向"恐怖主义"宣战,伊拉克等多个国家被列入"邪恶轴心国"。2003年3月20日,美国以伊拉克发展大规模杀伤性武器、与基地组织联系密切和实行独裁统治为名——实际上是为了石油,在争取联合国授权失败的情况下,发动了伊拉克战争。参战的联合

第三十四章 冷战下的动荡世界

部队由 12 万人的美军部队、4.5 万人的英军部队、2000 多人的澳军部队和 200 人的波军部队组成,此外,约有 5 万人的伊拉克反叛军也参加了战斗。战争进行两周后,美军空降旅及特种部队在伊拉克北部山区和该地的库尔德反叛军结成同盟;与此同时,英军控制了伊拉克南部的石油重镇、伊拉克第二大城市巴士拉。4 月上旬,美军在没有遇到任何顽强抵抗的情况下,顺利进入巴格达市区,大批伊拉克军队向美军投降。5 月 1 日,布什总统在"亚伯拉罕·林肯号"航空母舰上,发表了"任务完成"的演讲。布什宣布主要军事行动结束,萨达姆政权已

萨达姆倒台

被推翻。伊拉克的政府军虽已战败,但萨达姆仍然在抵抗。7 月 22 日,萨达姆的儿子乌代和库赛,以及他的一个孙子,在袭击中丧生。12 月 13 日,美军在距提克里特南部 15 公里的小村子的地下室内抓获了萨达姆,后被处死。2011 年 12 月 15 日,美国驻伊拉克部队在巴格达附近的军事基地举行了降旗仪式,伊拉克战争正式结束。西方媒体认为,这是美国自越战后发动的又一场"最不受欢迎"的对外战争。8 年多的战争,十多万人付出生命,截至 2008 年 8 月 17 日,至少有 4143 名驻伊美军士兵死亡。奥巴马上任后,开始逐步撤出驻伊美军。今天的伊拉克,仍面临恐怖主义、分裂主义、经济和社会问题的严峻挑战。

第三十五章 20世纪以来的科技进步和思想文化

20世纪，科学技术突飞猛进。以相对论的提出为标志的物理学革命，推动了物理学和各学科的发展，使各个学科之间的联系越来越密切，为20世纪科学技术取得伟大成就奠定了理论基础。第二次世界大战后新科技革命兴起，原子能、电子计算机、空间技术、新型材料、生物工程技术等，彻底改变了人类世界。社会生产力的发展，使人类的劳动方式、社会经济结构和阶级结构，以及世界经济、政治和国际关系，都发生了深刻的变化。科学技术的发展还使人类社会生活和文化形态发生变化，电影、电视和网络文化迅速发展；哲学社会科学思潮广泛传播，新理论、新流派层出不穷。20世纪科技进步和思想文化的发展，使人类的物质生活和精神生活都发生了变化。

一 20世纪上半叶科学技术的重大发展

19、20世纪之交的物理学革命

19世纪末，不少人以为物理学上的基本现象与原理已全部被发现了，剩下的工作只是填补细节而已。然而，19、20世纪之交的物理学革命，彻底改变了这一认识。1895年，德国科学家威·康·伦琴发现了一种穿透力极强而用肉眼又无法看见的射线，科学家誉之为"伦琴射线"，而伦琴自己则将此射线称为"X"射线。此后，1896年，法国科学家柏克勒耳发现了铀射线；1897 年，英国物理学家汤姆生发现了电子。1898 年法国科学家比埃尔·居里和居里夫人又发现了钋和镭的放射性，以及与它们有关的放射性蜕变现象。1899 年前后，英国科学家厄·卢瑟福发现铀放射出来的射线可以分作三部分：α射线、β射线、γ射线。在理论物理学方面，量子论和相对论对后世科学技术的发展影响尤大。1895 年前后，德国物理学家马克斯·普朗克根据实验数据，提出能量是不连续的、分散的、几乎是微粒性的概念。这不连续的、分散的、微粒性的、一份一份释放的能量，普朗克称之为能量子，简称量子。1905 年爱因斯坦在《论运动物体的电动力学》论文中提出了"狭义相对论"，揭示了空间和时间在本质上的统一性及空间、时间与物质运动间的关系。爱因斯坦还推导出一个重要的质能公式：$E = mc^2$。其中，E 为某一物体的能，m 是该物体的质量，c 是光速。狭义相对论发表后，1915 年爱因斯坦又提出了"广义相对论"，提出时间和空间与引力场有关，而引力场又是由物质产生的。由此，在揭示四维空间同物质的统一关系的同时，狭义相对论和引力理论（广义相对论）亦得到了统一。相对论修正了牛顿的力学原理，成为现代物理的基本理论之一。

20 世纪二三十年代科学技术的勃兴

19、20 世纪之交的物理学革命，以及"一战"后的社会变化，推动了 20 世纪二三十年代科学技术的迅速发展。1919 年，卢瑟福和助手合作，用 α 粒子轰击某种轻元素，使它成为氢元素，第一次实现了元素的"嬗变"。1922 年，其他物理学家用同样的实验方法，又进一步实现了元素的"嬗变"。微观世界粒子运动方面的研究也取得重大进展，1925 年左右，丹麦物理学家玻尔、法国物理学家德布罗意、德国物理学家海森堡、奥地利物理学家薛定谔和英国物理学家狄拉克等，在普朗克研究的基础上，建立了量子力学。1934 年 10 月，意大利物理学家昂利克·费米发现用中子轰击铀，可造成铀的核裂变。1938 年，奥地利女科学家丽莎·梅特内和德国科学家奥托·哈恩、弗里茨·施特拉斯曼进一步论证了核裂变的链式反应，为原子能的利用奠定了坚实的理论基础。

在化学、化工方面，化学理论出现重大突破。1932年德国高分子化学家施陶丁格发表了第一部高分子化学论著《高分子有机化合物》，标志着高分子化学形成。随着对高分子研究的深入和实验技术的改进，各种高分子化合物纷纷问世，其中合成纤维、合成橡胶和塑料发展尤快。1935年，美国杜邦公司合成了人造丝，并在1938年生产出尼龙。1934年，德国研制出丁苯橡胶，"二战"爆发后，橡胶成为具有重要战略意义的物资。有机化学方面的成就，对医药工业的发展产生了重要影响，如1935年，研究出磺胺可以用于治疗链球菌引起的疾病。1938年，用于治疗肺炎和其他疾病的新药磺胺吡啶问世。1940年，英国生物化学家钱恩和病理学家弗洛里将青霉素研制成抗生素。此后，其他一些抗生素也相继问世，如链霉素、氯霉素和金霉素等。生物学和医学取得了重大突破，1922年，加拿大生理学家、外科医师班廷和贝斯特从胰脏中分离出胰岛素，从而使成千上万的糖尿病人得到了拯救。1936年，美国生理化学家肯德尔从肾上腺分离出可的松，它可以用于风湿性关节炎等疾病的治疗。在遗传学方面，美国遗传学家摩尔根在1926年出版了《基因论》，发展了孟德尔的遗传说，荣获1933年诺贝尔生理医学奖。

20世纪20年代后，经济发展促使了电力生产部门的飞跃发展，催生了各种发明，如：20世纪20年代无线电设备、冰箱以及电力热水器等都相继在美国出现。电动车、空气净化器、洗衣机、洗碗机等都有了实际应用的可能。与此同时，汽车工业出现了高速发展，并带动了公路建设的发展。20世纪30年代末，德国开始修建高速公路。1939年，美国也开始修建高速公路。1919年以后，美国和欧洲大国都成立了航空公司，美国等国开辟了定期航线。

科学技术进步与社会发展

20世纪上半叶科学技术进步，产生了重大的社会影响。一是科技进步促进了世界经济的发展。20世纪上半叶，大工业确立了在全球的统治地位。1910年，英格兰一些城市约一半的人口从事制造业和采掘业。德国、法国、美国从事这些行业的人口则分别达到 40%、33%、30%。在德国，煤炭、钢铁、机械工程、金属加工、电气、化工、采矿和造纸业有了长足发展；美国的电气公司、钢铁公司、汽车公司、轮胎橡胶公司、商用机器公司和矿产公司、航空公司等，在国民经济发展中举足轻重。二是科技进步推动了资本主义生产关系的调整，"自由资本主义"过渡到垄断资本主义阶段，使"生产的社会化有了巨大的发展，就连技术发明和技术改进的过程也社会化了"[①]。在垄断资本主义阶段，资本主义的基本矛盾并没有消失，当这些矛盾尖锐化时会产生严重的社会动荡，如席卷世界的 1929—1933 年的资本主义经济大危机。在社会主义制度的苏联，科学技术的进步进一步彰显了社会主义制度的优越性，30 年代末 40 年代初，苏联已实现了工业化；第二次世界大战爆发前，苏联的工业总产值已跃居欧洲第一，世界第二，成为世界工业大国。三是科技进步促进了教育的发展，提高了人民文化素养，促进了人类文明的进步和发展。1918 年，英国政府通过了推动义务教育和公费教育的新教育法；在美国，1920 年实现了小学免费教育。妇女更广泛地享有教育的权利，如 1920 年牛津大学允许妇女作为正式生入学。十月革命前，军事封建帝国主义的沙皇俄国文盲众多，科学技术的发展，不仅使苏联实现了工业化，而且在全苏扫除了文盲。1933—1934 年，苏联有高校 714 所，为十月革命前的 7 倍。1940—1941 学年，苏联在校大学生为 81.17 万人，超过包括英、法等欧洲 22 个国家在校大学生的总和。

二 新科技革命的兴起

新科技革命兴起的背景

第二次世界大战后，特别是 1951—1970 年的 20 年间，资本主义发展处于"黄金时期"，主要资本主义国家的经济发展持续上升，科技发挥着越

[①] 《列宁选集》第 2 卷，人民出版社 1995 年版，第 592 页。

来越大的作用。1982年在凡尔赛召开的西方国家首脑会议上,"适应新科技革命的潮流发展未来的经济"成为与会国家的共识。各国利用强大的行政和物质力量促进科技发展,为新科技革命的到来开辟了现实道路。冷战形成后,美苏加紧进行军事科技竞赛,将核能的开发和利用、火箭技术、导弹技术、电子计算机、反导防御系统、空间技术等推向一个新阶段,成为促进新科技革命产生和发展的重要动因。"二战"后,在长期积累的基础上,基础科学研究出现许多重大突破。1948年,在自然科学、工程技术、社会科学和思维科学相互渗透与交融的基础上,产生了系统论、控制论和信息论,为新科技革命的到来奠定了重要的理论基础。人类对客观世界认识的新发展,催生了许多新的科技领域。20世纪50年代,天体物理、大气物理、等离子物理、地球物理、材料物理和化学反应动力学的发展,推动了空间技术的产生和发展。50年代,美国学者沃森、英国学者克里克建立了DNA(脱氧核糖核酸)分子双螺旋结构,这是生物学和遗传学的飞跃。此外,高分子合成技术、化工技术、新材料、新能源技术等,也得到进一步发展。

新科技革命的主要内容

新科技革命主要表现在核技术、空间技术、电子计算机、生命科学以及新材料等领域。

核技术。"二战"后,核技术除用于军事目的外,也开始用于民用领域。1954年,苏联在奥布宁斯克建成世界上第一座核电站;1956—1957年,英国、美国先后建成商业性核电站。60年代后,核电站不再是实验性的,而是进入实用阶段。到20世纪末,全球已有近500座核电站。1958年,苏联第一艘核动力破冰船"列宁号"起航;1962年,美国建成第一艘核动力货轮"萨瓦纳"号。

空间技术。1957年10月4日,苏联成功发射世界上第一颗人造地球卫星。1961年4月12日,宇航员加加林乘坐苏联第一艘载人宇宙飞船"东方号",绕地球一周后安全返回地面,开辟了人类航天的新纪元。

第三十五章 20世纪以来的科技进步和思想文化

1986年2月20日，苏联"和平号"空间站发射升空，这是世界上第一个长期有航天员的长久性空间站。服役期间，"和平号"空间站总共绕地球飞行8万多圈，行程35亿公里。1958年1月31日，美国"探险家1号"人造卫星发射成功。1962年2月20日，美国首次将载有宇航员约翰·格伦的水星"友谊7号"飞船送上太空。1965年5月，美国开始实施"阿波罗登月"计划。1969年7月16日，"阿波罗11号"宇宙飞船降落在月球表面，将宇航员阿姆斯特朗、奥尔德林送上月球。1981年，美国研制出的第一架航天飞机"哥伦比亚"号首次进行了太空飞行。1970年4月24日，中国成功发射第一颗人造地球卫星"东方红一号"；进入21世纪，中国航天技术进入高速发展阶段，"神舟五号"、"神舟七号"和"神舟九号"载人飞船发射成功，中国成为继苏、美后第三个有能力独自将人送上太空，并进行太空行走、顺利完成与空间实验室对接的国家。2013年12月2日，"嫦娥三号"成功发射，12月14日成功实施软着陆，降落相机传回图像。这是中国发射的第一个地外软着陆探测器和巡视器（月球车），也是"阿波罗"计划结束后重返月球的第一个软着陆探测器。

信息技术。为了解决战争中出现的弹道计算问题，1946年2月，美国研制成功世界上第一台计算机。这部机器占地1500平方英尺，重达30吨。20世纪50年代，随着半导体出现，第二代计算机问世。60年代，集成电路诞生，第三代计算机出现。70年代，大规模集成电路诞生，计算机出现微型化趋势。1975年，体积小、价格便宜的个人电脑在美国问世。90年代后，微型计算机迅速发展，深入到人类生活的各个领域。计算机的发展引起了信息技术革命。1992年，美国提出"信息高速公路"计划，推动互联网飞速发展起来。互联网带来了比工业革命更为深刻的影响，人类由工业社会逐步迈入信息社会。21世纪初，一种基于互联网的计算方式，即"云计算"开始流行，正推动着网络数据时代进入"云时代"的发展阶段。云计算是世界各大搜索引擎及浏览器数据收集、处理的核心计算方式，解决了单台计算机无法处理大数据的难题。

生命科学。继20世纪50年代分子生物学建立后，60年代，科学家发现了构成DNA的64个遗传密码。1972年，美国生物化学家P.伯格首次实现两种不同生物的DNA体外连接，获得了第一批重组DNA分子，基因工程技术由此诞生。70年代，现代生物技术开始进入实际运用阶段。1996年，小羊"多利"被克隆问世，生命科学揭开了崭新的一页。

新材料技术。"二战"后，迅速发展的新材料技术大体上可分为三类：信息材料技术、新能源材料技术和在特殊条件下使用的结构材料和功能材料技术。信息材料技术是指开发用于电子计算机、微电子及通信材料的技术，如硅材料、砷化镓材料、光纤材料等。新能源材料技术是指研制用于开发新能源或节能材料的技术，如新型陶瓷技术、非晶态硅技术、超导材料技术等。结构材料技术是指开发利用材料的力学和理化性能来生产满足高强度、高刚度、高硬度、超高温、超高压、超低温、耐磨、耐蚀、抗辐射等性能要求的材料技术。功能材料技术是指开发利用某些材料气动弹性好，具有电、磁、声、光、热等性能，可实现产品某种特定功能的技术。

新科技革命对人类社会发展的影响

新科技革命首先是促进了生产力的发展，主要表现为社会生产力各要素空前优化，使经济结构的变化，以及管理方式发生了革命。此外，科技成果商品化周期的缩短，加快了科技进步向社会生产力转化的速度。第二次世界大战后，英、法、德等资本主义国家强调科技兴国，经济迅速得到恢复和发展，70年代以后，资本主义国家经济进入"滞胀"阶段，但积极利用新科技革命的成果，在80年代又相继走出低谷，出现了一个新的发展期。科技发展不仅使产业结构变化，还使社会阶级、阶层发生变化，白领工人明显增加。1900年，美国白领工人占17.6%，1990年则为57.1%，从而使尖锐的阶级斗争开始和缓。科技进步提高了生产力，不仅促进了经济发展，而且人的生存状况发生改变，先进的科学技术成为人们争取新生活的有力武器。

新科技革命给人类带来福祉的同时，也带来诸多的问题，如：环境污染和生态环境的破坏。20世纪50年代初在欧洲出现了酸雨，六七十年代，世界各地都发现了酸雨。酸雨是大量排放废水、废气、废渣，导致环境污染的结果。20世纪六七十年代以后，由于石油、天然气的大量使用，加上森林遭破坏，温室效应又凸显出来。高温、飓风、暴雨、冰川融化、海平面上升等，使生态系统遭到破坏，人类健康受到影响。1962年，美国生物学家蕾切尔·卡逊撰写了《寂静的春天》，描写了因滥用化学药品和肥料而导致的环境污染、生态破坏，《寂静的春天》引发了美国和世界各国环保事业的产生和发展。

三 哲学社会科学思潮

人本主义与科学主义哲学

20世纪上半期，人类经历了科技进步、生产力发展、经济危机、世界大战等复杂的社会历史进程，这些在形形色色的哲学思潮中的反映，形成了诸多哲学流派，但都可以归纳到人本主义和科学主义两大思想体系之中。人本主义哲学着力探讨人的存在、人的处境和人的本质，唯意志主义、生命哲学、实用主义、现象学、精神分析学和存在主义等，都属于人本主义哲学范畴。它们共同的哲学特征首先是关注个体存在的价值，尼采、雅斯贝尔斯、柏格森、胡塞尔等在自己的著述中，都较系统地论述过这个问题；其次，人本主义哲学强调从非理性理解人的本质，而摒弃了理性主义。如叔本华认为，人最本质的东西是意志，理性不过是实现人的意志的工具。弗洛伊德则认为，人无意识中的本能性欲，赋予了人的全部行为以动机和力量。

20世纪一系列科学理论的提出，推动了科学主义思潮的蓬勃发展。科学主义哲学强调自然科学知识是最精确、最可靠的知识；自然科学的方法是人类认识世界唯一正确有效的方法，一些学者力图将科学方法引入哲学领域，希望通过经验分析使哲学科学化、精确化。这一哲学流派被统称为分析哲学。它们在研究过程中注重实证。分析哲学流派众多，其中逻辑实证主义有较广泛的代表性，它倡导科学，反对形而上学，催生并推动了哲学科学化运动。正是在这个意义上，人们说科学哲学是一种思想和行动。20世纪50年代后，逻辑实证主义因狭隘的经验论和极端相对主义的倾向逐渐走向衰落，代之而起的是新科学主义、科学实在论、反实在论和后现代科学主义哲学等。

凯恩斯主义

凯恩斯主义，即凯恩斯主义经济学，因英国经济学家凯恩斯的经济学思想而得名。凯恩斯主义主张国家对经济进行积极的干预政策，以消除经济危机和维持充分就业，而不是传统的"自由放任"。凯恩斯在1936年出版《就业、利息和货币通论》，首次系统阐发凯恩斯主义基本经济理论，被认为是西方现代宏观经济学诞生的标志。凯恩斯主义是资本主义历史发展的产物。1929年，资本主义爆发了世界性经济大危机，各主要资本主义国家的生产急剧下降，贸易额锐减，失业人数激增，紧随危机之后是经济长期萧条。当时占统治地位的新古典经济学对此束手无策，迫切需要有新的理论以挽救资本主义危局。凯恩斯主义否定了西方古典经济学的理论基础——"萨伊定律"。按照该定律，"供给会自行创造自己的需求"，自由竞争的资本主义经济可以通过市场价格机制的自发调节，从而达到充分就业的均衡状态，资本主义经济因此不会出现普遍性的生产过剩危机。在30年代资本主义世界普遍危机和慢性萧条的局面下，凯恩斯—反萨伊定律力主国家干预经济生活，具体内容是实行赤字财政，增加公共投资；通过适度的通货膨胀政策，刺激私人投资和消费；通过税收政策，促进国民收入再分配向低收入群体倾斜。凯恩斯主义的问世，对资本主义的经济政治生活产生了深远的影响，特别是"二战"后推行凯恩斯主义，对西方大国的经济复兴成效显著，70年代后走向衰落。

第三十五章　20世纪以来的科技进步和思想文化

文化形态史观

20世纪,第一次世界大战粉碎了西方盛行一时的盲目乐观主义情绪,一些人尝试以新的视角探究西方文明的前途,文化形态史观应运而生。德国哲学家斯宾格勒的代表作《西方的没落》于1918年问世时轰动一时,成为"文化形态史观"奠基性著作。斯宾格勒认为,"文化是贯通过去与未来的世界历史的基本现象",所谓世界历史就是各种文化的"集体传记"。文化是一种有机体,具有生物有机体一样的生命周期,它们的兴亡盛衰构成了世界历史的总体进程。开展文化形态学研究,必须破除西方传统的史学观念,摆脱以西欧为中心,沿用"古代—中古—近代"这种体系来编纂世界历史,忽略或贬低其他文化对世界文明的贡献。斯宾格勒把这种体系比作历史领域的托勒密体系,而他要进行"哥白尼革命",以展现一群伟大文化竞相发展的生动图景。斯宾格勒认为8种业已存在过的高级文化类型:埃及文化、印度文化、巴比伦文化、中国文化、古典文化(希腊罗马文化)、伊斯兰文化、墨西哥文化、西方文化。前7种已走完了自己的生命历程,只有西方文化生命尚存,但它最终也会走向消亡。继斯宾格勒之后,英国史学家汤因比在多卷本的《历史研究》中,承袭并发展了文化形态史观。汤因比将人类近6000年的文明史划分为21个文明社会,后来,他又增加了5个"停滞发展的文明"。汤因比还以"挑战与应战"的解释模式阐述文明社会的演进历程和兴衰动力。

西方马克思主义

西方马克思主义是指在20世纪新的历史条件下,共产党党内外一批知识分子在西方哲学的视阈中,重新解读马克思主义和分析社会现实的产物。其基本主张,是用各种西方社会思潮来解释、补充、重建马克思主义,以实现马克思主义"现代化"。20世纪20年代是西方马克思主义萌生时期。卢卡奇等人在探索革命道路的过程中,形成了不同于列宁主义的"马克思主义"。这只是国际共运中的一种非正统马克思主义观点。

20世纪30—60年代末，西方马克思主义迅速发展，出现了法兰克福学派、存在主义马克思主义、弗洛伊德主义马克思主义、结构主义马克思主义、新实证主义马克思主义等流派。他们致力于用各种西方社会思潮解释、补充、重建马克思主义。西方马克思主义逐步演化成具有国际性影响的社会思潮。20世纪70年代以后，西方马克思主义出现了"转向"。主要表现为西方马克思主义向多元化发展，在法兰克福学派、存在主义马克思主义、弗洛伊德主义马克思主义、结构主义马克思主义等分化的同时，出现了分析马克思主义、生态学马克思主义、后现代马克思主义等，着重探讨科学技术的社会效应和生态危机等。90年代冷战结束后，西方马克思主义的关注点从哲学、文化问题转向政治、经济等现实问题；研究重心从对资本主义批判转向研究市场社会主义，而且出现了西方马克思主义与原苏联东欧国家的马克思主义、新马克思主义合流的现象。

新自由主义

新自由主义起源于20世纪30年代，但在相当长的时期里影响不大，一直处于边缘地位。20世纪60年代末70年代初，西方国家出现了以"滞胀"为特征的经济危机，凯恩斯主义宏观经济政策失效。美国总统里根和英国首相撒切尔夫人执政时，美英等国经济学界出现了否定凯恩斯主义的热潮。为应对70年代经济危机，国际垄断资本把新自由主义视作灵丹妙药，加紧向全球传播。新自由主义的重要特征是把反对国家干预上升到理论化的高度，一些西方学者认为这是"对凯恩斯革命的反革命"，所以又称其为新保守主义。新自由主义的基本主张是"三化"，即"市场化"、"自由化"和"私有化"，强调把生产要素、产品和服务都交给市场去自发调节；反对一切政府干预和宏观调控，将国有企业及公共服务私有化。新自由主义有"狭义"和"广义"之分。狭义新自由主义主要是指以哈耶克为代表的伦敦学派；广义新自由主义，除伦敦学派外，还包括以弗里德曼为代表的货币学派、以卢卡斯为代表的理性预期学派、以布坎南为代表的公共选择学派和以拉弗、费尔德斯坦为代表的供给学派等。20世纪七八十年代以来，新自由主义发展的重要特征是愈益凸显意识形态化，如美国政府1990年炮制的"华盛顿共识"，被西方学者认为有"经济体制、政治体制和文化体制"三重特性。

后现代主义

早在19世纪70年代，英国的美术界在批判印象主义画派时，一些画家最早使用了"后现代"。一般认为，以19世纪德国哲学家尼采代表的非理性主义哲学，是"后现代主义"的重要源头。尼采所宣扬的非理性主义和虚无主义，成为后现代主义的理论来源之一。20世纪70年代，哈佛大学教授丹尼尔·贝尔著的《后工业社会的来临》，提出了有广泛影响的"后工业社会理论"；1979年，法国哲学家J. F. 利奥塔在《后现代状况——关于知识的报告》一书中公开否定本体、本源和基础、原则；否认世界的整体性、统一性和确定性。这些在哲学、人文学科中引起广泛反响。"后现代主义"形成于20世纪中叶，但时至今日，"后现代主义"这一概念仍歧义纷呈，模糊不清。在西方学术界，它可表征社会形态、时代特征、思维方式，也指文化态度、精神价值、前沿的或怀旧的模式，等等。"后现代"强调所谓"永恒的变化"，力主一切都没有确定性，而只有模糊性、间断性、散漫性、不确定性、无序和凌乱、反叛与变形，以及断裂和倒错等。"后现代主义"问世后，成为文学、音乐、美术、摄影、建筑设计、美学、社会学、心理学、法律学、人类学、地理学、史学等的时髦思潮。法国哲学家德里达是解构主义的创始人、后现代主义的代表人物之一。"解构主义"的基本主张，是彻底否定"结构主义"所强调的相对稳定性、有序性和确定性，追求真理不过是"一大幻想"而已。后现代主义作为一种文化现象，对人们反思西方的传统文化有一定的合理性，但它的基本主张却是否定一切，否定历史发展的连续性和文化发展的传承性，这就不可避免地导致历史虚无主义。美国历史哲学家海登·怀特否认客观的历史真理的存在，否认历史矛盾运动的规律性内容。他认为历史呈现出历史哲学的形态，所以历史不可能只有一种，有多少种理论的阐释，就会有多少种历史。

四 新的文化形态

电 影

电影艺术的发展，一般认为1895—1926年是电影的形成时期，1895年，法国的奥古斯特·卢米埃尔和路易·卢米埃尔兄弟在爱迪生的"电影视镜"和他们自己研制的"连续摄影机"的基础上，研制成功了"活动电影机"。同年12月28日，他们在巴黎的卡普辛路14号大咖啡馆里，正式向社会公映了他们自己摄制的一批纪实短片，有《火车到站》《水浇园丁》《婴儿的午餐》《工厂的大门》等。12月28日是世界电影首次公映之日，卢米埃尔兄弟被誉为"电影之父"。1927—1946年，是经典电影时期。在这一时期，美国的电影制片厂经过第一次世界大战后的兼并，最终形成了好莱坞八大公司，美国经典叙事模式开始建立，比较成熟的是西部片、强盗片、歌舞片、喜剧片、恐怖片、科幻片、灾难片、战争片和体育片等。在欧洲，出现了诸多电影流派，影响较大的是法国诗意现实主义，强调表现日常生活的题材，却能给人以诗情画意的享受，主要代表作有《巴黎屋檐下》《百万法郎》等。苏联的社会主义现实主义电影，在这时的世界影坛上独树一帜，其特点是致力于塑造社会主义新人、社会主义时代的典型形象，主要代表作有《夏伯阳》《马科辛三部曲》《卓娅》等。英国1937年年产影片220多部，仅次于美国。英国的纪录电影对世界电影事业的发展做出了贡献，其特点是强调影片的社会意义，反对虚构。20年代后期，电影在中国、日本、印度等亚洲国家，也都有不同程度的发展。1931年"九一八"事变后，民族危机加剧催生了"新兴电影运动"，拍摄的主要影片有《三个摩登女性》《狂流》等。

第二次世界大战结束后，被认为是现代电影时期，主要表现在叙事结构、表现技巧和表达方式上，都出现了与传统电影不同的分野。60年代之后，各国都在努力发展自己的影视产业，然而美国影视产业的全球影响力和影视产业链最为庞大和强势，不仅为美国赢得了丰厚的经济收益，也成为西方意识形态渗透的重要工具。此外，意大利的新现实主义电影和法国的"新浪潮"电影，也具有世界性影响。意大利新现实主义电影的代表作是：《偷自行车的人》《警察与小偷》《美丽人生》等。法国"新浪潮"电影的主要代表作有《漂亮的塞尔其》《芳名·卡门》《杀手莱昂》等。"二战"后，世界电影发展史上的重要内容之一，是发展中国家电影的勃兴。中国、印度以及拉美、非洲一些国家具有典型地域、民族和风俗的电影。在20世纪90年代，世界电影呈现全面振兴之势。除美国、日本、法国、意大利、英国等国之外，西班牙、荷兰、伊朗和澳大利亚在此期也出现较为成功的影片，获得过各大国际电影节的重要奖项，在国际影坛上日益产生广泛的影响。

电　视

电视是继电影之后，人类在20世纪的又一伟大发明。它是现代科技高度发达的产物，现已成为具有广泛覆盖面、影响最大的传播工具。1925年10月，英国工程师贝尔德在伦敦百货公司的橱窗里公开表演了由他发明的机械扫描电视，并成功地于1928年进行了伦敦与纽约之间的电视收发试验，《纽约时报》称之为具有"划时代的意义"。1936年，英国广播公司在伦敦开始传送电视节目。1939年4月，美国广播公司在纽约世界博览会开幕时，开始定时进行电视广播。1939年9月第二次世界大战爆发，使刚刚开始的电视事业基本停滞，全美只有6家电视台正常播放。"二战"后，电视事业进入快速发展时期，电视对人类社会的影响越来越大。1954年，美国研制成功世界上第一台彩色电视。七八十年代，又实现了电视卫星传播。即发射"同步静止卫星"，使电视打破国界，实现了全球传播，使世界各国人民可在同一时刻看到同一个电视节目。70年代电视进入家庭后，发生在世界各地的政治、经济、文化事件和体育竞赛，可在同一时间进入千家万户。西欧和日本率先开始制作电视剧，种类多种多样，如情景喜剧、言情剧、警匪剧、青春剧、校园剧、家庭剧和历史剧等。1980年，中国第一部电视连续剧《敌营十八年》摄制完成，诸多优秀的电视剧如雨后春笋涌现出来。今天，电视剧依然是世界各国电视的主流节目形态，但其他的电视娱乐节目也有了长足发展。此外，丰富多彩的音乐、舞蹈、戏剧、体育等节目形式，进一步推动了世界电视产业和影视艺术的繁荣发展。

网络文化

20世纪80年代末以来，互联网已经覆盖到世界上近200个国家和地区。互联网的迅速发展，孕育了具有信息时代特征的网络文化，进一步丰富了人类社会的文化形态。所谓网络文化，是指建立在计算机技术和信息网络技术以及网络经济基础上的精神创造活动及其产品，是人们在虚拟的网络空间中，进行工作、学习、交往、沟通、休闲、娱乐等所形成的活动方式及其所反映的价值观念和社会心态等方面的总称。网络文化加快了不同国家、不同民族之间的思想文化交流与沟通。世界各国的网络文化产业迅猛发展，网络游戏、网络动漫、网络音乐、网络影视、网络教育、网络媒体、网络广播、网络出版和网络文学等迅速崛起，使网络文化发展具有了重要载体。自90年代初开始，美国国会图书馆的国家数字图书馆，在馆内或通过联机检索向用户提供文献全文（包括图像、语言、音响）信息服务。在中国，2008年6月中国网民数量为2.53亿人，超过美国。2010年中国网民总数达到4.04亿，互联网普及率达到30.2%，超过世界平均水平。法国凡尔赛宫、国立图书馆等多家博物馆、美术馆，英国大英博物馆、纽约布鲁克林博物馆、德国联邦资料馆及荷兰多家博物馆，都与知名网络平台合作传播与推广艺术知识。网络文化是现代科学技术和文化融合的结果，给世界经济、文化的发展带来了广泛影响，但网络文化并不能代替传统文化。由于网络汇集了全球各个角落、各种民族、不同文化的人们来参与，网络文化的最终发展必然是多元的、共生的。网络文化的主要语言是英文，网上信息95%以上都是英语信息，法语约占3%，互联网上访问量最大的

100个网络站点中，有94个在美国境内。广大发展中国家面临的一个严峻的现实问题是，在充分享用新科技革命的成果的同时，如何维护民族国家的文化安全和文化主权。

第三十六章　新世纪人类面临的严峻挑战

冷战结束后,世界处在大发展、大变革、大调整的过程中,世界朝多极化发展的历史潮流不可逆转。在经济全球化的新历史视阈下,人类需要共同面对的问题越来越多,一些全球性的问题日渐凸显,如生态环境恶化、"人口爆炸"、粮食危机、能源危机、恐怖主义蔓延、世界金融危机,以及文化霸权主义等。和平与发展是现代世界的主题,世界历史的进步趋势不可改变,但却面临着上述问题的严重挑战,这是21世纪人类面临的重要议题。这些问题如何解决,将直接影响到人类文明发展的未来。

生态环境恶化

第二次世界大战后,特别是70年代后随着经济全球化进程加速,生态环境恶化,已由区域的环境问题变成全球性的问题。生态环境加速恶化的全球性质,首先是地球再生系统被破坏,不同生命类型及其支撑结构之间的平衡严重失调。例如,温室效应使全球明显变暖,究其原因,和煤炭、石油、天然气的大量消耗,二氧化碳、氟利昂等排放量急剧增加有关。全球变暖使人类面临着严重的威胁。在未来的100年中海平面将上升1米,如南极冰川融化将使海平面上升,世界30多个海岛国家和众多的沿海城市可能被淹没。又如,地球各方面失调造成的严重后果,是森林、湿地、沼泽等生存着世界上绝大部分物种的生态系统被破坏,物种多样性急剧减少。因为这些物种为人类提供了不可替代的医药来源,所以这些物种消失的直接后果是降低了人类应对风险的能力。

此外，全球变暖还将在全球导致厄尔尼诺等现象出现，引发洪涝干旱等人力无法抗拒的自然灾害。除温室效应外，还突出表现为酸雨、酸雾、酸雪污染、水土流失、土地沙漠化；对资源破坏性的开采，使水资源枯竭、生物多样性减少、森林面积锐减；此外还有废物污染、海洋污染、核污染、噪音污染等。海上开采、运输石油的事故，以及战争中的暴力手段，都会使石油污染海洋的机会急剧增加。1980—1988 长达 8 年的两伊战争，几乎每天都有油轮遭袭，大量石油污染海湾。1991 年海湾战争期间，因油港、油库、油井被破坏而流入海湾的原油达 100 多万吨。全球每年排放的有害气体，使约 9 亿人在二氧化碳超标的环境中生活，另有 10 亿人生活在烟尘、灰尘等颗粒物超标的环境中。环保专家已测出 260 余种危害人体的挥发性有机物，全球危害性的废物每年以 5 亿吨的速度增加。

全球化造成的生态环境恶化，催生了世界各地的环保组织的出现。目前，世界上的主要国际环境非政府组织约有 250 个，其中约 80% 在 20 世纪 70 年代以后成立，其中包括著名的"地球之友组织""绿色和平组织"等。随着世界环境保护运动的发展，国际环境非政府组织的数目不断增多，规模也日渐扩大。例如，绿色和平组织的成员，在 1985—1990 年间从 140 万增加到 675 万，到 2003 年时，该组织已经在 41 个国家设立了办事处。环保主义者认为，国际垄断资产阶级为追求高额利润急功近利，在环保问题上缺乏长远计划。他们对人类资源实行破坏性开发，无视生态环境是否恶化。所谓"治理"，主要是将污染环境的企业转移到发展中国家去。这可能对本国的生态环境状况有所改善，但对整个地球环境的改造并没有实际意义。广大发展中国家却要承受生态环境恶化所造成的灾难。全球生态环境不断恶化，直接推动了反全球化运动的发展。"保护蓝天""保护森林""保护水源""反对野蛮地劫掠地球"成为越来越多的人的共识。

"人口爆炸"

现代世界的人口明显地表现出不断增长的趋势，公元元年，世界人口约为 2.3 亿。公元 1000 年时达到 3.4 亿，1800 年是 9.06 亿，1900 年是 16

亿，1960年达到30亿，1975年达到40亿，1987年7月11日上升到50亿。1999年10月12日，世界人口达到60亿，2011年世界人口已经突破70亿。预计到2025年，将超过80亿。1990年，联合国决定将每年7月11日定为"世界人口日"，以纪念1987年7月11日，地球人口达到50亿。

　　人口数量增长过快，超过了经济的发展速度，许多国家的人口问题凸显。在一定条件下，人口增长可以促进经济增长，但人口过快增长不可避免地导致资源匮乏、环境恶化，对经济发展产生负面的影响。第二次世界大战后，特别是70年代末以来，世界人口过快增长给耕地、水资源、能源等造成很大压力，产生一系列严重的社会问题。人口过剩造成劳动力过剩，失业人数居高不下，不仅使居民生活水平难以提高，而且易引发犯罪和暴力现象，使社会治安状况恶化。各国经济发展状况不同，人口问题表现的形式也不同。如果说大多数发展中国家面临的是高增长率，那么，发达国家则面临着低增长率、负增长率、人口老龄化加剧的问题。老龄化产生的直接后果是劳动力短缺，享受退休金和老年医疗补助的人越来越多，社会保障负担加重。发达国家为了解决劳动力不足，往往会通过从发展中国家移民来解决，但是大量移民又会挤占当地资源，导致社会各阶层的矛盾加剧，如近年欧洲一些国家排斥移民的极右势力开始活跃起来。

　　1994年，第三次国际人口与发展会议在开罗召开，来自182个国家和地区的1.5万多名代表与会，会议第一次将人口问题与可持续发展联系起来。生殖健康、艾滋病、妇女权利、青少年性健康、人口与发展、计划生育等，开始成为与人口问题相联系的重要议题。

粮食危机

　　第二次世界大战以后，世界粮食生产广泛使用了现代科学技术，如使用化学肥料、杂交技术、转基因技术，以及先进的农业机械等，使其产量得到长足发展，1950—1984年，世界粮食总产量从6.3亿吨增至18亿吨。但与此同时，世界人口也在迅速增长，从25.1亿增至47.4亿。据世界粮农组织统计，2010年的世界粮食总产量可达到22.86亿吨，而世界人口总数也在 2011 年突破了 70 亿，所以粮食生产问题始终是国际社会密切关注的现实问题。2008 年世界金融危机发生后，粮食危机进一步成为人类关注的热点。粮食价格大幅度上涨，以 2010 年 6 月到 2011 年 9 月国际粮食期货价格为例，大豆期货涨 54%，玉米期货涨 98%，小麦期货涨 60%。粮价上涨造成的饥荒使一些贫困国家人口生活在饥饿之中，非洲地区有 1200 万人陷于营养不良，280 万人濒临死亡。

多方面的原因造成粮食危机。一些发展中国家独立后，为发展现代企业，推进城市化建设，占用了大量的土地，人均耕地减少，直接减少了粮食耕种面积；生态环境的破坏，一系列极端天气频频出现，直接影响了当季的粮食产量；生态恶化还使荒漠化加速蔓延；地下水位降低，耕地质量严重退化，降低了使用价值，不可避免地使农产品减产。石油价格不断上涨，也是造成粮食危机的原因之一，除了增加粮食运输成本外，也增加了农业机械、化肥、农药等成本，这些都直接或间接地影响到粮食危机。

西方发达国家长期对粮食的控制和粮食危机有密切关系，不可忽视。"二战"后，美国就以粮食援助的名义向受援国牟取政治利益。发达国家利用包括转基因技术在内的先进农业科技，控制发展中国家的粮食生产。能源危机之下，西方国家转而利用生物能源。2005 年美国通过了《新能源政策法》，大量原本出口的玉米、菜籽、棕榈油转用于生产生物燃料，美国 20% 的玉米用于生产生物燃料。这些都减少了食物供给，引起了市场混乱，加剧了粮价上涨和粮食供给紧张。正如有"经济学界的良心"之称的诺贝尔经济学奖得主阿马蒂亚·森所说："饥荒并不是现实中不存在足够的食物，而是人们不能获得足够的食物。"

能源危机

能源是工业社会发展的基础与动力，能源危机是指世界范围内能源分配不足，主要是石油、煤炭等传统能源枯竭；同时新的能源生产供应体系又未能建立，导致石油等供求严重失衡，价格暴涨，影响世界各地的经济发展，以致面临着极大的风险。现代社会主要依靠石化能源，水利、风能等可再生能源所占比例相对较低。石油、天然气、煤炭在内的石化能源是经过千百万年地壳运动形成的，工业发展的大量消耗，使石化能源在21世纪面临枯竭。目前石油储量大约为1180亿—1510亿吨，以1995年世界石油的年开采量33.2亿吨计算，石油将在2050年前后枯竭；天然气储量约131800兆—152900兆立方米，以目前年开采2300兆立方米的速度，将在2070年前后枯竭；5600亿吨煤储量以1995年煤炭开采量33亿吨计算，可以供应169年。

　　石化能源的枯竭将导致世界经济危机和冲突。近年来的战争及国际争端多由争夺石化资源引起。第一次石油危机的起因是发生于1973年的第四次阿以战争。第二次石油危机开始于1978年年底，世界第二大石油输出国伊朗发生了反西方伊斯兰革命。第三次石油危机开始于1990年伊拉克对科威特的入侵。随着国际社会对伊拉克的经济制裁生效以及日后的海湾战争，国际油价从20美元/桶左右飙升至42美元/桶。三次石油危机主要是政治原因，而非市场因素造成的。21世纪初至今，石油价格居高不下，2002年每桶石油均价为24美元，2008年7月为143美元。核能作为非常规能源的命运也令人担忧。世界能源委员会的报告指出，到2009年1月1日，全球已探明的铀矿储量达到630.63万吨，以2008年的消耗速度，这些资源仅够全世界使用100年左右。生物能源成为应对能源危机的新选择。目前生物能源的主要形式有沼气、生物制氢、生物柴油和燃料乙醇四种。奥巴马政府在美国经济衰退的情况下，提出新能源政策，意在用新型能源替代传统的石化能源所占的主导地位，同时在促进就业，打击能源投机，减少温室气体排放，保护环境方面能有所作为。2011年7月，在澳大利亚西部城市珀斯召开了"博鳌亚洲论坛——能源、资源和可持续发展会议"，约300名政府官员、企业领袖、专家学者出席。与会者就全球能源和资源供给的挑战、解决能源和气候变化问题的创新思路、增长与可持续等问题达成共识。如何在世界范围内保持石油供需在总体上平衡，避免供需矛盾进一步恶化；如何在日本核事故后，消除对各国核电发展带来的消极影响，重新建立发展核电的信心，是世界各国面对能源危机的共同任务。

第三十六章　新世纪人类面临的严峻挑战

恐怖主义蔓延

"恐怖主义"一词最早用于18世纪法国大革命时期,专指法国政府统治期间实行的国家恐怖主义。现代恐怖主义始于"二战"之后,中东、西欧、拉美等地是恐怖活动较为集中的地区,恐怖袭击的手段有爆炸、绑架、生化武器、劫持人质与网络恐怖主义等。20世纪90年代,国际恐怖主义针对的目标,由外交、军事、政府机构逐渐转移到商业、平民,以及公共设施,袭击目标已超出国界。恐怖主义反社会、反人类,恐怖主义者以极其残忍的手段组织恐怖活动。他们与民族分裂和宗教极端主义者密切结合在一起,

9·11事件

同毒品买卖、武器走私、贩卖人口等跨国犯罪组织也有联系。2001年9月11日,19名"基地"组织恐怖分子劫持四架美国民航班机,其中两架飞机分别冲撞纽约世界贸易中心双塔,造成飞机上的所有人和在建筑物中的许多人死亡,建筑均在两小时内倒塌,并导致临近的其他建筑被摧毁或损坏。"9·11事件"是继第二次世界大战期间"珍珠港事件"后,历史上第二次对美国造成重大伤亡的袭击。共有3000余人丧生。美国总统布什认定,本·拉登是事件的幕后主使。布什当天分别与俄罗斯总统普京、法国总统希拉克、中国国家主席江泽民、德国与加拿大的领导人进行通话,美国政府的反恐立场,得到了这些国家的一致支持。在世界各国人民公开谴责"9·11事件"并对美国人民表示同情时,时任伊拉克总统的萨达姆·侯赛因则

公开表示，这一事件是美国推行霸权主义的结果。

俄罗斯近年的恐怖事件主要因车臣问题，车臣民族分裂主义势力为了"独立"，不断诉诸恐怖主义手段。1995年6月，车臣叛军占领了一家医院，扣留2000人质。俄动用军队突袭成功，但造成数十名人质死亡；1996年1月，车臣叛军在基兹利亚尔小镇扣押了3000人作为人质。俄特种部队的突袭造成50—100名人质死亡；1999年9月莫斯科两座公寓大楼发生爆炸，造成近300人丧生；2003年5月两名人体炸弹驾驶满载炸药的卡车闯进车臣北部的政府大楼，造成59人丧生；2004年8月24日两架俄罗斯客机同时爆炸，89人丧生；2004年9月1日车臣武装分子袭击了别斯兰的一所学校，挟持了数百名人质，至少有338名人质死亡，191人失踪，443人受伤。

2011年5月1日，基地组织头目本·拉登被美军击毙，但并没有终结恐怖主义。2011年7月22日挪威首都奥斯陆及奥斯陆以西的于特岛先后发生爆炸和枪击事件，造成至少92人丧生；8月19日，巴基斯坦西北部一清真寺遭自杀式爆炸袭击，造成100多人伤亡；9月7日，印度首都德里高级法院的门外发生剧烈爆炸，造成10多人死亡，60多人受伤。事实表明，单纯使用武力解决不了恐怖主义，除军事手段外，铲除恐怖主义的根源还需要有政治、经济、文化的内容。世界各国人民反对恐怖主义任重而道远。

世界金融危机

21世纪初，美国房地产市场繁荣，利率水平较低，次级抵押贷款市场得到迅速发展。到2006年第四季度，随着美国房地产市场降温、短期利率的提高，次级贷款利率也大幅上升，购房者的还贷负担陡然加重。房地产市场持续降温，也使出售住房或者通过抵押住房融资变得愈加困难。由于房地产价格下降，使得抵押房产的价格低于贷款的数额，即使拍卖房产也不足以抵偿剩余的贷款本息，甚至不足以抵偿贷款的本金，贷款人面临着贷款违约、房子被银行收回的困境。这导致大批次贷的借款人不能按期偿还贷款，进而引发了"次贷危机"。2008年7月11日，全美最大的受押公司瓦解,印地麦克银行被联邦人员查封,当天,金融市场急剧动荡。9月7日,联邦政府接管了美国住房抵押贷款的主要资金来源房利美和房地美两家公司,但危机仍然继续加剧。

2008年12月1日,美国金融危机处于高潮,道·琼斯指数下跌了679.95点,此前的10月6日,道·琼斯工业指数单日下跌797点,创单日跌幅历史纪录。随后的2009年3月3日,道指以6763.29点收盘,下跌4.24%,一年内缩水过半,达到1997年以来的最低点。2011年8月8日,华尔街三大股市悉数暴跌,其中道·琼斯指数重挫634.76点,跌幅达到5.55%。在美国金融危机的影响下,东京日经指数2008年下跌6448.22点,跌幅42%,为历史最大年度百分比跌幅;香港恒生指数2008年10月27日暴跌12.7%,跌1602点,创11年跌幅纪录;上证指数2008年10月28日触底1664点,较同年1月14日的5522点,跌了三分之二;11月20日伦敦股市比前一交易日下降130.69点,跌幅高达3.26%,创5年内新低。

这次危机也使欧盟成员国普遍衰退。欧洲银行业因持有大量华尔街资产而蒙受巨额损失。欧洲银行主权债券高度集中,银行体系流动性枯竭和融资困境,破坏了金融部门救助欧洲债务危机的能力,主权债务危机与银行业恶化形成反馈,加剧了经济恶化。美国货币基金撤出欧洲市场使严峻的欧洲经济形势雪上加霜。此外希腊债务危机,冰岛破产,爱尔兰债务危机,西班牙、葡萄牙经济状况恶化,法国大罢工,英国紧缩财务支出等,引起一系列的社会动荡,欧洲经济形势普遍恶化,陷入金融危机之中而难以自拔。

美国次贷危机迅速向世界蔓延,是美国有意识地向全球转嫁危机的结果。美国大量增发美元致使美元贬值,同时通过增持外国优质资产为己谋利。这次金融危机再次证明,资本主义无法解决它自身所固有的基本矛盾。从某种意义上说,金融危机是资本主义制度性危机。美国金融危机给世界各国造成严重影响,对广大发展中国家的影响,较之于发达国家的影响更大,发展中国家的损失比发达国家要大得多。因金融危机的加深,2009年人类历史上首次出现 10 亿人因粮食短缺而挨饿。发展中国家应该联合起来，积极抵御金融危机的蔓延，切实发展自己的实力，构建有别于资本主义的新的世界经济体系。

文化霸权主义

"二战"后，东西方两极对峙的世界格局和 80 年代以来的经济全球化，并没有导致世界文化走向同质化。帝国主义殖民体系的瓦解，广大发展中国家独立自主地选择了自己的政治、经济、社会与文化发展模式，有力地推动了世界文化的多元发展。不同文化之间的交流，是推动人类社会前进的一个重要动因。在经济全球化的新的历史条件下，不同国家和民族之间的文化交流比以往任何时代更加便捷和频繁，但这绝不意味着世界文化由此走向同质化、单一化。正是世界文化的多样性催生了世界的和谐发展。全球性的文化交流给各民族文化带来的是新的活力，从而各民族文化能更加健康、旺盛地成长。

当今世界上有近 200 多个国家和地区，有 5000 多个不同的民族，有 6000 余种仍然通行的语言，这种多样化的特征构成了生机勃勃的世界文化生态，是人类文明持续发展的前提和基础。2001 年 11 月 2 日，在联合国教科文组织第 31 届大会上通过的《联合国教科文组织文化多样性宣言》明确提出：文化多样性对人类来讲，就像生物多样性对维持生物平衡那样必不可少，文化多样性是人类的共同遗产。

美国国家战略的重要内容之一，是用"和平演变"的方式，即通过政治、经济、思想文化、学术、教育和宗教等渠道，与社会主义国家接触，在体现西方价值观的"自由""民主""平等""人权"等理论的蛊惑下，在价值观、意识形态和生活方式等方面向社会主义国家进行渗透和侵蚀，影响和改造社会主义国家人民，特别是第二代、第三代青年人；通过经济私有化、政治和思想文化观念西方化，不断增强美国意识形态的力量，颠覆社会主义国家。为达到这个目的，美国就要不择手段进行多种形式的文化渗透，如西方的一些学者所说的那样，进行"文化冷战"。"二战"后，

第三十六章 新世纪人类面临的严峻挑战

美国凭借自己强势的经济和政治力量,推行文化霸权主义,大肆宣扬和推广西方的政治理念、价值观念和生活方式,极力确立自己在意识形态上的一统天下。美国的媒介文化产品在当今世界占据着绝对优势,据联合国教科文组织的统计,由电影、电视和出版物等构成的全球文化产业总值为3480亿美元,其中美国占了1840亿美元。1998年,美国的影视和音像出版业出口额位居第一,文化资本主义已取代了制造业,成为财富和影响力的主要来源。在拉丁美洲,好莱坞影片占据了市场的大部分份额。好莱坞在法国、德国和日本电视市场的占有率分别为72%、90.05%和64%,世界各国进口的电视节目75%来自美国。

乔治·布什出任美国总统后,明确宣布美国在全球的作用是继续向世界提供"民主与人权"的新标准,即美国的标准。无独有偶,一些美国理论家提出的所谓"文化全球化"理论,其本质也是"美国化"。具体内容是:如果世界趋向一种共同语言,它应该是美式英语;如果世界趋向共同的电信、安全和质量标准,那应该是美国的标准;如果世界正在由电视、广播和音乐联系在一起,那节目同样也应该是美国的;如果共同的价值观正在形成,它应该是符合美国人愿望的价值观。这是文化霸权主义的具体体现。

麦当劳、可口可乐、好莱坞大片、乡村音乐、迪士尼乐园,以及美国的廉价商品等遍布全球,文化产品传递的信息,促进了世界范围内美国生活方式、行为方式、思维方式、价值观念的传播。民族文化受到消极影响,极大地削弱了人们对民族文化的认同。因此,对西方文化的文化霸权主义、文化渗透,以及建立西方为中心的单一文化的威胁,世界各国人民越来越有清醒的认识。2005年,联合国教科文组织第33届大会154个参与投票的国家和地区,以148票赞成,4票弃权,2票反对,通过了《文化多样性公约》。维护和发展文化多样性、反对文化单边主义,是世界各国人民的共同愿望。世界文明的多样性,是人类世界存在的基本形式,是人类文化存在的基本形态,也是促进人类社会不断前进的动因。

全球化时代的到来,为不同文化之间的交流和交融提供了新的历史机遇，经济全球化是加快文化交融的强大动力。在"地球村"中，各个国家和民族之间的交往更加广泛、更加频繁，使自己的文化在不同文化的交流和交融中不断获得新的动因，从而使各民族的文化丰富多彩，充满生机，表现出更加鲜明的文化多样性。

后　　记

　　2012年，中国社会科学出版社出版了由中国社会科学院历史研究所主编的《简明中国历史读本》，受到广大读者的好评。了解本国历史固然重要，了解世界历史也同样重要。为了能有一本广大读者喜闻乐见的、简明扼要的世界史读本，我们组成了由历史学家和出版社同志参加的课题组，武寅任组长，赵剑英任副组长，课题组成员还有于沛、郭小凌、侯建新、刘北成、曹宏举和郭沂纹。武寅担任主编，同时负责撰写书中有关日本问题的内容。郭小凌负责古代部分撰稿，侯建新负责中世纪部分，刘北成负责近代部分，于沛负责撰写现代部分。各章节的具体分工如下：第1—7章，郭小凌；第8—16章，侯建新、张晓晗、冯金朋；第17、18章，马万利；第19、20章，庞冠群；第21—26章，刘北成；第27、28章，王皖强；第29章，于艳茹；第30—36章，于沛；其中第13章、第26章、第31章中有关日本的内容，由武寅撰写。

　　专家学者负责科研和写作，出版社同志负责组织协调、后勤保障，二者相互配合，相得益彰。这是一种新的课题运作模式，也是科研管理方面的一个创新。从确定作者、拟写提纲、审稿定稿，到课题结项，课题组多次召开会议。每一次会议，剑英负责总调度，宏举和沂纹具体协调，沂纹还负责了课题申报、结项等大量具体工作。经过三年的努力，《简明世界历史读本》终于呈现在大家面前。

　　本书尽可能地吸收借鉴了国内外学者的最新研究成果，内容包括政治、经济、文化、科学、思想、艺术、军事、外交、社会，以及生态环境的历史演变等各个方面，既有对人类历史进程的总体把握，也有对重大历史事件和时代关怀的专题性阐述。大视野、宽领域地表现世界历史上不同国家、不同文明之间的交往与互动，成为本书内容上的一大亮点。

感谢中国社会科学院科研局，他们自始至终关注该课题，并给予大力支持；感谢福建师范大学教授王晓德和首都师范大学教授晏绍祥，他们为本课题结项撰写了推荐意见；感谢责任编辑郭沂纹和两位年轻编辑刘志兵、吴丽平，他们认真细致的编辑工作为书稿增色不少；感谢所有给予帮助的朋友们，他们的帮助是课题得以完成的保证。

《简明世界历史读本》课题组

2014年冬